TRAITÉ

DE

DROIT COMMERCIAL

PAR

CH. LYON-CAEN
Membre de l'Institut,
Professeur à la Faculté de Droit
de l'Université de Paris
et à l'Ecole des Sciences politiques.

L. RENAULT
Membre de l'Institut,
Professeur à la Faculté de Droit
de l'Université de Paris
et à l'Ecole des Sciences politiques.

4e édition

La première édition a été couronnée par l'Institut (prix Wolowski)

TOME SEPTIÈME

Des Faillites, Banqueroutes et Liquidations judiciaires

I

PARIS

LIBRAIRIE GÉNÉRALE DE DROIT ET DE JURISPRUDENCE

Ancienne Librairie Chevalier-Marescq et Cie et ancienne Librairie F. Pichon réunies

F. PICHON et DURAND-AUZIAS, ADMINISTRATEURS

Librairie du Conseil d'Etat et de la Société de Législation comparée

20, RUE SOUFFLOT (5e ARR¹)

1914

TRAITÉ

DE

DROIT COMMERCIAL

VII

Chaque exemplaire doit porter la signature de l'un des auteurs et celle de l'éditeur.

TRAITÉ

DE

DROIT COMMERCIAL

PAR

CH. LYON-CAEN

Membre de l'Institut,
Professeur à la Faculté de Droit
de l'Université de Paris
et à l'Ecole des Sciences politiques.

L. RENAULT

Membre de l'Institut,
Professeur à la Faculté de Droit
de l'Université de Paris
et à l'Ecole des Sciences politiques.

4ᵉ édition

La première édition a été couronnée par l'Institut (prix Wolowski)

TOME SEPTIÈME

Des Faillites, Banqueroutes et Liquidations judiciaires

I

PARIS

LIBRAIRIE GÉNÉRALE DE DROIT ET DE JURISPRUDENCE

Ancienne Librairie Chevalier-Marescq et Cⁱᵉ et ancienne Librairie F. Pichon réunies
F. PICHON ET DURAND-AUZIAS, ADMINISTRATEURS
Librairie du Conseil d'Etat et de la Société de Législation comparée
20, RUE SOUFFLOT (5ᵉ ARRᵗ)

1914

SIXIÈME PARTIE.

Des Faillites, des Banqueroutes et des Liquidations judiciaires (1)

HISTORIQUE. GÉNÉRALITÉS.

1. Le manquement par un débiteur à ses engagements est toujours un fait grave ; l'attente légitime de ses créanciers est trompée et leur patrimoine se trouve injustement diminué. Ce fait est particulièrement fâcheux quand le débiteur est un commerçant. Les obli-

(1) Livre III refondu en 1838 (n° 15) : ce livre du Code de commerce est divisé en trois titres : tit. I, *De la faillite*, art. 437-583 (il y est traité, au point de vue des intérêts pécuniaires, des conséquences de la faillite) ; tit. II, *Des banqueroutes*, art. 584-603 (il s'agit des faits commis par le failli ou par d'autres personnes, qui intéressent l'ordre public et qui, par suite, constituent des délits ou des crimes) ; tit. III, *De la réhabilitation*, art. 604-614. — Quelques modifications ont été apportées au livre III refondu en 1838 : Loi du 4 mars 1889 *portant modification à la législation des faillites* ; Loi du 4 avril 1890 *portant modification du paragraphe 1er de l'art. 5 de la loi du 4 mars 1889* ; Lois du 30 décembre 1903 et du 23 mars 1908 relatives à la *réhabilitation*.

BIBLIOGRAPHIE. — En dehors des traités consacrés à l'ensemble du Droit commercial, il faut citer les ouvrages spéciaux suivants : Renouard, *Traité des faillites et banqueroutes*, 2 vol., 3e éd., 1857. (Cet ouvrage jouit d'une grande autorité due au mérite de l'auteur et aussi à la circonstance qu'il a pris une part importante à l'élaboration de la loi de 1838) ; Bédarride, *Traité des faillites et banqueroutes*, 3 vol., 4e édit., 1862 ; Esnault, *Traité des faillites et banqueroutes*, 4 vol., 1846 ; Geoffroy, *Code pratique des faillites*, 1 vol. ; Ducoin, *Code judiciaire et pratique en matière de faillite*, 1 vol., 1875 ; Thaller et Percerou, *Traité des faillites et banqueroutes*,

gations d'un commerçant sont, en général, en plus grand nombre et ont plus d'importance que celles d'un individu non commerçant ; par suite, leur inéxécution a une gravité particulière.

Les embarras d'un commerçant peuvent provenir de causes nombreuses et variées, notamment de la dépréciation des marchandises qu'il a dans ses magasins ou des valeurs qu'il a dans son portefeuille, du non-paiement de leurs dettes par ses débiteurs, d'un arrêt dans ses opérations, de faux calculs, d'un excès dans les frais généraux ou dans les dépenses personnelles, de spéculations de bourse malheureuses, de la participation à la création d'effets de complaisance.

Le défaut d'acquittement des dettes d'un commerçant, quelle qu'en soit la cause (cas fortuit, faute ou mauvaise foi), est de nature à nuire à beaucoup de personnes ; les créanciers, qui sont souvent eux-mêmes des commerçants, peuvent, ne recevant pas ce qui leur est dû, être mis à leur tour dans l'impossibilité de tenir leurs propres engagements. En outre, le commerce reposant sur le crédit personnel, la législation française, comme celles qui n'admettent la faillite que pour les commerçants (n° 53 *bis*), considère qu'il y a un manquement plus grave à la parole donnée de la part du commerçant qui ne paie pas ses dettes que de la part d'un non-commerçant et qu'il y a lieu d'examiner de plus près les circonstances qui

(2 vol., in-8°, 1907-1913). V. aussi, dans le *Répertoire alphabétique* de Dalloz, dans le *Répertoire général alphabétique du Droit Français* (Sirey), dans les *Pandectes françaises* et dans le *Dictionnaire de droit commercial* de Ruben de Couder, les articles détaillés qui sont consacrés à cette matière. Enfin, depuis 1882, paraît, sous la direction de M. Henry Defert, le *Journal des faillites et liquidations judiciaires françaises et étrangères*, qui est une revue de jurisprudence. En 1895 et en 1905, ont été publiées des *tables générales* de cet important recueil (1882-1894 et 1895-1904). — De nombreuses monographies dont quelques-unes sont des thèses de doctorat en droit, ont été consacrées aux questions les plus importantes comprises dans la matière des faillites ; les principales seront indiquées à propos de chacune de ces questions. Les ouvrages cités sont, pour la plupart, antérieurs à 1889 ; ils remontent donc à une époque où la liquidation judiciaire n'existait pas dans notre législation. Des ouvrages spéciaux y ont été consacrés. Ils seront mentionnés à propos de la liquidation judiciaire. — V., sur les ouvrages relatifs aux législations étrangères et au droit comparé, notes 2 et 3 de la page 39, notes 1 à 5 de la page 40, notes 1 à 5 de la page 41, note des pages 42 à 45.

. ont amené ce manquement, de rechercher s'il est la suite de malheurs, d'imprudences ou de fraudes.

Quatre situations peuvent, d'après la législation française, se produire : les quatre expressions, *liquidation judiciaire, faillite, banqueroute simple, banqueroute frauduleuse*, y correspondent.

Les dispositions relatives à ces matières ont un autre caractère que la plupart des dispositions du Droit commercial. En général, les règles du Droit commercial sont interprétatives, c'est ce qui fait qu'en matière commerciale, les usages ont une si grande importance (1). Au contraire, les règles relatives à la faillite, à la liquidation judiciaire et à la banqueroute, sont impératives ou prohibitives, ce qui exclut à la fois les conventions pouvant en exclure l'application et les usages contraires (2).

Le mot *faillite* vient de *faillir* (*fallere*, manquer) ; le failli est celui qui manque à ses engagements (3). Le mot *banqueroute* vient des mots italiens *banca rotta* ; il fait allusion à un très ancien usage : les négociants avaient un banc ou une banque sur la place publique ; on rompait le banc de celui qui ne tenait pas ses engagements (4). La première expression convient, en laissant de côté la *liquidation judiciaire*, introduite en France par la loi du 4 mars 1889, à tous les cas, si l'on envisage simplement les intérêts privés ; la seconde est réservée par le Code aux cas où l'on peut reprocher au débiteur une faute ou une fraude constituant un délit correctionnel (*banqueroute simple*) ou un crime (*banqueroute frauduleuse*) (5). Pour les commerçants malheureux et de bonne foi, il existe une institution moins rigoureuse dans ses effets que la faillite, la *liquidation judiciaire*, introduite dans la législation par la loi du 4 mars 1889.

(1-2) V. *Traité de Droit commercial*, I, nos 77 et suiv.

(3) On a dit aussi que le mot *faillite* vient de *fallere* qui, en latin, signifie tromper ; le failli trompe ceux qui lui ont fait crédit.

(4) On a proposé une autre étymologie très singulière du mot *banqueroute*. Ce mot viendrait de *banque en route* (en fuite). Souvent les personnes qui ne peuvent satisfaire leurs créanciers, prennent la fuite, afin de chercher à échapper à leurs poursuites.

(5) Dans la langue usuelle, on ne s'attache pas au sens rigoureux des mots et on emploie souvent le mot *banqueroute* pour désigner la faillite elle-même.

2. Les dispositions légales concernant les faillites et les banqueroutes ainsi que la liquidation judiciaire, forment une partie de la législation relative aux voies d'exécution et aux moyens divers autorisés contre les débiteurs qui ne paient pas leurs dettes. En France, ces dispositions sont rangées dans le Droit commercial, parce que les faillites, banqueroutes et liquidations judiciaires, sont spéciales aux commerçants. Dans les nombreux pays étrangers où la faillite s'applique même aux non-commerçants, cette matière fait partie de la législation générale. Dans ces pays, le Code de commerce ne s'occupe pas de la faillite à laquelle, d'ordinaire, une loi spéciale est consacrée (1). V. nos 38 et 39.

3. De tout temps, il y a eu des dispositions légales relatives aux débiteurs, commerçants ou non-commerçants qui ne remplissent pas leurs engagements. Mais il s'en faut que les législateurs se soient toujours inspirés des mêmes idées, qu'il s'agisse de mesures concernant la personne ou de mesures concernant les biens. Sans faire un historique complet de cette matière (2), il est utile d'indiquer les idées principales qui ont régné dans le Droit romain et dans l'ancien Droit français à ce sujet, ainsi que les textes les plus importants qui ont précédé la législation actuelle. On peut seulement ainsi déterminer l'origine de la faillite telle qu'elle est réglée par notre législation et comprendre les caractères spéciaux qu'elle y présente (3).

4. Les Romains n'ont pas, au point de vue juridique, distingué les commerçants des non-commerçants. Les droits d'exécution contre les débiteurs étaient identiques contre ces deux classes de personnes.

---

(1) Pour la même raison, les traités généraux de Droit commercial publiés dans ces pays ne traitent pas habituellement de la faillite. Il en est spécialement ainsi en *Allemagne*, en *Autriche*, en *Hongrie*.

Les liens de la faillite avec les voies d'exécution ressortent spécialement du titre même de la loi fédérale *suisse* de 1889 intitulée loi sur la *faillite et la poursuite pour dettes*.

(2) Sur les législations de l'antiquité autres que la législation romaine, V. Thaller, *Des faillites en droit comparé*, no 7 ; Kohler, *Lehrbuch des Konkursrechts*.

(3) V., dans l'*Handwœrterbuch der Staatswissenschaften* de Conrad, Elster, Lexis et Lœning (2e édition), le mot *Konkurs*, par de Bar.

La loi des XII Tables avait consacré un système très rigoureux, en accordant aux créanciers, dont le débiteur ne s'acquittait pas de ses engagements, le droit de le réduire en esclavage (1) et peut-être même de le tuer et de se partager son corps par morceaux (2). Du reste, par convention, les débiteurs pouvaient se mettre sous la dépendance de leurs créanciers ; ils étaient alors dans une situation spéciale et on les appelait *nexi* (3). La rigueur avec laquelle parfois les créanciers exercèrent leurs droits provoqua des révoltes qui amenèrent des adoucissements successifs de la législation (4).

Du reste, le Préteur, dans le but sans doute d'atténuer la sévérité du Droit civil, avait substitué l'exécution sur les biens à l'exécution sur la personne, en organisant la procédure de la *missio in posses-sionem* (envoi en possession) suivie de la *venditio bonorum* (vente en masse des biens du débiteur). Dans des cas déterminés où l'insolvabilité du débiteur était prouvée ou présumée (5), les créanciers pouvaient se faire envoyer en possession du patrimoine de leur débiteur. Ce dernier était, en vertu de l'envoi en possession, dessaisi de l'administration de ses biens qui passait à un curateur (*curator*) agissant au nom de la masse des créanciers. Ceux-ci ne pouvaient souffrir des actes du débiteur postérieurs à l'envoi en possession. Pour les actes préjudiciables antérieurs, les créanciers étaient protégés par *l'action paulienne* qui permettait de faire tomber ceux qui avaient été faits *en fraude de leurs droits*. Des mesures de publicité étaient prises pour que tous les créanciers étant avertis fûssent mis à même de faire valoir leurs droits. Il était procédé à la vente en masse des biens du débiteur par les soins d'un

---

(1-2) Loi des XII Tables (Table III). V. Girard, *Textes de Droit romain* (4e édition), p. 13.

(3) Giraud, Des *nexi* ou de la condition des débiteurs chez les Romains ; Bachofen, *Das Nexum, die Nexi und die Lex Petilia.* Consulter Girard, *Manuel élémentaire de Droit romain* (5e édition), p. 129.

(4) Voir, pour plus de détails, Tambour, *Des voies d'exécution*, I, p. 107 et suiv.; Vainberg, *La faillite d'après le Droit romain* ; Garraud, *De la déconfiture*, p. 19 et suiv.; Accarias, *Précis de Droit romain*, II, nos 482 à 484 et 784 ; Girard, *Traité élémentaire de Droit romain*. V. la note pag. 1045 et suiv. de la page précédente.

(5) V. Gaïus, C. III, § 78 et 79.

agent que les créanciers choisissaient parmi eux, le *magister bonorum vendendorum*. L'acheteur (*emptor bonorum*) acquérait le patrimoine entier du débiteur, il était donc un successeur à titre universel de celui-ci et, comme tel, il était tenu de payer, jusqu'à concurrence de son prix, les créanciers qui le plus souvent ne recevaient qu'un dividende, par cela même que la vente était faite pour un prix inférieur au montant total des créances de celui dont les biens avaient été vendus.

Cette procédure avait plusieurs traits que l'organisation de la faillite dans le droit moderne lui a empruntés. Tel était le caractère collectif de la *missio in possessionem* et de la *venditio bonorum* qui avaient lieu, en principe, au profit de tous les créanciers et s'appliquaient à l'ensemble des biens du débiteur appelé souvent *fraudator* ; tel était aussi le dessaisissement du débiteur qui résultait de l'envoi en possession.

La vente en masse de ses biens entraînait pour le débiteur l'infamie, sauf, pourtant, quand il avait fait volontairement cession de ses biens à ses créanciers (*cessio bonorum*).

La vente en masse des biens des débiteurs disparut à l'époque de Dioclétien avec le système de la procédure formulaire. Elle fut remplacée par des ventes en détail (*distractiones*) (1).

5. Si la législation française et, avec elle, toutes les législations modernes sur la faillite se rattachent quelque peu à la procédure romaine d'envoi en possession et de vente en masse des biens du débiteur, elles ont pour origine plus directe les règles de la faillite admises au moyen-âge (2) et au début des temps modernes dans les statuts des villes commerçantes de l'Italie, comme Gênes (3), Florence, Milan, Venise. On trouve dans ces statuts tous les grands

(1) *Institutes de Justinien*, III, 12, *princip.*

(2) Ni dans le Droit germanique, ni dans le Droit féodal, on ne trouve le système du groupement des créanciers en une masse qui caractérise la faillite. Cf. Thaller, *Des faillites en droit comparé*, I, n° 8 ; Kohler, *Aperçu historique du développement de la faillite*, dans les *Annales de Droit commercial*, 1891, p. 148, 228.

(3) Le statut de Gênes, imprimé en 1498 et réformé en 1588, est analysé par Vincens, *Exposition raisonnée de la législation commerciale*, I, p. 386 et suivantes.

principes des législations actuelles. Les jurisconsultes italiens, fort ingénieux pour accommoder le Droit romain aux besoins de leur temps, se préoccupèrent spécialement de la situation des débiteurs et surtout des commerçants qui ne payaient pas leurs dettes. C'est principalement à partir du xive siècle que le travail se fit à cet égard.

La faillite était, d'après quelques statuts, communes anx commerçants et aux non-commerçants. Elle supposait la cessation des paiements du débiteur. Quelques statuts exigeaient, pour qu'il y eût faillite, que les dettes fûssent supérieures à un certain chiffre.

Les mots *fallito* et *fallimento* n'ont pas été les premiers employés en Italie ; les jurisconsultes y ont d'abord désigné le failli et la faillite par les mots *decoctus* ou *decoctor* et *decoctio* (1). Straccha, jurisconsulte du xvie siècle, a fait un traité *De conturbatoribus sive decoctoribus* (2). Il donnait du failli la définition suivante : *qui fortunæ vitio, vel suo, vel partim fortunæ, partim suo, non solvendo factus, foro cessit ;* il indiquait ainsi les différentes situations du failli au point de vue des causes de ses embarras. Un autre jurisconsulte, Rocco, énonçait aussi très bien les circonstances qui caractérisent l'état de faillite : *decoctus dicitur qui... mole creditorum gravatus, a solutione cessat, fugit vel latitat.*

Les faillis étaient, en général, traités sévèrement ; on présumait qu'ils avaient commis des actes frauduleux ; *falliti sunt fraudatores ; decoctor ergo fraudator,* telle était la présomption que les jurisconsultes déduisaient des statuts. Mais, de bonne heure, ils réclamèrent pour qu'on fît une distinction entre ceux qui avaient commis quelque fraude et ceux qui, étant de bonne foi, avaient été victimes des événements. Aux seconds le bénéfice de la cession de

---

(1) *Decoquere* vient de *coquere*, cuire. « *Decoctor*, dit Renouard, c'était, « qu'on me pardonne la trivialité de l'expression, celui qui avait fricassé, « qui avait fondu ses biens. » Straccha explique ainsi cette expression : *Decoctor a decoquo verbo descendit, quod paulatim diminuere significat et coquendo absumere. Unde decoctores, conturbatores et bonorum consumptores dicuntur, quos recentiores jurisconsulti fallitos et cessantes vocant.* Rocco disait de même : *Decoctor est qui substantiam suam consumit, sicut ignis paulatim aquam coquendo diminuit.*

(2) Renouard, *Traité des faillites et banqueroutes* (I, p. 69 et 70), en donne une courte analyse.

biens, emprunté au Droit romain, était accordé. Les premiers, coupables de banqueroute frauduleuse, encouraient des peines rigoureuses variant avec la gravité des faits à leur reprocher ; des statuts
les punissaient, comme voleurs, de la peine capitale. On pouvait les
mettre à la question, pour leur faire déclarer les biens qu'ils cher-
chaient à dissimuler.

Mais les statuts des villes italiennes ne renferment pas que des
règles ayant pour but de maintenir l'égalité entre les créanciers (1)
ou de réprimer les fraudes dans un intérêt d'ordre public. Ils admettent aussi, dans un but de bienveillance pour le débiteur, parfois
victime des événements plutôt que de ses fautes, le concordat, grâce
auquel le failli est replacé à la tête de ses affaires et obtient, soit des
délais, soit des remises d'une partie de ses dettes, en vertu d'une
décision de ses créanciers prise, non pas nécessairement à l'unanimité, mais à des majorités fixées diversement par les différents
statuts.

Au xviiᵉ siècle, le Droit *espagnol* eut aussi une grande influence,
sinon en France, au moins dans les pays étrangers. Cette influence
paraît avoir été due principalement à un ouvrage célèbre d'un jurisconsulte espagnol Salgado de Samosa (2), dans lequel le système du
Droit espagnol était exposé. Ce qui distinguait surtout le droit
espagnol c'était la prépondérance excessive donnée, dans la procédure de faillite, à l'autorité judiciaire sur les créanciers pour les
décisions à prendre quant au sort des biens du failli.

6. Pendant longtemps, on ne s'est préoccupé en France que
d'édicter des peines contre les individus qui faisaient frauduleusement
tort à leurs créanciers (3). On a fini par s'apercevoir que ce n'était
pas suffisant pour sauvegarder l'intérêt de ceux-ci et qu'il fallait
prendre des mesures, soit pour protéger les créanciers dans leurs
rapports avec leur débiteur commun, soit pour assurer entre eux
l'égalité de condition ; il y a un désastre dont les conséquences doi-

(1) Ils ont introduit notamment un système de nullités plus efficace
pour les créanciers que l'action paulienne.

(2) L'ouvrage de Salgado de Samosa a pour titre : *Labyrinthus creditorum*.

(3) Frémery, *Études de droit commercial*, p. 350 et suiv.

vent être subies également. On a compris aussi que, parfois, un débiteur qui ne paie pas ses dettes, est victime d'événements imprévus
et est digne d'une certaine indulgence. Celle-ci peut, d'ailleurs, être
conforme à l'intérêt bien entendu des créanciers. Ce sont les coutumes italiennes qui, sur ce point, pénétrèrent peu à peu en France,
notamment par Lyon (1), et qui inspirèrent d'abord la pratique et
la jurisprudence, puis la législation. Le Règlement lyonnais de la
place des changes du 2 juin 1667 est le premier texte français s'oc-
cupant de la faillite au point de vue des intérêts privés des créanciers et du débiteur ; il est probable qu'il ne faisait que constater et
préciser des usages déjà en vigueur.

7. Les nombreuses ordonnances qui se sont succédé de François Ier
à Louis XIII, ont un caractère purement pénal : elles édictent des
peines très rigoureuses contre les banqueroutiers. La plus ancienne
loi générale portée en France contre les banqueroutiers est l'Ordonnance de François Ier, signée à Lyon, le 10 octobre 1536. On y lit
notamment les dispositions suivantes : « Il sera procédé contre les
« banqueroutiers extraordinairement... des et sur les fraudes par
« eux commises... leur manière de vivre et actes précédents et subsé-
« quents... et procédé à la punition corporelle et apposition au car-
« can et pilori ». L'Ordonnance de 1560, rendue par Charles IX à la
suite des Etats d'Orléans, édicte contre les banqueroutiers frauduleux
la peine de mort. L'article 143 de cette ordonnance disposait : « Tous
« banqueroutiers et qui feront faillite en fraude, *seront punis extra-*
« *ordinairement et capitalement* ». Des doutes, qui s'étaient élevés
au sujet de ces expressions, furent levés par des ordonnances postérieures. Un édit de Henri IV de 1609 assimilait les banqueroutiers
aux voleurs, en disposant que les banqueroutiers seraient *exemplai-*
rement punis de mort comme les voleurs (2). Sous Louis XIII, le
Code Michaud de 1629 (art. 153) prononça la même peine (3). Par un
mandement de 1582, Henri II évoqua tous les procès pendants pour

---

(1) Renouard, *op. cit.*, p. 5, 9 et 11 ; Thaller, *Des faillites en droit com-*
paré, I, p. 61 ; Vaesen, *Juridiction commerciale à Lyon*, p. 156 et suiv.

(2) Cet édit ne se borne pas à punir les banqueroutiers, il annule aussi
certains actes faits par eux.

(3) V. l'article 165.

banqueroute et commit, pour les juger souverainement ainsi que pour
informer et statuer sur les banqueroutes faites depuis vingt ans, trois
conseillers au Parlement de Paris, en défendant aux juges ordinaires d'en connaître (1). V. n⁰ 10.

8. L'Ordonnance de 1673 sur le commerce fut la première qui
donna une réglementation de la faillite dans son ensemble, en
faisant définitivement pénétrer en France les idées consacrées
par les statuts des villes italiennes. Le titre XI de cette Ordonnance, intitulé *Des Faillites et Banqueroutes*, traite très briève-
ment de la matière : il ne comprend que treize articles. Ces
dispositions déterminent l'époque de l'ouverture de la faillite
(art. 1), obligent le failli à dresser un état de son actif et de son
passif (art. 2 et 3), annulent certains actes faits par le failli en
fraude de ses créanciers (art. 4), admettent que la majorité des
créanciers peut prendre des délibérations liant la minorité (art. 5
à 7), décident que les compositions, remises et atermoiements
que la majorité peut faire ou accorder, ne lient point les créanciers privilégiés et hypothécaires (art. 8), prescrivent de remettre les
deniers comptants et les deniers provenant de la vente des effets mobiliers au syndic ou directeur choisi par les créanciers pour les représenter (art. 9). Les quatre derniers articles du titre XI sont des dispositions pénales relatives à la banqueroute frauduleuse, pour laquelle
l'Ordonnance maintenait la peine de mort (art. 12), qui, du reste,
était, en fait, rarement prononcée (2). Elle considérait comme ban-

---

(1) V. le texte de ce mandement dans Renouard, t. I, p. 41. Le préambule indique très bien que des faillites surviennent parfois indépendamment de toute faute du débiteur.

(2) Cette peine a subsisté en droit pendant tout l'ancien régime ; elle
était inefficace à protéger les créanciers, parce que son exagération même
empêchait de l'appliquer. Les auteurs citent un très petit nombre de cas
dans lesquels elle a été prononcée et exécutée (Renouard, *op. cit.*, I, p. 44).
« La peine ordinaire qui se prononce aujourd'hui, dit Jousse, est celle de
« l'amende corporelle, du pilori ou carcan, des galères ou bannissement à
« temps ou à perpétuité, suivant les circonstances ». Rousseau de
La Combe, après avoir rappelé les dispositions des Ordonnances, ajoute
qu'elles ont peu d'exécution : « Communément, tout le monde se plaint
« qu'on n'est pas assez sévère pour punir les banqueroutiers frauduleux,
« qu'on ne les met qu'au carcan, et que souvent ils méritent la corde ».

queroutiers frauduleux ceux qui avaient diverti leurs effets ou supposé des créanciers ou déclaré plus qu'il n'était dû aux véritables créanciers (art. 10). Les commerçants qui, lors de la faillite, ne représentaient pas leurs registres et journaux signés et paraphés, pouvaient être réputés banqueroutiers frauduleux. Des peines pécuniaires étaient prononcées contre les complices du banqueroutier (art. 13).

On peut joindre au titre XI de l'Ordonnance relatif aux faillites et banqueroutes le titre IX sur les *défenses et lettres de répit* et le titre X concernant les *cessions de biens*.

Les *lettres de répit* étaient des lettres par lesquelles le Roi accordait des délais aux débiteurs, négociants ou autres, qui lui semblaient mériter cette faveur; elles produisaient une suspension générale des poursuites (titre VI de l'Ordonnance d'août 1669). L'Ordonnance de 1673 (titre IX) pose quelques règles spéciales au cas où ces lettres concernent des commerçants (art. 1) et contient aussi des dispositions communes à tous les débiteurs. La législation sur ce point fut complétée par divers actes postérieurs, notamment par une Ordonnance du Châtelet de Paris du 12 mars 1678 et par une Déclaration royale du 23 décembre 1699 (1).

La *cession de biens* était un abandon de ses biens fait par un débiteur à ses créanciers, pour avoir la liberté de sa personne ; les négociants y étaient admis, comme les autres personnes (2); l'Ordonnance de 1673 leur imposa seulement une formalité particulière (titre X, art. 1) (3).

9. La matière des faillites et banqueroutes étant traitée dans l'*Or-*

---

(1) Renouard, I, p. 86 à 93.

(2) L'art. 541, C. com., refuse, au contraire, le bénéfice de la cession de biens aux commerçants. V. n° 757.

(3) *Ordonnance de 1673. Titre X, Des cessions de biens.* — Article 1 : « Outre les formalités ordinairement observées pour recevoir au bénéfice de cession de biens, les négociants et marchands en gros et en détail et les banquiers, les impétrants sont tenus de comparoir en personne à l'audience de la juridiction consulaire s'il y en a, sinon en l'assemblée de l'hôtel commun des villes, pour y déclarer leurs nom, surnom, qualité et demeure, et qu'ils ont été reçus à faire cession de biens, et sera leur déclaration lue et publiée par le greffier et insérée dans un « tableau public ».

donnance du Commerce, on pourrait croire que cette matière était ainsi devenue commerciale, de telle sorte que les commerçants seuls pouvaient être atteints par les dispositions de l'Ordonnance. Il n'en est rien, cependant; sans doute, elles devaient s'appliquer plus souvent aux commerçants à raison de la nature même des choses; mais cela n'avait rien d'exclusif. Cela résulte des termes mêmes de l'Ordonnance : l'article 1 (titre XI), qui fixe l'époque de l'ouverture de la faillite, parle du *débiteur* en termes généraux; l'article 2 emploie aussi des expressions très compréhensives en parlant de *ceux qui auront fait faillite*, pour les obliger à fournir un état de leur actif et de leur passif; enfin, l'article 3 impose une obligation spéciale aux commerçants, en disposant que *les négociants, marchands et banquiers, seront encore tenus de représenter tous leurs livres et registres*, ce qui implique très nettement qu'il n'était pas nécessaire d'être commerçant pour être en faillite. Les anciens auteurs donnent, du reste, des explications dans lesquelles ils reconnaissent que la faillite était applicable aux non-commerçants comme aux commerçants (1).

10. Dans notre ancienne législation, la compétence en matière de faillite n'appartenait pas aux *juges-consuls*, sauf des dérogations temporaires (2). La Déclaration du 13 septembre 1739 dispose seulement

---

(1) V. notamment Jousse, *Traité de la justice criminelle*, partie IV, livre III, titre I, *Des banqueroutes* : « La *faillite* se fait, dit-il, lorsqu'un banquier, marchand, ou *autre personne* se trouve hors d'état de payer ses créanciers ». V. aussi Rousseaud de La Combe, *Traité des matières criminelles*, partie I, chap. II, section 16; Merlin (Répertoire, v° *Faillite et banqueroute*) cite divers arrêts qui ont puni comme banqueroutiers des individus non négociants, notamment un prêtre, un notaire, un auditeur des comptes. Un arrêt de la Cour de Bruxelles du 7 février 1810 décide que « selon les principes de l'ancienne jurisprudence, tant française que « belge, le débiteur non commerçant peut être également en faillite, quoi- « que cet état se manifeste plus facilement dans un commerçant ». Mais cet arrêt ajoute inexactement que ces principes n'étaient pas modifiés par les lois nouvelles.

V., pourtant, dans le sens de l'application de l'Ordonnance de 1673 aux seuls commerçants, Thaller et Percerou, *Traité des faillites, banqueroutes et liquidations judiciaires*, I, n° 22.

(2) V. la Déclaration du 10 juin 1716 qui attribuait aux juges-consuls la connaissance des faillites déjà ouvertes depuis le 1er avril 1715 ou à ouvrir

que les bilans des faillis seront déposés aux greffes des juridictions consulaires et que les juges-consuls verront et examineront sans frais tant les titres des créanciers que les livres des faillis, de quoi ils dresseront procès-verbal. Les textes n'avaient pas, du reste, toute la précision désirable, et, par suite, des conflits s'élevèrent souvent entre les juridictions (1).

11. L'Ordonnance de 1673, dans la partie concernant les faillites, a été l'objet de plusieurs modifications postérieures faites sous l'ancien régime même. L'Ordonnance était défectueuse au point de vue de la protection due aux créanciers et de la punition à infliger au failli. Elle annulait tous transports, cessions, ventes et donations *faites en fraude des créanciers* (art. 4) et obligeait, par suite, ceux-ci à une preuve toujours difficile ; cette disposition fut heureusement corrigée par une Déclaration de septembre 1702 qui annula « toutes cessions et transports sur les biens des marchands, s'ils ne sont faits dix jours au moins avant la faillite publiquement connue ». Cette Déclaration ne faisait, du reste, qu'étendre à tout le Royaume des articles en forme de règlement qu'avaient proposés les négociants de Lyon et qu'avait homologués un arrêt du Conseil du 7 juillet 1667. De plus, deux Déclarations royales, l'une du 11 janvier 1716, l'autre du 13 septembre 1739, exigèrent que ceux qui se prétendaient créanciers dans une faillite, eussent *affirmé* qu'ils étaient bien réellement créanciers, après avoir fait *vérifier* leurs titres dans une certaine forme.

12. Les dispositions de l'ancienne législation, éparses dans l'Ordonnance de 1673 et dans les actes postérieurs, laissaient beaucoup. à désirer. De nombreuses questions n'étaient pas résolues. Ainsi, aucune disposition légale ne posait nettement le principe du dessaisissement du failli, admis, cependant, par la pratique (2); aucun texte non plus n'exigeait formellement, pour que les effets de la faillite pussent se produire, un jugement déclaratif. Les arrange-

jusqu'au 1er janvier 1716. Il y eut des prorogations successives. V. les textes rapportés par Bornier à la suite de l'art. 13 du titre XI de l'Ordonnance de 1673.

(1) Renouard, *op. cit.*, I, p. 96 et suiv. Les Parlements intervinrent fréquemment pour réprimer les usurpations des juges-consuls.

(2) Rép. Merlin, v° *Faillite et banqueroute, Du curateur*, n° 6.

ments entre les créanciers et le failli se concluaient sans aucune
surveillance de l'autorité publique. Les syndics, choisis quelquefois
par des créanciers supposés, souvent par des amis ou des parents du
failli, presque toujours par un petit nombre de créanciers présents
qu'on désintéressait au préjudice des absents, déguisaient la vraie
situation de la faillite et imposaient aux créanciers des traités désas-
treux. En outre, au point de vue de la répression, l'ancienne législation était trop rigoureuse ou trop indulgente ; elle ne connaissait
que deux situations, celle du failli et celle du banqueroutier frauduleux. La peine de mort était édictée contre celui-ci, sauf à ne pas
être appliquée (n° 8), mais aucune peine n'atteignait celui qui, tout
en étant exempt de fraude, avait amené ou aggravé sa ruine par des
faits d'imprudence graves (1). Enfin, à un autre point de vue, trop
souvent les femmes des faillis plaçaient sous leur nom, et ainsi à
l'abri de toutes poursuites, des sommes dont les créanciers de
leurs maris étaient dépouillés (2) (3).

Les plus graves abus s'étaient introduits par suite des excès de la
spéculation à l'époque de la Révolution ; des gens sans scrupule s'en-

(1) En parlant des peines appliquées aux banqueroutiers frauduleux,
Jousse (sur l'art. 12 du titre XI) dit : Ces peines ne s'infligent que lorsque l'accusé est atteint et convaincu d'une fraude manifeste et qui mérite
la vengeance publique ». D'après une Déclaration de 1721, dont l'effet a
été successivement prorogé jusqu'en 1732, les poursuites criminelles ne
pouvaient avoir lieu que du consentement de la majorité des créanciers.
Jousse (sur l'art. 12 du titre XI) dit que cette disposition avait été
nécessitée par des circonstances accidentelles qui avaient rendu les banqueroutes fréquentes, parfois mêmes inévitables ; ces circonstances ayant
disparu, on ne peut douter que les procureurs du roi n'aient le droit de
poursuivre, en cette matière criminelle, sans avoir besoin des créanciers.
— C. J. de Ferrière (Dict. de droit et de pratique) dit que les banqueroutiers sont punis, tandis que les faillis ne le sont pas, « ce qui n'empêche pas qu'ils ne soient couverts d'une espèce de flétrissure qui les
dégrade parmi les marchands » ; ils avaient été frappés de certaines incapacités.

(2) A la fin de l'ancien régime, on s'était préoccupé d'une refonte de
l'ensemble de la législation commerciale. V. Traité de Droit commercial,
I, n° 32.

(3) Les poètes du xviii° siècle font allusion aux pratiques grâce auxquelles
des individus trop nombreux parvenaient à s'enrichir par la faillite désignée souvent sous le nom de banqueroute.

richissaient souvent au moyen de faillites habilement combinées.

13. Le projet de Code de commerce préparé en l'an X (1) s'occupait, dans une partie du troisième livre (art. 345 à 421), des faillites et banqueroutes (2). Ce projet avait été laissé de côté (3). Les scandales qui se produisirent dans certaines faillites, déterminèrent Napoléon à faire reprendre la préparation d'un Code de commerce. L'impression résultant de ces scandales avait été si profonde que le gouvernement arrêta en 1806 un projet exorbitant où la fraude était érigée en présomption (4). Ce projet ne prévalut pas.

Ce n'en fut pas moins sous l'influence excessive, bien que légitime dans son principe, de ces circonstances, que fut discutée la partie du Code de commerce relative aux faillites; on vit la fraude partout et on ne tint pas assez compte de ce fait que la faillite est souvent amenée par de simples imprudences, même par des revers tout à fait accidentels, de véritables cas fortuits; on songea plus aux criminels qu'aux imprudents ou aux malheureux. Napoléon intervint dans la discussion au Conseil d'Etat pour demander des dispositions sévères, soit contre le failli, soit contre sa femme. Ainsi, il insista notamment pour que le jugement déclarant la faillite ordonnât forcément l'incarcération du failli (5). Puis, il aurait voulu que la femme partageât, dans tous les cas, le malheur de son mari, et il aurait approuvé un système la privant de tous ses droits pour la réduire à de simples aliments (6).

Le livre III du Code de commerce, consacré exclusivement aux faillites et banqueroutes, a été promulgué le 22 septembre 1807 et déclaré, comme le reste de ce Code, obligatoire à partir du 1er janvier 1808 (7).

---

(1) V. *Traité de Droit commercial*, I, n° 42.

(2) Le texte de ces dispositions a été reproduit par Renouard, *op. cit.*, p. 122 à 129.

(3) V. *Traité de Droit commercial*, I, n° 42.

(4) Le texte de ce projet est reproduit dans l'ouvrage de Renouard, I, p. 122 et suiv.

(5) V. ancien article 455 du Code de commerce. Discours de Napoléon à la séance du Conseil d'État lu 28 juill. 1807 dans Locré, *Législation de la France*, XIX, p. 477 et suiv.

(6) Locré, *op. cit.*, XIX, p. 481.

(7) Les travaux préparatoires de ce livre sont réunis dans le tome XIX

14. Le Code de commerce de 1807 avait certainement amélioré la législation en réprimant des faits coupables et en pourvoyant aux intérêts des créanciers par diverses mesures protectrices (annulation de certains actes du failli antérieurs à la déclaration de faillite, administration du patrimoine du failli, dessaisissement de celui-ci, etc.) ; mais, comme cela arrive souvent en pareil cas, il était tombé d'un excès dans l'autre (1). L'extrême sévérité, recommandée par Napoléon, n'avait pas atteint son but. Ainsi, l'incarcération, prononcée par la loi d'une manière absolue, amenait presque toujours la fuite du failli, qui voulait conserver sa liberté, de telle sorte que les syndics étaient privés de renseignements utiles, parfois même nécessaires (2). En outre, dans un but de protection, on avait introduit des formalités sans fin qui naturellement amenaient des lenteurs et des frais. Les vices de la loi se révélaient par les nombreux règlements de faillites qui se faisaient secrètement, pour échapper à l'application des dispositions légales. Des faits impliquant une conduite fautive ou imprudente sans gravité considérés comme constitutifs de la banqueroute frauduleuse restaient sans répression à raison de la gravité de la peine qui les frappait.

15. Les réclamations contre la législation des faillites s'étant multipliées, le Gouvernement se décida, dès 1826, à en mettre la réforme à l'étude. Une circulaire du Ministre de la Justice (M. de Peyronnet) demanda aux Chambres de commerce, aux Cours et aux Tribunaux, « des observations motivées et développées touchant les modifica- « tions que la loi sur les faillites serait susceptible de recevoir « dans l'intérêt général du commerce ». Ce n'est qu'en 1833 que les matériaux ainsi réunis furent utilisés par une commission que le Garde des sceaux chargea de préparer un projet de loi. Après d'assez

---

de Locré, *Législation de France.* — Dans le rapport de M. de Ségur (Locré, XIX, n. 534 et suiv.), les principaux vices de l'ancienne législation sont relevés.

(1) V. pour la critique de la législation de 1807, Bédarride, *op. cit.*, I, p. XIV à XVI. — Nous aurons l'occasion de rapprocher les dispositions actuelles du Code de commerce de celles qu'elles ont remplacées et ainsi d'apprécier la partie du Code de 1807 relative aux faillites et banqueroutes.

(2) Esnault, *op. cit*, I, n° 15.

nombreuses péripéties (1), ce projet devint la loi du 28 mai 1838 qui refondit tout le livre III du Code de commerce ; les dispositions de cette loi sont encore aujourd'hui en vigueur (2). Le nouveau livre III contient le même nombre d'articles que le livre III du Code de commerce de 1807 ; aussi n'a-t-on pas eu à changer les numéros des articles du livre IV ; mais il est évident qu'on n'a pas pu conserver rigoureusement, dans le livre III, les numéros des dispositions correspondantes du Code de 1807.

16. Malgré les soins apportés à sa rédaction et les incontestables progrès réalisés par elle (3), la loi de 1838 n'a pas échappé aux critiques. Il est difficile qu'un système législatif sur les faillites ne soulève pas de vives réclamations. La nature des choses le veut ainsi : il s'agit de concilier des intérêts très divers, parfois même opposés, les intérêts du failli et ceux des créanciers, sans négliger les exigences de l'ordre public. De quelque façon que le législateur s'y prenne, il y a toujours des victimes d'événements de ce genre ; elles ne manquent pas de rendre la loi responsable de leurs maux. Cependant, en général, les résultats de la loi de 1838 étaient satisfaisants ; avec elle notamment, il y eut une plus grande célérité dans le règlement

(1) V. l'historique détaillé de la confection de la loi de 1838 dans Renouard, *op. cit.*, I, p. 175 et suiv. Le savant auteur y a pris une part très importante, soit comme secrétaire général du ministère de la Justice en 1833, soit comme député en 1835. Cette collaboration contribue à donner au commentaire de M. Renouard une autorité particulière.

(2) La loi du 28 mai 1838 avait à régler des *questions transitoires*. Elle contenait à cet égard la disposition suivante : « Les faillites déclarées antérieurement à la promulgation de la présente loi, continueront à être régies par les anciennes dispositions du Code de commerce ». Ces faillites sont donc restées sous l'empire de l'ancienne législation, même pour les formalités à accomplir depuis la mise en vigueur de la nouvelle loi. Cf. Bédarride, *op. cit,*, t. 1, n° 1. Quant aux faillites déclarées postérieurement, il ne faut pas dire *a contrario* que la loi nouvelle est seule applicable ; cela est bien vrai pour les formes et la procédure, cela serait exagérée pour ce qui concerne le fond du droit. Si la cessation des paiements s'était produite sous l'empire de l'ancienne législation, celle-ci devait rester compétente pour en régler les conséquences ; autrement, il y aurait eu atteinte à des droits acquis. Cf. Bédarride, I, n° 9.

(3) V. Renouard, *op. cit.* (2e édit. 1844), p. 198 et suiv. — V. une appréciation moins favorable dans le *Rép. Dall.*, v° *Faillite*, n° 39.

des faillites et une diminution dans les frais (1). Aussi, jusqu'en 1889,
le livre III revisé en 1838 n'avait-il été modifié que sur des points de
détail. Il l'a été : 1° par la loi du 17 juillet 1856, qui a ajouté plusieurs alinéas à l'article 541, C. com., pour réglementer le *concordat par abandon d'actif;* 2° par la loi du 12 février 1872, qui a
refondu les articles 450 et 550, C. com., pour régler la situation du
bailleur des immeubles loués par le failli. Puis, à certaines époques
de crise, en 1848 (2) et en 1870-1871 (3), des mesures législatives
temporaires ont été prises pour atténuer les rigueurs de la loi à
l'égard des commerçants forcés par les événements de cesser leurs
paiements.

17. La suppression de la contrainte par corps en matière civile et
commerciale, prononcée par la loi du 22 juillet 1867, a eu indirectement une certaine influence sur la matière des faillites : quelques
dispositions légales sont devenues d'une application rare (4), d'autres sont devenues même sans application (art. 455 *in fine*, art. 539,
C. com.), ou ne peuvent plus bien atteindre leur but par suite de la
suppression de la contrainte par corps (5).

La faillite, supsendant le droit de poursuites individuelles, avait,
pour le débiteur, l'avantage de le soustraire à la contrainte par corps
qu'aurait pu exercer contre lui individuellement tel ou tel de ses
créanciers ; aussi la faillite était-elle souvent déclarée sur la
demande même du débiteur. Celui-ci, n'ayant plus, depuis la loi du
22 juillet 1867, à redouter cette voie d'exécution sur sa personne
pour ses dettes civiles ou commerciales (6) peut être tenté de retar-

---

(1) V. la note précédente.

(2) D. 19 mars 1848; L. 22 août 1848. — V. sur ces dispositions provisoires, Renouard, *op. cit.*, p. 180 et suiv.; Dalloz, *Répertoire*, v° *Faillites*, n° 40.

(3) D. 7-14 sept. 1870 ; L. 22 avr., 9 mai, 9 sept., 19 déc. 1871, *sur les
concordats amiables*, lois dont les effets ont été prolongés jusqu'en mai
1872.

(4) V. ce qui est dit, dans la suite du paragraphe, du petit nombre des
faillites déclarées sur la demande du failli.

(5) Cela fait allusion spécialement aux dispositions concernant la clôture des opérations de la faillite pour insuffisance d'actif (art. 527 et 528,
C. com.). V. n°s 760 et 786.

(6) Il en est autrement pour les amendes, restitutions, dommages-inté-

der par tous les moyens la déclaration de faillite qui ne lui procure plus cet avantage; d'un autre côté, les créanciers, ne pouvant plus arriver à se faire payer par leurs débiteurs en exerçant contre ceux-ci la contrainte par corps, doivent recourir à la mise en faillite (1). Il semble alors que le législateur a le devoir de veiller à ce que leurs intérêts soient sauvegardés de cette façon, puisqu'il leur a enlevé l'autre garantie qu'ils avaient. Ce point de vue fut signalé au Sénat lors de la discussion de la loi du 22 juillet 1867 ; des orateurs demandèrent que la procédure des faillites fût rendue plus rapide et moins coûteuse. Le Gouvernement prit l'engagement de procéder aux études nécessaires pour réformer la législation des faillites (2) ; cette promesse n'a pas été tenue.

Durant les trente dernières années, on a agité la question d'une réforme d'ensemble de la législation des faillites, mais dans une intention toute différente; on se préoccupait de venir au secours moins des créanciers que des débiteurs qui peuvent être malheureux. A la suite du dépôt de plusieurs propositions de loi (3), le Conseil d'Etat auquel elles avaient été renvoyées, a élaboré, en 1885, un projet de loi opérant la refonte du livre III du Code de commerce (4). Ce projet a été suivi d'un rapport fait à la Chambre des députés (5). Mais, dans la crainte de ne pas aboutir avant la fin de la législature, les Chambres ont voté une loi devenue la loi du

rêts et frais auxquels un commerçant a été condamné à raison d'un crime, d'un délit ou d'une contravention. **L.** 22 juillet 1867, art. 2 et 3 ; **L.** 19 décembre 1871, art. 1.

(1) Il sera indiqué plus loin que le nombre des faillites déclarées sur la demande des créanciers a, depuis la suppression de la contrainte par corps en matière civile et commerciale prononcée par la loi du 22 juillet 1867, augmenté dans des proportions énormes, tandis que le nombre des faillites déclarées sur la demande des débiteurs (sur dépôt de bilan) a beaucoup diminué. V. n° 86 *bis*.

(2) Séance du 18 juillet 1867. V. Garsonnet, *De l'influence de l'abolition de la contrainte par corps sur la législation commerciale*, p. 90-92.

(3) Proposition de M. Richard Waddington (déposée en 1880) ; proposition de MM. Saint-Martin, Boysset et autres (déposée le 15 novembre 1881).

(4) Ce projet était accompagné d'un exposé des motifs qui était la reproduction du rapport de M. Courcelle-Seneuil au Conseil d'État.

(5) Le rapporteur de la commission a été **M.** Laroze.

4 mars 1889, modifiant seulement quelques dispositions du Code de commerce sur la faillite et créant, pour les débiteurs malheureux, une institution nouvelle qui coexiste, sous le nom de *liquidation judiciaire*, avec la faillite, à laquelle elle emprunte la plupart de ses règles, et qui n'est qu'une faillite atténuée dans ses effets s'appliquant aux commerçants de bonne foi qui révèlent leur situation en déclarant au tribunal de commerce leur état de cessation de paiements dans le délai fixé par la loi.

La loi du 4 mars 1889 a été interprétée, dans une de ses dispositions qui avait soulevé quelque doute, par la loi du 4 avril 1890. Puis, une autre loi du 6 février 1895 a ajouté une disposition à l'article 549, C. com. (maintenu en vigueur par le *Code du travail et de la prévoyance sociale*, livre I, article 47).

Enfin, des lois du 30 décembre 1903 et du 23 mars 1908 ont modifié, dans le but de la faciliter, la réhabilitation des faillis ; une loi du 28 mars 1906 a modifié l'article 509, C. com. dans le but de faciliter la conclusion du concordat.

18. La matière de la faillite, de la liquidation judiciaire et des banqueroutes, est régie par des dispositions légales très nombreuses ayant entre elles des liens intimes. Elles touchent, les unes à la procédure, les autres au fond du droit. Il est essentiel, avant d'aborder l'étude détaillée des dispositions du Code de commerce, de donner une idée d'ensemble de la matière. On peut seulement ainsi se rendre compte des rapports existant entre les différentes parties du sujet et comprendre l'ordre général qui sera suivi ci-après pour les étudier.

La liquidation judiciaire étant une institution destinée à permettre au commerçant qui a cessé ses paiements d'éviter la faillite, il pourrait paraître rationnel de parler de la liquidation judiciaire en premier lieu. Mais, dans l'état actuel de notre législation, cet ordre ne peut pas être suivi. Le législateur n'a pas, en effet, posé des règles complètes sur la liquidation judiciaire. Il s'est borné à renvoyer, pour celle-ci, aux règles de la faillite, en y indiquant seulement quelques dérogations (L. 4 mars 1889, art. 24). On est ainsi contraint, pour l'étude de la législation française, de parler de la faillite avant d'en arriver à la liquidation judiciaire. C'est l'ordre qui sera suivi dans le tableau d'ensemble qui va être présenté comme dans l'étude détaillée de la matière (n° 41).

19. La faillite est devenue dans le Code de commerce de 1807 une institution exclusivement commerciale; non seulement il en est traité dans le Code de commerce, mais l'article 437 dit nettement : TOUT COMMERÇANT *qui cesse ses paiements est en état de faillite.* L'Ordonnance de 1673 s'exprimait tout autrement (n° 9) ; la faillite et la banqueroute pouvaient sous son empire s'appliquer à un non-commerçant. Il ne paraît pas que cette différence, qui, pourtant, est si considérable, ait beaucoup frappé les rédacteurs du Code ; ils ne l'ont pas signalée. Probablement, dans la pratique, on avait pris peu à peu l'habitude de réserver la faillite aux commerçants, et le Code n'aura fait que constater la règle qui avait fini par prévaloir. Le *Répertoire* de Guyot (édition de 1784) définit la faillite : « l'état « dans lequel se trouve un *marchand, banquier ou négociant,* dont « les affaires sont tellement dérangées qu'il est dans l'impossibilité de « tenir ses engagements. » Bornier, dans son commentaire de l'article 17 du titre XI de l'Ordonnance de 1673, ne parle aussi que des négociants (1).

La *liquidation judiciaire* ne s'applique aussi qu'aux commerçants (L. 4 mars 1889, art. 1), par cela même qu'elle constitue une sorte de faillite atténuée dans ses effets, comme cela a été dit plus haut (n° 18).

20. Quand un commerçant est hors d'état d'acquitter ses dettes, il y a là, comme le prouve l'expérience, une situation pleine de périls pour lui et pour ses créanciers. Il est à craindre que, pour sortir d'embarras, il ne soit tenté de recourir à des moyens désespérés et n'arrive qu'à aggraver sa position ; il peut aussi céder à l'influence ou à la pression de tel ou tel de ses créanciers et l'avantager au détriment des autres ; enfin, ce qui est plus grave encore, il peut songer à soustraire, à son propre profit, une partie de son actif aux poursuites de ses créanciers. Le législateur doit prendre des mesures pour maintenir l'égalité entre les créanciers, pour empêcher que certains d'entre eux, plus habiles, mieux renseignés,

(1) V. plus haut, note 1 de la page 12.

souvent moins scrupuleux, se fassent avantager au détriment des autres. L'ordre public est, en outre, intéressé à ce que les fraudes ou les négligences graves ne soient pas impunies. Enfin, l'intérêt même du failli ne doit pas être laissé de côté, par cela même que le commerce est exposé à des risques que le travail et la prudence ne peuvent pas toujours éviter. Casaregis disait : *Negotia mercatorum sunt magis periculosa, quia mercatores sunt semper in proximo periculo decoquendi, et hodiè sunt solvendo, cras vero non.*

21. Pour que des mesures soient prises et que la justice intervienne, il faut que l'embarras se traduise à l'extérieur par la *cessation des paiements*. C'est elle qui motive la *déclaration de faillite* que peut prononcer le tribunal de commerce, à la demande du failli ou de ses créanciers, ou même d'office (art. 437 et 440, C. com.). Le jugement *déclaratif de faillite* produit des effets très graves et variés : il sert de point de départ à d'importantes mesures ayant pour objet soit la personne même soit les biens du failli. Les effets de ce jugement se produisent soit dans l'avenir soit même dans le passé.

22. *Dans l'avenir*, le jugement déclaratif de faillite a notamment les deux effets suivants :

1° Il dessaisit le failli de l'administration de ses biens (art. 443, C. com.). Par suite du dessaisissement, le failli ne peut plus faire d'actes qui, directement ou indirectement, diminuent son actif ou augmentent son passif au préjudice de ses créanciers.

2° Le droit, pour chaque créancier, de poursuivre le failli individuellement est suspendu ; un créancier ne peut actionner en justice le failli ni, en pratiquant des voies d'exécution sur ses biens, arriver à se faire payer de préférence aux autres créanciers.

Les poursuites individuelles qui aboutissent à des saisies, sont suspendues par l'effet du jugement déclaratif et remplacées par une procédure d'ensemble organisée dans l'intérêt commun des créanciers.

L'administration des biens du failli passe à ses créanciers. Ils forment une *masse* représentée par un mandataire appelé *syndic* que nomme le tribunal de commerce. Ce mandataire agit sous le contrôle et la surveillance du tribunal de commerce qui a déclaré la faillite et

du juge-commissaire nommé par ce tribunal pour s'occuper spécialement de la faillite dont il s'agit (art. 451 et 452, C. com.). En
outre, les créanciers peuvent choisir eux-mêmes parmi eux un ou
deux *contrôleurs* chargés de surveiller les opérations du syndic
(L. 4 mars 1889, art. 9, 10 et 20, al. 2).

Les créanciers sont appelés à délibérer et à prendre des résolutions ; on ne pouvait évidemment exiger l'unanimité ; elle est, quand
les créanciers sont nombreux, presque impossible à obtenir ; puis, des
volontés individuelles ne doivent pas pouvoir empêcher des mesures
à prendre dans l'intérêt commun, mais il fallait aviser à ce que cet
intérêt fût régulièrement constaté ; la loi n'a pas rendu la majorité
toute-puissante et elle a cherché à sauvegarder les intérêts de la minorité, des absents et aussi ceux de l'ordre public.

23. Le jugement déclaratif de faillite ne produit pas seulement des
effets dans l'avenir ; il en a aussi *dans le passé*. Le fait de la cessation des paiements qui motive la déclaration de faillite, peut s'être
produit à une époque plus ou moins ancienne par rapport au jugement déclaratif ; il y a ainsi un délai variable qui s'est écoulé entre
la cessation des paiements et le jugement qui, en la constatant,
déclare la faillite. C'est cette période, augmentée parfois de dix
jours précédant la date de la cessation des paiements, qu'on appelle,
dans l'usage, *la période suspecte*. Les actes de nature à nuire aux
créanciers, faits pendant cette période, peuvent être annulés dans
l'intérêt de la masse des créanciers sous des conditions qui varient
avec la nature des actes dont il s'agit (art. 446 à 449, C. com.). Ces
nullités ont un but analogue à celui de l'action révocatoire pour
cause de fraude (ou *paulienne*) (art. 1167, C. civ.) ; mais elles protè-
gent les créanciers au profit desquels elles sont prononcées, plus
efficacement que cette action.

24. Après la déclaration de faillite, il importe d'empêcher la dis-
traction d'une partie de l'actif, d'en constater exactement le montant
et la consistance, d'en assurer la conservation. Aussi les scellés sont-
ils, en principe, apposés sur les magasins, comptoirs, caisses, portefeuille du failli (art. 455, 458, 460, C. com.). Puis, les scellés
étant levés, le syndic doit procéder à la confection d'un inventaire
destiné à constater l'actif du failli (art. 479 et suiv., C. com.). Des

actions peuvent être exercées au besoin par le syndic pour la conservation des droits du failli. Les meubles et marchandises, spécialement ceux qui sont sujets à dépérissement, peuvent être vendus
par lui (art. 470 et 486, C. com.). Sous les conditions que la loi
détermine, le commerce du failli peut être continué par le syndic
(art. 479, C. com.).

Il importe aussi de connaître exactement le passif. C'est en le com-
parant à l'actif qu'on établit la situation pécuniaire exacte du failli,
et la détermination des créanciers du failli permet seule de fixer les
personnes qui ont le droit de prendre part aux délibérations de l'assemblée des créanciers. L'importance du passif peut, en outre,
exercer une influence décisive sur la solution que les créanciers
donnent à la faillite (n° 25). Une procédure spéciale, appelée *vérification et affirmation des créances,* a pour but de déterminer les
créances qui existent contre le failli et de fixer le montant de chacune d'elles (art. 491 et suiv., C. com.).

25. Quand tout cela a été fait, les créanciers sont mis à même
de se prononcer en connaissance de cause sur la solution à donner à
la faillite, c'est-à-dire sur le sort du patrimoine du failli, sur ce qu'il
y a à faire de ses biens. Il y a seulement, d'après le Code de commerce, trois solutions de la faillite possibles : le *concordat simple,*
le *concordat par abandon d'actif,* l'*union.*

26. Les créanciers sont convoqués et le syndic leur fait un rapport
sur l'état matériel et moral de la faillite (art. 506, C. com.). Souvent le failli demande à être remis à la tête de ses affaires ; il solli-
cite en même temps au moins des délais pour s'acquitter et presque
toujours une remise partielle de ses dettes, en s'obligeant seulement
à payer un dividende (tant pour cent de ses dettes) à ses créanciers.
Lorsque les créanciers acceptent la proposition du failli, la convention qui intervient constitue ce qu'on appelle un *concordat simple.*
Si l'on appliquait les règles du droit commun relatives à la formation
des conventions, le consentement de tous les créanciers qui doivent
subir une restriction de leurs droits, serait nécessaire (art. 1165,
C. civ.), mais, à cette condition, tout concordat serait à peu près
impossible ; il faut compter avec l'entêtement ou l'animosité d'un
ou de plusieurs des créanciers. Aussi la loi permet-elle à la majo-

rité de lier la minorité, en pourvoyant à ce que les intérêts de celle-ci ne soient pas injustement sacrifiés ; dans ce but, la loi prescrit des conditions spéciales quant à la majorité requise (art. 507 et 508, C. com.) et exige l'homologation du concordat par la justice (art. 511 et suiv., C. com.). Le failli ne doit pas être indigne de la faveur qui lui est faite, c'est un des points que le tribunal a aussi à apprécier quand il doit statuer sur l'homologation d'un concordat (art. 514 et 515, C. com.). Du reste, la loi refuse elle-même le bénéfice du concordat à certains individus (art. 510, C. com.).

27. Quand, pour une cause quelconque, il n'y a ni concordat simple ni concordat par abandon d'actif (dont il est parlé ci-après, n° 28), les créanciers sont en état d'*union* (art. 529, C. com.). C'est la solution de la faillite la plus dure pour le failli. Celui-ci ne recouvre pas, comme en cas de concordat simple, l'administration de son patrimoine. Tous ses biens sont vendus et le prix en est réparti entre les créanciers (art. 534, C. com.). Si les créanciers ne sont pas désintéressés intégralement, ils conservent leurs droits pour l'excédent et ils peuvent désormais chacun exercer des poursuites individuelles contre le failli jusqu'à ce qu'ils soient entièrement payés.

28. Une troisième solution de la faillite, qui participe à la fois de l'union et du concordat simple, est encore possible, c'est le *concordat par abandon d'actif*. Des dispositions insérées dans l'article 541, C. com., en vertu de la loi du 17 juillet 1856, ont réglementé cette solution que n'avaient prévue ni le Code de commerce de 1807, ni la loi du 28 mai 1838. Ce concordat ne peut être consenti qu'aux mêmes conditions que le concordat simple. Seulement, le failli n'est pas remis à la tête de ses affaires ; les biens qu'il abandonne aux créanciers, sont vendus dans les mêmes formes qu'en cas d'union. Mais, et c'est l'avantage pécuniaire qu'offre le concordat par abandon par rapport à l'union, le failli ne peut pas être poursuivi pour des dettes excédant le prix des biens abandonnés. Le concordat par abandon d'actif renferme ainsi nécessairement une remise de dettes dont l'importance est déterminée par les résultats des ventes des biens du failli.

29. A la suite de la vente de tous les biens du failli et des répartitions du prix entre les créanciers qu'entraîne avec lui *l'état d'union*,

les créanciers ont à donner leur avis sur *l'excusabilité du failli*. Le tribunal de commerce, éclairé par cet avis, déclare ou non le failli excusable. La déclaration d'excusabilité avait, avant la loi du 22 juillet 1867, un effet pratique important, celui de faire échapper le failli à la contrainte par corps de la part des créanciers ayant recouvré le droit de poursuite individuelle (art. 538 et 539, C. com.). Depuis la suppression de la contrainte par corps en matière civile et commerciale, la déclaration d'excusabilité a surtout une valeur morale pour le failli. Elle présente un petit intérêt depuis la loi du 5 août 1899 sur le *casier judiciaire*, en ce que les déclarations de faillite ne figurent pas sur le Bulletin n° 3, quand le failli a été déclaré excusable (art. 7, 7°). En outre, il semble bien que l'excusabilité supprime le droit de procéder à la contrainte par corps dans les cas rares où elle est encore admise depuis la loi du 22 juillet 1867 (1).

30. Le concordat simple, le concordat par abandon et l'union sont les trois seules solutions qu'une faillite puisse recevoir d'après la loi. Mais il est possible que la procédure de la faillite soit arrêtée avant qu'on arrive à une solution. C'est là ce qui se produit quand l'actif est insuffisant pour subvenir aux frais des opérations de la faillite. Le tribunal de commerce peut alors prononcer la clôture des opérations de la faillite (art. 527 et suiv., C. com.). *La clôture pour insuffisance d'actif* a une conséquence grave : la faillite ne prend pas fin, mais, outre que les opérations de la faillite ne continuent pas, un des plus importants effets du jugement déclaratif cesse : chaque créancier recouvre son droit de poursuite individuelle contre le failli (art. 527, 2e al., C. com.), de telle sorte que chacun des créanciers a le droit de saisir et faire vendre les biens que le failli a pu acquérir. Le but de ces dispositions du Code de commerce était surtout de déterminer les commerçants à révéler leur situation embarrassée avant que leurs biens ne fussent devenus insuffisants même pour subvenir aux frais des opérations d'une faillite. Le jugement de clôture pour insuffisance d'actif, en restituant à chaque créancier son droit de poursuite individuelle, lui rendait la faculté d'exercer la contrainte par corps contre le

---

(1) V., pourtant, Agen, 24 février 1902, D. 1902. 2. 249.

failli. La suppression de la contrainte par corps en matière civile et commerciale empêche depuis 1867 que la clôture pour insuffisance d'actif n'atteigne, à cet égard, son but (1); les commerçants ne la redoutent plus. Au reste, le jugement de clôture peut être rapporté si de nouvelles ressources surviennent pour subvenir aux frais des opérations de la faillite qui sont alors reprises (art. 528, C. com.).

31. En présence du désastre commun, le législateur cherche à maintenir l'égalité entre les créanciers. Aussi la loi voit-elle avec défaveur les droits de préférence qui font d'ordinaire passer certains créanciers avant les autres ; elle se défie spécialement de la femme du failli qui, comme l'expérience l'a démontré, se laisse facilement entraîner à faire croire à l'existence à son profit de droits qu'elle n'a pas réellement, ou dont elle augmente l'importance, pour faire profiter son mari du bénéfice que procure leur exercice. — En cas de faillite d'un acheteur d'effets mobiliers ou d'un locataire d'immeubles, le Code de commerce supprime les garanties d'ordinaire accordées au vendeur (articles 550, 576 et suiv. C. Com.), ou restreint le privilège du bailleur d'immeuble (art. 450 et 550, C. com.); il restreint aussi l'hypothèque légale de la femme du failli quant aux immeubles de celui-ci qui en sont grevés (art. 563, C. com.), soumet la preuve de ses reprises à des règles rigoureuses (art. 557 et suiv., C. com.), annule les libéralités que les époux ont pu se faire (art. 564, C. com.), édicte une présomption de fraude à l'égard des acquisitions faites par la femme du failli (art. 559, C. com.).

32. La loi ne se préoccupe pas seulement de sauvegarder les intérêts des créanciers ; elle a également en vue l'intérêt public qui est engagé ici au plus haut point ; les faillites, en se multipliant, portent atteinte au crédit privé et même le crédit public peut s'en ressentir. La conduite du failli est donc l'objet d'un examen sérieux ; on recherche les causes qui ont amené la cessation des paiements. Y a-t-il eu *malheur*, *faute* ou *fraude*? Le failli peut ainsi se trouver dans trois situations bien différentes.

(1) Aussi sera-t-il expliqué que le nombre des clôtures pour insuffisance d'actif atteint un chiffre très élevé depuis 1867. V. n° 786. L'un des buts de l'introduction de la liquidation judiciaire a été d'en restreindre le nombre. V. n° 34.

La plus grave est naturellement celle de l'homme auquel on peut reprocher de véritables fraudes destinées à dissimuler son actif ou à augmenter son passif (art. 591, C. com.) ; il se rend ainsi coupable du crime de *banqueroute frauduleuse* puni des travaux forcés à temps (art. 402, C. pénal).

Les fautes commises par le failli constituent ou peuvent constituer, suivant les cas, le délit correctionnel de *banqueroute simple* (art. 585 et 586, C. com.) puni d'un mois à deux ans de prison.

Contre le failli auquel on ne peut reprocher ni fraude ni faute entraînant la banqueroute frauduleuse ou la banqueroute simple, la loi ne prononce pas de peine proprement dite, mais des déchéances ou des incapacités assez nombreuses ; les déchéances qui ont été restreintes par la loi du 30 décembre 1903 (art. 1er), ne cessent que par la *réhabilitation*, qui supposait, d'après le Code de commerce même modifié en 1838, comme condition essentielle le paiement par le failli de l'intégralité de ses dettes (art. 604 et suiv.) Le but de la loi était de rendre les commerçants plus prudents, par suite de la crainte de la déconsidération qui naît de l'état de faillite et d'augmenter les chances du paiement intégral des créanciers par suite du désir du failli de reprendre sa place dans la société. La réhabilitation est toujours nécessairement admise en cas de paiement intégral des dettes du failli. Mais, en outre, *elle peut être obtenu* par les faillis d'une probité reconnue dans d'autres cas déterminés par l'article 605, C. com. modifié par la loi du 23 mars 1908. En outre, la réhabilitation a lieu de plein droit après l'expiration d'un délai que la loi elle-même détermine (art. 605, C. com. modifié par la loi du 23 mars 1908).

32 bis. On se tromperait, toutefois, si l'on considérait la loi sur les faillites comme exclusivement rigoureuse pour le failli ; elle contient aussi des dispositions qui lui accordent des avantages. La possibilité d'obtenir de la majorité des créanciers un concordat renfermant toujours des remises partielles de dettes ou des concessions de délais est le plus important. V. aussi articles 474, 530, C. com. Quand la contrainte par corps existait, la faillite pouvait procurer un avantage précieux au failli : la suspension des poursuites individuelles résultant du jugement déclaratif s'appliquait notamment à ce mode de coercition. De plus, sans obtenir de concordat, le failli pouvait, par une déclaration d'*excusabilité*, y échapper définitivement pour les dettes antérieures à la faillite (art. 455, 456, 472, 538 et 539, C. com.).

33. De cet exposé sommaire, il résulte que le Code de commerce, modifié en 1838, faisait déjà d'assez notables différences entre le commerçant malheureux victime des événements et le commerçant coupable de fautes ou de fraudes. Pour le commerçant coupable, il y a les peines de la banqueroute simple ou frauduleuse. Ce n'est guère, en fait, que le commerçant malheureux qui obtient un concordat de ses créanciers. En outre, pour lui seul, est faite la déclaration d'excusabilité après union.

34. Cependant, on avait reproché à la législation de 1838 d'être d'une trop grande rigueur, de ne pas faire une distinction assez tranchée entre les commerçants malheureux et les autres. On avait fait remarquer que, non seulement il y avait là un vice de la législation contraire à la justice, mais qu'encore l'intérêt des créanciers est souvent ainsi compromis. Un commerçant, effrayé par les rigueurs de la loi qui admet le dessaisissement et des incapacités électorales pour tout failli sans distinction, ne dépose pas, disait-on, son bilan en cas de cessation de paiements, comme le Code de commerce lui en fait un devoir, ou tarde à le déposer (art. 438, C. com.). Il cherche par tous les moyens à cacher sa situation et à éviter la déclaration de faillite ; il fait trop souvent, dans ce but, des opérations qui ne contribuent qu'à aggraver encore sa situation. Le jour où elle se révèle, la faillite est sans doute déclarée sur la demande des créanciers ou d'office, mais l'actif est très réduit, tandis que le passif est très augmenté. Souvent même, l'actif est tellement diminué qu'il ne suffit pas pour subvenir aux frais des opérations de la faillite ; aussi les jugements de clôture pour insuffisance d'actif se multiplient.

Ce sont ces critiques surtout qui ont fait demander, depuis 1870, la réforme de la législation des faillites. Elles ont conduit à admettre, pour les commerçants ayant cessé leurs paiements, à côté de la faillite, la *liquidation judiciaire* régie par la loi du 4 mars 1889.

On a pensé que, pour pousser les commerçants ayant cessé leurs paiements à révéler le plus tôt possible leur situation, il faut atténuer, pour ceux qui déposent leur bilan dans les délais impartis par la loi et auxquels il n'y a aucun reproche à faire, les effets de la faillite. Ces commerçants peuvent réclamer du tribunal de commerce le bénéfice de la liquidation judiciaire (L. 4 mars 1889, art. 1 et 2).

Le jugement de mise en liquidation judiciaire produit, en général, les effets du jugement déclaratif de faillite ; toutefois, il n'entraîne pas, pour le débiteur qu'on appelle dans l'usage le *liquidé,* le dessaisissement de l'administration de ses biens ; il y a seulement, à côté du débiteur resté à la tête de ses affaires, un liquidateur nommé par justice qui doit l'assister dans la plupart des actes. Le jugement de mise en liquidation judiciaire produit aussi des incapacités électorales moindres que le jugement déclaratif de faillite (L. 4 mars 1889, art. 21 et L. 30 décembre 1903, art. 3). A tous autres égards, les règles de la faillite s'appliquent, en principe, à la liquidation judiciaire (L. 1889, art. 24). Celle-ci peut, notamment, comme la faillite, avoir pour solution le concordat simple, le concordat par abandon ou l'union. Il est possible aussi que la liquidation judiciaire, comme la faillite, soit arrêtée par un jugement de clôture des opérations pour insuffisance d'actif. Mais, la liquidation judiciaire peut, en outre, se terminer par sa conversion en faillite qui, selon les cas, est facultative ou obligatoire pour le tribunal (L. 4 mars 1889, art. 19).

34 *bis.* Une indulgence pour les commerçants qui cessent leurs paiements, indulgence qu'il est permis de juger quelque peu excessive, se manifeste dans la législation surtout depuis une trentaine d'années. Elle résulte, soit de la loi du 4 mars 1889 sur la liquidation judiciaire, soit de la loi qui a restreint la durée des incapacités du failli (L. 23 mars 1908), soit enfin des lois qui ont admis la réhabilitation des faillis en dehors du cas de paiement intégral de leurs dettes (L. 30 décembre 1903 et 23 mars 1908). A maintes reprises, des propositions de lois ont été faites pour accorder une amnistie aux faillis (1). Enfin, on a proposé d'organiser une liquidation amiable destinée à éviter la faillite (2).

_____

(1) Ces propositions de lois sont contraires à un principe incontesté jusqu'à présent, celui d'après lequel l'amnistie s'applique seulement à des infractions à la loi pénale.

(2) Proposition de loi de M. Failliot *ayant pour objet d'établir et de régle-*

35. Il a été dit plus haut que la faillite et la liquidation judiciaire ne s'appliquent qu'aux commerçants. Sous ce dernier nom, il faut comprendre aussi bien les sociétés commerciales formant des personnes morales (1) que les individus commerçants. C'est principalement pour rendre la faillite applicable à toutes les sociétés par actions que la loi du 1er août 1893 (nouvel art. 68 de la loi du 24 juillet 1867) a reconnu le caractère commercial à toutes les sociétés par actions, quel que soit leur objet (2). Des règles spéciales régissent la faillite ou la liquidation judiciaire des sociétés commerciales, et ces règles diffèrent quelque peu suivant la forme que les sociétés revêtent ; elles sont différentes selon que les sociétés sont en nom collectif, en commandite ou anonymes. V. ci-après nos **1144** et suiv.

36. Toutes les règles qui viennent d'être résumées et qui forment la législation sur la faillite, la liquidation judiciaire et les banqueroutes, sont, au contraire, étrangères aux non-commerçants ou aux sociétés civiles qui sont dans l'impossibilité de tenir leurs engagements. Cette situation des non-commerçants et des sociétés civiles se désigne sous le nom de *déconfiture* (3). Quelques dispositions légales éparses indiquent un certain nombre d'effets produits par la déconfiture, qui sont parfois semblables à ceux de la faillite. V. article 1276, 1446, 1613, 1865 5°, 2003, 2032, C. civ. Mais, nulle part, la loi n'a défini cet état ; de plus, il n'est pas réglementé, comme la faillite, par un ensemble de dispositions coordonnées. Aussi y a-t-il divergence même sur les caractères distinctifs de la déconfiture. Pour quelques-uns, le mot de *déconfiture*, étant synonyme d'*insolvabilité*, indiquerait l'état d'une personne dont le passif excède l'ac-

---

menter *la liquidation amiable* déposée, à la Chambre des Députés le 19 juin 1911.

(1) Cela exclut les associations en participation. — V. *Traité de Droit commercial*, II, n° 1057.

(2) V. *Traité de Droit commercial*, II, nos 1003 et suiv.

(3) Le mot *déconfiture* appartient à la basse latinité. *Deconfitura* signifiait ruine complète. Ce mot venait sans doute de *conficere* qui veut dire achever, parfaire. Peut-être le mot déconfiture vient-il de *decoctio*, expression employée au moyen âge pour indiquer l'état de déconfiture. — V. ci-dessus n° 5 et note 1 de la page 7.

tif (1). Mais cela ne paraît pas exact. La déconfiture est l'état d'un non-commerçant dont certains faits extérieurs font présumer l'insolvabilité (2). On ne peut exiger de ceux qui allèguent la déconfiture d'un débiteur, une preuve régulière de l'insolvabilité de celui-ci. Cette preuve est très difficile ou même souvent impossible à faire ; car tous les biens du débiteur formant son actif ne sont pas vendus et on connaît d'autant moins aisément tous les créanciers d'un non-commerçant qu'aucune mesure n'est prise pour les prévenir d'avoir à se faire connaître dans certains délais ; il y a donc incertitude à la fois sur le montant de l'actif et sur le montant du passif. On doit se contenter d'une présomption d'insolvabilité qui se fonde sur des circonstances extérieures laissées à l'appréciation des juges ; ce sont principalement des saisies des biens du débiteur ; avant la loi du 22 juillet 1867, ce pouvait être l'exercice de la contrainte par corps pratiquée contre lui (3). Il est donc possible qu'il y ait déconfiture, sans que le passif du débiteur soit réellement supérieur à l'actif A l'inverse, il se peut qu'un individu soit, en fait, insolvable, c'est-à-dire ait un passif supérieur à son actif, sans que rien le révèle à l'extérieur : c'est ce qui a lieu quand ses créanciers, ayant confiance

---

(1) Bravard, V, p. 28.

(2) En ce sens, Delamarre et Le Poitevin, VI, n° 5 ; Demangeat sur Bravard, V, p. 28, note 2 ; Boistel, n° 890 ; Garraud, *De la déconfiture*, p. 6, 71 et 72.

(3) Voici sur ce point des motifs d'un arrêt de la Cour de Rennes, du 21 mars 1812, S. 1812. 2. 72 : « Considérant qu'il n'est pas possible d'appli-« quer aux individus non-commerçants les dispositions du Code de com-« merce... Que le Code civil n'a pas défini la déconfiture... Mais qu'il faut « qu'elle soit légalement connue pour produire ses effets, que de simples « présomptions, la notoriété même d'insolvabilité, ne suffiraient pas à la « caractériser, qu'il faut que des saisies mobilières ou immobilières sur les « biens du débiteur attestent son impuissance de satisfaire à ses engage-« ments ; ce n'est qu'à ces signes que la déconfiture peut être légalement « reconnue ». Toutefois, la distinction entre la déconfiture et la faillite ne semble pas avoir toujours été bien nettement faite. On est étonné de trouver dans la bouche de Treilhard les paroles suivantes : « On peut « faillir sans être marchand ; à la vérité, la faillite alors est appelée « déconfiture ; mais peu importe la dénomination, puisque la chose est la « même ». Locré, *Législation de la France*, XII, p. 161-162, à propos de l'art. 1188, C. civ.

en lui, n'exercent aucune poursuite. Alors, il n'y a pas déconfiture dans le sens légal du mot ; aucun effet juridique ne se produit à raison de la situation du débiteur (1).

37. Les règles qui régissent la déconfiture diffèrent profondément de celles de la faillite. Voici les principales différences à signaler :

a. Le non-commerçant n'est pas astreint par la loi à révéler à la justice sa situation embarrassée, comme y est obligé le commerçant (art. 438, C. com.).

b. A la différence de la faillite, l'état de déconfiture n'est pas constaté par un jugement *ad hoc*, produisant des effets absolus à l'égard de tous les intéressés. Chaque fois qu'il est allégué qu'un des effets de la déconfiture a dû se produire, le tribunal saisi de la question juge si la personne dont il s'agit est ou non en état de déconfiture.

c. En cas de déconfiture, il n'y a pas, comme en cas de faillite, de procédure d'ensemble, pas de dessaisissement (2), ni de suspension du droit de poursuite individuelle ; les créanciers n'ont pas de représentant chargé de veiller à leurs intérêts collectifs. Sans doute, sauf les causes légitimes de préférence, tous les créanciers ont un droit égal sur les biens de leur débiteur (art. 2092, C. civ.), mais aucune mesure n'est prise pour que les créanciers absents ou inconnus soient mis en demeure de faire valoir leurs prétentions ; chacun d'eux pourvoit à ses intérêts comme il l'entend ; tant mieux pour ceux qui parviennent à se faire payer les premiers. V. n° 37 *bis*.

d. Les actes qui ont pu être faits par le débiteur non-commerçant au détriment de ses créanciers, tombent seulement sous le coup de l'article 1167, C. civ., c'est-à-dire qu'ils ne peuvent être annulés qu'à la condition de démontrer dans tous les cas le préjudice causé par ces actes aux créanciers (*eventus damni*) et la fraude du débiteur (*consilium fraudis*) (3), et, de plus, pour les actes à titre onéreux,

----

(1) Garraud, *op. cit.*, p. 71.

(2) Cass. 17 janv. 1885, S. 1885. 1. 102 ; Cass. 10 juillet 1876, S. 1876. 1. 405.

(3) Nous n'avons pas à examiner ici la question controversée de savoir si la fraude du débiteur est exigée pour l'annulation des renonciations (art. 622, 788, 1053, 1464 et 2225, C. civ.). V. Colmet de Santerre, V, n° 82 *bis* X ; Planiol, *op. cit.*, II, (6ᵉ édit.), n° 313.

la complicité des tiers contractants. L'article 1167 ne saurait même s'appliquer aux *paiements*, attendu qu'il n'y a pas de fraude, pour un débiteur, à payer ce qu'il doit et, pour un créancier, à recevoir ce qui lui est dû (*suum recepit*), de sorte que, très licitement, un débiteur peut avantager celui ou ceux de ses créanciers qu'il lui plaît de choisir (1). En cas de faillite, les créanciers sont protégés contre les actes faits à leur préjudice par le failli entre la date de la cessation des paiements ou les dix jours qui la précèdent et le jugement déclaratif par un système de nullités plus rigoureux que l'action paulienne (art. 446 à 449, C. com.) (2). En outre, ces nullités atteignent même les paiements. Enfin, elles ne supposent pas nécessairement la fraude du failli.

e. Le débiteur en état de déconfiture n'est frappé d'aucune des incapacités d'ordre électoral qui atteignent le failli.

-*f*. Il n'y a pas, pour le non-commerçant en état de déconfiture, des délits ou des crimes analogues à la banqueroute simple et à la banqueroute frauduleuse. Ainsi, les *faits* qui, émanant d'un commerçant, constituent la banqueroute, sont ordinairement impunis, quand ils sont commis par un non-commerçant au préjudice de ses créanciers.

g. Par contre, le non-commerçant en état de déconfiture ne jouit pas du bénéfice de pouvoir conclure avec la majorité de ses créanciers un concordat contenant des remises de dettes ou accordant des délais ; aucune dérogation n'étant apportée aux principes généraux, ces remises et ces délais ne sont, par application de l'article 1165, C. civ., opposables qu'à ceux qui les ont consentis. Aussi faut-il le consentement de tous les créanciers pour que le débiteur jouisse de ces remises ou de ces délais à l'égard de tous.

h. En cas de déconfiture, aucune restriction spéciale n'est apportée aux droits de la femme du débiteur.

i. Aucun privilège, aucune hypothèque n'est supprimé ou réduit.

(1) Cpr., sur ces divers points, Delamarre et Le Poittevin, VI, nᵒ 627, et surtout Garraud, *op. cit.*, p. 74 et suiv.

(2) Les créanciers d'un failli ont, du reste, l'action paulienne ou révocatoire pour cause de fraude à raison des actes faits par le failli avant l'époque durant laquelle ses actes sont atteints par ces nullités.

37 bis. De la faillite on rapproche souvent le cas d'acceptation d'une succession sous bénéfice d'inventaire. Lorsqu'une succession est ainsi acceptée, les créanciers ne peuvent se faire payer que sur les biens héréditaires à l'exclusion des biens personnels de l'héritier. Aussi, la loi prend-elle quelques précautions pour sauvegarder leurs droits ainsi restreints (1). Du reste, en dehors du cas où il s'agit d'une succession qui, étant dévolue à un mineur ou à un interdit, ne peut être acceptée purement et simplement (art. 461 et 509, C. civ.), l'acceptation bénéficiaire suppose généralement une succession mauvaise, de telle sorte qu'il y a là un état assimilable à l'état de déconfiture. La loi n'a pas, à la différence de ce qui a lieu en cas de faillite, organisé de procédure collective dans l'intérêt des créanciers de la succession acceptée bénéficiairement et elle laisse, en principe, à l'héritier bénéficiaire le droit de payer les créanciers héréditaires à mesure qu'ils se présentent (art. 808, al. 2, C. civ.).

37 ter. La déconfiture et la faillite impliquent l'une et l'autre le même élément de fait, l'impossibilité ou le refus de la part d'un débiteur de tenir ses engagements. Cependant, il vient d'être exposé que des différences profondes existent entre les effets qu'elles produisent et, d'une façon générale, entre les règles qui les régissent. La distinction radicale faite à cet égard par la loi française entre les commerçants et les non-commerçants, est-elle bonne ? Ne faudrait-il pas, au contraire, étendre aux seconds la faillite qui, dans notre droit actuel, n'est faite que pour les premiers ? C'est là une question législative très vivement discutée et à laquelle les lois de tous les pays ne donnent pas la même solution.

Pour restreindre la faillite aux commerçants, on fait valoir que la nature et la multiplicité des opérations commerciales, le crédit qu'elles exigent, les risques auxquels elles exposent, justifient particulièrement les dispositions de la loi sur les faillites, à la fois favorables et rigoureuses pour le débiteur. Les opérations faites par un non-commerçant sont moins aventureuses et en moins grand nombre ; il n'a ordinairement qu'un nombre restreint de créanciers, il recourt assez

---

(1) V., notamment, art. 2146, C. civ. Cette disposition vise à la fois le cas de faillite et celui de l'acceptation d'une succession sous bénéfice d'inventaire.

rarement au crédit. De plus, il importe tout spécialement que des mesures soient prises pour maintenir l'égalité entre les créanciers d'un commerçant. Outre que ceux-ci sont parfois nombreux, ils se contentent souvent de l'engagement personnel de leur débiteur. Puis, comme il en est fréquemment parmi eux qui habitent dans des lieux éloignés, il faut protéger ceux-ci contre les actes de certains créanciers plus rapprochés ou mieux avertis de la situation du débiteur commun.

En réalité, ces raisons ne sont pas décisives pour justifier la limitation de la faillite aux commerçants. Elles prouvent seulement que la faillite est une institution qui a surtout de l'utilité pour les commerçants. Elle en peut avoir aussi pour les non-commerçants. Par suite de l'inapplication de la faillite à ceux-ci, leurs créanciers ne sont pas sérieusement protégés par la loi. Ils sont réduits à pratiquer des saisies sur des biens déterminés, dont le débiteur peut très facilement faire par avance disparaître l'objet, par cela même que, n'étant pas dessaisi de l'administration de son patrimoine, il reste, malgré ses embarras, en possession de tous ses biens. L'action paulienne est une protection insuffisante pour les créanciers ; elle exige la preuve de faits difficiles parfois à établir et elle est sans application aux paiements faits par le débiteur à certains créanciers qu'il favorise en les désintéressant au détriment des autres. La grande différence faite par la loi, au point de vue de la faillite, entre les commerçants et les non-commerçants, se justifie d'autant moins que la distinction entre les actes civils et les actes de commerce dont la réitération à titre de profession habituelle fait le commerçant, n'est pas toujours facile à faire et est souvent même quelque peu arbitraire (1). Des individus, surtout des sociétés, se livrant aujourd'hui à des opérations aussi importantes et hasardeuses que les opérations commerciales, ne peuvent pas être déclarés en faillite, de sorte que leurs créanciers, tout aussi dignes d'intérêt que ceux d'un commerçant, ne sont pas protégés par les règles de la faillite. Cela s'est présenté pendant longtemps pour les sociétés de mines et pour les sociétés spéculant sur l'achat et la revente des immeubles. Mais,

_____

(1) V. *Traité de Droit commercial,* I, n⁰ˢ 99 et suiv.

en ce qui concerne ces sociétés, le mal a été, en grande partie, supprimé par la loi du 1er août 1893 (art. 68 ajouté à la loi du 24 juillet 1867), qui a reconnu le caractère de sociétés commerciales à toutes les sociétés anonymes et en commandite par actions, créées après la mise en vigueur de cette loi, quel que soit leur objet, c'est-à-dire fût-il civil. L'un des buts poursuivis par cette innovation a été précisément de soumettre à la faillite et à la liquidation judiciaire les sociétés anonymes et en commandite par actions même dont l'objet est civil. Il y a là un pas important fait dans la voie de l'extension de la faillite aux non-commerçants ; il serait à désirer que la loi française s'y engageât plus résolument.

Des faits peuvent être cités à l'appui de cette extension. D'abord, une loi spéciale du 1er juillet 1893 a été faite pour appliquer les principales règles de la faillite à la liquidation d'une importante société, la Société du canal de Panama (1), dont le caractère civil, malgré sa forme de société anonyme, n'avait pas permis la mise en faillite. Puis, dans quelques villes, les tribunaux ont cherché à organiser pour les non-commerçants des mesures analogues à la faillite. Ils nomment, sur la demande du débiteur ou de certains créanciers, sous le nom de séquestre, une personne qui, au nom de tous les créanciers, se met en possession des biens du débiteur et, avant de procéder à la vente de ceux-ci, donne avis aux créanciers d'avoir, sous peine de forclusion, à produire leurs titres dans un délai déterminé (2). Des décisions judiciaires ont été jusqu'à admettre qu'en présence d'une telle mesure, le droit de poursuite individuelle est, comme en cas de faillite, suspendu pour les créanciers (3). Ces mesures sont illégales, ainsi que l'a décidé la Cour de cassation (4). Un séquestre ne peut, en principe, être nommé que dans les cas prévus par l'article 1961, C. civ. Chacun a la libre administration de

---

(1) V. *Traité de Droit commercial*, I, n° 124, p. 111 9° ; Paris, 8 mars 1889, S. 1889. 2. 225 ; *J. Pal.*, 1889. 1. 1218 ; D. 1890. 2. 233. — Consulter spécialement, sur la loi du 1er juillet 1893, Bressolles (Paul), *Liquidation de la Compagnie de Panama*.

(2) V. spécialement Garraud, *De la déconfiture*, p. 118 et suiv.

(3) Consult. Douai, 3 déc. 1867, S. 1868. 2. 35.

(4) Cass. 17 janv. 1855, S. 1855. 1. 102 ; Cass. 10 juillet 1876, S. 1876. 1. 405.

ses biens et ne peut en être dessaisi qu'en vertu d'une disposition légale formelle. Puis, on ne peut créer à volonté des causes de forclusion ou de déchéance pour des créanciers qui ne produisent pas leurs titres dans un délai qu'on leur impartit. Mais, quelque illégales qu'elles soient, ces mesures prises par les tribunaux n'en montrent pas moins le besoin qui se fait sentir d'étendre les règles de la faillite aux non-commerçants (1).

Il reste, quand on admet cette extension, à prendre parti sur le point de savoir si l'on doit admettre pour la faillite des non-commerçants sans exception toutes les règles de la faillite des commerçants, ou si l'on doit, au contraire, maintenir quelques différences. Cette question ne peut pas être examinée d'une façon générale ; elle doit être posée et résolue à propos de chacune des parties de la loi sur les faillites pour lesquelles elle s'élève ; elle se présente particulièrement à propos du concordat que des législations admettent pour la faillite des commerçants, mais excluent pour la faillite des non-commerçants (2).

38. LÉGISLATIONS ÉTRANGÈRES. — Dans tous les pays, il y a des dispositions légales sur la faillite. Elles se trouvent, soit dans le Code de commerce comme en France, soit dans des lois spéciales (n° 39).

(1) V. surtout sur la question l'excellent livre de notre savant collègue, M. Garraud, *De la déconfiture et des améliorations dont la législation sur cette matière est susceptible*, 1 vol., 1880. Cf. de Montluc, *De la faillite des non-commerçants* dans la *Revue de Droit international*, 1869, p. 569 et suiv. Consulter aussi dans la *Revue pratique de Droit français*, XXII, p. 329, un article de notre regretté collègue, M. Leveillé. — Deux des propositions de loi soumises à la Chambre des députés (n° 17) assimilaient, au point de vue de la faillite, les commerçants et les non-commerçants ; le Conseil d'État n'a pas admis cette idée : « Les motifs qui ont dicté la législation sur les suspensions de paiements des commerçants, n'existent pas lorsqu'il s'agit de débiteurs civils ». Rapport de M. Courcelle-Seneuil, p. 27. C'est un peu sommaire. La question a été discutée au sein de la commission de la Chambre, mais elle a été écartée, par le motif qu'elle excédait les bornes de sa mission ; il ne s'agirait plus, disait-on, seulement de modifier la législation sur les faillites, mais aussi le Droit civil sur des points très importants. Rapport de M. Laroze, p. 21.

(2) Cette différence relative au concordat est admise notamment par la loi *autrichienne* du 25 décembre 1868. V. n° 39.

On peut, au point de vue de la portée d'application des lois sur la faillite, distinguer trois classes de législations.

Les unes, comme la nôtre, restreignent la faillite aux commerçants. Telles sont celles de la *Belgique*, de l'*Italie* et généralement des divers États de l'*Amérique du Sud*. Beaucoup d'autres législations soumettent les non-commerçants, comme les commerçants, au régime de la faillite. Seulement, parmi celles-ci, les unes établissent une assimilation complète, tandis que les autres consacrent certaines différences entre la faillite des commerçants et celles des non-commerçants. Le système de l'assimilation tend à se répandre ; c'est lui qui a prévalu notamment en *Allemagne* et en *Angleterre*.

39. Il n'est pas sans utilité de présenter le tableau des lois sur la matière en vigueur dans les divers États. Cette partie des législations a subi, durant les trente dernières années, de nombreuses modifications dans les divers pays (1).

Allemagne. — Il y a une loi de l'Empire sur la faillite (*Konkursordnung*) du 10 février 1877, entrée en vigueur le 1er octobre 1879. Elle a fait de nombreux emprunts à la loi *prussienne* du 8 mai 1855, mais, à la différence de celle-ci, elle assimile complètement les commerçants et les non-commerçants (2). Cette loi a été modifiée, à l'occasion de la mise en vigueur du Code civil allemand et du nouveau Code de commerce à partir du 1er janvier 1900, par une loi du 17 mai 1898 (3). Un texte nouveau, avec les modifications, a été

---

(1) On consultera avec fruit un excellent ouvrage de notre savant collègue, M. Thaller, couronné par l'Académie des sciences morales et politiques, *Des faillites en droit comparé*, 2 vol. in-8 (1887).

(2) Voir l'analyse de cette loi par M. Gérardin, dans l'*Annuaire de législation étrangère*, 1878, p. 102. V. note 3.

OUVRAGES SUR LA LOI ALLEMANDE : Kohler, *Lehrbuch des Konkursrechts* (1891) ; Wilmowski, *Deutsche Reichs-Konkursordnung* ; Fitting, *Das Reichs-Concursrecht und Concursverfahren*. V. la note suivante.

(3) V. Analyse de la loi du 17 mai 1898 sur la faillite dans l'*Annuaire de législation étrangère*, 1899, p. 135 et suiv. La loi sur la faillite dans son nouveau texte est expliquée dans les ouvrages suivants : Ernst Iaeger, *Die Konkursordnung auf der Grundlage des neuen Reichsrechts* ; Seuffert, *Deutsches Konkursprozessrecht* (Collection Binding). V. aussi Kokler, *Leitfaden des deutschen Konkursrechts* (1903) ; Wilmowski, *Deutsche Reichs-Konkursordnung* (1906) ; Fitting, *Das Reichs-Concursrecht und Concursverfahren* (1904). Les ouvrages allemands cités à la note pré-

publié par le Chancelier de l'Empire, le 20 mai 1898, en vertu du pouvoir qui lui en avait été conféré.

Une loi du 21 juillet 1879 est relative à l'annulation des actes frauduleux d'un débiteur en dehors de la procédure de faillite. Le texte, modifié par une loi du 17 mai 1898, en a été publié aussi le 20 mai 1898 (1).

Autriche. — La loi spéciale sur la faillite est du 25 décembre 1868 ; elle est imitée de l'ancienne loi prussienne du 8 mai 1855. Elle admet quelques différences entre les faillis commerçants et les faillis non-commerçants ; ainsi, les premiers seuls peuvent obtenir un concordat conclu à la majorité des créanciers (2). Il faut ajouter à la loi de 1868 une loi du 16 mars 1884 sur l'annulation des actes d'un débiteur insolvable (3) et une autre loi de la même date sur la procédure de la faillite (4).

Belgique. — Le livre III du Code de commerce français de 1807 y est resté longtemps en vigueur. Mais une loi du 18 avril 1851 a refondu le livre III consacré aux *faillites et banqueroutes*, en s'inspirant principalement de notre loi de 1838. Une loi du 29 juin 1887 a introduit le *concordat préventif*, qui, comme son nom l'indique, constitue un moyen d'éviter la faillite avec les conséquences graves qu'elle entraîne (5). Enfin, une loi du 26 décembre 1882 concerne la procédure gratuite en matière de faillite.

Danemark. — Il existe dans ce pays une loi spéciale sur la fail-

cédente sont d'une date antérieure à la révision de la loi sur la faillite. V. Traduction française de la loi *allemande* sur la faillite dans la *Législation commerciale de l'Allemagne,* par Carpentier (1901).

(1) V. *Annuaire de législation étrangère,* 1889, p. 92 et s ; 1899, p. 164 et s.

(2) OUVRAGES SUR LA LOI AUTRICHIENNE : Kaserer, *Commentar zur œsterreichischen Concursordnung ;* Riehl, *Die Concurs-Ordnung :* Kissling. *Die œsterreichische Concursordnung.* V. la note 5 ci après.

(3) V., dans l'*Annuaire de législation étrangère* de 1885, la traduction de cette loi par M. Jules Challamel, p. 289.

(4) V., dans l'*Annuaire de législation étrangère.* 1885. p. 304.

Consulter, sur la législation *autrichienne,* Kissling, *Die œsterreichische Konkursordnung* (1886) ; Le Roy, *La faillite dans les Etats autrichiens de la Cisleithanie,* dans le *Journal des faillites,* 1883.

(5) V. le texte de cette loi avec une notice de Ch. Lyon-Caen. dans l'*Annuaire de législation étrangère,* 1888, p. 563.

lite du 25 mars 1872, qui a pris pour modèle la loi *norvégienne* de 1863 et qui a été modifiée par les lois du 18 décembre 1897 et du 1er février 1901 (1).

Espagne. — Le livre IV du Code de commerce de 1885, qui a été modifié par une loi du 10 juin 1897, s'occupe notamment de la faillite (*de la suspension de pages, de la quiebra*, art. 870 et suiv.). Il laisse de côté la procédure de la faillite que règle la loi du 3 février 1881 sur la procédure civile (*Ley de Enjuiciamiento civil*) dont le titre XIII (art. 1318 à 1396) est consacré à ce sujet. La même loi (titre XIII) organise une faillite pour les non-commerçants (2).

Portugal. — Le Code de commerce *portugais* de 1888, complété par un décret du 26 juillet 1899 (3), traite de la faillite dans son livre III (art. 692 à 749).

Etats-Unis d'Amérique. — La Constitution fédérale (art. 8,4 c.) reconnaît au Congrès le pouvoir de faire des lois sur la faillite (*Bankruptcy*). Le Congrès avait voté trois lois successives en 1800, en 1841, en 1867. Chacune de ces lois n'a eu qu'une durée éphémère. La loi de 1867 a été abrogée à partir du 1er septembre 1878. Dans l'intervalle entre 1878 et la mise en vigueur d'une loi fédérale nouvelle, la matière de la faillite a été régie par les lois particulières des différents Etats de l'Union (*state law*). Cette loi a été remplacée seulement par la loi du 1er juillet 1898, intitulée : *An act to establish an uniform system of Bankruptcy throughout the United States* (Loi ayant pour but d'établir un régime uniforme de faillite dans toute l'étendue des Etats-Unis) (4). La faillite s'applique

(1) V. *Annuaire de législation étrangère*, 1898, p. 693 ; 1902, p. 398.

(2) V., sur la législation espagnole, *Annales de Droit commercial*, 1903, p. 100 et suiv.

(3) V. *Annuaire de législation étrangère*, 1900, p. 412.

(4) La traduction complète de cette loi se trouve dans l'*Annuaire de législation étrangère*, 1899, p. 719 à 841 (traduction de Ch. Lyon-Caen et Paul Govare).

OUVRAGES SUR LA LOI DES ÉTATS-UNIS de 1898 : Bump, *The law and practice in Bankruptcy* (12e édit., 1898) ; Bush, *The National bankruptcy act*, 1898 ; Colier, *The law of bankruptcy and the national bankruptcy act*, 1898 ; Brandenburg. *The laws of bankrupty including the national bankruptcy act of* 1898.

aux non-commerçants comme aux commerçants. La loi de 1898 a
été modifiée par une loi de 5 février 1903 (1).

Grande-Bretagne. — Il n'y a pas de législation commune à l'*Angleterre,* à l'*Ecosse* et à l'*Irlande* ; chacun de ces pays a sa loi spéciale. Ce sont, par ordre chronologique, une loi de 1856 pour l'Écosse (2), une loi de 1874 pour l'Irlande (3), une loi de 1883 pour l'Angleterre (4). La faillite (*Bankruptcy*) est actuellement une institution commune aux commerçants et aux non-commerçants. Mais, en *Angleterre,* elle n'a pas toujours eu ce caractère. De plus, la législation a subi en ces matières des modifications successives très nombreuses. En ce qui concerne l'application de la faillite aux non-commerçants, elle a passé en *Angleterre* par trois états différents (5). La faillite, faite d'abord pour les commerçants seuls, a été étendue aux non-commerçants en 1861 ; mais, jusqu'en 1883, des différences étaient faites, au point de vue des règles à appliquer, entre ces deux classes de personnes (6). La loi de 1883 les a, au contraire, assimilées (7). La loi de 1883 a été modifiée dans quelques-unes de ses dispositions par une loi de 1890 (8).

Grèce. — Le Code de commerce de 1835 a été complété par une loi de 1878 (9). La liquidation judiciaire, imitée de la loi française du

---

(1) V., dans l'*Annuaire de législation étrangère*, 1904, p. 633 et s., traduction et notice de Paul Govare.

(2) 19 et 20, Victoria, chap. 79. V. Henry Goudy, *A treatise on the law of bankruptcy in Scotland.*

(3) 35 et 36, Victoria, chap. 58.

(4) 46 et 47, Victoria, chap. 52.

(5) V. *Loi anglaise sur la faillite* de 1883, traduite et annotée par Ch. Lyon-Caen (*Collection des principaux Codes étrangers*). En tête se trouve une introduction présentant l'historique de la législation de l'Angleterre sur la faillite.

Ouvrage anglais sur la faillite : Robson, *Law of Bankruptcy.*

(6-7) Aussi la loi anglaise de 1869 sur la faillite contenait, dans une annexe (*Schedule*), une énumération des professions commerciales qui ne se retrouve plus dans la loi de 1883. V. *Traité de Droit commercial,* I, p. 177, note 1.

(8) *The Bankruptcy Act,* 1890 (53 et 54, Victoria, chap. 71). La traduction de cette loi se trouve dans l'*Annuaire de législation étrangère*, 1891, p. 156 et suiv. V. *Supplément de Robson's law of Bankruptcy* (1891).

(9) *Annuaire de législation étrangère,* 1879, p. 673.

4 mars 1889, a été introduite dans ce pays par une loi du 6 février
1893 (1).

Hongrie. — Une loi sur la faillite de 1881 consacre des différences
peu importantes entre les commerçants et les non-commerçants (2).

Bosnie et Herzégovine. — Il y a, depuis le 1er novembre 1883,
une loi sur la faillite pour ces deux provinces occupées d'abord par
l'Autriche-Hongrie en vertu du traité de Berlin de 1878 et devenues
depuis 1908 des provinces autrichiennes (3).

Italie. — La faillite, restreinte aux commerçants, est réglée par
le Code de commerce de 1882 (livre III, art. 683 à 867). Une loi du
23 mai 1903 a introduit en Italie le concordat préventif et traite des
petites faillites (4).

Luxembourg (Grand-Duché de). — Le livre III du Code de commerce français a été révisé par une loi du 2 juillet 1870 calquée sur
la loi *belge* du 18 avril 1851. Une loi du 14 avril 1886 a introduit le
concordat préventif, comme en *Belgique*.

Norvège. — Il y a une loi sur la faillite du 6 juin 1863 complétée
par la loi du 3 juin 1874 et refondue par la loi du 6 mai 1899 (5).

Pays-Bas. — Le Code de commerce de 1838 (art. 764 à 923)
avait organisé la faillite pour les seuls commerçants ; mais le Code
de procédure civile (art. 882 à 899) avait réglementé, pour les non-
commerçants, l'état d'insolvabilité notoire. Une loi nouvelle du
30 septembre 1893, assimilant les commerçants et les non-commerçants, a été faite sur la faillite et le sursis de paiements (6). Cette

---

(1) V. *Annuaire de législation étrangère* de 1894, p. 305: *Journal du
Droit international privé*, 1894, p. 940 (article de M. Politis).

(2) *Annuaire de législation étrangère*, 1882, p. 220 et suiv. Il y a une
loi spéciale à la *Croatie-Slavonie* sur la faillite du 28 mars 1897 et une loi
du 24 mars 1897 sur la nullité des actes du débiteur soit en cas, soit en
dehors du cas de faillite. V. traduction allemande de Ignatz Wagner,
das kroatische Anfechtungsgesetz, das kroatische Concurs-Gesetz (Esseg).

(3) *Concurs-Ordnung für Bosnien und die Herzegovina*.

(4) V. Luciani, *Trattato del Fallimento* (1893) ; Bonello, *Trattato del
Fallimento* ; Ramello, *Trattato del Fallimento* (1904).

(5) V. *Bulletin de la Société de législation comparée*, 1885, p. 64 à 89,
article de M. Beauchet sur la *législation du Danemark et de la Norvège* ;
Annuaire de législation étrangère, 1900, p. 570.

(6) *Wet op het Faillissement ende surseance von betaling*. V. Analyse
de cette loi dans l'*Annuaire de législation étrangère* de 1894, p. 400 et

.loi est entrée en vigueur au mois de septembre 1896 en vertu d'une loi du 20 janvier 1896, après avoir été modifiée dans plusieurs de ses dispositions par une loi du 6 septembre 1895.

Roumanie. — La faillite était régie par le Code de commerce de 1887 reproduisant, dans cette partie comme dans toutes les autres, le Code de commerce italien. Mais une loi nouvelle, dont les dispositions ont été insérées dans le Code de commerce, a été faite sur la matière en 1895 (1). Des lois du 31 mars 1900 et du 1er mars 1902 ont modifié de nouveau les règles de la faillite.

Russie. — La faillite s'applique à toutes les personnes, mais elle est régie par des règles quelque peu différentes selon que le débiteur est commerçant ou non (2).

Finlande. — La loi sur la faillite du 9 novembre 1868 est commune aux commerçants et aux non-commerçants. Elle a été modifiée par une loi du 3 décembre 1895.

Suède. — La loi sur la faillite du 18 septembre 1862 qui a subi des modifications en 1882 et en vertu de plusieurs lois postérieures, met sur la même ligne les commerçants et les non-commerçants (3).

Suisse. — Jusqu'en 1892, la matière de la faillite était régie par des lois cantonales divergentes. De longs efforts ont été nécessaires pour arriver à l'unité en cette matière ; car les opinions étaient très divisées sur le point de savoir si la faillite devait ou non être restreinte aux commerçants. Il y a actuellement une loi *fédérale* du 11 avril 1889 (en vigueur depuis le 1er janvier 1892). Elle a donné une solution toute spéciale à la question qui divisait les cantons ; la faillite s'applique : 1° aux commerçants ; 2° aux non-commerçants, quand ils ont usé de la faculté de se faire inscrire sur le Registre du commerce (4).

suiv. et dans la *Zeitschrift für das gesammte Handelsrecht*, XLVI, p. 101 et suiv.

(1) La loi *roumaine* sur la faillite de 1895 est traduite dans la *Collection des Codes étrangers*.

(2) Leuthold, *Russische Rechtskunde* (1882), p. 554 à 562.

(3) Cette loi est traduite dans le volume intitulé les *Codes suédois*, paru dans la *Collection des Codes étrangers*, V. p. 283 à 332. Consulter *Annuaire de législation étrangère*, 1884, p. 684 ; 1885, p. 647; 1899, p. 590 ; 1902, p. 412 ; 1904, p. 48.

(4) V. *Traité de Droit commercial*, I, n° 194 *bis*, p. 202 et 203.

La loi de 1889 a été modifiée par une loi du 28 juin 1895 qui a substitué le tribunal fédéral de Lausanne au Conseil fédéral pour toutes les questions de faillite (1).

Égypte. — La matière de la faillite est réglée par le Code de commerce pour les tribunaux mixtes (art. 202 à 427) et par le Code de commerce égyptien pour les tribunaux indigènes (art. 195 à 419). Des décrets-lois du 26 mars 1900, en vigueur à partir du 21 mai 1900, ont modifié le Code de commerce pour les tribunaux mixtes, notamment en y introduisant le concordat préventif. De plus, les tribunaux mixtes ont obtenu compétence pour connaître des faits de banqueroute simple et frauduleuse à propos des faillites pour lesquelles ces tribunaux sont compétents.

États de l'Amérique du Sud. — Dans ces Etats, la faillite est une institution commerciale régie comme telle par les Codes de commerce. Mais, au *Brésil*, la partie du Code de commerce de 1850 consacrée à la faillite (art. 797 à 911) a été remplacée par un décret spécial du 24 octobre 1890 (3) qui a été lui-même par une loi du 17 décembre 1908 (4). Cette loi très complète qui ne comprend pas moins de 192 articles, admet le concordat préventif.

Japon. — La matière de la faillite qui avait été réglée par une loi entrée en vigueur en 1893 et qui devait être comprise dans le Code de commerce japonais, en a été distraite et forme l'objet d'une loi spéciale. La faillite, que la loi primitive restreignait aux commerçants, s'applique aux non-commerçants (5).

---

(1) V. *Annuaire de législation étrangère*, 1896, p. 488 et 489. Consulter Brüstlein et Rambert (1893); Ottramare, *Loi fédérale sur la poursuite pour dettes et la faillite* (1892).

(2) V. H. Lamba, *Changements introduits dans la juridiction mixte en faveur des commerçants européens à dater du 21 mai 1900.*

(3) V. *Das brasilienische Falliments Dekret vom 24 oktober* 1890 (traduction allemande de Oscar Borchardt, 1895). Consulter Carwalho de Mendonça, *Das fallencias et dos meios preventivos de ona declaraçao* (1899).

(4) V. la traduction française publiée dans la *Revue de l'Institut de Droit comparé* (de Bruxelles), 1909, sous le titre de *La nouvelle loi brésilienne sur les faillites*, par Velloso-Rebello et Zwendelaur.

(5) V. la loi *japonaise* primitive traduite en allemand par Oscar Borchardt, *Die Handelsgesetze des Erdballs. Nachtrag* III *das Japanische Handelsgesetzbuch. 2. Fallimentsgesetz.* Cpr. *Etude sur l'état de la codi-*

40. Les divergences qui existent entre les lois des divers pays sur la faillite, donnent naissance à de nombreux conflits de lois. En outre, des difficultés s'élèvent sur le point de savoir quels effets un jugement de déclaration de faillite rendu en pays étranger peut produire en France et à quelles conditions ces effets extra territoriaux sont subordonnés.

41. L'étude de la matière des faillites, banqueroutes et liquidations judiciaires, sera divisée en neuf chapitres. Les six premiers ne concerneront que *la faillite* et les *banqueroutes* (n° 18), le septième sera consacré à la *liquidation judiciaire* dont, du reste, en passant, les règles divergentes de celles de la faillite seront indiquées dans les six premiers chapitres. Les deux derniers chapitres seront consacrés à des sujets communs aux deux institutions.

Voici de quelle façon sont répartis les différents sujets :

Chap. I. *De la déclaration de faillite : conditions, formes, effets.* — Chap. II. *Des autorités et des personnes qui figurent dans une faillite* (tribunal de commerce, juge-commissaire, syndic, contrôleurs, masse des créanciers, failli). — Chap. III. *De l'administration de la faillite et de la procédure destinée à en préparer la solution.* — Chap. IV. *Des diverses solutions de la faillite* (concordat simple, union, concordat par abandon d'actif) *et de la clôture des opérations de la faillite pour insuffisance d'actif.* — Chap. V. *Des droits réels et des droits de créance qu'on peut faire valoir dans une faillite* (revendication, privilèges, hypothèques, droits de la femme, etc.). — Chap. VI. *Situation personnelle du failli* (incapacités), *de la banqueroute simple, de la banqueroute frauduleuse, de la réhabilitation.* — Chap. VII. *De la liquidation judiciaire.* — Chap. VIII. *De la faillite et de la liquidation judiciaire des sociétés.* — Chap. IX. *De la situation des étrangers et des conflits de lois en matière de faillite et de liquidation judiciaire.*

fication au Japon, par Tomii (*Bulletin de la Société de législation comparée*, 1898, p. 184).

CHAPITRE PREMIER

DE LA DÉCLARATION DE FAILLITE : CONDITIONS, FORMES, EFFETS (1).

---

42. L'état de faillite produit des effets variés et graves, soit dans l'avenir, soit dans le passé (nos 21 et suiv.). Aussi faut-il, en principe (2), pour que ces effets se réalisent, que cet état soit constaté par une *déclaration* du tribunal de commerce (3). Le jugement qui prononce cette déclaration, est appelé le *jugement déclaratif de faillite* ou parfois simplement le *jugement déclaratif*. Il ne peut être rendu qu'autant que les conditions prescrites par le Code de commerce sont réunies.

Il sera traité dans ce chapitre, à propos du jugement déclaratif de faillite, des trois sujets suivants répartis en trois sections :

(1) Art. 437 à 449, 580 à 582, 635, C. com.

(2) Nous réservons ici la question de savoir si certains effets de la faillite ne peuvent pas être admis, par cela seul qu'un commerçant est en état de cessation de paiements, sans que cet état ait été constaté par un jugement déclaratif de faillite ; cette importante question est examinée plus loin (nos 187 et suiv.). Pour la *liquidation judiciaire*, il n'est pas douteux que le bénéfice ne peut en exister qu'en vertu d'un jugement du tribunal de commerce.

(3) L'expression *déclaration de faillite* est employée par la loi d'une manière équivoque; elle désigne le plus souvent la décision judiciaire qui constate l'existence de la faillite ; elle désigne aussi la déclaration que doit faire le commerçant en état de cessation de paiements pour révéler sa situation (art. 438 et 439, C. com.) et qui doit être suivie d'un jugement. L'article 440 montre bien cette double acception du mot : « La faillite est *déclarée* par jugement du tribunal de commerce rendu, soit sur la *déclaration* du failli... ». La loi *belge* (art. 440 et 442) a évité cette équivoque en distinguant l'*aveu* fait par le débiteur et la *déclaration* prononcée par le tribunal. Nous emploierons les expressions de la loi *belge,* pour éviter toute confusion.

Section Iʳᵉ. *Des conditions exigées pour qu'une déclaration de faillite soit possible.* — Section II. *Du jugement déclaratif.* — Section III. *Des effets du jugement déclaratif.*

SECTION Iʳᵉ

Des conditions exigées pour qu'une déclaration de faillite soit possible.

43. Aux termes de l'article 437, alinéa 1, C. com., *tout commerçant qui cesse ses paiements est en état de faillite.* Le Code indique ainsi les deux conditions dont la coexistence est nécessaire pour qu'il puisse y avoir déclaration de faillite ; il faut : 1° que le débiteur soit *commerçant ;* 2° qu'il y ait, de sa part, *cessation de paiements* (1).

Chacune de ces deux conditions essentielles doit être examinée séparément.

44. A. Qualité de commerçant. — Le Code de commerce s'est écarté de notre ancien Droit en restreignant la faillite aux commerçants (n° 9) (2) et, sur ce point, il n'a pas été, à beaucoup près, suivi par toutes les législations contemporaines (n°ˢ 37 *ter* et 38). C'est là un point de vue auquel la distinction entre les commerçants et les non-commerçants offre un intérêt considérable (3). Le non-commerçant embarrassé dans ses affaires est en déconfiture. A raison des grandes différences existant entre la faillite et la décon-

---

(1) Les deux mêmes conditions sont exigées pour que la *liquidation judiciaire* soit possible. L. 4 mars 1889, art. 1ᵉʳ. V. n° 1010.

(2) Malgré la disposition formelle de la loi, il y a eu quelque hésitation dans la jurisprudence au début de l'application du Code de 1807. V. par exemple, Bruxelles, 17 fév. 1810, Rép. Dall. v° *Privil. et hyp.*, n° 1428 ; l'arrêt pose en principe que, pour faillir, il n'est pas essentiellement requis d'être commerçant et argumente de l'ancienne jurisprudence tant française que belge. Mais le principe nouveau fut bientôt reconnu par la Cour de cassation : Ch. req.. 11 février 1812, S. 1813. 1. 124 (il s'agissait d'un non-commerçant qui avait déclaré par devant notaire qu'il cessait ses paiements et un tribunal avait appliqué l'article 2146, C. civ.).

(3) V. *Traité de Droit commercial*, I, n° 189.

fiture (n° 37), il importe de savoir si un débiteur a ou non la qualité de commerçant. Il faut, quand la question se pose à propos de la faillite, comme à tout autre propos, appliquer la définition que l'article 1er, C. com., fournit du commerçant (1). Il suffira, par suite, de donner ou de rappeler ici quelques solutions fondamentales se rattachant à l'article 1er, C. com. (2). C'est particulièrement à propos de la faillite que s'élèvent dans la pratique des difficultés sur le point de savoir si une personne a ou non la qualité de commerçant, ce qui exige souvent qu'on fixe la nature civile ou commerciale des actes qu'elle fait (3).

45. Pour pouvoir être déclarée en faillite, il ne suffit pas qu'une personne ait fait une ou plusieurs opérations de commerce (4) ; il faut qu'elle ait fait des actes de commerce sa profession habituelle (5).

(1) V. *Traité de Droit commercial*, I, n°s 195 et suiv.

(2) Ainsi, un artisan, n'étant pas commerçant, ne peut pas être déclaré en faillite, Dijon, 30 octobre 1905, D. 1907. 2. 86.

(3) Ce qui est dit ici s'applique aussi à la liquidation judiciaire. — Il a été notamment décidé que les mandataires aux halles centrales de Paris ne sont pas des commerçants, ce qui exclut, pour eux, la faillite ou la liquidation judiciaire. V. Trib. comm. Seine, 10 février 1902, *Pand. fr.*, 1904. 2. 174 ; *Le Droit*, n° du 10 avril 1902.

(4) V. les arrêts cités dans le Rép. Dalloz, v° *Faillite*, n° 46 et le Dict. de Couder, *eod. v°*, n° 10 ; cf. dans le même sens, Paris, 24 janv. 1884 (*Journ. des faillites*, 1884, 108) : il s'agissait de l'entreprise d'un voyage d'agrément dans différentes villes de l'Europe dont l'avortement a fait un certain bruit ; le tribunal de commerce de la Seine avait déclaré en faillite l'auteur du projet qui ne tenait pas les engagements pris envers ses souscripteurs. La Cour a réformé pour le motif que l'entreprise, eût-elle un caractère commercial, ne suffirait pas pour rendre commerçant son auteur, parce qu'il s'agissait d'un fait isolé ; il y avait bien un certain nombre d'actes de commerce s'y rattachant (lettres de change tirées sur les souscripteurs par exemple), mais ces actes n'étaient autre chose que les éléments d'une opération unique. V. aussi Douai, 8 juin 1891, *Journ. des faillites*, 1892. 173 ; Bordeaux, 6 nov. 1893, *Journ. des faillites*, 1894. 427.

(5) Ainsi, celui qui se livre à des opérations de bourse ne constituant pas l'exercice d'une profession n'est pas commerçant et ne peut pas, par suite, être déclaré en faillite : Trib. comm. Marseille, 12 décembre 1906, *Journal des faillites*, 1907. 383 ; Rouen, 28 janvier 1911, S. 1911. 2. 215 ; *Pand. fr.*, 1911. 2. 225 ; *Journal des faillites*, 1911, p. 216, Paris, 15 mars

46. Un individu peut faire sa profession habituelle d'actes de commerce et ne pas être commerçant ; telle est la situation des *préposés*, spécialement des fondés de pouvoirs, des commis, des capitaines de navires (1), qui n'agissent pas en leur nom, mais au nom et pour le compte de leur patron, seul obligé, seul commerçant, seul passible, par suite, le cas échéant, d'une déclaration de faillite (2). Dans cette catégorie rentrent les directeurs (3) et administrateurs des sociétés anonymes qui ne sont que des mandataires (L. 24 juillet 1867, art. 22) (4). Par application de la même idée, la femme qui prend part au commerce de son mari et qui fait des opérations pour le compte de celui-ci, ne s'obligeant pas elle-même, n'est pas commer-

---

1912, *Journal des faillites*, 1912. 291. Cpr. Trib. comm. Lyon, 12 juin 1910, *Journal des faillites*, 1911. 130. Mais voyez Paris, 6 avril 1908, S. et J. Pal., 1909. 2. 287 ; *Pand. fr.*, 1909. 2. 287 ; *Journal des faillites*, 1909. 347.

(1) V. *Traité de Droit commercial*, V, n° 517.

(2) Il en est autrement de ceux qui agissent bien pour le compte d'autrui, mais en leur nom, comme les commissionnaires. Cf. trib. civ. Saint-Étienne, 27 juill. 1897, *Moniteur judic. de Lyon* du 9 août 1897 ; Trib. comm. Saint-Étienne. 29 mai 1906, *Le Droit*, n° du 27 juillet 1906 (il s'agissait d'un représentant de commerce). Cette dernière solution est contestable, parce qu'il est douteux qu'un représentant de commerce doive être considéré comme un commerçant et non comme un simple préposé. V. *Traité de Droit commercial*, III, n° 497 ; VIII, n° 826. La jurisprudence tend à ne pas le considérer comme commerçant : Cass. 21 décembre 1898, S. 191, 1 ; Paris, 14 mars 1901, *La Loi*, n° du 21 mai 1901. V. spécialement, pour l'impossibilité de déclarer en faillite un représentant de commerce, Limoges, 13 octobre 1911, *Journal de jurisprudence commerciale et maritime de Marseille*, 1912. 2. 80.

(3) Mais le directeur d'une société anonyme qui se livre à un commerce sous le couvert de cette société peut être déclaré en faillite en qualité de commerçant : Cass. 25 juin 1908, S. et J. Pal., 1909. 1. 87 ; D. 1910. 1. 233 ; *Pand. fr.*, 1909. 1. 87.

(4) Bordeaux, 19 janvier 1903, *Journal des faillites*, 1903. 168. Ce qui est dit au texte des administrateurs des sociétés anonymes est exact aussi des gérants des sociétés en nom collectif et en commandite, dans le cas, très rare en fait, où ils sont choisis en dehors des associés. Mais, dans le cas ordinaire, où ils sont pris parmi les associés ou parmi les commandités, les gérants sont des commerçants, par cela même qu'ils sont associés en nom collectif et ils peuvent, par suite, être déclarés en faillite. V. *Traité de Droit commercial*, II, n°ˢ 256, 286 et 485.

çante (art. 5, alin. 2, C. com.) et ne peut, par suite, être déclarée en faillite (1).

47. Une personne peut même être tenue à raison d'opérations commerciales très nombreuses et très importantes sans avoir la qualité de commerçant. Ainsi, sous le régime de la communauté, le mari est obligé à raison des engagements commerciaux de la femme qu'il a autorisée à être marchande publique (art. 220, C. civ. et 5, C. com.) ; il n'en résulte pas qu'il doive être traité comme s'il les avait contractés lui-même et spécialement qu'il puisse être déclaré en faillite (2).

La femme mariée qui ne fait qu'assister son mari dans son commerce, n'est pas commerçante (n° 46) (3) Dès lors, elle ne peut pas être déclarée en faillite avec lui. Mais la femme et le mari peuvent être l'un et l'autre commerçants (4). Ils sont alors exposés aussi à être l'un et l'autre déclarés en faillite (5).

48. De même, le commanditaire qui, pour s'être immiscé dans la gestion, est rendu responsable indéfiniment des dettes sociales (article 28, C. com.), ne devient pas, par cela seul, commerçant et, par suite, soumis à la faillite (6). Mais il est évident qu'il en serait

---

(1) Cass. 9 août 1851, D. 1852. 1. 160 et S. 1852. 1. 281 (la femme avait formé une société en nom collectif avec son mari, mais la Cour décide que, cette société étant nulle, la femme a agi seulement comme préposée de son mari et n'a pu être déclarée en faillite). V. aussi Ch. civ. 19 janv. 1881, S. 1882 ; *Pand. fr. chr.* ; Caen, 31 juill. 1883, *Journ. des faillites.* 1884, p. 466 ; Cass. 20 octobre 1910 ; Cass. 23 janvier 1912 ; S. et J. Pal. 1912. 1. 148 ; *Pand. fr.*, 1912. 1. 148 ; *Journ. des faillites*, 1911, p. 5 ; 1912, p. 145.

(2) Trib. comm. Marseille, 18 déc. 1883. V., sur le cas où une veuve a continué le commerce de son mari ; Cass. 15 décembre 1904, S. et J. Pal. 1909. 1. 298 ; D. 1906. 1. 108 ; *Pand. fr.* 1905. 1. 264 ; *Journal des faillites*, 1905. 57 ; *Journ. des faillites*, 1884. 291. V. *Traité de Droit commercial.* I, n° 261.

(3) *Traité de Droit commercial*, I, n° 268.

(4) *Traité de Droit commercial*, I, n° 269.

(5) Cass. 27 mai 1851, S. 1851. 1. 445 ; Cass. 29 oct. 1901, S. et J. Pal. 1902. 1. 520.

(6) V. *Traité de Droit commercial*, II, n° 506. Cela était certain sous l'empire de l'ancien article 28, C. com , d'après lequel un seul acte d'immixtion du commanditaire suffisait pour l'obliger solidairement avec les com-

autrement si le commanditaire s'était livré à de nombreuses opérations de commerce, de telle sorte qu'elles constitueraient pour lui une profession habituelle (1).

Des solutions identiques devaient être données avant la loi du 1er août 1893 pour les administrateurs d'une société anonyme tenus personnellement et solidairement des dettes sociales envers les créanciers sociaux à raison de la nullité de la société (L. 24 juil. 1867, ancien art. 42) (2). Mais cette solution n'a plus d'application depuis que la loi du 1er août 1893, modifiant l'article 42 de la loi de 1867, a admis que les administrateurs ne sont responsables solidairement, envers les tiers comme envers les actionnaires, que du dommage résultant de l'annulation de la société, qu'il s'agisse d'une société constituée depuis ou même avant cette loi (L. 1er août 1893, art. 7) (3).

48 *bis*. A la différence du mandataire ou du préposé, le prête-nom qui fait le commerce en son nom pour le compte d'une autre personne, est commerçant (4), et peut, par suite, être déclaré en

---

mandités à toutes les dettes et engagements de la société; même depuis la modification apportée à cet article par la loi du 23 mai 1863, on conçoit qu'il y ait des actes d'immixtion jugés assez répétés pour entrainer la responsabilité de tous les engagements de la société, sans que, cependant, on puisse dire qu'il y avait, de la part du commanditaire, *une profession habituelle* dans le sens de l'article 1er C. com. La jurisprudence *italienne* admet que la faillite d'une commandite entraine la faillite non seulement des commandités, mais encore celle des commanditaires qui, s'étant immiscés dans la gestion, répondent indéfiniment de toutes les dettes sociales : Cass. Turin, 12 juillet 1892, S. et *J. Pal*, 1893. 4. 13. La jurisprudence *belge* admet également que le jugement déclarant un commanditaire responsable solidairement avec les gérants de tout le passif social, constate implicitement que le commanditaire a fait profession de commerçant et que, par suite, il doit être assimilé aux gérants au point de vue de la faillite (*Pandectes belges*, vo *Faillites*, no 3073).

(1) Cass. crim. 13 mai 1882, D. 1882. 1. 487; *Journ. des faillites*, 1883, 30 (dans l'espèce, il était reconnu que le commanditaire s'était fréquemment immiscé dans la gestion et, de plus, s'était livré, pour son compte personnel, à de nombreuses opérations commerciales; il avait donc pu être condamné comme banqueroutier).

(2) Cass. 27 janv. 1873, S. 1873. 1. 163; J. Pal. 1873. 383; D. 1873. 1. 331; Cass. 19 fév. 1884, *Journ. des faillites*, 1884. 177. V. *Traité de Droit commercial*, II, no 796.

(3) *Traité de Droit commercial*, II, no 796.

(4) V. *Traité de Droit commercial*, I, no 205.

faillite. Il en est, du reste, de même de celui pour le compte duquel le prête-nom agit. C'est lui, en réalité, qui exerce le commerce (1).

49. Ce n'est pas la volonté seule qui fait qu'un individu est ou non commerçant, peut ou non être déclaré en faillite, en ce sens que, si l'élément de fait prévu par la loi (exercice habituel d'actes de commerce) fait défaut, il n'y a pas à tenir compte de ce que cet individu se serait indûment présenté comme étant commerçant et en aurait pris le titre. La faillite a un caractère d'ordre public par suite duquel il ne peut dépendre de la seule volonté d'une personne de s'y soumettre ou de s'y soustraire. Mais celui qui prend à tort la qualité de commerçant et qui induit ainsi les tiers en erreur peut être tenu de réparer le préjudice qu'il a causé à ceux-ci par sa faute (2).

50. Pour être déclaré en faillite, il ne suffit pas de se conduire en fait comme un commerçant, il faut avoir aussi la *capacité* de l'être. L'incapable qui se livre à des opérations commerciales de leur nature, ne s'oblige pas commercialement; il peut seulement s'obliger civilement dans la mesure de son enrichissement (art. 1312, C. civ.); il ne saurait donc être considéré comme commerçant. Ainsi, l'on ne peut déclarer en faillite le mineur (3), la

---

(1) Thaller et Percerou, *op. cit.*, n° 105.

(2) Il peut spécialement être, à titre de dommages-intérêts, condamné aux frais envers le demandeur qui a formé une demande en déclaration de faillite rejetée à raison du défaut de la qualité de commerçant chez le défendeur : Trib. comm. de Tours, 25 fev. 1887, *Journ. des faillites*, 1887. 457 ; Rennes, 30 décembre 1893, D. 1894. 2. 504. V. *Traité de Droit commercial*, I, n° 208.

(3) Paris, 2 juin 1885, *Journ. des faillites*, 1885. 321. La Cour de cassation a eu à faire une application intéressante de cette règle. Un mineur marié avait fait le commerce sans autorisation et avait dû cesser ses paiements; ses créanciers prétendaient que l'hypothèque légale de sa femme devait être restreinte dans les termes de l'art. 563, C. com. La femme a repoussé victorieusement cette prétention, en disant qu'on ne pouvait invoquer contre elle une disposition édictée pour le cas de faillite, puisque son mari, n'ayant pas été régulièrement autorisé, n'était pas devenu commerçant : Cass. civ., 18 avr. 1882, D. 1883. 1. 380 (note de Ch. Lyon-Caen). Il y avait une difficulté spéciale résultant de ce que la femme semblait, contrairement au principe général de l'article 1125, C. civ., se prévaloir de l'incapacité d'autrui. Mais ce principe ne concerne que les nullités. Dès

femme mariée (1-2) qui ont agi sans autorisation régulière, ni l'individu pourvu d'un conseil judiciaire qui peut bien, avec l'assistance de son conseil, faire des actes isolés de commerce, mais non devenir commerçant (3). Il en serait même ainsi dans le cas où ces incapables auraient employé des manœuvres frauduleuses pour faire croire à leur capacité (4). Des manœuvres de cette sorte mettent bien obstacle à ce qu'un incapable obtienne la nullité d'actes qu'il a faits (art. 1310, C. civ.), mais ne peuvent lui donner légalement la qualité de commerçant et l'exposer, par suite, à la faillite.

51. Il ne faut pas, spécialement à ce point de vue, confondre avec les personnes incapables de faire le commerce, les personnes en assez grand nombre auxquelles le commerce, pour des motifs divers, est interdit (5). Si, contrevenant à cette interdiction, une de ces personnes fait le commerce, elle encourt des peines disciplinaires ou autres ; mais elle a la qualité de commerçant et peut, en conséquence, être déclarée en faillite (6). Cette doctrine est appliquée notamment à des notaires, à des avoués, à des huissiers (7).

l'instant où une personne n'a pas la qualité de commerçant, tout le monde doit pouvoir s'en prévaloir en dehors du cas où il s'agit de faire prononcer la nullité d'un acte à raison de l'absence de cette qualité. Il n'est pas admissible qu'un individu soit réputé commerçant à l'égard de certaines personnes, alors qu'il ne l'est pas à l'égard d'autres. Cela ne peut se produire que par l'application des principes sur le caractère relatif de la chose jugée.

(1) Trib. comm. Gap, 22 oct. 1881, *Journ. des faillites*, 1882. 130.

(2) Depuis la loi du 6 février 1893, la femme séparée de corps, recouvrant le plein exercice de sa capacité civile (art. 311, alin. 3, C. civ.), peut devenir commerçante sans autorisation et, par suite, peut être déclarée en faillite sans distinction.

(3) V. *Traité de Droit commercial*, I, n° 218. Cour de cassation de Belgique, 17 oct. 1889, S. 1890. 44 ; *J. Pal.* 1890. 2. 7 ; Lyon, 1er mars 1904, S. et *J. Pal.* 1906. 2. 83 ; *Journal des faillites*, 1905. 110.

(4) V. Trib. comm. Gap, 22 oct. 1881, *Journ. des faillites*, 1882. 130.

(5-6) V. *Traité de Droit commercial*, I, n°s 215 et 216. Cf. Code *Chilien*, art. 1342.

(7) Cass. 14 mars 1888, S. 1888. 1. 162 ; *J. Pal.* 1888. 1. 383 ; D. 1888. 1. 168 ; *Pand. fr.*, 1888. 1. 437 ; *Journ. des faillites*, 1888. 342 ; Dijon, 2 mars 1883 ; Toulouse, 27 déc. 1889 et 9 juin 1893, *Journ des faillites*, 1883. 155 ; 1890. 216 ; 1894. 66 ; Cass. 15 janvier 1895, D. 1895. 1. 40 ; Bourges, 17 déc. 1900, D. 1901. 2. 423, cf. Angers, 1er mars 1892, D. 1893.

52. Du reste, les sociétés commerciales, comme les individus commerçants, peuvent être déclarées en faillite (1). La faillite peut s'appliquer aux étrangers comme aux Français. Il y a, toutefois, sous divers rapports, des règles particulières à appliquer à la faillite des sociétés ou quand le failli est un étranger. Aussi sera-t-il traité dans deux chapitres distincts de la faillite des sociétés et de celle des étrangers. V. ci-après chapitres VIII (nos 1131 à 1222) et IX (nos et 1223 à 1328).

53. La question de savoir si une personne a ou non la qualité de commerçant est une question de droit. La Cour de cassation saisie d'un pourvoi a compétence pour la trancher. Afin qu'elle puisse exercer son pouvoir d'examen sur les jugements et les arrêts, il faut que ceux-ci ne se bornent pas à affirmer ou à nier que telle personne est commerçante ou ne l'est pas et peut, par suite, ou ne peut pas être déclarée en faillite; ils doivent indiquer les raisons pour lesquelles ils admettent ou repoussent cette qualité. Autrement, les décisions judiciaires sont, en réalité, dépourvues de motifs et doivent être cassées (2).

53 *bis*. DROIT ÉTRANGER. — Cette première condition, la qualité de commerçant, est exigée pour qu'une personne puisse être déclarée en faillite, dans les pays comme la France où la faillite est faite pour les seuls commerçants (3); elle n'est naturellement pas requise dans les nombreux pays où la faillite est une institution commune aux commerçants et aux non-commerçants (n° 37 *ter*) (4). Dans ces pays se posent d'assez nombreuses questions qui ne peu-

2. 151. La jurisprudence *belge* est en ce sens, *Pandectes belges*, v° *Faillite*, nos 63-69.

(1) Il y a quelques pays où, au contraire, les sociétés ne peuvent pas être déclarées en faillite. Il en est ainsi notamment en *Angleterre*.

(2) Cass. 27 juillet 1891, D. 1892. 1. 160; *Pand. fr.* 1892. 1. 75; *Journ. des faillites*, 1891. 485.

(3) Codes de commerce *Italien*, art. 683; *Roumain*, art. 695; *Portugais*, art. 692; *Argentin*, art. 1379, 2e alin.; *Chilien*, art. 1325; loi *brésilienne* de 1908, art. 1.

(4) *Allemagne, Autriche, Espagne, Grande-Bretagne, Hongrie, Pays-Bas*. Mais il faut tenir compte de ce que, dans plusieurs de ces pays, les règles de la faillite ne sont pas complètement les mêmes pour les commerçants et pour les non-commerçants.

vent pas s'élever dans les pays, comme en France, où la faillite
est restreinte aux commerçants. Parmi ces questions, les suivantes
méritent d'être tout au moins signalées : Une succession peut-elle
être déclarée en faillite ? — La faillite est-elle possible pour une
communauté entre époux ? — Peut-il y avoir faillite pour les personnes morales publiques (1) ?

54. B. Cessation de paiements. — Pour être déclaré en faillite,
le commerçant doit avoir *cessé ses paiements.*

La question de savoir s'il y a *cessation de paiements* se présente
dans deux cas bien distincts : 1° quand il s'agit de savoir si la faillite peut être déclarée (et c'est à ce propos qu'elle est examinée ici) ;
2° quand il s'agit, une fois la faillite déclarée, de fixer la date de
la cessation des paiements. Cette fixation est utile pour déterminer
le point de départ de la période suspecte qui commence à la date
de la cessation des paiements ou même dix jours avant celle-ci
(art. 441, C. com.) (2). Ainsi que cela sera expliqué plus loin
(n° 118), les caractères de la cessation des paiements doivent être,
bien que l'opinion contraire ait été soutenue, appréciés de la
même façon dans les deux cas. Les questions relatives aux conditions constitutives de la cessation des paiements ont ainsi une
grande importance pratique.

55. En admettant que la *cessation des paiements* d'un commerçant est une condition essentielle de la déclaration de faillite, le
Code de commerce (art. 437, 1er alin.) s'attache à un fait extérieur
dont la constatation est possible, non à l'état réel de la fortune du
commerçant. Il n'y a pas à se demander s'il est solvable ou insolvable, c'est-à-dire si son actif est supérieur ou inférieur à son
passif (3). On ne pourrait le savoir que par une véritable discus-

(1) On peut sur ces questions consulter Kohler, *Lehrbuch des Konkursrechts*, p. 69 à 72 ; Iaeger, *Die Konkursordnung auf der Grundlage des
neuen Reichsrechts*, sur les articles 213, 214, 232, 233 de la loi allemande.
   (2) V. art. 446 à 449, C. com., et plus loin, n° 318.
   (3) Cass. 12 janvier 1903; *Pand. fr.* 1904. 1. 14 ; Lyon, 19 novembre
1904 ; Rennes, 1er mars 1907, *Journal des faillites*, 1903. 51 ; 1905. 20 ;
1908. 269.

sion et liquidation de ses biens, cela serait compliqué et exigerait de longs délais.

De là découlent deux conséquences importantes en sens inverse.

56. *a.* Le commerçant qui a un passif supérieur à son actif, mais qui jouit d'un crédit à l'aide duquel il parvient à acquitter ses dettes exigibles, ne peut être déclaré en faillite, pourvu que les moyens auxquels il recourt pour soutenir son crédit, ne soient pas purement factices (1). Ainsi, le commerçant qui ne continue ses affaires qu'à l'aide d'emprunts et de renouvellements de billets, ne peut être considéré comme étant en état de cessation de paiements (2). Il semble devoir en être de même du commerçant qui obtient des termes de ses créanciers en alléguant qu'il lui est impossible d'acquitter ses dettes, si, en définitive, il n'est pas constaté qu'il n'a pas payé celles-ci. Le débiteur peut, du reste, mal apprécier sa situation actuelle, concevoir des craintes exagérées (3).

57 *b.* A l'inverse, un commerçant qui n'acquitte pas ses enga-

---

(1) Bédarride, I, n° 20 ; Alauzet, VI, n° 2405. Thaller et Percerou, *op. cit.*, I, n° 1837. Des moyens factices de soutenir le crédit sont, par exemple, des souscriptions d'effets de complaisance au profit du commerçant dont il s'agit. En les faisant escompter, il se procure l'argent dont il a besoin pour payer ses dettes : Toulouse, 29 déc. 1887 ; Trib. comm. Moulins, *Journ. des faillites*, 1888. 235 ; Besançon, 13 mai 1891, *Journal des faillites*, 1891. 310 ; Angers, 7 mars 1893, *Journ. des faillites*, 1893. 208. V. aussi Gand, 14 avril 1885, *Pasicrisie belge*, 1886, p. 237 ; Gand, 26 juill. 1890, *Pasicrisie belge*, 1891, p. 71. V. Cass. 24 juillet 1909, S. et J. Pal. 1911. 1. 73; *Pand. fr.* 1911. 1. 73 ; Caen, 25 juillet 1910, *Journal des sociétés*, 1911, p. 253.

(2) Paris, 13 fév. 1877, D. 1878. 5. 272 ; *Pand. fr. chr.* ; Rouen, 1er déc. 1879, D. 1880. 2. 93; Trib. comm. de Lyon, 14 nov. 1882, *Journ. des fail-lites*, 1883. 103 (une société, quoique étant dans un état de gêne extrême, a continué ses paiements à guichets ouverts ; peu importe le moyen employé par elle pour se procurer de l'argent, la cessation des paie-ments ne date que du moment où elle a fermé ses caisses); aj. Aix, 5 janv. 1865 et Ch. civ. rej. 24 déc. 1866, D. 1867. 1. 163 et S. 1867. 1. 28 ; Trib. comm. Marseille, 1er mars 1893, *Journ. des faillites*, 1893. 424 ; Pau, 23 nov. 1893, D. 1894. 2. 66 ; Aix, 22 nov. 1894, S. et J. Pal. 1895. 2. 211.

(3) Trib. comm. Marseille, 6 mars 1863, *Journ. de jurispr. de Marseille*, 1863, I, p. 90 ; Paris, 31 mars 1882, *Journ. des faillites*, 1882. 191; Lyon, 4 novembre 1904, *Journal des faillites*, 1905. 344.

gements peut être déclaré en faillite, bien qu'il prétende être solvable et qu'il le soit effectivement.

Le texte est formel et la loi a eu raison de ne pas subordonner la faillite à la condition de l'insolvabilité. Le fait qu'un commerçant en paie pas suffit pour motiver l'intervention de la justice. Cela se justifie aisément. D'abord, on n'est jamais certain qu'un individu est solvable, puisqu'en l'absence d'une liquidation accompagnée de publicité, on ne peut connaître exactement ni le montant de ses dettes ni ce que produiront ses biens; d'autre part, le débiteur, resté à la tête de ses affaires, peut prendre des mesures désastreuses et les créanciers ont intérêt à surveiller l'administration de cet actif qui est leur gage. Du reste, le fait, pour des créanciers, de ne pas toucher à jour fixe une somme sur laquelle ils étaient en droit de compter, cause souvent dans le commerce un préjudice presque aussi grand que le fait de ne jamais être payé. Il faut donc rejeter sans hésiter la distinction qu'on a autrefois proposée entre la *cessation* et la *suspension* des paiements (1), la cessation caractérisant la situation de celui qui ne paie plus, parce que son actif est insuffisant, et la suspension désignant la situation de celui qui ne paie pas, quoi-

(1) Locré, *Esprit du Code de commerce*, III, p. 18 et suiv ; il interprétait le Code de 1807, mais le principe n'a pas été changé par la loi de 1838. Ajouter dans le même sens, Bordeaux, 6 mai 1848. D. 1850. 2. 12; S. 1849. 2. 609. Cet arrêt adopte les motifs d'un jugement qui développe cette idée que, bien qu'un commerçant refuse de payer ses engagements, s'il a un actif suffisant pour payer ses dettes, il y aurait injustice et inutilité à le déclarer en faillite; le créancier n'a qu'à recourir aux voies d'exécution ordinaires. La faillite, selon cet arrêt, ne doit avoir lieu que lorsqu'il est impossible au débiteur de faire face à ses engagements par suite d'insolvabilité. Si le législateur avait supposé un actif suffisant, il n'aurait pas édicté des dispositions sans utilité, comme celles des articles 446 et 447, il n'a pas pu vouloir punir d'aussi dures conséquences le simple retard ou mauvais vouloir à payer. Ses rigueurs seraient odieuses à l'égard de celui dont les torts ne sont pas assez graves pour priver ses créanciers de ce qui leur est dû. — Ces motifs n'ont rien de probant et nous paraissent suffisamment réfutés par ce qui est dit au texte. Ajoutons seulement que le législateur a pu avoir en vue le cas le plus fréquent, celui de l'insolvabilité du failli, sans qu'on soit autorisé à dire que l'insolvabilité est la condition nécessaire de la faillite.

que son actif excède son passif, parce que la réalisation en est actuellement difficile.(1).

Dans l'usage, on emploie souvent l'expression *suspension de paie-ments*, à la place de celle *de cessation de paiements*, seule expres-sion légale. Il semble qu'on veuille par là adoucir la gravité de la situation dans laquelle se trouve le débiteur.

Comment peut-il se faire qu'un commerçant dont l'actif dépasse le passif ne paie pas ses dettes ? Cela peut provenir notamment de l'imprévoyance du commerçant qui n'a pas fait concorder ses ren-trées avec ses échéances (2) ou de la composition de sa fortune qui comprend des immeubles ou d'autres biens dont la vente ne peut être faite promptement, de façon à lui procurer des sommes dispo-nibles.

Par suite, il y a chaque année un certain nombre de faillites (envi-ron une centaine) dans lesquelles les créanciers sont intégralement désintéressés (3). Dans ces faillites, il n'y avait pas insolvabilité;

(1) Des explications formelles ont été données en ce sens dans les tra-vaux préparatoires de la loi de 1838, V. Renouard, I, p. 231 et 232. Aussi presque tous les auteurs enseignent-ils l'opinion exprimée au texte : Bédar-ride, I, n° 27; Boistel, n° 895; Bravard et Demangeat, V, p. 29-30; Alauzet, VI, n°s 2405 et 2412; Garraud, *De la déconfiture*, p. 70 (il explique très bien pourquoi la loi commerciale s'est attachée à la cessation des paie-ments et non à l'insolvabilité; ne pas toucher à jour fixe une somme sur laquelle on était en droit de compter, cause souvent dans le commerce un préjudice aussi grand que de ne jamais être payé). La jurisprudence peut être considérée comme également fixée en ce sens : Orléans, 2 janv. 1855, D. 1855. 2. 155 (Cet arrêt infirme un jugement qui, tout en constatant la cessation des paiements, avait nommé des experts chargés d'examiner si l'actif du débiteur était bien, comme celui-ci le prétendait, supérieur à son actif; on ne peut mieux montrer les inconvénients du système qui fait dépendre la faillite de l'insolvabilité ; dans l'espèce, il s'agissait d'appré-cier la valeur de brevets d'invention) ; Aix, 15 janv. 1867, D. 1867. 5. 207 et S. 1868. 2. 151 ; Aix, 13 janv. 1872, D. 1873. 5. 261 et S. 1873. 2. 89 ; Trib. comm. de Tours. 30 juin 1882, *Journ. des faillites*, 1882. 342 ; Aix, 16 déc. 1885, *Journ. des faillites*, 1887. 404 ; Orléans, 22 mai 1895, *Gaz. du Palais*, 1895. 2. 29.

(2) Cela se présente notamment pour une banque de dépôts à laquelle les déposants à vue, dans le cas d'une crise, réclament le montant de leurs dépôts qui ont été en partie employés à l'escompte d'effets de commerce non actuellement exigibles ou à des opérations à long terme.

(3) *Rapport au Président de la République sur l'administration de la*

l'actif même l'emportait sur le passif; car il y a des frais à supporter se rattachant à la procédure de faillite et la réalisation des biens du failli se fait dans des conditions mauvaises, par suite desquelles ils sont vendus pour un prix qui est parfois inférieur à leur valeur réelle.

58. En résumé, comme on l'a très bien dit (1), « solvable ou non, le débiteur commerçant a-t-il *cessé ses paiements?* Voilà le fait essentiel à examiner. Dès que ce fait existe, l'état de faillite existe (2). Réciproquement, eût-il un passif supérieur à son actif, aussi longtemps qu'il paie, le débiteur ne change pas d'état ».

Mais, en fait, la cessation des paiements qui motive la déclaration de faillite, est ordinairement accompagnée de l'insolvabilité du débiteur, par suite de laquelle les créanciers ne reçoivent qu'une partie (tant pour cent) de ce qui leur est dû, ce qu'on appelle un *dividende*; celui qui a un actif suffisant paie presque toujours ses dettes, qu'il les acquitte avec ses propres ressources ou à l'aide de celles qu'il se procure grâce à son crédit.

59. Quand y a-t-il une cessation de paiements pouvant motiver une déclaration de faillite? La loi ne pose aucune règle à ce sujet.

---

justice civile et commerciale en France de 1821 *à* 1880, p. XXXIX. En 1895, sur 2711 faillites terminées, 88 ont donné 100 0/0 aux créanciers; en 1896, il y en a eu 77 sur 2.785; en 1897, 90 sur 2.757; en 1898, 105 sur 2.847; en 1899, 93 sur 2.708; en 1907, 61 ou 9 0/0; en 1908, 70 ou 10 0/0; en 1909, 63 ou 8 0/0.

Le nombre des liquidations judiciaires dans lesquelles les créanciers touchent 100 0/0, est proportionnellement plus élevé; en 1895, 90 sur 1.696; en 1896, 91 sur 1.658; en 1897, 97 sur 1.726; en 1898, 65 sur 1.766; en 1899, 83 sur 1.857; en 1907, 68 sur 2.480 ou 8 0/0; en 1908, 53 sur 2.400 ou 6 0/0; en 1909, 63 sur 2.346 ou 8 0/0; en 1910, 53 sur 2 464.

(1) Delamarre et Le Poitevin, VI, p. 8. V. Orléans, 22 mai 1895, *Le Droit*, n° du 6 oct. 1895.

(2) Nous entendons cette expression en ce sens qu'il y a un état de faillite qui peut être constaté et déclaré par le tribunal de commerce, non en ce sens qu'il y aurait, comme l'admet la jurisprudence, un état de faillite virtuel pouvant produire des effets indépendamment de tout jugement déclaratif rendu par le tribunal de commerce. V. n°ˢ 187 et suiv. Du moment où la cessation des paiements existe, peu importe la cause de cette cessation; il pourrait n'y avoir aucune faute du commerçant victime d'accidents imprévus.

Elle laisse, par conséquent, les tribunaux maîtres d'apprécier les circonstances de chaque affaire. Aussi ne peut-on que poser quelques
principes généraux, sans entrer dans le détail des applications.

Les juges du fond constatent souverainement les faits caractéristiques de l'état de cessation de paiements quant à l'existence matérielle et
quant à l'influence de ces faits sur la situation commerciale du débiteur (1). Mais il ne faut pas exagérer la portée de cette règle en
disant que jamais une décision relative à la déclaration de faillite ne
tombe sous la censure de la Cour de cassation. Il peut arriver
que les faits déclarés constants par une Cour d'appel réunissent ou
ne réunissent pas les caractères légaux de l'état de cessation de paiements et que, par suite, l'arrêt qui a rejeté ou admis une demande
en déclaration de faillite, soit erroné en droit. La Cour de cassation
a le pouvoir de vérifier si les faits souverainement constatés constituent légalement la cessation des paiements (2).

60. Il est d'abord évident que la loi a eu en vue un refus de paiement impliquant impossibilité de payer ou mauvais vouloir (n° 61 *bis*).
Si la dette que le débiteur n'acquitte pas, n'est pas liquide, est contestable dans son principe, ou si le montant ou le mode de paiement
en est litigieux (3), on ne saurait conclure du refus de paiement
qu'il y a un ébranlement du crédit pouvant motiver une déclaration
de faillite. Peu importe, du reste, que les prétentions du débiteur

(1) Cass. 13 mai et 18 nov. 1879, D. 1880. 1. 29 et 389; Cass. 15 juill.
1881, D. 1882. 1. 264; Cass. 1er mai 1882, 20 août 1883, *Journ. des faillites*, 1882. 229; 1883, p. 517; 29 avril 1889, S. 1889. 1. 425; *J. Pal.*
1889. 1. 1049; 8 juill. 1891, S. et P. *J. Pal.* 1895. 1. 291; Cass. 14 mai
1900, D. 1900. 1. 357; Cass. 11 juin 1907, S. et *Journ. Pal.* 1908. 1. 233;
D. 1908. 1. 147; *Pand. fr.* 1908. 1. 233; *Journal des faillites*, 1908. 9;
Cass. 15 décembre 1909, D, 1910. 1. 96; *Pand. fr.* 1911. 1. 510; *Journal
des faillites*, 1910. 97; Cass. 6 février 1912, S. et *J. Pal.* 1912. 1. 208;
D. 1912. 146; *Journ. des faillites*, 1912. 119.

(2) Ch. req. 12 mai 1841, S. 1841. 1. 663; Rép. Dall, v° *Faillite*,
n° 139.

(3) Paris, 5 juin 1875, *Journ. des tribun. de comm.*, 1876, p. 153 (rejet
d'une demande en déclaration de faillite, par ce motif que la créance dont
le défaut de paiement était allégué, était litigieuse); Paris, 14 nov. 1891,
3 et 11 mars 1892, *Journ. des faillites*, 1892. 17 et 247; D. 1893. 2. 415;
Cass. 1er juillet 1909, S et *J. Pal.* 1911. 1. 187, D. 1910. 1. 87; *Pand. fr.*
1911. 1. 187; *Journal des faillites*, 1909. 339.

soient reconnues mal fondées, si l'on ne constate pas qu'il y avait, de sa part, un simple prétexte pour reculer le moment de payer (1).

Il va de soi que les juges ont le plus large pouvoir d'appréciation pour décider si la contestation soulevée par le débiteur est sérieuse ou n'est qu'un moyen de gagner du temps et de ne pas être considéré comme cessant ses paiements.

61. La loi n'exige pas que le débiteur ait cessé *tous* ses paiements ; ce serait déraisonnable (2). Le commerçant peut avoir perdu tout crédit, bien qu'il fasse encore quelques paiements plus ou moins importants. De plus, il ne peut dépendre de lui de choisir ceux de ses créanciers qu'il lui convient de désintéresser (3) ; il se perpétuerait ainsi dans l'administration de ses biens au détriment de la masse de ses créanciers dont le gage serait diminué par des paiements faits aux créanciers les plus importants ou les plus sympathiques au débiteur (4).

On ne peut chiffrer le nombre et l'importance des refus de paie-

(1) Trib. comm. Marseille, 14 août 1882, *Journ. des faillites*, 1883. 621 ; Poitiers, 27 juill. 1885 ; Trib. civ. Nogent-le-Rotrou, 22 janv. 1892, *Journ. des faillites*, 1885. 324 ; 1892. 131. Ces décisions ont refusé de voir un fait constitutif de la cessation des paiements dans la non-exécution par un commerçant d'un jugement exécutoire par provision et frappé d'appel. Une solution contraire devrait évidemment être donnée s'il était établi que cet appel est de pure forme. Cf. Cass. 13 juill. 1893, S. et P. *J. Pal.* 1894. 1. 32 ; D. 1893. 1. 480 ; *Pand. fr.* 1895. 1. 104 ; 21 fév. 1900, S. et *J. Pal.* 1900. 1. 184 ; *Pand. fr.* 1900. 1. 328.

(2) L'article du projet de Code de commerce parlait de la cessation de *tous paiements* ; le Tribunal fit observer que ce serait abusif et qu'il fallait supprimer le mot *tous*, ce qui a été fait (Locré, XIX, 386 et 425).

(3) C'est pour cela même que la loi permet d'annuler certains paiements faits dans la période suspecte (art. 446 et 447).

(4) La jurisprudence est constante en ce sens : Trib. comm. Seine, 27 nov. 1874 et Paris, 4 fév. 1875, D. 1875. 2. 185 et S. 1875. 2. 289. (« La société ne peut valablement soutenir qu'elle n'est pas en état de cessation de paiements, parce qu'elle a payé pour 72.000 francs de billets dans les six derniers mois ; en effet, le commerçant est tenu à payer non pas seulement certaines dettes qu'il choisit lui-même, mais toutes ses dettes »). Ch. req. 15 juill. 1881, D. 1882. 1. 264. V. cept. Aix, 12 juill. 1892, Trib. comm. Marseille, 9 mars 1892, 21 fév. 1894, *Journ. de Marseille*, 1893. 1. 62 ; 1892. 1. 177 ; 1894. 1. 127 ; Thaller et Percerou, *op. cit.*, n° 189.

ments qui sont de nature à caractériser la *cessation de paiements* que la loi a eue en vue ; il y a là une question d'appréciation à trancher *ex æquo et bono* par le tribunal saisi de la demande en déclaration de faillite. N'y a-t-il qu'un embarras tout momentané dont le débiteur triomphera très vraisemblablement, par exemple, l'effet d'une crise générale (1), ou, au contraire, une situation plus grave, la ruine ou tout au moins l'ébranlement du crédit (2)? Il y a à tenir compte des circonstances qui peuvent être fort diverses. Ainsi, l'on a fait remarquer avec raison qu'un refus de paiement est plus grave de la part d'un banquier que de tout autre commerçant. On ne doit donc pas exiger qu'il y ait cessation de la *totalité*, ni même, comme le font certains auteurs et certains arrêts (3), de la *généralité* des paiements : le refus de paiement d'une seule dette peut avoir, dans certains cas, une gravité exceptionnelle (4).

(1) Rouen, 19 avr. 1815, Rép. Dall. *h. v°*, n° 67 (il s'agissait de fixer l'époque de l'ouverture de la faillite ; l'arrêt constate que les affaires avaient continué, quoique des jugements de condamnation eussent été rendus et il ajoute que les jugements s'expliquent par les circonstances extraordinairement difficiles qui affectent les meilleures maisons) ; Colmar, 9 août 1850, D. 1855. 2. 222 (l'arrêt parle des circonstances extraordinaires qui expliquent le refus de paiement, mais il a tort de dire que la cessation de paiements doit être motivée par l'insolvabilité). Cf. *Pandectes belges*, v° *Faillite*, n°ˢ 171-174 (indication de décisions ayant admis que la cessation de paiements ne résultait pas d'une gêne passagère, caractérisée par une demande à l'effet de reculer des échéances).

(2) L'article 437, alin. 1, de la loi *belge* dispose : « Tout commerçant qui cesse ses paiements et *dont le crédit se trouve ébranlé*, est en état de faillite ».

(3) Renouard, *op. cit.*, sur l'article 437 ; Boistel, n° 895 ; Namur, n° 1593. — Colmar, 19 avr. 1860, S. 1861. 2. 25 (l'arrêt dit que, s'il n'est pas indispensable que la cessation des paiements soit absolue, il faut, du moins, qu'elle soit *assez générale* pour ne laisser aucun doute sur l'impossibilité manifeste où se trouve le commerçant de faire face à ses engagements et de continuer le commerce).

(4) Bravard et Demangeat, V, p 17 et 18 ; Percerou, *op. cit.*, I, n° 190. Cpr. Aix, 1ᵉʳ mars 1877, D. 1878. 2. 38 ; S. 1878. 2. 175 ; *J. Pal*. 1878. 481 ; *Pand. fr. chr.* Aussi un jugement ne peut refuser de déclarer la faillite à raison de ce qu'il n'y a eu refus de paiement que d'une seule dette : Douai, 25 novembre 1901, S. et *J. Pal*. 1903. 2. 258 ; *Journal des faillites*, 1904. 230. Cpr. Cour de cassation de Turin, 2 octobre 1907, D. 1908. 2. 320. — On peut citer comme un fait particulièrement grave, le refus d'exécuter un

61 *bis.* Les dettes non payées doivent être des dettes exigibles. En conséquence, le non-paiement des dettes à terme ou conditionnelles ne peut pas être invoqué tant que le terme n'est pas arrivé ou que la condition n'est pas accomplie. Jamais, il ne peut non plus être question du non-paiement de dettes naturelles pour faire déclarer la faillite. Il n'y a, en principe, aucun moyen direct ou indirect de contrainte, pour arriver au paiement des obligations naturelles.

62. La nature des dettes exigibles doit-elle être envisagée, de telle façon qu'il n'y aurait pas lieu de tenir compte du non-paiement des dettes *civiles*, mais seulement des dettes *commerciales*?

Des auteurs ont soutenu que le refus d'acquitter des dettes civiles peut constituer la cessation des paiements au sens de l'article 437, C. com. Ils disent en ce sens que le crédit d'un négociant est atteint par cela même qu'il ne fait pas face à tous ses engagements, qu'il y a là quelque chose d'indivisible. Autrement, ajoutent-ils, on introduit une distinction qui n'est pas dans la loi ; l'article 437, alin. 1, parle en termes généraux de la cessation de paiements, alors que, dans le Code de 1807, il était question du refus d'acquitter des *engagements de commerce* (ancien art. 441, al. 1) (1).

Cette opinion n'a pas triomphé. On admet généralement aujourd'hui qu'il doit y avoir corrélation entre la qualité de commerçant nécessaire pour l'existence de la faillite et la nature des actes qui peuvent amener celle-ci ; on a dit en ce sens que la faillite est un événement de la vie commerciale. Tant que celle-ci n'est pas troublée, il n'y a pas lieu de déclarer la faillite. Cette considération suffit

jugement de condamnation passé en force de chose jugée. cf. Ch. req. 30 avr. 1877. D. 1878. 1. 83 ; S. 1877. 1. 214 ; *Pand. fr. chr.* V. aussi Cass. 23 juin 1893, D. 1893. 1. 519.

(1) Renouard, 1, p. 274 et suiv. ; suivant lui, le changement de rédaction ne laisse plus subsister de doute ; toutefois, dans l'application, il hésite, semble-t-il, puisqu'il exige que le non-paiement d'une dette civile ait porté la perturbation dans les affaires commerciales. De plus, il cite à l'appui de son opinion un arrêt de Nancy du 30 juillet 1842 (Rép. Dall. *h. v*o, no 69) qui lui est contraire ; cet arrêt affirme que, pour qu'il y ait faillite, il faut que le débiteur ait refusé d'acquitter des obligations commerciales, tout en reconnaissant au créancier d'une dette civile le droit de poursuivre la déclaration de faillite, ce qui est tout autre chose, ainsi que nous l'indiquons plus bas (no 92).

pour déterminer la portée de l'article 437, al. 1. Le Code de 1807 mentionnait les engagements de commerce dans une disposition qui avait pour but d'énumérer certains faits révélant la cessation des paiements ; cette disposition a été supprimée, parce qu'on a voulu laisser toute latitude aux juges (n° 61). Cette suppression n'indique en aucune façon que le législateur de 1838 ait eu, sur le point dont il s'agit, une opinion autre que le législateur de 1807 (1).

Une dette n'a pas toujours exclusivement le caractère civil ou le caractère commercial à l'égard du créancier et du débiteur. Il y a des dettes qui sont civiles au point de vue du créancier, commerciales à l'égard du débiteur, ou à l'inverse (2). Est-ce en la personne du débiteur ou en celle du créancier que la nature d'une dette doit être considérée, pour déterminer si le refus de paiement de cette dette peut constituer une cessation de paiements entraînant la décla-

(1) Bédarride, 1, n° 19 ; Bravard, V, p. 19 et 20 ; Boistel, n° 896 ; Dict. de Couder, v° *Faillite*, n° 51 ; Thaller, *Traité élémentaire de Droit commercial*, n° 1726 ; Laurin, *Cours élémentaire de Droit commercial*, n° 953 (la raison que donne notre regretté collègue n'est pas à l'abri de la critique ; suivant lui, il faudrait un état général de cessation de paiements, et cet état ne peut résulter uniquement du défaut de paiement d'une dette civile qui constitue au regard du commerçant une rareté ou une exception. Nous n'admettons pas qu'il faille un état *général* et, de plus, on peut supposer, en effet, qu'un négociant a des dettes civiles très considérables, parce qu'il a fait des acquisitions d'immeubles ou même de meubles pour son usage personnel et pour celui de sa famille). V. aussi dans le même sens, Thaller et Percerou, *op. cit.*, I, n° 187 ; Lacour, *Précis de Droit commercial*, n° 1605. Ch. req. 2 déc. 1868, D. 1869. 1. 129 et S. 1869. 1. 128 ; Paris, 3 août 1872 et 21 janvier 1873, D. 1872. 5. 241 et 1874. 5. 263 ; Nancy, 23 mai 1874, D. 1875. 2. 117 et S. 1875. 2. 262 ; *Pand. fr. chr.* (il s'agissait d'un individu qui avait été condamné à payer 30.000 fr. d'amende à l'administration des douanes ; celle-ci voulait le faire considérer comme étant en faillite ; la Cour rejette cette prétention, par le motif qu'il était constaté que « le commerçant est hors d'atteinte »). V., dans le même sens, Rouen, 16 juin 1893, *Journal des faillites*, 1893, 249 (il s'agissait du défaut de paiement des loyers par un locataire), mais il a été admis à tort que la dette des loyers d'un local commercial étant une dette de commerce, le non-paiement de cette dette peut justifier la déclaration de faillite : Trib. comm. Nantes, 13 juillet 1910, *Journal des faillites*, 1911. 95. V. aussi Caen, 4 avr. 1894, *Journ. des faillites*, 1894. 425 ; Alger, 22 juillet 1908, *Journ. des faillites*, 1910. 107.

(2) V. *Traité de Droit commercial*, I, n°° 101 et 130.

DROIT COMMERCIAL, 5° édit.   VII—5

ration de faillite ? Il ne paraît pas douteux qu'il faut considérer la nature de la dette dans la personne du débiteur (1). Cela se déduit des motifs qui doivent faire exiger que les dettes non payées soient des dettes commerciales. Peu importe que la dette soit commerciale pour le créancier, si, à raison de la nature de cette dette, le non-paiement ne prouve pas que la vie commerciale du débiteur est troublée. Peu importe que la dette soit civile pour le créancier, si, par suite de sa nature pour le débiteur, le non-paiement de cette dette prouve que la vie commerciale du débiteur est troublée.

Le caractère de la dette doit, pour la même raison, être examiné au moment où le refus de paiement a eu lieu, non au moment où elle a pris naissance. Par suite, si une dette commerciale a perdu ce caractère par l'effet d'une novation, le non-paiement de cette dette ne doit pas être pris en considération (2). A l'inverse, il faut tenir compte d'une dette civile qui a été remplacée par une dette commerciale en vertu d'une novation, ce qui a lieu notamment si cette dette est entrée dans un compte-courant commercial (3).

En cas de doute sur le caractère de l'obligation, il faut appliquer la règle générale d'après laquelle les dettes d'un commerçant sont présumées commerciales (art. 638, 2e al., C. com.) (4).

63. Si le non-paiement de dettes civiles ne suffit pas pour qu'il y ait cessation de paiements au sens de l'article 437, al. 1, C. com., du moins, dans l'appréciation de la situation générale du commerçant, l'existence de dettes civiles non payées peut entrer en ligne de compte (5).

Il sera aussi expliqué plus loin (n° 92) que, lorsque la cessation de paiements existe pour des dettes commerciales, un créancier

(1) Trib. comm. Saint-Nazaire, 8 oct. 1892, *Journ. des faillites*, 1893. 78.

(2) Toulouse, 26 déc. 1890, *Journ. des faillites*, 1892. 363 ; Trib. comm. Nantes, 8 mars 1911, *Journal des faillites*, 1911. 328.

(3) V. *Traité de Droit commercial*, IV, n° 825.

(4) *Traité de Droit commercial*, I, n°s 168 et 169, cf. Cass. 29 av. 1889, S. 1889. 1 425 : *J. Pal.* 1889. 1. 1049 ; D. 1890. 1. 19 ; 10 janv. 1894, *Journ. des faillites*, 1894. 145.

(5) Rouen, 14 mai 1853, D. 1854. 5. 361 ; Alger, 29 nov. 1897, D. 1899. 2. 78. V. aussi Trib. comm. Laigle, 11 avr. 1878, sous Cass. 3 mai 1880, S. 1881. 1. 315 ; *J. Pal.* 1881. 1. 766 ; Thaller et Percerou, *op. cit.*, n° 188.

même pour dette civile peut s'en prévaloir, afin de faire déclarer la faillite (1).

63 bis. Peu importe que les dettes non payées soient des dettes chirographaires ou bien des dettes privilégiées ou hypothécaires (2). La loi ne fait aucune distinction et, au point de vue rationnel, on ne comprendrait pas qu'il en fût faite une.

63 ter. La cessation de paiements doit exister au moment où la déclaration de faillite est demandée. Si le débiteur qui a suspendu momentanément ses paiements, les reprend avant que le Tribunal ait statué, la faillite ne peut être déclarée (3).

64. Comment la cessation de paiements est-elle prouvée? La loi n'ayant rien dit à cet égard, les tribunaux forment leur conviction comme ils l'entendent. Le plus souvent, la situation embarrassée du commerçant se manifeste par des signes extérieurs faciles à constater, tels que des protêts faute de paiement (4), des assignations, des jugements de condamnation (5), des saisies. En l'absence même de ces actes judiciaires ou extra-judiciaires, divers faits peuvent établir l'impossibilité, pour le débiteur, de satisfaire à ses engagements : par exemple, il l'avoue lui-même dans une circulaire adressée à ses créanciers (6), il a tenté un arrangement amiable avec ses créanciers qui n'a pas abouti, il ferme ses magasins et disparaît (7). On

(1) Cass. 7 novembre 1905, S. et *J. Pal.* 1906. 1. 16 ; D. 1905. 1. 528 ; *Pand. fr.* 1906. 1. 55; *Journal des faillites*, 1906, 55. Cpr Cass. 3 novembre 1909, D. 1910. 1. 224. V. les arrêts cités à la note 2 de la page 64.

(2) Douai, 18 juin 1899, *Journ. des faillites*, 1904. 225. Thaller et Percerou, *op. cit.*, n° 188.

(3) Trib. comm. Marseille, 21 fév. 1894, *Journ. de Marseille*, 1894. p. 127. — Il ne faut pas confondre cette hypothèse avec celle du paiement survenant après que la faillite a été déclarée. V. *infra*, n° 156.

(4) V. ci-après, p. 68, note 1.

(5) Cass. 30 avr. 1877, S. 1877. 1. 244; *Pand. fr. chr.*

(6) V. arrêts cités, Rép. Dall., v° *Faillite*, n° 161 ; aj. n°s 162 et 163.

(7) L'ancien article 441, C. com., prévoyait le fait de la disparition du débiteur et de la clôture de ses magasins qui est un signe non équivoque de son impuissance de continuer le commerce, s'il ne s'explique pas autrement. Le législateur de 1838 a supprimé cette mention, non pour empêcher les tribunaux de tenir compte du fait, mais pour leur laisser toute latitude d'appréciation : Bédarride, n° 21 ; Rép. Dall. *h. v°*, n° 150. Cf. Orléans, 22 mai 1895, *Gazette du Palais*, 1895. 2. 29. On peut citer aussi

conçoit que les espèces présentent une variété infinie (1). Les protêts sont très fréquemment le signe extérieur auquel les tribunaux s'attachent pour établir la cessation des paiements (2). Il en est ainsi, du moins, quand le refus de payer, constaté par un protêt, vient du tiré *accepteur* ou du souscripteur d'un billet à ordre. Quand il s'agit du tiré non accepteur, comme il n'est pas obligé en vertu de la lettre de change (3), il faut voir quel est le motif du refus de paiement; le tiré peut n'être pas d'accord avec le tireur sur l'existence ou sur le montant de la dette (4). Il est aussi possible qu'il ne veuille pas payer la lettre de change, parce qu'il n'a point autorisé le tireur à la tirer sur lui. Du reste, c'est aussi au tribunal à apprécier si un seul protêt est ou non suffisant (5). Des protêts peuvent même ne pas suffire pour constater la cessation des paiements, si on allègue que le commerçant a conservé un grand crédit (6). Il ne devrait assurément pas être tenu compte de protêts qui auraient été suivis de paiement (7).

le fait par le commerçant de céder tout son actif commercial, alors que le prix en est insuffisant pour acquitter les dettes commercieles : Paris, 22 juill. 1882, *Journ. des faillites*, 1883. 16 ; Caen, 22 nov. 1894, S. et J. Pal. 1895. 2. 211.

(1) V. les arrêts cités par de Couder, v° *Faillite*, n°ˢ 41 et suiv.; aj. Rouen, 22 août 1874 et Req. 14 déc. 1874, D. 1876. 1. 119 et S. 1875. 1. 58 : Paris, 4 juill. 1881, *Le Droit* du 13 août 1881. Il convient de remarquer que la plupart des arrêts cités dans cette note et dans les précédentes, se réfèrent, non à la déclaration de faillite, mais à la fixation de la date de la cessation des paiements (art. 441) ; suivant nous (n° 54), cette date ne peut être fixée qu'à une époque où la faillite aurait pu être déclarée.

(2) Cela explique les dispositions de plusieurs lois étrangères. *En Belgique*, d'après l'article 448 de la loi du 16 avril 1851 et l'article 14 de la loi du 10 juillet 1877 sur les protêts, les receveurs de l'enregistrement doivent, dans les dix premiers jours de chaque mois, envoyer au président du tribunal de commerce un tableau des protêts des lettres de change acceptées et des billets à ordre enregistrés dans le mois précédent. Le Code de commerce *italien* (art. 689) et le Code de commerce *roumain* (art. 701) renferment des dispositions analogues.

(3-4) V. *Traité de Droit commercial*, IV, n°ˢ 26 et 89.

(5) V. Paris, 7 juill. 1886, *Journ. des faillites*, 1886, p. 418.

(6) Cass. 26 juin 1876, D. 1877. 5. 271 ; S. 1876. 1. 354 ; *Pand. fr. chr. ;* Cass. 15 mars 1881, D. 1882. 1. 15. Cf. Rép. Dall., v° *Faillite*, n°ˢ 152-153, 157-159.

(7) Amiens, 30 mai 1884, *Journ. des faillites*, 1884, p. 576 ; Orléans, 10 juillet 1889, *Journ. des faillites*, 1889. 422.

Les juges ne peuvent procéder à une enquête, c'est-à-dire entendre des témoins sur la situation du commerçant (cela suffirait souvent pour produire la faillite), ni ordonner le dépôt de ses livres au greffe pour être examinés (1), cela serait contraire à l'article 14, C. com., qui indique limitativement les cas où la *communication* des livres de commerce peut être ordonnée par justice (2). Mais, dans beaucoup de tribunaux de commerce, spécialement au tribunal de commerce de la Seine, il est d'usage de faire procéder à une information officieuse par un syndic sur la situation du commerçant dont il s'agit, quand elle ne ressort pas suffisamment des faits allégués (3).

65. Les règles qui viennent d'être posées sur les faits constitutifs de la cessation des paiements, manquent certes un peu de précision et, par suite, les tribunaux ont un très large pouvoir d'appréciation dans une matière aussi grave. Mais ce résultat a été voulu par le législateur et il n'est pas prouvé qu'il ait eu tort d'agir ainsi. L'Ordonnance de 1673 disait · « La faillite ou banqueroute sera réputée « ouverte du jour que le débiteur se sera retiré ou que le scellé aura « été apposé sur ses biens », Tit. XI, art. 1 (4). Le Code de 1807 (ancien art. 441, al. 1er), dans le même ordre d'idées, après

(1) Orléans, 28 fév. 1855, D. 1855. 1. 155.

(2) V. *Traité de Droit commercial*, I, nos 290 à 291.

(3) Cette information atténue certainement les inconvénients de la faculté, pour le tribunal, de déclarer d'office là faillite, qui en ont fait demander la suppression. V. note 4 de la page 125.

(4) V. le commentaire de Bornier. — Il dit que la faillite était encore réputée ouverte dès que les débiteurs avaient obtenu des lettres de répit ou des arrêts de défenses générales, et il ajoute que ces faillites sont même les plus dangereuses, parce qu'elles sont ordinairement préméditées. La disposition de l'Ordonnance n'était donc pas considérée comme limitative, il y avait controverse sur le point de savoir si la cessation de paiements suffisait pour faire prononcer la faillite du débiteur malgré lui. V. Rép. de Guyot, vo *Banqueroute*, vo *Faillite;* il admet la négative. Jousse dit au contraire : « La faillite est aussi réputée ouverte du jour que le débiteur est devenu insolvable et a cessé entièrement de payer ses créanciers ». Suivant Guyot, « Qu'il y ait une faillite ouverte sans le consentement du débiteur, lorsqu'il reste chez lui, qu'il n'abandonne ni ses biens ni ses affaires, précisément parce qu'il est en retard de payer et qu'il est poursuivi ou même exécuté, *c'est une supposition absurde* ».

avoir dit que l'ouverture de la faillite est déclarée par le tribunal de commerce, ajoutait : « Son époque est fixée, soit par
« la retraite du débiteur, soit par la clôture de ses magasins, soit
« par la date de tous actes constatant le refus d'acquitter ou de
« payer des engagements de commerce ». Toutefois, on se tromperait si l'on croyait qu'il suffisait, sous l'empire du Code de 1807,
avant la loi de 1838, de constater matériellement l'existence de l'un
de ces faits pour que la faillite dût s'ensuivre ; le même article 441
restreignait la disposition précédente de son alinéa 2 ; « Tous les
« actes ci-dessus mentionnés ne constateront, néanmoins, l'ouver-
« ture de la faillite que lorsqu'il y aura cessation de paiements ou
« déclaration du failli. » Cela revenait donc à dire qu'il n'y avait
qu'une chose essentielle, la cessation des paiements, qui, du reste,
pouvait se manifester de bien des manières ; dès lors, la règle ne
pouvait que gagner à être présentée plus simplement. C'est ce
que le législateur de 1838 a fait en rédigeant l'article 437, alinéa 1er (1) (2).

65 bis. Droit étranger. — Les lois des divers pays admettent
des systèmes assez variés sur les conditions exigées pour qu'un commerçant puisse être déclaré en faillite.

La loi *belge* (art. 437), les Codes de commerce *italien* (art. 683),
roumain (art. 695 et 696), *chilien* (art. 1325) (3), *argentin* (articles 1379 et 1380), reproduisent la règle du Code de commerce français relative à la cessation des paiements. Seulement, la loi *belge*
ajoute que le crédit du commerçant doit être ébranlé (4), les Codes

---

(1) L'ancien article 441 avait donné lieu à des interprétations très diverses, Renouard, I, p. 235 ; la jurisprudence s'était formée dans le sens de la
solution consacrée en 1838 : Cass. 19 déc. 1831, S. 1832. 1. 143.

(2) Ainsi, la législation française actuelle se rapproche des statuts des
villes *italiennes* qui laissaient aux juges un large pouvoir d'appréciation,
pour décider si la situation d'un débiteur était de nature à donner lieu à
la faillite. Casaregis (Disc. 79, n° 88) dit : *Ad probandam decoctionem
certa regula non est in jure determinata.*

(3) Le Code *chilien* (art. 1327) indique qu'il n'est pas besoin que la cessation de paiements soit générale.

(4) La Chambre et le Sénat de *Belgique* ont été longtemps en divergence
sur le point de savoir si le non-paiement de dettes civiles pourrait entraîner
la faillite. Il y a eu une transaction consistant à dire que la cessation de

italien, *roumain*, *chilien*, *argentin*, indiquent expressément que la cessation des paiements doit s'appliquer à des dettes commerciales. Le Code *italien* (art. 705) dispose d'une façon formelle que « le seul « refus de quelques paiements que, par exception, le débiteur de « bonne foi a cru devoir faire, n'est pas une preuve de la cessation « de paiements, comme aussi le fait de paiements continués à l'aide « de moyens ruineux ou frauduleux, ne saurait être un obstacle à la « déclaration que le commerçant était, en réalité, en état de cessa- « tion de paiements ». Le Code *roumain* (art. 698) n'a reproduit que la partie de la disposition du Code italien, concernant le refus de quelques paiements. Le Code de commerce *portugais* (art. 692) admet que le commerçant qui cesse le paiement de ses obligations commerciales, doit être présumé en état de faillite, mais reconnaît qu'antérieurement à la cessation de paiements, la faillite peut être déclarée, le failli entendu, s'il est justifié que l'actif est manifestement insuffisant pour couvrir le passif.

Parmi les lois qui admettent la faillite pour les non-commerçants comme pour les commerçants, les unes s'attachent aux mêmes faits pour ces deux classes de personnes, tandis que les autres consacrent à cet égard une distinction.

L'assimilation est admise par la loi *allemande* (art. 102), selon laquelle l'ouverture de la faillite suppose l'impossibilité de payer (*Zahlungsunfaehigkeit*) et cette impossibilité doit être spécialement admise quand il y a cessation de paiements (*Zahlungseinstellung*) (1). La formule de la loi est assez large pour laisser au juge un pouvoir d'appréciation très étendu. Aussi les auteurs reconnaissent-ils qu'il peut se montrer plus rigoureux pour les commerçants et les déclarer plus facilement en faillite (2). L'insolvabilité (*Ueber-*

---

paiements de dettes commerciales ou civiles doit entraîner l'ébranlement du crédit (art. 437, al. 1). — V. Namur, III, nº 1582.

(1) La loi *prussienne* de 1855 qui a, en beaucoup de points, servi de modèle à la loi allemande de 1877, distinguait, au contraire, entre la faillite des commerçants et celle des non-commerçants.

(2) V. Fitting, *Das Reichs Concursrecht und das Concursverfahren*, p. 280.

schuldung) est la condition de déclaration de faillite d'une succession (L. 1877, art. 215) (1).

La législation *anglaise* ne distingue pas non plus depuis 1883 entre les commerçants et les non-commerçants. Mais elle admet un système tout différent de celui des lois des pays du continent ; elle énumère les actes de nature à entraîner la faillite (*acts of bank-ruptcy*) (2) (L. de 1883, art. 4, et loi de 1890, art. 1) (3). Le but a été d'éviter l'arbitraire du juge. Mais ce système a cet inconvénient que la faillite ne peut être déclarée hors des cas déterminés par la loi, alors même que les circonstances paraissent la rendre nécessaire (4).

Le même système est adopté par la loi des *Etats-Unis d'Amérique* sur la faillite de 1898 (art. 3) (5).

D'autres lois admettent plus facilement la faillite des commerçants que celle des non-commerçants. Pour les premiers, la cessation de paiements suffit ; pour les seconds, il faut l'insolvabilité prouvée ou présumée à raison de certains faits.

En *Autriche*, la loi de 1868 détermine pour les *non-commerçants* les circonstances à raison desquelles la faillite peut être déclarée. D'après les articles 62 à 64 de cette loi, la déclaration de faillite a lieu immédiatement sur la demande du débiteur ou de son héritier. En outre, quand un créancier prouvant sa qualité demande l'ouverture de la faillite contre un débiteur sous le coup d'une exécution, une audience est fixée à bref délai et le débiteur doit y produire son bilan et établir qu'il est en état de satisfaire tous ses créanciers, faute de quoi la faillite est déclarée (art. 63). Enfin, le tribunal, sur

(1) Il y a des règles spéciales pour la mise en faillite des sociétés anonymes et des associations coopératives. Elles seront indiquées dans le chapitre VIII consacré à la faillite des sociétés (n°s 1131 et suiv.).

(2) C'est le système qu'admettait le Droit romain pour la *venditio bonorum*, V. Gaïus, III, § 78.

(3) Les actes de nature à entraîner la faillite n'étaient pas les mêmes pour les commerçants et pour les non-commerçants d'après la loi *anglaise* de 1869.

(4) Cependant, le système *anglais* est recommandé par M. Thaller, dans son *Traité des faillites en droit comparé*, n° 40, p. 171.

(5) V. *Annuaire de législation étrangère*, 1899, p. 772 et 773.

la demande d'un créancier dont la dette est vérifiée, déclare la faillite du débiteur qui est en fuite ou se cache, sans autre cause présumable que son insolvabilité, quand il est à craindre que la non-déclaration de faillite ne soit préjudiciable aux créanciers (art. 64). Les articles 62 et 64 s'appliquent à la faillite soit des commerçants, soit des non-commerçants. Mais l'article 198 de la loi *autrichienne* ajoute, pour les commerçants, qu'alors même que les circonstances prévues par les articles 62 à 64, ne se présentent pas, la faillite peut être déclarée toutes les fois que le tribunal a connaissance de la cessation des paiements.

La loi *hongroise* reconnaît aussi (art. 244) que la cessation des paiements détermine la faillite des commerçants, tandis que, pour les non-commerçants, il faut l'insolvabilité qui, d'ailleurs, se déduit des faits que la loi *hongroise* énumère (art. 82 à 85). — En *Espagne*, la faillite des commerçants peut être déclarée dans des cas que le Code de commerce (art. 870, 871, 876 et 877) détermine et qui peuvent n'impliquer que la cessation de paiements : déclaration du débiteur qu'il cesse ses paiements ; saisie en vertu d'un titre exécutoire, alors qu'il résulte de la saisie qu'il ne reste pas de biens suffisants pour le paiement ; poursuite d'un créancier, même sans titre exécutoire, justifiant de l'existence de sa créance et prouvant que le commerçant a cessé d'une façon générale de payer ses dettes ; fuite ou disparition d'un commerçant accompagnée de la fermeture de ses bureaux ou magasins sans qu'il ait laissé une personne chargée de le représenter. Quand à la faillite civile, elle implique plusieurs saisies des biens du débiteur reconnus insuffisants pour le paiement des dettes prouvées. — En *Norvège* (1) et en *Danemark* (2), le commerçant peut être déclaré en faillite quand il a cessé ses paiements ou laissé en souffrance une de ses dettes après une sommation. Pour le non-commerçant, il faut l'insuccès d'une voie d'exécution ou le fait par le débiteur d'avoir quitté le royaume ou de se tenir caché sans que son absence puisse s'expliquer autrement que par son insolvabilité.

(1) *Loi norvégienne*, art 2 à 5.
(2) *Loi danoise*, art. 41 à 44.

La loi *suisse* sur la faillite de 1889 a adopté des règles assez compliquées qui se rattachent à ce que, dans ce pays, l'inscription sur le registre du commerce, obligatoire pour les commerçants, est facultative pour les non-commerçants (1). La faillite, selon les cas, est ou n'est pas précédée d'une poursuite préalable contre le débiteur. Tandis que les créanciers procèdent par voie de saisie contre leurs débiteurs non inscrits dans le registre du commerce, ils ont à procéder par voie de demande en déclaration de faillite contre les débiteurs inscrits. Dans ce derniers cas, la faillite n'est prononcée, en règle générale, qu'après que deux délais de vingt jours se sont écoulés depuis la notification d'un commandement et depuis la signification d'un acte menaçant le débiteur de la faillite (commination de faillite) (art. 159 et suiv.). Cependant, en certains cas, la loi laisse de côté l'exigence d'un commandement préalable ou celle de l'inscription du débiteur. Un créancier peut requérir la faillite sans poursuite antérieure, lorsqu'il y a suspension de paiements d'un débiteur inscrit (art. 190, 2°). Puis, tout débiteur, quelle que soit sa qualité, peut être déclaré en faillite sur la demande d'un créancier, s'il n'a pas de résidence connue, s'il a pris la fuite dans l'intention de se soustraire à ses engagements, s'il a commis ou tenté de commettre des actes en fraude des droits de ses créanciers ou célé ses biens dans le cours d'une poursuite par voie de saisie dirigée contre lui (art. 890, 1°). De même, tout débiteur, commerçant ou non, inscrit ou non au registre du commerce, peut lui-même requérir sa faillite en se déclarant insolvable (art. 291). Les complications et distinctions de la loi suisse viennent de ce quelle a dû concilier, dans la mesure du possible, les vues très divergentes des cantons romands, où la faillite était réservée aux commerçants, et celles des cantons allemands, où la faillite s'appliquait aux non-commerçants.

66. La faillite, comme il a été dit plus haut (n° 43), suppose : 1° un *commerçant* ; 2° la *cessation de ses paiements*. Elle n'est possible qu'autant qu'il y a eu coexistence de ces deux éléments, c'est-à-dire qu'autant que le débiteur était commerçant au moment

(1) *Traité de Droit commercial*, I, n° 194 *bis*, p. 174 et 175.

où il a cessé ses paiements. Est-il nécessaire que cette coexistence persiste au moment où il s'agit de déclarer la faillite ?

Il y a un cas qui semble ne devoir soulever aucune difficulté, c'est celui où la cessation de paiements disparaît pour une cause quelconque : le failli s'est libéré ou s'est arrangé avec tous ses créanciers ; la faillite n'a plus de raison d'être (1).

Le cas inverse est celui où la cessation des paiements persiste, mais où il n'y a plus un commerçant contre lequel on puisse agir, que le débiteur soit mort ou qu'il ait cessé le commerce. Il importe d'étudier ces deux dernières hypothèses ; la première est seule prévue par la loi (art. 437, al. 2 et 3, C. com.).

67. *Faillite après décès* (2). — Le Code de 1807 n'avait pas prévu ce cas (3) et l'on avait contesté qu'une déclaration de faillite fût possible après le décès du débiteur, en disant qu'il y aurait alors une *faillite sans failli ;* mais la jurisprudence avait fini par admettre que la mort n'empêchait pas la faillite lorsque la cessation des paiements s'était produite du vivant du débiteur (4). La loi de 1838

---

(1) Paris, 31 mars 1882, *Journ. des sociétés*, 1882, p. 191 ; Rouen, 26 mai 1884 (la Cour infirme un jugement qui avait déclaré d'office en faillite un négociant dont les affaires étaient liquidées par suite d'une entente intervenue entre lui et tous ses créanciers). La question résolue au texte est tout à fait distincte de celle qui se présente quand le paiement des créanciers ou l'arrangement est intervenu après le jugement déclaratif de faillite. On se demande alors si ce jugement qui a été bien rendu à sa date, doit être rapporté à raison du changement survenu dans les faits. V. n° 156.

(2) Dans le projet soumis au Conseil d'État, il y avait un article 6 ainsi conçu :

« Lorsque la faillite survient par la mort du débiteur, l'ouverture en est fixée au jour du décès » ; cet article a été ajourné pour un examen plus approndi et n'a plus reparu, Locré, XIX, 71, 74, 75. Des observations contradictoires avaient été échangées ; les uns (Bigot-Préameneu et Beugnot) disaient qu'il n'y a de faillite que celle qui existe avant la mort du failli, et les autres (Cambacérès), que la mort ne change pas la qualité du failli : « Il est donc naturel que, là où l'on retrouve tous les caractères de la faillite, on en admette aussi les formes ».

(3) Percerou, *Faillite et liquidation judiciaire après décès en Droit français*, dans le *Journal des faillites*, 1905 et 1906.

(4) Il y avait eu quelques dissidences. V. les arrêts cités, Rép. Dalloz, v° *Faillite*, n°s 57-58 ; Dict. de Couder, v° *Faillite*, n° 58.

s'est avec raison approprié cette doctrine : *La faillite d'un commerçant peut être déclarée après son décès lorsqu'il est mort en état de cessation de paiements* (art. 437, al. 2). Si certaines des dispositions légales sur la faillite concernent la personne du failli, il y en a un bien plus grand nombre qui sont relatives aux biens, à leur administration, au sort des actes du débiteur, à l'ordre à établir entre les divers ayants droit, etc. La mort du débiteur n'empêche nullement d'appliquer les dispositions de cette dernière sorte, et il serait déraisonnable qu'elle enlevât aux créanciers les garanties que ces dispositions doivent leur fournir.

68 Il est vrai que les créanciers du défunt ont le bénéfice de la séparation des patrimoines à l'encontre des créanciers personnels de l'héritier (art. 878 et s., C. civ.) ; mais celle-ci ne les protège pas contre les actes que le défunt a pu faire et à l'égard desquels ils n'ont que la ressource insuffisante de l'action paulienne (art. 1167, C. civ.). De plus, la séparation des patrimoines ne donne pas plus que le bénéfice d'inventaire les mêmes garanties que la faillite en ce qui concerne l'administration des biens et la répartition de leur produit (1). Elle est faite seulement pour protéger les créanciers du *de cujus* contre les conséquences de l'insolvabilité de l'héritier. Celle-ci peut ne pas exister, bien que le défunt fût, lors de son décès, en état de cessation de paiements.

69. Si la séparation des patrimoines ne rend pas inutile la faillite du défunt, à l'inverse la déclaration de faillite ne rend pas sans objet la séparation des patrimoines (2). Car la faillite ne met pas obstacle à la confusion du patrimoine du failli décédé et du patrimoine de son héritier. Aussi les créanciers hypothécaires de l'héritier, inscrits sur un immeuble de la succession, peuvent-ils, à l'encontre des créanciers de la faillite, se prévaloir de la non-inscription de la séparation des patrimoines dans les six mois du décès

---

(1) Cf. Paris, 10 déc. 1839, Rép. Dall., v° *Faillite*, n° 59.

(2) Cf. Demolombe, XVII, n° 198 ; Aubry et Rau, VI, 4° édit., § 619, p. 485 ; Boistel, n° 893 ; Barafort. *Traité de la séparation des patrimoines*, n° 155 et suiv. V. *en sens contraire*, Douai, 24 déc. 1877, D. 1878. 2. 149.

(art. 2111, C. civ.) (1). Sans doute, les créanciers de la faillite ont comme tels une hypothèque sur les immeubles du failli (art. 490, C. com.) ; seulement celle-ci n'est opposable aux créanciers de l'héritier qu'à partir de la date de son inscription.

Mais il va de soi que, par cela même que la cessation de paiements doit avoir existé au plus tard au jour du décès (nos 57. 58 et 70), la période suspecte commence au moins à ce jour. En conséquence, les actes faits par l'héritier sur les biens de la succession sont nécessairement des actes faits en temps suspect qui, comme tels, tombent sous le coup des nullités des articles 446 et suiv., C. com. (2). Les créanciers doivent être protégés contre les actes des héritiers comme ils l'auraient été contre les actes du défunt s'il n'était pas décédé.

70. D'après le texte formel du Code de commerce, il faut que le débiteur soit mort en état de cessation de paiements pour que sa faillite puisse être déclarée. Conformément à ce qui a été dit plus haut (nos 57 et 58), il ne suffirait pas de prouver que le défunt avait, au moment de sa mort, un actif inférieur à son passif, s'il n'avait pas alors cessé ses paiements (3). En conséquence, si un commerçant se

---

(1) La solution opposée a été admise par l'arrêt cité à la note précédente. M. Thaller (n° 1719) dit que la faillite demandée par les créanciers comporte séparation des patrimoines. Il admet également que les causes qui entraînent déchéance du droit de demander la séparation des patrimoines, excluent le droit de demander la déclaration de faillite, ce qui arriverait si les créanciers avaient accepté l'héritier pour débiteur (art. 879, C. civ.). — Ces solutions nous semblent quelque peu arbitraires dans le silence de nos lois.

Le Code *chilien* (art. 1343, dern. alin.) admet expressément que la faillite déclarée après décès entraîne la séparation du patrimoine du défunt et du patrimoine de l'héritier.

(2) V. Thaller et Percerou. *op. cit*, n° 216 *bis*.

(3) Trib. comm. Marseille, 21 août 1866 *Journ. de jurispr. de Marseille*, 1866. 1. 284; Paris, 17 décembre 1878, S. 1879. 2. 108: *J. Pal.* 1879, 469; Cass. 25 janv. 1890, S. 1890. 2. 80; *J. Pal.* 1890. 1. 459; D. 1890. 1. 329. Cf. Cass. 12 mars 1889, S. 1889. 2. 491; *J. Pal.* 1889 1. 622; D. 1890. 1. 15 (c'est aux juges du fond à décider, d'après les circonstances, si le débiteur est ou non décédé en état de cessation de paiements). Cf. Gand, 25 mai 1889, *Pasicrisie belge*, 1889, p. 392 (les conditions exigées pour que la faillite d'un commerçant puisse être déclarée après son décès,

tue précisément parce qu'il se voit à la veiller de cesser ses paiements, il ne peut être déclaré en faillite. Pour écarter cette solution,
il ne suffit pas d'alléguer qu'on devrait éloigner un malheureux débiteur de la pensée du suicide, en lui montrant que sa mort ne remé-
diera à rien et n'empêchera pas la constatation judiciaire qu'il
redoute. Le texte ne laisse place à aucune hésitation ; il a été adopté,
quoiqu'on eût invoqué, pour en obtenir la modification, précisément la considération qui vient d'être indiquée (1).

71. La jurisprudence, qui, en l'absence d'un texte exprès, admettait, même avant 1838, la possibilité d'une déclaration de faillite
après décès, ne pouvait naturellement restreindre cette possibilité à
un délai déterminé : d'où cet inconvénient grave d'une faillite survenant plusieurs années après la mort d'un commerçant et produisant
une profonde perturbation dans la liquidation de sa succession. La
loi de 1838 a sagement fait en limitant l'exercice du droit qu'elle
consacrait : *la déclaration de la faillite ne pourra être, soit prononcée d'office, soit demandée par les créanciers* (2), *que dans
l'année qui suivra le décès* (art. 437, al. 3) (3). Il s'agit ici d'un

n'existent pas lorsque la maladie mortelle qui a subitement mis obstacle à
la continuité du commerce, a seule causé le désarroi qui s'est produit dans
les affaires); Rouen, 3 mars 1890, *Journ. des faillites*, 1890. 360 ; Pau,
23 nov. 1893, D. 1894. 2. 66. Il ne faut pas considérer comme contraire un
arrêt de Colmar du 20 août 1838, Rép. Dall., vᵒ *Faillite*, nᵒ 59 (il était
constaté qu'il y avait eu cessation de paiements, malgré l'absence de protêts et de poursuites). V. nᵒ 64.

(1) Renouard (I, p. 249) analyse la discussion, mais ne se prononce pas
sur la question. — Dans le sens de notre opinion, Bruxelles, 3 déc. 1877,
Pasicrisie belge, 1878, p. 83. — Bravard et Demangeat, V., p. 33, note 1 ;
Bédarride, I, nᵒ 22 ; Namur, III, nᵒ 1502 ; Dict. de Couder, vᵒ *Faillite*,
nᵒ 62 (plusieurs décisions sont citées en ce sens) ; Thaller, nᵒ 1718. V. *en
sens contraire*, Rép. Dall., vᵒ *Faillite*, nᵒ 59.

(2) V. nᵒˢ 82 et suiv.

(3) Les tribunaux civils qui, ainsi qu'il sera expliqué plus loin (nᵒˢ 187
et suiv.), s'attribuent le droit de constater l'état de faillite en l'absence de
toute déclaration émanant d'un tribunal de commerce, admettent que
cette constatation ne peut être faite que dans des circonstances où une
déclaration de faillite serait possible ; ils tiennent compte notamment de
l'article 437, al. 3, C. com.: Caen, 15 mai 1854, D. 1854. 2. 443 (l'arrêt
repousse la demande d'un créancier voulant, plus d'un an après la mort
de son débiteur, faire restreindre l'hypothèque légale de la femme confor-

délai préfixe ; il ne saurait, par suite, être modifié par un des événements de nature à interrompre ou à suspendre la prescription (1).

Le délai fixé par la loi pour la demande de déclaration de faillite après le décès du débiteur court même pendant le délai de trois mois et quarante jours accordé aux héritiers pour faire inventaire et pour délibérer. Car, même pendant ce délai, les créanciers du défunt peuvent former une demande en déclaration de faillite du défunt.

Le Code de commerce ne se prononce pas sur le point de savoir si les héritiers peuvent provoquer la déclaration de faillite de leur auteur. Le silence de la loi à cet égard fait naître une question qui sera examinée plus loin (n° 89).

71 bis. DROIT ÉTRANGER. — Généralement, les Codes de commerce reproduisent l'exigence du Code français quant à la nécessité que le débiteur soit mort en état de cessation de paiements et prescrivent aussi que la déclaration de faillite soit prononcée ou demandée dans un certain délai après le décès. Seulement, ce délai n'est pas le même dans toutes les législations : il est de deux ans (2), d'un an (3), de six mois (4).

Dans les pays où la faillite n'est pas restreinte aux commerçants, il n'y a pas de délai pour la déclaration de faillite après le décès d'une personne. Cela tient sans doute à ce que la succession elle-même peut être déclarée en faillite (5). Pendant longtemps, en *Angleterre*, les règles de la faillite étaient inapplicables au cas où le débiteur était mort. L'article 125 de la loi anglaise de 1883 a consacré une règle contraire. Toutefois, on ne dit pas alors qu'il y a décla-

mément à l'article 563, C. com.) ; Grenoble, 15 déc. 1845, D. 1845. 4. 271. — V. *en sens contraire*, Rép. Dall., v° *Faillite*, n° 1081.

(1) Bravard et Demangeat, V, p. 34.

(2) Code de commerce *portugais*, art. 693.

(3) Codes de commerce *italien*, art. 690, al. 2 ; *roumain*, art. 703, alin. 2 ; *chilien*, art. 1343 ; *mexicain*, art. 946 ; loi *brésilienne* de 1908, art. 5 (cette dernière loi indique qu'il n'importe pas que l'état de cessation de paiements se soit manifesté du vivant du débiteur).

(4) Loi *belge*, combinaison des articles 437, al. 3, et 442 (Namur, III, n° 1591). Code de commerce *argentin*, art. 1382.

(5) V. notamment Kohler, p. 70 et suiv,

ration de faillite, mais bien que le patrimoine du *de cujus* est administré conformément aux dispositions régissant les faillites (*administration of the estate of the deceased debtor according to the law of bankruptcy*).

72. *Faillite après cessation de commerce.* — Un individu qui n'est plus commerçant, mais qui, lorsqu'il l'était, avait cessé ses paiements, peut-il être déclaré en faillite ? L'affirmative ne saurait faire de doute depuis la loi de 1838 ; on peut argumenter *a fortiori* de ce qui a été décidé pour le cas de décès ; aussi la jurisprudence et la doctrine admettent-elles cette opinion sans difficulté (1). Il faut, bien entendu, que la cessation des paiements ait été antérieure à l'abandon du commerce et il ne suffit pas qu'on invoque une dette commerciale contractée pendant l'exercice du commerce (2). Si,

(1) Angers, 19 mai 1869, D. 1869. 2. 240.

(2) Cass. 18 juin 1872, D. 1873. 1. 108 ; S. 1872. 1 298 ; *J. Pal.* 1872 ; *Pand. fr. chr.* ; Cass. 6 juin 1885, S. 1887. 1. 140 ; *J. Pal.* 1887. 1. 313 ; Cass. 27 juin 1887, *Journ. des faillites,* 1887. 344 ; S. 1887. 1. 368 ; *J. Pal.* 1887. 1. 906 ; D. 1888. 1. 136 ; *Pand. fr.* 1887. 1. 267 ; Paris, 21 mars 1891, *Journ. des faillites,* 1891. 349. V. au contraire, Limoges, 31 janv. 1858, D. 1858. 2. 33 et S. 1858. 2. 90 : l'arrêt pose en principe que la qualité de commerçant en laquelle des engagements ont été contractés et les conséquences de droit qui en résultent en faveur des tiers, durent aussi longtemps que les engagements n'ont pas été éteints par un des modes d'extinction déterminés par la loi ; autrement, dit-il, si l'on reconnaissait à tout commerçant la faculté de se soustraire à la mise en faillite par la seule cessation de son commerce avant toutes poursuites, on arriverait à faciliter les actes entachés de la mauvaise foi la plus insigne V. Paris, 24 juin 1864, D. 1864. 2. 176 ; S. 1864. 2. 156. V. ce qui est dit pour le cas de fraude dans la suite du texte.

D'autre part, on nous paraît exagérer en disant qu'une demande en déclaration de faillite ne saurait être accueillie de la part d'un créancier, s'il ne rapporte la preuve qu'à la date où ses droits sont nés le débiteur avait encore la qualité de commerçant. Cf. Alger, 26 déc. 1899, D. 1901. 2. 69. Le créancier qui a traité après la cessation du commerce, peut n'avoir qu'une créance civile, mais cela ne suffit pas à le rendre non recevable à demander la déclaration de faillite si les conditions exigées par la loi sont remplies, c'est-à-dire s'il y a eu cessation de paiements de dettes commerciales alors que le commerce était encore exercé.

De ce que la qualité de commerçant doit exister lors de la cessation de paiements pour que la déclaration de faillite soit possible, on a tiré la conséquence que l'ancien commerçant qui ne peut pas exécuter une condam-

lors de sa retraite des affaires, le commerçant payait régulièrement, si c'est par suite de fautes ou de malheurs postérieurs qu'il ne peut plus payer, il ne saurait être déclaré en faillite, puisqu'il n'y a pas alors coexistence des deux éléments exigés par la loi : un commerçant ayant cessé ses paiements (1). Mais il va de soi que le cas de fraude doit être écarté ; un commerçant qui se retire dans la prévision d'une chute prochaine et inévitable, ne peut se mettre à l'abri d'une déclaration de faillite (2).

La loi n'a pas, du reste, fixé le délai dans lequel la déclaration de faillite doit avoir lieu après la cessation du commerce, comme elle a fixé celui dans lequel la faillite peut être déclarée après le décès d'un commerçant. Aussi la déclaration de faillite est-elle possible

nation en dommages-intérêts prononcée à raison de la résiliation de la vente de son fonds de commerce, ne saurait être déclaré en faillite : Trib. comm. Lyon, 26 novembre 1910, *Journal des faillites*, 1911. 357.

(1) Lyon, 2 mars 1878, D. 1878. 2. 70; L. 1878. 2. 166 ; *J. Pal.* 1879. 715; Cass. 4 fév. 1885, *Journ. des faillites*, 1885. 101; D. 1885. 1. 259; *Pand. fr. chr.* (doit être cassé l'arrêt déclarant la faillite d'un individu retiré du commerce sans constater que les dettes commerciales dont le non-paiement justifie la faillite remontaient à une date antérieure). Paris, 27 mai 1889, *Journ. des faillites*, 1889. 370 ; Rennes, 21 avr. 1894, *Journ. des faillites*, 1894. 430. Cpr. Paris, 10 mai 1901, *La Loi*, nos des 9 et 10 juin 1901) dans l'espèce de cet arrêt. la vente du fonds de commerce faite par celui dont la faillite était demandée, rendait exigible le prix de l'achat qu'il avait fait de ce même fonds. Ce prix n'étant pas payé, il y avait eu cessation de paiements d'un commerçant). V. aussi Cass. 23 mars 1906, *Jounr. des faillites*, 1904, 199 ; Cass. 7 novembre 1905, S. et *J. Pal.* 1906. 1. 16, D. 1905. 1. 526; *Journ. des faillites*, 1906, 55; *Pand. fr.* 1906. 1. 55.

Peu importe la cause de la cessation de commerce. Ainsi, la règle relative à l'existence de l'état de cessation de paiements au moment où le commerce a cessé, s'applique au cas où un commerçant est frappé d'aliénation mentale : Trib. comm. Lyon, 28 novembre 1908, *Journ. des faillites*, 1909, 276.

Il résulte du principe posé au texte et consacré par la jurisprudence que le commerçant qui s'est retiré des affaires *in bonis* ne peut pas être déclaré en faillite même s'il a laissé en souffrance une dette antérieure à la cessation de son commerce. V., en ce sens. Orléans, 24 février 1905, *Journal des faillites*, 1905. 351.

(2) Angers, 14 déc. 1875, D. 1876. 2. 196; *Pand. fr. chr.* ; cf. Thaller, no 1721.

sans aucune limitation de temps après la cessation de commerce d'une personne qui avait cessé ses paiements au moment où elle a perdu la qualité de commerçant (1).

72 bis. DROIT ÉTRANGER. —Beaucoup de lois étrangères admettent expressément la déclaration de faillite après la cessation de commerce et indiquent dans quel délai après celle-ci cette déclaration doit être prononcée. Ce délai varie nécessairement (2); il est parfois plus long que celui qui est fixé en cas de décès (3). En outre, il y a des pays où la cessation de paiements, même postérieure à la retraite du commerçant, peut entraîner la faillite, pourvu que la cessation de paiements ait eu lieu dans un certain délai après cette retraite (4). Il va de soi que les questions relatives à la faillite après cessation de commerce, ne sont à résoudre que dans les pays où la faillite est restreinte aux commerçants (5).

SECTION II

Du jugement déclaratif de faillite

73. La déclaration de faillite est prononcée par un jugement qui a une importance considérable, à raison de ce que les effets de

---

(1) Thaller et Percerou, *op. cit.*, n° 203. Il a été, pourtant, jugé que le droit, pour les créanciers, de faire déclarer la faillite, se prescrit par 30 ans à partir du jour où le débiteur a cessé son commerce. Bordeaux, 15 janvier, 1906 *Journal des faillites*, 1906, 213.

(2) *Six mois*, d'après la loi *belge* (Comb. art. 437, al. 2, et art. 442, al. 3 et le Code de commerce *argentin*, art. 1383; *deux ans*, d'après la loi *brésilienne* de 1908, art. 5; *cinq ans*, d'après les Co les de commerce *italien*, art. 690; *roumain*, art. 703; *mexicain*, art. 946.

(3) Cpr. ce qui est dit des délais de la déclaration de faillite après décès aux notes 1, 2 et 3 de la p. 79.

(4) Les Codes de commerce *italien*, art. 690; *roumain*, art. 703; *mexicain*, art. 946, admettent qu'il suffit que la cessation des paiements se soit produite dans l'année qui a suivi la retraite du commerçant; la loi *brésilienne* de 1908 (art. 5) exige qu'elle ait eu lieu dans les deux ans.

(5) Dans ceux de ces pays où les règles de la faillite diffèrent à certains égards selon qu'il s'agit d'un commerçant ou d'un non-commerçant, il y a seulement à déterminer à quelle condition, en cas de cessation de commerce, on suit les règles de l'une ou de l'autre catégorie.

la faillite s'y rattachent et ne peuvent même, selon une opinion que nous soutenons plus loin mais que la jurisprudence condamne pour certains de ces effets (nᵒˢ 187 et suiv.), dériver que de ce jugement. Les principales questions que présente à examiner le jugement déclaratif de faillite, sont les suivantes :

A. *Quel est le tribunal compétent pour déclarer la faillite?* — B. *Comment le tribunal est-il amené à statuer sur la question de la déclaration de faillite?* — C. *Quel est le caractère du jugement déclaratif et quelles dispositions contient-il?* — D. *Comment ce jugement est-il publié et exécuté?* — E. *De quelles voies de recours est-il susceptible?*

Ces questions seront étudiées dans l'ordre même où elles viennent d'être posées.

A. — DU TRIBUNAL COMPÉTENT POUR DÉCLARER LA FAILLITE.

74. Il faut distinguer ici, comme en toute matière, la compétence absolue ou *ratione materiæ* et la compétence relative ou *ratione personæ*.

75. Les tribunaux de commerce sont seuls compétents pour déclarer la faillite (1). L'article 440, C. com., dispose : *la faillite est déclarée par jugement du tribunal de commerce* (2) et l'article 635, C. com. : *les tribunaux de commerce connaîtront de tout ce qui concerne les faillites* (3). Cette compétence semble toute naturelle : il s'agit de l'événement le plus grave de la vie commerciale et, du moment qu'il y a des juges spéciaux chargés de statuer sur des affaires commerciales, on ne conçoit guère que les questions relatives aux faillites ne rentrent pas dans leurs attributions. Notamment en ce qui touche la déclaration de faillite, des commerçants peuvent

(1) V., pour l'ancien Droit, ci-dessus, nᵒ 10.

(2) L'article 440 actuel du Code de commerce correspond à l'article 441 du Code de commerce de 1807.

(3) L'article 635, C. com., a une portée bien plus large que l'article 440, C. com. : le premier de ces articles s'applique à des contestations qui ne se confondent pas avec la déclaration de faillite, mais qui sont nées de la faillite. — V. *Traité de Droit commercial*, I, nᵒ 366.

mieux que d'autres apprécier la situation du débiteur, le caractère des refus de paiements et les conséquences qu'ils ont pu avoir pour son crédit. Cependant, quelques auteurs ont exprimé des regrets à ce sujet; ils auraient voulu que tout ce qui est relatif aux faillites fût remis aux juges ordinaires. Ils argumentent de ce que la faillite peut être envisagée comme ne constituant qu'une voie d'exécution, une sorte de saisie générale qui porte sur tout le patrimoine, et les voies d'exécution ont été mises hors de la compétence des tribunaux de commerce. Cf. article 442, C. pr. civ. (1). Par la force des choses, ajoutent-ils, les juges consulaires ne peuvent assurer la répression des fraudes comme le feraient les juges civils; ils ont le plus souvent des liens nombreux avec leurs justiciables. En outre, ils ne peuvent donner à ces affaires, fréquemment difficiles et compliquées, tout le soin qu'elles comportent, c'est ce qui explique la lenteur des procédures de faillites et les plaintes qu'elles soulèvent. Tout au moins faudrait-il exiger l'intervention du ministère public (2).

On a fait remarquer avec raison que ces reproches ont une portée très générale; ils s'attaquent à l'existence même d'une juridiction propre au commerce (3).

75 bis. DROIT ÉTRANGER — La compétence appartient aussi aux tribunaux de commerce dans quelques-uns des pays où il en existe (4). Dans les pays où il n'existe pas de juridiction commerciale, la compétence est attribuée, soit aux tribunaux civils ordinaires (5), soit à une juridiction spéciale (6). Dans quelques États

---

(1) V., sur l'article 442, C. proc. civ , *Traité de Droit commercial*, I, nᵒˢ 374 à 376.

(2) V. Bédarride, I, nᵒ 5 ; Thaller, *Des faillites en droit comparé*, nᵒ 155, p. 161 et suiv.

(3) Demangeat sur Bravard, V, p. 39, note 1.

(4) *L. belge*, du 25 mai 1876, *contenant le titre I du livre préliminaire du Code de procédure civile*, art. 12, 4ᵒ ; loi *brésilienne* de 1908, art. 7.

(5) Il en est ainsi en *Hollande*, en *Italie*, en *Roumanie* depuis que les tribunaux de commerce ont été supprimés dans ces pays. V. *Traité de Droit commercial*, I, nᵒ 331.

(6) En *Allemagne*, la compétence appartient, pour les faillites des commerçants et des non-commerçants, à l'*Amtsrichter*, juge unique qui, avec des attributions beaucoup plus étendues, correspond au juge de paix. V. *Konkursordnung*, art. 71. En *Angleterre*, avant 1883, la compétence

où la faillite est commune aux commerçants et aux non-commerçants, le tribunal compétent varie selon la profession du failli (1) (2).

76. Quel est, parmi les tribunaux de commerce, le tribunal compétent pour déclarer la faillite ?

Le raisonnement conduit naturellement à dire que ce doit être le tribunal du domicile du failli. La mesure à prendre touche à l'état du failli, elle entraîne pour lui de véritables incapacités. Puis, il s'agit d'apprécier la situation du débiteur dans son ensemble, d'organiser une procédure embrassant tout le patrimoine, d'examiner les actes qui ont pu l'augmenter ou le diminuer ; c'est au domicile, au lieu du principal établissement, que se trouvent à la fois les éléments d'appréciation pour rendre la décision et les facilités pour l'exécuter. Ce raisonnement est confirmé par la disposition de l'article 438, al. 1er, C. com., d'après laquelle c'est au greffe du tribunal de commerce de son domicile que le commerçant doit

appartenait à une cour spéciale, *Court of Bankruptcy* pour Londres, et aux cours de comté pour le reste de l'Angleterre, sauf appel à la première de ces cours. La loi de 1883 a absorbé la *Bankruptcy Court* dans la Haute Cour. Le Lord Chancelier désigne le magistrat de celle-ci dont relèvent les affaires de faillite. Près de la Cour composée ainsi d'un seul juge, est un *registrar*, qui remplit beaucoup des fonctions attribuées par la loi à la Cour. Dans les provinces, la compétence appartient aux cours de comté, à l'exception de celles que le Lord Chancelier exclut. Le ressort de ces cours de comté est annexé à celui de la Haute Cour ou d'une cour de comté voisine (art. 62 à 94). V. *Loi anglaise de* 1883 *sur la faillite*, traduite et annotée par Ch. Lyon-Caen, p. 82 et suiv. D'après la loi sur la faillite des *États-Unis d'Amérique* de 1898, la compétence appartient à des juridictions fédérales ; les Cours de faillite (*Courts of bankruptcy*) sont les Cours de districts des États-Unis dans les différents États, la Cour suprême du district de Colombie, les Cours de districts dans les différents territoires et les Cours des États-Unis dans le territoire indien et le district d'Alaska (art. 2). V., pour les juridictions d'appel, art. 24.

(1) En *Autriche* et en *Hongrie*, la compétence est dévolue aux tribunaux de commerce ou aux tribunaux civils, selon que le débiteur est commerçant ou non. L. *autrichienne*, art. 53 et 193 ; loi *hongroise*, art. 72.

(2) En *Suisse*, malgré l'existence d'une loi fédérale sur les faillites, il n'y a pas de règle unique pour toute la Confédération : à défaut d'organisation judiciaire uniforme, les lois de chaque canton déterminent la juridiction compétente (Loi *suisse* sur la poursuite pour dettes et la faillite, art. 22). Mais il faut tenir compte de ce que le tribunal fédéral est appelé à connaître des recours formés contre les décisions des tribunaux canto-

déclarer sa cessation de paiements pour que le tribunal prononce la faillite, cbn. article 440; aj. article 59, al. 7, C. pr. civ. (1). Au reste, la loi du 4 mars 1889 (art. 2) parle expressément, pour la mise en liquidation judiciaire, du tribunal du domicile du débiteur. Si donc un commerçant a plusieurs établissements commerciaux ou industriels, le tribunal compétent est celui dans le ressort duquel est le principal établissement. Cf. article 102, C. civ. (2). Si un commerçant a une résidence personnelle distincte de son domicile commercial, le tribunal compétent est celui de ce domicile (3). Par suite, il n'y a pas à tenir compte non plus du domicile politique qui peut être distinct du domicile commercial (4).

77. Il peut arriver qu'un commerçant n'ait pas un véritable domicile, c'est ce qui se produit pour le directeur d'un cirque ambulant (5) ou pour un colporteur (6) (7). On se conforme alors à l'esprit

naux sur des questions relatives à l'application des lois fédérales (loi *suisse* du 22 mars 1893 sur le tribunal fédéral, art. 58). V. *Traité de Droit commercial*, I, p. 354. V., sur les autorités cantonales compétentes pour prononcer la faillite, Brustlein et Rambert, *Commentaire de la loi de 1889 sur la poursuite pour dettes et la faillite*, sous l'article 171.

(1-2) Cass. 21 déc. 1875, S. 1877. 1. 341; 12 déc. 1877, S. 1878. 1. 18 (application des règles ordinaires sur la détermination du domicile); 28 avr. 1880, D. 1880. 1. 328; Cass. 13 juin 1887, S. 1887. 1. 376; *J. Pal.* 1887. 1. 921; *Pand. fr.* 1887. 1. 381; Cass. 9 mai 1888, S. 1888. 1. 320; *J. Pal.* 1888. 1. 773; *Pand. fr.* 1888. 1. 376; Cass. 20 décembre 1904, D. 1905. 1. 158. Nous laissons de côté ici les questions de compétence relatives à la déclaration de faillite des sociétés. Il en est traité dans le chapitre VIII. V. n°s 1151 et suiv.

(3) Cpr. Paris, 10 nov. 1884, *Journ. des faillites*, 1884. 268; Cass. 12 juin 1883, D. 1883. 1. 281; S. 1884. 1. 257; *J. Pal.* 1884. 1. 641 (note de M. Esmein); *Pand. fr. chr.*; Rennes, 17 février 1894, *Rec. de Nantes*, 1894. 1. 173. — V. cept. Trib. comm. Seine, 23 juin 1893, *Gaz. du Palais*, 1893. 2. 167. Cf. Thaller, n° 1737.

(4) Nancy, 18 déc. 1869, D. 1870. 2. 55.

(5) Nancy, 1er décembre 1874, S. 1875. 2. 237; *J. Pal.* 1875. 961; *Pand. fr. chr.*; Cass. 13 juin 1887, *Pand. fr.* 1887. 1. 381; *Journ. des faillites*, 1887. 249; D. 1888. 1. 272.

(6) Bordeaux, 20 nov. 1866, S. 1867. 2. 229; *J. Pal.* 1867. 835; D. 1868. 2. 21.

(7) Une loi du 16 juillet 1912 ayant le caractère de loi de police est relative à *l'exercice des professions ambulantes et à la réglementation de la circulation des nomades.*

de la loi et on satisfait aux nécessités pratiques en admettant que la faillite peut être déclarée là où se sont produits les embarras financiers, où sont les principaux éléments de l'actif, les principaux créanciers (1). Il serait déraisonnable de s'attacher au domicile d'origine ; cela pourrait engendrer de grandes complications et serait en contradiction avec l'esprit de la loi.

78. Quand une femme a été autorisée à faire le commerce, elle peut avoir un domicile distinct de celui de son mari, tout au moins pour l'exercice de sa profession (2) et, par suite, c'est le tribunal de ce dernier domicile, à l'exclusion de celui du domicile du mari, qui est compétent pour déclarer la faillite (3).

79. Il peut s'écouler un temps plus ou moins long depuis la cessation des paiements jusqu'au moment où il s'agit de déclarer la faillite et le domicile du commerçant peut changer dans cet intervalle. La compétence du tribunal doit-elle être déterminée par le domicile qu'avait le débiteur lorsque s'est produite la cessation de paiements ou par le domicile qu'il a actuellement? En principe, c'est au domicile actuel qu'il faut s'attacher ; la compétence doit être déterminée par les faits, tels qu'ils existent au moment où il s'agit de statuer. Un individu, dont les affaires étaient assez embarrassées pour motiver une déclaration de faillite, transporte son établissement ailleurs dans l'espoir d'améliorer sa position ; il peut continuer ainsi quelque temps et, si l'on en arrive à une déclaration de faillite, il est bien naturel que ce soit le tribunal du nouveau domicile qui la prononce et non le tribunal de l'ancien. Mais il faut

---

(1) V. la note précédente. — L'article 48 de la loi *suisse* de 1889 dispose que « le débiteur qui n'a pas de domicile peut être poursuivi au lieu où il « se trouve ». L'article 70 de la loi *brésilienne* dispose que la faillite des commerçants ambulants et des entrepreneurs de spectacles publics peut être déclarée par le juge de commerce du lieu où ils pourront être rencontrés.

(2) V. sur la question, *Traité de Droit commercial*, I, n° 256.

(3) Cass. 12 juin 1883, S. 1884. 1. 257; *J. Pal.* 1884. 1. 641 (note de A. Esmein); D. 1883. 1. 281. *Revue crit. de légis. et de jurispr.*, 1888, p. 314 et suiv. *Examen doctrinal de jurisprudence*, par Ch. Lyon-Caen. Si le mari et la femme exercent chacun un commerce séparé, il y a lieu d'ouvrir deux faillites : Lyon, 11 juill. 1890, *Journ. des faillites*, 1891, 67.

réserver, pour donner une solution différente, le cas où le commerçant aurait agi dans une intention frauduleuse et où, sous le coup d'une faillite imminente, il aurait voulu soustraire sa situation à l'appréciation des juges qui le connaissent (1).

Il va de soi qu'un changement de domicile ayant lieu après une assignation en déclaration de faillite ne peut rendre incompétent le tribunal qui avait compétence au moment où l'assignation a été faite (2).

Ces solutions trouvent leur application au cas où un ancien commerçant est déclaré en faillite après la cessation de son commerce (nos 72 et suiv.). Le tribunal compétent est celui de son domicile actuel qui n'a aucun caractère commercial.

79 bis. DROIT ÉTRANGER. — L'attribution de compétence faite au tribunal du domicile du débiteur est tellement rationnelle, qu'elle est généralement consacrée par les différentes législations. V. loi *belge* du 25 mars 1876, art. 39 et 49; loi *hollandaise*, art. 2; codes de commerce *italien*, art 685; *roumain*, art. 698; la même solution est donnée par les lois *allemande* (art. 71), aj C. pr. civ. *allemand*

---

(1) Alauzet, VI, n° 2429; Dict. de Couder, *h. v°*, n° 71; Camberlin, *Manuel des trib. de com.*, p. 374 (arrêts cités); Percerou, *op. cit.*, I, n° 263. — Anvers, 22 juillet 1884, *J. d'Anvers*, 1884. 1. 259. Renouard, I, p. 255, dit sans explication que la faillite doit être déclarée là où s'est produite la cessation des paiements; Bédarride, I, n° 52. Cf. Ch. req. 31 mai 1870, D. 1872. 5. 241 (la Cour pose le principe de la compétence du tribunal du lieu où s'est produite la cessation des paiements. mais, dans l'espèce, ce tribunal était celui du domicile actuel); Caen, 28 mars 1882, *Journ. des faillites*, 1882. 196 (cet arrêt dit qu'il ne peut dépendre du failli de soustraire les opérations de son commerce au juge du lieu où elles se sont produites, ce qui implique une pensée de fraude ; dans l'espèce, la faillite avait suivi de quelques jours la double déclaration faite conformément à l'article 104. C. civ., et avait été prononcée simultanément à l'ancien et au nouveau domicile). V. Cass. 10 mars 1893, *Journ. des faillites*, 1893. 337; S. et *J. Pal.* 1894. 1. 319; 18 juin 1894, S. et *J. Pal.* 1894. 1. 319; Trib. comm. Dijon, 5 novembre 1912, *Journal des faillites*, 1912, p. 514.

(2) Douai, 7 février 1852, S. 1852. 2. 329. — Le tribunal compétent le demeure pour toutes les opérations de la faillite, alors même que le lieu du domicile du failli viendrait à être compris, durant ces opérations, dans le ressort d'un autre tribunal de commerce : Aix, 18 février 1886, D. 1887. 2. 97.

(art. 13), *autrichienne* (art. 58), *hongrois* (art. 72) ; loi *brésilienne* de 1908, art. 7, 1ᵉʳ alin. D'après la loi *anglaise* de 1883 (art. 95), la Cour compétente est celle dans le ressort de laquelle le débiteur a résidé où a fait ses affaires pendant la majeure partie des six mois qui ont précédé la demande.

80. De la compétence exclusive du tribunal du domicile pour statuer sur la déclaration de la faillite (1) résulte que, pour le même individu, il ne peut y avoir en France (2) qu'une déclaration de faillite et qu'une procédure de faillite. Une personne ne peut, en effet, avoir qu'un domicile (3). Non seulement cette solution se déduit logiquement des principes, mais elle est raisonnable en elle-même et conforme aux besoins de la pratique. La faillite est organisée, notamment pour substituer une procédure unique aux diverses procédures que pourraient engager les créanciers et pour assurer l'application de règles uniformes aux intérêts en conflit. Ces résultats seraient compromis par la coexistence de plusieurs faillites qui, outre l'aggravation de frais qu'elle entraînerait forcément, ferait presque toujours naître d'inextricables complications, sans compter les contrariétés de jugements qu'elle provoquerait. Aussi, quand le commerçant a plusieurs établissements commerciaux ou industriels, faut-il rechercher quel est le principal, parce que c'est là seulement que la faillite peut être déclarée (4). Si, en fait, plusieurs tribunaux ont déclaré la faillite d'un même commerçant (individu ou société), il y a lieu de procéder par voie de règlement de juges, conformément

(1) L'attribution de compétence au tribunal du domicile du commerçant a un caractère d'ordre public, ce qui entraîne cette conséquence que le Tribunal indûment saisi peut se déclarer d'office incompétent et que l'exception d'incompétence peut être soulevée en tout état de cause : Douai, 12 juin 1893, *Journ. des faillites*, 1894. 119.

(2) Nous aurons à examiner dans le chapitre IX (nᵒˢ 1223 à 1328) consacré aux conflits de lois en matière de faillite, s'il peut y avoir une faillite déclarée à la fois à l'étranger et en France.

(3) V. Demolombe, *Cours de Code civil*, I, nᵒ 347.

(4) V. Douai, 7 juin 1859, S. 1860. 2. 84 (l'arrêt fait très bien ressortir les inconvénients et les embarras pouvant résulter de la coexistence, à l'occasion de la même faillite, de deux administrations indépendantes l'une de l'autre) ; Rouen, 11 juill. 1874, S. 1875. 2. 236.

à l'article 363, C. pr., ou de faire réformer pour incompétence le jugement rendu par le tribunal dans le ressort duquel le failli n'avait pas son domicile (1).

81. Ce principe de l'unité de la faillite est admis sans difficulté quand il n'y a qu'une exploitation commerciale ou industrielle fonctionnant au moyen de magasins, usines, succursales, agences, situés en diverses localités, de telle sorte qu'il ne serait pas possible de scinder les opérations, pour en attribuer une partie à tel tribunal et une partie à tel autre (2). Mais la jurisprudence admet qu'il peut y avoir plusieurs faillites prononcées séparément et fonctionnant simultanément pour la même personne quand les exploitations peuvent être distinguées les unes des autres. Selon la Cour de cassation, « aucune disposition du Code de commerce ne s'oppose à ce « qu'un même commerçant devienne l'objet d'une double déclara- « tion de faillite dans deux endroits différents et pour des opéra- « tions de commerce distinctes, sauf à la justice à régler ultérieu- « rement, dans l'intérêt des créanciers et du failli, le mode à suivre « pour l'administration des biens et le règlement des faillites ainsi « déclarées (3). »

(1) V. notamment, Ch. req. 29 juin et 21 juill. 1875, S. 1875. 1. 358 ; 9 août 1881, D. 1882. 1. 408 (il s'agissait d'une société qui avait son siège social dans un arrondissement et son usine d'exploitation dans un autre) ; 15 avr. 1885, S. 1886. 1. 304 ; *J. Pal.* 1886. 1. 731 ; 10 janv. et 13 juin 1887, S. 1887. 1. 367 et 376 ; 29 déc. 1891, 20 mars 1893 et 18 juin 1894, S. et *J. Pal.* 1894. 1. 319. Cpr. Cass. 24 décembre 1902, S. et *J. Pal.* 1903. 1. 512.

(2) La jurisprudence a appliqué cette idée au cas où un commerçant avait une maison principale dans une colonie française et une succursale en France : Ch. req. 18 août 1841, Rép. Dall., *h. v°*, n° 79. La faillite ne peut être prononcée par le tribunal du lieu de la succursale et les créanciers doivent être renvoyés pour la déclaration de faillite et ses suites devant les juges de la colonie. « Quand il n'y a qu'une maison de commerce, il ne peut y avoir qu'une faillite ». — Doit-on admettre la même règle au cas où la maison principale serait située *à l'étranger* ? Nous examinerons la question dans le chapitre IX consacré aux conflits de lois en matière de faillite. V. spécialement n°s 1230 et suiv.

(3) Ch. req. 23 août 1853, D. 1855. 1. 59 et S. 1855. 1. 829 (Il s'agissait, dans l'espèce, d'un individu qui était membre d'une société en nom collectif et qui faisait en même temps, pour son compte personnel, le commerce dans une localité différente ; c'est dans une espèce du même genre qu'a

Selon nous, au contraire, les dispositions du Code de commerce, et même celles du Code civil et du Code de procédure, contredisent la solution ainsi présentée. Le Code de commerce ne parle que du tribunal du domicile et suppose toujours un seul tribunal compétent. Aux raisons données pour motiver l'unité de la faillite (n° 80), il faut ajouter que la faillite concerne à la fois le failli et son patrimoine. « Il n'y a qu'un failli ; c'est lui, c'est sa personne qu'on « déclare en faillite, il ne peut y avoir qu'une seule déclaration de « faillite, qu'un seul tribunal chargé d'en connaître (1). » Le patrimoine est un et sert également de gage aux créanciers ; c'est ce patrimoine, tel qu'il se comporte et tel qu'il se comportera (art. 443, C. com.), qu'il s'agit d'administrer et de liquider, ce ne sont pas tels ou tels biens déterminés. La loi a bien songé au cas où le commerce serait exploité en plusieurs endroits (art. 438, al. 2 et art. 442), mais elle n'a pas, pour cela, fait allusion à plusieurs déclarations de faillite. Il y aurait eu bien des points importants à trancher si la loi avait admis le système qu'on lui attribue. Ainsi, l'on ne sait pas comment, avec plusieurs déclarations de faillite, s'appliquent les articles 59, al. 7, C. proc. civ., et 635, C. com., qui attribuent compétence au tribunal de la faillite pour toutes les contestations nées de celle-ci, lorsqu'il s'agit d'un procès ne se rattachant pas plus à une exploitation qu'à une autre. Avec ce système, on n'aperçoit pas non plus quel est le syndic qui peut agir ou celui qui doit être actionné. Ainsi, quand la faillite d'une personne a été prononcée par le tribunal compétent, tant que ce jugement produit ses effets, il ne peut y

---

été rendu l'arrêt de Douai cité plus haut, note 4, p. 89). Ch. req. 21 déc. 1875, S. 1877. 1. 341 (deux associés de fait, ayant été déclarés en faillite dans deux endroits, la Cour suprême, statuant par voie de règlement de juges, recherche si l'on peut dire qu'il y avait vraiment des opérations distinctes ; elle constate que non, que les opérations faites dans la seconde localité se rattachent par le lien le plus étroit aux opérations qui avaient motivé déjà une première déclaration de faillite ; celle-ci doit donc subsister seule). V. aussi Paris, 21 avr. 1893, *Journ. des faillites*, 1895. 345 ; Rouen, 9 février 1910, *Journ. des faillites*, 1910, 322. — Alauzet, VI, n° 2430 ; Namur, n° 1605. Ils reproduisent la formule de la jurisprudence indiquée au texte.

(1) Bravard et Demangeat, V, p. 43 ; Thaller, n° 1759.

avoir une nouvelle déclaration de faillite pour la même personne ;
elle ferait double emploi. Il en est du moins ainsi, tant qu'une première faillite n'est pas terminée. Il faut donc observer la règle *faillite sur faillite ne vaut* (1).

Les circonstances de fait, dans lesquelles se présente ordinairement la question, ne fournissent aucun argument décisif contre la
solution qui, suivant nous, dérive des principes généraux du droit.
Voici ces circonstances : un individu a été déclaré en faillite ; la
procédure se poursuivant ou étant close pour insuffisance d'actif
(art. 527 et 528, C. com.), le failli se transporte ailleurs et y exerce
un commerce qui ne réussit pas mieux que le premier. Les créanciers, avec lesquels il a ainsi traité en second lieu, peuvent-ils le
faire déclarer en faillite ? La jurisprudence admet l'affirmative, en
disant qu'il y a là deux masses absolument distinctes dont les intérêts peuvent être réglés par deux tribunaux différents (2). A cette
situation s'appliquent exactement les arguments qui nous ont déterminés ; la faillite, même dont les opérations ont été closes pour
insuffisance d'actif, subsiste toujours et continue à produire ses
effets, sauf en ce qui touche l'exercice des poursuites individuelles
(art. 527, C. com.) ; la jurisprudence l'admet (nos 776 et suiv.). Les
droits qu'on peut reconnaître aux créanciers qui ont traité à l'occasion du nouveau commerce sur l'actif provenant de ce commerce,
peuvent être aussi bien sauvegardés, qu'il y ait une seule procédure
de faillite ou qu'il y en ait deux.

(1) V. surtout, en ce sens, une note de M. Beudant, D. 1868. 2. 113 ;
Boistel, n° 899 ; Bravard et Demangeat, V, p. 43 et 689.

(2) Paris, 30 août 1867, D. 1868. 2. 113 et S. 1868. 2. 349 (Le jugement,
dont l'arrêt adopte les motifs, dit que, le jugement de clôture pour insuffisance d'actif n'ayant pas été rapporté, la première faillite était inexis-
tante, ce qui est un point de vue certainement inexact) ; Lyon, 12 juill.
1869, D. 1870. 2. 10 ; Ch. req. 8 mai 1878, D. 1879. 1. 101 et S. 1878. 1.
309 ; Caen, 29 mai 1882, *Journ. des faillites*, 1882. 279 (l'arrêt dit qu'il
faut rejeter le prétendu adage *faillite sur faillite ne vaut*). Cf. Paris,
4 mars 1891, D. 1892. 2. 281 (L'arrêt affirme la possibilité, pour un commerçant, d'être déclaré en faillite par deux tribunaux différents pour des
opérations distinctes, mais admet qu'il peut y avoir intérêt à fusionner les
deux faillites). V. aussi trib. civ. Senlis, 16 janv. 1883, *Journ. des faillites*, 1883. 371.

Les décisions de la jurisprudence sont ainsi toutes relatives au cas où il s'agit de déclarer en faillite un individu qui est encore dans les liens d'une faillite précédemment déclarée. Mais les motifs qu'elles allèguent sont très généraux et pourraient s'appliquer à d'autres cas. Ainsi, il n'est pas rare qu'un individu fasse simultanément deux commerces tout à fait différents, par exemple qu'il exploite une maison de banque dans une localité et une usine dans une autre ; il serait logique de décider, avec le système consacré par la jurisprudence, qu'il peut être en même temps déclaré en faillite dans les deux endroits par des jugements distincts (1).

81 *bis.* Droit étranger. — La règle *faillite sur faillite ne vaut* n'est pas admise en *Allemagne*. Cela tient à ce que, dans ce pays, la faillite n'a d'effet que pour les biens qu'a le débiteur au moment où elle est déclarée. Les biens acquis par lui après le jugement déclaratif, ne sont pas compris dans l'actif dont le failli est dessaisi au profit de ses créanciers antérieurs ; les créanciers postérieurs au jugement peuvent faire déclarer une seconde faillite dont l'actif comprend, à la différence de la première, les biens acquis après le premier jugement déclaratif (2). Mais la diversité des exploitations d'un débiteur n'est pas considérée en *Allemagne* comme pouvant motiver plusieurs déclarations de faillite (3). La loi *suisse* (art. 51 et 197) admet que la faillite ne peut être ouverte en même temps dans plusieurs localités de la Suisse et qu'en cas de déclarations multiples, la faillite est considérée comme ouverte dans celle où elle a été déclarée en premier lieu.

---

(1) MM. Thaller et Percerou, I, nᵒˢ 267, 267 *bis* et 268 font remarquer que la jurisprudence qui admet la possibilité d'une double déclaration de faillite pour une même personne exerçant des commerces distincts, admet qu'une fois les faillites multiples déclarées, il y a lieu de concentrer les deux procédures devant un même tribunal.

(2) V. Kohler, *op. cit.*, p. 76 et 77.

(3) Kohler, *op. cit.*, p. 79 et 80. L'article 71 de la loi *allemande* sur la faillite dispose : « Pour la procédure de faillite, le seul tribunal de bailliage compétent est celui dans le ressort duquel le débiteur a son domicile professionnel ou, à défaut d'un tel domicile, son domicile général. Dans le cas où plusieurs tribunaux sont compétents, le tribunal auquel la déclaration de faillite a été d'abord demandée, exclut les autres ».

B. — COMMENT LE TRIBUNAL COMPÉTENT EST-IL APPELÉ A STATUER SUR LA QUESTION DE LA DÉCLARATION DE FAILLITE ?

82. D'après l'article 440, la faillite est déclarée par jugement du tribunal de commerce rendu, soit sur la *déclaration du failli*, soit à la *requête d'un ou de plusieurs créanciers*, soit *d'office*. Ainsi, le tribunal peut être saisi de l'affaire par le commerçant lui-même ou par ses créanciers ; il peut aussi se saisir lui-même, contrairement aux règles ordinaires. La déclaration de faillite a donc lieu de trois manières : 1° sur l'aveu du débiteur (on dit parfois *sur dépôt de bilan*, pour un motif indiqué plus loin, n° 84) ; 2° sur la demande des créanciers ; 3° d'office. — Chacun de ces cas doit être examiné à part.

82 *bis*. 1° *Faillite prononcée sur l'aveu du failli*. — Le législateur a pensé que, dès que la situation d'un commerçant est embarrassée, il est de l'intérêt général que des mesures soient prises pour assurer la conservation de l'actif et sa répartition égale entre les créanciers. Aussi impose-t-il au débiteur le devoir de faire connaître sa position à bref délai (1) : *tout failli sera tenu, dans les quinze jours de la cessation de ses paiements, d'en faire la déclaration au greffe du tribunal de commerce* (2) *de son domicile* (3). *Le jour de la cessation des paiements sera compris dans les quinze jours* (art. 438, al. 1). Le délai a été fixé à *quinze* jours par la loi du 4 mars 1889 ; d'après le Code de commerce, il était de *trois* jours seulement, ce qui était un délai d'une excessive brièveté.

Il peut se faire que le débiteur se trompe au sujet de son domicile ou qu'intentionnellement, il fasse la déclaration ailleurs qu'au lieu où il a son principal établissement. Il ne dépend pas de lui de

---

(1) Renouard (sur l'art. 438, alin. 1) dit qu'il y a là un devoir moral autant que légal : du moment que le débiteur ne peut satisfaire tous ses créanciers, le préjudice doit être supporté par eux dans une égale proportion ; le mal doit être dévoilé aussitôt qu'il le connaît, de peur qu'il n'empire.

(2) Ou du tribunal civil qui remplit les fonctions du tribunal de commerce.

(3) V., sur la statistique des déclarations de faillite prononcées sur l'aveu du débiteur, ci-après, n° 86 *bis*.

choisir tel tribunal plutôt que tel autre ; l'incompétence du tribunal
au greffe duquel la cessation des paiements a été déclarée, peut et
doit même être reconnue d'office par le tribunal (il s'agit là d'une
incompétence d'ordre public) (1) ou sur la demande des intéressés
agissant par voie d'opposition ou d'appel. L'incompétence en pareil
cas intéresse la masse des créanciers, la bonne administration de la
justice et même la police judiciaire.

83. C'est donc, conformément à ce qui a été expliqué plus haut
(n° 76), le tribunal du domicile du débiteur qui est appelé à statuer
sur l'aveu de celui-ci.

84. La loi veut que le débiteur ne se contente pas de faire connaître qu'il est en état de cessation de paiements, mais qu'il renseigne
d'une manière précise sur sa situation et sur les circonstances qui
l'ont amenée. *La déclaration du failli devra être accompagnée du
dépôt du bilan, ou contenir l'indication des motifs qui empêcheraient le failli de le déposer. Le bilan contiendra l'énumération et l'évaluation de tous les biens mobiliers et immobiliers du
débiteur, l'état des dettes actives et passives, le tableau des profits
et pertes, le tableau des dépenses ; il devra être certifié véritable,
daté et signé par le débiteur* (art. 439, C. com.) (2). C'est à raison
de cette obligation imposée par la loi au commerçant que *déposer
son bilan* est synonyme de déclarer son état de cessation de paiements, en faire l'aveu au tribunal de commerce.

Le mot *bilan* vient du mot italien *bilancio* qui signifie balance.
C'est l'état de l'actif et du passif d'une personne, présenté de
manière à les comparer et à déterminer de combien l'un dépasse
l'autre. La différence forme la balance du compte, c'est-à-dire ce
qu'il faut ajouter, soit au passif, soit à l'actif, pour que le total de
l'un et le total de l'autre s'équilibrent (3).

---

(1) Cpr. Rouen, 11 juill. 1874, S. 1875. 2. 236; *J. Pal.* 1875. 958. Cpr.
Douai, 29 août 1884, *Journ. des faillites*, 1884. 370.

(2) DROIT ÉTRANGER. — La loi *belge* (art. 141, 2°), les Codes de commerce *italien* (art. 686, al. 2) et *roumain* (art. 699, al. 2), exigent que le
failli remette, avec son bilan, ses livres de commerce. V. aussi la loi
hongroise sur la faillite, art. 244 ; la loi *autrichienne*, art. 194.

(3) V. *Traité de Droit commercial*, I, n° 282. — V. aussi, sur le bilan

Le bilan renferme avant tout les éléments de l'actif et du passif (1).
Pour l'actif, le débiteur indique les différents biens mobiliers et
immobiliers lui appartenant et leur valeur estimative. Pour le passif,
il mentionne les noms de ses créanciers et le montant des créances
de chacun d'eux (2). Le bilan contient, en outre, un tableau des
profits et pertes et un tableau des dépenses personnelles du débiteur
(art. 439, C. com.).

Le tableau des profits et pertes est destiné à éclairer sur les causes
de la faillite ; aussi serait il bon que le failli fît un exposé s'appliquant à l'ensemble de ses affaires depuis qu'il a entrepris le commerce, de manière qu'on pût apprécier sa conduite d'une manière
générale. Au moins devrait-il remonter jusqu'à dix ans en arrière,
puisqu'il est obligé de conserver ses livres pendant ce délai (art. 11,
C. com.) ; mais, ordinairement, les livres sont conservés tant que
dure le commerce et, dans tous les cas, les inventaires annuels four-
niraient les éléments de ce travail rétrospectif du plus grand intérêt
pour tout le monde. Il y a, en effet, une appréciation à faire du
caractère de la faillite et des circonstances qui l'ont amenée (fautes,
spéculations hasardeuses, désordre, cas fortuits, etc.). Les créanciers peuvent-ils avoir confiance dans le failli et dans les promesses
qu'il leur fait ? La justice n'a-t-elle pas à intervenir pour punir des
fautes graves ou même des crimes ?

Dans cet ordre d'idées, le tableau des dépenses de la maison
forme un complément du tableau des profits et pertes, fort important au point de vue moral. Cf. art. 585 1°, C. com.

85. Quoique étant une espèce d'inventaire, le bilan est un acte

que les sociétés par actions doivent dresser au moins une fois chaque année
art. 12, 34 et 35 de la loi du 24 juill. 1867.

(1) L'Ordonnance de 1673 (titre XI, art. 2) ne parlait que de ces deux
éléments du bilan, en disposant : « Ceux qui auront fait faillite seront
« tenus de donner à leurs créanciers un état certifié d'eux de tout ce qu'ils
« possèdent et de tout ce qu'ils doivent ».

(2) La loi du 4 mars 1889 (art. 2, alin. 2) exige que le bilan soit accompagné d'une liste indiquant le nom et le domicile de tous les créanciers.
Cette disposition édictée surtout dans un but de célérité, ne s'applique pas
à la faillite. La loi du 4 mars 1889 (art. 20) indique limitativement celles
de ses dispositions qui, édictées pour la liquidation judiciaire, s'appliquent
aussi à la faillite.

sous-seing privé, dressé par le commerçant lui-même ou au moins
certifié véritable (1), daté et signé par lui (art. 439, *in fine*). Quand
le bilan n'a pas été déposé par le failli, il est dressé immédiatement
par les syndics à l'aide des livres et papiers du failli et des renseignements qu'ils se procurent (art. 476 et 477, C. com.).

La déclaration de cessation de paiements, le bilan, le dépôt du
bilan figure parmi les actes rédigés en vertu des lois relatives aux
faillites qui sont affranchies de la formalité du timbre et de l'enregistrement par la loi du 26 janvier 1892 (art. 10).

85 bis. Dans le silence de la loi, il faut appliquer le principe
général d'après lequel il est permis de se faire représenter dans un
acte juridique sauf exception formelle et dire que le commerçant
peut constituer un mandataire pour dresser, certifier, dater et signer
le bilan (2). Ce mandat peut être authentique ou sous seing privé
conformément à l'article 1985, C. civ. (3). La seule question qui
puisse être discutée est relative à la teneur de ce mandat. Malgré le
dissentiment de quelques auteurs, nous n'hésitons pas à penser
qu'un mandat exprès est nécessaire. D'après l'article 1988, C. civ.,

(1) Le projet de Code de commerce disait que le bilan devait être
affirmé; cela fut retranché par le Conseil d'État. D'après plusieurs
auteurs, l'*affirmation* était usitée dans notre ancienne jurisprudence. Il
n'en est question, toutefois, ni dans l'Ordonnance de 1673, ni dans ses
commentateurs, Bornier et Jousse. Renouard (I, p. 208) dit qu'on a supprimé avec raison une formalité qui, sans dispenser d'aucune vérification,
multiplie inutilement les parjures. — La loi *allemande* (art. 125) et la loi
hongroise (art. 87) exigent, au contraire, la prestation d'un serment par le
failli.

(2) Le Code de 1807 prévoyait l'intervention d'un mandataire en pareil
cas. V. anciens articles 472 et 473. Il a été expliqué, dans la discussion de
la loi de 1838, que le silence à ce sujet n'impliquait nullement l'intention
de déroger au droit commun (Ch. des députés, séance du 2 avril 1838).
Cf. Bravard et Demangeat, V, p. 48 ; Thaller et Percerou, *op. cit.*, I,
n° 291 *bis.*

(3) Demangeat sur Bravard, V, 48, note 2 ; Thaller et Percerou, *op. cit.*,
I, n° 291 *bis.*

Suivant Pardessus (III, n° 1096), le greffier pourrait exiger que la procuration fût notariée, mais il ne donne aucun argument à l'appui de
cette opinion. L'intervention d'un notaire ne serait nécessaire que dans
le cas devenu très rare où le commerçant ne saurait ou ne pourrait
signer.

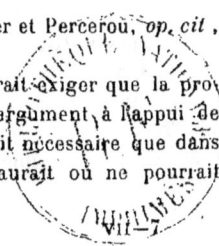

DROIT COMMERCIAL, 5e édit.

le mandat conçu en termes généraux n'embrasse que les actes d'administration. — S'il s'agit d'aliéner ou hypothéquer, ou de quelque autre acte de propriété, le mandat doit être exprès. — Pour soutenir que le bilan peut être déposé en vertu d'un mandat général, il ne suffit pas d'alléguer qu'il ne s'agit pas d'un acte de propriété. Sans doute, le failli n'est pas *exproprié* par suite du jugement déclaratif (n° 205) ; toutefois, la déclaration de faillite ressemble plus, par ses effets, à un acte de disposition qu'à un acte d'administration. L'extrême gravité de la déclaration du failli qui entraîne la faillite, doit faire exiger un mandat exprès, alors qu'on ne rentre évidemment pas dans le cas où la loi admet qu'un mandat conçu en termes généraux suffise (1).

A défaut de mandat, un tiers ne peut pas déposer le bilan d'un commerçant (2).

85 *ter*. Mais il ne faudrait pas conclure de cette idée qu'une personne incapable (mineur, femme mariée), dûment habilitée à faire le commerce, ne peut déposer son bilan pour être déclarée en faillite. Il s'agit là, en effet, d'un acte se rattachant à son commerce, et les incapables, devenus régulièrement commerçants, sont aptes à faire, en principe, tous les actes se rattachant à leur profession (3).

Il va de soi que les personnes qui font le commerce en violant une interdiction légale, peuvent déposer leur bilan. Mais il y a là un fait rare. Ces personnes n'avouent guère qu'elles ont agi contrairement à la loi. Si leur faillite est déclarée, c'est d'ordinaire sur la demande de leurs créanciers ou d'office.

86. Le devoir imposé au commerçant de déclarer la cessation de ses paiements et de déposer son bilan reçoit plusieurs sanctions :

a. Faute de satisfaire à ce devoir, il *peut* être déclaré banqueroutier simple (art. 586 4°).

b. Le tribunal ne peut affranchir le failli du dépôt ou de la garde

---

(1) Pardessus, III, n° 1096 ; Namur, III, n° 1611 ; Thaller et Percerou, *op. cit.*, I, n° 291 *bis* ; Rép. Dall., *h. v°*, n° 99.— Kohler (p. 90) dit que l'acte du débiteur est un acte de disposition (*Dispositionsakt*).

(2) Trib. comm. Seine, 16 octobre 1866, *Journ. des trib. de com.*, 1866, p. 32. Cpr. Montpellier, 4 décembre 1902, D. 1904. 2. 313 (note de M. Valéry).

(3) V. *Traité de Droit commercial*, I, n°° 227, 252 et 253.

de sa personne (toujours admis même depuis la suppression de la contrainte par corps) qu'autant qu'il a obéi aux prescriptions des articles 438 et 439, C. com. (art. 456, C. com.).

Ces sanctions ne suffisent pas, en fait, à déterminer les commerçants à déposer leur bilan (1). Aussi le législateur a-t-il cherché, par la loi du 4 mars 1889, à les pousser à le faire, en recourant à un autre moyen. Le commerçant qui dépose son bilan dans le délai fixé par la loi, peut obtenir le bénéfice de la *liquidation judiciaire*. Ce bénéfice ne peut, selon la jurisprudence, être accordé à celui qui n'a pas observé le délai (2). Cette solution rigoureuse est contestable ; mais il est, tout au moins, certain que le tribunal doit, en général, être moins disposé à accorder le bénéfice de la liquidation judiciaire à celui qui a laissé passer ce délai. Cf. n° 1022. V. art. 2, L. 4 mars 1889.

86 bis. *Statistique.* — Le nombre des faillites déclarées sur dépôt de bilan a constamment diminué depuis la suppression de la contrainte par corps en vertu de la loi du 22 juillet 1867. La raison en est qu'avant cette loi, les commerçants avaient un intérêt qui a disparu à provoquer leur mise en faillite ; par suite de la suspension du droit de poursuite individuelle, ils échappaient à la contrainte par corps (3). De 1841 à 1845, la proportion des faillites ouvertes sur dépôt de bilan était de 59 0/0 ; elle est descendue à 41 0/0 de 1876 à 1880 ; elle a été de 36 0/0 en 1881, de 38 0/0 en 1882, de 39 0/0 en 1883, 1884 et 1886, de 28 0/0 en 1890. Depuis la loi du 4 mars 1889, qui a introduit la liquidation judiciaire, la proportion s'est encore abaissée. Cela s'explique aisément quand on réfléchit que la liquidation judiciaire suppose, en principe, le dépôt préalable du bilan, de telle sorte que, pour savoir le total des cas où celui-ci a été opéré, il faudrait ajouter aux déclarations de faillite sur dépôt de bilan celui des liquidations judiciaires, en déduisant seulement le

---

(1) Du reste, on est très indulgent à l'égard des débiteurs qui n'ont pas déposé leur bilan. Il est rare que des poursuites pour banqueroute simple soient exercées contre eux et qu'ils soient arrêtés. V. sur l'arrestation du failli, n°s 481 et suiv.

(2) Cass. 10 juill. 1900, S. et *J. Pal.* 1900. 1. 397 ; D. 1900. 1. 470 ; *Pand. fr.* 1901. 1. 524.

(3) V. Garsonnet, *De l'abolition de la contrainte par corps*, p. 87-88.

nombre des liquidations judiciaires, admises sur la requête du débiteur, en réponse à une demande de déclaration de faillite des créanciers. V. L. 4 mars 1889, article 2. En 1895, 1.485 faillites ont été déclarées sur dépôt de bilan (5.834 faillites déclarées en tout); en 1896, 1.676 (6.109); en 1897, 1.640 (6.467); en 1898, 1.765 (6.675); en 1899, 1.544 (6.354); en 1900, 1.440 (6.393); en 1901, 1.387 (6.031); en 1902, 1.362 (6.107); en 1903, 1.422 (5.925); en 1904, 1.691 (6.493); en 1905, 1.349 (6.263); en 1906, 1.257 (5.765); en 1907, 1.289 (5.375); en 1908, 1.355 (5.361); en 1909, 1.266 (5.442); en 1910, 1.323 (5.296). Mais, comme il a été dit plus haut, ces chiffres ne suffisent pas pour faire connaître exactement le nombre des commerçants qui révèlent leur état de cessation de paiements par le dépôt de bilan. Il faut y joindre, depuis la mise en vigueur de la loi du 4 mars 1889, le nombre des commerçants qui déposent leur bilan pour obtenir le bénéfice de la liquidation judiciaire.

87. La cessation des paiements peut avoir été déterminée par des causes imprévues ; de plus, les affaires d'un commerçant peuvent être nombreuses, disséminées (comptoirs en différents endroits, correspondants, etc.). Aussi la loi a-t-elle visé le cas où, dans le délai très court qu'elle donne pour l'aveu de la cessation des paiements, il ne serait pas possible de dresser le bilan (1). Elle laisse les juges maîtres d'apprécier les motifs qui ont pu empêcher le débiteur de le déposer (art. 439, *initio*) (2).

88. La loi exige non seulement un bilan, mais un bilan sincère. Elle a tâché d'en assurer la sincérité en punissant sévèrement le failli qui dissimule une partie de son actif ou qui se reconnaît frauduleusement débiteur de sommes qu'il ne doit pas (Art. 591). V. aussi article 518, C. com.

Les énonciations du bilan ne sauraient lier les créanciers ; ils

(1) Ce cas est de nature à se présenter plus rarement depuis que la loi du 4 mars 1889 a porté de 3 à 15 jours le délai dans lequel le commerçant doit déclarer son état de cessation de paiements.

(2) V. les observations présentées à ce sujet dans la discussion de la loi de 1838 : Rép. Dall., v° *Faillite*, n° 98 ; Bédarride, I, n° 38. Le Code de commerce de 1807 (ancien article 470) exigeait seulement que la remise du bilan fût faite par le failli aux agents dans les 24 heures de leur entrée en fonctions.

peuvent toujours les contrôler (1) ; toutes les créances sont, du reste,
soumises à une procédure de vérification (nos 527 et suiv.) et l'on
recherche soigneusement tous les biens qui peuvent appartenir au
failli. Mais les énonciations du bilan lient-elles le failli lui-même ?
On a prétendu qu'elles doivent être assimilées à des *aveux judiciaires*, et que, par suite, l'article 1356, C. civ., selon lequel l'aveu *judiciaire fait pleine foi contre celui qui l'a fait* est applicable (2). Cela
n'est pas exact : il n'y a pas là un aveu fait à la justice dans le sens
ordinaire de l'expression et en présentant toutes les garanties. Le
failli a pu vouloir énoncer simplement les réclamations qui lui étaient
faites ou auxquelles il était exposé, tout en ne renonçant pas au droit
de les discuter (3).

Toutefois, les énonciations, dont la sincérité ne serait pas contestée,
devraient produire les effets d'une reconnaissance de dette, par
exemple interrompre la prescription, conformément à l'article 2248,
C. civ. (4). Mais la nature du titre n'est pas modifiée ; il n'y a pas
novation. Par suite, s'il s'agit d'un billet à ordre ou d'une lettre de
change, la prescription de cinq ans n'est pas remplacée par la prescription de trente ans (5).

(1) Bordeaux, 19 mars 1841, D. 1841. 2. 206 ; 24 février 1843, S. 1843. 2.
253. Esnault, I. n⁰ 116 ; Dict. de Couder, v⁰ *Faillite*, n⁰ 110.

(2) Locré, *Esprit du Code de commerce*, III (sur l'ancien article 471) ;
Esnault, I, n⁰ 119.

(3) Renouard (I. p. 268) dit à ce sujet : « Le bilan du failli est un acte
« unilatéral rédigé dans un temps suspect par un homme que le désordre
« de sa situation a pu égarer et *qui était, d'ailleurs, dépouillé de la capa-
« cité de s'engager par des reconnaissances* ». Nous ne nous rendons pas
compte de la signification du membre de phrase souligné : même après
le jugement déclaratif, le failli n'est pas incapable à proprement parler, et
ici, l'on suppose que le jugement n'est pas encore rendu. De plus, le failli
peut se lier et s'obliger personnellement de toute façon ; seulement ses
actes ne peuvent nuire à ses créanciers, mais il ne s'agit pas ici de l'effet
des énonciations à l'égard des créanciers, puisque, comme il est dit au
texte, il est certain que ceux-ci ne sauraient être liés par elles. V. Thaller
et Percerou, I, n⁰ 292.

(4) Renouard, *loc. cit.* : Namur, III, n⁰ 1614 ; Bordeaux, 24 fév. 1843,
Rép. Dall., v⁰ *Prescription*.

(5) Trib. civ. de Bazas, 19 juill. 1893, *Journ. des faillites*, 1894. 472.
— Ce n'est pas une *reconnaissance par acte séparé* dans le sens de l'article 189, C. com. — V. *Traité de Droit commercial*, IV, n⁰ 440.

89. *Cas de mort d'un commerçant en état de cessation de paiements. Droit de ses héritiers* (1). — Quand un commerçant est mort en état de cessation de paiements, ses héritiers peuvent-ils provoquer eux-mêmes la déclaration de faillite du défunt par l'aveu de la cessation des paiements du défunt et le dépôt du bilan? On décide communément la négative, en disant que les héritiers n'ont aucun intérêt à cette déclaration, puisqu'au moyen de l'acceptation bénéficiaire, qui pro duit la séparation des patrimoines, ils écartent les conséquences de l'insolvabilité du *de cujus;* on ajoute qu'ils sont repoussés par le texte même de l'article 437. al. 3, qui suppose une faillite prononcée après décès seulement d'office ou sur la demande des créanciers (2). Ce raisonnement n'est pas décisif. En principe, les héritiers succèdent aux droits du défunt. Sans doute, les héritiers auraient plutôt avantage à prévenir l'éclat fâcheux d'une faillite; mais, enfin, chacun est juge de son intérêt. Si les héritiers veulent, au prix de cet éclat, obtenir un concordat qui, moyennant une somme déterminée, leur permettra d'éviter les frais de la vente en justice, de continuer le commerce du défunt ou de liquider de la manière et à l'époque qui leur paraîtront le plus favorables, pourquoi les en empêcher? L'article 437, al. 3, n'est pas assez formel pour enlever à des héritiers un droit qu'avait leur auteur (3). On peut, d'ailleurs, en faveur du droit des héritiers de provoquer la faillite, tirer argument de l'article 2 de la loi du 4 mars 1889, qui les autorise à réclamer le bénéfice de la liquidation judiciaire, en révélant l'état de cessation de paiements du défunt (n° 1011). Le droit de demander ce bénéfice ne peut guère se concevoir au profit de personnes qui ne peuvent pas provoquer la déclaration de faillite.

(1) Consult. Percerou, *Faillite et liquidation judiciaire après décès en Droit français, Journal des faillites,* 1905.

(2) Aix, 25 janv. 1890, D. 1890. 2. 329 (note de M. Boistel) ; S. 1890. 2. 80; *J. Pal.* 1890. 1. 459: *Journ. des faillites,* 1890. n° 1255, 214 Nancy, 19 décembre 1911, *Journ. des faillites,* 1912. 18. — Alauzet, VI, n° 2422; Demangeat sur Bravard, V, n° 34; Boistel, n° 893; Dict. de Couder, v° *Faillite,* n° 64.

(3) Bédarride, I, n° 25; Thaller et Percerou, 1, n° 294 *bis.* — Le Code de commerce *chilien* (art. 1344) et la loi *allemande* (art. 217) reconnaissent expressément ce droit aux héritiers.

Au reste, la question de savoir si l'héritier peut demander la déclaration de faillite du défunt ne se pose que lorsque l'héritier n'est pas en même temps créancier du défunt. S'il a cette qualité, il est incontestable qu'il peut demander comme créancier la déclaration de faillite du défunt, alors même qu'on lui refuserait le droit de la demander comme héritier.

Le droit qui appartient à un héritier d'un commerçant doit être reconnu aux créanciers de celui-ci exerçant son droit (art. 1166, C. civ.). Car le droit dont il s'agit n'a rien de personnel.

Le droit reconnu aux héritiers doit leur appartenir, qu'ils aient accepté la succession sous bénéfice d'inventaire, ou même purement et simplement (1). Dans le second cas, comme dans le premier, les effets de la faillite ne se produisent que relativement aux biens du défunt.

Quand il y a plusieurs héritiers, une difficulté spéciale se présente. Sans doute, ils peuvent être tous d'accord pour demander la déclaration de faillite du défunt. Mais, comment les choses doivent-elles se passer quand un ou plusieurs d'entre eux seulement veulent que cette faillite soit déclarée ? Trois opinions sont à cet égard soutenues. Les uns admettent que chaque héritier peut, à son gré, demander ou non la déclaration de faillite pour la portion de la succession correspondant à sa part héréditaire (2). Ils rattachent cette solution à la division de plein droit de l'hérédité, division par suite de laquelle chaque héritier n'est le représentant du défunt que pour sa part dans la succession. Mais, outre que ce système conduit à de grandes complications, il présente cette singularité que le défunt peut être déclaré en faillite pour une partie de son patrimoine. Aussi a-t-on prétendu que le dépôt de bilan fait par un héritier suffit pour que la déclaration de faillite s'applique à toute l'hérédité, par conséquent, même aux parts successorales des héritiers qui n'ont pas participé à

---

(1) V., en sens contraire, Thaller et Percerou, *op. cit.*, I, n° 296. Ces auteurs font valoir que, l'acceptation pure et simple produisant la confusion des patrimoines, il y a, de la part de l'héritier pur et simple, contradiction à demander la déclaration de faillite du défunt qui isole le patrimoine de celui-ci du patrimoine de l'héritier.

(2) Thaller et Percerou, *op. cit.*, I, n°s 297 et suiv.

ce dépôt. Mais on ne voit pas d'abord en vertu de quoi un héritier pourrait agir pour les autres ; ceux-ci n'ont donné aucun mandat et aucune disposition n'implique qu'il y ait à cet égard un mandat légal. Puis, si la loi avait adopté ce système, elle n'aurait sans doute pas manqué d'édicter des mesures destinées à faire connaître le fait du dépôt du bilan opéré par un héritier à tous les autres et à provoquer leurs observations (1). Aussi le seul système paraissant admissible est-il celui d'après lequel l'accord de tous les héritiers est indispensable pour que la faillite du défunt soit déclarée sur leur demande (2). Il ne faut pas oublier, en effet, que la déclaration de faillite s'applique au défunt, non à ses héritiers. On ne peut pas comprendre comment une personne peut être déclarée en faillite pour partie seulement.

Dans quel délai les héritiers doivent-ils user du droit de déposer le bilan ? On soutient que, pour eux, il n'y a pas de délai de forclusion (3). On fait valoir en ce sens que, la loi n'en indiquant aucun, il y a lieu d'appliquer aux héritiers les principes généraux du droit selon lesquels les droits du défunt passent à ses héritiers tels qu'ils appartenaient à celui-ci. Selon nous, au contraire, les héritiers doivent user du droit de faire déclarer la faillite du défunt dans l'année qui suit le décès. Les motifs qui expliquent que la déclaration de faillite après décès doit être demandée par les créanciers ou déclarée d'office dans l'année se présentent pour faire aussi exclure après l'année qui suit le décès une déclaration de faillite prononcée sur le dépôt du bilan fait par les héritiers. V. n° 71.

90. Le jugement déclaratif suit presque toujours immédiatement le dépôt de bilan. Cela se comprend ; on peut dire d'une façon générale qu'il n'est pas de preuve plus certaine de la cessation de paiements du débiteur que son propre aveu.

---

(1) V. art. 217, loi *allemande* sur la faillite.

(2) Maxime Lecomte, *Traité de la liquidation judiciaire*, n° 407 : Malapert, *Traité de la liquidation judiciaire*, n° 73. Ces auteurs examinent la question à propos de la liquidation judiciaire. Elle est la même que pour la faillite. Aussi doit-elle recevoir la même solution pour l'une et pour l'autre.

(3) Thaller et Percerou, *op. cit.*, I, n° 295.

Est-ce à dire que cet aveu doive *nécessairement* entraîner la déclaration de faillite ?

Le failli commerçant peut rétracter son aveu et empêcher la déclaration de faillite ; il a pu se tromper dans l'appréciation de sa position ou bien il a pu trouver des ressources qui lui permettent de reprendre ses affaires (1). En ce cas, la faillite ne peut plus être prononcée sur la demande du commerçant.

Mais, que décider en dehors de ce cas spécial ? Il y a, suivant nous, une distinction à faire. On peut certainement soutenir, malgré le dépôt du bilan, que la faillite ne peut être prononcée, parce que le débiteur n'est pas commerçant ; si cela est établi, le tribunal rapportera le jugement déclaratif ou même, d'office, refusera de déclarer la faillite. S'il s'agit bien d'un commerçant, on est tenté de dire que l'aveu sera toujours conforme à la vérité, parce que le débiteur ne peut avoir intérêt à déclarer faussement qu'il a cessé ses paiements. Pourtant, cet intérêt existait avant l'abolition de la contrainte par corps en matière civile et commerciale, parce que la faillite, suspendant l'exercice des actions individuelles, permettait au débiteur de se soustraire à cette voie d'exécution rigoureuse. Même depuis 1867, le débiteur peut désirer être déclaré en faillite, afin de pouvoir obtenir de la majorité de ses créanciers un arrangement auquel se refusent certains d'entre eux. Peut-on prétendre, pour déjouer ce calcul, que, si le débiteur ne paie pas, c'est parce qu'il ne le veut pas, qu'il a de quoi payer, qu'il n'est donc pas vraiment en état de cessation de paiements ? On a soutenu que le tribunal peut toujours examiner s'il y a réellement cessation de paiements et qu'il doit refuser de déclarer la faillite, s'il constate qu'il n'y a pas cessation de paiements, surtout si les créanciers ont accordé des délais qui ne sont pas encore expirés (2). — Le tribunal n'a pas, selon nous, ce pouvoir (3).

---

(1) Pardessus, III, n° 1096 ; Bédarride, I, n° 57 ; Boistel, n° 900 ; Namur, III, n° 1605 ; Demangeat sur Bravard, V, p. 51, note 1 (il suppose que le débiteur avait eu une intention frauduleuse sur laquelle il revient) ; Thaller et Percerou, I, n° 293.

(2) Trib. comm. de Nice, 27 nov. 1901, *Le Droit*, n° du 16 mai 1902.

(3) Trib. comm. Seine, 24 août 1887, *Journ. des trib. de commerce*, 1889, p. 157. Dans l'espèce, il s'agissait d'un commerçant qui, dans le bilan déposé par lui, avait notablement diminué la valeur estimative de son actif.

La cessation de paiements d'un commerçant entraîne nécessairement sa faillite ; la meilleure preuve de cet état est l'aveu du débiteur, puisqu'en définitive, il dépend de lui de payer ou de ne pas
payer. S'il est prouvé que c'est par mauvais vouloir et par suite d'un
calcul frauduleux que le failli a refusé de payer, on tiendra compte
de cette constatation quand il s'agira d'apprécier sa conduite et de
statuer sur les avantages qu'il se proposait d'obtenir dans un concordat, la minorité ne sera pas désarmée. Des poursuites criminelles
pourront avoir lieu si le failli a détourné son actif en tout ou en partie, mais le fait même de la faillite ne semble pas pouvoir être contesté. Il semble avoir été entendu dans la discussion du Code de
commerce que l'aveu du débiteur entraînerait toujours la faillite (1).

Si, malgré son aveu, le tribunal ne le déclarait pas en faillite, le
débiteur pourrait se pourvoir par voie de requête devant la Cour
d'appel. Il ne peut procéder autrement, puisqu'il n'a point de contradicteur (2).

90 *bis*. DROIT ÉTRANGER. — Toutes les législations s'accordent à
admettre la déclaration de faillite sur l'aveu du débiteur. La législation *anglaise* ne l'admettait pas ; la loi de 1883 (art. 5 et 6) a
innové à cet égard. Mais, parmi les lois étrangères, les unes,
comme notre Code de commerce, font un devoir au débiteur de provoquer sa déclaration de faillite (3), les autres ne lui imposent
aucune obligation de ce genre (4). Les premières diffèrent quant au
délai imparti au débiteur pour révéler sa situation (5).

Ce mode d'ouverture de la faillite est admis pour les non-com-

---

(1) Bravard, V, p. 49-52 ; Boistel, n° 900.

(2) Namur, III, n° 1617.

(3) Loi *belge*, art. 440 ; Codes de commerce *italien*, art. 686 ; *roumain*,
art. 699 ; *portugais*, art. 697 ; *chilien*, art. 1345 ; *espagnol*, art. 871 et
889 2° ; *argentin*, art. 1389 ; *mexicain*, art. 955 9° ; loi des *Etats-Unis
d'Amérique* de 1898, art. 189.

(4) Loi *allemande* sur la faillite, art. 103 et 104 ; loi *anglaise* de 1883.
La loi *hongroise* (art. 82 et 244) ne fait une obligation de provoquer sa
déclaration de faillite qu'au débiteur commerçant. Il en est de même de la
loi *autrichienne* (art. 193).

(5) Le délai de trois jours a été emprunté par un grand nombre de
législations au Code de commerce français de 1807. — V. loi *belge*,

merçants, comme pour les commerçants, dans les pays où la faillite s'applique à ces deux classes de personnes (1).

91. 2° *Faillite déclarée à la requête d'un ou de plusieurs créanciers.* — La faculté, pour les créanciers, de demander la déclaration de faillite de leur débiteur est la sauvegarde naturelle et nécessaire de leurs droits. Souvent, le débiteur ne remplit pas le devoir que lui impose la loi; ses créanciers ne peuvent pas être à sa discrétion. Aussi le droit, pour les créanciers, de demander la déclaration de faillite de leur débiteur est-il reconnu par les lois de tous les pays (2). Les faillites les plus nombreuses sont en France déclarées sur la demande des créanciers du failli (3).

Il s'agit là, pour les créanciers, d'un droit individuel. La demande peut être formée par un seul créancier ou par plusieurs.

En présence des termes généraux du Code (art. 440), il faut admettre que *tout créancier* peut, quel que soit le montant de sa créance (4), provoquer la déclaration de faillite, pourvu que l'exis-

---

art. 440 : Code *italien*, art. 686; *roumain*, art. 699; *argentin*, art. 1389. La loi *brésilienne* (art. 8) a fixé ce délai à dix jours, de même que le Code de commerce *portugais* (art. 697).

(1) V. loi *autrichienne* de 1868, art. 62; loi *espagnole*, art. 1157.

(2) V. notamment C. com. *belge*, art. 442; loi *suisse*, art. 166; loi *allemande*, art. 103; loi *anglaise*, art. 5; loi *brésilienne* de 1908, art. 9.

(3) STATISTIQUE : Le rapport sur l'administration de la justice civile et commerciale de 1821 à 1880 dit qu'on remarque que les créanciers ont pris de plus en plus fréquemment l'initiative de la poursuite, surtout depuis une quinzaine d'années. Cela tient à la suppression de la contrainte par corps en matière civile et commerciale. Cette réforme a supprimé l'un des principaux intérêts des commerçants à prendre les devants en déposant leur bilan. V. n° 86 *bis*. De 1861 à 1865, les faillites prononcées à la requête des créanciers forment 35 0/0 du nombre total, de 1876 à 1880, elles se sont élevées à 52 0/0. En 1895, sur 5.834 faillites, 3.861 ont été déclarées sur la demande des créanciers; en 1896, 3.770 sur 6.109; en 1897, 4.187 sur 6.468; en 1898, 4.309 sur 6.675; en 1899, 4.191 sur 6.354; en 1900, 4.289 sur 6.393; en 1901, 4.061 sur 6.031; en 1902, 3.987 sur 5.107; en 1903, 4.054 sur 5.925; en 1904, 4.330 sur 6.493; en 1905, 4.482 sur 6.263; en 1906, 4.026 sur 5.765; en 1907, 3.754 sur 5.375; en 1908, 3.717 sur 5.361; en 1909, 3.901 sur 5.442; en 1910, 3.700 sur 5.296.

(4) DROIT ÉTRANGER. — La loi *anglaise* exige que le demandeur (ou les demandeurs réunis) soit créancier de 50 livres sterling au moins. La loi des *Etats-Unis d'Amérique* sur la faillite de 1898 (art. 59, alin. 1) veut que

tence de sa créance soit certaine et qu'il ne s'agisse pas d'une obligation naturelle. Car, pour l'exécution d'une obligation naturelle, le créancier n'a, en principe, aucun moyen de contrainte, ni direct, ni indirect.

Peu importe aussi que les créanciers aient ou non un titre exécutoire.

92. Il n'y a cessation de paiements au sens de la loi que lorsque les dettes en souffrance sont commerciales (n° 62) ; mais le fait s'étant produit peut être invoqué par un créancier, quelle que soit la nature de sa créance, fût-elle civile. Les biens du débiteur sont le gage commun de tous ses créanciers qui courent un égal danger et qui doivent pouvoir également se protéger (1).

93. Le droit appartient aux créanciers même munis de sûretés particulières. Les créanciers privilégiés ou hypothécaires sont bien dans une certaine mesure en dehors de la faillite (Cf. art. 445, C. com.), mais il est rarement certain que le bien qui leur est affecté, suffise à les désintéresser et ils peuvent, par suite, se trouver, en tout ou en partie, dans la situation des créanciers chirographaires (2). Dans tous les cas, leur situation privilégiée ne saurait

les créanciers demandant la faillite soient au nombre de trois et que leurs créances montent à 500 dollars au moins, mais la demande peut être formée par un seul dont la créance atteint cette somme si le nombre total des créanciers est inférieur à douze. La faillite ne peut être provoquée par les créanciers contre les salariés. laboureurs et cultivateurs (art. 4).

(1) Caen, 5 avril 1881, S. 1881. 2. 174; *J. Pal.* 1881. 1. 946; Trib. com. Algér, 2 mars 1896, *Gazette du Palais*, 1896. 2. 205 (droit pour le bailleur de l'appartement personnel occupé par le commerçant de provoquer la déclaration de faillite de celui-ci en prouvant le non-paiement de dettes commerciales ; Bourges, 17 déc. 1900, D. 1901. 2. 423; Alger, 31 déc. 1901, S. et *J. Pal.* 1902. 2. 294 ; D. 1903. 2. 211 ; *Pand. fr.* 1903. 2. 111; Cass. 7 novembre 1905. S. et *J. Pal.* 1906. 1. 16; D. 1905. 1. 528; *Pand. fr.* 1906. 1. 55 ; *Journal des faillites*, 1906. 55 ; Cass. 3 novembre 1909, D. 1910. 1. 124.

(2) DROIT ÉTRANGER. — La loi *anglaise* de 1883 (art. 6, § 2) suppose expressément que le créancier qui a demandé la déclaration de faillite (*petitioning creditor*) jouit d'une garantie spéciale, est un *secured creditor*. Mais ce créancier doit, dans sa demande, soit déclarer qu'il renonce à sa garantie pour le cas où le débiteur serait déclaré en faillite, soit indiquer la valeur estimative de sa garantie. Dans le dernier cas, il peut être

leur être objectée pour leur enlever une situation de droit commun (1).

94. La déclaration de faillite est une mesure conservatoire. En conséquence, elle peut être provoquée par un créancier à terme ou sous condition suspensive, comme par un créancier dont la créance est exigible. Cf. article 1180, C. civ. (2).

Pour le créancier à terme, on argumente quelquefois de l'article 444, C. com., d'après lequel le jugement déclaratif rend exigibles les dettes du failli ; mais l'argument aboutit à mettre l'effet avant la cause. En outre, il n'y aurait pas de raison analogue pour le créancier sous condition résponsive ; le jugement déclaratif ne fait pas, en ce qui concerne les dettes du failli, disparaître la condition comme le terme. V. n° 258.

Ce qu'il faut dire, c'est que le créancier ne fait pas valoir seulement le danger que court sa créance, mais le danger commun des divers créanciers, puisqu'il doit établir la situation générale embarrassée du débiteur ; il ne s'agit pas d'un refus de paiement qui s'adresserait à lui, puisqu'il ne peut rien exiger. Du reste, le tribunal pouvant statuer d'office (n° 108), il n'est pas étonnant que son

admis comme créancier demandeur jusqu'à concurrence du solde de sa dette, déduction faite de cette valeur estimative comme s'il était créancier chirographaire. V, pour les *Etats-Unis d'Amérique*, la loi de 1898, art. 59 *b*.

(1) Aix, 27 nov. 1835, S. 1836. 2. 16 ; Rép. Dall., v° *Faillite*, n° 106 (déclaration de faillite demandée par la régie des douanes) ; Bordeaux, 8 mars 1876, D. 1879. 5. 228 ; S. 1876. 2. 265 ; *J. Pal.* 1876, 1008 : un créancier hypothécaire avait été déclaré non recevable par le tribunal tant qu'il ne démontrerait pas l'insuffisance de l'hypothèque ; la Cour a réformé. Le tribunal argumentait de ce qu'il s'agissait dans l'espèce d'une hypothèque conventionnelle ; celle-ci constituait, disait-il, un *gage* accepté dont il fallait attendre la liquidation. Il tirait une conséquence exagérée du caractère conventionnel de l'hypothèque. — En admettant qu'un créancier puisse renoncer expressément ou tacitement à poursuivre la faillite de son débiteur (n° 97), cette renonciation ne doit pas être admise trop facilement. Ainsi, l'on ne saurait l'induire de ce que le créancier a fait ouvrir une contribution sur le produit de la vente d'un bien de son débiteur ; Paris, 2 fév. 1855, S. 1855. 2. 483.

(2) Renouard, I, p. 270 ; Bravard et Demangeat, V, p. 56-57 ; Alauzet, VI, n° 2442 ; Boistel, n° 900 ; Delamarre et Le Poitevin, VI, p. 31.

attention puisse être appelée sur la position du débiteur par un créancier quelconque (1).

94 bis. La nationalité des créanciers n'est pas à prendre en considération ; la déclaration de faillite peut être provoquée par un créancier étranger aussi bien que par un créancier français. V. nos 1234 et 1235.

95. Des auteurs ont pensé que la déclaration de faillite, très grave en elle-même et par les conséquences qu'elle entraîne, faisant présumer la faute et quelquefois même la fraude du débiteur, ne peut être provoquée par les personnes qui ont avec lui d'étroites relations de parenté. — En l'absence de texte, cette doctrine doit être repoussée sans hésitation ; elle est arbitraire. Les auteurs qui la proposent, invoquant des considérations de convenance et de morale publique, se bornent, en général, à dire que les descendants ne peuvent provoquer la faillite de leurs ascendants ni le conjoint celle de son conjoint (2) ; mais ne serait-il pas également choquant de voir un père provoquer la faillite de son fils ? Les lois sur la contrainte par corps, dont on invoque l'esprit, allaient bien plus loin dans les restrictions qu'elles admettaient (3) ; elles peuvent plutôt fournir un argument *a contrario*, puisqu'il s'agit de supprimer pour certaines personnes une faculté de droit commun. Puis, sous l'empire de la loi de 1838, on ne peut dire que la déclaration de faillite produise une présomption de crime ou de délit. Dans tous les cas, nous ne voyons nulle part qu'un individu soit empêché d'exercer ses droits pécuniaires, parce que cet exercice impliquerait l'idée d'un

---

(1) DROIT ÉTRANGER. — C'est la règle admise dans la plupart des législations. Mais la loi *anglaise* de 1883 (art. 6, *c*) le décide ainsi expressément pour les créanciers à terme, auxquels la loi antérieure de 1869 refusait le droit de faire déclarer la faillite. Cette modification a une grande importance, spécialement à l'égard des porteurs d'effets de commerce dont l'échéance n'est pas encore arrivée. La loi *suisse* (art. 172, 3°, et 179) n'admet pas que les créanciers à terme ou sous condition aient le droit de demander la déclaration de faillite.

(2) Pardessus, III, n° 1099 ; Renouard, sur l'article 440, n° 5. Namur (III, n° 1622) admet la demande de tout créancier, sauf le cas où, d'après les circonstances, elle impliquerait la violation d'un devoir d'honneur et de respect imposé par la loi.

(3) Lois du 17 avril 1832 (art. 19) et du 13 décembre 1848 (art. 10).

crime ou d'un délit commis à son détriment par une personne avec laquelle il a un lien de parenté très étroit. Ainsi, dans les cas prévus par l'article 380, C. pén., on n'applique pas la peine du vol, mais la personne volée n'en a pas moins le droit de demander réparation pour le fait dont elle a été victime (1).

96. Peut-on objecter au créancier qui demande la déclaration de faillite, qu'il est le seul créancier connu et que la loi, en organisant cette procédure, a toujours eu en vue le cas où il y a plusieurs créanciers ? Quoiqu'on ait jugé l'affirmative (2), la question ne paraît pas sérieusement discutable. En refusant le droit d'agir au créancier supposé seul, on restreint arbitrairement la portée de la loi ; elle a eu en vue moins le nombre des créanciers que la situation du débiteur. Sans doute, la loi a statué en vue du cas le plus fréquent, c'est-à-dire de celui où il y a plusieurs créanciers ; mais si, quand il n'y a qu'un créancier, certaines dispositions demeurent sans effet, la procédure n'en sera que plus expéditive et plus simple ; elle se conciliera avec la nature de l'affaire, les obligations du débiteur et les droits du créancier (3). Ajoutons que cette solution, conforme au texte général de l'article 440, C. com., est aussi fort raisonnable. Qu'on se place au point de vue du créancier ou du débiteur, il serait mauvais que la faillite ne pût être réclamée sous le prétexte

(1) Liège, 2 nov. 1870, *Pasicrisie belge*, 1871, p. 318 (une mère créancière est recevable à provoquer la déclaration de faillite de son fils); Bravard et Demangeat, V, p. 57; Alauzet, VI, n° 2442 ; Dict. de Couder, *h. v°*, n° 119 ; Thaller et Percerou, I, n° 303.

Droit étranger. — Le Code de commerce *italien* (art. 687, al. 2) déclare non recevables à demander la déclaration de faillite les descendants, les ascendants et le conjoint du débiteur. — V. aussi Codes de commerce *roumain*, art. 700 ; *chilien*, art. 1355; *argentin*, art. 1395 ; loi des *Etats-Unis d'Amérique*, art. 59, e. La loi *brésilienne* de 1908 dispose dans l'article 9 § 5 : « *Ne peuvent pas* requérir la faillite, mais seulement y produire, les « ascendants, les descendants, les alliés et l'époux du débiteur ».

(2) Paris, 30 mai 1838. Cet arrêt décide que la faillite n'a plus de raison d'être quand il n'y a qu'un créancier ; celui-ci pouvant agir par les voies ordinaires, à quoi bon le mécanisme compliqué d'une procédure organisée en vue de la conciliation d'intérêts divers ? Cette décision a été cassée par l'arrêt cité à la note suivante; Agen, 16 mars 1875, S. 1875. 2. 240 ; *J. Pal.* 1875. 965 ; *Pand. fr. chr.*

(3) Ch. civ. cass., 6 déc. 1841, Rép. Dall., v° *Faillite*, n° 75.

qu'il n'y a qu'un créancier. D'abord, qu'en sait-on? Les mesures de
publicité auxquelles donne lieu la déclaration de faillite, feront peut-
être surgir d'autres créanciers. De plus, un créancier, fût-il seul, a
un intérêt légitime à faire prononcer la faillite; celle-ci entraîne
notamment l'annulation d'actes faits par le failli à son détriment
(art. 446 et suiv., C. com.) et la restriction des droits de la femme
du commerçant (art. 557 et s., C. com.). S'il est seul créancier, c'est
peut être parce que les autres créanciers ont été désintéressés avec
son argent, ou, tout au moins, à son préjudice. Autrement, il
dépendrait du débiteur de faire peser les conséquences de son insolvabilité sur un seul créancier moins exigeant, plus confiant ou moins
bien moins informé que les autres (1).

97. Tout créancier qui a le droit de demander la déclaration de
faillite, peut-il valablement renoncer à ce droit? Aucune disposition
spéciale ne prohibe cette renonciation et l'on conçoit, par suite, qu'on

(1) Cette opinion est aujourd'hui admise sans difficulté : Paris, 24 juin
1864, D. 1864. 5. 176 et S. 1864. 2. 156 ; Angers, 14 déc. 1875, D. 1876.
1. 196 (arrêt très net : il dit que ce n'est pas le nombre des créanciers qui
donne de l'importance à la procédure des faillites; qu'il y en ait un ou
vingt, elle est légitimée par les mêmes motifs et s'appuie sur les mêmes
considérations d'ordre public) ; Trib. comm. de Marseille, 30 sept. 1884,
Journ. de Marseille, 1884. 1. 296. Nous ne croyons pas que l'on doive
considérer comme contraire un arrêt d'Alger du 16 mars 1875, S. 1875. 2.
240 ; il ne déclare pas la faillite, parce que le refus de payer une seule
dette est considéré comme un fait isolé ne pouvant constituer l'impossibilité absolue de payer et l'état de cessation de paiements. Aix, 1er mars
1877, D. 1878. 2. 38 : Trib. de commerce de Marseille, 8 juill. 1881 et
30 sept. 1884, *Journ. de Marseille*, 1881. 1. 230 ; 1884. 1. 29. Cass. 5 avril
1881, *Journ. des trib. de commerce*, 1881, p. 96. V. n° 61 et la note 2 de la
page 111. — Bravard et Demangeat, V, p. 25-26 ; Bédarride, I, n° 58 ; Laurin,
Traité de Droit commercial, n° 954 ; Delamarre et Le Poitevin, VI, p. 27 et
suiv. ; Namur, n° 1593, n° 4 (des tribunaux *belges* ont jugé en sens contraire).

DROIT ÉTRANGER. — D'après la loi *hongroise* de 1881 (art. 87), il n'y a
pas lieu de déclarer la faillite quand il n'y a qu'un créancier. Mais il en
est autrement en *Allemagne* (Kohler, *op. cit.*, p. 67 et 68) L'article 1395,
1er alin., du Code de commerce *argentin* admet expressément que le
commerçant qui a un seul créancier, peut être déclaré en faillite. —
V. aussi Code de commerce *chilien*, art. 1342. La loi *autrichienne* de
1868 (art. 66) excluait la faillite quand il n'y a qu'un seul créancier; mais
la règle contraire est admise en vertu de la loi du 16 mars 1884 (art. 2).

ait pu en soutenir la validité (1). Mais, selon nous, cette renonciation doit être déclarée nulle ; le droit de provoquer la faillite n'est pas accordé à chaque créancier exclusivement dans son intérêt individuel (2). Il en serait autrement si cette renonciation signifiait que le créancier n'exercera aucune poursuite contre son débiteur ; il y aurait alors transformation d'une obligation civile en une obligation naturelle (3), et celui qui ne peut invoquer qu'une telle obligation à la charge d'un commerçant n'a pas le droit de demander sa déclaration de faillite, par cela même que le créancier n'a aucun moyen légal de contrainte pour l'exécution d'une obligation naturelle, (n° 92.)

Il ne faut pas confondre cette question avec celle de savoir si un créancier peut se désister d'une demande en déclaration de faillite. V. n° 101.

98. On ne saurait reconnaître à d'autres personnes qu'à celles indiquées par la loi le droit de poursuivre la déclaration de faillite. En dehors du débiteur qui doit faire l'aveu de sa situation, les créanciers ont seuls le droit d'agir (art. 440). Ce droit n'appartient donc ni au ministère public (4), ni à un débiteur du prétendu failli (5). Seulement, un avis officieux, donné au tribunal par une personne quelconque, peut provoquer, selon les cas, une déclaration de faillite d'office. V. n° 108 (6).

(1) *Pandectes belges*, v° *Faillite*, n° 286. V. note 2 de la page 95.

(2-3) Kohler, *op. cit.*, p. 88 et 89.

(4) La solution est d'autant moins douteuse qu'un amendement proposant d'ajouter à l'article 440 *soit sur la demande du ministère public*, a été rejeté par la Chambre des députés (Séance du 9 fév. 1835) ; Nancy, 21 mars 1874. D. 1875. 2. 37 ; S. 1874. 2. 173 ; *J. Pal.* 1884. 737 ; *Pand. fr. chr.* ; Trib. civ. d'Orange, 30 mai 1893, *La Loi*, n° du 3 avril 1894.

(5) Trib. comm. de Lyon, 1er avr. 1882, *Journ. des faillites*, 1882. 541. Le débiteur d'un commerçant, poursuivi par les liquidateurs des affaires de celui-ci, leur opposait leur défaut de qualité, en disant que le commerçant en question était en état de cessation de paiements et que, par suite, un syndic seul aurait qualité pour agir.

(6) S'il n'y a qu'un avis officieux, le tribunal en tient tel compte que de raison ; il peut le négliger et n'a pas alors de décision à rendre, tandis que, quand il est régulièrement saisi, même sous forme de requête (n° 99), par quelqu'un ayant qualité, il *doit* statuer. Cf. *Rép. gén. du Dr. français*, v° *Faillite*, n°s 371-372. — Il se passe ici quelque chose d'analogue à ce qui a lieu pour les *oppositions au mariage*. La loi énumère

99. Comment les créanciers saisissent-ils le tribunal? Ils peuvent le faire d'abord par une assignation signifiée au débiteur; c'est la voie normale qui sauvegarde pleinement les droits de celui-ci; des objections sérieuses peuvent être faites au demandeur: il peut être soutenu qu'il n'est pas créancier, ou que le défendeur n'est pas commerçant ou qu'il n'y a pas cessation de paiements.

Il est admis sans aucune difficulté que les créanciers peuvent aussi procéder autrement, demander la déclaration de faillite par une requête adressée au tribunal de commerce, sans mettre en cause le débiteur (1). Le texte même de l'article 440 est invoqué à l'appui de cette solution: l'argument serait peut-être insuffisant Il est vrai que l'article 440 dit que la faillite est déclarée par jugement rendu *à la requête* d'un ou de plusieurs créanciers. Mais cette expression s'applique aussi bien au jugement provoqué par une assignation qu'au jugement rendu sur requête. Ce qui est décisif, c'est la possibilité qu'a le tribunal de statuer d'office (n° 108); cela implique que la loi ne regarde pas la mise en cause du débiteur comme indispensable. Certes la faculté de procéder par voie de requête est grave, on peut craindre des surprises; mais, d'autre part, une assignation donne l'éveil au négociant peu scrupuleux qui peut en profiter pour faire disparaître tout ou partie de son actif. Le tribunal doit être circonspect en cette matière: s'il a des doutes, il doit ordonner que le débiteur soit mis en demeure de formuler ses observations (2).

limitativement les personnes qui peuvent les former (art. 172-175, C. civ.), mais toute personne peut signaler un empêchement à l'officier de l'état civil, qui, sous sa responsabilité, est libre de tenir compte ou de ne pas tenir compte de l'avis. Cf. Demolombe, III, n° 152.

(1) Anvers, 15 sept. 1866, *Jurispr. d'Anvers*, 1866, p. 386. Delamarre et Le Poitevin, VI, p. 27, note 1; Bédarride, I, n° 53. En cas de rejet de la requête par le tribunal, les créanciers peuvent se pourvoir devant la Cour par voie de requête: Besançon, 13 janv. 1845, D. 1846. 4. 280.

(2) Une proposition de loi, présentée à la Chambre des députés le 3 juillet 1899 par MM. Andrieux et Gouzy, modifiait l'article 440, C. com., en exigeant la notification au débiteur de la demande en déclaration de faillite formée par des créanciers. V. aussi une proposition de loi de M. Andrieux déposée le 28 novembre 1902.

DROIT ÉTRANGER. — Le plus grand nombre des lois exigent une assignation du débiteur; Loi *allemande*, art. 105; loi *autrichienne*, art. 63; loi *suisse*, art. 151; loi des *Etats-Unis d'Amérique*, art. 59, c; loi *anglaise*,

100. Lorsque la demande est formée par voie d'assignation, il faut que le débiteur qui joue le rôle de défendeur, soit capable d'ester en justice. En conséquence, avant la loi du 13 juillet 1907 sur le *libre salaire de la femme mariée*, la demande en déclaration de faillite d'une femme mariée commerçante n'était recevable qu'autant que cette femme avait été autorisée spécialement à y défendre par son mari ou par justice (art. 215, C. civ.) (1), à moins qu'elle ne fût séparée de corps (art 311, C. civ., modifié par la loi du 6 février 1893). Mais cette autorisation n'est plus nécessaire depuis la loi du 13 juillet 1907, si l'on admet avec nous que cette loi a modifié l'article 215 du Code civil, en permettant à la femme mariée exerçant une profession de soutenir, sans avoir besoin d'y être spécialement autorisée, les procès se rattachant à celle ci (2). L'individu pourvu d'un conseil judiciaire, contre lequel la demande est formée, doit être assisté de son conseil (art. 499 et 513, C. civ.) (3). Mais, le mineur commerçant, étant capable d'ester en justice quand il s'agit de procès relatifs à son commerce, n'a pas besoin d'être autorisé ou assisté pour défendre à une demande en déclaration de faillite formée contre lui (4).

La requête n'a pas, toutefois, exactement les mêmes effets que l'assignation. L'assignation interrompt la prescription (art. 2244, C. civ.), tandis que la requête n'a pas d'effet interruptif.

100 *bis*. Plusieurs créanciers, agissant par voie d'assignation ou

---

art. 7, § 1 : loi *brésilienne*, art. 10, § 1. La loi *allemande* (art. 105) prescrit au tribunal, en principe, d'entendre le débiteur et de recourir aux moyens nécessaires pour établir la cessation des paiements, si le débiteur ne la reconnaît pas. On peut se dispenser d'entendre le débiteur lorsqu'il faudrait lui faire une signification à l'étranger ; dans ce cas, il y a lieu, autant que possible, d'entendre un représentant du débiteur ou un de ses parents.

(1) *Traité de Droit commercial*, I, (4ᵉ édit., 1906), nᵒ 255 (critique de l'article 215, C. civ.).

(2) V. en ce sens notre *Manuel de Droit commercial* (11ᵉ édit., 1913), nᵒ 65, page 71.

(3) Du reste, le prodigue ou le faible d'esprit, ne pouvant devenir commerçant même avec l'assistance de son conseil judiciaire, ne doit pas être déclaré en faillite. V. nᵒ 50.

(4) *Traité de Droit commercial*, I, nᵒ 227.

de requête peuvent, soit s'unir pour former une seule demande en déclaration de faillite, soit en former distinctement plusieurs. L'exercice de cette dernière faculté a l'inconvénient d'occasionner des frais (1).

101. Le créancier demandeur peut se désister de sa demande. On comprend qu'il se désiste notamment quand il reconnaît s'être trompé sur la profession ou sur la situation de son débiteur, quand il a été satisfait par celui-ci ou quand il consent à lui concéder un terme (2). Mais rien n'empêche le tribunal, dessaisi de la demande par le désistement, de déclarer la faillite d'office (n° 108) (3).

102. Le tribunal, saisi d'une demande en déclaration de faillite, peut rendre trois décisions différentes : *a*) déclarer la faillite ; *b*) rejeter la demande ; *c*) admettre le débiteur au bénéfice de la liquidation judiciaire, quand celui-ci réclame ce bénéfice en répondant à une assignation en déclaration de faillite.

Dans quels cas et à quelles conditions le tribunal accorde-t-il au débiteur ce bénéfice ? Cette question à laquelle est relatif l'article 2 de la loi du 4 mars 1889, est résolue dans le chapitre VII, consacré à la liquidation judiciaire (n° 1018). Mais il faut immédiatement déterminer quelle est l'étendue des pouvoirs du tribunal au point de vue de la déclaration de faillite ou du rejet de la demande.

103. Cette question est simple. La qualité de créancier étant constatée chez le demandeur, le tribunal vérifie si le défendeur est commerçant et s'il a cessé ses paiements ; ces deux points résolus affirmativement, la déclaration de faillite s'ensuit comme une conséquence nécessaire (4). Le tribunal n'a pas à s'inquiéter des motifs qui ont inspiré le demandeur (5), des causes qui ont amené la cessa-

---

'(1) V. les dispositions proposées à la Chambre des députés, lors de la discussion de la loi de finances de 1902, par M. Chaussier pour éviter les demandes multiples. Elles ont été écartées comme étrangères à l'objet de cette loi. V. *Journal officiel*, séance de la Chambre des députés du 10 février 1902.

(2) La loi *suisse* (art. 167) suppose expressément que le créancier peut retirer sa demande en déclaration de faillite, en déclarant qu'il ne peut la renouveler qu'un mois après.

(3) Liège, 19 janv. 1887, *Pasicrisie belge*, 1887, p. 160.

(4) Bordeaux, 5 juill. 1887, *Journ. des faillites*, 1888, 488.

(5) Cass. 15 fév. 1896, S. et *J. Pal.* 1897. 1. 133 (un arrangement amia-

tion de paiements (1), de l'intérêt que pourraient avoir les créanciers
à ce que la faillite ne fût pas prononcée (2).

La loi dont la volonté ressort de la combinaison des articles 437
et 440, C. com., ne confère au tribunal aucun pouvoir discrétionnaire de ce genre. Elle a cru que la procédure qu'elle organisait
pour le cas de cessation de paiements donnait toute satisfaction aux
divers intérêts engagés ; les tribunaux n'ont pas le droit de substituer leur prévoyance à la sienne (3). En l'absence d'un accord una-

---

ble était intervenu entre le débiteur et la presque totalité de ses créanciers
qui s'étaient contentés d'un dividende ; deux créanciers n'avaient pas
voulu consentir et réclamaient le paiement de la totalité de leurs créances ;
le droit de demander la déclaration de faillite ne pouvait leur être refusé
pour le motif que la faillite n'était pas avantageuse aux créanciers et que
les poursuivants agissaient par animosité personnelle). V., pourtant, Cass.
21 mars 1855, D. 1855. 1. 51 : l'espèce avait cela de particulier que le
débiteur s'était entendu avec tous ses créanciers, sauf avec deux que les
autres avaient offert de désintéresser ; il aurait été très simple de décider
que, les offres étant valables, ils avaient cessé d'être créanciers et étaient
devenus non-recevables à agir. Mais la Cour de cassation dit que la Cour
d'appel a pu d'autant plus se refuser à prononcer la faillite qu'elle reconnaissait que les deux créanciers dissidents avaient agi, non par l'intérêt
légitime qui est la mesure des actions, mais par mauvais vouloir. V. aussi
Besançon, 19 janv. 1885, *Journ. des faillites*, 1885. 295.

(1) Bourges, 22 mars 1897, *Journ. des faillites*, 1897, p. En sens
contraire, trib. comm. Lyon, 4 mars 1882, *Journ. des faillites*, 1882. 138.
D'après le tribunal, la faillite est une pénalité infligée au commerçant
qui, par son incapacité, son imprudence ou sa faute, s'est mis dans l'impossibilité de faire face à ses engagements ; elle ne peut donc être prononcée contre celui qui est victime de cas fortuits. V., au sujet de ce
jugement et des diverses questions qu'il soulève, les très intéressantes
explications de M. Thaller : *De la faillite des agents de change*, n°s 21-34.

(2) Besançon, 13 janv. 1845, D. 1846. 4. 289 (le tribunal avait rejeté la
demande par ce motif que, le débiteur étant complètement insolvable, les
créanciers n'avaient aucun intérêt à faire déclarer la faillite dont les frais
n'auraient pas été couverts ; la Cour rappelle les termes formels de l'article 437) ; Colmar, 19 janv. 1864, S. 1864. 2. 113 ; *J. Pal.* 1864. 250 ; D. 1864.
2. 205.

(3) Caen, 5 avr. 1881, S. 1881. 2. 174 ; *J. Pal.* 1881. 946 ; *Journ. des
faillites*, 1882. 135 (l'arrêt pose très nettement les principes ; il infirme
un jugement qui avait revendiqué le droit d'apprécier l'*opportunité* de la
mise en faillite). — V., dans le même sens, Aix, 8 mai 1884, *La Loi*, n° du
17 juillet 1884 ; *Journ. des faillites*, 1884. 476.

nime des créanciers (1), la majorité ne peut ni organiser une procédure de liquidation amiable (2) au lieu de la procédure de faillite (3), ni accorder des termes au débiteur (4). Les décisions contraires constituent la violation flagrante de la loi (5).

Très souvent, les tribunaux ont une tendance très prononcée,

(1) En dehors de la procédure de faillite, la majorité ne saurait faire la loi à la minorité, qu'il s'agisse d'un simple atermoiement, de remises à consentir ou d'option entre la liquidation amiable et la faillite : la première peut offrir des avantages, mais chacun est juge de son intérêt. Cf. Riom, 8 déc. 1885, *Gaz. du Palais*, 1886. 2. 436 ; Dijon, 3 déc. 1888, *Journ. des faillites*, 1889. 74 Si les créanciers sont unanimes, il n'y a aucune raison pour ne pas s'en tenir à leur accord (art. 1134, C. civ.) ; ils peuvent accorder du temps, des remises, laisser le débiteur à la tête de ses affaires ou convenir avec lui de la nomination d'un liquidateur chargé de réaliser l'actif et de le répartir.

(2) L'introduction dans notre législation d'une liquidation amiable destinée à prévenir la faillite a été souvent proposée. V. proposition de loi de M. Failliot *ayant pour objet d'établir et de réglementer la liquidation amiable* déposée à la Chambre des députés le 19 juin 1911.

(3) Lyon, 17 mars 1881, D. 1881. 2. 247; S. 1882. 2. 28; *J. Pal.* 1882. 1. 204 (les tribunaux ne peuvent se prévaloir, pour refuser de déclarer la faillite, de l'existence d'une liquidation qui ne peut être imposée aux créanciers).

(4) Trib. comm. de Marseille, 20 déc. 1881, *Journ. des faillites*, 1882. 542 (le jugement reconnaît que la demande est fondée, mais il accorde au débiteur, pour se libérer, un délai de 40 jours, après lequel, en cas de non-paiement, la faillite sera déclarée sur simple requête du créancier) ; Cf. anal. trib. comm. Alençon, 24 sept. 1879, *Journ. des faillites*, 1882. 135. En sens contraire, trib. comm. Anvers, 3 nov. 1884, *Jurisp. d'Anvers*, 1886, p. 317.

Le Code de commerce n'admet rien d'analogue aux *lettres de répit* accordées par le Roi dans l'ancien droit et aux *défenses générales* accordées par les parlements. V. Ferrière, *Dictionnaire de la pratique*, vis *Défenses générales* et *lettres de répit*.

DROIT ÉTRANGER. — Le Code de commerce *italien* (art. 819 à 829) admet le sursis général (*moratorium*) au profit des créanciers avant ou après faillite. Les sursis de paiement avant faillite sont aussi admis en *Belgique* (art. 593 à 614, livre III du Code de commerce modifié par la loi du 18 avril 1851).

(5) V. dans le sens de notre opinion, Thaller. *De la faillite des agents de change*, nos 27-28. Refus du pouvoir, pour le tribunal, d'accorder des délais, Dijon, 3 déc. 1888, *Journ. des faillites*, 1888. 740. — V., *en sens contraire*, Besançon, 19 janv. 1885, *Journ. des faillites*, 1885. 295.

surtout dans les grandes villes, à écarter la déclaration de faillite et à nommer des liquidateurs qui jouent, en fait, le rôle de syndics en dehors des garanties organisées par la loi. Cette tendance pouvait s'expliquer à la rigueur et était une critique de notre législation, alors que celle-ci n'offrait pas aux commerçants de moyen d'éviter la faillite (1). Ce moyen, consistant dans la liquidation judiciaire, existe depuis la loi du 4 mars 1889. V. Chapitre VII, nos 1001 et suiv.

104. Après le décès d'un commerçant, il suffit que la demande des créanciers en déclaration de faillite soit formée dans l'année. Quant au jugement, il peut être rendu après l'expiration de ce délai (art. 437, al. 3, C. com.). Cpr. n° 110.

Du reste, le tribunal n'a pas plus de pouvoir d'appréciation que du vivant du commerçant (n° 103) (2).

La demande des créanciers doit être formée non pas contre un ou plusieurs des héritiers, mais contre tous (3), car tous ont un intérêt dans la question. La déclaration de faillite pourrait être méconnue par ceux qui n'auraient pas été assignés (art. 1351, C. civ.). On peut objecter que les créanciers ont la faculté de s'adresser aux tribunaux par voie de requête (n° 99) et qu'à l'égard des héritiers non assignés, le jugement déclaratif peut être considéré comme rendu sur requête, ce qui ne l'empêche pas de produire son effet ordinaire (4). Mais il va de soi que le tribunal saisi d'une demande formée contre un seul héritier ou contre quelques-uns seulement pourrait déclarer la faillite d'office à l'égard des héritiers contre lesquels aucune demande n'a été formée.

105. Une demande en déclaration de faillite peut causer à un commerçant un grave préjudice. Le créancier qui l'a formée ne peut, en cas de rejet de la demande, être, en principe, condamné à des dommages-intérêts (5); il y a là, pour les créanciers, l'exercice d'un

(1) V. Thaller, *De la faillite des agents de change*, nos 27-28.

(2) Caen, 7 mai 1883, *Journ. des faillites*, 1883, p. 311.

(3) Thaller et Percerou, I, n° 312. Ces auteurs admettent cette solution, bien qu'ils décident, d'un autre côté, que chaque héritier peut individuellement provoquer ou non la déclaration de faillite du défunt.

(4) Rép. Sirey, n° 388.

(5) Nîmes, 10 juill. 1886, *Journ. des faillites*, 1887. 74; Gand, 18 mai 1889, *Pasicrisie belge*, 1890, p. 26.

droit. *Neminem lædit qui suo jure utitur.* Mais, il en est autrement en vertu du principe général des articles 1382 et 1383, C. civ.,
quand le créancier a été de mauvaise foi, a produit de fausses allégations ou a commis quelque négligence (1). En tous les cas, le
créancier qui succombe peut, conformément à l'article 130, C. pr.
civ., être condamné aux frais du procès. Le tribunal a également le
pouvoir d'ordonner l'affichage de son jugement aux frais du demandeur, en vertu de la règle générale contenue dans l'article 1036, C.
pr. civ. La publicité peut réduire ou même faire disparaître, au
moins pour l'avenir, le préjudice causé (2).

105 bis. Si le demandeur qui succombe dans son action en déclaration de faillite est, conformément aux principes généraux (art. 130,
C. com) condamné d ordinaire aux dépens Ceux-ci peuvent être
mis à titre de dommages-intérêts à la charge du défendeur malgré le
rejet de la demande, si celui-ci a contribué à induire le demandeur

---

(1) Lyon, 1er fév. 1888, *Journ des faillites*, 1888, p. 359. On peut invoquer le principe généralement admis, selon lequel celui qui exerce une
action en justice n'est tenu à des dommages-intérêts envers le défendeur
que s'il y a de sa part dol ou faute lourde équivalente au dol : Cass.
3 juill. 1895, *La Loi*, n° du 3 mars 1896. V. Paris, 26 février 1896, *Journal
des tribunaux de commerce*, 1897. p. 284.

(2) Droit étranger. — Quelques législations, au lieu de s'en rapporter
sur ce point aux principes généraux du droit, contiennent des dispositions
spéciales relatives aux conséquences que peuvent avoir pour les demandeurs des demandes abusives en déclaration de faillite. Le Code de
commerce *espagnol* (art. 885) admet que le commerçant qui a obtenu la
révocation de la déclaration de faillite demandée par ses créanciers, peut
exercer contre ceux-ci une action en dommages-intérêts, s'ils ont agi avec
dol, fausseté ou injustice manifeste. Le Code de commerce *chilien*
(art. 1388) accorde le même droit au commerçant en cas de révocation de
la déclaration de faillite sans viser les trois circonstances du dol, de la
fausseté ou de l'injustice manifeste. Ce même Code (art. 1351, dern. alin.)
admet aussi que des dommages-intérêts peuvent être alloués au cas de
rejet de la demande quand il y a eu faute ou dol du demandeur. D'après
le Code de commerce *portugais* (art. 699, § 2), les créanciers qui ont
requis la déclaration de faillite sans que le failli ait été entendu, répondent
envers lui des pertes et dommages qui en sont résultés, s'il est établi
qu'elle a été prononcée sans fondement. — La loi *brésilienne* de 1908
(art. 21) admet la responsabilité pécuniaire de celui qui, par dol ou fausseté manifeste prouvé, a demandé une déclaration de faillite. V. aussi loi
norvégienne, art. 117.

en erreur par l'habitude qu'il avait de prendre à tort la qualité de commerçant (1).

106. Quand le tribunal a rejeté une demande en déclaration de faillite, parce qu'il a constaté qu'il n'y avait pas cessation des paiements, une question d'autorité de chose jugée peut se poser : le jugement de rejet qui n'a pas été attaqué par la voie de l'appel (2) ou l'arrêt confirmant ce jugement, forme-t-il obstacle à une demande en déclaration de faillite *de la part du même créancier* ? Oui, certainement, en tant que celui-ci alléguerait les faits dont il s'est déjà prévalu inutilement, quand même il produirait des justifications qui lui avaient fait antérieurement défaut. La cause de la seconde demande est alors la même que celle de la première ; les motifs ou moyens seuls diffèrent (3) ; la diversité des motifs ou des moyens ne met point obstacle à ce qu'il y ait autorité de chose jugée. — Non, s'il allègue des faits postérieurs ; le jugement a statué en l'état des faits tels qu'ils existaient quand il a été rendu ; des faits nouveaux surviennent et servent de cause nouvelle à la demande sur laquelle on ne peut dire qu'il ait déjà été statué (4). Il y a là des applications des principes généraux sur l'autorité de la chose jugée (art. 1351, C. civ.).

Le créancier pourrait-il alléguer, sans avoir à craindre d'être repoussé par l'exception de la chose jugée, des faits antérieurs à sa première demande, mais qu'il n'avait point invoqués par suite de son ignorance ou de toute autre raison ? En pareil cas, selon nous, la demande est recevable ; elle a, en effet, une cause nouvelle ; la cause de la demande en déclaration de faillite, ce sont les faits invoqués pour établir la cessation des paiements, ce n'est pas la cessation des paiements elle-même considérée en général, abstraction faite des faits

---

(1) Rennes, 30 décembre 1893, D. 1894. 2. 504. V. *Traité de Droit commercial*, I, n° 208.

(2) Il sera parlé plus loin de l'appel contre ce jugement et de l'application à lui faire de l'article 582, C. com. V. n°ˢ 152 et suiv.

(3) Cf. Larombière, *Traité des obligations*, V. art. 1351, n° 24.

(4) Rennes, 3 août 1868, S. 1869. 2. 146 ; *J. Pal.* 1869. 703 ; Cass. 19 juin 1876, S. 1876. 1. 353 ; *J. Pal.* 1876. 860 ; *Pand. fr. chr.*

invoqués pour établir qu'elle existe (1). Cette solution a sans doute un inconvénient, celui d'ouvrir la porte à des demandes répétées en déclaration de faillite contre le même commerçant. Cet inconvénient ne suffit pas pour faire écarter l'application des règles générales sur l'autorité de la chose jugée (2). Au reste, la faculté pour le tribunal de condamner à des dommages-intérêts le créancier qui forme, par tracasserie ou par négligence, une demande en déclaration de faillite non fondée (nº 105), est de nature à éviter les abus des demandes réitérées.

107. L'exception de la chose jugée qui serait opposable au créancier dont une première demande a déjà été rejetée, le serait-elle aussi à d'autres créanciers formant une autre demande? On l'a soutenu (3), en alléguant qu'en cette matière, le créancier qui forme une demande, agit moins en son propre et privé nom que comme représentant tous les intéressés. Mais, dans le silence de la loi sur cette prétendue représentation de tous les créanciers par celui qui a formé une demande en déclaration de faillite, le mieux est de s'en tenir aux principes généraux d'après lesquels, en pareil cas, il n'y a pas chose jugée, parce qu'il n'y a pas identité de personnes (4). Il est vrai que le jugement déclaratif de faillite produit ses effets *erga omnes* (nº 111) ; mais les motifs qui justifient cette dérogation aux principes généraux sur le caractère relatif de l'autorité de la chose jugée, n'ont aucune application au jugement qui repousse une demande en déclaration de faillite (5).

108. 3º *Faillite déclarée d'office.* — Le tribunal peut déclarer

---

(1) Une question analogue s'est présentée en matière de séparation de corps et peut s'élever pour le divorce : Paris, 1er août 1874 et Cass. 3 fév. 1875, S. 1874. 2. 265 et 1875 1. 393; *J. Pal.* 1874. 1238 ; 1875. 1009 (notes de M. Labbé).

(2) Dict. de Couder, vº *Faillite,* nº 65.

(3) Bravard et Demangeat, V, p. 59, note 3.

(4) V., en ce sens, Thaller et Percerou, I, nº 317.

(5) Il y a là un exemple de cas où le jugement, rendu sur une demande, a, selon le sens dans lequel il se prononce, une autorité absolue ou une autorité relative. Il existe d'assez nombreuses controverses sur le point de savoir s'il peut y avoir des cas de ce genre (cas de solidarité active ou passive). V. Colmet de Santerre, *Cours analytique de Code civil,* V, p. 634 et suiv.

la faillite d'office, c'est-à-dire sans être saisi ni par le dépôt du bilan du débiteur ni par une demande des créanciers. C'est là une disposition tout à fait exceptionnelle ; il est, en effet, de règle, dans notre droit, que les tribunaux ne statuent que quand ils sont *saisis* d'une demande. On a dit que, les dispositions de la loi des faillites touchant à l'ordre public, il était logique d'admettre cette faculté pour le tribunal (1). Ce n'est pas là une raison suffisante, puisque même les juridictions de répression qui prononcent sur des affaires intéressant l'ordre public au plus haut degré, ne jugent pas d'office. Le législateur a pensé spécialement au cas où, la cessation des paiements étant notoire, il n'y aurait pas de créanciers sur les lieux et à celui où il y aurait collusion entre les créanciers présents et le débiteur pour que la déclaration de faillite de celui-ci ne soit pas demandée (2).

La faillite peut être déclarée d'office dans des circonstances très variées qu'on ne saurait indiquer toutes. L'ouverture d'une distribution par voie de contribution devant un tribunal civil, la demande en séparation de biens formée par la femme du commerçant, la disparition de celui-ci sont des faits qui peuvent déterminer une déclaration de faillite d'office (3). Le tribunal prononce spontanément ou sur *avis du parquet* (4) ; il s'agit d'un avis purement officieux, puisque le ministère public ne peut demander la déclaration de faillite (n° 98) et n'a pas le droit de réquisition devant le tribunal de commerce, ni même devant le tribunal civil jugeant commercialement à défaut de tribunal de commerce ; il donne cet avis parce qu'il a, par exemple, commencé des poursuites (escroquerie, abus

(1) Rép. Dall., v° *Faillite*, n° 111.

(2) V. dans le même ordre d'idées, l'article 457, C. com., relatif au droit pour le juge de paix, d'apposer les scellés *d'office*. — On a dit, contre la déclaration de la faillite d'office, que les créanciers absents, une fois avertis pourraient toujours faire déclarer la faillite et ensuite demander la nullité des actes intervenus en temps suspect. Il pourrait se faire que se fût trop tard et que des biens eussent été définitivement soustraits à l'action des créanciers.

(3) Camberlin, *Manuel des tribunaux de commerce*. p. 377.

(4) Trib. comm. Saint-Etienne, 26 janvier 1905, *Journal des faillites*, 1905, p. 278. V. note 1 de la page 124.

de confiance, etc.) contre un négociant dont la cessation de paiements est flagrante. On peut aussi concevoir qu'une demande en déclaration de faillite soit jugée non recevable parce que le demandeur ne justifie pas de sa qualité de créancier, mais que, néanmoins, les débats aient établi l'état de cessation de paiements du défendeur.

Le tribunal doit user d'une très grande circonspection dans l'exercice de ce pouvoir (1) : si les créanciers sont présents, au fait de la situation et ne se plaignent pas, on ne concevrait pas, en principe, l'intervention du tribunal; celui-ci ne doit pas, par suite d'un excès de zèle, empêcher des arrangements amiables qui peuvent être dans l'intérêt commun (2) ou rendre irrémédiable, en l'aggravant, une situation déjà compromise (3). En fait, c'est surtout aux sociétés par actions que s'appliquent les déclarations de faillite d'office. Cela

(1) STATISTIQUE. Il n'y a qu'un petit nombre de faillites déclarées d'office : 7 0/0 de 1841 à 1845, 5 0/0 de 1846 à 1850. 7 0/0 de 1851 à 1855, et de 1856 à 1860. 6 0,0 de 1861 à 1865, 5 0/0 de 1866 à 1870, 6 0/0 de 1871 à 1875, 7 0/0 de 1876 à 1881, 6 0,0 en 1882 et 1883, 5 0 0 en 1884, 6 0/0 en 1886, 9 0/0 en 1890, 8 0/0 en 1906 V. la note 2 de la page 125. — On trouve, notamment dans les statistiques annuelles du tribunal de commerce de la Seine présentées en audience publique par le président, l'indication d'un certain nombre de faillites déclarées sur l'avis du parquet. Il s'agit, en réalité, de déclarations de faillite d'office. puisque le ministère public n'a pas le droit, en France, de demander une déclaration de faillite (n° 93). Seulement, il a pu signaler au tribunal de commerce, comme pourrait le faire un particulier, des faits constitutifs de la cessation de paiements. Il en a parfois connaissance à propos d'une poursuite correctionnelle ou criminelle (n° 108). Cela peut d'autant plus se présenter que, selon la jurisprudence, des poursuites pour banqueroute simple et pour banqueroute frauduleuse sont possibles avant tout jugement déclaratif de faillite prononcé par un tribunal de commerce. V. n° 191.

(2) Bourges, 7 mars et 23 avr. 1864, D. 1864. 2. 105 (sans contester la légitime et salutaire sollicitude qui, dans l'intérêt général, pour la bonne tenue et la loyauté des transactions commerciales, la sécurité des affaires, appartient aux tribunaux de commerce, encore ne doit-elle s'émouvoir qu'en temps opportun et pour justes causes); Trib. comm. Orange, 30 mai 1893, la Loi n° du 13 avril 1894.

(3) On a reproché parfois à des tribunaux de commerce d'avoir précipité la ruine de certaines sociétés anonymes en prononçant la faillite d'office. Ce reproche a été fait à l'occasion de la déclaration de faillite de la célèbre société financière l'*Union générale*, en 1882. V. note 2 de la page 125.

tient sans doute à la fréquence des fraudes pratiquées dans ces
sociétés et au fait que le mauvais état des affaires d'une société par
actions est plus facilement connu que celui des affaires d'un individu
en même temps qu'il peut nuire aux intérêts d'un plus grand nombre de personnes si la faillite n'est pas déclarée (1). — Depuis la loi
du 4 mars 1889, le tribunal peut déclarer d'office une faillite par
suite de conversion de liquidation judiciaire (n° 86). La déclaration
de la faillite d'office a alors moins de gravité ; la liquidation judiciaire obtenue sur la demande du commerçant qui a déposé son
bilan, a fourni au tribunal des éléments d'appréciation nécessaires (2).

Les dangers que peut présenter le droit reconnu aux tribunaux
de déclarer la faillite d'office, a fait demander la suppression de ce
droit par des auteurs (3) et les Chambres ont été saisies de propositions de lois supprimant ce droit (4), qui, du reste, n'existe pas dans
un grand nombre de pays étrangers (n° 110 bis).

(1) Trois déclarations de faillite d'office de sociétés anonymes sont
particulièrement célèbres : celle de l'*Union générale* en 1882, celle de la
Rente viagère en 1902 (Trib. comm. Seine, 14 mai 1902. *Journal des
faillites*, 1902, p. 274), et celle du *Crédit minier* en 1908 (affaire Rochette).
Paris, 10 juillet 1908, *Journal des faillites*, 1909, p. 489).

(2) Le nombre des faillites déclarées d'office a par suite augmenté si l'on
y comprend les déclarations de faillite d'office après liquidation judiciaire :
ainsi en 1894, il y en a eu 629 sur 6.305 faillites ouvertes, soit environ
10 0/0 ; en 1895, 576 sur 5.834 ; en 1896, 663 sur 6.109 ; en 1897, 640 sur
6.467 ; en 1898, 611 sur 6 675 ; en 1899, 609 sur 6 354 ; en 1900, 664 sur
6.393 ; en 1901, 583 sur 6.031 ; en 1902, 258 sur 6.107 ; en 1903, 713 sur
5.925 ; en 1904, 708 sur 6 498 ; en 1905, 690 sur 6.263 ; en 1906, 738 sur
5.765 ; en 1907, 763 sur 5 375 ; en 1908, 623 sur 5.561 ; en 1909, 576 sur
5.442 ; en 1910, 587 sur 5.296.

(3) V. Thaller, *Les faillites en Droit comparé*, I, n° 157 ; Thaller et Percerou, I, nᵒˢ 283 et 284.

(4) Proposition de loi de M. Haudos déposée à la Chambre des députés le
19 janvier 1911 ; rapport sur cette proposition de loi par M. Failliot déposé
le 3 juillet 1911. *Journal officiel, Documents parlementaires*, Chambre,
1911, pages 75 et 624. Cette proposition de loi a été soumise à une enquête
auprès des Chambres et des tribunaux de commerce. La plupart des
corps ainsi consultés ont émis un avis défavorable à la proposition de loi.
V. notamment rapport présenté par M. Dupont à la Chambre de commerce
de Paris et avis de cette Chambre dans le *Bulletin de la Chambre de commerce de Paris*. 1911, n° 13, pages 567 et suiv. Le *Comité consultatif de
législation commerciale* du Ministère du Commerce et de l'Industrie a émis

109. On peut se demander si le tribunal a encore le droit de déclarer d'office la faillite quand une demande formée par des créanciers
a été repoussée et qu'il n'est survenu depuis aucun fait nouveau.
On a refusé, dans ce cas, au tribunal, le droit de déclarer d'office
la faillite, en disant qu'il a épuisé son pouvoir, qu'il y a autorité de
chose jugée (1). Mais, les partisans de cette opinion sont ceux qui
admettent que le rejet de la demande d'un créancier rend non recevable celle d'un autre fondée sur les mêmes faits. Ils semblent logiques en refusant au tribunal le pouvoir de prononcer d'office une
déclaration de faillite qu'il ne pourrait plus, selon eux, prononcer sur
la demande d'un créancier. Par cela même que nous admettons, au
contraire, qu'un créancier peut réussir dans sa demande après le
rejet de la demande d'un autre créancier fondée sur les mêmes faits
(n° 107), nous devons reconnaître au tribunal qui a rejeté une
demande de déclaration de faillite, le pouvoir de la déclarer d'office (2). On ne concevrait pas que le fait qu'une seconde demande
est introduite augmentât les pouvoirs du tribunal. Il y a là un pouvoir dont, du reste, les tribunaux usent difficilement.

110. Le droit pour le tribunal de déclarer la faillite d'office existe
même quand il s'agit d'un commerçant décédé. Le jugement doit
alors être rendu dans l'année du décès, tandis qu'en cas de faillite
déclarée après décès sur la demande des créanciers, c'est la demande
qui doit être formée dans l'année, sans qu'il y ait nécessité que le
jugement soit aussi rendu dans ce délai (art. 437, al. 3, C. com.) (3).
V. n° 104.

On a parfois soutenu que le législateur n'aurait pas dû admettre
la déclaration de faillite d'office après décès (4). Les raisons qui

un avis défavorable, en demandant seulement que la loi prescrive aux
tribunaux de procéder à une information et d'appeler devant eux le commerçant avant de déclarer la faillite d'office. Cette pratique existe déjà,
en fait, au tribunal de commerce de la Seine.

(1) Dijon, 6 mars 1844. Rép. Dall., v° *Faillite*, n° 112 ; Demangeat sur
Bravard, V, p. 59, note 3.

(2) Thaller et Percerou, I, n° 321.

(3) Nous admettons que c'est aussi dans l'année du décès que les héritiers d'un commerçant qui veulent faire déclarer celui-ci en faillite doivent
faire le dépôt du bilan. V. n° 89.

(4) Bédarride, I, n° 26.

peuvent justifier, dit-on, la faculté accordée au tribunal lorsque le failli est là, pouvant détourner son actif et exposé à l'action publique, n'existent plus ici ; l'action publique est éteinte et les scellés peuvent être apposés. Cependant, selon nous, dès l'instant où la déclaration d'office est admise, il n'y a pas de raison pour l'exclure en cas de décès du débiteur. Il peut y avoir des complices des fraudes du failli décédé ; les héritiers peuvent détourner les biens de la succession et il n'y a peut-être pas de créanciers présents pour provoquer l'apposition des scellés. Tout ce qu'on peut dire, c'est que le tribunal doit être encore plus circonspect que d'habitude ; la mort du débiteur éveille ordinairement l'attention des créanciers et les met en demeure de prendre les précautions nécessaires pour sauvegarder leurs intérêts (1).

110 *bis*. Droit étranger. — Les inconvénients que peut présenter la déclaration d'office d'une faillite (2) ont empêché un certain nombre de législations de reconnaître au tribunal le pouvoir de la prononcer. Elle n'est pas admise par les Codes de commerce *espagnol* (art. 875), *portugais* (art. 696), *argentin* (art. 1394), *mexicain*, ni par les lois *anglaise, allemande, suisse* (art. 190 et 191), *hongroise, brésilienne* et des *États-Unis d'Amérique ;* ces législations ne permettent que des mesures provisoires prises d'office avant la déclaration de faillite. Mais la déclaration de faillite d'office est admise par la loi *belge* (art. 442), par les Codes de commerce *italien* (art. 684), *roumain* (art. 701), *argentin* (art. 1381) et *chilien* (art. 1356). Il faut remarquer que les Codes *italien* et *roumain* déterminent les cas où la déclaration d'office est possible (cessation de paiements constituant un fait notoire ou résultant d'informations sûres). L'exercice du pouvoir dont il s'agit pour le tribunal, est facilité par la publicité donnée aux protêts des effets de commerce, spécialement en *Belgique* (3), en *Italie*, en *Roumanie*. Du reste,

(1) V., en notre sens, Thaller et Percerou, I, n° 322 *bis*.
(2) V. contre la déclaration d'office, Thaller, *Des faillites en Droit comparé*, I, n° 157.
(3) D'après la loi *belge*, les receveurs d'enregistrement doivent envoyer dans les premiers jours de chaque mois au président du tribunal de commerce un tableau des protêts des lettres de change acceptées et des

dans certains pays où la déclaration d'office n'est pas admise, on reconnaît au ministère public le droit de demander que la faillite soit prononcée (1).

C. — Caractère du jugement déclaratif, dispositions qu'il contient.

111. Le jugement déclaratif a un caractère propre; il produit effet à l'égard de tout le monde, *facit jus*, par dérogation à la règle de l'autorité *relative* de la chose jugée (art. 1351, C. civ.). Il s'agit d'organiser une procédure *collective* dans laquelle doivent être compris tous les créanciers. C'est ce qui explique pourquoi, d'une part, des mesures de publicité sont immédiatement prises pour que ce jugement soit porté à la connaissance de tous les intéressés dont la plupart souvent n'ont pas été parties (art. 442, C. com.) et pourquoi, d'autre part, des voies de recours sont ouvertes à tous les intéressés qui prétendraient que ce jugement a été rendu à tort (art. 580 et 581, C. com; V. nos 128 et suiv.) (2).

112. Quelles que soient, du reste, les circonstances dans lesquelles est rendu le jugement déclaratif, sur l'aveu du débiteur, à la demande des créanciers ou d'office, ce jugement, suivant la règle ordinaire (L. 20 avril 1810, art. 7), doit être motivé et prononcé en audience publique (3).

113. Le jugement déclaratif contient plusieurs dispositions se rattachant à la déclaration de faillite, qui est son objet principal :

1º Il nomme un juge-commissaire (art. 415, C com.);

2º Il nomme un ou plusieurs syndics provisoires (art. 462, C. com.);

billets à ordre enregistrés dans le mois précédent ; ce tableau doit rester déposé au greffe où chacun peut en prendre connaissance.

(1) Loi *hollandaise* sur la faillite de 1893, art. 1.

(2) Cass. ch. réun., 24 mars 1857, D. 1857. 1. 208; *Pand. fr. chr.* Boistel, n° 897 ; Laurin, *Cours élémentaire de Droit commercial*, n° 960; Garraud, *De la déconfiture*, p. 73.

(3) Orléans, 21 déc. 1864, D. 1865. 2. 23; Amiens, 24 avr. 1836, Rép. Dall., v° *Faillite*, n° 113. Il est à peine besoin de dire qu'il s'agit d'un jugement du tribunal et non pas d'une ordonnance du président rendue sur requête.

3° Il prescrit des mesures relatives aux biens et à la personne du failli telles que l'apposition des scellés et l'incarcération (art. 455 et 456, C. com.) ;

4° Il peut fixer la date de la cessation des paiements (art. 441, C. com.).

Des détails seront donnés, dans le chapitre II (nos 423 à 432), sur les attributions, soit du juge-commissaire, soit des syndics ; dans les chapitres II et III (nos 479 et suiv., nos 490 et suiv.), sur les mesures ordonnées par le tribunal relativement aux biens et à la personne du failli. La fixation de la date de la cessation des paiements, qui est la cause même de la déclaration de faillite, a une importance très grande au point de vue des effets que produit le jugement déclaratif dans le passé. Il importe de s'en occuper tout d'abord.

114. *De la date de la cessation des paiements et de la fixation de cette date.* — Suivant l'expression même de la loi (art. 440, C. com.), le jugement *déclare* la faillite ; il constate un fait préexistant. Il a donc, comme presque tous les jugements, un caractère déclaratif. Mais il n'a pas exclusivement ce caractère ; à beaucoup d'égards, il crée une situation nouvelle ; il apporte des modifications à la condition du failli et aux droits de ses créanciers.

On comprend facilement que, suivant les circonstances, il s'est écoulé un temps plus ou moins long entre le fait même de la cessation des paiements et sa constatation par le tribunal. En supposant que la loi soit respectée à la lettre, le débiteur a quinze jours pour faire l'aveu de sa situation (art. 438, C. com.), et le jugement déclaratif de faillite n'est pas, à beaucoup près, toujours provoqué et rendu pendant ce délai. Le plus souvent, l'aveu du débiteur, quand il y a lieu, est beaucoup plus éloigné du moment où la cessation des paiements s'est produite. Quand c'est à la requête des créanciers que le tribunal statue, ces créanciers n'ont pas été avertis sur-le-champ de la situation de leur débiteur ou n'ont pas immédiatement invoqué le fait qu'ils connaissaient. Enfin, il faut généralement un certain temps pour que le fait acquière assez de notoriété et parvienne à la connaissance du tribunal qui se décide à déclarer la faillite d'office.

DROIT COMMERCIAL, 4e édit. VII—9

115. Si des effets très importants sont produits par le jugement déclaratif dans l'avenir, il en est d'autres qui, produits dans le passé, se rattachent à la cessation des paiements. La date de cette cessation sert à déterminer les limites de période de temps antérieur au jugement déclaratif connue sous le nom de *période suspecte;* les actes intervenus au cours de cette période sont, suivant leur nature, déclarés nuls de droit, c'est-à-dire qu'ils doivent être annulés par les tribunaux sur la demande du syndic par cela seul qu'ils ont été faits durant cette période ou peuvent être annulés sous des conditions spéciales, en dehors des règles ordinaires de l'action paulienne ou révocatoire pour cause de fraude de l'article 1167, C. civ. (articles 446 et suiv. C. com.) (n°⁸ 307 et suiv.).

Sous le Code de 1807, avant la loi de 1838, la fixation de la date de la cessation des paiements avait une plus grande importance encore; d'après l'ancien article 442, C. com., le failli était dessaisi de l'administration de ses biens, non pas, comme il l'est aujourd'hui sous l'empire de la loi de 1838, à partir du jugement déclaratif, mais depuis la cessation des paiements elle-même. V. n° 19.

116. Au sujet de la fixation de la date de la cessation des paiements, l'article 441, C. com., dispose :

Par le jugement déclaratif de la faillite, ou par jugement ultérieur rendu sur le rapport du juge-commissaire, le tribunal déterminera, soit d'office, soit sur la poursuite de toute partie intéressée, l'époque à laquelle a eu lieu la cessation des paiements. A défaut de détermination spéciale, la cessation de paiements sera réputée avoir eu lieu à partir du jugement déclaratif de la faillite.

Ainsi, le jugement déclaratif peut fixer la date de la cessation des paiements. Ce n'est, toutefois, pas là une nécessité absolue. Souvent, au moment où il déclare la faillite, le tribunal n'a pas les éléments d'appréciation indispensables pour fixer définitivement cette date. Aussi le tribunal a le droit de fixer une date provisoire, qui peut être modifiée postérieurement (1); il peut même renvoyer cette

(1) Le tribunal qui a prononcé sur la date de la cessation des paiements, peut-il *d'office* modifier sa décision sur ce point ? Quoiqu'on ait prétendu qu'en prononçant le tribunal avait épuisé son droit et devait attendre d'être

fixation à une époque ultérieure. Du reste, pour qu'il n'y ait pas une incertitude continuelle sur le sort d'actes nombreux et importants faits par le failli avant le jugement déclaratif, le Code de 1807 modifié en 1838 (art. 581) a pris soin d'indiquer une phase de la procédure de faillite après laquelle la date de la cessation des paiements est irrévocablement fixée. V. nos 160 et suiv.

Sur ce point, la loi de 1838 a amélioré les règles admises par le Code de commerce. L'ancien article 454 disait seulement qu'en ordonnant l'apposition des scellés, le tribunal déclarerait l'époque de l'ouverture de la faillite. Cette fixation pouvait-elle être modifiée postérieurement malgré le silence du Code? la pratique avait admis l'affirmative; elle avait été frappée de l'inconvénient qu'il y avait à s'en tenir à une décision prise avant que l'examen des affaires du failli eût pu fournir des renseignements précis. On qualifiait de *report d'ouverture* la décision nouvelle qui intervenait sur ce point, et cette expression était toute naturelle, parce qu'alors, la faillite était censée *ouverte* dès l'époque de la cessation des paiements (ancien art. 442). Cette pratique avait une conséquence fâcheuse : rien ne limitait la faculté que les tribunaux s'étaient ainsi attribuée de modifier la date primitivement fixée; ils pouvaient en user dans tout le cours de la procédure, ce qui produisait une incertitude trop prolongée sur le sort d'actes souvent nombreux et importants. La loi de 1838 a admis l'idée qui avait inspiré la pratique antérieure, tout en limitant la période pendant laquelle une modification peut être apportée à la date primitivement fixée comme étant celle de la cessation des paiements (1).

saisi par des intéressés pour statuer à nouveau, nous pensons que le tribunal n'est arrêté dans l'exercice de son pouvoir que par l'expiration des délais prévus dans l'article 581 C. com. Il n'y a pas de raison pour que le tribunal n'ait pas le même droit que s'il était saisi par une partie intéressée, du moment qu'on a admis le principe qu'il peut statuer d'office. La nouvelle décision est moins une rétractation qu'un complément de la première. La situation serait différente dans le cas où il s'agirait de fixer la date de la cessation des paiements à une époque plus rapprochée de la déclaration de faillite, puisque cela reviendrait à dire que la cessation des paiements n'existait pas à l'époque primitivement fixée. Cf. *Pandectes belges*, v° *Faillite*, nos 324-326.

(1) V. Renouard, I, p. 283 et suiv.

116 *bis*. La fixation de la date de la cessation des paiements est faite soit d'office soit sur la poursuite de toute partie intéressée. Le droit de statuer d'office sur ce point spécial n'a aucun des inconvénients qu'on peut craindre du droit pour le tribunal de déclarer la faillite d'office (1).

117. La loi a prévu un cas très rare, celui où aucun jugement ne fixe la date de la cessation des paiements. L'article 441, C. com., décide qu'alors, la cessation de paiements *sera réputée* avoir eu lieu le jour où la faillite aura été déclarée (2). Les expressions mêmes de la loi indiquent qu'il y a là une espèce de fiction. Dans la réalité, un intervalle plus ou moins long sépare toujours la cessation des paiements du jugement déclaratif.

Du reste, il peut résulter d'un jugement, bien que cela ne soit pas dit expressément, que la cessation des paiements remonte à une date antérieure au jour où il a été rendu (3).

Il y a deux cas où, par la force des choses, cette disposition ne saurait être appliquée à la lettre.

Quand la faillite est déclarée après décès, comme cette déclaration n'est possible qu'à la condition que le commerçant est mort en état de cessation de paiements (n° 70), c'est l'époque de sa mort qui, à défaut de fixation par le tribunal, doit nécessairement être considérée comme la date de la cessation des paiements (4). De même, en cas de déclaration de faillite après cessation de commerce, la

---

(1) Aussi est-il difficile de comprendre pour quelles raisons la proposition de loi de M. Haudos présentée à la Chambre le 19 janvier 1911, supprimant la déclaration de faillite d'office, supprime aussi dans l'article 440, C. com., le droit, pour le tribunal, de fixer d'office la date de la cessation des paiements.

(2) Cass., 17 avril 1905, S. et *J. Pal.*, 1909. 1. 385 ; D. 1907, 1. 61 ; *Journal des faillites*, 1905, p. 889. La *période suspecte* se trouve ainsi supprimée, sauf en ce qui concerne certains actes pour lesquels elle comprend les dix jours précédant la cessation des paiements. Voir article 446. C. com.

(3) Cass., 29 novembre 1905, S. 1911. 1. 363 ; D. 1911. 1. 78 ; *Journal des faillites*, 1906, p. 52.

(4) Un amendement proposé en ce sens à la Chambre des députés, fut repoussé comme inutile. — V. Renouard, I, p. 286. — Douai, 24 déc. 1877, *le Droit*, n° du 21 janvier 1878.

cessation de paiements se place nécessairement au plus tard au jour où cette cessation s'est produite, car la faillite ne peut être déclarée que si le commerçant a cessé son commerce alors qu'il était en état de cessation de paiement (n° 72).

118. Quand il s'agit de déclarer la faillite, le tribunal a un pouvoir souverain pour constater les faits caractéristiques de l'état de cessation des paiements ; mais la Cour de cassation a le droit de vérifier si ces faits sont légalement constitutifs de cet état (n° 59). Une fois la faillite déclarée, le tribunal a un pouvoir analogue, pour fixer la date à laquelle s'est produite la cessation de paiements (1).

Au point de vue de la fixation de la date de la cessation des paiements, celle-ci ne doit pas, selon nous, être appréciée autrement qu'elle l'est lorsqu'il s'agit de savoir s'il y a lieu de déclarer la faillite. Le tribunal ne pourrait donc pas reporter la cessation des paiements à une époque où la situation du débiteur n'était pas telle que sa faillite eût dû être déclarée si elle avait été demandée alors. La même expression (*cessation de paiements*), employée par l'article 437 relatif à la déclaration de faillite et par l'article 441, C. com., concernant la fixation de la date de la cessation des paiements ne peut pas avoir deux sens différents dans les deux dispositions. S'il en était autrement, le législateur aurait bien mal formulé sa pensée.

Par suite, de même que la preuve de l'insolvabilité ne suffit pas

(1) V. notamment Cass., 22 avr. 1872, D. 1872. 1. 371 et S. 1872. 1. 416 ; Cass., 15 mars 1881, D. 1882. 1. 15 : S. 1882. 1. 157 ; *J. Pal.* 1882. 1. 373. D'après un arrêt de la Cour de cassation, il y aurait quelque chose de particulier à notre hypothèse : « En droit, quoiqu'on doive conclure de ce que « la loi a déterminé les caractères légaux de l'état de faillite qu'il appar- « tient à la Cour de cassation de déclarer si la faillite résulte des faits « reconnus constants par les tribunaux, il ne saurait en être de même de « la fixation de l'époque de son ouverture, dont la loi n'a pas réglé et ne « pouvait pas régler les éléments essentiels ; la cessation de paiements ne « pouvant être établie que par l'ensemble des faits et circonstances de la « cause, dont l'appréciation est exclusivement abandonnée aux juges du « fait, il s'ensuit que leur décision, quant à cela, doit être souveraine ». Ch. req., 12 mai 1841, S. 1841. 1. 663 et Rép. Dall., v° *Faillite*, n° 139. La distinction ainsi faite nous paraît conjecturale ; comme il est expliqué dans la suite du texte, la loi emploie les mêmes expressions dans les deux cas entre lesquels il nous semble n'y avoir de différence qu'en ce qui concerne la preuve.

pour faire déclarer la faillite (n° 57), on ne peut faire remonter la faillite à l'époque où le passif était supérieur à l'actif, s'il n'y avait pas dès lors cessation de paiements dans le sens ordinaire de l'expression (1).

Il n'est pas, du reste, nécessaire que les faits sur lesquels se fonde le tribunal pour constater qu'il y avait cessation de paiements, aient été notoires (2).

Seulement, il est vrai qu'une fois que la déclaration de faillite a eu lieu, on peut mieux se rendre compte de la situation du débiteur à une époque donnée, du caractère que pouvait avoir tel ou tel refus de paiement. Ses livres, sa correspondance et les autres moyens d'information dont disposent les syndics, peuvent établir d'une manière précise un état de choses qu'on ne peut que présumer au moment où un créancier demande la mise en faillite de son débiteur. Cette observation trouve son application, par exemple, en ce qui concerne des protêts; si le tiré a allégué qu'il ne devait pas, qu'il était en contestation avec le tireur, etc., l'inspection des écritures montre s'il y avait alors une véritable impossibilité de payer que le tiré tâchait de déguiser par ces allégations (3).

---

(1) Montpellier, 14 et 19 janv. 1859, D. 1860. 2. 76 ; Amiens, 30 mai 1884, *Journ. des faillites*, 1884, p. 576. Cf. Cass., 31 oct. 1898. S. et *J. Pal.*, 1900. 1. 23 ; Cass., 29 juin 1899, S. et *J. Pal.*, 1900. 1. 120 ; *Pand. fr.*, 1900. 1. 22.

(2) C'est la solution qui a prévalu après discussion dans la loi de 1838.— V. l'analyse de la discussion, Bravard et Demangeat, V. note de la page 191. La nécessité de la notoriété se comprenait aisément dans le système du Code de commerce qui faisait remonter le dessaisissement du failli à la cessation des paiements. Il n'en est plus de même aujourd'hui que le dessaisissement, d'après la loi de 1838, ne se produit qu'à partir du jugement déclaratif. — V. art. 443. C. com.

(3) Cpr. Bédarride, I, 63; Bravard et Demangeat, V, p. 194 et suiv.; Boistel, n° 825 ; Thaller et Percerou, I, n°s 360 et 361. Après avoir constaté que la cessation des paiements n'est pas entendue de la même façon selon qu'il s'agit de déclarer la faillite ou de reporter son ouverture, M. Thaller (*Traité élémentaire de Droit commercial*, n° 1752) se contente de dire qu'il y a du pour et du contre dans la manière dont les tribunaux appliquent la loi. Consulter sur la distinction et en sa faveur, Alger, 6 décembre 1899, *le Droit*, n° du 9 mai 1900. V. contre cet arrêt, Percerou, dans les *Annales de Droit commercial*, 1900, p. 322.

119. Aucune disposition ne limite quant au temps le pouvoir du tribunal de fixer dans le passé la date de la cessation des paiements. Il peut donc s'attacher à l'époque où se sont produits des faits qu'il estime suffisamment caractéristiques, quelque éloignée qu'elle soit de la déclaration de faillite ; des décisions reportent parfois à plusieurs années en arrière la cessation des paiements. Il est facile de comprendre les inconvénients qui résultent de cette étendue indéfinie de la période suspecte ; un grand nombre d'opérations très diverses (achats, ventes, paiements, etc.) sont ainsi exposés à l'annulation. Plusieurs fois des plaintes se sont fait jour contre la liberté absolue laissée en cette matière aux tribunaux par le Code de commerce français. Des législations étrangères ont cru devoir restreindre le pouvoir du tribunal à ce point de vue (1). L'intérêt général du crédit justifie ces restrictions.

(1) Déjà, dans la discussion de la loi de 1838, il avait été question de fixer un délai au delà duquel on ne pourrait faire remonter la cessation des paiements. M. Laffite proposait de décider que la cessation des paiements ne pourrait être fixée à plus de 24 heures avant le jugement déclaratif. Un autre député voulait que le délai fût d'un mois. Les amendements proposés en ce sens furent rejetés. — V. Bravard et Demangeat, V, note 2, p. 194 et suiv. ; L. Thomas, *op. cit.*, p. 141 158 (il examine la question avec soin et conclut au maintien de la législation actuelle). Le projet de loi élaboré par le Conseil d'Etat, en 1883, disposait que la cessation des paiements ne pouvait être fixée à plus d'une année en arrière (art. 447). La commission de la Chambre des députés rejeta cette innovation, qui lui parut de nature à favoriser des spéculations frauduleuses (Rapp. de M. Laroze, p. 61). — V. en faveur de la limitation, Cauvet, rapport fait, en 1888, à la Cour de Montpellier, sur le projet de loi relatif aux faillites, p. 121 et suiv. V. aussi Edouard Hesse, *De la limitation de la faculté de reporter la date de la cessation des paiements* (Extrait de la *Revue critique de législation et de jurisprudence*, XXXIX, 1910, pages 577 et suiv.

DROIT ÉTRANGER. — D'après l'article 442, al. 3, de la loi *belge*, l'époque de la cessation des paiements ne peut être fixée à une date de plus de six mois antérieure au jugement déclaratif, sauf dans un cas particulier indiqué dans l'article 613. V. aussi article 29 de la loi *belge* du 29 juin 1887. Le Code *italien* fixe le délai maximum à trois ans (art. 704, al. 3). D'après l'article 33 de la loi *allemande*, les actes faits antérieurement aux six mois qui auront précédé l'ouverture de la faillite ne pourront être attaqués pour le motif que la cessation de paiements était connue. La loi *anglaise*, comme il a été dit précédemment (n° 65 *bis*, p. 64), énumère (art. 4) limitativement les faits ou les actes qui peuvent entraîner la déclaration de fail-

120. Une opposition d'intérêts se produit souvent pour la fixation de la date de la cessation de paiements ; d'un côté, les syndics, dans l'intérêt de la masse des créanciers, tâchent de la faire reculer loin dans le passé afin de faire tomber le plus grand nombre possible des actes faits par le failli qui ont augmenté son passif ou diminué son actif, de sorte que le malheur soit supporté en commun ; d'un autre côté, ceux qui ont contracté avec le commerçant avant la faillite, résistent, afin que la validité de leurs actes ne soit pas mise en question. Le tribunal devrait statuer *in abstracto* pour ainsi dire, c'est-à-dire en recherchant, d'après les circonstances, quelle est l'époque à laquelle a eu lieu la cessation des paiements, sans se préoccuper des conséquences que cette fixation pourra entraîner (1). Trop souvent le tribunal a en vue tel ou tel acte qui sera maintenu ou annulé suivant la date qui sera adoptée et il se laisse influencer par le plus ou moins de faveur que mérite cet acte (2).

121. Par quel acte et de quelle manière est fixée la date de la cessation des paiements ? Elle l'est par un jugement du tribunal de commerce. D'après l'article 441, le tribunal, sur le rapport du juge-

lite ; ces faits ou actes doivent s'être produits dans les trois mois ayant précédé la demande (art. 6. *c*). Toutefois, les dispositions restrictives de la loi *allemande* et de la loi *anglaise* n'ont pas toute l'importance qu'on serait disposé à leur attribuer au premier abord. Ces lois contiennent, en effet, des dispositions spéciales permettant, en cas de faillite, de faire tomber certains actes bien antérieurs à la date de cessation des paiements, soit à raison de leur nature, soit à raison de la qualité des personnes avec lesquelles ils ont été faits.

(1) Paris, 19 août 1852, *Journ. des trib. de commerce*, I, p. 194 (La Cour infirme un jugement qui avait repoussé la demande du syndic, par le motif qu'aucun intérêt sérieux ne s'était révélé jusque-là).

(2) Bravard et Demangeat, V, p. 193. — V. les judicieuses observations de Camberlin, *Manuel des trib. de commerce*, p. 383-384. Il fait remarquer que le devoir du syndic est toujours de faire fixer par le tribunal l'époque de la cessation des paiements, quand même il semblerait n'y avoir aucun intérêt immédiat à cette fixation, parce qu'un intérêt peut se révéler à un moment où il ne serait plus temps d'agir. Il cite le cas d'un syndic ayant négligé de demander le report d'ouverture malgré la prise d'inscriptions d'hypothèques judiciaires en temps suspect ; ces inscriptions lui avaient semblé de nul intérêt, le failli n'ayant pas d'immeubles. Il lui survint une succession immobilière et les inscriptions produisirent leur effet au détriment de la masse.

commissaire, fixe la date de la cessation des paiements, soit d'office, soit sur la poursuite de toute partie intéressée. Ordinairement, c'est le syndic qui, après avoir examiné les livres et papiers du failli, demande au tribunal de *reporter* à telle date *l'ouverture de la faillite*. Mais il ne s'agit pas là d'un droit réservé au syndic seul; il appartient à tout intéressé, comme cela résulte, du reste, des termes de l'article 441, C. com. (1). L'expression de *report de l'ouverture de la faillite* est usitée dans la pratique, bien qu'on ne puisse plus dire aujourd'hui (depuis la loi de 1838) que la faillite est *ouverte* à partir de la cessation des paiements. V. n° 116, *in fine*.

Il faut se garder de confondre la demande du syndic pour faire fixer cette date avec l'action en *rapport à la masse* dirigée par lui contre ceux qui ont fait avec le failli dans la période suspecte des actes tombant sous le coup des articles 446 et suiv., C. com., par exemple, qui ont reçu du failli des paiements. La demande *de report* est presque toujours le prélude d'actions *en rapport ;* il n'en faut pas moins les distinguer avec soin. Si, suivant la doctrine admise par nous ci-après (n° 122), le syndic peut se contenter d'adresser une requête au tribunal, pour lui faire fixer la date de la cessation des paiements, parce que c'est une mesure d'administration. Il est bien certain, au contraire, qu'une demande *en rapport* ne peut être formée que par voie d'assignation individuelle signifiée aux intéressés.

122. Comment le syndic peut-il donc saisir le tribunal de la question de la fixation de la date de la cessation des paiements? Il peut, comme il vient d'être dit, le faire par voie de requête (2). On objecte, sans doute, qu'avec ce procédé, des surprises sont à craindre, puisqu'on n'entend pas les explications de ceux qui pourront souffrir de la fixation admise. Mais, cette objection ne porte pas ; le jugement rendu doit être publié (art. 442, C. com.) et les intéressés peuvent l'attaquer. La nécessité d'une assignation donnée aux divers intéressés entraînerait des lenteurs et des frais. Du reste, il est possible qu'on ne les connaisse pas tous (3).

(1) Lyon, 23 mai 1906, *Journal des faillites*, 1907, p. 105.

(2) Cass., 1er août 1900, D. 1901. 1. 304 ; *Pand. fr.*, 1901. 1. 552. Cam berlin, *op. cit.*, p. 384 et suiv.

(3) Agen, 20 juin 1852, D. 1856. 2. 198 ; P. 1855. 2. 390 ; D. 1856. 2. 97 ;

Quelles sont les voies de recours admises contre le jugement fixant la date de la cessation des paiements? Quand cette date ne peut-elle plus être modifiée? Ces deux questions sont résolues plus loin. V. n°ˢ 126 et suiv.

D. — PUBLICATION ET EXÉCUTION DU JUGEMENT DÉCLARATIF DE FAILLITE ET DES JUGEMENTS FIXANT LA DATE DE LA CESSATION DES PAIEMENTS.

123. *Publication.* — Par cela même que le jugement déclaratif de faillite et les jugements qui fixent la date de la cessation des paiements, produisent des effets à l'égard de tout le monde (n° 111), la loi prend des mesures pour qu'ils soient connus de tous les intéressés. Aux termes de l'article 442, C. com., *les jugements rendus en vertu des deux articles précédents, seront affichés et insérés par extrait dans les journaux, tant du lieu où la faillite aura été déclarée que de tous les lieux où le failli aura des établissements commerciaux* (1), *suivant le mode établi par l'article 42 du présent Code.* L'article 42 est relatif à la publication des actes de société, il a été abrogé par l'article 65 de la loi du 24 juillet 1867 *sur les sociétés* (2). Cette abrogation, dont l'effet doit être restreint à l'objet de cette loi, ne modifie pas l'article 442; c'est encore le mode de publication déterminé par ce dernier article qui est appli-

Nîmes, 24 juillet 1891, sous Cass., 5 juin 1893, S et *J. Pal.*, 1894. 1. 486 ; D. 1894. 1. 47. Camberlin, *op. cit.*, p. 385 et suiv. Il dit que tel est le mode de procédure admis devant le Tribunal de commerce de la Seine : pour éviter toute surprise, celui ci ordonne dans le dispositif de ses jugements, qu'ils seront portés à la connaissance de chacun des créanciers par lettres du greffier qui les préviendra non seulement des conséquence du report résultant des articles 446 et suiv., C. com., mais aussi des délais dans lesquels ils peuvent, aux termes de l'article 580, C. com., se pourvoir contre le jugement qui l'a prononcé.

(1) Ces formalités n'ont pas à être remplies dans les lieux où le débiteur a eu des établissements commerciaux qui ont cessé d'exister au jour où le jugement déclaratif est rendu. Paris, 3 août 1909, confirmant un jugement du Tribunal de commerce de la Seine du 22 avril 1908, *Journal des faillites.* 1910. p. 408.

(2) V. *Traité de Droit commercial*, II, n° 190.

cable (1). En conséquence, un extrait des jugements dont il s'agit
doit être affiché pendant trois mois dans la salle des audiences du
tribunal de commerce et inséré dans les journaux déterminés conformément au décret-loi du 17 février 1852 et au décret du 28 décembre 1870 (2).

Il faut remarquer que l'affichage prescrit doit, d'après l'article 42,
C. com., être fait dans la salle d'audience du tribunal de commerce.
Sans doute, il serait très utile qu'il fût fait sur la porte des établissements du failli et à la Bourse. Mais, à défaut de disposition légale
exigeant l'affichage dans ces derniers lieux, on ne peut l'y prescrire
sans tomber dans l'arbitraire (3).

Le Code de commerce ne fixe pas le délai dans lequel les formalités de publicité doivent être remplies soit pour le jugement déclaratif soit pour celui qui fixe la date de la cessation de paiements (4).
Elles doivent l'être le plus tôt possible.

124. L'accomplissement des formalités de publicité a une grande
importance : il fixe le point de départ des délais dans lesquels les
jugements publiés peuvent être frappés d'opposition par les intéressés (n° 135). Par suite, si la publication de ces jugements n'est
pas faite comme la loi le prescrit, ces délais ne courent pas et la voie
de recours demeure ouverte. Mais aucune autre conséquence n'est
attachée à l'inobservation des formalités de publicité de l'article 442,
C. com. Le jugement non publié n'en produit donc pas moins ses

---

(1) Alauzet, VI, n° 2451.

(2) V. *Traité de Droit commercial*, II, n° 194, C. com. L'article 42 parle
de la remise d'un extrait de l'acte de société au greffe du tribunal de
commerce et de la transcription de cet extrait sur un registre ; cette formalité prescrite avant la loi du 24 juillet 1867 en matière de société, ne
saurait s'appliquer pour le jugement déclaratif dont la minute est nécessairement conservée au greffe. Cf. Thaller, *Traité élém. de Droit commercial*, n° 1755.

On peut, toutefois, faire remarquer que les minutes des jugements ne peuvent pas être librement consultées par le public, tandis qu'il en est autrement du registre contenant les extraits dont il s'agit.

(3) V., cependant, Bravard, V, p. 62 et 63 : *en notre sens*, Demangeat
sur Bravard, note 2 de la page 62, note 1 de la page 63.

(4) Il en est autrement en *Belgique*. Les jugements doivent y être publiés
de la façon prescrite dans les trois jours de leur date (art. 472). V. *Pandectes belges*, v° *Failli*, n° 401 à 416.

effets même au préjudice des tiers (1). Ainsi, le jugement déclaratif
de faillite fait perdre aux créanciers du failli le droit de poursuite
individuelle, bien qu'il n'ait pas été publié (2). De même, ceux qui
ont traité avec le failli depuis le jugement déclaratif et dans l'ignorance de ce jugement pour lequel aucune formalité de publicité n'a
été accomplie, ne sauraient prétendre que ce jugement ne leur est
pas opposable ; le dessaisissement se produit de plein droit à la date
même du jugement déclaratif et indépendamment de toute formalité
ultérieure (art. 443, C. com.. V. n° 200. Il y aurait seulement, en
vertu des principes généraux du droit (art. 1382 et 1383, C. civ.),
au profit des personnes lésées une action en dommages-intérêts
contre ceux auxquels on peut imputer le défaut de publication (3).
Ceux-ci peuvent être le greffier du tribunal de commerce et le syndic.
C'est le greffier pour le jugement déclaratif et le syndic pour le
jugement postérieur fixant la date de la cessation des paiements.
Car le syndic, nommé par le jugement déclaratif, n'est évidemment
pas encore en fonctions au moment où ce jugement est rendu (4).

124 bis. L'accomplissement des formalités de publicité peut aussi
être considéré comme une exécution du jugement, suffisante pour
empêcher la péremption des jugements par défaut faute de comparaître édictée par l'article 156, C. pr. civ. (5).

124 ter. Les formalités de publicité de l'article 442, C. com. ne
sont pas exigées pour le jugement qui rejette une demande en
déclaration de faillite. Cela se comprend aisément. Ce jugement, à

---

(1) Cass., 16 nov. 1887, D. 1888. 1. 325 ; S. 1888. 1. 164 ; *J. Pal.*, 1888.
1. 385 ; *Pand. fr.*, 1887. 1. 416.

(2) Cass., ch. réun., 24 mars 1857, S. 1857. 1. 208 ; *Pand. fr. chr.*

(3) Cf. analog., la doctrine admise pour les jugements prononçant une
interdiction ou nommant un conseil judiciaire et qui doivent être publiés
dans les formes qu'indique l'article 501, C. civ.; V. dernier alinéa de l'article 501, C. civ., modifié par la loi du 16 mars 1893. Demolombe, VIII,
n° 550 ; Valette, *Explication sommaire du livre 6 du Code civil*, p. 366,
et *Cours de Code civil*, p. 612.

(4) V. cept. Boistel, n° 902.

(5) Cass., 26 oct. 1887, D. 1888. 1. 110 ; S. 1890. 1. 307 ; *J. Pal.*, 1890. 1.
751 ; *Pand. fr.*, 1857. 1. 340 ; Agen, 7 avril 1897, *Journ. des faillites*, 1897,
p. 30. Thaller et Percerou, I, n° 377.

la différence du jugement déclaratif, n'a que des effets relatifs entre les parties V. n° 105 (1).

125. *Exécution par provision.* — Le jugement déclaratif de faillite est *exécutoire par provision* (art. 440, C. com.). Il y a là une dérogation aux règles ordinairement applicables aux jugements des tribunaux de commerce. En principe, l'exécution de ces jugements est suspendue par l'opposition quand ils sont par défaut, et ils sont exécutoires nonobstant appel à charge de fournir caution (art. 439, C. proc. civ.)(2). Les jugements déclaratifs de faillite sont susceptibles d'opposition et d'appel (n°s 128 et suiv.) ; mais la première de ces voies de recours. pas plus que la seconde, n'en suspend l'exécution qui est toujours possible même sans caution. Cela se justifie par une considération pratique décisive. Quand un commerçant est en état de cessation de paiements, il y a urgence à prendre des mesures conservatoires dans l'intérêt des créanciers. Au reste, il est certain qu'il ne s'agit pas ici d'une exécution complète. Celle-ci n'est pas possible tant qu'il n'a pas été statué sur le recours, parce qu'il n'y a pas urgence à ce qu'elle ait lieu. Mais toutes les mesures provisoires autorisées par la loi peuvent, et même doivent être prises par les syndics, malgré l'opposition ou l'appel (3). Ainsi, il ne pourrait pas, en cas d'appel ou d'opposition, être procédé à une délibération sur le concordat ni à une vente de biens du failli, mais le syndic peut apposer les scellés, procéder à l'inventaire et, malgré l'opposition ou l'appel, un créancier ne peut exercer des poursuites individuelles dont le jugement déclaratif suspend l'exercice.

L'exécution provisoire du jugement déclaratif est, néanmoins, grave ; car ce jugement peut avoir été rendu par défaut ou même sans que le failli ait été appelé à fournir des explications, comme cela a lieu en cas de déclaration de faillite d'office ou sur la simple requête des créanciers. Aussi y a-t-il là un motif à ajouter à tous

(1) Thaller et Percerou, I n° 374.
(2) V. *Traité de Droit commercial*, I, n°s 483 *bis* et 493.
(3) Camberlin, *op. cit.*, p. 380 et 381 ; Bravard et Demangeat, V, p. 63, note 3

ceux qui doivent rendre très prudent le tribunal quand il s'agit de déclarer une faillite d'office (n° 108).

E. — Des voies de recours contre le jugement déclaratif de faillite et contre le jugement qui fixe la date de la cessation des paiements.

126. La matière des voies de recours contre le jugement déclaratif et contre le jugement qui fixe la date de la cessation des paiements est réglée par les articles 580 à 582, C. com. Ces dispositions sont très brèves ; par suite, de nombreuses difficultés s'élèvent sur le point de savoir s'il y a lieu d'appliquer les règles du Code de procédure civile ou si la nature de la faillite exige que des dérogations y soient apportées. Des questions sont spéciales au jugement qui fixe la date de la cessation des paiements. Aussi est-il nécessaire d'examiner séparément ce qui concerne ce jugement et ce qui est relatif au jugement déclaratif.

A propos de chacun de ces jugements, il y a à rechercher par quelles personnes il peut être attaqué, contre qui les recours doivent être dirigés, de quelles voies de recours il est susceptible et dans quels délais ces voies de recours doivent être formées.

127. Le Code de commerce ne parle que de *l'opposition* (art. 580 et 581) et de *l'appel* (art. 582), pour lesquels le droit commun est modifié dans un but de simplification et de célérité, mais il ne fait pas mention du *pourvoi en cassation*. En conséquence, pour cette voie de recours, les règles ordinaires sont applicables sans aucune dérogation.

L'article 583, C. com., énumère un certain nombre de jugements se rattachant à la faillite, qui ne sont susceptibles ni d'opposition, ni d'appel, ni de pourvoi en cassation. Le jugement déclaratif de faillite et le jugement fixant la date de la cessation des paiements n'y sont pas mentionnés (1).

---

(1) Il sera parlé des autres jugements à propos des matières auxquelles ils se réfèrent.

128. VOIES DE RECOURS CONTRE LE JUGEMENT DÉCLARATIF DE FAILLITE. — Le jugement déclaratif est susceptible d'opposition et d'appel de la part du failli ou de toute autre partie intéressée. Cela résulte de la combinaison des articles 580 et 581, C. com., qui fixent les délais dans lesquels l'opposition et l'appel doivent être formés.

129. *Opposition.*— L'article 580, C. com., se borne à dire que le jugement déclaratif est susceptible d'opposition et à restreindre le délai donné pour user de cette voie de recours. Il n'indique pas les circonstances dans lesquelles l'opposition peut être formée. Aussi est-il naturel d'appliquer à cet égard les règles du droit commun. Le but du législateur paraît avoir été de limiter le délai de l'opposition, non de créer une voie de recours spéciale.

En conséquence, le failli ne peut former opposition que lorsqu'il a été statué sans qu'il ait été mis à même de se défendre ou par défaut à son égard. Ainsi, l'opposition est possible : *a.* quand la faillite a été déclarée d'office ; *b.* quand elle l'a été sur la requête de créanciers ; *c.* quand elle l'a été après une assignation d'un créancier sur laquelle le défendeur n'a pas comparu. Mais l'opposition du failli n'est pas recevable si le jugement déclaratif a été contradictoire (1). Elle ne l'est pas non plus au cas où la faillite a été déclarée sur dépôt de bilan (2) ; on ne saurait dire dans ce cas que le

---

(1) Trib. comm. Seine, 31 juil. 1884, *Journ. des faillites*, 1884, p. 647.

(2) Boistel, n° 903. *Secùs*, Rouen, 2 mars 1843, Rép. Dall., v° *Faillite*, n° 206, 6° (D'après cet arrêt, la loi accorde au failli un droit d'opposition d'une manière générale et absolue, sans distinguer les différents modes employés pour déclarer la faillite. Ce n'est pas une raison décisive, puisqu'on peut tout aussi bien dire que la loi a eu pour but, moins de donner au failli le droit de former opposition que de restreindre le délai de l'opposition ; c'est donc aux principes ordinaires qu'il faut se référer pour déterminer les cas dans lesquels le droit est ouvert). — V., en faveur du droit d'opposition du failli en cas de dépôt de bilan, Nancy, 15 déc. 1885 et 7 juin 1886, *Journ. des faillites*, 1886, p. 433, et 1887, p. 164: D. 1887. 2. 15 ; Rép. Dall.. v° *Faillite*, n° 1335. Le failli, dit-on, a pu préparer son bilan sous l'empire d'une erreur et il faut qu'il puisse réparer les conséquences de cette erreur. Cela n'est pas décisif; nous ne disons pas que le jugement est inattaquable même de la part du failli, nous disons seulement qu'il ne peut faire opposition ; nous lui laissons la ressource de l'appel : Alauzet, VI, n° 2847 ; Bédarride, III, n° 1181-1182 ; Demangeat sur Bravard, V, p. 646, note 1 ; Thaller et Percerou, I, n° 389. Ces deux

failli est un défaillant. Enfin, une opposition ne serait pas admise de la part de la même personne contre un jugement déclaratif par défaut ayant déjà rejeté son opposition ; c'est l'application de la règle, *opposition sur opposition ne vaut* (art. 165, C. pr. civ.) (1). Dans ces trois derniers cas, l'appel est la seule voie de recours ordinaire ouverte au failli.

130. L'acquiescement du failli le rend, d'après la jurisprudence, non recevable à se pourvoir par la voie de l'opposition ou de l'appel (2). Cette solution est critiquable · il s'agit d'une matière dans laquelle l'ordre public est intéressé ; puis le jugement déclaratif crée des incapacités pour le failli (nᵒˢ 974 et suiv.). Aussi semble-t-il que le jugement déclaratif ne peut pas plus être l'objet d'un acquiescement valable que le jugement qui prononce une interdiction ou qui nomme un conseil judiciaire (3).

Si l'on admet l'acquiescement, il peut être exprès ou tacite. Il faut, quand un acquiescement tacite est invoqué, que les actes allégués prouvent sans équivoque l'intention de la part du failli d'accepter le jugement. On doit, en effet, tenir compte de ce que, ce jugement étant exécutoire par provision (nᵒ 125), il y a des faits d'exécution auxquels le failli ne peut se soustraire et qui, par suite,

auteurs donnent à l'appui de leur opinion un argument assez singulier. Ils disent que, si le jugement déclaratif de faillite rendu sur dépôt de bilan n'est pas un jugement par défaut faute de comparaître, c'est, du moins, un jugement par défaut faute de conclure, puisque le failli n'a pas plaidé.

(1) Ainsi, l'opposant à un jugement déclaratif qui a laissé prendre un défaut-congé sur son opposition, ne peut former une opposition nouvelle : Trib. civ. Senlis, 14 nov. 1883, *Journ. des faillites*, 1884, p. 27.— V. nᵒ 130.

(2) Cass., 25 août 1868, D. 1868.1.443 ; S. 1869.1.120. Cet arrêt se borne à affirmer qu'il ne saurait y avoir aucun obstacle à ce que le failli accepte la décision, soit expressément, soit virtuellement en l'exécutant et renonce, par là, au droit de l'attaquer. — V. Cass., 14 mai 1890, *Journ. des faillites*, 1890, p. 289 ; Bordeaux, 17 juill. 1899, D. 1899. 1. 439 ; Cass., 28 mars 1904, S. et *J. Pal.*, 1907. 1. 67 ; D. 1904. 1. 312 ; *Pand. fr.*, 1905. 1. 194 ; *Journal des faillites*, 1904, p. 81 ; Cass., 30 janvier 1907, S. et *J. Pal.*, 1907. 1. 161 (note critique de Ch. Lyon-Caen) ; D. 1909.1. 475 ; *Pand. fr.*. 1907. 1. 126 ; *Journal des faillites*, 1907, p. 242.

(3) Dalloz, 1868. 1. 443 (note) ; *Sirey* et *Journal du Palais*, note de Ch. Lyon-Caen, 1907. 1. 161. — V. Cass. *Belgique*, 21 mai 1891, *Journ. des faillites*, 1891, p. 298 ; Gand, 26 juin 1892, *Journ. des faillites*, 1893, p. 390. Thaller et Percerou, I, nᵒ 389 *bis*.

ne peuvent être invoqués contre lui comme impliquant un acquiescement (1).

Des partisans de l'acquiescement du failli ont été jusqu'à soutenir qu'il met obstacle à l'opposition ou à l'appel des créanciers (2). Cela ne saurait être admis, puisque l'aveu du débiteur n'entraîne pas nécessairement la faillite (n° 90) (3).

131. Dans les différents cas où le jugement déclaratif est considéré comme rendu par défaut, l'exécution doit en avoir lieu dans les six mois, à peine de péremption, conformément à l'article 156, C. proc. civ. (4) (5). Mais ce cas est de nature à se présenter très rarement à raison des précautions prises par la loi pour faciliter l'exécution prompte du jugement. V. art. 461, C. com.

132. Le failli n'a pas seul le droit de former opposition. L'article 580, C. com., reconnaît aussi ce droit à *toute autre partie intéressée.* Le jugement déclaratif produisant ses effets *ergà omnes* (n° 111), les intéressés doivent l'attaquer dans un certain délai ; autrement, il devient définitif.

Quels sont ces intéressés autres que le failli qui peuvent former opposition ? Ce sont les créanciers (6) et aussi toutes les personnes dont les droits peuvent être atteints par suite de la déclaration de faillite, par exemple, un donataire, un acheteur dont les acquisitions tomberaient sous le coup de l'article 446 ou de l'article 447, C. com., la femme du failli à raison des restrictions apportées à ses droits par le Code de commerce (7).

(1) Orléans, 21 déc. 1864, S. 1865. 2. 23. Cet arrêt décide que la signature par le failli de l'inventaire dressé par le syndic ne suffit pas, « en admettant que le failli puisse acquiescer au jugement déclaratif ». — Alauzet, VI, n° 2847 ; Ruben de Couder, v° *Faillite,* n° 1103.

(2) Bédarride, III, n° 1178.

(3) Alauzet, VI, n° 2847.

(4) Cass. 26 fév. 1834, Rép. Dall., v° *Faillite,* n°ˢ 193 et 1356 ; Orléans, 31 août 1850, S. 1851. 2. 23 ; *Pand. fr. chr.* — V. Cass., 26 oct. 1887, S. 1890. 1. 307, D. 1888. 1. 111 ; *Pand. fr.* 1887. 1. 340 : Dict. de Couder, v° *Faillite,* n° 131. Thaller et Percerou, I, n° 377.

(5) V., sur les actes qui peuvent empêcher cette péremption, n° 124 *bis.*

(6) Paris, 30 avril 1906, *Journal des faillites,* 1906, p. 257.

(7) Trib. comm. Marseille, 19 mars 1885, *Journal de jurisprudence* de Marseille, 1865. 1. 130.

Au sujet des créanciers, il convient de remarquer qu'ils peuvent être dans la situation commune (créanciers chirographaires) ou avoir acquis une situation préférable qui risque d'être compromise par la déclaration de faillite (créanciers privilégiés ou hypothécaires) (art. 446 et 448, C. com.); peu importe que les créanciers appartiennent à l'une ou à l'autre de ces deux catégories au point de vue de la question dont il s'agit (1).

133. On ne peut invoquer comme fin de non-recevoir contre l'opposition la connaissance que les créanciers ont eue du jugement déclaratif ni même la part qu'ils ont prise aux opérations de la faillite, comme la participation au choix des syndics (art. 462, C. com.) ou la production de leurs titres. L'acquiescement ne doit pas, selon nous, être plus possible de la part d'un créancier que du failli. Du reste, s'il était possible, on ne devrait pas le présumer (2). V. n° 130.

134. Pour les intéressés autres que le failli, le droit d'opposition ne saurait avoir la même nature que pour celui-ci. Comme ils n'ont pas été appelés dans l'instance et n'avaient pas à y être appelés, on ne peut les considérer comme des défaillants qui forment opposition à la sentence qui les a condamnés. Il s'agit plutôt, pour eux, d'une tierce-opposition (3). Seulement, la tierce-opposition peut, en règle générale, être formée pendant trente ans (4). Ici, pour éviter les inconvénients d'une incertitude prolongée, la loi restreint dans d'étroites limites le délai de l'opposition. L'article 580 écarte, à cet égard, l'application du principe général relatif au délai de la tierce-opposition (art. 474 et suiv., C. proc. civ.) (5). En l'absence de toute dis-

---

(1) La distinction a, au contraire, une certaine importance au point de vue de l'opposition à former contre le jugement qui fixe la date de la cessation des paiements. — V. n° 167.

(2) Dict. de Couder, v° *Faillite*, n° 1100.

(3) Cass., 10 janv. 1894, S et *J. Pal.*, 1899. 1. 506 ; *Pand. fr.*, 1894. 1. 440 ; Thaller et Percerou, I, n° 389.

(4) Albert Tissier, *Théorie et Pratique de la tierce-opposition*, n°ˢ 262 et suiv.

(5) Paris, 17 mars 1858, D. 1858. 2. 121 ; S. 1858. 2. 567 ; *J. Pal.*, 1858. 552.— Alauzet, VI, n° 2851 ; Bédarride, III, n° 1185 ; Bravard et Demangeat, V, p. 648 ; Boistel, n° 903.

tinction faite par l'article 580, C. com., il paraît impossible d'admettre, comme on l'a fait parfois, que cette disposition atteint seulement les créanciers et que les personnes qui ne prétendent pas de droits dans la masse, mais qui, par suite d'une demande introduite contre elles en vertu des articles 446 et 447, C. com., trouvent utile à leurs intérêts d'attaquer le jugement déclaratif, peuvent le faire, conformément aux articles 474 et suiv., C. proc. civ. (1).

135. Le délai de l'opposition est différent pour le failli et pour toute autre partie intéressée.

L'opposition doit être formée par le failli dans la *huitaine* et par toute autre partie intéressée dans le *mois* de l'accomplissement des formalités de publicité (2) prescrites pour le jugement déclaratif (art. 580, C. com.). Il semble naturel de n'accorder aussi qu'un délai de huit jours, pour former opposition, à l'héritier du failli en cas de déclaration de faillite après décès (3). Il prend la place et joue le rôle du failli.

Il résulte de l'article 580, C. com., que, pour faire courir les délais de l'opposition, il n'est besoin d'aucune signification (4), ni au failli (5), ni aux autres intéressés. Il était, du reste, impossible de l'exiger pour ceux-ci, par cela même qu'ils ne sont pas tous connus. On peut dire que les formalités de publicité du jugement constituent en quelque sorte une signification collective mettant tous

---

(1) V., pourtant, Pardessus, III, n° 1113. Des décisions ont été rendues dans le sens de la distinction repoussée au texte, sous l'empire du Code de commerce de 1807 : Rép. Dall., v° *Faillite*, n° 135 et 1341 : v° *Tierce-opposition*, n° 32.

(2) Un créancier peut former opposition plus d'un mois après la publication du jugement dans les journaux, s'il n'a pas encore été procédé à l'affichage : Bordeaux, 21 déc. 1899, D. 1901. 2. 187.

Rien n'empêche un créancier d'intervenir sur l'opposition formée par le failli contre le jugement déclaratif, alors même que le délai de l'article 580, C. com. est expiré pour lui. Trib. comm. Nantes, 15 décembre 1906, *Journal des faillites*, 1907, p. 368.

(3) Limoges, 14 janv. 1876, S. 1876. 2. 44 ; Alauzet, VI, n° 2848.

(4) A la différence de ce qui a lieu d'ordinaire quand il s'agit d'un jugement par défaut faute de conclure ; à l'égard d'un jugement de cette nature, le délai de l'opposition court du jour de la signification. V. art. 157, C. proc. civ.

(5) Cass. 4 nov. 1857, D. 1858. I. 34.

les intéressés en demeure de former opposition s'ils n'acceptent pas
la décision. Il est facile de se rendre compte de la différence que fait
la loi entre le failli et les autres intéressés : quand même le premier
n'aurait pas été assigné, il est, par la force des choses, immédiatement averti de la déclaration de faillite, et il ne lui faut pas beaucoup
de réflexion pour savoir s'il veut ou non former opposition.

136. Les délais ne varient pas avec les moyens invoqués à l'appui
de l'opposition (1).

Ainsi, il serait arbitraire d'admettre que, dans le cas où le failli
se prévaut de ce qu'il n'a pas la qualité de commerçant, l'opposition
peut être formée, suivant le droit commun des jugements par défaut
faute de comparaître (art. 158 et 159, C. proc. civ.), jusqu'à l'exécution (2).

De même, on ne saurait admettre que les intéressés n'ont un délai
d'un mois pour former opposition que lorsqu'ils invoquent un
moyen à eux propre et étranger au failli (3).

137. Les délais de l'article 580, C. com., sont de rigueur : ils ne

---

(1) Paris, 4 mars 1874, D. 1877. 2. 232.

(2) V., *en sens contraire*, trib. comm. Marseille, 2 sept. 1892, *Journ.
des faillites*, 1894, p. 278.

(3) La Cour de Nancy a, dans un arrêt du 18 décembre 1869 (D. 1870.
2. 55 ; S. 1871. 2. 92 ; *J. Pall.*, 1872, 319), consacré un principe contraire.
Il s'agissait dans l'espèce de l'incompétence *ratione personæ* alléguée par
l'opposant : « Cette incompétence constitue, selon la Cour de Nancy, un
moyen propre au failli et étranger aux tiers, d'où la conséquence que ceux-
ci ne peuvent s'en prévaloir lorsque celui-là y a expressément ou tacitement renoncé. » — Nous éprouvons de grands doutes au sujet de cette
décision que la note du recueil de Dalloz déclare à la fois neuve et très
exacte. Elle introduit dans la loi une distinction que ne comportent guère
les termes généraux dont elle se sert ; de plus, nous ne comprenons pas
bien le sens de cette distinction. Quels seront ces moyens propres aux tiers
que n'aurait pas pu invoquer le failli ? L'intéressé, qui demandera le rapport de la faillite, prétendra que le débiteur n'était pas commerçant ou
qu'il n'a pas cessé ses paiements ; ce sont également les prétentions que
pourrait faire valoir le failli lui-même. L'application de la distinction à
l'incompétence est également défectueuse. On peut dire que l'arrêt joue
sur les mots, en disant que, comme il s'agit d'une incompétence *ratione
personæ*, c'est une exception *personnelle* que le failli peut seul faire
valoir. Il résulterait donc de là que, dès que la faillite aurait été déclarée
par un tribunal quelconque, l'acquiescement du failli rendrait non rece-

sont pas augmentés à raison de la distance qui peut exister entre le lieu où sont accomplies les formalités de publicité et le lieu où est domiciliée la partie qui veut se pourvoir (1). Cpr. art. 580 et 582, C. com.

137 bis. Du reste, l'opposition d'un seul créancier suffit pour conserver le droit de tous les autres. Cela résulte de ce qu'à raison des effets produits par le jugement déclaratif à l'égard de tout le monde, on est là dans une matière indivisible (2).

138. D'après les articles 442 et 42, dernier alin , C. com., il est justifié de l'insertion du jugement déclaratif dans un journal par un exemplaire de ce journal certifié par l'imprimeur, légalisé par le maire et enregistré dans les trois mois de sa date. Le défaut ou le retard de l'enregistrement ne peut faire considérer la formalité comme non remplie et mettre, par suite, obstacle à ce que le délai de l'opposition coure. En définitive, les formalités légales ont été remplies dans leur objet principal ; malgré le défaut d'enregistrement, elles ont donné de la publicité au jugement (3). Une solution contraire ne pourrait se justifier que s'il y avait dans le Code de commerce une disposition expresse l'adoptant (4).

vable toute opposition et ferait que ce tribunal resterait définitivement saisi. C'est inadmissible : ce n'est pas, en effet, dans le seul intérêt du failli, que le tribunal de son domicile a été déclaré compétent ; il pourrait se faire, au contraire, que le failli eût un intérêt de mauvais aloi à soustraire la connaissance de la faillite à ses juges naturels. Les créanciers ont un intérêt légitime et personnel à ce que la faillite soit suivie devant le tribunal qui est désigné par la loi pour en connaître ; ils peuvent faire valoir cet intérêt dans le délai d'un mois qui leur est accordé.— V. *en ce sens*, Paris, 4 mars 1874, D. 1877. 2. 232. (La Cour dit nettement que l'opposition formée dans le délai de l'article 580 est recevable, quels que soient les motifs invoqués). V. aussi Thaller et Percerou, I, n° 391 *ter*.

(1) Alauzet, VI, n° 2853 ; Bravard et Demangeat, V, p. 647 ; Bédarride, III, n° 1186 ; Thaller et Percerou, I, n° 392.

(2) V. Bordeaux, 3 juillet 1911, *Journal des faillites*, 1912, p. 162 et 253.

(3) Cass. 4 nov. 1857, S. 1858. 1. 70 ; *J. Pal.*, 1858. 303 ; Rouen 7 janvier 1903, *Journal des faillites*, 1904, p. 6 *bis*.

(4) En matière de sociétés de commerce, il résulte de l'article 56 de la loi du 24 juillet 1867 qu'il y a nullité de la société quand le journal contenant l'extrait de l'acte de société n'a pas été enregistré dans les trois mois de sa date.

Quant à la preuve de l'affichage, elle ne peut résulter que d'un acte dressé par l'officier public compétent au moment où la formalité est accomplie (procès-verbal du greffier, constat d'huissier) (1).

139. L'opposition est formée par un acte signifié. A qui la signification doit-elle en être faite? On a admis parfois que, par application du droit commun, elle doit être faite seulement à la personne qui a obtenu le jugement attaqué, sauf le droit, pour le syndic, d'intervenir dans l'instance (2). Mais il paraît plus naturel d'exiger que l'opposition soit signifiée toujours au syndic, par cela même qu'il représente la masse des créanciers (art. 443, al. 2, C. com. (3). Cela suffit, si la faillite a été déclarée sur dépôt de bilan ou d'office. Mais si, ce qui est aujourd'hui le cas le plus fréquent (4), elle l'a été sur la demande d'un créancier, l'acte d'opposition doit aussi lui être signifié (5). Ce créancier a été partie au jugement attaqué; il serait exorbitant et contraire aux principes que ce jugement pût être rétracté, sans qu'il fût appelé à faire valoir ses observations.

Mais faut-il aussi que l'acte d'opposition soit signifié au failli lui-même? Il paraît raisonnable de résoudre affirmativement la question. Il s'agit, pour le failli, d'une question essentiellement personnelle (6).

140. L'opposition remet en question la déclaration de faillite à l'égard non seulement de l'opposant, mais encore de tous les inté-

(1) Aix, 7 avr. 1886, *Journal des faillites*, 1889, p. 27 ; Cass., 22 mai 1895. D. 1895. 1. 384 ; *Pand. fr.*, 1895. t. 321.

(2) Alger, 4 juill. 1851, D. 1851. 2. 230.

(3) Metz, 6 déc. 1849, D. 1850, 1. 146 ; Bordeaux, 17 nov. 1890, *Journal des faillites*, 1892. p. 326 ; Trib. comm. Lyon, 6 octobre 1903, *Journal des faillites*, 1904, p. 77.

(4) V. p. 107 note 3.

(5) Cass. 16 déc. 1850, D. 1851. 1. 118 ; Cass. 15 mai 1854, D. 1854, 1. 205; Chambéry, 29 déc. 1877, D. 1879. 5. 228 ; S. 1878. 2. 321 ; *J. Pal.* 1878. 1271 (note de notre cher et très regretté collègue Ripert); *Pand. fr. chr.*; Trib. com. Lyon, 16 avril 1909, *Journal des faillites*, 1910, p. 273. Thaller et Percerou, I, n° 393. Cass. Belgique, 11 avr. 1891. *Journal des faillites*, 1892, p. 264. — V. *en sens contraire* (il suffit que la signification soit faite au syndic), Agen, 4 juill. 1851, D. 1852. 2. 230 ; Aix, 13 janvier 1872, D. 1873, 5. 263 : Lyon, 16 fév. 1889; Besançon, 15 janv. 1890, *Journal des faillites*, 1889, p. 474 et 1890, p. 152.

(6) Thaller et Percerou, I, n° 393.

ressés. Cela tient au caractère absolu des effets du jugement déclaratif (n° 111).

Mais elle n'a pas d'effet suspensif, puisque le jugement déclaratif est exécutoire par provision (n° 125). C'est là une exception au droit commun. Car, même en matière commerciale, les jugements sont sans doute exécutoires par provision que nonobstant *appel*, mais non nonobstant *opposition* (1).

140 *bis.* Quels sont les effets des jugements rendus sur opposition au jugement déclaratif de faillite ? Il faut distinguer selon que le jugement rendu sur opposition maintient la déclaration de faillite, en rejetant l'opposition, au contraire, ou rétracte la déclaration de faillite. Dans le premier cas, le jugement produit ses effets à l'égard de tout le monde, sauf le droit, pour les tiers qui n'ont pas été partie à ce jugement, de former une opposition à ce nouveau jugement dans les termes de l'article 580, C. com. La règle *opposition sur opposition ne vaut* (n° 129) n'est pas ici applicable, parce qu'elle ne régit que le cas où la même personne voudrait former deux oppositions successives à un jugement. Si, au contraire, le jugement déclaratif est rétracté sur l'opposition, la rétractation a lieu également *ergà omnes* à raison du caractère indivisible de la faillite. Mais les tiers non mis en cause peuvent former contre le jugement qui rétracte la déclaration de faillite une tierce opposition. L'article 580, C. com. ne concerne que le jugement qui déclare la faillite (2).

141. *Appel.* — Aucun texte du Code de commerce n'admet expressément l'appel contre le jugement déclaratif de faillite. Aussi a-t-il été parfois décidé que cette voie de recours n'est pas possible contre ce jugement, à moins qu'il n'ait été rendu sur une opposition formée en vertu de l'article 580, C. com. (3). Dans le sens de l'exclusion de l'appel, on s'est prévalu à la fois de ce que le Code garde le silence sur la question et de ce que le jugement déclaratif ne serait pas, en principe, un acte de juridiction contentieuse, ne le deviendrait qu'après avoir été attaqué par une opposition. On a ajouté que

(1) V. *Traité de droit commercial*, I, n° 483 *bis.*
(2) Thaller et Percerou, I, n°s 394 et 394 *bis.*
(3) Caen, 5 fév. 1850; Douai, 6 mai 1850, D. 1852. 1. 36 et 138.

l'article 582, C. com., qui admet l'appel contre les jugements rendus
en matière de faillite, est inapplicable au jugement déclaratif; l'article 582 fait partir le délai de l'appel de la signification du jugement, et cette signification occasionnerait pour le jugement déclaratif de grands frais, parce qu'elle devrait être faite à tous les
intéressés.

Cependant, l'appel contre le jugement déclaratif de faillite doit
être admis, et il l'est par la jurisprudence (1). Il serait bien singulier
qu'une question, aussi grave pour le failli d'abord et ensuite pour
toutes les personnes dont les nombreux intérêts se rattachent à la
faillite, fût tranchée en premier et dernier ressort par le tribunal de
commerce ; un texte formel serait nécessaire pour consacrer une
pareille solution, et ce texte n'existe pas. Il y a, au contraire, deux
dispositions qui impliquent que le jugement déclaratif est susceptible
d'appel. D'abord, l'article 582, C. com., abrège, pour les jugements
rendus en matière de faillite, le délai ordinaire de l'appel. Cela suppose que l'appel peut être formé contre ces jugements, et il paraît
impossible de ne pas comprendre parmi eux le jugement déclaratif ;
c'est, dans toute la force du terme, un jugement *rendu en matière
de faillite*. Puis, l'article 583, C com., énumère les jugements qui,
en matière de faillite, ne sont pas susceptibles d'appel, et le jugement déclaratif de faillite n'est pas compris dans cette énumération.
Cela ne conduit à aucune impossibilité ou difficulté pratique quant à
la signification du jugement: le nombre des personnes auxquelles il
doit être signifié est limité (n° 149).

Au reste, l'article 4 *in fine* de la loi du 4 mars 1889 empêche
qu'on puisse encore discuter sur la possibilité de l'appel contre le
jugement déclaratif de faillite. Car cet article qui vise un cas spécial,
implique que l'appel est admis contre le jugement déclaratif de faillite (2). V. n° 1030 *bis*.

142. L'appel est toujours recevable de la part du failli, encore

---

(1) Cass. 23 juin 1851, D. 1851. 1. 186 ; Toulouse, 16 mai 1861, S. 1861. 2.
492 ; *J. Pal.*, 1861. 798 ; D. 1861. 798 ; D. 1861. 2. 118.

(2) Dijon, 7 décembre 1891, *Journal des faillites*, 1892, p. 62 ; *Pand. fr.*,
1892. 1. 326 ; Amiens, 22 mai 1896, D. 1897. 2. 191. — Thaller et Percerou,
I, n° 395.

que la créance de celui qui a fait prononcer la faillite ne dépasse pas 1.500 francs. Car une demande en déclaration de faillite est du nombre de celles qui ont un objet indéterminé. Les jugements statuant sur de telles demandes sont toujours susceptibles d'appel (1).

Il y a aussi à décider, ce qui est une question distincte, si l'importance de la créance du demandeur a quelque influence sur la recevabilité de l'appel contre un jugement rejetant une demande en déclaration de faillite. V. n° 153.

143. La loi, par cela même qu'elle ne fait pas mention de l'appel contre le jugement déclaratif de faillite, est muette sur les personnes auxquelles le droit d'appel appartient. A raison du silence de la loi, il convient de s'en tenir au droit commun. Par suite, le droit d'interjeter appel appartient à tous ceux qui ont été parties au procès et n'appartient qu'à ceux-là. Sous ce rapport, l'appel diffère essentiellement de l'opposition de l'article 580, C. com. (2). Peu importe, du reste, que les parties aient ou non usé du droit d'opposition qu'elles pouvaient avoir, la maxime *contumax non appellat* n'a pas été reproduite par notre droit (3). — Il y a lieu de faire l'application de cette règle générale au failli et aux autres intéressés.

144. Le failli peut toujours interjeter appel, alors même que le jugement déclaratif aurait été rendu sur requête ou d'office ; car il doit être considéré comme ayant toujours été partie au jugement déclaratif (4). Mais, si ce jugement n'a pas été contradictoire, l'opposition et l'appel sont également admissibles, de telle façon que le failli qui néglige l'opposition, n'est pas privé pour cela du droit d'appel (n° 143).

145. Les créanciers et autres intéressés ne peuvent interjeter appel

(1) *Leçons de procédure civile* de Boitard, Colmet-Daage et Glasson, II, p. 56, note 2 ; Garsonnet, *Cours de procédure*, V, n°⁵ 917 à 919 ; Glasson et Albert Tissier, *Précis théorique et pratique de procédure civile* (2ᵉ édition), II, n° 995.

(2) Paris, 23 fév. 1898, *Pand. fr.*, 1899. 2. 299 ; *Journal des faillites*, 1898, p. 331.

(3) *Leçons de procédure civile* de Boitard, Colmet-Daage et Glasson, II, n° 677, pour les principes généraux ; Glasson et Albert Tissier, *op. cit.*, II, n° 974.

(4) Orléans, 16 déc. 1868, D. 1869. 2. 22.

qu'autant qu'ils ont été parties au jugement attaqué. En conséquence, un créancier qui a formé opposition au jugement déclaratif et dont l'opposition a été rejetée, peut sans difficulté appeler du jugement qui l'a débouté. Mais, si ce créancier n'avait pas formé opposition, le droit d'appel devrait lui être refusé (1). Au reste, en admettant le droit d'appel pour les intéressés qui n'ont pas été parties dans l'instance en déclaration de faillite et qui n'ont pas usé du droit d'opposition, on se heurterait à une difficulté insoluble. Le délai de quinzaine donné pour interjeter appel du jugement déclaratif court à partir de la signification de ce jugement en vertu de la règle générale posée par l'article 582, C. com. pour tout jugement rendu en matière de faillite. Comment pourrait-on le signifier à une personne qui n'a pas été partie dans l'instance et que, par conséquent, on ne connaît pas par avance ? Faudrait-il donc signifier ce jugement à tous ceux qu'on supposera intéressés dans la solution ? Non seulement cela entraînerait des frais considérables, mais est évidemment contraire à l'esprit de la loi; celle-ci exige des formalités de publicité qui constituent, en quelque sorte, une signification collective. En outre, on ne serait jamais sûr de connaître tous les intéressés, de façon que le jugement resterait indéfiniment susceptible d'être réformé par suite d'un appel. En présence de ces difficultés, certains auteurs ont proposé d'appliquer le principe d'après lequel le délai d'appel court de l'expiration du délai d'opposition. Mais il est singulièrement arbitraire de combiner ainsi l'article 443, C. pr. civ. et l'article 582, C. com.. pour prendre à celui-ci la durée et à celui-là le point de départ du délai.

145 *bis.* Si les créanciers qui n'ont pas été parties au jugement déclaratif ne jouissent pas du droit d'appel, ont-ils, du moins, la faculté d'intervenir devant la Cour saisie d'un appel interjeté par d'autres, notamment par le failli? On soutient que la faculté d'intervention doit leur être refusée. Elle n'appartient, dit-on, en appel

(1) Rennes, 1er mai 1876, D. 1878. 2. 207 (il s'agissait d'un jugement ayant fixé la date de la cessation des paiements, mais la question est identique, puisque l'article 580 vise à la fois ce jugement et le jugement déclaratif); Aix, 8 av. 187, D. 18701. 2. 1 (observation analogue). — V. Besançon, 21 mars 1894; S. et *J. Pal.*, 1895. 2. 263 ; D. 1894. 2. 512.

qu'à ceux qui n'étant pas représentés devant la Cour, pourraient former tierce opposition contre l'arrêt à rendre. Or, les créanciers du
failli sont représentés en appel par le syndic provisoire nommé par
le jugement déclaratif de faillite (1). Il y a, pourtant, lieu d'admettre
le droit d'intervention des créanciers. Ceux-ci ont, en effet, sous le
nom de droit d'opposition un droit qui constitue, en réalité, un droit
de tierce-opposition. Quant à la décision à rendre, ils ne sont pas
représentés par le syndic (2).

146. Le délai ordinaire de l'appel est abrégé ; ce délai est de deux
mois à partir de la signification du jugement contradictoire à personne ou à domicile (art. 443, C. pr. civ.) (3). D'après l'article 582,
al. 1, C. com., le délai d'appel, pour tout jugement rendu en
matière de faillite, est de quinze jours à compter de la signification
et, quoiqu'il y ait eu des doutes à cet égard, il semble bien difficile de
nier qu'un jugement déclarant une faillite soit rendu *en matière de
faillite* (4) (n° 141). Ce délai est franc comme, en principe, tous les
délais de procédure ayant pour point de départ une signification faite
à personne ou à domicile (art. 1033, C. pr. civ.) (5), c'est-à-dire
qu'il ne comprend ni le jour de la signification du jugement ni celui
de l'échéance du délai (6). Le délai de quinzaine est augmenté d'un
jour par cinq myriamètres pour les parties domiciliées à plus de
cinq myriamètres du lieu où siège le tribunal (art. 582, al. 2).

147. La signification qui fait courir le délai de quinzaine, est celle
qui est exigée d'après les règles ordinaires de la procédure, c'est-à-
dire la signification faite à la personne du failli ou à son domicile
(art. 443, al. 1, C. pr. civ.). Mais il faut tenir compte ici de la règle
spéciale de l'article 422, C. pr. civ., qui régit les procès en matière
commerciale : *Si les parties comparaissent et qu'à la première*

---

(1) Paris (ch.), 26 novembre 1889, D. 1890. 2. 249 ; *Journal des faillites,*
1890, p. 25.

(2) Cass., 10 janvier 1894, D. 1895. 1. 17, *Pand. fr.*, 1894. 1. 440 ; *Journal des faillites*, 1894, n° 1833

(3) Le délai d'appel était de trois mois avant la loi du 3 mai 1862.

(4) Angers, 14 mai 1888, D. 1879. 2. 200.

(5) V. Glasson et Albert Tissier, *op. cit.*, I, n° 34.

(6) Cpr. Amiens, 10 mai 1851, D. 1851. 5. 250 ; Bruxelles, 1er déc. 1893,
Journal des faillites, 1894, p. 431.

audience, il n'intervienne pas de jugement définitif, les parties non domiciliées dans le lieu du siège du tribunal sont tenues d'y faire élection de domicile. — A défaut de cette élection, toute signification, même celle du jugement définitif, se fait valablement au greffe du tribunal.

Si l'on admet que la signification faite au greffe du tribunal suffit même pour faire courir le délai d'appel (1), cette solution doit être donnée pour le jugement déclaratif de faillite, comme pour tous les jugements *rendus en matière de faillite* et régis, par suite, au point de vue de l'appel, par l'article 582, C. com. (2) (3).

148. La signification du jugement qui fait courir le délai de quinzaine après lequel l'appel n'est plus recevable, est celle qui a été faite par les personnes par lesquelles le jugement doit être signifié. Mais une difficulté s'élève sur la détermination de ces personnes. Le jugement déclaratif qui a été rendu sur requête ou sur assignation peut assurément être signifié par le créancier qui l'a obtenu ; cette signification étant régulière, l'appel est non recevable quinzaine après sa date. Il a été à plusieurs reprises décidé qu'au contraire, la signification faite par le syndic n'est pas régulière et ne fait pas, par suite, courir le délai d'appel (4). On se prévaut surtout en ce sens de ce que les seules personnes pouvant signifier un jugement sont celles qui y ont été parties, ce qui n'est pas le cas du syndic. Mais cette raison n'est pas décisive. Le syndic est investi d'un mandat de justice. Pour bien remplir ce mandat, il faut avant tout qu'il fasse le nécessaire dans le but de rendre le plus tôt possible définitive la

---

(1) V. dans le sens indiqué, *Traité de Droit commercial*, I, nᵒ 434.

(2) Douai, 10 mai 1876, D. 1876, 2. 97. — V. en sens opposé, Paris, 31 janvier 1856, D. 1856. 2. 142.

(3) Quand le jugement concerne une personne établie à l'étranger, la signification doit être faite, conformément à l'article 69, § 9, C. pr. civ., au parquet du procureur de la République qui vise l'original et transmet ensuite la copie au ministère des affaires étrangères qui doit la faire parvenir, par la voie diplomatique, à cette personne : Nancy, 20 fév. 1894, *Pand. fr.*, 1894. 2. 229 ; *Journal des faillites*, 1894, p. 410.

(4) Lyon, 12 mai 1894, 1. 1910. 2. 142 *en note* ; *Journal des faillites*, 1894, p. 263. — V. aussi, Gand, 29 juin 1893, *Journal des faillites*, 1893, p. 390.

situation créée par le jugement déclaratif, et ce résultat ne peut être atteint qu'autant que le délai d'appel est expiré (1).

149. Quant aux personnes auxquelles doit être faite la signification de l'appel, toutes les solutions données à propos de la signification de l'opposition (n° 139), doivent, par identité de raison, être admises. Par suite, il y a lieu de signifier l'appel dans tous les cas au syndic et, en outre, au créancier qui a obtenu le jugement déclaratif (2).

150. Toutes les règles posées au sujet du point de départ du délai de l'appel, sont applicables au cas où le jugement déclaratif a été rendu sur assignation d'un créancier. Mais elles sont étrangères au jugement déclaratif rendu sur l'aveu du débiteur. Ce jugement n'est pas susceptible de signification au failli. Aussi, en ce qui le concerne, le délai de quinzaine admis pour l'appel court du jour même du jugement (3).

151. Une controverse spéciale s'est élevée dans le cas où le jugement déclaratif a été rendu par défaut. D'après l'article 443, 2ᵉ alin., C. pr. civ., le point de départ du délai d'appel est, en général, pour un jugement par défaut, l'expiration du délai d'opposition ; ici, ce serait donc l'expiration des huit jours qui suivent la publication du jugement (art. 580, C com.). On peut dire que, la loi ayant dispensé de la signification pour faire courir le délai d'opposition et ayant supposé que les formalités de publicité feront connaître suffisamment le jugement, il serait singulier qu'il en fût autrement pour l'appel. La jurisprudence s'est crue liée par le texte de l'article 582 qui ne distingue pas : elle décide que le délai de l'appel même contre un jugement déclaratif par défaut court de la signification de ce jugement (4). Il

---

(1) Paris, 2 août 1909, S. 1910. 2. 142 ; *Journal des faillites*, 1910, p. 14. Thaller et Percerou, I, n° 402.

(2) Toulouse, 10 janv. 1880, D. 1880. 2. 184 ; *Pand. fr. chr.* (l'appel avait été signifié au créancier qui avait poursuivi la déclaration de faillite, non au syndic ; il est déclaré non recevable par la Cour). — Cass. 25 mai 1887, *Journal des faillites*, 1887, p. 305 ; S. 1887. 1. 368 ; *J. Pal.*, 1887. 1. 907 ; D. 1888. 1. 484 ; *Pand. fr.* 1887. 1. 232.

(3) Paris, 16 avr. 1894, *Pand. fr.*, 1895. 2. 50 ; *Journal des faillites*, 1894, p. 296. — Thaller et Percerou, I, n° 400.

(4) Cass. 2 janv. 1877, S. 1877. 1. 60 ; *J. Pal.*, 1877. 305 ; D. 1877. 1. 64 ; Cass. 23 juin 1851, D. 1851. 1. 186 ; S. 1851. 1. 494 ; *J. Pal.*, 1852. 1.

résulte de là qu'il est possible qu'un jugement qui n'est plus susceptible d'appel, puisse encore être frappé d'opposition (1). C'est une
singularité contraire aux règles ordinaires, d'après lesquelles l'appel
n'est recevable contre les jugements par défaut qu'après que l'opposition n'est plus possible (art. 443, 2e alin., C. pr. civ.); la jurisprudence n'a pas pensé qu'elle pût combiner l'article 582, C. com.
avec l'article 443, C. pr. civ., pour prendre au premier le délai et au
second le point de départ du délai.

152. Il n'a été jusqu'ici question, à propos de l'appel, que du
jugement qui a déclaré la faillite. Il importe aussi de déterminer les
règles applicables à l'appel en cas de rejet d'une demande en déclaration de faillite.

Le jugement qui repousse la demande, est susceptible d'appel de
la part du créancier qui l'avait formée ou du débiteur qui a déposé
inutilement son bilan. Mais l'appel n'est pas possible de la part des
créanciers qui sont demeurés étrangers à la demande (2). V. analog.
n° 145.

153. L'appel peut, en principe, être interjeté par un créancier,

---

306 (Cassation d'un arrêt qui avait décidé que le délai de quinzaine devait
partir de l'expiration du délai de huit jours accordé par l'article 580, C. com.,
au failli pour former opposition). L'appel peut être interjeté tant que la
signification n'a pas été faite : Req. 27 avril 1877, D 1877. 1. 64 ; Grenoble, 19 juin 1900, D. 1901. 2, 19. V. *en sens contraire*, Bordeaux, 6 avr.
1859, D. 1860. 2. 72 ; Thaller et Percerou, I, n° 401.— La solution contraire
à celle de la jurisprudence française est admise par la loi *belge* (art. 791
et 793).

Pour que la signification du jugement par défaut fasse courir le délai de
l'appel, il faut bien entendu qu'elle ait été faite régulièrement. Aussi ne fait-
elle pas courir ce délai quand il s'agit d'un jugement déclaratif par défaut,
faute de comparaître, et que la signification n'a pas été faite par un huissier commis (article 156, C. pr. civ.) : Toulouse, 27 janvier 1896, *Journal
des tribunaux de commerce*, 1896, p. 868.

(1) Il faut supposer que les formalités de publicité de l'article 442,
C. com. n'ont pas été tout de suite remplies et que le jugement a été, au
contraire, signifié sans tarder. Cf. Thaller (4e édit.), n° 1765. Il estime que
le maintien du droit d'opposition implique *a fortiori* le maintien de
l'appel.

(2) Paris, 23 fév. 1888, *Journal des faillites*, 1888, p. 231.— Cpr. Nîmes,
21 fév. 1885, *Journal des faillites*, 1885, p. 117.

encore que le montant de sa créance ne dépasse par 1.500 francs.
L'objet de la demande en déclaration de faillite n'a pas, en effet, une
valeur déterminée (1) (n° 142). Mais il arrive parfois qu'un créancier
forme à la fois une demande en déclaration de faillite et en paiement
d'une créance dont le montant n'excède pas 1.500 francs. Il n'est pas
douteux que si, à la suite d'une demande ayant ces deux objets, le
défendeur était déclaré en faillite, il pourrait interjeter appel. Pour
lui, l'intérêt pécuniaire de la question est indéterminé (n° 142).
Mais en est-il de même, pour le créancier, en cas de rejet de sa
demande ? La négative doit être admise quand le jugement refuse au
demandeur la qualité de créancier (2) ; son intérêt pécuniaire n'est
pas supérieur à 1.500 francs. Doit-on aussi refuser au demandeur le
droit d'appel quand le jugement, tout en reconnaissant qu'il est
créancier d'une somme n'excédant pas 1.500 francs. n'a pas déclaré
la faillite du défendeur ? L'appel doit alors être admis : il ne porte
que sur la question de faillite et, en ce qui concerne celle-ci, l'objet
de la demande est indéterminée.

154. Quel est le délai de l'appel contre le jugement qui rejette une
demande en déclaration de faillite ? Il paraît assez raisonnable de traiter cette voie de recours à ce point de vue, comme elle l'est relativement au jugement déclaratif en vertu de l'article 582, C. com. On peut,
du reste, dire que c'est là *un jugement rendu en matière de faillite.*
Ainsi, le délai donné pour former appel est de quinzaine (3). Ce
délai court du jour de la signification faite au créancier demandeur
qui est l'intimé (art. 443, C. pr. civ., et 582, C. com). Cela s'applique quand le débiteur a été assigné. Mais, si le créancier a formé sa
demande par voie de requête sans mettre le débiteur en cause, quel
est le point de départ du délai de quinzaine, en cas de rejet de la
requête ? On ne saurait exiger du débiteur qu'il signifie une décision

---

(1) Cass. 12 nov. 1890, *Pand. fr.*, 1891. 1. 146 ; *Journal des faillites,*
1891, p. 7.

(2) Cass. 19 nov. 1884, *Journal des faillites*, 1885, p. 59 ; S. 1886. 1. 254 ;
J. Pal.. 1886. 1. 616. — V., pourtant, Paris, 28 nov. 1891, *Journal des
faillites*, 1892, p. 17.

(3) Cass. 16 août 1842, Rép. Dall., v° *Faillite*, n° 1364 ; Poitiers, 4 juill.
1860, D. 1860. 2. 168 ; *Pand. fr. chr.*

rendue en sa faveur et à son insu. On est conduit à admettre que la prononciation du jugement équivaut en pareil cas à la signification et que, par suite, le délai de quinze jours court du jour où le jugement a été prononcé (1). La même solution doit, par identité de raison, être admise dans le cas où l'appel est formé par un commerçant contre un jugement repoussant la faillite à la suite du dépôt de son bilan.

155. Selon l'article 472, C. proc. civ., *si le jugement est infirmé, l'exécution entre les mêmes parties appartiendra à la Cour d'appel qui aura prononcé ou à un autre tribunal qu'elle aura indiqué par le même arrêt, sauf les cas de la nullité d'emprisonnement, en expropriation forcée et autres dans lesquels la loi attribue juridiction.* Le cas de faillite est un cas de ce dernier genre; car, d'après l'article 438, C. com., la déclaration de faillite doit être prononcée par le tribunal du domicile du failli. Aussi, en cas d'infirmation en appel d'un jugement repoussant la déclaration de faillite, la Cour, doit renvoyer l'affaire au tribunal du domicile du failli qui avait rendu le jugement infirmé (2).

156. *Question commune à l'opposition et à l'appel contre le jugement déclaratif. Paiements postérieurs à ce jugement* (3). — Quand le failli a saisi le tribunal par une opposition ou la Cour par un appel, à raison de quelles causes le jugement déclaratif peut-il être rapporté? Il est certain qu'il doit l'être si le failli allègue et prouve que ce jugement ne devait pas être rendu, soit parce que le failli n'était pas commerçant ou qu'étant commerçant, il n'avait pas

---

(1) Poitiers, 1er juin 1880, D. 1881. 2. 113; Cass. 3 avr. 1883 (cet arrêt rejette le pourvoi formé contre l'arrêt de la Cour de Poitiers) *Pand. fr. chr.*; *Journal des faillites*, 1883, p. 187; Paris, 23 juin 1892. *Pand. fr.*, 1893. 2. 72; *Journal des faillites*, 1892, p. 452. V. Thaller et Percerou, I, n° 408.

(2) Cass 15 juill. 1890, S. 1890. 1. 369; D. 1891. 1. 107; *Pand. fr.*, 1890. 1. 424. Cpr. Cass. 5 février 1906, S. 1908. 1. 9 (note de M. Naquet); D. 1907. 1. 244; *Pand. fr.*, 1908. 1. 9; *Journal des faillites*, 1906, p. 150. Thaller et Percerou, I, n° 409. — V. Namur, *le Code de commerce belge revisé*, III, n° 1616.

(3) Une autre question commune aux deux voies de recours ordinaires est celle de savoir si l'acquiescement rend non recevables l'appel et l'opposition. Cette question est traitée plus haut. V. n° 130.

cessé ses paiements, soit parce que le tribunal n'était pas compétent. Mais souvent, le failli reconnaît lui-même que le jugement était motivé par la situation existant au moment où il a été rendu, seulement, il allègue que cette situation a changé, que des ressources lui sont survenues et que ses créanciers ont été désintéressés soit avant que l'opposition ou l'appel ait été interjeté soit postérieurement, de telle façon qu'il n'y a plus, selon lui, cessation de paiements au moment où il est statué sur l'opposition ou sur l'appel. Les juges, saisis de l'opposition ou de l'appel, peuvent-ils apprécier les choses comme entières, constater qu'il n'y a plus cessation de paiements et rapporter le jugement déclaratif, bien que celui ci ait été, en définitive, bien rendu ?

Sauf quelques divergences (1), la jurisprudence peut être considérée comme fixée dans le sens de l'affirmative. Suivant la Cour suprême, « l'*opposition* a pour effet de faire tomber le jugement par défaut et « de remettre en question le point litigieux ; dès lors, pour la décla- « ration de faillite, c'est au moment où il est statué contradictoire- « ment que l'état de cessation de paiements doit être constaté (2).

(1) Agen, 31 août 1858 et Bordeaux, 10 mai 1859, D. 1859. 2. 94 et 200 ; Paris, 18 mai 1874, S. 1875. 2. 236 ; J. Pal., 1875. 958 ; Pand. fr. chr. ; Paris (2e chambre), 2 mai 1888, Journal des faillites, 1888, p. 285 ; S. 1890. 2. 40 ; J. Pal., 1890. 1. 228 ; D. 1889. 2. 216 ; Paris (2e chambre), 3 août 1891, Journal des faillites, 1891, p. 405 ; Paris (4e chambre), 30 décembre 1891, Journal des faillites, 1892, p. 55. Pendant longtemps, le tribunal de commerce de la Seine jugeait constamment qu'il n'y avait pas à rapporter la faillite en pareil cas. On cite quelquefois en ce sens, Paris, 5 avr. 1875, Journ. des trib. de com., 1876, p. 52 ; mais, dans l'espèce, le failli disait seulement, en formant opposition, qu'il était prêt à payer ce qu'il devait au lieu où la faillite avait été déclarée ; il ne faisait aucune justification. — La Cour de cassation de Belgique admet que la situation, au moment du jugement déclaratif, doit seule être prise en considération : Cass. 21 mai 1891, la Loi, n° du 3 septembre 1891 ; Pasicrisie belge, 1891, p. 152. Voir en ce sens de nombreuses décisions de tribunaux belges, Pand. belges, v° Failli, nos 431-436 ; il y a, toutefois, des divergences, nos 438 et suiv.

(2) Paris, 27 août 1868, D. 1869. 2. 73 ; S. 1868. 2. 317 ; Rouen, 7 juin 1875, S. 1875. 2. 235, Pand. fr. chr. ; Ch. civ. cass. 23 nov. 1881, D. 1882. 1. 265 ; S. 1882. 1. 113 ; Journal des faillites, 1882, p. 8 et sur renvoi. Dijon, 11 mars 1882, S. 1882. 2. 175 ; Journal des faillites, 1882, p. 275 ; Amiens, 23 févr. 1883, Journal des faillites, 1883, p. 257 ; Orléans, 14 fév. 1885, D. 1886. 2. 70 ; Trib. comm. Niort, 5 oct. 1892, Journal des faillites, 1893,

Le même raisonnement est fait pour l'*appel* (1). On comprend les
considérations de fait qui ont déterminé cette jurisprudence, la faveur
que semble mériter le commerçant qui, après avoir désintéressé ses
créanciers ou s'être entendu avec eux, demande à être remis à la tête
de ses affaires. Puis, la procédure de faillite paraît sans objet, puisqu'il
n'y a plus de créanciers ou, tout au moins, qu'aucun d'eux ne réclame
rien. Néanmoins, cette solution soulève de graves objections en droit
et en fait ; elle est inspirée par un esprit analogue à celui qui se manifeste chez certains tribunaux quand il s'agit de la déclaration de la
faillite (n° 103). Les juges sont préoccupés d'écarter certaines conséquences des dispositions légales qu'ils trouvent trop rigoureuses et
s'attribuent un pouvoir discrétionnaire, pour donner satisfaction à
leurs idées d'équité ; cette tendance prétorienne est des plus dangereuses et des plus regrettables. La faillite, une fois prononcée, a des
effets très graves pour le failli, entraîne à sa charge des incapacités
qui ne peuvent être effacées que par la réhabilitation, et jusqu'à la
loi du 30 décembre 1903, celle-ci ne pouvait être obtenu qu'après
le paiement intégral de toutes les dettes du failli en capital et en
intérêts, sans même qu'en ce qui concerne ceux-ci, la prescription
quinquennale de l'article 2277, C. civ., pût être invoqué. Les cours

---

p. 74 ; Bordeaux, 21 juill. 1890, *Journal des faillites*, 1891, p. 180 ; Paris
(5° chambre, 28 mai 1895, Caen, 24 avril 1895, D. 1897. 2. 465 (note de
M. Valéry) ; Alger, 29 nov. 1897, D 1899. 2. 78 ; Lyon, 16 nov. 1901, *Pand.
fr.*, 1903. 2. 349, *le Droit*, n° des 24-25 mars 1902 (dans l'espèce. le débiteur déclaré en faillite n'avait plus que des dettes commerciales à terme
et des dettes civiles échues et non payées ; la Cour a admis que le jugement devait être rétracté, puisque la cessation des paiements ayant pour
objets des dettes civiles ne permet pas la déclaration de faillite) ; Agen,
2 juill. 1900, S. et *J. Pal.*, 1902. 2. 159 ; D. 1902, 2. 66 ; Nancy, 12 juin
1902, *Journal des faillites*, 1903, 64 ; Rennes, 23 juillet 1909, S. et *J. Pal.*,
1910. 2. 134 ; D. 1910. 2. 130. — Alauzet, VI, n° 2847 ; Boistel, n° 904 *in
fine* ; Delourbet (note *Journal des faillites*, 1882, p. 334 et suiv.) ; Bédarride, III, n° 1182 ; Thaller, n° 1762.

(1) M. le conseiller Blondel, sur le rapport duquel a été rendu l'arrêt de
cassation du 23 novembre 1881 cité en tête de la note 1 de la page précédente, raisonne pour l'appel comme pour l'opposition. — V. ce rapport,
Journal des faillites, 1882, p. 10. Ordinairement, la jurisprudence ne fait
pas produire le même effet à l'opposition et à l'appel. V. note de M. Glasson, D. 1902. 2. 67.

et les tribunaux, en général, trouvent cela excessif : ils sont heureux de pouvoir effacer la faillite grâce à l'effet qu'ils attribuent à l'opposition ou à l'appel. Si, dit-on, le failli a désintéressé tous ses créanciers, qui pourrait se plaindre ? Il faudrait, semblait-il, céder à un formalisme bien étroit pour vouloir maintenir la faillite. — Il n'en est pas moins vrai qu'on rétracte ou qu'on réforme un jugement qui, en définitive, a été bien rendu, qui avait constaté une situation de fait réelle, et qu'on efface les conséquences de cette situation d'une manière non prévue par la loi. Il y a plus : qu'est-ce qui justifie que tous les créanciers sont réellement désintéressés ? Le failli, en payant les créanciers poursuivants ou présents, n'aurait-il pu se faire remettre en possession de son actif au détriment peut-être de créanciers qui n'ont pas encore été avertis et qui n'ont pas eu le temps de se faire connaître ? Ne va-t-on pas, dès lors, directement contre le but que s'est proposé la loi en organisant la procédure de la faillite. Souvent même, l'esprit de la loi sera méconnu encore plus manifestement. Si les créanciers ne se plaignent plus, ce n'est pas qu'ils aient touché ce qui leur était dû, ils ont accordé des termes ou bien ils ont donné quittance pour solde, tout en ne touchant qu'une partie de la créance et cette partie n'est pas la même pour chacun d'eux (1). Est-ce que cela ne prête pas non plus aux graves abus que la loi a voulu éviter, soit en prohibant les traités particuliers (art. 597), soit en soumettant le concordat à des conditions précises (2). Il faut donc

(1) C'est ce qui se présentait dans l'espèce jugée par la Cour de cassation dans l'arrêt du 23 nov. 1881, S. 1882. 1. 113 ; D. 1882. 1. 265 ; il était constaté que certains créanciers avaient été payés intégralement, que d'autres avaient touché soit 75, soit 50 0/0. Le rapport de M. le conseiller Blondel cité à la note précédente, dit à ce sujet que « le failli ayant formé opposition au jugement déclaratif, il ne lui était pas défendu de traiter avec ses créanciers à des conditions débattues de gré à gré ». Bédarride, tout en admettant que le jugement doit être rétracté quand les créanciers ont été désintéressés, dit que l'opposition serait non-recevable si elle n'avait pour base qu'un accord intervenu entre les créanciers et le failli (III, n° 1183). Il paraît peu logique de distinguer les deux cas.

(2) Dans la voie où elle s'est engagée, la jurisprudence est arrivée à des solutions logiques peut-être, mais bien singulières au point de vue des principes. Un négociant a été déclaré en faillite ; sur son opposition, le tribunal rapporte le jugement déclaratif, en se fondant sur les arrangements

considérer comme erronée la jurisprudence qui permet de rapporter un jugement déclaratif bien rendu. Cela ne veut pas dire assurément que, si aucun créancier ne se présente, la procédure de faillite devra continuer dans les formes ordinaires ; cela n'aurait pas de sens. Les opérations doivent alors être closes en fait faute d'intérêt de masse, mais la faillite même subsiste tant qu'il n'y a pas réhabilitation (1). Les facilités données à celle-ci par les lois du 30 novembre 1903 et du 23 mars 1908 ont quelque peu diminué l'intérêt de la question.

156 *bis*. Il n'en est pas moins vrai que, dans le cas prévu, le premier jugement a été bien rendu. Aussi, si l'on admet que, néanmoins, il peut être infirmé sur l'appel ou sur l'opposition en cas de libération du débiteur de toutes ses dettes, doit-on en même temps reconnaître que les frais doivent être mis à la charge du débiteur (2). Il n'en serait pas de même si la déclaration de faillite avait été prononcée à tort (3).

intervenus entre lui et ses créanciers ; ces arrangements ne sont pas exécutés, la faillite est déclarée de nouveau et la cessation des paiements a été fixée à une époque bien antérieure à celle où avait été rendu le premier jugement rapporté. N'y a-t-il pas là violation de la chose jugée, puisque, semble-t-il, le jugement n'a pu être régulièrement rapporté que parce qu'il avait été établi qu'il n'y avait pas cessation de paiements ? La Cour de cassation juge que non : Cass. 28 juill. 1863, D. 1863. 1. 351 ; elle se fonde sur ce que la décision qui avait rapporté la faillite, était subordonnée à l'exécution des arrangements qui l'avaient provoquée. Ainsi, malgré le texte positif de la loi (art. 437 et 440 combinés), le tribunal de commerce n'est plus chargé de constater si le fait de la cessation de paiements existe ou non ; il peut reconnaître que le fait existe, mais consentir à ne pas en tenir compte si telle condition est remplie. En cas de défaillance de cette condition, la faillite peut-être déclarée : Rouen, 30 nov. 1885, *Journal des faillites*, 1886. p. 18.

(1) V. *en ce sens*, surtout une note de Beudant, D. 1869. 2. 73 ; une note de M. Glasson, D. 1902. 2. 67. Aj Paris, 21 juill. 1849, D. 1849. 2. 235 ; S. 1849. 2. 516 ; *J Pal.*, 1850. 2. 364. V. aussi Thaller et Percerou, I, n° 383.

(2) Voir sur ce point toutes les décisions judiciaires qui admettent la rétractation du jugement dans ces circonstances — Cpr. Bordeaux, 25 juill. 1882 ; S. 1883. 2. 69 ; *J. Pal.*, 1883. 1. 440 ; Nancy, 15 déc. 1885, D. 1887. 2. 15 ; Paris, 7 nov. 1894 ; Orléans, 22 mai 1895, *Journal des faillites*, 1895, p. 293 et p. 497 ; Nancy, 18 juin 1902, *Journal des faillites*, 1903, p. 64. V. la note suivante.

(3) *Pandectes belges*, v° *Faillite*, n°s 451 et suiv.

156 *ter.* Au reste, du moment où le jugement déclaratif est passé en force de chose jugée, tout le monde reconnaît que le fait du paiement des dettes ne peut plus avoir aucune influence et que les incapacités nées, pour le failli, de ce jugement, ne peuvent prendre fin que par la réhabilitation (1) (art. 604 et suiv.).

157. De même que le jugement qui déclare la faillite constate l'état de faillite *ergà omnes* (n° 111), de même la rétractation ou la réformation de ce jugement fait considérer, à l'égard de tout le monde, l'état de faillite comme n'ayant pas existé; il y a, en cette matière, une véritable indivisibilité (2), par suite de laquelle le jugement est opposable même aux créanciers qui n'y ont pas été parties, sauf à eux à se pourvoir au besoin par la voie de la tierce-opposition en vertu des articles 474 et suiv., C. pr. civ.

158. Voies de recours contre le jugement qui fixe la date de la cessation des paiements. — Cette date est fixée, soit par le jugement déclaratif, soit par un jugement postérieur (n° 114). Il peut se faire que, le fait même de la faillite n'étant pas contesté et ne pouvant pas l'être, il y ait, au contraire, des doutes sur le point de savoir à quelle époque a commencé la cessation des paiements.

Différentes personnes peuvent avoir intérêt à critiquer la fixation qui a été faite à cet égard. D'abord, le failli peut soutenir qu'il a déposé son bilan dans le délai de quinzaine de l'article 438, C. com., alors que le tribunal a placé la date de la cessation des paiements à une date bien antérieure à cet aveu du failli. Mais on ne concevrait pas qu'un failli voulût faire reporter la date de la cessation des paiements à une date antérieure à celle qui a été fixée. Il n'aurait pas qualité pour obtenir ce report; ce n'est pas à son profit, mais à celui de la masse, qu'ont été établies, par les articles 446 et suiv., C. com., les nullités pouvant résulter de ce report (3). Aussi la masse des

(1) Cass. 6 fév. 1889, S. et *J. Pal.*, 1892. 1. 371 ; D. 1890. 1. 464; *Pand. fr.*, 1889. 1. 472 ; *Journal des faillites*, 1889, p. 265.

(2) Boistel, n° 903. — Cf. d'Alger, 31 juill. 1849, D. 1850. 2. 45. — Cass. 16 fév. 1892, *Journal des faillites*, 1892, p. 337 ; D. 1893. 1. 426 ; *Pand. fr.*, 1893. 1. 28.

(3) Poitiers, 19 nov. 1857. 1. 153.

créanciers a-t-elle intérêt à ce que cette date soit reculée pour faire tomber sous le coup des articles 446 et suiv., C. com., le plus grand nombre possible d'actes qui ont augmenté le passif ou diminué l'actif du failli, tandis que ceux qui ont participé à ces actes sont disposés à prétendre que la période suspecte n'avait pas encore commencé quand ils ont traité avec le failli.

Au point de vue de la fixation de la date de la cessation des paiements, les créanciers ont, comme cela résulte des articles 441, 580 et 581, C. com., un droit d'action individuel (1). Ce droit laisse, du reste, subsister l'action du syndic comme représentant la masse, de telle sorte qu'en fait, c'est le plus souvent à la requête ou sur le recours du syndic qu'est fixée ou modifiée la date de la cessation des paiements (2).

159. Quels moyens ont les différents intéressés pour critiquer la fixation de la date de la cessation des paiements qui a été faite ? Dans quels délais doivent-ils en user ? — Les voies de recours ordinaires ouvertes contre le jugement qui fixe la date de la cessation des paiements sont l'*opposition* et l'*appel*. V. n°s 128 et suiv.

Si la date est fixée expressément ou si elle l'est tacitement (art. 441, *in fine*, C. com.) au jour même du jugement déclaratif, il n'est pas douteux qu'elle puisse aussi être critiquée. L'opposition est alors dirigée contre le jugement déclaratif lui-même.

160. *Opposition.* — L'article 580, C com., détermine, à la fois pour le jugement déclaratif et pour *celui qui fixe à une date antérieure l'époque de la cessation des paiements*, les délais dans lesquels l'opposition doit être formée. Cet article donne le droit de former opposition au failli et à toute autre partie intéressée, pourvu que l'opposition soit formée par le premier dans la huitaine et par les autres dans le mois de l'accomplissement des formalités de publicité. V. n°s 132 et suiv.

Mais le Code de commerce ne s'est pas borné à poser cette règle pour le jugement fixant la date de la cessation des paiements ; le Code

---

(1-2) Cpr. Cass. 10 janv. 1894, *Pand. fr.*, 1894. 1. 440 ; *le Droit*, n° du 2 mars 1894.

en a ajouté une autre dans l'article 581, selon lequel *aucune demande des créanciers tendant à faire fixer la date de la cessation des paiements à une époque autre que celle qui résulterait du jugement déclaratif de faillite ou d'un jugement postérieur, ne sera recevable après l'expiration des délais pour la vérification et l'affirmation des créances. Ces délais expirés, l'époque de la cessation de paiements demeurera irrévocablement déterminée à l'égard des créanciers* (1).

Il n'est pas aisé de concilier ensemble l'article 580 et l'article 581, C. com., quant au délai de l'opposition accordé aux créanciers.

Les personnes qui veulent le maintien des opérations faites par elles avec le failli, sont régies exclusivement par l'article 580, puisque l'article 581 ne parle pas d'elles ; elles ont donc, pour faire opposition, un délai d'un mois à partir de l'accomplissement des formalités de publicité de l'article 442, C. com. Mais, pour les créanciers, il semble y avoir deux délais, l'un fixé par l'article 580, C. com., qui peut être considéré comme les comprenant sous le nom général d'*intéressés*, l'autre par l'article 581 qui les vise expressément. Le premier délai est invariable, le second varie avec l'époque à laquelle est terminée la procédure de vérification et d'affirmation des créances.

Il est facile de comprendre que, suivant les cas, entre le moment où est rendu le jugement en question et la clôture de la procédure de vérification et d'affirmation, il s'écoule plus ou moins d'un mois. Le délai de l'article 581 est donc tantôt plus long, tantôt moins long que le délai de l'article 580. Comment fonctionne ce double délai à l'égard des créanciers ? Sur ce point, des systèmes variés sont soutenus.

161. Dans un système radical, on prétend que l'article 580 est fait pour les intéressés autres que les créanciers et l'article 581 pour les créanciers seuls. Ainsi, les créanciers ne pourraient former opposition que jusqu'à la vérification et l'affirmation des créances, tandis que les autres intéressés auraient, pour le faire, un délai d'un mois à

---

(1) Tant que les délais ne sont pas expirés, il ne saurait donc y avoir chose jugée au point de vue de la fixation de l'époque de la cessation des paiements : Cass. 22 nov. 1899, D. 1900. 1. 14 ; *Pand. fr.*, 1900, 1. 148.

partir de la publication du jugement. Cette différence, dit-on, s'explique rationnellement : les créanciers sont parties à la procédure préparatoire de la faillite ; celle-ci leur fournit, au fur et à mesure qu'elle se poursuit, des renseignements sur la conduite et sur les opérations du failli ; tant qu'elle n'est pas achevée, des faits nouveaux peuvent se révéler et motiver une demande en report d'ouverture. L'incertitude ne peut se prolonger indéfiniment et doit prendre fin avec cette procédure même pour tous ceux qui y sont mêlés et peuvent se tenir au courant des divers incidents qu'elle provoque. Bien différente est la situation des autres intéressés, de celui, par exemple, qui a reçu une donation du failli ; il n'a pas à figurer dans la procédure de la faillite, il ne peut être mis en demeure de se pourvoir contre le jugement qui l'atteint directement dans ses intérêts que par la publicité légale ; il doit donc avoir un délai fixe à partir de cette publicité. Ce système implique ainsi que les créanciers sont régis uniquement par l'article 581 (1).

Ce système ne peut se concilier avec l'article 580 qui donne un mois à *tous les intéressés* autres que le failli. Comment cette expression si générale ne comprendrait-elle pas les créanciers ? On ne peut restreindre arbitrairement la portée de l'article 580, C. com. Mais, si cet article a en vue les créanciers comme les autres intéressés, comment le combiner avec l'article 581 ? Ceux-là même qui pensent qu'il y a à tenir compte pour les créanciers des deux dispositions, sont loin de s'entendre.

162. Dans une opinion partagée par beaucoup d'auteurs (2), l'article 580 établirait un délai maximum pour le droit d'opposition des créanciers : par cela seul qu'un mois s'est écoulé depuis la publication du jugement, les créanciers ne peuvent plus former opposition, quand même la procédure de vérification et d'affirmation des

---

(1) C'est là ce qui semble indiqué par un arrêt de cassation du 4 nov. 1857, S. p. 158. 1. 708, D. 1858. 1. 34.

(2) Renouard, II, p. 391 à 395; Bravard, *Manuel de Droit commercial*, (7ᵉ édition), p 627 et 628 ; Laurin, *Cours élémentaire de Droit commercial*, nᵒˢ 1045-1046. Le premier de ces auteurs cherche à appuyer son opinion sur les travaux préparatoires de la loi de 1838. — Orléans, 11 mars 1846, S. 1851. 2. 25 ; D. 1846. 2. 77.

créances durerait encore. Il n'y a pas de raison, dit-on, pour que les créanciers soient plus favorisés que les autres intéressés et aient un délai plus long que ceux-ci, puisqu'ils sont mieux avertis des incidents de la faillite. Mais les créanciers ne sont pas toujours sûrs d'avoir ce délai d'un mois ; leur droit d'opposition est perdu par cela seul qu'il n'a pas été exercé avant la clôture de la procédure de vérification et d'affirmation, quel que soit le temps écoulé depuis le jugement, fût-il inférieur à un mois. Le but de l'article 581 a donc été, selon cette opinion, de raccourcir, en certains cas, au détriment des créanciers, le délai donné à tous les intéressés par l'article 580.

163. Dans une autre opinion que semble adopter la jurisprudence (1), le point de vue du législateur aurait été tout différent ; il aurait voulu placer les créanciers, quant au délai de l'opposition, dans une situation meilleure que celle des autres intéressés. Les créanciers ont d'abord, dans tous les cas, le délai d'un mois comme les autres intéressés (art. 580) ; puis, ce délai expiré, ils peuvent encore se pourvoir, si la procédure de vérification dure encore (art. 581). Cette dernière disposition peut donc être invoquée par les créanciers qui agissent en dehors du délai général d'un mois accordé aux intéressés ; elle ne peut être retournée contre eux, s'ils invoquent simplement ce délai (2).

164. Il est utile de prendre des dates à titre d'exemple pour faire comprendre le jeu de ces différents systèmes.

Un jugement du 1er février a fixé la date de la cessation des paiements ; il a été publié le 4. Les intéressés, autres que les créanciers, ont jusqu'au 4 mars pour former opposition, sans qu'il y ait à se préoccuper de la procédure de vérification et d'affirmation des créances. Cette procédure a été close le 15 février. Dans le premier et le second systèmes exposés (nos 161 et 162), les créanciers n'auraient plus le droit de former opposition ; dans le troisième (no 163), ils

---

(1) Orléans, 6 mars 1850, S. 1850. 2. 642 ; *J. Pal.*, 1850. 1. 245 ; D. 1850. 2. 49 ; Cass. 1er avr. 1877, S 1880. 1. 217, D. 1879. 1. 353 ; Grenoble, 13 août 1906, D. 1909. 2. 14. — V. les arrêts cités dans le Rép. Dall., v° *Faillite*, no 1345.

(2) Alauzet, VI, no 2856. Demangeat sur Bravard, V, p. 650 et suiv.; Thaller et Percerou, I, no 426.

l'auraient encore jusqu'au 4 mars. Si la clôture de la procédure de
vérification et d'affirmation des créances avait eu lieu le 15 mars, le
second système déclarerait les créanciers forclos par application de
l'article 580 ; le premier les admettrait, parce que, d'après lui, ils
sont régis seulement par l'article 581 ; le troisième les admettrait
également, mais par un motif différent, parce qu'il permet aux
créanciers d'invoquer, suivant leur intérêt, soit l'article 580, soit
l'article 581.

La loi est fort obscure et il est difficile de prendre un parti. Le premier système étant écarté comme restreignant arbitrairement la portée de l'article 580, il semble plus conforme à l'esprit général de la loi
en notre matière d'admettre qu'elle n'a pas voulu placer les créanciers dans une situation plus défavorable que les autres intéressés, et,
par suite, que l'article 581 a eu plutôt pour but d'augmenter que de
diminuer le délai de l'opposition. Néanmoins, il ne faut pas méconnaître que l'article 581 ne cadre guère avec ce système : *ces délais
expirés* (ceux de la vérification et de l'affirmation), *l'époque de la
cessation des paiements demeurera irrévocablement déterminée à
l'égard des créanciers.* Ce n'est pas absolument vrai, si, même
après ces délais, on permet aux créanciers d'agir, pourvu qu'on soit
encore dans le mois de la publication du jugement.

165. Les solutions données à propos des articles 580 et 581,
C. com., s'appliquent au syndic représentant les créanciers, comme
à ceux-ci agissant individuellement (1). On ne comprendrait pas que
le syndic, qui représente les créanciers, fût traité autrement qu'ils
ne le sont eux-mêmes.

166. Mais, par cela même que le droit d'opposition est un droit
individuel pour les créanciers, ils peuvent remettre en question par
une opposition ce qui a été jugé avec le syndic (2).

167. Les créanciers hypothécaires ou privilégiés peuvent-ils se prévaloir des délais de l'article 581, comme les créanciers chirogra-

---

(1) Cass. 21 déc. 1858, D. 1859. 1. 36 ; S. 1859 1. 469 ; Dijon, 26 mai 1884,
Journal des faillites, 1885, p. 110 ; Dijon. 16 mai 1902, D. 1903. 2. 107.

(2) Cass. 15 mai 1854, S. 1854. 1. 382; D. 1854. 1. 505; Cass. 10 janv. 1894,
D. 1895. 1. 17; *Pand. fr.*, 1894. 1. 440; *Journal des faillites*, 1894. —
V. pourtant Orléans, 12 mai 1869, D. 1869. 2. 25.

phaires ? La question ainsi posée devrait être résolue affirmativement ; car il n'y a dans les textes du Code aucune trace d'une
distinction à faire entre les différentes espèces de créanciers. Mais
il y a à distinguer selon que les créanciers dont il s'agit ont un intérêt
commun avec celui des autres créanciers ou un intérêt propre et
distinct de celui de la masse. Dans le premier cas seulement, les
créanciers ont le bénéfice de l'article 581, tandis que, dans le second,
ils sont des parties intéressées, et sont exclusivement soumis en
cette qualité à l'article 580, C. com. Ainsi, le créancier qui a en vue
de défendre son hypothèque ou son privilège menacé par la fixation
de la date de la cessation des paiements, ne peut former d'opposition
que dans le délai de l'article 580, C. com. (1).

168. La détermination exacte des délais visés par l'article 581,
C. com., donne lieu à plusieurs difficultés.

Toutes les créances ne sont pas vérifiées et affirmées en même
temps ; un intervalle plus ou moins long peut s'écouler entre les vérifications des différentes créances. Faut-il, dès lors, envisager la procédure de vérification et d'affirmation dans son ensemble et permettre
de former opposition tant qu'elle n'est pas close pour tous les créanciers, ou faut-il fixer le délai d'une manière distincte pour chaque
créancier ? La première solution paraît bien résulter de l'article 581 ;
il se réfère à une date unique applicable à tous les créanciers. Il
serait, du reste, singulier que les créanciers dont le droit est le plus
certain et dont l'admission n'a soulevé aucune difficulté, eussent perdu
le droit de former opposition, alors que les créanciers dont les droits
n'ont pas été immédiatement reconnus, le conserveraient (2).

---

(1) Bordeaux, 30 juin 1856, S. 1857. 2. 17 ; Cass. 23 avr. 1861, D. 1861. 1.
160 ; *J. Pal.*, 1862. 505 ; S. 1861. 1. 408, *Pand. fr. chr.* ; Toulouse, 17 nov.
1881. S. 1882. 2 117 ; *J. Pal.*, 1882. 1. 676 ; Cass. 13 mai 1885, S. 1885.
1. 368 ; *J. Pal.*, D. 1885, 1. 902 ; 1886. 1. 136 ; *Pand. fr. chr.* ; Cass 14 mai
1900, S. et *J. Pal.*, 1901. 1. 211 ; *Pand. fr.*, 1901. 1. 21 ; Toulouse
2 novembre 1902 ; *Pand. fr.*, 1904. 2. 327 : Rouen, 7 janvier 1903, *Journal des faillites*, 1903, p. 159 ; 1904, p. 56 ; D. 1903. 2. 208. — Alauzet,
VI, n° 2857 ; Bravard et Demangeat, V, p. 654 à 656.

(2) Cass. 4 janv. 1842, S. 1842. 1. 267 ; *J. Pal.*, 1842. 2. 159. — Renouard.
II, p. 389 à 391 : Alauzet, VI, n° 2857 ; Lauria, *op. cit.*, n° 1047 ; Thaller
et Percerou, I, n° 427.

Mais il ne suffit pas de se prononcer sur cette question. La loi qui fixe dans quels délais la vérification des créances doit commencer, n'indique pas quand elle doit se terminer. Aussi ces délais ne sont-ils expirés que, lorsque les opérations de la vérification étant closes, le délai de huitaine accordé pour l'affirmation (art. 497, C. com.), est écoulé, alors même, du reste, que les créanciers se seraient mis en règle avant l'expiration de ce délai (1).

Le renvoi à l'audience d'une contestation relative à une créance ne prolonge pas le délai de l'opposition tendant au report de la date de la cessation des paiements, jusqu'au jugement de cette contestation (2). Il serait contraire à l'esprit de la loi de 1838 qui a voulu accélérer les opérations de la faillite, d'admettre qu'il n'y a déchéance en vertu de l'article 581, C. com., que lorsque toutes les contestations relatives à des créances produites ont été définitivement jugées (3).

Quand peut-on donc dire que les opérations de la vérification sont closes? On a parfois décidé qu'elles sont réputées closes par cela seul que le dernier créancier s'est présenté. Mais une telle règle est de nature à donner lieu à des difficultés de fait, Il est malaisé de savoir qui est le dernier créancier. Le mieux est de s'attacher à la date du procès-verbal dans lequel le syndic a déclaré closes les opérations de vérification (4). Les créanciers ont huit jours encore après cette date pour former opposition. Il est vrai que le procès-verbal de vérification peut être rouvert pour les créanciers retardataires, mais cela permet seulement à ces créanciers de participer aux opérations de la

(1) Cass. 8 mai 1860, D. 1860. 1. 242 ; S. 1860. 1. 406 ; *J. Pal.*, 1860. 2. 242.

(2) Ch. civ. rej. 21 déc. 1858, D. 1859. 1. 36 ; S. 1859. 1. 560 ; *J. Pal.*, 1859, 897 ; Cass. 12 août 1868, D. 1871. 5. 188 ; S. 1869. 1. 70 ; *J. Pal.*, 1869. 149. Cf. Caen, 29 mars 1882, *Journal des faillites*, 1882, p. 536 (cet arrêt ne nous semble pas contraire, parce qu'on pouvait dire dans l'espèce qu'il n'y avait pas réellement clôture des opérations de vérification, puisque le juge-commissaire avait encore à procéder à une mesure d'instruction).

(3) V. l'arrêt du 21 déc. 1858 cité à la note précédente.

(4) Cass. 21 déc. 1858, S. 1859. 1. 460 ; D. 1859. 1. 36 ; *J. Pal.*, 897 ; Cass. 10 décembre 1890, *Journal des faillites*, 1891, p. 49 ; S. 1891. 1. 255 ; *J. Pal.*, 1891. 1. 618 ; D. 1891. 1. 257 ; *Pand. fr.*, 1891. 1. 166 ; Paris, 26 juill. 1891, *Journal des faillites*, 1892, p. 59. — V. *en sens contraire*, Paris, 22 fév. 1883, *Journal des faillites*, 1883, p. 149.

faillite, sans qu'ils obtiennent le droit d'opposition. Ce droit n'existe plus pour les créanciers vérifiés et affirmés précédemment, et la loi ne paraît pas admettre que des créanciers puissent en jouir quand il est perdu pour d'autres.

169. Toutes les règles posées jusqu'ici visent le cas normal où le jugement fixant la date de la cessation des paiements est rendu avant la clôture des opérations de vérification et d'affirmation des créances. Mais il peut se produire des cas exceptionnels dans lesquels cette date n'est fixée que par un jugement postérieur à cette clôture. L'article 581 est alors évidemment sans application aux créanciers (1). Sans cela, ils seraient déchus du droit de former opposition alors qu'en l'absence d'un jugement, ce droit ne leur aurait, en réalité, jamais appartenu. Ainsi, en retardant la fixation de la date de la cessation des paiements, le syndic enlèverait aux créanciers le droit d'opposition. Dans un cas de ce genre, le droit d'opposition se trouve limité exclusivement par l'article 580, C. com. (2).

170. Il résulte des explications qui précèdent que c'est seulement après l'expiration des délais des articles 580 et 581, C. com., que la date de la cessation des paiements demeure irrévocablement déterminée à l'égard des créanciers (art. 581, *in fine*) (3). Il en est ainsi quand une opposition n'a pas été formée pendant ces délais. Mais, il va sans dire que, lorsqu'une opposition a été régulièrement faite avant leur expiration, le jugement statuant sur l'opposition peut n'être rendu qu'après ces délais : l'article 581 se réfère à la date de la demande des créanciers, non à la date à laquelle est rendu le jugement qui statue sur cette demande (4).

La fin de non-recevoir tirée de ce que la demande en report de la date de la cessation des paiements a été formée tardivement, peut

---

(1-2) Trib. civ. d'Annecy, 7 fév. 1890, *la Loi*, nᵒ des 28 et 29 avr. 1890. — Cpr. Cass. 5 juin 1893, S. et *J. Pal.*, 1894, 1. 486 ; D. 1894. 1. 519 ; *Pand. fr.*, 1895. 1. 34.

(3) Cass. 22 nov. 1899, S. et *J. Pal.*, 1900. 1. 385 ; *Pand. fr.*, 1900. 1. 148.

(4) Cass. 22 janv. 1861, S. 1861. 1. 85 ; *J. Pal.*, 1862. 765 ; D. 1861. 1. 365 ; Aix, 2 déc. 1863, S. 1864. 2. 198. — Alauzet, VI, nᵒ 2857 ; Bravard et Demangeat, V. p. 659.

être opposée en tout état de cause, même pour la première fois en appel (1). Car les fins de non-recevoir qui ne constituent pas des exceptions de procédure ne sont pas obligatoirement opposables *in limine litis*.

171. Jusqu'à l'expiration des délais des articles 580 et 581, C. com., la date de la cessation des paiements peut être modifiée sur la demande du syndic ou des intéressés et même d'office par le tribunal (art. 441, C. com.) (2).

Tant que les délais pour former opposition ne sont pas expirés, le jugement ou l'arrêt fixant la date de la cessation des paiements n'a pas autorité de chose jugée et un créancier dont la demande a été repoussée peut en former une nouvelle tendant à fixer la cessation des paiements à une autre date ou à la date à laquelle la juridiction saisie avait refusé de la fixer. Il suffit que, dans ce dernier cas, le créancier invoque des faits dont il ne s'était pas prévalu (3).

171 *bis*. Dans quelles circonstances des modifications peuvent-elles être faites d'office par le tribunal ? Il va de soi que le tribunal qui a fait une première fixation qu'il a déclarée lui-même provisoire ou qui n'en a fait aucune, peut d'office changer la date provisoire résultant de sa décision ou de la loi (art. 441, *in fine*, C. com.).

Une fois les délais expirés, le tribunal ne peut faire d'office ce que ne peuvent plus demander les intéressés (4).

Mais le tribunal, qui a fixé la date de la cessation des paiements sans réserve, peut-il d'office la modifier si l'on se trouve encore dans les délais des articles 580 et 581, C. com. ? On a prétendu que le tribunal n'a pas ce droit dans ces circonstances. Les juges, dit-on, ne

---

(1) V., *en sens contraire*, Dijon, 16 mai 1902, D. 1903. 2. 107. Cet arrêt admet que la loi de non-recevoir doit, à peine de déchéance, être opposée avant tout moyen tiré du fond.

(2) Le droit du Tribunal de commerce subsiste quand même la date de la cessation des paiements aurait été déterminée par une décision de la juridiction correctionnelle condamnant le failli pour banqueroute simple : Cass. 3 janvier 1896, D. 1899. 1. 198.

(3) Cpr. Pau, 27 janvier 1908, S. et *J. Pal.*, 1908. 2. 175; *Pand. fr.*, 1908. 2. 175; *Journal des faillites*, 1909, p. 363.

(4) Cass. 8 mai 1860. S. 1860. 1. 406; Aix, 2 déc. 1863, S. 1864. 2. 198.
— Bravard et Demangeat, V, p. 659.

peuvent revenir perpétuellement d'eux-mêmes sur des jugements qu'ils ont rendus ; c'est à eux à ne statuer qu'à bon escient, et la fixation une fois faite doit subsister tant qu'elle n'est pas attaquée dans les délais légaux par un intéressé (1). En réalité, il n'y a dans la loi aucune restriction au droit pour les juges de modifier d'office leurs décisions relatives à la date de la cessation des paiements, et toute restriction à cet égard pourrait être fâcheuse. Tant que les délais de l'article 580 et de l'article 581, C. com., ne sont pas expirés, il n'y a pas de chose jugée (2), il n'y a de droit acquis pour personne, et il n'y a rien d'exorbitant à ce que le tribunal statue d'office, comme sur la demande d'un intéressé, puisqu'en cette matière, le législateur a cru devoir déroger à la règle ordinaire selon laquelle les tribunaux ne statuent qu'autant qu'ils sont saisis (3). Il n'en est pas moins vrai que les tribunaux doivent user avec modération du pouvoir qui leur est ainsi attribué et ne pas modifier capricieusement la date une fois adoptée par eux sans aucune réserve (4).

172. L'opposition est signifiée aux mêmes personnes que lorsqu'elle est formée contre un jugement déclaratif de faillite. V. n° 139. Elle doit donc l'être au syndic et, en outre, à la personne qui a fait rendre le jugement frappé d'opposition, ou à cette personne seule quand l'opposant, ce qui est fréquent, est le syndic lui-même. Si le jugement attaqué a été rendu d'office, il ne peut être procédé que par voie de requête adressée au tribunal.

173. L'opposition peut être formée par le syndic ou par un intéressé, créancier ou autre.

(1) Dict. de Couder, v° *Faillite*, n° 163.

(2) Cass. 5 juin 1893, S. et *J. Pal.*, 1894. 1. 486; D. 1894. 1. 519; *Pand. fr.*, 1895. 1. 34. V. aussi Cass. 20 octobre 1891, *Journal des faillites*, 1891, p. 486.

(3) Cass. 1er avr. 1879, S. 1880. 1. 21 ; D. 1879. 1. 353. — Renouard, I, p. 285; Boistel, n° 901; Bédarride, I, n° 68 ; Bravard et Demangeat, V, p. 198.

(4) La proposition de loi mentionnée plus haut (n° 108) qui supprime la faculté, pour le tribunal, de déclarer la faillite d'office, supprime aussi, pour lui, celle de fixer et de modifier la date de la cessation des paiements. Cependant, la seconde faculté ne paraît pouvoir présenter aucun des inconvénients qu'on attribue à la première.

Le créancier qui agit en temps utile conserve le droit de tous. Aussi, même après les délais des articles 580 et 581, un créancier peut intervenir dans l'instance, et le désistement de l'opposant ne compromet pas le droit de l'intervenant (1).

A l'égard des personnes qui n'ont pas été parties au jugement qui a fixé antérieurement la date de la cessation des paiements, l'opposition dont parle les articles 580 et 581, C. com., est une véritable tierce-opposition. V. analog., n° 134.

174. Le jugement rendu sur l'opposition produit ses effets *ergà omnes*, comme le jugement qu'il remplace. Il n'est pas possible qu'il y ait des dates de cessation de paiements différentes pour les divers intéressés : il s'agit d'une situation qui doit être réglée pour tous d'une manière uniforme.

175. *Appel.* — Pas plus pour le jugement fixant la date de la cessation des paiements que pour le jugement déclaratif de faillite (n° 141), la loi n'a parlé expressément de l'appel. Mais, le premier de ces jugements, comme le second, n'est pas rangé par l'article 583, C. com., parmi les jugements rendus en matière de faillite, contre lesquels l'appel est exclu. Cette voie de recours est donc admise.

L'objet de la demande en fixation de la date de la cessation des paiements n'a pas de valeur déterminée. Aussi l'appel est-il sans distinction recevable contre le jugement qui l'a fixée.

L'appel doit être formé dans le délai abrégé que détermine l'article 582, C. com., c'est-à-dire dans la quinzaine (sauf augmentation de ce délai à raison des distances) à partir de la signification du jugement attaqué. V. n° 146.

Dans le silence de la loi, il faut s'en tenir aux principes généraux quant aux personnes qui peuvent interjeter appel. Ce droit n'appartient qu'aux personnes qui ont figuré dans le premier jugement. Il est donc refusé aux créanciers qui y sont demeurés étrangers; ceux-ci ne peuvent qu'y former opposition (2). Le caractère individuel

---

(1) Rennes, 15 fév. 1861, S. 1861. 2. 356 ; Toulouse, 31 janv. 1893, S. et J. *Pal.*, 1894. 2. 97; D. 1894. 2. 22 ; *Pand. fr.*, 1893. 2. 173. — Cpr. analogie, art. 2190, C. civ. — V. Bravard et Demangeat, V, p. 648 et 649.

(2) V. note de la page. L'arrêt de la Cour de Rennes du 1er mai 1876,

qu'a, en cette matière le droit des créanciers, empêche qu'on ne puisse dire exactement, comme on l'a dit quelquefois, que les créanciers, ayant toujours été représentés en première instance par le syndic, peuvent tous sans distinction interjeter appel (1). Cpr. n° 143.

L'appel doit, comme quand il est formé contre le jugement déclaratif, être signifié à la fois au syndic et au créancier sur la demande duquel a été rendu le jugement attaqué. Mais, si le syndic avait demandé par voie de requête le report de la date de la cessation des paiements, il ne pourrait aussi interjeter appel que par voie de requête, par cela même qu'il n'a pas eu de contradicteur en première instance (2).

175 *bis*. Le jugement qui fixe la date de la cessation des paiements, a un caractère accessoire par rapport au jugement déclaratif. Aussi y a-t-il lieu d'admettre que, dès l'instant où le jugement déclaratif est frappé d'appel ou d'opposition, le jugement relatif à la date de la cessation des paiements n'a pu acquérir force de chose jugée; cette date peut être examinée à nouveau par la juridiction qui statue sur l'appel ou sur l'opposition (3).

SECTION III

Des effets du jugement déclaratif de faillite.

176. Le jugement déclaratif de faillite produit des effets importants, nombreux et variés. Il est utile d'avoir de ces effets une idée générale avant d'étudier chacun d'eux séparément. Il importe aussi

D. 1876. 2. 207, dit très bien : « La faculté d'appeler existe pour le créan- « cier, mais à la condition d'avoir été en cause; ce n'est là, d'ailleurs, que « l'application normale du second degré de juridiction et la seule déroga- « tion à la règle ordinaire ne touche qu'à l'abréviation du délai. » V. Nîmes, 16 janvier 1904, *Journal des faillites*, 1904, p. 154.

(1) Orléans, 4 mai 1864, cet arrêt a été cassé : Cass. 30 janv. 1867, D. 1867. 1. 71. Ajout. Alauzet, VI, n° 2859 ; Dict. de Couder, v° *Faillite*, n°ˢ 1125 et 1126.

(2) Cass. 3 février 1874, *Journal des faillites*, 1874, p. 288.

(3) Cass. 21 janv. 1902, S. et *J. Pal.*, 1903. 1. 454; D. 1903. 1. 54; *Pand. fr.*, 1903. 1. 57. *Journal des faillites*, 1902, p. 49. Cpr. Crépon, *Traité de l'appel en matière civile*, n°ˢ 2851 et 2852. Cass. 16 juin 1845, D. 1845. 4. 61 ; Cass. 12 juillet 1848, D. 1848. 5. 390.

de rechercher si tous ces effets dérivent bien du jugement déclaratif, de telle sorte qu'ils ne puissent exister si la faillite (ou la liquidation judiciaire) (n° 194) (1) n'a pas été déclarée ou si, au contraire, certains de ces effets ne dérivent pas de l'état même de cessation des paiements, encore que cet état n'ait pas été constaté par un jugement déclaratif (2).

On peut diviser les effets du jugement déclaratif en deux grandes classes eu égard au temps auquel ils se rapportent : les uns sont produits dans l'avenir, c'est-à-dire à partir du jour où est rendu le jugement déclaratif, les autres le sont dans le passé, c'est-à-dire dans une période de temps antérieure au jugement déclaratif.

Aussi cette section sera-t-elle divisée en trois paragraphes.

I. — *Généralités. Énumération des effets du jugement déclaratif de faillite. Question relative à ceux de ces effets pouvant résulter du seul fait de la cessation des paiements.*

II. — *Effets du jugement déclaratif de faillite dans l'avenir.*

III. — *Effets du jugement déclaratif de faillite dans le passé.*

I. — GÉNÉRALITÉS, ÉNUMÉRATION DES EFFETS DU JUGEMENT DÉCLARATIF DE FAILLITE. QUESTION RELATIVE A CEUX DE CES EFFETS POUVANT RÉSULTER DU SEUL FAIT DE LA CESSATION DES PAIEMENTS (FAILLITE VIRTUELLE OU FAILLITE DE FAIT).

177. Le jugement déclaratif de faillite est le point de départ de toute une procédure comprenant des opérations ou actes variés qui sont destinées à sauvegarder les intérêts des créanciers et du débiteur, à rassembler et à conserver les différents éléments de l'actif, à faire connaître les créanciers du failli et le montant des créances de chacun d'eux, à faire apparaître les causes de la cessation des paiements et à préparer la solution à donner à la faillite. Dans cette procédure, des autorités et des personnes nombreuses ont à jouer des rôles variés.

(1) Beaucoup des effets du jugement déclaratif de faillite sont produits également par le jugement déclaratif de liquidation judiciaire. Le principe général est que ce second jugement produit les mêmes effets que le premier, sauf les exceptions déterminées par la loi du 4 mars 1889. V. n°ˢ 1035 et suiv.

178. L'ouverture de cette procédure peut être considérée comme un des effets du jugement déclaratif de faillite. Ce jugement produit, en outre, de plein droit, d'autres effets qu'il n'est pas besoin d'y mentionner. Ce sont principalement les suivants :

1° Le failli encourt un certain nombre d'*incapacités*, politiques ou autres, dont les unes ne cessent que par la réhabilitation et les autres par l'expiration d'un délai de trois ans depuis la date du jugement déclaratif (1). V. n°s 974 et suiv. ;

2° Il est *dessaisi* de l'administration de tous ses biens (art. 443, C. com.). V. n°s 195 et suiv. ;

3° Le droit d'exercer des poursuites individuelles contre le failli est suspendu pour ses créanciers. V. n°s 251 et suiv. ;

4° Les dettes non échues du failli deviennent exigibles (art. 444) et il ne peut obtenir de terme de grâce (art. 124, C. pr. civ.). V. n°s 257 et suiv. ;

5° Le cours des intérêts des dettes du failli créances non garanties par un privilège, un nantissement ou une hypothèque, est arrêté à l'égard de la masse (art. 445). V. n°s 267 et suiv. ;

6° La masse des créanciers a une hypothèque sur les immeubles du failli (art. 490, al. 3). V. n°s 276 et suiv. ;

7° A partir du jour du jugement déclaratif, un créancier ne peut plus inscrire de privilège ou d'hypothèque du chef du failli (art. 448). V. n°s 281 et suiv.

La faillite exerce une influence importante sur les droits de certaines personnes dont les garanties ordinaires se trouvent, soit effacées, soit restreintes, soit subordonnées à des conditions spéciales, notamment quant à la preuve des créances auxquelles ces garanties sont attachées : il en est ainsi du vendeur de meubles, du bailleur d'immeubles, de la femme du failli (art. 450, 550, 557 et suiv., C. com.).

On dit souvent que le jugement déclaratif *clôt les magasins du failli*. A cette idée se rattachent des conséquences importantes au

_____

(1) Décret-loi du 2 fév. 1852, art. 15, 17°, et art. 26 et 27 ; L. du 8 déc. 1883, articles 2, 8°, et 8 ; L. 29 juill. 1881, art. 6 ; L. 23 mars 1908, art. 1 ; Code de commerce, art. 604 et suiv. ; L. 30 décembre 1903, art. 1.

point de vue des droits des personnes qui ont expédié au failli des
marchandises, des titres ou des effets de commerce, qui ne sont
arrivés qu'après la faillite du destinataire. V. art. 574 et suiv.,
C. com.

179. En outre, des effets spéciaux à certains contrats sont produits par le jugement déclaratif. Généralement, ces effets sont communs à la faillite et à la déconfiture.

D'après l'article 1865, C. civ., *la société finit..... 4°.....par la
déconfiture de l'un des associés.* Cette disposition doit être étendue
sans hésiter au cas de faillite (1). Bien entendu, la faillite d'un associé n'entraîne la dissolution de la société que si celle-ci a été formée
cum intuitu personæ ; ainsi, la faillite d'un associé quelconque dans
la société en nom collectif ou dans la société en commandite simple,
celle d'un commandité dans la société en commandite par actions,
ont cet effet ; mais il n'est pas produit par la faillite d'un action-
naire (2). Au reste, il y a là une simple interprétation de volonté.
Aussi peut-il être stipulé dans une société formée *cum intuitu personæ* que, malgré la faillite d'un associé, la société continuera (3).

180. L'article 2003, C. civ., indique également la *déconfiture* du
mandant ou du mandataire comme mettant fin au mandat ; on n'hésite
pas davantage à appliquer cette disposition à la faillite. Si le failli
avait donné un mandat, comment le mandat pourrait il s'exécuter,
alors que le mandant est dessaisi de l'administration de tous ses biens ?
Il ne peut plus, ni par lui-même ni par autrui, faire d'actes relatifs
à son patrimoine (4). Si c'est le mandataire qui est tombé en fail-

---

(1) *Traité de Droit commercial,* II, n°ˢ 323 et 542 ; Pont, *Traité des
Sociétés,* n° 726. — Paris, 5 janv. 1853, D. 1854. 5. 708 ; Ch. req. 4 août
1880, D. 1881. 1. 464 et S. 1881 1. 56 (dans l'espèce, il a été admis que la
société a été dissoute de plein droit par le fait même de la cessation de
paiements de l'un des associés ; cela se rattache à la théorie des faillites
de fait dont il sera parlé plus loin, n° 188).

(2) *Traité de Droit commercial,* II, n°ˢ 903 et 1026.

(3) Cass. 10 mars 1881, *Journal des faillites,* 1885, p. 205.

(4) Douai, 20 fév. 1847, D. 1848. 2. 93 et S. 1848. 2. 180 (l'arrêt pose le
principe indiqué au texte ; on a, toutefois critiqué la solution donnée dans
l'espèce, en disant que le principe ne devait pas s'appliquer au cas où le
mandat était donné dans l'intérêt du mandataire ; il s'agissait d'un négociant qui avait expédié des marchandises à son créancier, avec pouvoir de

lite, on comprend que la loi présume que le mandant ne lui continue plus sa confiance (1). On tire de ces règles une conséquence d'une assez grande importance pratique en matière d'endossement en blanc d'une lettre de change ou d'un billet à ordre : celui qui est porteur d'un de ces effets de commerce en vertu d'un endossement de cette nature peut régulariser cet endossement à son profit et au profit d'un tiers en vertu d'un mandat implicite que lui a donné l'endosseur, puisque l'endossement en blanc étant un endossement irrégulier, ne vaut, en principe, que comme procuration (art. 138, C. com.); aussi l'endossement en blanc ne peut-il plus être rempli après la faillite de l'endosseur (2).

Il peut se faire que le mandat ait été donné à plusieurs personnes dont une seule est déclarée en faillite. Le mandat n'est alors révoqué complètement, c'est-à-dire même à l'égard des mandataires non déclarés en faillite, que s'il s'agit d'une opération indivisible.

Résulte-t-il aussi de l'article 2003, C. civ., que la faillite du préposant met fin au contrat qui le lie au préposé? On peut le contester (3). Le contrat dont il s'agit n'est pas un pur mandat; il tient aussi du louage de services. On ne peut dire que, comme le mandat proprement dit, il repose sur la confiance du préposé dans le préposant; le premier ne doit pas au second des services purement personnels (4).

les vendre moyennant un prix indiqué à imputer sur la créance). — V. Pont, *Traité des petits contrats*, nº 1141.

(1) Cass. 25 août 1847, D. 1847, 1. 329. — P. Pont, *Traité des petits contrats*, I, nº 1149.

(2) V. *Traité de Droit commercial*, IV, nº 149, p. 115.

(3) V. *Traité de Droit commercial*. III, nº 540.

(4) Dijon, 8 mai 1882, trib. civ. Seine, 10 janv. 1883, *Journal des faillites*, 1882, p 559, et 1883, p. 207.

V. *en sens contraire*, Trib. comm. de Marseille, 14 sept. 1882, *Journal des faillites*, 1883, p. 63 (ce jugement décide qu'un commis peut être congédié sans avis préalable et sans indemnité, dans le cas de la faillite de la maison qui l'emploie; il est de l'essence du contrat de louage d'industrie d'être attaché à l'existence de l'industrie en vue de laquelle il a été conclu, alors même qu'une durée déterminée a été convenu; un fait de force majeure, tel qu'une faillite, qui fait cesser tout à la fois l'industrie et l'emploi, ne doit pas donner lieu à des dommages-intérêts).

181. Aux termes de l'article 1913, C. civ., la faillite rend exigible le capital de la rente constituée en perpétuel. Cf. art. 1188, C. civ., et 444, C. com.

182. Des effets sont aussi attribués à la faillite sur le contrat d'assurance maritime, que le failli soit l'assureur ou l'assuré. D'après l'article 346, C. com., *si l'assureur tombe en faillite lorsque le risque n'est pas encore fini, l'assuré peut demander caution ou la résiliation du contrat. L'assureur a le même droit en cas de faillite de l'assuré* (1).

183. En général, on reconnaît que tous les contrats, même non visés par un texte légal, reposant sur la confiance personnelle d'un contractant dans l'autre, prennent fin par la mort de l'un d'eux. Cette règle, déduite les articles 1865 4°, et 2003, C. civ., est appliquée notamment à l'ouverture de crédit, en cas de faillite du crédité (2), et au compte-courant, en cas de faillite de l'un des correspondants (3).

184. Les créanciers d'une femme mariée ne peuvent pas demander sans son consentement la séparation de biens; il y a là un droit attaché à la personne dans le sens de l'article 1166, C. civ. (art. 1446, 1er al., C. civ.). Mais, en cas de faillite ou de déconfiture du mari, ils peuvent exercer les droits de leur débitrice jusqu'à concurrence du montant de leurs créances (art. 1446, 2e al., C. civ.). V. nos 890 et 891.

185. La faillite a aussi des conséquences pénales, en ce sens qu'elle peut donner lieu à des poursuites tendant à faire condamner le failli comme coupable du délit de *banqueroute simple* (art. 585 et 586, C. com.), ou du crime de *banqueroute frauduleuse* (art. 591, C. com.). A propos de la banqueroute se présente la question de savoir si le seul fait de la cessation des paiements constaté par une juridiction de répression, même sans déclaration préalable de faillite, suffit pour servir de fondement à une condamnation correctionnelle ou criminelle pour banqueroute simple ou pour banqueroute

---

(1) V. *Traité de Droit commercial*, VI, n° 1441.
(2) V. *Traité de Droit commercial*, IV, nos 743 et suiv.
(3) V. *Traité de Droit commercial*, IV, n° 848.

frauduleuse. Cette question est une des principales de celles qui se rattachent à la théorie générale connue sous le nom de théorie de la *faillite virtuelle*, de la *faillite de fait* ou de la *faillite non déclarée*. V. n°s 176, 187.

186. Les effets qui viennent d'être indiqués se réfèrent à l'avenir. Le jugement déclaratif produit aussi des effets dans le passé. Il est le terme d'une période plus ou moins longue désignée dans l'usage sous le nom de *période suspecte* ou de *temps suspect*. Cette période commence à la date de la cessation des paiements et comprend même, à certains égards, les dix jours qui ont précédé cette date. Les actes faits durant cette période sont soumis à un système particulier de nullités (art. 446 à 449, C. com.), qui, sous des rapports multiples, diffère du système de l'action paulienne ou révocatoire pour cause de fraude (art. 1167, C. civ.). V. n°s 307 et suiv.

187. Parmi ces nombreux effets que produit la faillite, il en est qui, par la force des choses, ne sauraient se concevoir sans un jugement déclaratif rendu par le tribunal de commerce. Il en est ainsi de l'organisation de la procédure même de la faillite ; de la nomination des agents et des autorités qui y prennent part : au tribunal de commerce qui prononce la faillite seul il appartient de nommer en même temps le juge-commissaire (art. 451, C. com.) et un ou plusieurs syndics (art. 462, C. com.). Quant aux effets qui se produisent de plein droit, on pourrait *in abstracto* les concevoir comme dérivant virtuellement de la cessation de paiements, sans que cette cessation eût été constatée par un jugement *ad hoc* du tribunal de commerce compétent déclarant la faillite. Toute partie intéressée à se prévaloir d'un de ces effets dans une instance quelconque pourrait le faire comme demanderesse ou comme défenderesse, à la seule condition de justifier de l'état de cessation de paiements allégué par elle et la judiriction saisie serait compétente pour constater cet état virtuel de faillite et lui faire produire les conséquences dont il s'agit. Ce point de vue est-il celui de notre Code ?

La jurisprudence et un certain nombre d'auteurs le prétendent. Il importe de remarquer qu'il leur est impossible d'admettre toutes les conséquences logiques de leur système ; des textes formels s'y opposent. Ainsi, il est certain qu'il faut un jugement déclaratif pour produire le dessaisissement (1), l'exigibilité des dettes et la suspension du cours des intérêts ; les textes des articles 443, 444 et 445, C. com., sont formels à cet égard ; ces articles parlent expressément du *jugement déclaratif de faillite*. On peut dire que le dessaisissement suppose une administration organisée pour remplacer celle du failli qui disparaît, que la suspension du cours des intérêts se rattache à une liquidation collective, que, par conséquent, on conçoit très bien que ces effets, quoiqu'ils se produisent de plein droit, ne peuvent résulter que d'un jugement déclaratif. Ce raisonnement semble impossible à faire en ce qui touche l'exigibilité des dettes à terme du failli. Un créancier dont le droit n'est pas encore échu agit contre son débiteur commerçant ; celui-ci invoque le terme ; le créancier réplique en disant que son débiteur a cessé ses paiements, est en état de faillite et, par suite, est déchu du bénéfice du terme. Si l'idée générale indiquée tout à l'heure est exacte, qu'est-ce qui s'oppose à ce que le tribunal saisi vérifie l'allégation du demandeur et constate l'exigibilité de la dette au cas où cette allégation est exacte ? Le texte de l'article 444, C. com., est, pourtant, aussi formel que possible pour refuser ce pouvoir au tribunal et pour faire résulter l'exigibilité, non pas de la cessation des paiements, de ce qu'on appelle la *faillite virtuelle* ou *de fait*, mais seulement du jugement déclaratif (2). Est-ce que cela n'entraîne pas déjà un préjugé grave contre cette idée générale qu'on prétend être celle de la loi ? Si elle a été celle du législateur, il faut avouer qu'il l'avait oubliée lorsqu'il a écrit l'article 444, C. com. (3).

Les voies d'exécution individuelles, telles que les saisies demeurent possibles lorsqu'il n'y a pas eu de jugement déclaratif de faillite

---

(1) Ch. req., 23 juill. 1884, S. 1886. 1. 309 ; D. 1884. 1. 455 ; *Journal des faillites* 1884, p. 459 (Un débiteur poursuivi ne peut soutenir que son créancier étant en état de cessation de paiements n'a plus le droit d'agir en justice et qu'un syndic seul pourrait exercer des poursuites).

(2) Metz, 16 déc. 1868, D. 1869. 2. 206.

(3) En cas de déconfiture, la jurisprudence admet que l'érigibilité des dettes à terme n'a pas lieu de plein droit, qu'elle doit être demandée en justice et n'est encourue qu'à partir du jour de la demande. Cass. 30 mars 1892, S. et *J. Pal.*, 1892. 1. 481 (note *en sens contraire* de M. Labbé ; D. 1892. 1. 28 (note *en sens contraire* de M. Planiol).

malgré la cessation des paiements du débiteur. La suspension de ces voies d'exécution suppose une administration organisée pour le patrimoine du débiteur et une publicité spéciale donnée à un jugement constatant son état.

Les incapacités électorales paraissent bien aussi supposer essentiellement un jugement déclaratif de faillite. L'article 15, 17°, décret-loi du 2 février 1852 relatif à l'élection des Députés (4) et les articles 2, 3 et 8 de la loi du 8 décembre 1883 (1) parlent *des faillis non réhabilités* DONT LA FAILLITE A ÉTÉ DÉCLARÉE, etc.... S'il en était autrement, on serait conduit à ce résultat singulier que les incapacités dont il s'agit ne seraient encourues qu'à l'égard des parties en cause.

187 *bis*. Si l'on écarte les cas dans lesquels un texte formel exige un jugement déclaratif pour qu'un effet de la faillite soit produit, que faut-il décider pour les autres ? Selon nous, le système de nos lois est très net ; toutes les fois qu'elles parlent de faillite, elles ont en vue un certain état de choses constaté par le tribunal compétent, seul chargé de ce soin, c'est-à-dire par le tribunal de commerce du domicile du commerçant. Tant que ce tribunal n'a pas statué, il n'y a ni faillite, ni failli, et aucun autre tribunal ne peut, sous prétexte que la preuve de la cessation des paiements d'un commerçant lui est fournie, appliquer les règles que la loi a édictées pour le cas de faillite. Seulement, depuis la loi du 4 mars 1889, la mise en liquidation judiciaire, qui suppose la constatation de la cessation des paiements, comme la faillite, produit, en principe, les mêmes effets que la déclation de faillite (L. 4 mars 1889, art. 24). Comme celle-ci, elle est prononcée par un jugement du tribunal de commerce (L. 4 mars 1889, art. 1). V. n° 194.

Depuis longtemps, avant même la revision de 1838 (2), la jurisprudence est entrée dans une voie directement contraire ; quand elle

---

(1) *Loi relative à l'élection des juges des tribunaux de commerce*, dont les dispositions sont applicables à l'élection des membres des chambres de commerce et des chambres consultatives des arts et manufactures en vertu de la loi du 19 février 1908 (art. 1).

(2) Cass. 7 novembre 1811, S. 1811. 1. 371 ; D. 1812. 1. 261 ; Cass. 13 novembre 1838, S. 1839. 1. 121 ; D. 1838. 1. 400.

n'est pas liée par un texte spécial du genre de ceux relevés ci-dessus
(n° 187), elle admet qu'il y a un état virtuel de faillite, indépendant
de toute déclaration judiciaire formelle, qui peut être invoqué par les
intéressés devant toute juridiction. Elle applique cette idée, soit, en
matière civile, notamment pour les restrictions apportées à l'hypothèque légale de la femme du failli (art. 563, C. com). soit, en
matière criminelle, pour l'action du ministère public tendant à faire
condamner un individu comme banqueroutier simple ou comme banqueroutier frauduleux. Il y a plutôt là, du reste, deux faces de la
même question que deux questions différentes. Il importe, cependant,
d'examiner ces deux faces de la question séparément, parce qu'il y
a des arguments se référant spécialement à chacune d'elles, bien
que le point de départ soit le même ; de plus, un certain nombre
d'auteurs qui suivent la jurisprudence au point de vue pénal en
matière de banqueroute, la repoussent au point de vue des effets
civils de la faillite (1).

188. D'après une jurisprudence à peu près constante, « si la juridiction des tribunaux consulaires est spécialement compétente pour
déclarer l'ouverture de la faillite et en fixer l'époque, il appartient,
néanmoins, dans tous les cas, aux tribunaux civils de reconnaître,
dans la plénitude de leur juridiction, si le débiteur commerçant a, en
réalité, cessé ses paiements et d'appliquer les effets légaux de cette
situation » (2). On a dit en ce sens soit que le juge de l'action est le
juge de l'exception, soit qu'un tribunal compétent sur une question,
doit résoudre toutes les questions sans l'examen desquelles la question principale ne peut être tranchée. C'est à cela que se réduit ordinairement l'argumentation des arrêts ; on peut l'expliquer et la
développer de la manière suivante. D'après l'article 437. al. 1, *tout
commerçant qui cesse ses paiements est en état de faillite ;* la cessation des paiements est un pur fait dont le tribunal de commerce
est appelé à constater l'existence pour déclarer la faillite, mais qui
existe avant cette déclaration et indépendamment d'elle ; cela résulte,

(1) V. sur les faillites non déclarées ou virtuelles, Pierre Fourcade, *Des
faillites non déclarées* (Lyon, 1889 ; Bonnecase, *La faillite virtuelle*
(Toulouse, 1904).

(2) Metz, 20 déc. 1865, D. 1866. 2 10.

dit-on, non seulement de l'article 437, mais aussi des articles 438 et 439 qui parlent de *failli* et de *faillite* et se placent à un moment où le tribunal de commerce n'a pas encore statué. Si l'organisation de la procédure de la faillite suppose forcément une décision *ad hoc*, il n'y a aucune raison pour que la faillite, qui existe en fait, ne produise pas ses effets légaux, dès que la juridiction saisie a constaté cette existence. Autrement, on s'attacherait plutôt à des formules qu'à la réalité des choses. On a parfois cherché à appuyer ce système sur l'ancien Droit : sous son empire, dit-on, les effets de la faillite étaient indépendants de toute déclaration faite par un jugement (1).

C'est à propos de l'application des articles qui diminuent les droits de la femme en cas de faillite du mari, spécialement de l'article 563, C. com., qui restreint son hypothèque légale, que la jurisprudence a le plus souvent affirmé la doctrine qui précède (2). Il est facile de comprendre qu'il y en a d'autres applications possibles (3)

(1) Rép. Dall., v° *Faillite*, n° 119.

(2) V. l'arrêt de la Cour de Metz cité à la note 2 de la page précédente. Ajout. Cass. 13 novembre 1838, S. 1839. 1. 121 (arrêt rendu par application du Code de commerce de 1807); Caen. 15 mai 1854, D. 1854. 2. 243; Cass. 4 déc. 1854, D. 1855. 1. 20 : Lyon, 4 août 1887, *Journal des faillites*, 1887, p. 481 ; Douai, 16 juin 1899, S. et *J Pal.*, 1903. 2. 195; *Journal des faillites*, 1904, 225 ; Cass. 20 novembre 1901, D. 1907. 1. 217, *Journal des faillites*, 1903. 239.

(3) Cass. 8 avr. 1845, D. 1845. 1. 248 (un commanditaire était poursuivi par les créanciers de la société qui avait cessé ses paiements et il opposait la compensation à raison d'une créance qu'il avait contre la société ; la compensation est écartée par application des règles admises en matière de faillite). Cf., Ch. req. 22 janv. 1868, D. 1868. 1. 168 (on invoquait l'article 446, al. 2, pour faire annuler le paiement d'une dette non échue ; la Cour se borne à dire que, le débiteur n'ayant jamais été déclaré en état de faillite, ce ne sont pas les règles de la faillite, mais les principes du droit commun qu'il faut appliquer ; dans l'espèce le débiteur était mort depuis plus d'une année quand on s'était prévalu de l'article 446, C. com.). — V. aussi pour l'application des articles 597 et 598, C. com., par cela seul qu'il y a cessation de paiements : Cass. 4 juill 1854, D. 1854. 1. 403; Aix, 12 déc 1883, *Journal des faillites*, 1884, p. 483. Cass. 26 mars 1888, S. 1888. 1. 461 ; D. 1889. 1. 258. La jurisprudence applique également les articles 550 *in fine* et 576, C. com. relatifs aux droits des vendeurs d'effets mobiliers en cas de faillite de l'acheteur, au cas de faillite de fait. Paris, 18 juin 1858, *Journal des Tribunaux de commerce*, 1858, p. 384. V., *en sens contraire*. Douai, 27 janvier 1902, D. 1904. 2. 217. Cpr. n° 656. V. sur

et, certaines décisions judiciaires adoptent même une formule très large pouvant comprendre tous ou presque tous les effets de la faillite (1).

Au reste, on reconnaît bien que les tribunaux ne peuvent constater la faillite que dans les circonstances où le tribunal de commerce pourrait la déclarer. Aussi admet on cette constatation n'est plus possible quand le commerçant qu'on prétend avoir cessé ses paiements avant son décès, est mort depuis plus d'une année (art. 437, al. 3, C. com.) (2).

189. A nos yeux, ce système est inadmissible (n° 187); il est en désaccord avec l'esprit de la loi en matière de faillite et avec les textes. Tous les effets de la faillite supposent un jugement déclaratif

---

le principe général, Cass. 15 févr. 1897; S. et *J. Pal.*, 1897. 1. 233; D. 1897. 1. 112; *Pand. fr.*, 1898. 1. 5; Cass. 13 mars 1899, S. et *J. Pal.*, 1900. 1. 126.

(1) « Il est de principe que la faillite est un fait qui existe et doit entraîner toutes ses conséquences au point de vue des intérêts civils indépendamment de toute déclaration émanée de la juridiction commerciale » : Trib. civ. de Ruffec, 13 avr. 1869, D. 1871. 2. 54. La Cour de Caen est moins absolue, elle reconnaît que, si la cessation de paiements d'un commerçant constitue l'état de faillite, cet état ne peut produire les effets légaux qui y sont attachés qu'à la condition d'avoir été déclaré judiciairement. Cette déclaration, habituellement prononcée par les tribunaux de commerce en vertu de la compétence spéciale qui leur appartient, peut l'être également, *dans quelques cas exceptionnels,* par les tribunaux civils à raison de la plénitude de juridiction qui leur appartient (arr. du 15 mai 1854. D. 1854. 2. 243). Il serait intéressant de connaître les cas exceptionnels qu'entend viser cet arrêt. — V. tribunal de paix d'Oran, 5 déc. 1894, *la Loi*, n° du 12 déc. 1894 (ce jugement admet que l'article 346, C. com., peut être appliqué quand la cessation de paiements est constatée, sans qu'il y ait eu un jugement déclaratif préalable). V., *dans le même sens*, à propos de la résiliation d'une assurance contre les accidents. stipulée pour les cas de faillite ou de liquidation judiciaire de l'assuré, Nancy, 24 novembre 1906, S. et *J. Pal.*, 1907. 2. 214; *Journal des faillites*, 1907, p. 70. — Renouard, t. I, sur l'art. 437; Rép. Dall., v° *Faillite*, n° 120; Pardessus, III, n° 1108; Alauzet, VI, n° 2798; Esnault, I, n°ˢ 83 et 90; Bravard et Demangeat, V, p. 66 et p. 39, 40, 41, en note; VI. p. 3 et suiv. *Revue pratique*, 1871, t. XXXI, p. 7 à 59 et XXVII, p. 370, 415 (article de M. Bouniceau-Gesmon).

(2) Caen, 15 mai 1854, D. 1854. 2. 243; Cass. 4 déc. 1854, D. 1855. 1. 20. — V. analog. Cass. 16 avr. 1858, D. 1858. 1. 389.

rendu par un tribunal de commerce et constatant la cessation des paiements.

Qu'a voulu la loi dans le cas où un commerçant cesse ses paiements ? Elle a voulu que sa situation fût réglée d'une façon uniforme à l'égard de tous ; c'est pour cela que le tribunal de commerce du domicile est seul déclaré compétent, que sa décision vaut *ergà omnes*, si elle n'est pas attaquée dans les délais légaux. Cela ne se déduit pas seulement du texte de l'article 440 ; cela a été nettement expliqué dans les travaux préparatoires de la loi de 1838. Le rapporteur du projet, s'expliquant sur l'article 437 devant la Chambre des députés, disait : « Le système de la Commission ou plutôt du Gouvernement, en « rédigeant le projet de loi, a été d'exiger, pour constituer la faillite, « ce qu'on appelle la cessation de paiements, c'est-à-dire de ne plus « s'attacher à un fait isolé, tel qu'un ou deux protêts, tel même que « la clôture du magasin, qui pourrait tromper sur l'intention et le « sens dans lequel cette circonstance aurait eu lieu, mais d'exiger « un ensemble de circonstances, *et d'en laisser l'appréciation au* « *tribunal commercial qui, éclairé par la connaissance et l'habi-* « *tude des affaires commerciales, peut prononcer avec connais-* « *sance sur cet ensemble de circonstances* » (1).

Cette explication montre bien que l'argument tiré par la jurisprudence des termes de l'article 437 n'est, en rien, décisif et que cet article ne saurait être isolé de l'article 440. Sans doute, la cessation des paiements est un fait, mais il s'agit de savoir qui a compétence pour le constater, si tout tribunal peut le faire à l'occasion d'une contestation dont il est saisi, ou s'il n'y a qu'un tribunal chargé de ce soin. L'article 440 répond que *la faillite est déclarée par juge-ment du tribunal de commerce.* Ce tribunal a été désigné à raison de son aptitude professionnelle. Dès lors, ne va-t-on pas contre le texte et l'esprit de la loi en laissant un tribunal quelconque, civil ou de répression, procéder à cette recherche ? De plus, il est bien certain que les décisions qui constatent ainsi, d'une manière incidente, qu'un commerçant est en faillite, sont régies par le principe général de l'article 1351, C. civ., qu'elles n'ont, par suite, qu'une autorité

(1) Duvergier, *Collection des lois*, note sur l'art. 437 de la loi de 1838.

relative. Ainsi, avec le système de la jurisprudence, un individu peut être considéré, à l'égard de certaines personnes, comme étant en faillite et, à l'égard de certaines autres, comme n'y étant pas. C'est tout à fait choquant. Sans doute des situations de ce genre peuvent se présenter dans d'autres matières par suite du caractère relatif de l'autorité de la chose jugée; précisément, en matière de faillite, le législateur a pris des précautions pour qu'il n'en fût pas ainsi, en décidant que le jugement déclaratif produit ses effets à l'égard de tous les intéressés, dès qu'il n'a pas été attaqué par eux dans les délais prescrits (V. n° 111).

Dans l'opinion opposée, on fait un singulier abus de l'idée selon laquelle les tribunaux civils ont la plénitude de juridiction et de l'adage en vertu duquel le juge de l'action est aussi juge de l'exception. Quand on parle de la plénitude de juridiction des tribunaux civils, on veut seulement dire qu'ils connaissent des affaires qui n'ont été expressément attribuées à aucun autre tribunal; mais, assurément, cela ne peut signifier que les tribunaux civils statuent même sur des affaires dont la connaissance est attribuée par des textes légaux à d'autres tribunaux. Quant à la compétence du juge de l'action pour statuer sur les exceptions, elle n'existe qu'autant que le juge de l'action n'est pas absolument incompétent pour connaître de l'exception. Les tribunaux civils ne peuvent pas plus trancher incidemment la question de savoir s'il y a faillite que les tribunaux de commerce ne peuvent résoudre incidemment une question d'état.

Quant à l'argument tiré de l'ancien Droit, il manque de base (1). En effet, il n'y a, dans l'*Ordonnance* de 1673, rien d'analogue au jugement déclaratif du Code de commerce. L'article 1ᵉʳ du titre XI de cette ordonnance indiquait quand la faillite serait réputée ouverte, en mentionnant les faits précis considérés comme constitutifs de la cessation des paiements (fuite du débiteur, apposition de scellés sur ces biens), sans charger spécialement une juridiction quelconque d'en déclarer l'ouverture (2).

_____

(1) Delamarre et Le Poitvin, VI, n° 28.
(2) De même, le Code de 1807 parlait de *l'ouverture de la faillite* en termes équivoques; il ne faisait pas une distinction aussi nette que celle

190. Du reste, il est difficile d'indiquer avec précision, dans le système que nous combattons, les effets produits par la cessation de paiements en l'absence d'un jugement déclaratif de faillite On écarte, cela va sans dire, tout ce qui touche à l'organisation de la faillite. Mais, tous les effets indépendants de cette organisation dérivent-ils de la cessation de paiements sans déclaration de faillite ? Des décisions judiciaires semblent l'admettre. Seulement, dans certains cas, on se heurte à des textes positifs qui visent expressément le jugement déclaratif. C'est ce qui a été dit plus haut (n° 187), spécialement à propos de l'exigibilité des dettes à terme; la disposition formelle de l'article 444, C. com., à cet égard, est inexplicable dans l'opinion consacrée par la jurisprudence.

Que doit-on dire du système particulier de nullités organisé par les articles 446 et suiv., C. com., pour les actes faits par le failli durant la période suspecte ? Certaines décisions judiciaires l'ont considéré comme applicable sans déclaration de faillite ; mais tout paraît contraire à cette idée. Il s'agit des actes faits pendant la période suspecte ; comment est déterminée cette période ? Il y a précisément encore des règles spéciales à ce sujet, une attribution particulière faite au tribunal qui a déclaré la faillite pour la fixation de la date de la cessation de paiements. A défaut d'une fixation expresse par le tribunal de commerce, la cessation des paiements est censée s'être produite le jour même du jugement déclaratif (art. 441, C. com., *in fine*). Il semble bien résulter de là que la cessation des paiements ne produit aucun effet en l'absence d'un jugement.

On ne peut douter qu'en écrivant les articles 446 et suiv., le législateur ait eu en vue une déclaration de faillite : le jugement déclaratif est mentionné dans l'article 446 ; il est question *de la masse* au profit de laquelle sont écrites ces nullités, et les créanciers du commerçant ne forment une masse qu'autant qu'ils sont réunis dans la même procédure et légalement représentés par les syndics qu'un jugement déclaratif seul peut nommer (1).

qu'a faite la loi de 1838 entre la cessation des paiements et le jugement déclaratif de faillite.

(1) Cf. Demangeat sur Bravard, V, note 2, p. 201.

Pour les restrictions des droits de la femme (art. 563, C. com.), à propos desquelles la jurisprudence a surtout affirmé son système, il n'y a pas de texte aussi formel que ceux qui viennent d'être indiqués, mais il y a toujours les raisons générales données pour écarter les règles de la faillite en l'absence d'un jugement déclaratif. On peut ajouter qu'il n'est certainement pas conforme à l'esprit de la loi que les dérogations au droit commun qu'elle a admises en cas de faillite dans l'intérêt du commerce en général, soient invoquées par un créancier ou par un acquéreur agissant dans son intérêt propre.

Ainsi que nous l'avons dit, la jurisprudence est fixée dans le sens contraire à l'opinion que nous avons défendue (1), mais celle-ci compte, néanmoins, quelques partisans autorisés dans la doctrine (2).

(1) Cass. 29 avr. 1889, S. 1889. 1. 425; *J. Pal.*, 1889. 1. 1049; D. 1890 1. 19. — On peut noter, cependant, quelques divergences anciennes; un arrêt de Douai du 15 avr. 1840 (Rép. Dall., v° *Faillites*, n° 61) commence ainsi : « Attendu qu'aucune faillite n'existe qu'autant qu'elle a été expressément déclarée par un tribunal dans les formes déterminées par la loi. » En *Belgique*, avant la révision de 1851, la jurisprudence admettait, comme la nôtre, la faillite de fait. Mais, depuis la loi du 16 avril 1851 qui a revisé le livre III du Code de commerce de 1807, la jurisprudence *belge* repousse le système des faillites de fait : Cour de cassation de Belgique, 21 fév. 1861, *Pasicrisie belge*, 1861. 1. 142. De nombreux arrêts ont été rendus dans le même sens. Un arrêt de la Cour de Gand du 25 novembre 1875 (*Pasicrisie*, 1876, 2. 90) dit très bien à ce sujet : « Si, aux termes de l'article 437 du Code de commerce, le caractère constitutif de la faillite est la cessation de paiements et se résout, partant, en un fait, il ne s'ensuit nullement que ce fait puisse produire ses effets en dehors de la constatation de son existence par l'autorité désignée par la loi; les termes de l'article 442 du Code de commerce (correspondant à notre article 440), qui exigent la déclaration de la faillite par jugement du tribunal de commerce, établissent précisément le contraire. » — V., *dans le même sens*, Trib. comm. Anvers, 2 août 1892; Bruxelles, 2 mai 1893, S. et *J. Pal.*, 1893. 4. 29; 1894. 4. 16. — V. Namur, III, n° 1624; *Pandectes belges*, v° *Failli*, n°s 476 et suiv. V. note 2 de la page suivante.

(2) Delamarre et Le Poitvin, VI, n°s 26-41; Demangeat sur Bravard, V., note de la page 39, note 2 de la page 66, note 2 de la page 201 et note 1 de la page 203; Massé, *le Droit commercial dans ses rapports avec le Droit des gens*, II, n°s 1166-1167; Boistel, n° 898; Laurin, n° 958; Pierre Fourcade, *Des faillites non déclarées*, n°s 97 et suiv.; Thaller, *Traité élémentaire de Droit commercial* (4e édition), n°s 1713 à 1715; Thaller et Perce-

191. C'est également en matière pénale, au point de vue de la banqueroute simple et de la banqueroute frauduleuse que, d'après la jurisprudence, l'état de faillite peut résulter de la simple cessation des paiements sans jugement déclaratif (n° 135). Sur ce point, il y a encore de plus imposantes autorités : la jurisprudence s'est manifestée par une série d'arrêts de la Cour de cassation (1). De plus, certains auteurs qui, au point de vue civil, ne reconnaissent pas une faillite non déclarée, pensent, néanmoins, qu'un jugement déclaratif n'est pas le préalable nécessaire d'une poursuite en banqueroute simple ou en banqueroute frauduleuse (2). Aussi des auteurs (3), défendant en 1861 l'opinion opposée, disaient-ils qu'ils avaient contre eux la jurisprudence invariable de la Cour suprême et l'unanimité des auteurs qui ont écrit sur le Droit criminel et le Droit commercial (4). Cet isolement absolu a cessé (5) ; la solution de la jurisprudence est, cependant, encore adoptée par le plus grand nombre des auteurs (6) ; elle est, néanmoins, selon nous, inexacte et il importe d'examiner avec soin les motifs sur lesquels elle se fonde.

rou, I, n⁰ˢ 242 et suiv. ; Léon Lacour, *Précis de Droit Commercial*, n⁰ˢ 1650 et suiv.

(1) V. les nombreux arrêts rapportés dans le Rép. Dall., v° *Faillite*-n⁰ˢ 1394 et suiv. ; Code de commerce annoté de Dalloz, art. 584, n⁰ˢ 13 et suiv., 66 et suiv. ; aj. les arrêts plus récents cités dans les notes suivantes et Cass. 8 juillet 1885, 6 juin 1885, *Journal des faillites*, 1885, p. 398 et 435 ; Cass. 9 mai 1902, S. et *J. Pal.*, 1905. 1. 60.

(2) Massé, *op. cit.*, II, n⁰ˢ 1167 et 1248 ; Laurin, n° 959. La Cour de cassation de Belgique décide qu'un jugement déclaratif est nécessaire pour que les effets civils de la faillite soient produits, mais que l'action publique du chef de banqueroute est indépendante de toute déclaration de faillite par la juridiction commerciale : arr. du 10 oct. 1880, *Pasicrisie* belge, 1880, p. 292.

(3-4) Delamarre et Le Poitvin, VI, n° 42.

(5) Demangeat sur Bravard, V, p. 204, note 1, et VI, p. 3 et suiv. ; Boistel, n° 898 ; Trébutien, *Cours élém. de Droit criminel*, II, p. 69 et suiv. ; Hoffmann *Questions préjudicielles*, II, n⁰ˢ 314 et suiv. ; Villey, note *Sirey*, 1879. 1. 481 ; Thaller et Percerou, I, n⁰ˢ 241 et suiv.

(6) Aux auteurs déjà cités, ajout. F. Hélie, *Instruction criminelle*, VI, n° 2914, et VII, n° 3567 : Blanche, *Etudes pratiques sur le Code pénal*, VI, n° 100 ; Mangin, *De l'action publique*, n° 169 ; Bertauld, *Questions préjudicielles*, n⁰ˢ 80 et suiv. ; Dict. de Couder, v° *Banqueroute*, n° 8 ; Garraud, *Traité de Droit pénal français*, V. p. 358 et suiv.

192. D'après les termes de l'article 585, C. com., *sera déclaré banqueroutier simple* TOUT COMMERÇANT FAILLI *qui se trouvera dans un des cas suivants.* . ; l'article 591 emploie une formule analogue pour le banqueroutier frauduleux. Il s'agit d'un délit ou d'un crime qui ne peut être commis que par un commerçant *failli*. Comment sera-t-il constaté que telle est la situation du prévenu ou de l'accusé? La jurisprudence invoque d'abord les termes généraux de l'article 437, C. com., pour soutenir que la faillite résulte de la simple cessation des paiements; elle ajoute que la question de savoir si l'inculpé était en état de cessation de paiements n'est point une question préjudicielle excédant les limites de la compétence du juge criminel, mais une simple question de fait qu'il peut résoudre librement, sans se préoccuper de ce qu'a pu faire ou ne pas faire la juridiction commerciale qui statue dans un ordre d'idées et d'intérêts tout différent. Cela résulte du principe que la juridiction criminelle et la juridiction civile sont indépendantes l'une de l'autre (art. 3 et 4, C. instr. crim.), de telle sorte qu'à moins d'un texte formel, comme celui des articles 326 et 327, C. civ., l'exercice de l'action publique ne peut être subordonné à l'existence d'une décision de la juridiction civile; ce texte n'existe pas ici (1).

En conséquence, il a été jugé qu'une poursuite en banqueroute est recevable, non seulement quand la juridiction commerciale n'a pas été appelée à connaître de l'existence de la faillite, mais même quand un jugement du tribunal de commerce passé en force de chose jugée décide qu'il n'y a pas faillite, attendu qu'il n'existe entre les deux instances ni identité d'objet, ni identité de parties (2). A l'inverse, un jugement déclaratif de faillite ne dispense pas le tribunal de répression de rechercher lui-même dans les circonstances de la cause si l'inculpé était commerçant et s'il avait cessé ses paiements (3). Ainsi donc, rien ne s'oppose à ce que, d'une part, un individu dont le tribunal de commerce a refusé de déclarer la faillite,

(1) V., notamment, Cass. 24 juin 1864, D. 1864. 1. 450; 18 août 1878 S. 1879. 1. 484; 23 déc. 1880, S. 1882. 1. 435.

(2) V., notamment, Cass. 23 déc. 1880, S. 1882. 1. 435.

(3) Cass. 13 mai 1882, D. 1882. 1. 487, et *Journal des faillites*, 1883, p. 29.

soit condamné comme banqueroutier et à ce que, d'autre part, un individu déclaré en faillite soit renvoyé des poursuites dirigées contre lui, parce que la juridiction de répression pense qu'il n'est pas commerçant ou qu'il n'a pas cessé ses paiements (1).

A l'inverse, il va de soi qu'un tribunal de commerce, saisi d'une demande en déclaration de faillite, n'a pas à se préoccuper de la décision qu'a pu rendre la juridiction de répression saisie d'une poursuite pour banqueroute (2). Sur ce dernier point, il y a un complet accord.

193. Les conséquences logiques du système devraient, semble-t-il, faire déjà singulièrement hésiter à l'adopter. Elles sont des plus fâcheuses et de nature à amener, comme on l'a justement dit, de véritables scandales judiciaires. La juridiction spécialement compétente a décidé que tel individu n'était pas en état de faillite, et cela ne va pas empêcher de le condamner comme failli ! Au contraire, une faillite a été régulièrement déclarée, elle existe pour tout le monde et elle ne peut être rapportée, le jugement n'ayant pas été attaqué dans les délais légaux ; néanmoins, un juge correctionnel va pouvoir dire qu'il n'y a pas banqueroute simple, parce qu'il n'y a pas faillite (3) ! Cela est souverainement choquant ; il y a, en quelque sorte, entre deux juridictions une lutte directe engagée à propos d'une situation que la loi a voulu régler d'une manière générale et uniforme.

Il n'y a pas à revenir sur le point de départ même de la solution que nous combattons ; nous l'avons déjà réfuté, en essayant de démontrer

---

(1) Renouard. qui soutient que les tribunaux de répression peuvent prononcer sur la banqueroute en l'absence d'un jugement déclaratif, a hésité d'abord à admettre cette conséquence ; il finit par l'admettre quoique à regret, semble-t-il, puisqu'il ajoute : « Il faut compter qu'à défaut d'autorité de la chose jugée, le bon sens et la conscience des juges correctionnels et des jurés éviteront à la société le triste spectacle de la justice disant blanc et noir sur les mêmes faits. » *Op. cit.*, 3e édit., II. p. 427.

(2) Trib. comm. Marseille, 8 mars 1877, *Journ. de jurispr. de Marseille*, 1877. 1. 151 (ce jugement prononce la faillite d'un individu qui, poursuivi pour banqueroute simple, avait été acquitté par ce motif qu'il ne faisait pas le commerce).

(3) Nous ne parlons ici que du juge correctionnel et non de la Cour d'assises. Le premier motive son jugement, tandis que le verdict du jury, n'étant pas motivé, ne peut présenter cette contradiction avec le jugement du tribunal de commerce.

que, dans le système du Code de commerce, il ne peut y avoir de faillite sans jugement déclaratif. V. nᵒˢ 186 et suiv. Il résulte de là que, la qualité de failli chez l'inculpé étant une condition *sine quâ non* de la poursuite en banqueroute simple ou frauduleuse, il ne s'agit pas d'un élément de fait dont la juridiction de répression puisse constater l'existence comme des divers éléments de fait d'un crime ou d'un délit(1); il y a là une véritable question préjudicielle devant laquelle doit s'arrêter la poursuite, tant qu'elle n'est pas tranchée par le tribunal compétent.

Dans le système de la jurisprudence, il y aurait indépendance absolue des deux juridictions qui ont à pourvoir à deux ordres d'intérêts tout à fait différents ; rien de plus naturel dès lors, dit-on, qu'il y ait un désaccord tout au moins apparent entre les solutions. Cette séparation absolue entre les intérêts privés et l'intérêt général ne paraît pas avoir été établie par le législateur en matière de faillite. Il est remarquable, d'abord, que ce soit le Code de commerce lui-même, non le Code pénal, qui mentionne les cas de banqueroute simple et de banqueroute frauduleuse comme des conséquences possibles de la faillite dont il détermine la procédure et l'organisation. De plus, les dispositions mêmes de la loi prouvent qu'elle s'est préoccupée de l'intérêt public et qu'elle a pensé qu'il pourrait y être donné satisfaction même en faisant de la faillite une affaire de la compétence exclusive de la juridiction commerciale. C'est ainsi que

---

(1) L'application du système de la jurisprudence est facile devant la juridiction correctionnelle qui constatera d'une manière distincte l'existence des qualités et éléments de fait nécessaires pour constituer le délit. Ce n'est pas aussi simple devant le jury. La faillite n'est pas un fait punissable par lui-même, on ne peut pas poser au jury une question uniquement relative à l'état de faillite de l'accusé ; cet état doit être visé dans la question qui porte sur le fait qui seul est punissable. Ainsi l'on dira par exemple : *L'accusé, commerçant failli, est-il coupable d'avoir soustrait ses livres ?* Le jury est ainsi appelé à constater des faits de nature très diverse et il est à craindre que son attention ne se porte que sur le fait matériel de la soustraction. Cf. Delamarre et Le Poitvin, VI, p. 164 et suiv. Si le jury répond affirmativement, il aura reconnu que l'accusé était en état de faillite ; s'il répond négativement, on ne peut dire qu'il nie par là l'état de faillite, parce qu'il a pu penser que, tout en étant en faillite, l'accusé n'a pas commis le fait qui lui est reproché.

le tribunal de commerce a le pouvoir de déclarer la faillite d office ; ce pouvoir lui est conféré non seulement pour la protection des créanciers éloignés, mais pour la sauvegarde de l'intérêt général (nº 108) ; il peut refuser l'homologation d'un concordat pour des motifs tirés de l'intérêt public (art 515). La loi commerciale s'est inquiétée de la répression des faits de fraude pouvant être commis à l'occasion des faillites ; elle a prévu l'intervention possible du ministère public ; elle a exigé la transmission immédiate au procureur de la République du ressort de l'extrait des jugements déclaratifs de faillite (art. 459) ; aux termes de l'article 483, les officiers du ministère public peuvent assister à l'inventaire dressé par les syndics et ils ont, à toute époque, le droit de requérir communication de tous les actes, livres ou papiers relatifs à la faillite. Cette dernière disposition est bien difficile à comprendre dans un système qui permet au ministère public de requérir une instruction de banqueroute indépendamment de toute déclaration de faillite ; il n'y avait pas besoin de l'autoriser à faire, en cas de faillite déclarée, des actes auxquels il peut procéder en tout temps.

Le système qui, au nom de l'intérêt public, revendique pour la juridiction de répression le droit de punir un individu comme banqueroutier, sans tenir compte des décisions de la juridiction commerciale, nous paraît, en définitive, se ramener à une critique de la loi, qui aurait eu tort de confier les questions de faillite aux juges consulaires et de laisser ainsi les intérêts privés et les considérations personnelles l'emporter sur l'ordre public.

194. La question qui vient d'être examinée se présentait avant la loi du 4 mars 1889 sur la liquidation judiciaire. Mais on a prétendu que cette loi ne permet plus de discuter cette question ; toutes les dispositions de cette loi, a-t-on dit, supposent que la faillite peut exister et produire ses effets indépendamment du jugement du tribunal de commerce ; spécialement l'article 19-4º, de la loi du 4 mars 1889 pose, en principe, que le débiteur a pu être condamné comme banqueroutier simple ou frauduleux avant tout déclaration de faillite (1).

(1) Garraud, *Traité de Droit pénal français*, V, note 9, p. 359.

Selon nous, la question se pose encore et il faut persister à soutenir, même depuis la loi du 4 mars 1889, qu'une condamnation pour banqueroute simple ou frauduleuse n'est pas possible tant qu'un jugement du tribunal de commerce n'a pas constaté le fait de la cessation des paiements. Seulement, ce qui résulte de la loi nouvelle, c'est que cette constatation peut, selon les cas, être accompagnée d'une déclaration de faillite ou d'une mise en liquidation judiciaire. L'article 19-4° de la loi de 1889 suppose la condamnation pour banqueroute d'un débiteur en état de *liquidation judiciaire*. Celle-ci est une faveur dont un commerçant ne peut jouir qu'en vertu d'un jugement rendu *ad hoc* par le tribunal de commerce.

II. — EFFETS DU JUGEMENT DÉCLARATIF DE FAILLITE DANS L'AVENIR.

§ 1er. — *Dessaisissement.*

195. Le dessaisissement est un des effets les plus importants et les plus graves du jugement déclaratif. Il est certain que, même dans le système de la jurisprudence relatif aux faillites virtuelles ou de fait (n°s 187 et suiv.), le dessaisissement ne dérive pas du seul fait de la cessation des paiements (1). La liquidation judiciaire elle-même ne produit pas le dessaisissement ; c'est là une des principales différences entre elle et la faillite. V. n° 1045.

196. D'après l'article 443, al. 1, C. com., *le jugement déclaratif de la faillite emporte de plein droit, à partir de sa date, dessaisissement pour le failli de l'administration de tous ses biens, même de ceux qui peuvent lui échoir tant qu'il est en état de faillite.* Les alinéas suivants de l'article 443 tirent des conséquences de cette règle générale au point de vue des actions en justice et des voies d'exécution. Le dessaisissement est une mesure énergique destinée à protéger les créanciers contre tous les actes par lesquels leur débiteur pourrait diminuer leur gage. L'idée en a été introduite dans notre législation seulement par le Code de 1807. L'Ordonnance de

(1) Cass. 23 juill. 1884, *Journal des faillites*, 1884, p. 459 ; D. 1884. 1. 455 ; S. 1886. 1. 309 ; *J. Pal.*, 1886. 1. 739.

1673 était très défectueuse sur ce point. Il semblait résulter de ses dispositions qu'un individu en faillite pouvait se maintenir indéfiniment dans l'administration de son patrimoine, quoiqu'il eût cessé ses paiements (n° 12) ; ce n'était qu'après qu'il avait convoqué ses créanciers que ceux-ci pouvaient prendre des mesures pour la conservation de l'actif ; aussi des abus scandaleux s'étaient-ils produits (1). Vainement l'Ordonnance fulminait-elle la peine de mort contre ceux *qui avaient diverti leurs effets* (tit. XI, art. 10 et 11), cela n'empêchait pas les faillis de détourner la plus grande partie de leur actif ; les créanciers étaient ensuite à leur discrétion ; ils aimaient mieux abandonner leurs droits pour un dividende même minime que de courir le risque de ne rien avoir par suite de l'impossibilité de retrouver les valeurs dissimulées. Aussi est-ce un des points sur lesquels l'attention du législateur de 1807 avait été particulièrement attirée (2).

197. Il y a lieu d'examiner : 1° *A partir de quel moment se produit le dessaisissement ; 2° En quoi il consiste et quelles conséquences il produit ; 3° A quels biens il s'applique.*

198. 1° *A partir de quelle époque se produit le dessaisissement.* — Le Code de 1807 était allé d'un extrême à l'autre. Pour remédier aux abus résultant de l'absence de dessaisissement (n° 196), on avait pensé qu'on ne pouvait pas dessaisir trop tôt le débiteur ; l'ancien article 442, C. com., portait que le failli, « *à compter du jour de la faillite* », est dessaisi de plein droit de l'administration de tous ses biens ; il s'agissait, non pas de la faillite déclarée par le tribunal de

---

(1) Cf. Bédarride, I, n° 75.

(2) *Observations de Pigot-Préameneu au Conseil d'Etat* : « Il est certain que, dans la législation actuelle, on n'a point pris assez de mesures contre les manœuvres des faillis, et qu'ils ont, surtout dans les premiers temps de la faillite, trop de facilités pour soustraire des effets, pour les dénaturer, pour en disposer. En effet, il n'est d'usage d'apposer les scellés que quand le failli est absent. S'il est présent, il convoque ses créanciers et cette première convocation comporte un délai assez long, pendant lequel les opérations ne sont pas surveillées... Si les faillites sont devenues, par les fraudes qui s'y commettent, un moyen de s'enrichir, il est reconnu que c'est à l'ouverture même de la faillite, et par tous les moyens alors employés pour en imposer aux créanciers, que l'on parvient à se revêtir de leurs dépouilles. » Locré, *Législation de la France*, XIX, 78.

commerce, mais de la faillite ouverte par la cessation de paiements. Cf. anc. art. 441. La conséquence forcée d'une pareille règle aurait dû être qu'on devait annuler tous les actes faits par le failli à partir de cette cessation ; celle-ci peut, cependant, être ignorée de ceux qui traitent avec le failli et il est possible qu'elle se place à une époque bien antérieure au jugement déclaratif (1). La jurisprudence, effrayée des résultats auxquels on serait ainsi arrivé, avait reculé devant l'application littérale de la loi ; elle distinguait les actes à titre gratuit des actes à titre onéreux et n'annulait ceux-ci qu'autant qu'il y avait eu fraude (2).

La loi de 1838 a maintenu l'idée de dessaisissement, mais l'a mieux appliquée, en ne faisant dater le dessaisissement que du jugement déclaratif (art. 443); il y a là un fait qui ne laisse place à aucune équivoque : puis, en même temps que l'administration de ses biens est enlevée au failli, des syndics sont nommés pour conserver et

---

(1) Cela donnait un grand intérêt à la fixation de la date de la cessation des paiements.

(2) Renouard, I, p. 292 ; Bédarride, I, nos 76 et 77. Cette jurisprudence, dit Renouard, était contraire à la loi, mais les lois qui s'appuient sur des fictions, courent le risque d'être éludées. On trouve, du reste, des arrêts qui ont appliqué la disposition dans toute sa rigueur. — V. par ex., Rouen, 12 juill 1825, Rép Dall., vo *Faillite*, no 188.

En *Belgique*, il s'était produit sur ce point une divergence bien singulière entre les Cours d'appel et la Cour de cassation ; les premières, s'en tenant au texte des articles 441 et 442 combinés du Code de 1807, faisaient remonter le dessaisissement au jour de la cessation des paiements ; la Cour de cassation, de Belgique, au contraire, décidait que le dessaisissement ne remontait pas au-delà du jugement déclaratif. Il est curieux de voir une Cour, gardienne de l'observation de la loi, écarter ainsi des textes positifs, parce qu'elle les trouve contraires à l'équité. Ce qui est plus étrange encore, c'est le procédé employé par le législateur *belge* pour mettre fin au conflit. Il intervint, à la date du 10 juillet 1846, une loi interprétative de l'article 442 ainsi conçue : « Le failli, à compter du jour de la faillite, est dessaisi de « plein droit de l'administration de ses biens. — Néanmoins, les questions « relatives aux effets de ce dessaisissement seront décidées suivant les « principes généraux du droit et de l'équité ». Il semblait qu'on eût voulu par le 1er alin. donner raison aux Cours d'appel et par le 2e à la Cour de cassation. Aussi la controverse ne cessa-t-elle pas. Cf. Namur, III, no 1634. La loi *belge* sur les faillites du 16 avril 1851 y a mis fin, en adoptant le système de la loi française de 1838.

administrer les biens. Quant aux actes qui se placent avant le jugement déclaratif et qui ont pu nuire à la masse des créanciers en
augmentant le passif ou en diminuant l'actif, ils ne sont pas annulés
en bloc, comme les actes postérieurs ; ils ne peuvent l'être que sous
certaines conditions déterminées par les dispositions spéciales des
articles 446-449. V. n°s 307 et suiv.

199. C'est *de plein droit* que le jugement déclaratif produit le
dessaisissement ; il n'a pas à le prononcer et il ne pourrait pas l'empêcher (1).

200. Peu importe que les prescriptions de la loi au sujet de la
publication du jugement déclaratif (art. 442, C. com.) aient été ou
non observées (n° 124). En ce qui concerne le dessaisissement en
particulier, il y a le texte de l'article 443 qui est absolu et ne subordonne à aucune condition l'effet qu'il indique (2) Il y a analogie
avec les jugements qui prononcent une interdiction ou nomment un
conseil judiciaire et dont l'effet se produit également de plein droit.
V. note 3 de la page 140.

201. Le dessaisissement date du jugement déclaratif, quand même
ce jugement, rendu par défaut, aurait été rapporté sur l'opposition
du failli, s'il a été ensuite maintenu en appel (3).

202. Mais si, par application de l'article 156, C. proc. civ., le
jugement déclaratif rendu par défaut est périmé faute d'exécution
dans les six mois (n° 131), on ne pourrait plus invoquer le dessai-

---

(1) Pardessus, III, n° 116 ; Dict. de Couder, v° *Faillite*, n° 178.

(2) Bravard (V, p. 74 et suiv.) a combattu cette opinion, en disant qu'il
est injuste que le jugement soit opposé à des tiers qui auraient pu n'avoir
aucun moyen de le connaître, ce qui ne l'empêche pas d'admettre que la
publication a un effet rétroactif ; il y est contraint par le texte même de
l'article 443 ; mais cela n'est pas logique. La solution que nous donnons au
texte, est admise sans difficulté par la doctrine et la jurisprudence. —
V. notamment Demangeat sur Bravard, V, p. 76, note 1 ; Boistel, n° 908 ;
Thaller et Percerou, I, n° 489. — Grenoble, 12 avr. 1851, D 1852. 2. 212 ;
S. 1851. 2. 727 ; cela est confirmé par ce qui va être dit dans la suite du
texte V. aussi n° 203.

(3) Cass. 13 mai 1872, S. 1873. 1. 393 : D. 1872. 1. 221 (rapport à la masse
des sommes payées par le failli après le premier jugement).

sissement, puisque, le jugement disparaissant, la cause même du dessaisissement aurait disparu en même temps (1).

203. Le dessaisissement atteint le failli le jour où la faillite est déclarée, sans qu'il y ait à distinguer suivant que des actes ont eu lieu avant ou après l'heure où le jugement a été rendu. De puissantes considérations pratiques militent en faveur de cette solution, quelque rigoureuse qu'elle paraisse. D'abord, les jugements indiquent le jour et non l'heure où ils sont rendus (2), il y aurait donc des difficultés de fait sérieuses pour établir, d'une part, le moment précis où la faillite a été déclarée et, d'autre part, le moment où a été fait l'acte incriminé. Puis, les expressions mêmes de la loi semblent bien exclusives de toute distinction d'heures : l'article 443 dit que le dessaisissement se produit à partir *de la date du jugement*, et le jugement ne doit porter que l'indication du jour. Un autre texte semble encore plus décisif pour faire remonter les effets du jugement déclaratif à la première heure du jour où il est rendu, c'est celui de l'article 448, C. com., d'après lequel les droits d'hypothèque et de privilège valablement acquis peuvent être inscrits *jusqu'au jour du jugement déclaratif;* ils ne peuvent donc pas être inscrits ce jour-là, même avant l'audience où le jugement est rendu (n° 281). Il n'y a pas de raison d'admettre une règle différente pour les autres effets du jugement, spécialement pour le dessaisissement (3).

(1) La Cour de Rennes a, le 7 janvier 1829, jugé que le dessaisissement persiste malgré la péremption ; cette solution se comprenait dans le système du Code de 1807 qui faisait dater le dessaisissement, non du jugement déclaratif, mais de la cessation des paiements ; la péremption du jugement ne pouvait faire considérer celle-ci comme non avenue. Cf. Rép. Dall., v° *Faillite*, n° 193 ; Alauzet, VI, n° 2458.

(2) Amiens, 26 déc. 1854, S. 1856. 2. 563.

(3) Metz, 23 juin 1857, D. 1858. 2. 36 et S. 1858. 2. 328 ; Ch. req. 21 mai 1878, D. 1878. 1. 313 ; S. 1878. 1. 396 ; *Pand. fr. chr.* (rapport très complet de M. le conseiller Voisin) ; Paris, 26 nov. 1880, S. 1883. 1. 242 ; *J. Pal.*, 1883. 593 ; *Pand. fr. chr.* ; Trib. comm. Seine, 13 oct. 1891, *le Droit*, n° du 4 novembre 1891 ; Bordeaux, 31 juill. 1895. *Journal des faillites*, 1896, p. 196. Cf. dans le même sens, Rouen, 12 juill. 1825 (Rép. Dall., v° *Faillite*, n° 188) ; la Cour décide qu'un paiement fait le jour de la cessation des paiements est nul, bien que les causes qui ont amené cette cessation n'aient été connues du débiteur que quelques heures après. La doc-

203 *bis. Quand prend fin le dessaisissement.* — Le dessaisissement cesse lorsque la faillite prend fin, c'est-à-dire quand celle-ci reçoit une solution par un concordat simple, par un concordat par abandon ou par l'union. Le moment précis de la cessation du dessaisissement est indiqué plus loin à propos de chacune des solutions de la faillite. La clôture pour insuffisance d'actif ne constitue pas une de ces solutions, et, malgré elle, le dessaisissement subsiste. V. n° 771.

203 *ter.* Droit étranger. — Il sera dit plus loin (n° 208 *ter*) que les diverses législations s'accordent à admettre le dessaisissement parmi les effets du jugement déclaratif. Mais elles diffèrent en ce qui concerne le moment à partir duquel le dessaisissement a lieu et les mesures par lesquelles le législateur a cherché à atténuer les effets du dessaisissement pour protéger les tiers de bonne foi, c'est-à-dire ceux qui font des actes avec le failli dans l'ignorance de la déclaration de faillite.

Quelques rares législations ont persisté à faire dater le dessaisissement d'une époque antérieure au jugement déclaratif. Il remonte à la date de la cessation des paiements d'après le Code de commerce *espagnol* (art. 878), au moins dans la faillite commerciale. Suivant la loi *danoise* (art. 14), le dessaisissement se produit du jour du dépôt du bilan, quand la déclaration de faillite est demandée par le débiteur lui-même.

Dans plusieurs États, une règle tout opposée a été admise, en ce sens que le dessaisissement ne se produit qu'à partir du jugement déclaratif. Le principe de la *loi allemande* (art. 6 et 7) est bien celui de la loi française ; mais elle y déroge pour les paiements faits au failli (art. 8). Ceux qui sont antérieurs à la publication du juge-

---

trine est à peu près unanime : Massé, II; n° 1181, Demangeat sur Bravard, V, p. 78, note 2; Alauzet, VI, n° 2454 ; Boistel, n° 908 ; Thaller, *Des faillites en droit comparé*, n° 88 ; Namur, III, n° 1635 ; Camberlin, *Manuel des trib. de commerce*, p. 381. — V., toutefois, les objections formulées par M. Labbé, Sirey, 1883. 1. 242 ; *J. Pal.*, 1883. 593. — La loi *allemande* de 1877 (art. 108, 1er alin.) prescrit d'indiquer l'heure à laquelle est rendu le jugement déclaratif ; à défaut d'indication sur ce point, il est réputé rendu à midi. Mais la loi *allemande* (art. 7, 3e al.) présume que les actes faits par le failli le jour du jugement déclaratif l'ont été après ce jugement.

ment déclaratif sont valables, à moins qu'on ne prouve la mauvaise foi de celui qui a payé ; à l'inverse, les paiements postérieurs sont nuls, à moins que celui qui a payé ne prouve son ignorance de la faillite malgré la publication du jugement (1). La loi *autrichienne* ne fait partir le dessaisissement que de la publication du jugement déclaratif (art. 2 et 69) ; à titre exceptionnel, celui qui a payé le failli après la publication du jugement est valablement libéré, s'il prouve qu'il ne pouvait connaître le jugement.

En ce qui concerne les actes d'aliénation que pourrait faire le failli, on n'est fixé sur les règles à appliquer et sur le degré de la protection accordée aux tiers que par la connaissance du système général de publicité organisé dans l'intérêt des tiers pour les aliénations des différentes sortes de biens. V., notamment pour le Droit français, ci après, nos 298 et suiv.

204. 2° *En quoi consiste le dessaisissement, quelles conséquences y sont attachées ?* Ainsi que cela a été dit (n° 196), le dessaisissement du failli a été admis pour assurer au profit des créanciers de celui-ci la conservation de tout ce qui reste au débiteur, en les protégeant contre ses actes de fraude ou de mauvaise administration. Il y a là une situation toute particulière avec laquelle on ne trouve aucune analogie dans le Droit civil. Le failli est mis hors de ses magasins où le syndic s'installe à sa place.

Le failli dessaisi ne doit être assimilé ni à un propriétaire exproprié, ni à un interdit. Il importe de préciser les rapports sous lesquels le dessaisissement diffère d'une expropriation ou d'une interdiction et en quoi il consiste réellement.

205. Le dessaisissement n'équivaut, en rien, à une expropriation (2) : aucun déplacement de propriété ne s'opère du failli au profit

---

(1) V. *loi brésilienne* de 1908, art. 44, § 2.

(2) L'article 7 du projet élaboré par la Section de l'intérieur du Conseil d'Etat, disait : « Les créanciers sont saisis de plein droit, à compter du jour de la faillite, de tous les biens mobiliers, droits et actions du failli, ouverts avant la faillite ou pendant sa durée » ; cet article signifiait bien qu'il y avait une véritable expropriation du failli et une longue discussion s'est engagée à ce sujet au Conseil d'Etat dans la séance du 26 févr. 1807. V. Locré, XIX, p. 78-91.

Les jurisconsultes italiens, auxquels a été empruntée l'idée du dessaisis-

de ses créanciers. Le failli reste propriétaire ; aussi ne peut-il être question ni de droit de mutation, ni de transcription au cas où le failli est propriétaire d'immeubles. Le failli conserve aussi les créances qui lui appartenaient avant le jugement déclaratif. Seulement, l'exercice de ses droits de propriété ou de créance lui est enlevé, pour être confié à des syndics ; il n'y a mutation de propriété qu'au fur et à mesure des ventes qui pourront être opérées si la faillite aboutit à l'union ou à un concordat par abandon d'actif (1) ; si le failli est remis à la tête de ses affaires par un concordat simple, il recouvre l'exercice de droits qui n'ont jamais cessé de reposer sur sa tête.

Seulement, il est vrai que, le dessaisissement entraînant au profit des créanciers une sorte de mainmise ou de saisie générale de tous les biens du failli, ces biens sont frappés, à l'égard de la masse des créanciers, d'une véritable indisponibilité. Les effets de celle-ci sont indiqués ci-après (nos 209 et suiv.).

206. — En principe donc, les droits et actions du failli sont exercés, pour le compte de la masse des créanciers, par les syndics du chef de celui-ci, puisqu'il en reste investi ; on exprime cela communément en disant que *la masse est l'ayant-cause du failli* (2) ; l'expression peut être critiquée, en ce qu'elle semble faire allusion à une véritable mutation alors qu'il n'y en a pas eu ; elle est exacte en ce qu'elle indique que ce sont bien les droits du failli qui sont invoqués dans l'intérêt de la masse des créanciers, de telle sorte que le dessaisissement ne modifie pas en eux-mêmes ces droits que

---

sement, emploient quelquefois des expressions qui semblent faire allusion à un transfert de propriété ; voici, par exemple, ce que dit Casaregis : *Decocti actiones et jura, ipso jure, transeunt in creditores, in vim cessionis legalis* (Disc. 53, nº 16). D'autre part, Roccus donne l'explication suivante, qui est encore exacte aujourd'hui : *Possessio et proprietas bonorum decocti non tollitur a personâ decocti propter sequestrum a judice factum, neque proprietas et possessio bonorum sequestratorum transit ad deputatos, seu in administratores, sed solum custodia et administratio, cum lis non vertatur super possessionem aut proprietatem bonorum, sed solum ut, his venditis, satisfiant creditores* (*De decoctione*, nº 155). Cf. Massé, II, nos 1179, 1182 et 1183.

(1) Cf. Cass. 30 mars 1875, D. 1875. 1. 353 ; S. 1875. 1. 341 ; *J. Pal.*, 1875. 839 ; Aix, 10 juin 1893, S. et *J. Pal.*, 1894. 2. 225.

(2) V. Paris, 13 fév. 1892, *le Droit*, nº des 18-19 juill. 1892.

les syndics font valoir dans les conditions et sous les restrictions qu'aurait subies le failli lui-même sans le dessaisissement. Cela, toutefois, n'est pas absolument vrai : la masse des créanciers a certains droits qui lui sont propres, spécialement en vertu des articles 446 à 449, C. com. ; dans le chapitre suivant, il y aura à rechercher dans quelle mesure la masse peut se prévaloir d'un droit propre ou doit subir la condition faite au failli comme étant son ayant-cause. Voir nos 477 et 478.

207. Des conséquences importantes ont été tirées par la jurisprudence de l'idée selon laquelle le dessaisissement laisse subsister les droits de créance ou de propriété dans la personne du failli. Les suivantes peuvent être indiquées :

a. Un étranger a été déclaré en faillite en France, il a nn débiteur étranger. Le syndic de la faillite, pour citer celui-ci devant un tribunal français, ne peut se prévaloir de l'article 14, C. civ., en disant qu'il agit dans l'intérêt de la masse des créanciers français ; c'est le droit du failli étranger qu'il exerce et, par suite, l'article 14, C. civ., qui suppose un demandeur français et un défendeur étranger, est inapplicable (1).

b. Un créancier privilégié ou hypothécaire veut faire vendre le bien affecté à son hypothèque ; pour éviter une vente en temps inopportun, le syndic le désintéresse avec les deniers de la faillite. Le syndic peut-il prétendre que la masse a été subrogée aux droits du créancier qui a été payé par application de l'article 1251, 1o, C. civ., ce qui offre un grand intérêt, si d'autres créanciers ont un droit de préférence sur le même bien ? La négative a été admise avec raison ; les deniers de la faillite ne sont pas la propriété de la masse, ils demeurent la propriété du failli, qui est seulement dessaisi de l'administration de ses biens ; d'où il suit que, dans l'espèce, « c'est le failli lui-même qui, en définitive, paie sa propre dette avec les fonds

---

(1) Ch. civ. rej. 12 janv. 1875, D. 1876. 1. 317 et S. 1875. 1. 124. La question de savoir si le Français, cessionnaire d'un créancier étranger, peut invoquer l'article 14. C. civ., est discutée ; quand même on la résout par l'affirmative, comme nous croyons qu'on doit le faire, il ne faut pas reconnaître à la masse des créanciers le droit de se prévaloir de cet article, puisque, comme nous l'expliquons au texte (n° 206), elle n'est pas, à proprement parler, dans la situation d'un cessionnaire.

qui lui appartien nent, et non les créanciers, dont le patrimoine personnel n'a pas été diminué par ce paiement (1) ». La situation serait la même si, en recevant son paiement, le créancier avait déclaré subroger expressément la masse ; l'obstacle de droit venant de ce que c'est, en définitive, le débiteur lui-même qui paie, ne disparaîtrait pas par là. Ce qui serait possible, c'est que la masse, comme telle, empruntât des deniers qu'elle emploierait à désintéresser le créancier ; on se trouverait alors dans le cas de subrogation légale par la volonté du débiteur prévu par l'art. 1250, 2°, C. civ. et, par suite, il faudrait, pour que la subrogation légale ait lieu, remplir les formalités prescrites par cet article.

c. En cas de décès du failli, son actif est soumis aux droits de mutation par succession (2).

208. Si le dessaisissement n'est pas une expropriation, il n'équivaut pas non plus à une interdiction ; la loi veut, non pas frapper le failli d'une véritable incapacité, mais seulement mettre la masse des créanciers à l'abri des conséquences des actes qu'il pourrait faire (3). Aussi le syndic seul représentant la masse des créanciers a-t-il le droit d'en faire prononcer la nullité des actes qu'a faits le failli à partir du jour du jugement déclaratif (4).

Mais le failli ne saurait arguer de nullité les contrats qu'il a passés après la déclaration de faillite (5) : ceux-ci sont valables en eux-

---

(1) Cass. 30 mars 1875, D. 1875. 1. 353 ; S. 1875. 1. 341 ; Rennes, 2 janvier 1880, S. 1882. 2. 190 ; *J. Pal.* 1880. 1. 972 ; D. 1881. 2. 130.

(2) Cass. 9 novembre 1904, *Journal des faillites*, 1905. 145.

(3) V. Paris, 11 avril 1913, *Gazette des Tribunaux*, n° du 21 juin 1913.

(4) En fait, cela ne se présente qu'en cas de clôture pour insuffisance d'actif, quand le failli, qui continue néanmoins, à être dessaisi fait des actes dont le syndic demande la nullité quand il reprend l'exercice effectif de ces fonctions après le rapport du jugement de clôture. V. art. 527 et 528, C. com. et n°ˢ 760 et suiv.

(5) « Il est ridicule et indécent qu'un débiteur en faillite puisse prétexter cet état, pour demander la nullité des engagements qu'il a contractés. » V. les divers arrêts rapportés, Rép. Dall , v° *Faillite*. n° 198. aj. Cass. 12 janv. 1864, S. 1864. 1. 17 ; *J. Pal.*, 1864. 324 ; D. 1864. 1. 130 ; 2 fév. 1876, S. 1876. 1. 150 ; *J. Pal.* 1876. 361 ; D. 1777. 1. 422 : 16 nov. 1887, S. 1888. 1. 164 ; *J. Pal.*. 1888. 1. 385 ; D. 1888. 1. 325 ; Cass. 18 juin 1900. D. 1910. 1. 415 ; *Pand. fr.*, 1901. 1. 222. Cpr. Trib. com. Bruxelles, 23 janv. 1877, *Pasicrisie belge*, 1877. 156.

mêmes (1), sauf à ne pas être exécutés au détriment de la masse des
créanciers (2). Si ces derniers étaient désintéressés, rien ne s'op-
poserait à ce que les engagements du failli, même postérieurs au
jugement déclaratif de faillite, produisissent tous leurs effets (3). *A
fortiori* les personnes qui ont traité avec le failli ne peuvent-elles
demander la nullité des actes faits avec lui. Au reste, les personnes
qui contractent avec un incapable n'ont pas le droit de faire annuler
ses actes (art. 1125, C. civ.).

208 *bis*. Ces principes sont applicables aux actes les plus divers
faits par le failli après le jugement déclaratif (4) : aliénations, contrats
par lesquels le failli s'oblige, paiements faits ou reçus par le failli
(n° 213). Pour que les actes du failli échappent aux effets de dessaisissement, il faut qu'ils soient devenus parfaits avant le jour où a été
rendu le jugement déclaratif (n°s 214 et 215). Mais alors, s'ils ont
été faits dans la période suspecte. la nullité peut en être demandée
sous les conditions fixées par les articles 446 et suiv., C. com.

208 *ter*. Droit étranger. — Le dessaisissement est admis dans
toutes les législations comme résultant de la déclaration de faillite :
toutes reconnaissent que le débiteur perd l'administration de ses
biens qui passe à un administrateur, et prononcent, en conséquence, la nullité des actes faits par le failli (5). En *Angleterre*, la
propriété même des biens du failli passe au syndic ; la loi *anglaise*
de 1883 dispose (article 20) que les biens du failli deviennent parta-
geable entre ses créanciers et que la propriété en passe au syndic

(1) V. un cas particulier, art. 597-558, C. com. et tome VIII, n°s 966
et 967.

(2) Si la masse trouve avantageux pour elle le contrat passé par le failli,
elle peut forcer le tiers contractant à exécuter ses obligations, sauf à devenir personnellement débitrice de ce tiers. V. art. 578, C. com. Cf. *Pand.
belges*, v° *Failli*, n° 576.

(3) Boistel, n° 906.

(4) Boistel, n° 906.

(5) Loi *belge* de 1851, art. 444 ; loi *allemande*, art. 6, 7 et 8 ; loi *autrichienne*, art. 1 et 3 ; Codes de commerce *italien*, art. 699 ; *roumain*,
art. 714 ; *espagnol*, art. 878 ; *portugais*, art. 700 ; *chilien*, art. 359 ; *mexicain*, art. 962 et 972 ; *argentin*, art. 1402 ; loi *suisse*, art. 197 et suiv. ; loi
brésilienne de 1908, art. 40.

(*the property of the bankrupt shall become divisible among his creditors and shall vest in a trustee*). V. aussi art. 54 de la loi *anglaise*. La loi sur la faillite des *Etats-Unis d'Amérique* (art. 70) attribue le même effet au jugement déclaratif. Le syndic est considéré comme une sorte de fiduciaire, on l'appelle *trustee in bankruptcy*, et un fiduciaire a la propriété des biens compris dans le fidéicommis. Cette idée paraît, du reste, avoir été adoptée par les anciens jurisconsultes italiens. Casaregis (*Disc.* 93, n° 10) dit : *Decocti actiones et jura ipso jure transeunt in creditores in vim cessionis legalis.* V. note 2 de la page 204.

208 *quater.* C'est dans l'intérêt de ses créanciers que le failli est dessaisi ; il ne peut donc s'agir que du patrimoine qui leur sert de gage. Par suite, le failli conserve tous les droits qui ne touchent pas à ce patrimoine et le syndic ne saurait se substituer à lui dans l'exercice de ces droits. Des applications diverses de cette idée peuvent être faites à la puissance maritale, à la puissance paternelle et à la tutelle appartenant au failli.

a. La faillite ne modifie pas, par elle-même, les droits que le failli tient de la puissance maritale. Le failli peut donc autoriser sa femme à contracter ; la loi n'a pas rangé le cas de faillite parmi ceux dans lesquels l'autorisation de justice doit suppléer à l'autorisation maritale. Cf. art. 221, 222 et 224, C. civ. (1). Seulement, si l'autorisation

(1) La règle, selon laquelle le mari peut valablement, malgré la déclaration de faillite, autoriser sa femme à contracter, nous paraît évidente ; à plus forte raison ne mettrons-nous pas en question la validité de l'autorisation donnée par le mari avant le jugement déclaratif. — V., cependant, un jugement du tribunal de commerce de la Seine du 4 novembre 1882 (*Journal des faillites,* 1883, p. 21) qui dit formellement qu'une autorisation donnée par un mari à sa femme depuis l'époque fixée pour la cessation des paiements, est nulle *comme se produisant à une époque où le mari était dessaisi du droit de disposer* ; il y a là une erreur singulière. Le tribunal parle du dessaisissement qui aurait précédé le jugement déclaratif, comme si l'on était encore sous l'empire du Code de 1807 ; de plus, quand même le mari aurait été dessaisi du droit de disposer, cela ne l'empêcherait pas d'autoriser sa femme ; ce sont deux choses tout à fait distinctes. Il faut constater que le jugement semble s'être approprié une formule donnée par M. Pont, *Privilèges et hypothèques,* I, n° 447. — V. *en sens contraire,* Lyon, 7 fév. 1882, *Journal des faillites,* 1882, p. 330 ; Bordeaux, 29 fév.

donnée par le failli habilite sa femme, elle ne peut pas produire sur le patrimoine du failli des conséquences préjudiciables à la masse : ainsi, un créancier, envers qui la femme commune en biens se serait obligée avec l'autorisation du mari en faillite, ne pourrait invoquer les articles 1419, C. civ. et 5, C. com., pour se présenter dans la masse comme créancier du mari (1).

b. La faillite ne modifie pas le régime matrimonial des époux, de telle façon que le mari en faillite conserve l'administration des biens de la communauté, des biens propres ou des biens dotaux de sa femme (art. 1421, 1428, 1531, 1549, C. civ.). Seulement, la faillite donne fréquemment lieu à une demande en séparation de biens de la femme du failli (art. 1443 et 1563, C. civ.) (2).

c. La faillite n'apporte pas non plus, par elle-même, de modifications aux droits que le failli tient de la puissance paternelle ou d'une tutelle. Il conserve donc l'administration légale des biens de ses enfants (art. 389, C. civ.) ou la gestion de ceux de ses pupilles (art. 450, C. civ.). Mais la faillite peut donner lieu à une destitution de l'administrateur légal ou du tuteur (art. 444, C. civ.) (3). C'est

1888, S. 1889. 2. 25 : *J. Pal*, 1889. 1. 697. La question de savoir si cet engagement pris valablement par la femme, pourra préjudicier à la masse, parce que la femme devenue créancière de son mari (art. 1431, C. civ.), invoquerait son hypothèque légale, est toute différente, comme l'indique très bien l'arrêt de la Cour de Lyon de 1882 ; la question y est examinée à propos des articles 446 et 447, C. com. V. n°s 381 et 381 *bis*.

(1) C'est par application du principe posé au texte qu'on reconnaît que la femme est valablement autorisée par son mari en faillite à voter au concordat de celui-ci. La solution mérite d'autant plus d'être remarquée que, par ce vote, la femme perd, en général, par application de l'article 508, C. com., son hypothèque légale : Chambéry, 10 nov. 1877, S. 1878. 2. 5; *J. Pal.*, 1878 ; Trib. civ. Seine, 3 mai 1882 ; Trib. civ. de Nevers, 2 juill. 1888. *Journ. des faillites*, 1882, p. 297 ; 1889, p. 212.

(2) C'est ce qui explique même que souvent, on a demandé que la procédure de séparation de biens fût simplifiée en cas de faillite du mari. V. proposition de loi de M. Parent, présentée le 7 mai 1878 à la Chambre des députés ; proposition de loi de MM. Paul Rogez et Jules Desjardins déposée à la Chambre des députés le 16 janvier 1900.

(3) D'après l'article 444, C. civ. : « Sont exclus de la tutelle, et même destituables, s'ils sont en exercice : 1° les gens d'une inconduite notoire ; 2° ceux dont la gestion attesterait l'incapacité ou l'infidélité ». Il *peut se faire* que les circonstances qui ont amené la faillite donnent lieu à l'appli-

la sentence de destitution prononcée par le tribunal civil ou par le conseil de famille, (art. 446. C. civ.) qui fait cesser l'administration par le père ou par le tuteur des biens de son enfant ou de son pupille, comme le jugement de séparation de biens met fin à l'administration du mari.

Le failli peut avoir, en qualité de père ou de mari, un droit de *jouissance* sur les biens de ses enfants mineurs de 18 ans ou sur ceux de sa femme (art. 384, 1530, 1549, C. civ.) Les effets que la faillite produit sur ce droit de jouissance sont indiqués ci-après. V. no 238.

209. Il ne suffit pas de montrer en quoi la situation légale du failli résultant du dessaisissement diffère de situations avec lesquelles on pourrait être tenté de la confondre. Il faut déterminer les effets précis que le dessaisissement produit. Ils peuvent se résumer de la façon suivante :

A partir de la déclaration de faillite, les actes du failli ne peuvent, ni directement ni indirectement, porter atteinte au droit de gage de ses créanciers et ceux-ci peuvent les tenir pour non avenus ; la situation des divers créanciers est fixée au jour du jugement déclaratif, et l'un d'eux ne peut, à partir de ce moment, acquérir de droit de préférence, fût-ce en remplissant des formalités de publicité en vertu d'un titre antérieur. Cf. art. 448, C. com.

209 *bis*. On a parfois dit que le dessaisissement est une sorte d'application de l'action paulienne (art. 1167, C. civ.), qu'il y a une présomption légale de fraude à l'égard de tous les actes du failli. Il n'est pas besoin de recourir à cette idée pour justifier la nullité des actes du failli à l'égard de la masse, elle résulte de ce que le failli est privé par la loi de l'administration de ses biens. Comment les actes du failli pourraient-ils gêner cette administration confiée au syndic et porter atteinte au droit que les créanciers ont sur le patrimoine du failli ?

cation de cet article, mais cela n'est pas forcé, parce que la faillite peut être produite par des faits de force majeure et ne donner droit de suspecter ni la probité ni la capacité du failli. Cf. Demolombe, VII, no 492. L'article 444, C. civ., peut être appliqué en cas d'administration légale du père. L'article 389, C. civ. modifié par la loi du 6 avril 1910, prévoit expressément la déchéance de l'administration légale.

On a aussi maintenu que le dessaisissement entraîne au profit de
la masse la naissance d'un droit réel. Mais il nous semble qu'au
contraire, les créanciers formant la masse sont et demeurent de simples créanciers chirographaires jusqu'au jour, du moins, où le
syndic inscrit au profit de celle-ci l'hypothèque que lui confie l'article 490, C. com. (nos 276 et suiv.). Le dessaisissement opère indépendamment de tout droit réel conféré à la masse des créanciers,
comme une saisie générale s'appliquant à tous les biens du failli,
mais avec des effets plus énergiques que ne le font des saisies spéciales appliquées à des biens déterminés. Il y a là une situation particulière à laquelle sont étrangers les principes généraux du droit.
Aucune disposition du Code de commerce ne fait allusion à un droit
réel qui existerait au profit de la masse des créanciers dans le jugement déclaratif Du reste, les auteurs qui soutiennent une doctrine
contraire, ne sont pas d'accord entre eux. Les uns prétendent que
la masse a deux droits réels, un droit de gage que le jugement déclaratif révèle aux tiers et une hypothèque rendue publique par l'inscription (1). D'autres auteurs se bornent à reconnaître l'existence de
l'hypothèque, en admettant que celle-ci produit ses effets à l'égard
des tiers dès le jour du jugement déclaratif (2). On n'aperçoit pas
quelle est la nature du droit réel distincte de l'hypothèque admis par
les premiers et l'efficacité de l'hypothèque à l'encontre des tiers
indépendamment de toute inscription admise par les seconds paraît
contraire aux principes généraux de notre législation.

L'intérêt pratique que présente la détermination de la nature du
droit de la masse se rattache à des questions qui seront examinées
plus loin. V. nos 296 et 299.

210. La masse de la faillite peut donc méconnaître les actes de
disposition ou d'administration du failli, les engagements qu'il aurait
contractés, les paiements qu'il aurait faits ou reçus (3) (n° 208).

---

(1) Thaller et Percerou, I, nos 95 et suiv. D'après ces auteurs, le droit
réel qu'ils admettent au profit de la masse des créanciers serait analogue
au droit qu'en Allemagne on reconnaît à la masse sous le nom *Beschlags-
recht*, droit qui tient de la nature du gage (*pfandrechtartig*).

(2) Thaller. *Traité élémentaire du droit commercial*, nos 1705 et suiv.

(3) Orléans, 21 janv. 1876. S. 1876. 2. 44 (nullité de la délivrance de legs

Même les obligations résultant de faits illicites commis depuis la
déclaration de faillite, ne sauraient être exécutées sur l'actif de la
faillite ; il n'y a pas à argumenter en sens contraire du principe
selon lequel, les incapables ne sont point restituables contre les
obligations résultant de leur délit ou de leur quasi-délit (art. 1310.
C. civ., relatif aux mineurs). Il ne s'agit pas ici d'incapacité ; le failli
s'oblige valablement par ses contrats, comme par ses délits (n° 208) ;
il s'agit d'une indisponibilité admise dans l'intérêt des créanciers et
à laquelle le failli ne peut porter atteinte d'aucune manière.

211. Les conséquences pécuniaires d'un crime ou d'un délit commis par le failli *antérieurement* à la déclaration de faillite peuvent-
elles être invoquées contre la masse, encore que la condamnation
soit *postérieure* ? Les principes conduisent à faire une distinction
entre les frais de poursuites et les dommages-intérêts d'un côté et
l'amende de l'autre (1). La créance résultant des frais de poursuite
est simplement constatée par l'arrêt de condamnation ; elle naît
directement des faits qui ont motivé la poursuite ; elle affecte dès lors
les biens du condamné au même titre que toute autre obligation
civile, qui, ayant une cause antérieure à la déclaration de faillite,
aurait été judiciairement reconnue et déclarée à une époque ultérieure (2). Ce qui vient d'être dit des frais s'applique *a fortiori* aux
dommages-intérêts ; l'obligation de les payer est plutôt constatée
que créée par le jugement déclaratif (3) ; cette obligation à sa cause

faite par un failli légataire universel). — V. Cass. 7 mars 1882, D. 1882.
1. 147 ; S. 1883. 1. 241 ; *J. Pal.*, 1883. 593 ; *Pand. fr. chr.* (endossement
d'un chèque) ; Trib. comm. Seine, 14 avr. 1885 (vente de valeurs mobilières), *Journal des faillites*, 1885, p. 375 : Cass. 16 nov. 1887 (cession de
créance), *Journal des faillites*, 1888, p. 137 ; Trib. civ. Seine, 23 déc. 1886
(acceptation d'offres réelles faites par le failli), *Journal des faillites*, 1887,
p. 636 : Cass. 27 janv. 1899, D. 1899, 1. 500 (abandon d'immeubles fait par
le failli à sa femme pour le remplir de ses reprises matrimoniales).

(1) Cass. 11 août 1857, D. 1857. 1. 343 ; S. 1857. 1. 751 ; *J. Pal.*, 1858.
823. V. Thaller et Percerou, I, n° 506.

(2) Il y a une règle tout à fait exceptionnelle dans l'article 592, C. com., à
propos des frais de poursuite pour banqueroute frauduleuse. Cf. Nancy,
21 novembre 1845, D. 1846. 2. 52.

(3) Des arrêts de la Cour de cassation admettent, à propos de questions
se rattachant au concordat, que l'obligation de payer des dommages-inté-

dans le délit ou dans le quasi-délit. Quant à l'amende, au contraire, si elle a sa cause dans les faits qui ont provoqué l'action de la justice répressive, elle n'a d'existence que par l'arrêt de condamnation ; cet arrêt n'a pas, à l'égard de l'amende qui constitue une peine, comme à l'égard des obligations aux frais ou dommages-intérêts, un effet simplement déclaratif qui puisse faire rétroagir le droit du Trésor public à une époque antérieure. Or, aucune créance nouvelle ne peut, à partir de la déclaration de faillite, être créée au préjudice de la masse et concourir avec les créances dont l'existence ou l'origine est antérieure à la déclaration de faillite.

212. Les conséquences du dessaisissement qui viennent d'être indiquées se produisent de plein droit : les tiers qui ont fait un acte avec le failli peuvent s'en voir opposer la nullité, sans qu'ils soient admis à se prévaloir de leur bonne foi, de leur ignorance du fait de la déclaration de faillite (n° 124) (1) ; peu importe même qu'à raison de leur éloignement, ils n'aient pu connaître le jugement déclaratif (2).

Le sort des actes du failli est ainsi remis entre les mains de la masse représentée par le syndic. Mais il va de soi que, comme pour les actes faits par des incapables et entachés d'une nullité relative, les effets des actes du failli ne peuvent pas être scindés. Si, par exemple, la masse tient la vente faite par le failli pour non avenue, il n'y a lieu ni à la livraison de la chose vendue, ni au paiement du

---

rêts à raison d'un délit ou d'un quasi-délit est créée par le jugement de condamnation et ne date pas, par suite, du jour du délit ou du quasi-délit qui a donné lieu à celle-ci : Cass. 19 janv. 1898, S. et *J. Pal.*, 1899. 1. 5. (Note en sens contraire de Ch. Lyon-Caen) ; *Pand. fr.*. 1898. 1. 281. V. n° 629 *bis*.

(1) Cass. 17 déc. 1856, D. 1857. 42 (annulation d'un paiement fait au failli porteur d'un effet de commerce revêtu d'un endossement en blanc); Cass. 14 janvier 1862, D. 1862. 1, 398 ; *J. Pal.*, 1862, 129 : D. 1862. 1. 168 (mandat donné par le failli à l'effet de toucher une lettre de change ; le mandataire en touche le montant et le remet à son mandant dans l'ignorance de la faillite ; il est déclaré responsable envers la masse des créanciers ; on ne peut invoquer contre cette solution l'article 2008, C. civ., parce qu'il ne s'agissait pas d'un mandat révoqué, mais d'un mandat nul). Cf. Namur, III, n° 1664 ; Cour de Bruxelles, 7 déc. 1882, *la Loi*, n° du 31 mars 1883.

(2) Renouard, I, p. 293.

prix ; si, au contraire, elle tient la vente pour bonne, la chose vendue doit être livrée et le prix payé (1).

213. Toutefois, il est un cas dans lequel une atténuation doit être apportée à ces principes rigoureux. D'après l'article 145, C. com., *celui qui paie une lettre de change à son échéance et sans opposition est présumé valablement libéré* (2). Cette disposition s'applique aussi au paiement d'un billet à ordre (3) ou d'un chèque (4). Il résulte de là qu'à défaut d'opposition (art. 149), le paiement fait par le tiré où le souscripteur ignorant la déclaration de faillite du porteur d'une lettre de change, d'un chèque ou d'un billet à ordre peut être considéré comme libératoire (5).

213 bis. La circonstance que les actes que le failli n'aurait pas pu faire valablement par suite du dessaisissement sont faits par un mandataire de celui-ci ne met pas obstacle à ce que le principe du dessaisissement s'applique. En conséquence, le mandataire qui rend compte au faillli de l'exécution de son mandat et le paie, fait un paiement nul et le paiement fait par un tiers au mandataire est frappé de nullité. On ne peut, pour reconnaître la validité de ses actes, invoquer la bonne foi du mandataire ou du tiers par analogie des dispositions des articles 2008 et 2009, C. civ. Car le jugement déclaratif de faillite est réputé connu de tout le monde du jour où il a été prononcé (6).

214. Les donations faites par le failli sont traitées de la même manière, en définitive, qu'elles soient postérieures au jugement déclaratif ou qu'étant antérieures à ce jugement, elles se placent

---

(1) Boistel, n° 910.

(2) *Traité de Droit commercial*, IV, n° 316.

(3) *Ibid.*, n° 522.

(4) *Ibid.*, n° 588.

(5) La loi *brésilienne* de 1908 contient une disposition spéciale qui a, pour but de maintenir les paiements d'effets de commerce faits de bonne foi au failli même après le jugement déclaratif. Selon l'article 44, § 2, de cette loi, si, avant la publicité donnée au jugement déclaratif, le débiteur pare à l'échéance une lettre de change ou un titre à ordre par lui accepté ou tiré sur lui, le paiement est valable, si le porteur ne connaissait pas la faillite.

(6) Thaller et Percerou, I, n° 501.

dans la période suspecte, car alors, elles sont nulles de droit (art. 446. C. com.) (1). Il n'en est pas de même pour les actes à titre onéreux. Il y a une différence considérable entre ceux qui ont été faits la veille du jugement déclaratif et ceux qui l'ont été le jour même ou postérieurement ; les derniers ne sont pas opposables à la masse, tandis que les premiers peuvent seulement être annulés sous les conditions de l'article 447, C. com. V. nᵒˢ 385 et suiv.

Un acte n'échappe aux effets du dessaisissement que lorsqu'il est parfait avant le jour où est rendu le jugement déclaratif de faillite. Cela donne un grand intérêt pratique à la question de savoir à quel moment on peut dire qu'un acte est parfait ou conclu.

Des difficultés s'élèvent à cet égard pour les contrats faits par correspondance ou par intermédiaire (2).

215. Des questions assez nombreuses se présentent également au sujet des actes soumis à des formalités de publicité pour être opposables aux tiers, quand, ces actes étant antérieurs au jugement déclaratif, les formalités ne sont remplies que postérieurement. Il s'agit alors de savoir si les créanciers du failli sont à ranger parmi les tiers qui peuvent se prévaloir du défaut d'accomplissement de ces formalités avant le jugement déclaratif, pour faire considérer ces

---

(1) En fait, il est rare que des donations soient faites et exécutées par le failli après le jugement déclaratif, par cela même que le failli, à raison du dessaisissement, ne détient plus ses biens, qui passent entre les mains du syndic.

(2) V. sur la question générale de la formation des contrats par correspondance ou par intermédiaire : *Traité de Droit commercial*, III, nᵒˢ 25 à 29 ; J. Valery, *Des contrats par correspondance.* — V. sur la question dans ses rapports avec la déclaration de faillite, *Traité de Droit commercial*, III. nᵒ 25 *bis* ; Valery, *op. cit.*, nᵒ 212 ; Rép. Dall., vᵒ *Faillite*, nᵒˢ 190 et 269 ; Ch. civ., rej. 16 août 1869, D. 1869. 1. 520 ; Cass. 7 mars 1882, S. 1883. 1. 241 (note importante de M. Labbé) ; *J. Pal.*, 1883 ; 543 ; *Pand. fr. chr.; Journal des faillites*, 1882, p. 225. L'espèce était la suivante : deux négociants étant en compte-courant, l'un d'eux, qui était débiteur de l'autre, lui envoie, sur une réclamation de sa part, un chèque qui arrive à destination le jour même où l'envoyeur était déclarée en faillite. La Cour décide que la propriété du chèque n'a pu être transmise, parce qu'au moment où le consentement du bénéficiaire se produisait, lors de la réception même de l'effet, l'envoyeur avait perdu le droit de disposer.

actes comme non-avenus à leur égard (1). Cette question n'a été tranchée expressément par le Code de commerce que pour les constitutions d'hypothèque et pour les actes emportant des privilèges immobiliers, par l'article 448, C. com. A propos de ce dernier article, la question sera aussi examinée et résolue pour les autres actes, tels que les aliénations d'immeubles, les aliénations de bâtiments de mer, les cessions de créances, les cessions de brevets d'invention (nos 299 et suiv.). Il n'y a pas de solution unique à donner sur cette question, parce que, pour les différents actes, les lois ont établi des formalités de publicité différentes et qu'elles prennent dans des acceptions variées le mot *tiers* qu'elles emploient, pour désigner les personnes qui peuvent se prévaloir du défaut d'accomplissement de ces formalités.

216. Une application importante du principe du dessaisissement concerne la compensation ; elle ne peut, à partir du jugement déclaratif (2), s'opérer au profit de celui qui est à la fois débiteur et créancier du failli, entre ce que celui-ci doit et ce qui lui est dû, soit qu'il s'agisse d'une dette réellement échue depuis la déclaration de faillite, soit, à plus forte raison, qu'il s'agisse d'une dette non échue et que la faillite seule a rendue exigible (article 444) (3). Le débiteur du

---

(1) F. Hubert, *Des effets du jugement déclaratif de faillite sur les mesures de publicité autres que les inscriptions de privilèges et d'hypothèques* (*Revue critique de législation et de jurisprudence*, 1906, p. 237 et suiv., p. 272 et suiv.).

(2) A propos de l'article 446, C. com., il sera traité de la compensation qui se serait produite avant le jugement déclaratif. V. nos 307 et suiv.

(3) Cette solution est conforme à la doctrine des anciens jurisconsultes italiens. Casaregis (*Disc. leg.*, 76, n° 23) dit : *Debitores non possunt compensare eorum debita cum propriis creditis ergà decoctum in præjudicium tertii, sed solutis priùs eorum debitis, pro eorum creditis teneantur postmodum actionem promovere in judicio concursûs.*

DROIT ÉTRANGER. — Ces principes sont reconnus dans les pays étrangers. Mais, dans ceux où la compensation est admise même pour les dettes à terme ou sous condition, la faillite n'y met pas, bien entendu, obstacle. Les lois de ces pays se bornent à exclure la compensation quand un débiteur du failli a acquis une créance d'un tiers contre celui-ci après la déclaration de faillite ou quand un créancier du failli devient son débiteur après cette déclaration. Comme la date de l'acquisition d'un titre au

failli doit, par suite, payer au syndic de la faillite tout cequ'il doit, sauf à se présenter comme créancier dans la faillite et à être ainsi soumis à la loi du dividende (1). Cette solution peut se justifier facilement. La compensation, comme on l'a souvent dit, n'est qu'un paiement abrégé, et, après la déclaration de faillite, un paiement ne peut être valablement fait par le failli au détriment de la masse. La compensation troublerait l'égalité entre les créanciers, puisqu'une portion de l'actif du failli en serait distraite au profit de l'un des créanciers (celui qui est en même temps débiteur du failli). Du reste, par suite même de la faillite, la dette du failli a cessé d'être liquide, le créancier n'ayant droit qu'à un dividende dont le montant et le paiement sont subordonnés aux éventualités de la procédure. Enfin, on ne fait ainsi qu'appliquer le principe de l'article 1298, C. civ., d'après lequel *celui qui, étant débiteur, est devenu créancier depuis la saisie-arrêt faite par un tiers entre ses mains, ne peut, au préjudice du saisissant, invoquer la compensation.* Un individu est débiteur du failli au moment du jugement déclaratif ; le dessaisissement résultant de ce jugement, en tant qu'il s'applique aux créances du failli contre des tiers, opère sur celles-ci comme un saisie-arrêt : il empêche de payer et de recevoir, il rend la créance indisponible et met obstacle à la compensation qui ne résulterait que d'une cause postérieure.

porteur est difficile parfois à établir, la loi *suisse* (art. 213) exclut la compensation d'une façon absolue quand le débiteur du failli se prévaut d'une créance constatée par un titre de cette nature. — V. Loi *allemande* sur la *faillite,* art. 54 et 55 : loi *suisse* sur la *poursuite pour dettes et la faillite,* art. 263. — V. Schrutka-Rechtenstamm, *Kompensation im Konkurse* (1874) ; Kohler, *Lehrbuch des Konkursrechtes,* § 29, p. 123 et suiv. ; Saleilles, *Théorie générale de l'obligation d'après le projet de Code civil allemand,* nos 45 et suiv., spécialement n° 62.

(1) Ch. req. 27 juin 1876, D. 1877. 1. 121 et S. 1877. 1. 242 ; 16 août 1875, D. 1877. 1. 128 et S. 1875. 1. 411 ; 13 août 1879, D. 1880. 1. 29 ; Cass. 13 mars 1882, S. 1882. 1. 315 ; J. Pal., 1882. 1. 765 ; D. 1883. 1. 160. Cf. Orléans, 6 juin 1882, *Journal des faillites,* 1882, p. 27 ; Cpr. Cass. 22 octobre 1907, S. et J. Pal., 1909. 1. 513 ; D. 1907. 1. 508 ; *Pand. fr.,* 1909. 1. 513 (il s'agissait de la liquidation judiciaire). — V. cep. Paris, 22 août 1881, *Journal des faillites,* 1882, p. 27 ; Orléans, 2 avril 1909, *Journal des faillites,* 1909, p. 354.

La déconfiture n'a aucun effet de ce genre : elle ne met point obstacle à la compensation (1).

Il va de soi, du reste, que la compensation légale a toujours pu s'opérer entre les dettes liquides et exigibles avant le jugement déclaratif (2).

217. L'application rigoureuse de la règle qui met obstale à la compensation à partir du jugement déclaratif, conduirait à des conséquences iniques dans le cas où il s'agit de créances et de dettes ayant une cause connexe. Quand c'est le même fait qui a produit la créance et la dette où, pour employer l'expression du Droit romain, quand elles sont nées *ex eâdem causâ* (3), la masse ne peut prétendre, au nom du failli créancier, à un paiement intégral et offrir, au nom du failli débiteur, un paiement en dividende. On peut faire des applications importantes de cette idée générale qu'aucun texte ne consacre, mais que de puissants motifs d'équité conduisent à admettre.

a. Par suite de la séparation de biens, la femme du failli a des reprises à exercer et, en même temps, elle est débitrice de récompenses. La masse ne peut exiger le paiement intégral des récompenses, sauf à admettre la femme dans la faillite pour le paiement de ses reprises ; elle n'est créancière que de la balance du compte (4).

b. Le failli, appelé à une succession, doit faire le rapport d'une donation ou d'une dette. Le rapport se fera en moins prenant malgré la faillite, et la masse ne pourra réclamer dans la succession que l'excédent (5).

(1) Lyon, 23 février 1869, D. 1869. 2. 224, Cpr. Paris, 17 nov. 1881, *Journal des faillites*, 1882, p. 40. (Dans l'espèce, la compensation a été admise entre une créance de la succession ayant un administrateur provisoire nommé par justice et une créance du débiteur contre le *de cujus*). V., pour le cas d'acceptation d'une succession sous bénéfice d'inventaire, Toulouse, 16 mars 1899, *Le Droit*, n° du 13 mai 1899.

(2) Paris, 27 janvier 1909, *Journal des faillites*, 1910, 101.

(3) V. *Institutes de Justinien*, § 30 et 39, *de actionibus*, IV, 6.

(4) Amiens, 16 mai 1877, D. 1880. 2. 215 ; Caen, 27 juin 1574, D. 1876. 1. 138 ; S. 1879. 2. 145 (note de M. Labbé) ; Cass. 3 mars 1891, *Journal des faillites*, 1891, p. 157.

(5) Cass. 8 fév. 1882, S. 1882. 1. 324 ; J. Pal., 1882. 1. 533 ; Paris, 9 mars 1883 et 29 mai 1884, *Journal des faillites*, 1883, p. 468 et 1884,

c. Dans le cas où, une assurance ayant été contractée, l'assureur viendrait à être déclaré en faillite avant le paiement de la prime, l'assuré, en cas de sinistre, ne serait pas obligé de payer intégralement la prime, sauf à se présenter dans la faillite pour le montant de l'indemnité : il n'est créancier que pour l'excédent de cette indemnité sur la prime et il produit à la faillite de l'assureur pour une somme égale à cet excédent (1).

218. L'obstacle à la compensation produit par le jugement déclaratif de faillite, fait naître des difficultés spéciales quand le failli étant en compte-courant avec une autre personne (2), avait remis à celle-ci des effets de commerce dont le remettant a été crédité et qui sont restés impayés à l'échéance par le tiers débiteur (souscripteur du billet à ordre ou accepteur de la lettre de change). Le récepteur peut-il alors, malgré la faillite du remettant, procéder à une contre-passation pour le montant de ces effets ? Cette question, qui se rattache au compte-courant, ne peut être traitée ici ; elle l'est dans le tome IV de ce *Traité de Droit commercial*, nos 812 et suiv.

219. *Exercice des actions en justice.* — Une conséquence naturelle du dessaisissement est que l'exercice des actions relatives au patrimoine du failli lui est enlevé, pour être confié aux syndics chargés de l'administration (3). Les syndics intentent les actions qui peuvent compéter au failli (4), comme ils sont défendeurs aux actions

---

p. 393 (observations en sens opposé); Bordeaux, 20 décembre 1901, S. et *J. Pal.*, 1904. 2. 23; D. 1902. 2. 460.

(1) V. d'autres applications de la même règle à propos de comptes comprenant différentes opérations, Nancy, 21 mai 1904, Bordeaux, 9 novembre 1908, *Journal des faillites*, 1904. 408; 1909. 420. Cpr. Douai, 27 mars 1902, *Journal des faillites*, 1903. 17.

(2) La faillite a pour résultat d'arrêter le compte, de sorte que la balance doit être faite au jour du jugement déclaratif: Cass 18 janv. 1887, S. 1890. 1. 442; *J. Pal.*, 1890. 1. 1073; D. 1887. 1. 278; 8 juill. 1891, S. et *J. Pal.*, 1895. 1. 485 ; D. 1892. 1. 598; *Pand. fr.*, 1892. 1. 220.

(3) Le failli est donc irrecevable à intenter, après le jugement déclaratif, une action en partage d'une succession même ouverte avant la faillite : Cass. 4 janv. 1898, *Pand. fr.*, 1898. 1. 455; *Journ. des Trib. de commerce*, 1898. 659.

(4) Nous ne parlons ici que des actions qui sont intentées par les syndics du chef du failli; il sera traité aussi d'actions qui sont exercées par

ntentées contre lui. La loi n'a prévu expressément que cette seconde hypothèse : *à partir de ce jugement* (jugement déclaratif), *toute action mobilière ou immobilière ne pourra être suivie ou intentée que contre les syndics* (art. 447, al. 2) ; le législateur a pensé probablement que la règle à suivre dans la première hypothèse (celle où il s'agit d'exercer des actions appartenant au failli contre des tiers) résultait suffisamment du principe général du dessaisissement (1).

Cet effet du dessaisissement, ainsi que le dessaisissement lui-même, ne se conçoit pas comme dérivant du seul fait de la cessation des paiements, il suppose un jugement déclaratif. On s'accorde donc à reconnaître qu'une personne contre laquelle un commerçant exerce une action en justice ne peut le faire déclarer non-recevable en établissant que le demandeur a cessé ses paiements, s'il n'a pas été déclaré en faillite (2). V. n°s 187 et suiv.

Par cela même que le failli n'a plus l'exercice des actions en justice qu'exerce le syndic, c'est à celui-ci, à exercer les voies de recours contre les décisions judiciaires rendues avant le jugement déclaratif au préjudice du failli (3).

220. En ce qui touche la représentation en justice, les syndics jouissent du pouvoir le plus étendu ; ils agissent sous leur responsabilité, sans être tenus d'obtenir aucune autorisation (4). Toutefois, quand les créanciers ont nommé des contrôleurs, le syndic est tenu de prendre leur avis sur les actions à exercer (L. 4 mars 1889, art. 20 et 10) (5).

---

des syndics comme représentant la masse des créanciers, spécialement dans les cas des articles 446 à 449, C. com. Il y a chez les syndics une double qualité qu'il ne faut pas perdre de vue : ils représentent à la fois le failli et la masse des créanciers.

(1) Les jurisconsultes italiens posaient nettement le principe admis par le droit moderne. Ainsi, Casaregis disait : *Curatori personæ decoctæ competunt omnes actiones decocto competentes* (*Disc.* 209, n° 17).

(2) Alauzet, VI, n° 2463.

(3) Arrêt du Conseil d'Etat, 5 février 1902, D. 1903. 3. 84.

(4) Cass. 23 juill. 1884, D. 1884. 1. 455; S. 1886. 1. 309; *J. Pal.*, 1886. 1. 739 ; Cass. 15 avr. 1893, D. 1893. 1. 264.

(5) Le débiteur mis en liquidation judiciaire, n'étant pas dessaisi, conserve le droit d'exercer des actions ; mais il doit être assisté du liquidateur

221. Ce n'est pas seulement quand il s'agit de commencer un procès après la déclaration de faillite, que les syndics prennent la place du failli comme demandeurs ou défendeurs, c'est aussi quand il y a lieu de continuer un procès commencé auparavant ; l'article 443, al. 2, l'indique, en parlant d'une action *suivie* et pas seulement d'une action *intentée* contre les syndics (1).

C'est en s'attachant à cette substitution du syndic au failli, même pour les procès entamés avant le jugement déclaratif, qu'on doit admettre que le bénéfice de l'assistance judiciaire accordé avant la faillite à un commerçant disparaît à partir du jugement déclaratif ; ce bénéfice a été accordé à un indigent nommément déterminé ; il ne saurait être invoqué par la masse des créanciers qui est substituée à lui (2).

222. Quand, lors du jugement déclaratif, l'affaire était *en état* dans les termes de l'article 343. C. pr. civ., il est bien certain que la survenance de la faillite de l'une des parties n'interrompt pas l'instance (art. 343, C. pr. civ.) (3). Mais il y a controverse dans le cas où la faillite survient avant que l'affaire ne soit en état. Il a été soutenu qu'il y avait lieu alors à *reprise d'instance* (4). On allègue que

(L. 4 mars 1889, art. 6). En outre, il y a lieu de prendre l'avis des contrôleurs, quand il en a été nommé (L. 4 mars 1889, art. 10).

(1) Cass. 18 juin 1900, S. et *J. Pal.*, 1900. 1. 492 ; *Pand. fr.*, 1901. 1. 222.

(2) Décision du Bureau d'assistance judiciaire près la Cour d'appel de Bordeaux, 1er déc. 1881, S. 1882. 2. 229 ; *J. Pal.*, 1882. 1114 ; *Journal des faillites*, 1882, p. 206. — Le bénéfice de l'assistance judiciaire peut-il être accordé à un syndic pour exercer une action ou pour y défendre ? Le Bureau de l'assistance judiciaire près le tribunal civil de Dijon, le 26 mai 1893 (*le Droit*, n° du 20 septembre 1893) a adopté la négative. Il se fonde notamment sur ce que, si la faillite n'a plus assez de ressources pour exercer les actions du failli, elle peut être close pour insuffisance d'actif (art. 527. C. com.), et qu'alors, chaque créancier peut exercer ses actions à ses risques et périls.

(3) Lyon, 25 juill. 1883, *Journal des faillites*, 1884, p. 61 (la faillite de l'une des parties avait eu lieu après les plaidoiries et la veille du jour où le jugement avait été rendu ; on prétendait que la condamnation était nulle parce qu'elle aurait dû être prononcée contre les syndics ; la Cour dit qu'il faut appliquer les articles 342 et 343. C. pr. civ.). Dict. de Couder, h. v°, n° 209.

(4) Chambéry, 3 avr. 1867, D. 1867. 5. 366 ; S. 1867. 2. 295 ; *J. Pal.*,

cela résulte implicitement de l'article 443, al. 2, d'après lequel, à partir du jugement déclaratif, *aucune action mobilière ou immobilière ne pourra être* suivie *ou intentée que contre les syndics.* Cette solution semble contraire au texte de l'article 345, C. pr. civ., qui dispose que le changement d'état des parties n'empêche pas la continuation des procédures (1).

223. Le failli étant représenté par les syndics dans les procès intentés par eux ou contre eux, le jugement a autorité de chose jugée à son égard et ne peut être attaqué par lui au moyen de la tierce opposition (art. 474, C. pr. civ.) (2), à moins qu'il n'y ait eu une collusion entre le syndic et les adversaires du failli (3). C'est ainsi que, bien que les créanciers chirographaires soient représentés en justice par leur débiteur, ils ont le droit de former tierce opposition aux jugements rendus en fraude de leurs droits contre le débi-

---

1867. 1019 ; *Pand. fr. chr.* ; Paris, 18 mars 1875, D. 1878. 2. 49 ; Trib. civ. de Marseille, 9 août 1883, *Journal des faillites,* 1884, p. 63. D'après ces décisions, l'article 443, al. 2, implique une dérogation virtuelle aux articles 342 et 345, C. pr. civ. V. aussi Paris, 18 avril 1889, *Journal des faillites,* 1889, p. 235. Paris, 1er juin 1900 et 9 janvier 1909, D. 1902. 2. 195 ; 1905. 2. 290. Pardessus (III, n° 1176) admet qu'il y a interruption d'instance, mais que la procédure continue tant que la faillite n'est pas notifiée, Cf. art. 344, C. pr. civ. Aj. Alauzet, VI, n° 2465. *Secùs,* Dict. de Couder, v° *Faillite,* n° 208, qui dit que le jugement déclaratif est présumé connu de tous.

(1) Bordeaux, 29 fév. 1860, D. 1860. 5. 327 ; S. 1860. 2. 319 ; *Pand. fr. chr.* ; Cass. req. 7 mai 1912, *Journal des faillites,* 1912, p. 241. Du reste, s'il y avait lieu à reprise d'instance l'adversaire du failli ne pourrait se prévaloir de ce que l'instance n'aurait pas été reprise par le syndic. Cass. 31 juillet 1912, *Journal des faillites,* 1912, p. 495. — Demangeat sur Bravard, V, p. 129, note 1 ; Garsonnet, *Traité de procédure,* II, n° CCCLXII ; Thaller et Percerou, I, n° 511. — Par cela même que la faillite ne donne pas lieu à la reprise d'instance, le délai de la péremption d'instance n'est pas augmenté de six mois quand une des parties est déclarée en faillite, Paris, 31 janvier 1905, *Journal des faillites,* 1905. 343 ; Riom, 7 juillet 1906, *le Droit,* numéros des 2, 3, 4 novembre 1906.

(2) Renouard, 1, p. 328.

(3) V. sur la tierce opposition ouverte aux créanciers contre un jugement obtenu en fraude de leurs droits : Tissier, *Théorie et Pratique de la tierce opposition,* n°s 139 à 145 ; Boitard, Colmet-Daàge et Glasson, *Leçons de procédure civile,* II, p. 146 ; Garsonnet, *Traité de procédure,* V, n° 1169.

teur au profit d'une autre personne. — A l'inverse, les jugements rendus contre le failli en personne, ne seraient pas opposables à la masse des créanciers (1).

Par cela même que le syndic représente le failli, il n'y a pas lieu au défaut profit-joint quand, sur l'appel d'un jugement rendu en faveur de la masse, le syndic a comparu et le failli a fait défaut (2).

224. Quand le syndic succombe dans une instance et est, par suite, condamné aux dépens du procès, il va de soi qu'il n'a pas à les supporter. Selon l'expression usitée dans la pratique, *les dépens sont employés en frais de syndicat* (3). Cela signifie que les dépens sont prélevés sur le montant de l'actif de la faillite, comme cela a lieu, en général, pour les différents frais que la gestion des affaires de la faillite entraîne. V. art. 565, C. com. (4).

La règle selon laquelle *les dépenses sont employées en frais de syndicat* s'applique même aux instances commencées avant le jugement déclaratif et continuées après ce jugement, pour tous les frais fussent-ils antérieurs à ce jugement (5). Ces frais ont profité à la masse ; si les actes de procédure antérieurs au jugement déclaratif n'avaient pas été faits par le débiteur, le syndic aurait dû les faire pour la masse.

225. L'exercice par le syndic des actions du failli n'implique pas que ce dernier doive nécessairement rester étranger aux procès qui le concernent.

D'après l'article 443, al. 4, *le tribunal, lorsqu'il le juge convenable, pourra recevoir le failli partie intervenante.* Cette disposition n'existait pas dans le Code de 1807 ; néanmoins, les tribunaux se

---

(1) Cf. Cass. 30 mars 1875, S. 1875. 1. 341; *J. Pal.*, 1875. 839; D. 1875. 1. 353.

(2) Lyon, 6 mars 1907. D. 1907. 2. 280.

(3) Cass. 23 juill. 1873, S. 1874. 1. 12; *J. Pal.*, 1874. 17; D. 1874. 1. 102.

(4) Le créancier des dépens ne fait pas partie de la masse des créanciers il a la masse pour débitrice. Cf. n° 560. V. aussi n° 235, pour les difficultés relatives aux frais dans les demandes en séparation de biens formées contre le failli par sa femme.

(5) Paris, 2 mai 1850, D. 1852. 2. 136.

reconnaissaient le droit d'autoriser le failli à intervenir quand il paraissait qu'il avait un intérêt sérieux à le faire (1) ; cette pratique avait semblé sans inconvénient et, pour ce motif, elle a été consacrée par la loi de 1838, mais non sans quelque résistance (2).

Les termes de la loi confèrent au tribunal un pouvoir discrétionnaire pour admettre ou rejeter l'intervention. Aussi ne peut-il y avoir sur ce point lieu à un recours en cassation (3). Mais cela n'implique nullement que les juges ont le droit de rejeter la demande par simple prétérition ; ils doivent statuer sur elle et leur décision doit, conformément aux principes généraux, être motivée (4).

Le tribunal compétent pour statuer sur la demande d'intervention du failli, est naturellement celui qui est saisi de l'instance dans laquelle le failli veut intervenir. Ce n'est donc pas nécessairement le tribunal qui a déclaré la faillite ; car il y a des actions intéressant le failli qui sont portées devant un autre tribunal (n° 467 et suiv.); par exemple, l'action en revendication d'un immeuble, intentée par les syndics ou contre eux, est de la compétence du tribunal de la situation de l'immeuble litigieux (5).

Il est à remarquer que littéralement, il n'est question de l'intervention du failli que dans les instances où les syndics sont défendeurs, puisque le 4e al. de l'article 443 se rattache à la seule hypothèse prévue dans le 2e et le 3e alinéas du même article. Toutefois,

---

(1) Ch. req. 19 avr. 1826, Rép. Dall., v° *Faillite*, n° 207 (l'arrêt attaqué, après avoir constaté l'intérêt du failli à arrêter les manœuvres pratiquées contre lui par le demandeur, a pu, sans violer les articles du Code de commerce indiqués, recevoir aussi la demande en intervention) ; aj. d'autres arrêts rapportés, D., *op. cit.*, au n° 238.

(2) V. l'analyse de la discussion à la Chambre des députés dans Renouard, I, p. 326.

(3) Cass. 25 fév. 1862, S. 1862. 1. 233 ; D. 1862. 1. 299 ; Cass. 17 juin 1868, S. 1868. 1. 437 ; D. 1871. 5. 187. Renouard, I, p. 314.

(4) Cass. 8 mai 1838 (arrêt rendu sur le rapport de M. Renouard), Rép. Dall., v° *Faillite*, n° 240.

(5) Cf. Cass. 25 fév. 1862. D. 1862. 1. 299 ; S. 1862. 1. 233. V., sur les articles 635, C. com. et 59, alin. 7, C. proc. civ., *Traité de Droit commercial*, I, n° 366 et 402 et ce qui sera dit plus loin dans le chapitre II, à propos du tribunal de commerce qui a rendu le jugement déclaratif et de la compétence de ce tribunal, n° 467 et suiv.

il n'est pas douteux que l'intervention du failli soit aussi possible, à la condition d'être autorisée, dans les instances engagées par les syndics ; il y a même motif de décider (1).

Le failli qui est intervenu en première instance, peut certainement interjeter ap el du jugement auquel il a été partie. Mais le failli qui n'est point intervenu en première instance, est-il recevable à intervenir en cause d'appel ?

L'admission de cette intervention soulève une difficulté à raison de l'article 466. C. pr. civ., d'après lequel *aucune intervention* (en appel) *ne sera reçue, si ce n'est de la part de ceux qui auraient droit de former tierce opposition*, et le failli ne peut, en principe, former tierce opposition (n° 223). Malgré cela, on admet généralement que le failli peut demander à intervenir en appel (2). L'article 443, C. com. déroge aux règles du Code de procédure civile. Il confère au failli le droit d'intervenir avec l'autorisation du tribunal, et rien n'indique que ce tribunal doive être nécessairement le tribunal qui juge en premier ressort.

225 *bis.* Par cela même que le failli peut intervenir, il semble utile de reconnaître aux parties le droit d'appeler le failli en cause, si elles estiment que cet appel en cause présente quelque avantage (3).

226. Des explications qui précèdent il résulte que le failli ne saurait intenter une action à défaut par les syndics de le faire (4). Cela serait contraire au dessaisissement et à l'esprit même de la loi en matière de faillite. En même temps qu'elle a enlevé l'administration au failli, elle a constitué l'unité de gestion entre les mains des syndics. L'intervention du failli dans les actions intentées n'a même

---

(1) Demangeat sur Bravard, V, p. 139, en note.

(2) Douai, 20 déc. 1862 et 14 fév. 1863, S. 1864. 2. 109 ; *J. Pal.*, 1864. 717. Renouard, I, p. 329 ; Demangeat, V, p. 139, en note ; Thaller et Percerou, I, n° 512. — V., *en sens contraire*, Alauzet, VI, n° 2468.

La solution admise au texte ne fait pas de difficulté en *Belgique*, par suite d'une explication donnée dans la discussion de la loi belge de 1851. V. Namur, III, n° 1688.

(3) Rouen, 10 mai 1902, D. 1904. 1. 182.

(4) Cass. 11 août 1885. S. 1885. 1. 442 ; *J. Pal.*, 1885, 1. 1032 ; D. 1886. 1. 52.

pas été admise sans peine ; on disait qu'elle aurait l'inconvénient de mettre aux prises les syndics et le failli. Mais cette intervention, soumise à l'autorisation du tribunal, ne contrarie pas la gestion, puisqu'elle se réfère à un procès pendant. Il en serait autrement de l'exercice d'une action par le failli ; de la faculté d'intervenir on ne saurait conclure à la faculté d'agir. Cette unité de gestion peut sans doute avoir des inconvénients ; le syndic peut être négligent. Les remèdes sont le contrôle du juge-commissaire et la responsabilité des syndics (1). En conséquence, selon nous, si le failli intentait une action relative aux droits compris dans le dessaisissement, il devrait être déclaré non-recevable ; le défendeur a un intérêt légitime à se prévaloir de cette fin de non-recevoir, puisque la décision ainsi rendue ne serait pas opposable à la masse des créanciers (2) (3).

(1) Alauzet, VI, nos 2469 et 2470 ; Demangeat sur Bravard, V, p. 127, en note. *Secùs*, Bédarride, I, n° 84 *bis* (suivant lui, l'intérêt du failli, qui autorise l'intervention, doit pareillement autoriser l'action).

(2-3) Caen, 26 mai 1874, D. 1876. 2. 50 (arrêt bien motivé et établissant très nettement que l'interdiction pour le failli d'introduire devant les tribunaux des demandes relatives à son actif résulte et du principe général du dessaisissement et de la règle relative à l'intervention). La doctrine de la Cour de cassation sur ce point est loin d'être aussi nette ; la plupart de ses décisions peuvent s'expliquer par les circonstances de l'affaire, mais les motifs ont quelquefois une portée trop générale : Ch. req. 12 avr. 1869, D. 1869. 1. 517 ; S. 1869 1 350 (Un failli intentait une demande relative à une créance antérieure à la déclaration de faillite et qui avait été dissimulée aux créanciers ; il avait été déclaré non recevable par la Cour de Toulouse et la Chambre des requêtes rejette le pourvoi, mais elle relève cette circonstance que le demandeur en cassation agissait, en l'absence des syndics, *non en qualité de failli et dans l'intérêt des créanciers*, mais en son nom et pour son compte personnel ; c'est donc que, si le failli, au lieu de vouloir s'approprier une partie de son actif, avait déclaré agir dans l'intérêt de la masse de ses créanciers, il aurait été recevable). — V. aussi Cass.. 16 août 1852, D. 1852. 1. 295 ; S. 1853. 1. 16 ; *J. Pal.*, 1853. 2. 380 (la Cour déclare que le dessaisissement opéré par le jugement déclaratif, n'est point un obstacle à ce que le failli exerce en son nom une action judiciaire, surtout *lorsque, comme dans l'espèce, le syndic averti n'a pas jugé à propos de l'exercer lui-même*, et que cette action concerne l'habitation personnelle du failli et de sa famille ; cette dernière circonstance pourrait justifier la décision, mais il est inexact de dire ainsi d'une manière générale que le refus d'agir du syndic permet au failli d'intenter une

Du reste, le syndic peut intervenir et prendre la place du failli, pour faire disparaître l'irrégularité de l'action exercée par celui-ci (1).

Toutefois, on doit permettre au failli de prendre des mesures conservatoires, spécialement d'interrompre une prescription (2), d'interjeter appel (3), de faire courir un délai d'appel en signifiant un jugement (4), de faire dresser un protêt (5) (6).

---

action) ; Trib. com. Seine, 2 oct. 1889, *Journal des faillites*, 1890, art. 1216. — V. aussi Paris, 9 août 1856, D. 1859. 5. 82. Même si l'on reconnaît au failli le droit d'agir, il va sans dire qu'il ne pourrait exercer une action à laquelle le syndic aurait renoncé : Bordeaux, 17 janv. 1887, *Journal des faillites*, 1887. 227.

Le défendeur doit pouvoir opposer au failli son défaut de droit en appel, comme en première instance, même devant la Cour de cassation, si ce moyen a été invoqué en appel ou si l'irrégularité n'a existé que devant cette Cour. Cpr. Cass. 10 nov. 1885. D. 1886. 1. 49.

(1) Aix, 2 mars 1853, S. 1853. 2. 229; *J. Pal.*. 1853. 2. 436 ; D. 1853. 2. 129.

(2) Poitiers, 29 fév. 1829, Rép. Dall. *h. v*, n° 206 5° ; Rennes, 22 mars 1865, S. 1865. 2. 335 ; *J. Pal.*, 1865. 1243.

(3) Bordeaux, 14 avr. 1840, Rép. Dall., *h. v*, n° 206 2° ; 28 juin 1867, D. 1867. 5. 210. — La jurisprudence est, en général, contraire au droit, pour le failli, d'interjeter appel des jugements rendus contre le syndic représentant la masse. Nîmes, 18 janv. 1843, *J. Pal.*, 1843. 1. 568, arrêt critiqué : Lict. de Couder, *h. v*, n° 241. — Un arrêt de Bordeaux du 21 août 1851, D. 1853. 2. 163, déclare l'appel du failli non recevable, quand il a été interjeté contre la volonté des syndics. V. aussi Paris, 10 juin 1864, *J. des Trib. de commerce*, 1865. 115 ; Cass. 28 mars 1898. D. 1898. 1. 559. Cf. Nancy, 26 juin 1896, S. et *J. Pal.*, 1896. 2. 96 ; D. 1896. 2. 495. — Du reste, il semble aller de soi que, même en admettant, comme nous le faisons que le failli a le droit d'interjeter appel, le failli ne peut pas agir devant la Cour, de telle sorte que l'appel tombe si le syndic refuse de le soutenir au nom de la masse.

(4) Lyon, 25 août 1828, Rép. Dall., *h. v*, n° 206 3°. — Un arrêt de la Cour de cassation du 10 nov. 1885, D. 1886. 2. 49, fait, à propos de la requête civile, une distinction entre les voies de recours ordinaires et les voies de recours extraordinaires, en refusant au failli le droit de former les secondes. Cette distinction est, à nos yeux, arbitraire : S. 87. 1. 473 ; *J. Pal.* 1887. 1162.

(5-6) Alauzet, VI, n° 2472. — A l'inverse, il a été jugé que le protêt d'un effet de commerce peut, malgré la faillite du débiteur, être fait au domicile de ce débiteur et non au domicile des syndics : Cass. 6 févr. 1849.

227. L'idée de l'unité de gestion qui doit faire rejeter la faculté, pour le failli, d'exercer les actions relatives à l'actif (n° 226), doit faire repousser également la faculté, pour les créanciers, d'exercer les mêmes actions pour eux. Les motifs sont les mêmes : les créanciers ne peuvent substituer leur initiative à celle des syndics, ils peuvent contrôler la gestion de celui-ci, appeler l'attention du juge-commissaire sur leurs actes, signaler leur négligence, provoquer même leur révocation, mais c'est tout.

Des créanciers du failli ne peuvent donc se prévaloir de l'article 1166, C. civ,, pour exercer les actions de leur débiteur déclaré en faillite. Cela résulte non seulement du dessaisissement qui a pour conséquence de confier la gestion générale du patrimoine du failli par les syndics, mais aussi de la suspension du droit de poursuite individuelle des créanciers (1). V. n°s 251 et suiv. (2).

Seulement, l'assignation qui suivrait le protêt devrait être donnée aux syndics, Renouard, I, p. 325.

Trib. civ. de Versailles, 29 mars 1879, jugement confirmé, Paris, 24 décembre 1881, D. 1881. 2. 203 (le droit, pour le failli, de faire des actes conservatoires est proclamé et l'application du principe est faite à une saisie-arrêt). Rennes, 22 mars 1865, S. 1865. 2. 335 (Production dans un ordre).

(1) Alauzet, VI, n°s 2476-2477 ; Renouard, I, p. 314, Thaller et Percerou, I, n° 515 ; Namur, III, n° 1689. Ch. civ. Cass. 18 fév. 1863, D. 1863. 1. 149 ; S. 1863. 1. 285 (arrêt très net : le syndic représente seul la masse et a seul qualité pour exercer les actions qui intéressent cette masse ou pour y défendre ; l'action individuelle et facultative des créanciers entraînerait de nombreux abus et des difficultés de toute nature) ; 11 août 1885, S. 1887. 1. 473 ; J. Pal., 1887 1. 1162 ; D. 1886. 1. 52 ; 4 mars 1889, S. 1890. 1. 75 ; J. Pal., 1890. 1. 157 ; D. 1889. 1. 426 ; Pand. fr., 1889. 1. 441 ; 23 juil. 1889, S. 1891. 1. 212 ; J. Pal., 1891. 1. 513 ; D. 1891. 1. 53 ; 1er avril 1895, S. et J. Pal., 1895. 1.279 ; Pand. fr., 1896. 1. 404 (application à l'action en annulation d'actes tombant sous le coup de l'article 446, C. com.). — En sens contraire. Rép. Dall., v° Faillite, n° 559 (divers arrêts) ; Dict. de Couder, v° Faillite, n° 245 ; Trib. civ. d'Auxerre, 1er juin 1881 (la Loi du 22 juin 1881).

(2) A ce point de vue, la règle applicable en cas d'acceptation bénéficiaire est toute différente de celle qui s'applique en cas de faillite. En cas d'acceptation bénéficiaire, les créanciers du défunt qui conservent le droit de poursuite individuelle, peuvent exercer les droits du défunt, en vertu de l'article 1166, C. civ. ; Dijon, 29 mars 1897, Le Droit, n° du 5 juin 1897. V., pourtant, Bordeaux, 17 février 1903, Journal des faillites, 1904, p. 110.

On ne doit même pas permettre à des créanciers, à moins qu'ils n'aient un intérêt distinct de celui de la masse, d'intervenir (1), puisqu'il n'y a pas de texte pour eux, comme il y en a un pour le failli, dont, du reste, l'intervention n'a pas été regardée comme allant de soi (nos 225 et 226). Mais les créanciers doivent pouvoir, comme, d'ailleurs, le failli lui-même (n° 226), faire des actes conservatoires (2). Il y a lieu même de reconnaître le droit d'introduire une action au créancier qui a un intérêt distinct de celui de la masse (3).

227 bis. Bien que les créanciers ne puissent, en vertu de l'article 1166, C. civ., exercer les actions de leur débiteur en faillite, ils ont le droit d'exercer individuellement l'action paulienne, en vertu de l'article 1167, C. civ, contre les actes du failli (n° 312). Cependant, il a été soutenu que l'action paulienne elle-même doit être réservée au syndic (4). On allègue en ce sens que l'exercice de cette action par un créancier peut jeter le trouble dans l'administration du syndic. Mais cette considération ne paraît pas décisive ; il y a lieu de tenir compte de ce que l'action paulienne n'appartient pas à tous les créanciers, mais seulement à ceux dont les créances sont antérieures à l'acte argué de fraude.

---

(1) Paris, 24 déc. 1849, D. 1850. 2. 195 ; Cass. 10 nov. 1890, S 1891. 1. 241 ; *J. Pal.*, 1891. 2. 953 ; D. 1892. 1. 8, *Pand. fr.*, 1891. 1. 138 ; Cass. 12 mars 1900, S. et *J. Pal.*, 1900. 1. 392 ; D. 1900. 1. 271 ; Cass. 29 juillet 1905, D. 1906. 1. 193 ; S. et *J. Pal.*, 1908. 1. 473 ; Paris, 1er avril 1909, 31 décembre 1911 ; *Journal des faillites*, 1911, p. 53 ; 1912, p. 69. — Renouard. I, 315 ; Namur, III, n° 1689. — *En sens contraire*, Poitiers, 26 juill. 1886, D. 1859. 1. 255 ; Alauzet, VI, n° 2475 ; Dict. de Couder, *h. v°*, nos 247-251 ; D. 1896. 2. 353 ; Thaller et Percerou, I, n° 514. Ces auteurs n'admettent les créanciers à intervenir, mais seulement avec l'autorisation du tribunal. Ils assimilent à cet égard les créanciers au failli lui-même. — Un tiers qui ne réclamerait pas de droit de créance dans la faillite, pourrait intervenir dans les actions où les syndics sont parties, conformément aux règles ordinaires.

(2) Paris, 19 août 1852 et Orléans, 4 mai 1853, D 1852. 2. 70 et 207 Signification d'un jugement pour faire courir le délai d'appel). — Alauzet, VI, n° 2478.

(3) Cass. 10 nov. 1890, S. 1891. 1. 214 ; D. 1892. 1. 8 ; *Pand. fr.*, 1891. 1. 38 ; Nancy, 5 juin 1906 ; Paris, 21 novembre 1906, S. 1907. 2. 158 ; *Journal des faillites*, 1907, p. 24 et 13.

(4) Thaller, *Traité élémentaire de Droit commercial*, n° 1873 ; Thaller et Percerou, I, n 745.

228. Ce serait, toutefois, une erreur de croire que le failli ne peut plus, à partir du jugement déclaratif intenter aucune action ni défendre à aucune demande. Il y a, au contraire, des actions dont l'exercice, au point de vue actif ou passif, n'appartient pas aux syndics, mais reste au failli. Le départ à faire entre les deux catégories d'actions n'est pas toujours facile.

Le droit, pour les syndics seuls, de représenter le failli en justice, tant en demandant qu'en défendant, est une conséquence du dessaisissement et de l'administration qui leur est confiée ; aussi ce droit n'existe-t il que dans la mesure où le dessaisissement produit ses effets. Or, d'une part, le dessaisissement ne concerne que le patrimoine, gage des créanciers et ne saurait s'appliquer aux droits qui ne rentrent pas dans le patrimoine, qui ne constituent pas des éléments de l'actif (n° 208 *ter*) ; d'autre part, le failli n'est pas un interdit (n° 208). Il suit de là que le failli peut intenter les actions relatives aux droits en question, comme il défend à celles qui se réfèrent à ces mêmes droits. Ce n'est pas tout : il y a des actions dont l'exercice implique un droit d'appréciation tout à fait personnel de la part de celui auquel elles appartiennent, de telle façon qu'il serait exorbitant de laisser le syndic les exercer librement, peut-être contrairement à la volonté arrêtée du failli. Il y a, pour déterminer les actions qui doivent être exercées par le failli ou contre lui, à résoudre des questions analogues à celles qui se présentent à propos de l'article 1166, C. civ., quand il s'agit de se prononcer sur les droits et actions du débiteur que, par exeption, ses créanciers ne peuvent pas exercer en son nom, parce que ce sont, suivant les expressions de l'article 1166 C. civ., des *droits et actions attachés à la personne.*

Il est indispensable de faire ici quelques applications de ces idées générales et d'indiquer les principales difficultés qui s'élèvent à cette occasion.

229. Il va de soi que les syndics seuls ont le droit d'agir en exécution des obligations des tiers envers le failli résultant de contrats ou de quasi-contrats, et que c'est contre les syndics que les tiers ont à exercer les actions relatives à des obligations contractuelles ou quasi-contractuelles à la charge du failli. Le droit des syndics est aussi incontestable pour les actions en résolution fondées sur le défaut d'exécution de ses obligations par le failli ou par son co-contractant (1).

230. A l'inverse, il est certain que le failli doit être partie dans toutes les actions qui touchent aux droits de famille, comme les actions en nullité de mariage (2), en divorce ou en séparation de corps (3), en désaveu de paternité, en reconnaissance judiciaire de la paternité naturelle, en destitution de tutelle, en interdiction, en dation de conseil judiciaire (4).

230 *bis.* Il y a des actions qui n'ont pas un caractère aussi tranché, qui offrent un intérêt pécuniaire, tout en ayant pour but principal la sauvegarde d'un droit tout personnel ; elles échappent aussi au principe du dessaisissement, en ce sens que le failli seul peut les intenter et qu'il doit y défendre. De ce nombre sont les actions ayant pour objet un intérêt d'honneur ou de considération (5), comme une action en diffamation (6) et, généralement, les actions en dommages-intérêts pour délit, spécialement pour contrefaçon d'une invention brevetée, d'un dessin ou d'un modèle de fabrique, d'une marque de fabrique ou de commerce (7), l'action en révocation d'une donation pour ingratitude, l'action en séparation de biens. Mais, même dans ces actions, les syndics peuvent intervenir pour sauvegarder les intérêts pécuniaires de la masse des créanciers et ils doivent être mis en cause pour que le jugement soit opposable à la masse des créanciers.

231. Si les actions en dommages-intérêts, exercées à raison d'un

---

(1) Paris, 12 juill. 1874, D. 1877. 5. 240.

(2) Trib. civ. Seine, 23 août 1883, *le Droit,* n° du 25 août 1883.

(3) Cass. 28 août 1871, S. 1873. 2. 267 ; *J. Pal.,* 1873. 1095 ; D. 1874. 5. 262. — Mais il importe que le syndic de la faillite du mari soit mis en cause, pour que le jugement soit opposable à la masse dans ses effets pécuniaires.

(4) Trib. civ. Seine, 14 nov. 1893, *Journal des faillites,* 1894, p. 374.

(5) Cass. 17 juin 1865, D. 1865, 1. 401 ; S. 1865. 1. 462 ; *J. Pal.,* 1865. 1. 1201 ; 10 mars 1879, S. 1879. 1. 465 ; *J. Pal.,* 1879. 1. 209 ; D. 1879. 1. 354.

(6) Paris, 3 juillet 1903, *Journal des faillites,* 1904, p. 211.

(7) Pouillet, *Traité des brevets d'invention* (4e édit.), n° 158. V. Thaller, *Traité élémentaire de Droit commercial,* n° 1785.

délit allégué contre le failli ou par lui à la charge d'un tiers, doivent être intentées contre le failli (1) ou par lui-même, il y a lieu d'admettre (2) l'intervention ou l'appel en cause du syndic. Cela s'applique, que l'action civile soit portée devant la juridiction civile ou devant la juridiction de répression (3).

Mais, dans ce dernier cas, une question spéciale se pose. Doit-il être sursis au jugement sur l'action civile exercée contre le failli jusqu'à ce qu'il y ait appel en cause du syndic, pour que le jugement à intervenir soit opposable à la masse des créanciers ? Il a été parfois décidé que la personne lésée a le droit de se porter partie civile jusqu'à la clôture des débats et que ceux-ci ne peuvent être retardés par l'appel en cause du syndic (4). Cette solution peut avoir sans doute des avantages pratiques, mais elle n'est pas conforme aux principes. On est en droit de craindre, du reste, que le failli ne fasse pas valoir tous les moyens possibles sur la question de dommages-intérêts, parce que ce seront surtout, en définitive, ses créanciers qui auront à souffrir de la condamnation (5).

232. En ce qui concerne l'action en révocation d'une donation entre-vifs pour cause d'ingratitude, deux hypothèses sont possibles : le failli est donateur ou il est donataire.

Si le failli est donateur, il peut seul exercer l'action, parce que celle-ci a, dans l'esprit de la loi, malgré ses conséquences pécuniaires, un intérêt moral (6) et que le donateur seul a le droit de pardonner au donataire. Mais, le résultat de l'action devant profiter à la

(1) V. Cass. 26 sept. 1867, D. 1868. 1. 42.

(2) Trib. correct. Seine, 13 et 20 juill. 1883 ; Paris, 4 août 1883, *Journal des faillites*, 1883, p. 367 et 434 ; Paris, 25 janv. 1887, *Journal des faillites*, 1887, p. 130 ; D. 1887. 2. 132 ; Paris, 18 mai 1888, *Journal des faillites*, 1888, p. 415 ; 18 mars 1897 (*Gaz. du Palais*, 1897. 1. 704 (procès en contrefaçon). — V. pourtant, Trib. correct. Seine, 15 juin 1883, *Journal des faillites*, 1883, p. 341.

(3) Cpr., pour le cas d'action civile portée devant une juridiction de répression. Paris (ch. correct.), 17 mars 1911, *le Droit*, n° du 21 avril 1911.

(4) Cass. 9 mai 1846, D. 1846. 1. 316 ; S. 1846. 1. 844. V. aussi Cass. 14 mai 1869, D. 1870. 1. 437.

(5) V. *en ce sens*, Thaller et Percerou, I, n° 549 ; Namur (III, n° 1685), qui cite un arrêt de la Cour de Bruxelles du 24 janv. 1857.

(6) Renouard, I, p. 312 ; Demangeat sur Bravard, V, p. 127, en note.

masse des créanciers, le syndic qui représente celle-ci, doit, au moins dans un intérêt de surveillance, avoir le droit d'intervenir dans l'instance.

Si le failli est donataire, le donateur peut demander la révocation contre lui. Mais la faillite souffrira-t-elle de cette révocation ? La négative doit être admise si les faits d'ingratitude sont postérieurs au jugement déclaratif ; par suite du dessaisissement, le failli ne peut au regard de la masse, diminuer son actif par ses actes licites ou même illicites. Aussi, la condamnation obtenue en pareil cas contre le failli donnerait-elle au donateur une satisfaction morale, mais ne pourrait-elle produire d'effets pécuniaires que si le failli revenait à meilleure fortune. La situation n'est plus la même quand les faits d'ingratitude reprochés au failli remontent à une date antérieure au jugement déclaratif ; la condamnation peut alors atteindre la masse. Seulement, à raison du caractère pénal de la condamnation, il est douteux qu'il en soit ainsi en dehors du cas où la demande en révocation a été intentée avant la déclaration de faillite (1).

Il va de soi que, dans les cas où la révocation de la donation peut réfléchir contre la masse des créanciers, il est nécessaire de mettre les syndics en cause (n° 230 *bis*).

233. Au contraire, les syndics de la faillite du donateur peuvent intenter seuls l'action en révocation pour inexécution des conditions ; cette action n'est qu'une application du droit commun en matière de contrat (art. 953 et 1184, C. civ.). Il en est de même de l'action en révocation pour survenance d'enfant (2). Dans ce dernier cas, la révocation a lieu de plein droit ; le jugement qui déclare la donation révoquée, ne fait que constituer un fait préexistant ; le bien donné rentre dans le patrimoine du donateur, de telle sorte qu'il ne peut y avoir simplement confirmation de la donation révoquée et qu'une

(1) Demangeat sur Bravard, V. p. 122, en note. V. Thaller et Percerou, I, n° 550, note 6 de la page 516. Ces auteurs estiment que la révocation pour ingratitude ressemble plus à des dommages-intérêts qu'à une peine et écartent, par suite, toute distinction se rattachant à l'époque à laquelle a été formée la demande ou à laquelle est intervenue le jugement prononçant la révocation.

(2) Renouard, I, p. 312.

nouvelle donation est nécessaire, pour que le donataire conserve le bénéfice de la libéralité (art. 964, C. civ.). — Quand, au contraire, le failli est donataire, c'est contre le syndic que l'action en révocation fondée sur l'une de ces deux causes peut être exercée. A raison du dessaisissement, il semble, toutefois, que la révocation pour inexécution des charges ne peut pas être prononcée lorsque l'inexécution s'est produite après le jugement déclaratif de la faillite du donataire. Cpr. n° 232.

234. Au sujet de l'action en séparation de biens, il faut, pour résoudre les questions qui se posent, se placer distinctement dans le cas où il y a faillite de la femme et dans celui où il y a faillite du mari.

En cas de faillite d'une femme mariée, il est certain que les syndics ne peuvent sans son consentement demander de son chef la séparation de biens contre le mari. C'est là une application directe de l'article 1446, 1er alin., C. civ., qui considèrant le droit de demander la séparation de biens comme un droit attaché à la personne au sens de l'article 1666, C. civ., n'admet pas que ce droit puisse être exercé par les créanciers de la femme.

En cas de faillite du mari. la situation n'est pas aussi nette, lorsque, sa femme voulant former une demande en séparation de biens, il y a à déterminer contre qui elle doit agir.

Il a été soutenu que la demande doit être formée contre le syndic, sauf au mari à obtenir du tribunal l'autorisation d'intervenir dans l'instance en vertu de l'article 443, alin. 4, C. com., ou à la femme à le mettre en cause (1). On fait valoir en ce sens que le syndic représente à la fois les créanciers et le failli En sens contraire, on a prétendu que le caractère personnel de l'action en séparation de biens doit faire admettre qu'elle peut être exercée contre le mari seul (2).

Selon nous, la demande en séparation de biens doit être dirigée à la fois contre le failli et contre le syndic. Il y a un intérêt moral en jeu;

(1) Paris, 22 mai 1876. S. 1877. 2. 529 ; D. 1876. 2. 224.— Boistel, p. 683, note 6. — Cette opinion avait été soutenue à tort par un des auteurs de ce traité : S. 1880. 2. 17 ; *J. Pal.*, 1880. 104.

(2) Geoffroy, *Code pratique de la faillite,* 27 ; Massé, II, p. 1199.

la séparation de biens produit des effets personnels à l'égard du failli en le privant de l'administration des biens de sa femme et de ceux de la communauté à laquelle la déclaration de faillite, par elle seule, ne porte pas atteinte (n° 208). Mais on ne saurait nier que la séparation de biens peut causer à la masse des créanciers du mari un préjudice pécuniaire ; par suite de la séparation de biens, la communauté est dissoute, il y a lieu à partage de l'actif commun, la femme commune en biens prend sa part dans la communauté, le mari perd son droit de jouissance sur les biens propres ou dotaux de sa femme. Aussi le syndic doit-il être mis à même de défendre à la demande au point de vue de ses conséquences pécuniaires ; il importe, dans l'intérêt de la masse des créanciers, qu'il prévienne les fraudes et les collusions assez fréquentes en cette matière (1).

235. A l'occasion des demandes en séparation de biens formés conjointement contre le mari et contre le syndic de sa faillite, différentes questions se sont élevées relativement aux dépens du procès,

a. Le syndic qui succombe est condamné aux dépens et il en est de même du mari qui, avec lui, a été défendeur à la demande en séparations de biens. Il est de règle que les frais de l'administration du syndic sont prélevés sur l'actif de la faillite (art. 565, C. com.). Les dépens auxquels le syndic est condamné, sont employés en frais de syndicat , en ce sens qu'ils sont prélevés sur l'actif avant toute répartition de celui-ci entre les créanciers (n° 224). Mais on peut se demander si la condamnation aux dépens doit être prononcé pour le tout contre le failli et contre le syndic, de telle façon que ces dépens

---

(1) Thaller et Percerou, I, n° 544 *ter*. — Paris, 13 mars 1879. D. 1879. 2. 264 ; S. 1880. 2. 17; *J. Pal.*, 1880. 104 ; Paris, 3 avr. 1890, D. 1890. 2. 34 ; Bordeaux, 11 déc. 1891, S. et *J. Pal.*, 1892, 2. 77. Cpr. Cass. 11 déc. 1895 (3 arrêts), *Journal des faillites*, 1896, p. 5 ; D. 1896. 2. 209; S. et *J. Pal.*, 1896. 1. 37; D. 1897. 1. 17 (note de M. Thaller) ; *Pand. fr.*, 1896. 1. 497. — Trib. de l'Empire allemand, 22 janv. 1886, S 1888. 4 1 ; *J. Pal.*, 1888. 2. 1.

Le syndic, dans un procès en séparation de biens, peut, au nom des créanciers, opposer une exception d'incompétence que le failli n'est plus recevable à opposer : Nancy, 23 mai 1900, D. 1900. 2. 497 (il s'agissait de l'incompétence fondée sur ce que le mari et la femme étaient étrangers).

seraient en totalité prélevés comme frais de syndicat ou si les dépens ne doivent pas être répartis entre les deux défendeurs ? S'il y a une répartition, la femme en est réduite à se présenter, pour les dépens à la charge du mari, comme créancière dans la faillite de celui-ci, tandis qu'avec la solution opposée, tous les dépens sont prélevés sur l'actif.

Le principe de la division des dépens sans solidarité doit être admis ; d'abord, aucune disposition légale, aucun motif rationnel n'obligent à reconnaître qu'il y a là une dette indivisible ; puis, la solidarité serait contraire au principe général de l'article 1202, C. civ. (1) ; il n'y a pas de raison pour déroger à cette règle dans l'espèce dont il s'agit. On a allégué qu'on se trouve, en quelque sorte, en présence d'un personnage à deux têtes et que, la disposition générale du jugement qui prononce la séparation de biens, étant indivisible, la condamnation aux dépens qui en est l'accessoire, doit avoir le même caractère. Ces objections sont sans valeur. Sans doute, la séparation de biens ne peut recevoir une exécution partielle ; mais il en est autrement de la condamnation aux dépens ; ils peuvent être payés pour partie par chacun de ceux qui succombent (2). Il y a donc lieu de mettre à la charge personnelle du mari les dépens se rattachant à sa présence dans l'instance (3). Pour ces dépens, la femme est une créancière soumise à la loi du dividende, à moins que, son mari étant propriétaire d'immeubles, elle ne puisse invo-

(1) Cass. 19 avr. 1841, S. 1841. 1. 631 ; Cass. 20 nov. 1886.

(2) Rouen, 31 janv. 1893 ; Cass. 11 déc. 1895 (trois arrêts), *Journal des faillites*, 1894, p. 181 ; 1896, p. 5 ; S. et *J. Pal.*, 1896. 1. 37 ; D. 1897. 1. 17 ; *Pand. fr.*, 1896. 1. 497 (Ce dernier arrêt a été rendu à l'occasion d'une liquidation judiciaire ; la question est la même qu'en cas de faillite et doit être résolue de la même manière).

(3) On s'est demandé si les dépens doivent être divisés par moitié entre le syndic et le failli ou s'il faut procéder à une ventilation et voir quels frais concernaient spécialement soit le syndic soit le failli. Pour la première solution, Paris, 3 avril 1890, S. 1891. 2. 84 ; *J. Pal.*, 1891. 1. 464 ; D. 1890. 2. 341. Cette solution ne paraît pas rationnelle. V. note de M. Thaller sous Cass. 11 déc. 1895, D. 1897. 1. 17. — MM. Percerou et Thaller, I, nᵒˢ 546, 547 et 547 *bis* admettent que les dépens sont supportés moitié par la masse, moitié par la femme demanderesse, sauf le recours de celle-ci contre son mari.

quer son hypothèque légale ; celle-ci garantit la créance des dépens, comme toutes les créances de la femme contre son mari (art. 2121, 1er alin., C. civ. (1).

b. Le syndic déclare parfois s'en remettre à justice. Doit-il, même alors, être condamné aux dépens avec emploi en frais de syndicat ? On a essayé de soutenir la négative, en se fondant sur ce qu'alors, il n'y a aucun reproche à faire au syndic représentant de la masse ; il n'a pas résisté à la demande. Cette doctrine impliquerait que la condamnation aux dépens est une sorte de peine. Cette idée est fausse : avec elle, la condamnation aux dépens ne serait pas admissible à la suite d'une demande à laquelle il n'y a point d'acquiescement possible. Quelle que soit la nature de la demande, quelque réponse qu'y ait faite le défendeur, celui-ci doit, s'il succombe, être condamné aux dépens (art. 130, C. proc. civ.) (2).

c. S'il n'est statué sur la demande en séparation de biens formée antérieurement au jugement déclaratif de la faillite du mari qu'après ce jugement, l'emploi en frais de syndicat doit-il avoir lieu même pour les dépens antérieurs au jugement déclaratif ? Aucune disposition légale n'autorise à faire parmi les dépens cette distinction qui pourrait être assez difficile à appliquer (3). Le syndic vient prendre, lors du jugement déclaratif, la place du mari. Il n'y a pas un véritable changement de défendeur. Au reste, il a été admis d'une façon générale (n° 224) que, lorsqu'une action commencée contre le failli est continuée contre le syndic, les dépens, en cas de condamnation de celui-ci sont à employer en frais de syndicat même pour la partie des dépens afférents aux actes antérieurs au jugement.

236. Il sera expliqué plus bas (n°s 248 et suiv.) que, malgré le

---

(1) Une question semblable relative aux dépens se présente au cas d'un jugement de séparation de corps prononcé contre le mari en faillite. V. *Traité de Droit commercial*, VIII, n° 560. Cpr. Thaller et Percerou, I. n° 542.

(2) Cass. 11 juin 1877, D. 1877. 1. 502 ; S. 1878. 1. 465 ; *Pand. fr. chr.* ; Paris, 13 mars 1879, S. 1880. 2. 37 ; *J. Pal.*, 1880. 104 ; D. 1879. 2. 264.— V. pourtant Trib. comm. Mulhouse, 15 nov. 1867, S. 1868. 2. 55 ; *J. Pal.*, 1868. 234.

(3) V. Cass. 11 juin 1877, S. 1878. I. 465 : *J. Pal.*, 1878. 1. 209 ; D. 1877. 1. 502 ; *Pand. fr. chr.*

dessaisissement, le failli peut se livrer au commerce et que les actes faits par lui relativement à ce commerce sont valables. Il est logique de reconnaître au failli le droit d'agir en justice à l'occasion de ce commerce ainsi que de défendre aux procès qui s'y rapportent, sans même que les syndics doivent être mis en cause (1). Il va de soi que ceux ci peuvent toujours intervenir pour sauvegarder les intérêts de la masse (2). Mais on ne voit pas pour quelles raisons il y aurait une règle différente pour les contrats et pour les procès (3) ; la capacité du failli doit exister également pour les uns et pour les autres, par cela seul qu'ils se rattachent au commerce exercé par le failli après le jugement déclaratif, et la jurisprudence ne fait pas de distinction (4).

236 *bis*. Droit étranger. — Le dessaisissement est considéré dans tous les pays comme entraînant cette conséquence que les tiers doivent exercer les actions en justice contre le syndic et que celui-ci exerce contre les tiers les actions appartenant au failli. Beaucoup de textes législatifs ou réservent les actions ayant un caractère personnel ou emploient, pour poser la règle, des expressions impliquant que les actions ayant ce caractère peuvent, malgré la faillite, être exercées contre le failli ou par lui. Ainsi, les Codes de commerce *italien* (art. 699), *roumain* (art. 713) et *portuguais* (art. 700) réservent les actions personnelles et étrangères à la faillite ; la loi *brésilienne* (art. 2) met à part les actions concernant l'état, le mariage, la puis-

---

(1) Paris, 27 octobre 1903, *Pand. fr.*, 1904. 2. 124, *Journal des faillites*, 1904, p. 53 ; Bordeaux, 19 janvier 1909, *Journal des faillites*, 1910, p. 259 ; Cass. 27 mai 1910, S. et *J. Pal.*, 1911, p. 276, *Pand. fr.*, 1911. 1. 276. Il va de soi que, le syndic peut intervenir pour protéger les intérêts de la masse. Demangeat sur Bravard, V, p. 75, en note ; Bédarride, I, n° 84 *bis*. — V. pour la jurisprudence la note 1 de la page suivante.

(2) Cf. Paris, 6 juill. 18.5, D. 1855. 2. 360 ; S. 1855. 2. 479.

(3) Des auteurs font, pourtant, cette distinction : Renouard, I, p. 309 et 310 ; Alauzet, VI, n° 2473.

(4) V. Cass. 12 janv. 1864 (motifs), S. 1864. 1. 17 ; 8 mai 1878, S. 1878. 1. 309 ; *J. Pal.*, 1878. 770 ; D. 1879. 1. 101 ; Cass. 27 mai 1910, S. et *J. Pal.*, 1911. 1. 276 ; *Pand. fr.*, 1911. 1. 276. — Cf. Cass. Turin, 19 juin 1882, S. 1883. 4. 29.

sance paternelle (1) ; le Code de commerce *chilien* (art. 1364, 2ᵉ alin.) reconnaît au failli le droit d'exercer, par lui-même, toutes les actions exclusivement attachées à sa personne ou qui ont pour objet des droits inhérents à sa personne. La loi *hongroise* (art. 8 à 10) la loi *autrichienne* (art. 6), le Code de commerce *mexicain* (art. 970) n'excluent l'exercice contre le failli ou par lui que des actions relatives à des biens compris dans l'actif de la faillite.

237. 3º *A quels biens s'applique le dessaisissement ?* — L'article 443, C. com., semble employer une formule aussi large que possible et de nature à écarter toute espèce de doute ; il parle du dessaisissement de *tous les biens* du failli, *même de ceux qui peuvent lui échoir pendant qu'il est en état de faillite*. Néanmoins, il s'est élevé au sujet des biens atteints par le dessaisissement plusieurs difficultés graves.

238. Le dessaisissement ne peut s'appliquer qu'à ce qui forme le patrimoine du failli et ne comprend pas, ainsi que cela a déjà été constaté (nº 208), les biens appartenant à d'autres personnes dont le failli administre le patrimoine à un titre quelconque.

Si le failli a non seulement l'administration, mais la *jouissance* de ces biens, cette jouissance peut-elle être prise par les créanciers ? Oui, à la condition que les charges de cette jouissance soient respectées. Ainsi, le failli a la jouissance des biens de ses enfants mineurs de 18 ans non émancipés (art. 384, C. civ.) ; la masse ne pourra réclamer que la partie des revenus qui reste libre entre les mains du père après que les charges ont été acquittées et, parmi ces charges, figurent notamment la nourriture, l'entretien et l'éducation des enfants selon le fortune (art. 385, C. civ.) (2). Une observa-

---

(1) La loi *hollandaise* de 1893 écarte les actions qui ne sont pas pécuniaires.

(2) La solution donnée au texte correspond à celle selon laquelle les créanciers de celui qui a la jouissance légale des biens de son enfant mineur, ne peuvent saisir les fruits de ces biens que sous la déduction des charges à supporter sur eux. Demolombe, VI, nᵒˢ 528 et 529. — Des auteurs, refusent tout droit à la masse même sur les revenus demeurés libres après l'acquittement de charges de la jouissance légale. V. Thaller (nº 1786); Thaller et Percerou, I, nº 541.

tion analogue doit être faite pour leur droit de jouissance qui, sous plusieurs régimes matrimoniaux, peut appartenir au mari sur les biens de sa femme.

239. L'application de la règle qui ne comprend dans le dessaisissement que les biens appartenant au failli, présente quelque difficulté au sujet de l'assurance sur la vie que peut avoir contractée le failli au profit d'un tiers. Il y a lieu alors, en cas de mort du failli, de décider si le dessaisissement s'applique au capital assuré. Pour résoudre cette question, il faut rechercher si le capital a été ou non dans le patrimoine du failli. La solution à donner dépend de la nature qu'on reconnaît à la stipulation faite dans l'assurance sur la vie au profit d'un tiers bénéficiaire. Ce n'est pas une question à résoudre à l'aide des principes de la faillite, mais par ceux qui régissent l'assurance sur la vie faite au profit d'un tiers (1). Il suffit ici d'indiquer que la créance du capital assuré au profit du tiers bénéficiaire de l'assurance est à considérer comme étant née directement au profit de celui-ci et comme n'ayant jamais fait partie du patrimoine de l'assuré ; ce qui fait que la créance du capital assuré ne fait pas partie de l'actif du failli frappé par le dessaisissement et que, par suite, ses héritiers peuvent en disposer librement (2).

239 *bis*. Une question de la même nature se présente quand il s'agit de savoir si la provision fait partie de l'actif de la faillite du tireur d'une lettre de change ou d'un chèque, et si, par suite, le syndic de la faillite du tireur peut retirer la provision faite par celui-ci en se faisant payer par le tiré du montant de la créance qui constitue cette provision. C'est la question de la transmission de la propriété de la provision qui se rattache à la matière des lettres de change et des chèques. Celle-ci appartenant au porteur, selon une jurisprudence constante, n'est pas comprise dans l'actif de la faillite du tireur et le syndic de cette faillite ne peut, en conséquence, la réclamer (3).

(1-2) Cette question sera examinée dans le tome IX de notre *Traité de Droit commercial*, consacré aux assurances non maritimes. — Lefort, *Traité du contrat d'assurance sur la vie*, II, p. 291 et suiv. Consulter aussi Thaller et Percerou, I, n°° 533 et suiv.

(3) V. *Traité de Droit commercial*, IV, n°° 172 et suiv.

240. Le dessaisissement s'applique à tous les biens meubles et immeubles du failli, qu'elle qu'en soit l'origine, qu'ils se rattachent ou non à son commerce. C'est une conséquence de l'indivisibilité de l'état de faillite et de l'indivisibilité du patrimoine. Le patrimoine tout entier sert de gage à tous les créanciers ; il n'y a qu'une masse de l'actif et qu'une masse du passif (Cf. art. 2092 et 2093, C. civ.)(1).

241. Malgré la généralité des termes de l'article 443, C. com. on s'est demandé s'il n'y a pas certains biens du failli qui doivent être exceptés du dessaisissement. Le doute vient de ce que le jugement déclaratif peut être considéré comme opérant au profit des créanciers une sorte de saisie générale sur tous les biens du failli ; c'est une mainmise collective substituée aux mainmises individuelles auxquelles auraient pu procéder les créanciers en pratiquant des saisies, si, la faillite n'étant pas déclarée, les créanciers avaient conservé leur droit d'exercer des poursuites individuelles. Dès lors, on se demande si les biens qui, pour des motifs divers, sont soustraits par la loi au droit de saisie, n'échappent pas, par cela même, au dessaisissement, malgré les termes si larges de l'article 443 (2). La question se pose dans plusieurs hypothèses qui doivent être distinguées.

242. L'article 592, C. proc. civ., énumère un certain nombre d'objets qui ne peuvent être saisis pour des raisons d'humanité (3) : coucher nécessaire aux saisis et à leurs enfants vivant avec eux, habits dont ils sont vêtus et couverts, livres ou outils servant à leur profession, menues provisions, etc. Le dessaisissement s'applique-t-il à ces objets ? La question est très délicate. Elle doit, selon nous être résolue affirmativement. Sans doute, on ne peut invoquer en ce

---

(1) Paris, 27 nov. 1885, *Journal des faillites*, 1886, p 8.

(2) C'est la règle posée par beaucoup de lois étrangères. V. n° 246 *bis*.

(3) Il faut laisser de côté la disposition du 1° de l'article 592, C. proc. civ., qui est relative aux immeubles par destination ; ils ne peuvent être, à raison de leur nature, l'objet d'une *saisie-exécution*, mais ils sont compris dans la saisie de l'immeuble dont ils sont des accessoires. Aussi rien assurement n'empêche qu'ils soient compris dans le dessaisissement avec les immeubles auxquels ils se rattachent, de même qu'ils sont compris dans la saisie de ces immeubles.

sens les termes généraux de l'article 443, C. com., qu'il faut combiner avec les principes du droit commun. Mais la loi des faillites s'est préoccupée des considérations qui ont inspiré l'article 592, C. proc. civ., et a cherché à y donner satisfaction. La procédure qu'elle a organisée dans ce but semble devoir remplacer la disposition générale du Code de procédure. Ainsi d'après, l'article 469, C com., le juge commissaire peut sur la demande des syndics, les dispenser de faire placer sous les scellés ou les autoriser à en faire extraire *les vêtements, hardes, meubles et effets nécessaires au failli et à sa famille*, et dont la délivrance sera autorisée par le juge-commissaire, sur l'état que lui en soumettent les syndics. D'autre part, *le failli pourra obtenir, pour lui et sa famille, sur l'actif de sa faillite des secours alimentaires qui seront fixés sur la proposition des syndics, par le juge-commissaire, sauf appel au tribunal, en cas de contestation* (art. 474) (1).

Il a, pourtant, été soutenu que les divers objets déclarés insaisissables par l'article 592, C. civ., échappent au dessaisissement (2). On a fait valoir en ce sens que les créanciers n'ont jamais dû compter pour leur paiement sur les objets dont il s'agit et qu'il est difficile de comprendre comment la faillite peut avoir pour effet de leur affecter des objets qui n'étaient pas destinés à leur servir de gage. Mais il faut tenir compte de la faveur que montre la loi pour les créanciers en cas de faillite de leur débiteur ; elle les traite souvent mieux qu'elle ne le fait quand ils se trouvent en présence d'un débiteur qui n'est pas failli. Au lieu de poser une règle impé-

---

(1) Renouard, I, p. 298; Massé, II, n° 1184 ; Boistel, n° 907. — V. aussi, pour la *Belgique*, Namur, III, n° 1640. — Cette solution était déjà enseignée sous l'empire du Code de 1807 (Rép. Dall., v° *Faillite*, n° 185). Elle semble, comme cela est dit au texte, avoir été mise hors de doute par la loi de 1838 dans les articles 469 et 474. Thaller et Percerou, I, n° 551 *bis*. Ces auteurs admettent bien, en principe, que les biens insaisissables échappent, en cas de faillite, au dessaisissement. Mais ils reconnaissent que les objets indiqués dans l'article 592, C. proc. civ. n'y échappent pas, parce que l'article 469, C. com. n'oblige pas le juge commissaire à ordonner leur extraction des scellés, mais lui en donne seulement la faculté ; il y aurait, disent-ils, obligation s'ils échappaient *de plano* à la faillite.

(2) Demangeat sur Bravard, V, p. 72 note ; Laurin, n° 967 ; Alauzet, VI, n° 2460.

rative excluant certains objets du dessaisissement, elle laisse, en ce qui les concerne, au juge, un pouvoir d'appréciation ; elle refuse un droit au failli pour conférer au juge une faculté.

243. Le dessaisissement ne s'applique aux pensions et traitements dûs par l'Etat que dans la mesure où les lois et règlements permettent de les saisir (art 580, C. proc. civ.)(1) ; il ne s'appliquerait pas non plus aux provisions alimentaires adjugées par justice qui sont déclarées insaisissables par l'article 581 2°, C. proc. civ. (2). Il s'agit là de créances pour lesquelles le Code de commerce n'a édicté aucune disposition correspondant à celles du Code de procédure civile qui les déclare insaisissables.

Pour la même raison, les rentes viagères constituées en vertu de la loi du 9 avril 1898 sur la responsabilité des accidents du travail ne sont pas frappés par le dessaisissement ; cette loi les déclare insaisissables (art. 3, *in fine*). — Les salaires dû au failli restent en dehors du dessaisissement dans la mesure où ils sont déclarés insaisissables par la loi du 12 janvier 1895, c'est-à-dire jusqu'à concurrence des neuf-dixièmes (3).

244. Il y a plus de difficulté : 1° pour les sommes et objets disponibles (c'est-à-dire ne rentrant pas dans la réserve) déclarés insaisissables par le testateur ou donateur (4) ; 2° pour les sommes et pensions pour aliments que l'article 581 3° et 4°, C. proc. civ.,

---

(1) Renouard, I, p. 302 ; Massé, II, n° 1185. Pour le commentaire de l'article 580, C. proc. civ., V. Boitard, Colmet-Daàge et Glasson. *Leçons de procédure civile*, II, n° 835 ; Garsonnet, *Traité de procédure*, III. n° 546.

(2) Aix. 22 novembre 1907, *le Droit*, n° des 10 et 11 février 1908.

(3) Cass. 10 novembre 1902, S. et *J. Pal.*, 1903. 1. 63 (note de Ch. Lyon-Caen) ; D. 1903. 1. 201 (note de M. Thaller) ; *Pand. fr.*, 1903. 1. 478.

(4) Renouard. I, p. 300 et 302 ; Massé, II, n° 1185 *ter* ; Demangeat sur Bravard, V, p. 73, note. Renouard, dans sa 2° édition (I, p. 298), dit qu'on pourrait ne pas tenir compte de la condition, s'il était prouvé qu'elle n'a été introduite que pour nuire aux créanciers. Il n'a pas reproduit dans sa 3° édition cette observation qui est tout à fait inadmissible. C'est évidemment pour soustraire le bien donné ou légué aux créanciers de celui qu'il gratifie, que le disposant insère la condition dont il s'agit, et la loi reconnaît avec raison que cela est licite. Les créanciers n'ont pas un sujet légitime de plainte, puisqu'ils ne sont pas privés d'un droit sur lequel ils pouvaient compter. Si la condition ne devait pas être respectée, la libéralité ne serait pas faite ; qu'y gagneraient les créanciers ?

déclare également insaisissables (1). Il convient de distinguer selon que la libéralité est postérieure ou antérieure au jugement déclaratif de faillite.

La libéralité est-elle postérieure à ce jugement ? La masse n'a rien à prétendre sur les biens qui y sont compris ; il y a une condition mise par le disposant dont la loi reconnaît elle-même la validité ; les créanciers n'ont pas fait crédit au débiteur en considération de cette valeur : elle n'existait pas dans son patrimoine quand ils ont contracté (2).

La libéralité est-elle antérieure au jugement déclaratif ? Une difficulté se présente alors. Pour la comprendre, il faut se rappeler que l'article 582, C. proc. civ., permet aux créanciers postérieurs à la donation ou à l'ouverture du legs de saisir les objets dont il s'agit en vertu de la permission du juge et pour la partie qu'il détermine. On ne peut donc pas dire que ces objets soient absolument insaisissables ; dès lors, on doit admettre que le dessaisissement s'y applique, d'autant plus que l'article 474, C. com., donne satisfaction à la pensée d'humanité qui a inspiré la disposition de l'article 582, C. proc. civ. (3).

Mais les dates auxquelles ont pris naissance les créances, sont de nature à compliquer la situation. Il importe de parcourir les différents cas qui peuvent se présenter à cet égard.

Si tous les créanciers de la masse étaient antérieurs à la donation ou à l'ouverture du legs, le dessaisissement ne s'appliquerait pas plus aux biens compris dans la libéralité que si celle-ci était postérieure au jugement déclaratif. A l'inverse, la situation est également simple si tous les créanciers sont postérieurs à la libéralité ; le dessaisissement s'applique alors au profit de tous.

Mais il peut se faire que les créanciers soient, les uns antérieurs, les autres postérieurs à la libéralité. En dehors du cas de faillite,

---

(1) V., pour une conséquence à tirer de ce que les pensions alimentaires échappent au dessaisissement, dans le cas où une pension de cette nature est garantie par une hypothèque. Aix, 22 novembre 1907, *Journal des faillites*, 1908, p. 62.

(2) Renouard, I, p. 300 ; Massé, II, n° 1185 *ter*.

(3) Voir note 4 de la page précédente.

ceux-ci seuls peuvent saisir, conformément à l'article 582, C. proc. civ., tandis que ceux-là sont écartés. Assurément, en cas de faillite, une pareille distinction entre les créanciers n'est pas possible : en présence d'une faillite, la situation de tous les créanciers formant la masse doit être égale.

Que faut-il conclure de là ? On a prétendu que la masse ne doit pas avoir la situation à laquelle auraient droit ceux des créanciers qui seraient le plus favorisés, que les biens donnés ou légués au failli échappent au dessaisissement à l'égard même des créanciers postérieurs à la libéralité (1).

Cette conséquence de l'égalité à maintenir entre les créanciers de la masse ne s'impose nullement, et il est exorbitant de priver les créanciers postérieurs à la libéralité d'un droit à raison de ce qu'il y a des créanciers antérieurs. On respecte le droit des premiers et on se conforme au principe d'égalité, en admettant que la masse exerce les droits des créanciers postérieurs à la libéralité, sauf à répartir entre tous les créanciers ce qui a été obtenu (2). Ainsi, le dessaisissement ne frappe, dans ces circonstances, les biens donnés ou légués que jusqu'à concurrence, au plus, du montant des créances postérieures à la libéralité. Comme, en pareil cas, il n'y a pas de saisie, on ne peut appliquer littéralement la disposition de l'article 582 C. civ. qui donne au juge le pouvoir de déterminer la portion que les créancier postérieurs à la libéralité peuvent saisir. Mais le juge peut, du moins, fixer jusqu'à concurrence de quelle somme le dessaisissement frappe les biens dont il s'agit.

244 *bis.* Parmi les biens échappant au dessaisissement est le bien de famille insaisissable constitué comme tel conformément à la loi du 12 juillet 1909. L'article 10 de cette loi dispose : *A partir de la transcription, le bien de famille ainsi que ses fruits sont insaisissables, même en cas de faillite ou de liquidation judiciaire* (3).

---

(1) Demangeat sur Bravard, V, p. 73 et 74, en note ; Thaller, *Traité élémentaire de Droit commercial* (4ᵉ édit.), nᵒ 1789, note 1 de la page 895.

(2) Thaller et Percerou, I, nᵒ 554.

(3) Le rapport fait au Sénat par M. Guillier s'exprime ainsi : « Le pro- « priétaire ne peut être dépossédé de son bien à la suite d'une faillite ou

245. Une des questions les plus graves concernant les biens atteints ou non par le dessaisissement, est relative aux *rentes sur l'Etat*. On discute beaucoup sur le point de savoir si les rentes sur l'Etat appartenant au failli sont comprises dans le dessaisissement, A *priori*, la question peut paraître singulière ; on ne voit pas pourquoi, en raison et en équité, cet élément de l'actif échapperait à l'action des créanciers. Mais il ne s'agit pas ici de raisonnement abstrait et d'équité. La difficulté est née de textes spéciaux de la législation intermédiaire relatifs à l'insaisissabilité des rentes sur l'Etat. On n'est encore parvenu à se mettre d'accord, ni dans la doctrine, ni dans la jurisprudence, sur la portée exacte de ce principe. Le sens qu'on lui attribue a des conséquences multiples et variées dont l'une des principales se produit précisément au point de vue du dessaisissement en matière de faillite (1).

La loi du 24 août 1793, qui a converti les anciennes dettes très diverses de l'Etat en rentes perpétuelles et qui a créé le grand Livre de la Dette publique, ne contenait aucune disposition excluant les rentes sur l'Etat du droit de gage général des créanciers et admettait que des tiers pouvaient former opposition entre les mains des agents du Trésor public au paiement des arrérages des rentes, au transfert de celles-ci et au remboursement du capital (L. 24 août 1793, § 44). Mais, sous le Directoire, lors de la réduction des rentes des deux tiers, deux lois déclarèrent insaisissables les rentes sur l'Etat, qui formèrent dorénavant le tiers consolidé. L'article 4, 1er alin. de la loi du 8 nivôse an VI (28 décembre 1797), dispose : *il ne sera plus reçu, à l'avenir, d'opposition sur le tiers consolidé de la dette publique, inscrite ou à inscrire.* Une controverse s'éleva sur le point de savoir si cette disposition s'appliquait aux arrérages. La loi du 22 floréal an VII (11 mai 1799) trancha, dans l'article 7, la question, en disposant, qu'*il ne sera plus reçu, à l'avenir, d'opposition au paiement des arrérages, à l'exception de celle qui serait formée par*

« d'une liquidation judiciaire, pas plus qu'en vertu d'une saisie. Les pro-
« cédures sont différentes, mais les résultats sont identiques; c'est tout
« jours la vente forcée que la loi nouvelle veut éviter ».

(1) V., sur les conséquences à tirer du système adopté, la note de Ch. Lyon-Caen dans *le Recueil de Sirey* et dans le *Journal du Palais*, 1895. 1. 5 et la note de M. Glasson, *Recueil de Dalloz*, 1894. 1. 497.

le propriétaire de l'inscription. Ces dispositions ont été étendues
aux différents types de rentes sur l'Etat dont la création a eu lieu
successivement. V. lois du 11 juin 1878, du 27 avril 1883, du
17 janvier 1894. Elles ont été aussi appliquées sans peine aux rentes au porteur qui n'ont été admises qu'en 1831 (Ordonnance du
29 avril 1831) (1). Mais elles ne s'appliquent ni aux bons du Trésor
ni aux obligations des chemins de fer de l'Etat émises en vertu
des lois du budget du 13 juillet 1911 (art. 44) et du 27 février 1912
(art. 25) (2).

Il semble bien résulter des différentes dispositions des lois de l'an
VI et de l'an VII et des lois postérieures qui les ont étendues aux
nouveaux types de rentes sur l'Etat (3), que toutes ces rentes sont
soustraites au droit de gage général des créanciers de celui à qui
elles appartiennent et que celui-ci ne peut jamais en être dépouillé
que de son consentement. Cette insaisissabilité absolue des rentes
sur l'Etat ressort surtout des explications données lors de la discussion de la loi de nivôse an VI ; elles montrent qu'on se rendait dès
lors bien compte des conséquences graves qu'elle pourrait entraîner.
Dans l'*exposé des motifs*, il est parlé des inconvénients résultant
pour le crédit public des oppositions admises et des entraves perpétuelles qu'éprouvait la circulation de ces capitaux, puis, on y lit le
passage suivant qui a une importance considérable, parce qu'il ne
saurait prêter à l'équivoque : « Il convenait de priver les créanciers
« pour l'avenir de toute espèce de droit, saisie ou opposition, soit
« sur le capital soit sur les arrérages. *Les créanciers prévenus et*
« *instruits qu'ils n'auront point à compter sur cette ressource pour*
« *le paiement et la sûreté de leurs créances, règleront à l'avenir*

_____

(1) Bordeaux, 1ᵉʳ mai 1880, S. 1881. 2. 6 ; *J. Pal.*, 1881. 1. 87.

(2) Ces obligations sont au point de vue de la saisie, comme des impôts,
qui les frappent, assimilées aux obligations émises par des compagnies
privées.

(3) Il y a eu bien des types divers de rentes sur l'Etat depuis l'an VI
(rentes 5 0/0, 4 1/2 0/0, 4 0/0, 3 1/2 0/0, 3 0/0). Mais, actuellement, toutes
les rentes sur l'Etat français sont des rentes 3 0/0 ; il y a seulement des
rentes perpétuelles et des rentes amortissables. Cpr. L. 9 juillet 1902 *portant autorisation de rembourser ou de convertir en rentes 3 0/0 les rentes
3 1/2 0/0 inscrites au grand Livre de la Dette publique.*

« *leurs transactions en conséquence* et se ménageront d'autres sûre-
« tés moins sujettes à tromper leur attente ».

Ainsi donc, il résulte du texte même des lois de l'an VI et de l'an
VII que les créanciers ne peuvent pas saisir les rentes appartenant
à leur débiteur ; ils ont été solennellement avertis que ces valeurs
ne leur serviront pas de gage. Est-ce que la conséquence forcée
n'est pas que le dessaisissement ne s'y applique pas ? Il n'y a pas de
dérogation apportée, pour le cas de faillite, au principe qui interdit la
mainmise des créanciers sur cette partie du patrimoine de leur débiteur (1).

Cette doctrine qui est conforme au sens des lois de l'an VI
et de l'an VII, est de nature à produire des résultats exorbitants et
contraires à l'équité. Avec cette doctrine, un failli peut conserver
des titres de rentes sur l'État et se moquer des créanciers avec l'argent desquels peut-être il les a achetés. Quand la contrainte par
corps, en matière civile et commerciale, existait, elle fournissait un
moyen de forcer le débiteur à abandonner ses ressources (2),
mais depuis la suppression de cette voie d'exécution en matière
civile et commerciale le scandale, quand il se produit, est
impuni (3). Il est d'autant plus de nature à se produire souvent que

(1) Cass. 8 mai 1854, D. 1854. 1. 146 ; S. 1854. 1. 309 ; *Pand. fr. chr.*
(cet arrêt dit que le principe qui soustrait les rentes sur l'État à toute
espèce de mainmise de la part des tiers, n'est pas modifié par l'état de
faillite du propriétaire de la rente) ; Aix, 31 juill. 1882, S 1884. 2. 110 ;
J. Pal., 1884. 1. 608 ; D. 1884. 2. 94 : *Journal des faillites*, 1886, p. 65 ;
Rouen, 6 mars 1888, D. 1888. 2. 291 ; Rennes, 31 janv. 1889, D. 1890. 2. 61,
Pand. fr., 1888. 2. 278. — Renouard, I, p. 303 (il se borne à citer l'arrêt
de 1854) ; Massé, II. n° 1185 *bis* ; Demangeat sur Bravard, V, p. 72, note ;
Laurin, n° 968 ; Rép. Dall., v° *Trésor public*, n° 1161.

(2) Le jugement déclaratif, en suspendant, le droit de poursuite individuelle des créanciers, soustrayait le failli à la contrainte par corps, au
moins momentanément. Elle redevenait possible en cas soit de clôture
pour insuffisance d'actif (art. 527 et 528, C. com.), soit de refus de déclaration d'excusabilité après la clôture de l'union (art. 539, 2° alin., C.
com). Actuellement, cela n'est plus vrai que dans les cas étrangers aux
matières civiles et commerciales où la contrainte par corps a été conservée. Ce sont là des cas relativement rares.

(3) On a parlé de cela dans la discussion de la loi de 1867, qui a aboli
la contrainte par corps en matière civile et commerciale, et l'orateur du

les rentes sur l'Etat sont devenues plus nombreuses et sont répandues dans les mains d'un plus grand nombre de personnes. Aussi les magistrats et les jurisconsultes se sont-ils ingéniés à trouver des moyens d'échapper à des résultats aussi déplorables. On a cru pouvoir y parvenir, soit en se prévalant des circonstances spéciales dans lesquelles se pose la question en cas de faillite, soit en donnant aux textes des lois de l'an VI et de l an VII (1) un sens restreint par suite, duquel les rentes sur l'Etat, n'échappant pas au droit de gage général des créanciers, seraient comprises dans le dessaisissement.

Si les rentes sur l'Etat sont insaisissables, il semble que le syndic ne doit pas avoir le droit de s'en mettre en possession et de les faire vendre au profit de la masse des créanciers. On a pensé, cependant, pouvoir combiner avec l'insaisissabilité des rentes sur l'Etat le droit pour le syndic d'en faire opérer la vente. A une époque déjà ancienne, la Cour de cassation a cru trouver cette combinaison en raisonnant de la façon suivante : « Autre chose est la saisie ou oppo-« sition dont les rentes sont affranchies, autre chose la mainmise « qui succède, à l'égard du failli, à son dessaisissement de l'admi-« nistration de tous ses biens sans exception. Cette mainmise peut, « sans doute, selon les exigences de la liquidation de la faillite, être « suivie de l'aliénation des rentes sur l'Etat dépendant de l'actif ; « mais alors, c'est au nom du failli et comme ses mandataires « légaux que procèdent les syndics, sans porter, en conséquence, « aucune atteinte aux règles de comptabilité et de crédit public qui « ont fondé les lois de nivôse an VI et de floréal an VII (2) ».

gouvernement a indiqué la saisissabilité des rentes sur l'Etat comme allant de soi. V. *Moniteur universel*, n° du 19 juillet 1867, p. 979. — Cette opinion personnelle ne peut être invoquée pour déterminer le sens des lois de l'an VI et de l'an VII.

(1) L'interprétation visée au texte s'appliquait évidemment aussi aux lois qui ont étendu les dispositions de l'an VI et de l'an VII aux rentes sur l'État de création postérieure à ces lois.

(2) Cass. ch. civ. rej., 8 mars 1859 (après délibéré en chambre du conseil), D. 1859. 1. 145 ; S. 1860. 1. 418, *J. Pal.*, 1859, p. 545 (note fort importante de M. Labbé où la jurisprudence est analysée avec soin); *Pand. fr. chr.* ; Orléans, 9 avr. 1878. S. 1878. 2. 183. *Pand. fr. chr.* —

Il faut assurément rendre hommage au but ainsi poursuivi. Ce système n'en repose pas moins, en réalité, sur une confusion ou sur un jeu de mots, On dit que les syndics sont les mandataires légaux du failli et que, par suite, lorsqu'ils opèrent une vente, c'est comme si la vente était faite par le failli lui-même. Il y a là une idée inexacte : quand ils vendent des biens du failli, les syndics sont les mandataires des créanciers, non du failli. D'après l'article 532, 1er alin., C. com., *les syndics représentent la masse des créanciers et sont chargés de procéder à la liquidation* (1). Le mandat des syndics ne peut s'attaquer qu'aux biens atteints par le dessaisissement. Du reste, le créancier qui fait une saisie-arrêt agit du chef de son débiteur, en vertu de l'article 1166, C. civ. Comment comprendre que les lois qui ont voulu soustraire au droit de gage des créanciers les rentes sur l'Etat et qui leur ont par suite, défendu la saisie-arrêt, leur aient permis de faire vendre à leur profit, par l'entremise des syndics, les titres de leur débiteur ?

En dehors de la doctrine toute spéciale au cas de faillite qui vient d'être réfutée, il s'est formé, depuis vingt ans, sur le sens du principe de l'insaisissabilité des rentes sur l'Etat, une doctrine générale qui aurait des conséquences multiples et spécialement celle de les soumettre au dessaisissement en cas de faillite. Selon cette doctrine, qu'a consacrée la Cour de cassation dans plusieurs arrêts (2),

Alauzet, VI, n° 2739 ; Namur, III, n° 1640 (il ne cite aucun monument de jurisprudence de Belgique) ; Boistel, n°s 907 et 1076 ; il admet que les rentes sur l'Etat sont insaisissables et ainsi échappent au dessaisissement : mais, selon lui, une fois l'union formée, rien ne s'oppose à ce qu'elles soient vendues par les syndics, il n'y a qu'une question de pouvoirs et leurs pouvoirs sont établis *ergà omnes* par le jugement qui les nomme. Les deux idées admises par notre savant collègue nous paraissent inconciliables. Comment les syndics peuvent-ils avoir un pouvoir sur un bien qui échappe au dessaisissement ! Il y a une corrélation nécessaire entre les biens compris dans le dessaisissement et les biens auxquels s'appliquent les pouvoirs des syndics.

(1) Thaller et Percerou, I, n° 555 *bis*.

(2) Deux arrêts de la Chambre civile du 2 juill. 1894; et du 23 nov. 1898, S. et *J. Pal.*, 1898. 1. 161 et un arrêt de la Chambre des requêtes du 16 juill. 1894, S. et *J. Pal.*, 1895. 1. 5 ; D. 1894. 1. 497 ; *Pand. fr.*, 1895. 1. 281, ont consacré cette doctrine à propos de cas spéciaux étrangers à la faillite. On lit notamment dans les motifs du premier de ces arrêts :

les lois de l'an VI et de l'an VII, dont les lois postérieures n'ont
fait qu'appliquer les dispositions aux rentes sur l'Etat nouvellement
créées, n'ont pas soustrait les rentes au droit de gage général des
créanciers consacré par les articles 2092 et 2093, C. civ., mais ont
seulement défendu de former des saisies-arrêts ou oppositions entre

« Attendu que l'application des lois spéciales doit être renfermée dans les
« limites fixées, par la teneur même de leurs dispositions ; — Attendu que
« du texte de l'article 4 de la loi du 8 nivôse an VI et de celui de l'article 7
« de la loi du 22 floréal, an VII, il résulte que ces lois en déclarant insaisis-
« sables les rentes sur l'Etat français, *ont eu seulement pour objet d'inter-*
« *dire les saisies-arrêts de ces rentes pratiquées entre les mains du Tré-*
« *sor public, mais qu'elles n'empêchent pas les créanciers, conformément*
« *au principe fondamental écrit dans les articles* 2092 *et* 2093, C. civ., de
« se faire attribuer par la justice la rente sur l'Etat que leur débiteur est
« appelé à recueillir dans une succession, du moment que le transfert ne
« nécessite aucune saisie préalable. » Cependant, dans la séance de la
Chambre des députés du 9 novembre 1895, le ministre des finances ayant
été interrogé par un député (M. Bazille) sur la portée de ces arrêts, le
ministre (M. Doumer) a déclaré que les rentes sur l'Etat ne tombent pas
sous l'application de l'article 2092, C. civ., et que les arrêts de 1894 visent
surtout le droit de propriété des rentes sur lequel les tribunaux ont toujours le droit de se prononcer. Un autre ministre des finances, dans une
lettre adressée le 20 novembre 1897, à M. de Sal, sénateur, a émis la même
opinion. Voici le texte de cette lettre :

Monsieur le sénateur,

Vous avez bien voulu me transmettre une note relative à l'insaisissabilité
des rentes sur l'État, et vous appelez mon attention sur la tendance qu'ont
les Tribunaux civils à restreindre l'étendue de ce privilège, et à faire rentrer les rentes, comme tous les autres biens du débiteur, dans le gage
.commun des créanciers.

. Vous me demandez, en même temps, si les décisions judiciaires, rendues dans un sens opposé à l'insaisissabilité des rentes, ont modifié la
jurisprudence du Trésor, ou si, au contraire, le Ministre des finances
continuera à rejeter tout transfert de rentes qui serait demandé, soit par
un séquestre nommé à la requête des créanciers du titulaire de la rente,
soit par un créancier qui, malgré la volonté formelle du rentier, se serait
fait attribuer par justice la rente revenant à son débiteur.

L'insaisissabilité des rentes a été édictée à l'origine par deux articles de
lois ainsi conçus :

Loi du 8 nivôse an VI, article 4. « Il ne sera plus reçu à l'avenir
d'opposition sur le tiers consolidé de la dette publique inscrite ou à inscrire. »

. *Loi du 22 floréal an VII, article 7.* « Il ne sera plus reçu à l'avenir

les mains des agents du Trésor public. Le but aurait été seulement d'éviter les complications dont les oppositions seraient la cause dans la comptabilité du Trésor. Ce système implique que les rentes sur

d'opposition au paiement des arrérages de rentes, à l'exception de celle qui serait formée par le propriétaire de l'inscription. »

Cette dérogation aux principes du droit commun constitue une mesure d'ordre public prise dans l'intérêt du crédit national, et aucun doute ne peut subsister sur le but poursuivi par le législateur, si l'on se reporte à l'exposé des motifs de Vernier, rapporteur au Conseil des Anciens, de la loi du 8 nivôse : « Il convenait, disait ce rapport, de priver les créanciers de toute espèce de droit, saisie ou opposition, soit sur le capital, soit sur les arrérages. Les créanciers, prévenus et instruits qu'ils n'auraient point à compter sur cette ressource pour le paiement et la sûreté de leurs créances, règleront à l'avenir leurs transactions en conséquence et se ménageront d'autres sûretés moins sujettes à tromper leur attente ».

Ces textes ont été complétés par la loi du 28 floréal an VII (art. 3) portant que la déclaration de transfert de rentes nominatives doit être signée par le vendeur ou par un fondé de pouvoir spécial ; ils ont été récemment confirmés par la loi du 11 juin 1878 (art. 3) relative à la création du fonds 3 0/0 amortissable, et par les lois de conversion, notaumment par celles du 27 avril 1883 et du 17 janvier 1894.

Le Trésor a toujours considéré que ces dispositions ont créé, en faveur des titulaires de rentes, un privilège spécial, qu'elles mettent ces valeurs hors de toute atteinte des créanciers, et qu'il ne peut y avoir, en aucun cas, d'exécution forcée d'un propriétaire de rentes.

La jurisprudence administrative n'a jamais varié sur ces points, et le Conseil d'Etat l'a consacrée par plusieurs arrêts : 3 janvier 1813 (Sirey, IV, p. 226) ; 19 décembre 1839 (D. 1840. 3. 68) ; 2 août 1878 (S. 1879. 2. 25). Le Conseil d'Etat a toujours reconnu que l'Administration des finances devait refuser de procéder, au profit de simples créanciers, à aucun transfert de rentes, sans le concours du titulaire ou de son mandataire, alors même que ces créanciers auraient obtenu un jugement conforme à leurs prétentions.

Les considérants de l'arrêt du 2 août 1878 résument et précisent nettement cette doctrine.

Le Conseil d'Etat statuant au contentieux :

« Considérant qu'aux termes de l'article 4 de la loi du 8 nivôse an VI, il ne peut être reçu aucune opposition sur la dette publique inscrite ; que, d'après l'article 3 de la loi du 28 floréal, an VII, les transferts ne peuvent être opérés que sur la déclaration du propriétaire du titre de rente...; que la minute du transfert doit être signée par lui ou par son fondé de pouvoir spécial ; qu'il résulte de ces dispositions que les rentes sur l'Etat inscrites au grand Livre sont insaisissables;

« Considérant que, pour demander le transfert des trois titres de rente

l'Etat ne sont pas, à proprement parler, insaisissables et que les
créanciers peuvent faire valoir sur elles le droit de gage général
qui leur appartient, pourvu que, pour le faire, ils n'aient pas à
former une opposition entre les mains des agents du Trésor
public (1).

Une des conséquences les plus importantes de cette doctrine, c'est
que les rentes sur l'Etat seraient comprises dans le dessaisissement (2), et les syndics pourraient en faire opérer la vente s'il les
trouvaient dans le portefeuille du failli, ils pourraient même former
une opposition pour se les faire remettre par un tiers qui les détien-
drait. Seulement, ils ne pourraient former une opposition, soit au
transfert à opérer en raison d'une vente faite par le failli, soit au
paiement par le Trésor des arrérages au failli (3).

appartenant à la dame D..., le sieur B... ne produisait ni procuration
spéciale de la dame D... l'autorisant à former cette demande, ni aucune
pièce constatant son consentement au transfert, mais se présentait comme
créancier des époux D..., et produisait des décisions judiciaires déclarant
que les titres de rente lui avaient été remis en nantissement par les
époux D... et l'autorisant à en poursuivre la vente ; que le Ministre des
finances, en rejetant, nonobstant ces décisions, la demande de transfert
formée dans ces conditions, a fait une juste application des dispositions
des lois du 8 nivôse an VI et du 28 floréal an VII ;

« Décide :

« Article 1er. — La requête du sieur B... est rejetée. »

Je ne puis que me conformer à cette jurisprudence, qui est bien celle
dont l'exposé a été fait à la tribune de la Chambre des députés, le 19 novembre 1895, par l'un de mes prédécesseurs.

Agréez, Monsieur le sénateur, l'assurance de ma haute considération.

Le Ministre des finances,
Georges COCHERY.

(1) Voir note 2 de la page 251.

(2) Paris, 12 janv. 1886, Journal des faillites, 1886, p. 65 ; D. 1886. 2.
233 ; Amiens, 16 janv. 1894, S. et J. Pal., 1894. 2. 236 ; Pand. fr., 1895.
2. 145 ; Journal des faillites, 1894, p. 361.

(3) Notre regretté maître, M. Labbé, auquel on doit tant d'idées à la fois
neuves et pratiques, a été l'un des premiers, peut-être même le premier,
à soutenir la doctrine dont il s'agit. Il l'a développée dans le Journal du
Palais, 1859, p. 545. Il cite un passage de l'exposé des motifs de la loi de
l'an VI relatif au but de l'insaisissabilité et le déclare plutôt favorable que
contraire à son interprétation. Voici le texte de ce passage : « En suppri-
« mant ces oppositions, on donne en quelque sorte à ces capitaux, à ces

Mais, selon nous, la doctrine générale si équitable d'où ces solutions sont déduites, ne saurait être admise (1). Quelles raisons produit-on, en effet, pour la soutenir ? Le texte des lois qui donnent naissance à la question, se borne, dit-on, à exclure l'opposition. Il faut ne pas étendre une pareille règle qui déroge au droit commun. Le législateur a voulu faciliter la circulation des rentes sur l'Etat, en rendre possible la négociation rapide et immédiate, éviter que celui à qui le transfert d'une rente est proposé, n'ait à redouter l'effet d'une saisie-arrêt et ne doive faire une vérification gênante, débarrasser la comptabilité de l'Etat des difficultés continuelles auxquelles donneraient lieu des saisies-arrêts formées entre les mains des agents du Trésor public sur les rentes. — Il n'est pas douteux que le système dont il s'agit aurait pu être admis. Il y a, dans notre législation, au moins un exemple de choses sur lesquelles une saisie-arrêt ne peut, en principe, être formée, quoiqu'elles soient soumises au droit de gage général des créanciers. Il en est ainsi des lettres de change et des billets à ordre (art. 149, 187, C. com.). Mais les explications données dans l'exposé des motifs de la loi de l'an VI et rapportées plus haut (n° 245), ne permettent pas de donner une interprétation de ce genre aux lois concernant l'insaisissabilité des rentes sur l'Etat. Cette insaisissabilité a un caractère absolu et signifie que le droit de gage général des créanciers ne s'étend pas aux

« sortes de créances, la valeur et l'effet du numéraire en circulation, dont
« il est si important d'augmenter la masse ; on satisfait aux vœux du
« commerce. Les députés en cette partie ont donné sur cet objet un
« mémoire au ministre des finances, où ils mettent en évidence les incon-
« vénients qui résultaient pour le crédit public des oppositions admises
« et des entraves perpétuelle qu'éprouvait la circulation de ces capitaux.
« En dernier résultat, l'intérêt des créanciers (c'est-à-dire des rentiers) s'y
« rencontre : ils trouvaient difficilement à engager leurs créances, ils
« étaient obligés de les vendre à perte et à vil prix, tandis que, libres et
« sans aucun danger d'opposition, elles seront portées à un plus haut prix,
« et d'un commerce plus facile. » Il est certain que ce passage isolé ne
conduirait pas à soustraire les rentes sur l'Etat au droit de gage général
des créanciers. Mais il n'est pas contraire à ce système et un passage du
même exposé de motifs est formel, comme nous l'avons montré, en sa
faveur. V. n° 245.

(1) V., dans le sens de notre opinion, Thaller et Percerou, I, nos 553 *ter*
à 557.

rentes sur l'Etat de leur débiteur. Elles échappent, par suite, au dessaisissement, quelque fâcheux que cela puisse être. Il y a là un privilège exorbitant accordé aux rentes sur l'Etat. La suppression en serait d'autant plus légitime que le crédit dont elles jouissent à juste titre, est assurément aujourd'hui indépendant de ce privilège (1).

245 bis. L'administration ne s'est pas, du reste, ralliée à la jurisprudence de la Cour de cassation. Elle persiste à considérer que le droit de gage général des créanciers est exclu sur les rentes sur l'Etat et elle refuse d'opérer les transferts auxquels le débiteur ne consent pas (2). Il résulte de là que la jurisprudence peut ne pas conduire toujours à des résultats pratiques ; le Trésor public peut refuser, d'après la solution qu'il a adoptée, de se conformer aux décisions des tribunaux de l'ordre judiciaire qui reconnaissent le droit des créanciers (3). Il serait à désirer que la jurisprudence judiciaire et la jurisprudence administrative fussent conformes. Ce qui paraîtrait encore préférable, ce serait le vote d'une loi restreignant l'insaisissabilité des rentes sur l'Etat dans les limites que lui assigne aujourd'hui la Cour de cassation.

246. La question qui vient d'être examinée et résolue pour les rentes sur l'Etat (n° 245), pourrait se poser aussi pour les lettres de gage ou obligations foncières émises par le Crédit foncier de France. Le décret-loi du 28 février 1852 organique du Crédit foncier contient, en ce qui les concerne, une disposition analogue à celle des lois de l'an VI et de l'an VII pour les rentes sur l'Etat. L'article 18 de décret est ainsi conçu : *il n'est admis aucune opposition au paiement du capital et des intérêts, si ce n'est en cas de perte de la lettre de gage* (4).

---

(1) En *Belgique,* il y a les mêmes controverses qu'en France.— V. Namur, *op. cit.*, III, n° 1640.

(2) V. note 2 de la page 251.

(3) Consulter dans *le Droit,* n° du 29 décembre 1901, un article intitulé *l'insaisissabilité des rentes sur l'Etat,* et n° du 16 janv. 1898, un article de M. Galibourg sur le même sujet ; dans *la Loi,* n° des 20-21 février 1898, un article de M. Ambroise Buchère.

(4) Cpr. le texte de l'article 149, C. com. et plus haut, n° 245 *bis fine.*

246 *bis*. DROIT ÉTRANGER. — Des lois, comme la loi *belge*, ont laissé indécise la question de savoir si les biens insaisissables échappent, par cela même, au dessaisissement (1) ; mais cette importante question est résolue par des textes légaux dans beaucoup de pays étrangers. V. loi *allemande*, art. 1, 1er et 4e alin. ; loi *autrichienne*, art. 1 ; loi *brésilienne*, art. 45 ; loi *suisse*, art. 198 ; Codes de commerce *chilien*, art. 2363 ; *argentin*, art. 1405 ; *mexicain*, art. 962 et 963. Toutes ces lois établissent un lien entre le dessaisissement et la saisie, de telle sorte qu'elles soustraient au dessaisissement les choses insaisissables. Mais il y a parfois, pour des motifs divers, des exceptions apportées à cette règle ; des choses mêmes insaisissables sont frappées par le dessaisissement. Aussi faut-il consulter soigneusement les textes à propos des différentes choses à l'occasion desquelles on a à se demander si elles sont comprises dans le dessaisissement.

247. Le dessaisissement s'applique, non seulement au patrimoine du failli, tel qu'il existe lors du jugement déclaratif, mais encore aux biens qui peuvent lui échoir tant qu'il est en état de faillite, ainsi que le dit formellement l'article 443, alin. 1, pour faire disparaître un doute qui s'était élevé sous l'empire du Code de 1807 (2). Cela comprend tout d'abord les biens qui peuvent être acquis par le failli à titre gratuit, c'est-à-dire à titre de succession, de donation ou de legs.

Dans le cas d'une succession échue à un failli, l'acceptation ou la renonciation faite par celui-ci seul ne produirait pas d'effet à l'égard de la faillite (3). Il s'agit d'un droit pécuniaire qui, comme les autres, est exercé par les syndics. Ceux-ci agissent prudemment en n'acceptant que sous bénéfice d'inventaire.

(1) V. la note 1 de la page 256.

(2) L'ancien article 442, C. com., disait simplement que le failli était dessaisi de l'administration de *tous ses biens* ; il y avait eu un doute sur la portée de cette disposition, mais seulement en ce qui concerne les biens acquis par l'industrie du failli. V. nos 249 et 250.

(3) Cf. Massé, II, n° 1187 ; il semble dire qu'en cas de renonciation du failli héritier, la masse devrait agir en justice pour se faire autoriser à accepter, ce qui serait une application de l'article 788, C. civ. Nous croyons

La masse des créanciers ne peut profiter des acquisitions dont il s'agit que sous la déduction des charges légales ou autres qui les grèvent. Ainsi, les légataires peuvent invoquer l'hypothèque de l'article 1017, C. civ. ; les créanciers et les légataires peuvent se prévaloir du droit de séparation des patrimoines (2), sans qu'on leur oppose la disposition de l'article 448, 1er alin., C. com., d'après laquelle ce n'est que jusqu'au jour du jugement déclaratif que les droits d'hypothèque et de privilège peuvent être valablement inscrits (n° 287) (3). Dans ces circonstances, il est évident que l'inscription n'était pas possible avant le jugement déclaratif ; aussi priverait-on, en réalité, les légataires de leur hypothèque ou du droit de séparation des patrimoines en ne permettant pas l'inscription à partir du jour ou a été rendu le jugement déclaratif.

Le failli peut être tenu comme héritier, légataire universel ou à titre universel, de délivrer des legs. Mais le dessaisissement met obstacle à ce que la délivrance de ces legs soit faite par lui ; elle doit l'être par le syndic (1).

248. Le failli, n'étant pas un interdit (n° 208), peut exercer son activité personnelle en se livrant au commerce ou à l'industrie (2).

qu'il n'y a pas ici à intenter l'action paulienne, qui suppose le débiteur encore maître de ses droits ; nous avons affaire à un débiteur dessaisi, dont les actes sont d'une manière absolue frappés d'inefficacité en tant qu'ils nuiraient à la masse.

Quand le syndic accepte une succession échue au failli ou quand, le failli ayant accepté, le syndic ne proteste pas, la masse des créanciers ne peut évidemment invoquer une créance du failli contre le défunt pour se faire colloquer sur le prix de vente d'immeubles successoraux. Cette créance est éteinte par confusion (art. 1300, C. civ.) : Trib. civ. Narbonne, 9 août 1891, *Journal des faillites*, 1892, p. 416.

(2) MM. Thaller et Percerou, I (n° 256), admettent que les créanciers héréditaires ont le droit de se faire payer par préférence sur l'actif de la succession. Ils se fondent, pour le décider ainsi, sur ce que le syndic, en acceptant la succession dévolue au failli, n'agit pas seulement au nom de celui-ci, mais au nom de la masse des créanciers, qu'ainsi les créanciers de la succession ont la masse des créanciers pour débitrice (n°s 556 et suiv.).

(3) Renouard I, p. 298 ; Laurin, n° 969.

(1) Orléans, 21 janvier 1876, S. 1876. 2. 44 ; *J. Pal.*, 1876. 219.

(2) Cass. 8 mai 1878, 16 nov. 1887, 22 nov. 1887, D. 1879. 1. 101 ; D. 1888. 1. 325 et 326 ; *Pand. fr.*, 1887. 1. 412 et 416 ; Cass. 27 mai 1910, S. et *J. Pal.*, 1911. 1. 276 ; *Pand. fr.*, 1911. 1. 276.

Il y a intérêt pour pourvoir à sa subsistance et à celle de sa famile ; il peut aussi vouloir préparer sa réhabilitation, qui, en principe, suppose le paiement intégral de ses dettes (nº 981), et, par suite, la prospérité de ses affaires n'est pas indifférente à ses créanciers. Cette faculté, pour le failli, de se livrer au commerce peut être exercée sans aucune autorisation ; ni le juge-commissaire ni le tribunal de commerce n'ont à intervenir à ce sujet (1).

Il va de soi que le failli ne peut se livrer au commerce qu'à la condition d'y employer des valeurs étrangères à la faillite et non frappées, en conséquence, par le dessaisissemnt (2).

Il a été soutenu qu'on ne saurait même aller jusqu'à reconnaître au failli la faculté dont il s'agit qu'autant que le commerce auquel il se livre n'est pas celui dans lequel il a fait faillite (3). La règle est trop absolue. Ce qui est vrai, c'est que le failli ne peut se livrer à un commerce qui pourrait avoir pour résultat de diminuer l'actif de la faillite, en amoindrissant la valeur du fonds de commerce qui fait partie de son actif : un commerce similaire pourrait avoir pour résultat un détournement de clientèle préjudiciable à la faillite. Il y a là une appréciation à faire d'après les circonstances. Un individu, qui a fait faillite à Paris comme cafetier ou hôtelier, pourrait certainement monter un café ou un hôtel dans une autre ville et même dans un autre quartier de Paris (4).

249. Si, par son travail, le failli pourvoit seulement aux nécessités

---

(1) Cpr. Trib. comm. Seine, 6 janv. 1869, D. 1869. 3. 102 ; Cass. 5 nov. 1873. D. 1874. 1. 60 (Cet arrêt décide que, dans le cas où, en fait, une autorisation aurait été donnée au failli par le juge-commissaire, cette autorisation ne modifie en rien la situation du failli).

(2) Cass. 16 nov, 1887, D. 1888. 1. 325 ; S. 1888. 1. 164 ; J. Pal., 1888. 1. 385 ; Pand. fr., 1887. 1. 416 ; Lyon, 15 déc. 1893, Journ. des Trib. de commerce, 1894. 658.

(3) V. Boistel, nº 912.

(4) Cf. Traité de Droit commercial, III, nº 247 bis. V. Thaller et Percerou, I, nº 528. Aj. Paris, 14 janv. 1889, D. 1890. 2. 289 ; Cass. 21 juill. 1891, S. 1891. 1. 377 ; J. Pal., 1891. 1. 942 : Trib. com. Saint-Etienne; 24 fév. 1897, Monit. jud. de Lyon, 6 janv. 1898. Il y a lieu de tenir compte des clauses qui ont pu être insérées dans le cahier des charges de l'adjudication du fonds de commerce du failli. V. aussi Besançon, 11 mai 1896, le Droit, nº du 6 août 1898.

de la vie de chaque jour, ses créanciers ne s'inquiéteront évidemment pas de ce qu'il fait. Cela ne leur servirait à rien, puisqu'à défaut des ressources qui échapperaient au failli, des secours devraient lui être accordés sur l'actif de la faillite (art. 471 et 530, C. com.). Mais il est possible que, grâce à son activité et à la confiance qu'il inspire encore, il réalise des bénéfices et parvienne ainsi à constituer des capitaux proprement dits. Il y a lieu alors de déterminer la condition des biens nouvellement acquis et de fixer les droits des anciens et des nouveaux créanciers.

Il n'est pas douteux que le dessaisissement s'applique aux biens acquis par le failli grâce à son commerce. Cela résulte du texte général de l'article 443, C. com., qui vise même les biens pouvant échoir au failli après le jugement déclaratif, tant qu'il est en état de faillite. Cela a été, du reste, expliqué lors de la discussion de la loi de 1838 (1).

Si le failli, ayant fondé un établissement de commerce, en a opéré la vente, les syndics pourront faire saisie-arrêt sur la créance du prix entre les mains de l'acheteur et demander l'attribution de ce prix à la masse des créanciers qu'ils représentent.

Les juges peuvent évidemment, sur les produits du commerce du failli, accorder à celui-ci une rémunération de son travail (2). La jurisprudence va même avec raison jusqu'à admettre qu'il faut laisser au failli les coudées franches, en tant que ses actes se réfèrent aux valeurs qu'il s'est procurées par son travail ou qui lui ont été confiées. Les syndics peuvent bien intervenir pour sauvegarder le droit des créanciers qu'ils représentent, mais ils ne peuvent, en se prévalant simplemnt du dessaisissement, faire tomber, au regard de la masse, les actes du failli ; ils ne pourraient invoquer qu'une fraude proprement dite (3).

---

(1) Cass. 2 fév. 1876, S. 1876. 1. 150 ; *J. Pal.*, 1876. 361 ; Liège, 7 juin 1893, S. et *J. Pal.*, 1894. 4. 22. Renouard, I, p. 296 et 297 ; Demangeat sur Bravard, V, p. 74, en note.

(2) Paris, 6 juill. 1855, D. 1855. 2. 360 ; S. 1855. 2. 470. — V. aussi Trib. comm. Seine, 6 janv. 1869, D. 1869. 3. 102.

(3) Cass. 12 janv. 1864, D. 1864. 1. 130 ; S. 1864. 1. 17. Un failli avait loué un local important pour y installer un commerce ; au bout de quelque temps, il avait résilié le bail et vendu le fonds de commerce. Sur la

Il est aussi généralement admis, bien que cela ait été contesté, que le failli peut intenter des actions relatives à des opérations de commerce faites par lui ou défendre à des actions nées de ces opérations. V. nº 236.

250. En ce qui touche les biens acquis par le failli dans son commerce et atteints par le dessaisissement, il faut appliquer la règle

demande du syndic de la faillite, la Cour de Lyon prononce la nullité des deux actes dont il s'agit, en se fondant sur le caractère absolu du dessaisissement. « Sans doute, dans l'usage, les actes du failli, d'une pratique journalière et d'une importance minime, échappent souvent, soit par l'effet de la tolérance, soit par la force même des choses, à la rigoureuse application de la loi ; mais aller jusqu'à autoriser de la part du failli un acte tel que la vente de son fonds de commerce, ce serait, en réalité, effacer de nos Codes la disposition si nette et si claire de l'article 443. » L'arrêt a été cassé ; la Cour de cassation dit qu'en ce qui touche l'exercice de son commerce, « la capacité du failli reste entière, sans qu'il y ait à distinguer entre des opérations minimes et des actes d'une plus ou moins grande importance, sauf, toutefois, le droit permanent de contrôle et de surveillance des créanciers de la faillite, qui, par l'organe des syndics, peuvent veiller à leurs intérêts, intervenir même pour s'opposer à tout engagement ou à tout acte qui, de la part du failli, serait de nature à leur causer un préjudice, prendre les mesures nécessaires pour assurer le recouvrement des valeurs acquises par le failli ou en prévenir le détournement, et, enfin, poursuivre l'annulation des engagements et des actes qui auraient eu lieu nonobstant l'opposition des syndics avec fraude et au préjudice de la masse. » La distinction entre les actes plus ou moins importants, indiquée par la Cour de Lyon, est arbitraire en elle-même et d'une application impossible ; d'autre part, si l'on applique à l'hypothèse la théorie du dessaisissement dans toute sa rigueur, autant vaut refuser au failli le droit d'exercer le commerce, puisque personne ne pourra traiter avec lui en ayant l'assurance que le contrat sera maintenu. Cela serait non seulement inhumain pour le failli et sa famille, mais encore peu avantageux à ses créanciers : aj. *dans le même sens,* Cass. 2 fév. 1876, S. 1876. 1. 150 ; 8 mai 1878, D. 1879. 1. 101. — V. aussi Paris, 16 avr. 1872, D. 1873. 2. 225 ; S. 1872. 2. 91 ; *J. Pal.,* 1872. 463 (cession par le failli à un créancier d'une invention qui, n'étant qu'à l'état de simple conception, lors du jugement déclaratif, ne pouvait constituer un élément de l'actif). V. cependant, Bruxelles, 7 déc. 1882, *Journal des faillites,* 1883, p. 119.

Rien n'empêche qu'un failli se fasse délivrer un brevet d'invention. Seulement ce brevet fait partie de l'actif de la faillite. La masse des créanciers peut exploiter ce brevet et le syndic peut, en cas d'union, le faire vendre, comme lorsqu'il s'agit d'un brevet délivré avant le jugement déclaratif. V. Pouillet, *Traité des Brevets d'invention,* nº 89.

d'équité déjà donnée pour les biens provenant de donation ou de succession (n° 247) : les biens sont acquis *cum suâ causâ*. A raison du nouveau commerce, le failli a contracté des dettes, il a emprunté, il a acheté, etc. ; ces dettes doivent être acquitées sur les valeurs provenant de ce nouveau commerce avant que la masse puisse rien prétendre ; autrement, elle s'enrichirait injustement au détriment de ceux qui ont eu confiance dans le failli (1). Sur les biens provenant du nouveau commerce, la masse exclura aussi tous les créanciers postérieurs au jugement déclaratif dont les droits auraient une cause étrangère à ce commerce ; le dessaisissement produit, naturellement. à l'égard de ces créanciers, tout son effet (2). Il va sans dire, par contre, que les nouveaux créanciers, quelle que soit la cause de leurs créances, n'ont rien à prétendre sur les biens formant l'actif de la faillite.

250 *bis.* DROIT ÉTRANGER. — Dans le droit commun des différents pays, le dessaisissement frappe, comme en France, les biens à venir avec les biens présents (3). Mais cette règle n'est pas admise par la loi *allemande* (art. 1), qui restreint le dessaisissement aux biens appartenant au failli au moment de la déclaration de faillite. Il résulte notamment de là qu'une seconde faillite s'appliquant aux biens acquis après la première peut se produire et que, par une

---

(1) Renouard, I, p. 296 ; Pardessus, III, n° 1117 ; Bédarride, I, n° 84 *bis* ; Thaller et Percerou, I, n° 530. — V. aussi Cass. 12 janv. 1864. S. 1864. 1. 17 ; D. 1864. 1. 130 ; 2 fév. 1876. S. 1876. 1. 150 ; P. 1876. 361 ; 22 nov. 1887, D. 1888. 1. 326 ; S. 1889. 1. 81 ; P. 1889. 1. 167 ; *Pand. fr.*, 1887. 1. 412 et 1890. 1. 200.

(2) Alauzet, VI, n° 2462. — Sous l'empire du Code de 1807, on avait prétendu que les créanciers nouveaux étaient bien écartés de la répartition des biens appartenant au failli lors du jugement déclaratif, mais pouvaient concourir avec la masse sur les biens échus depuis la faillite ; la rédaction de l'article 443, alin. 1, a eu précisément pour but de faire justice de cette prétention. — V. Renouard, I, p. 294 à 297.

(3) Loi *belge*, art. 444 ; loi *anglaise*, art. 44 ; Codes de commerce *italien*, art. 699 ; *roumain*, art. 713 ; *portugais*, art. 700 ; *chilien*, art. 1362; *mexicain*, art. 962 ; *argentin*, art. 1449 (modifié par la loi sur la faillite du 23 novembre 1902) ; loi *autrichienne*, art. 1 (cette loi ne comprend pas, toutefois, dans le dessaisissement les biens acquis au failli par son travail) ; loi *suisse*, art. 197 ; loi *brésilienne*, art 43.

sorte de séparation des patrimoines, on distingue les créanciers antérieurs et les créanciers postérieurs à la première déclaration de faillite (1).

§ 2. — *Suspension des poursuites individuelles*

251. Le jugement déclaratif suspend le droit de poursuite individuelle de chaque créancier contre le failli, c'est-à-dire qu'un créancier ne peut plus agir en justice par voie individuelle ni exercer de voie d'exécution sur les biens ou sur la personne du failli (n° 256). Cette règle se déduit tout naturellement du principe du dessaisissement et de la concentration de l'administration entre les mains des syndics. Un créancier ne peut améliorer sa condition au détriment des autres ; les poursuites qu'il exercerait ne pourraient donc avoir pour effet de lui procurer le paiement de sa créance; il fera valoir ses droits au cours de la procédure de vérification des créances et en observant les conditions prescrites par la loi. V. ci-après, n°s 527 et suiv.

Il ne peut davantage pratiquer des voies d'exécution, en prétendant que c'est dans l'intérêt de tous les créanciers qu'il agit : les syndics sont seuls chargés de cet intérêt collectif, c'est à eux à administrer et à réaliser l'actif comme ils le jugeront convenable, sous le contrôle du juge-commissaire (art. 534, C. com.). Leur gestion serait entravée par les poursuites qu'il plairait à chaque créancier d'exercer et qui ne feraient qu'entraîner des complications et des frais (2).

Cependant, le législateur n'a pas cru nécessaire de formuler expressément cette règle qui dérive des principes essentiels de la faillite ; à lire même l'article 443, alin. 3, C. com., on croirait que le seul changement qu'opère à ce point de vue la déclaration de faillite, c'est que les voies d'exécution sont suivies contre les syndics, au lieu de l'être

---

(1) V. Wilmowski, *Deutsche Reichskonkursordnung*, p. 51 et suiv. ; Iaeger, *Die Konkursordnung*, p. 33.

(2) On a vu plus haut (n° 227) que les créanciers ne peuvent, en se prévalant de l'article 1166, C. civ., exercer les actions de leur débiteur failli.

contre le failli. La règle n'en est pas moins certaine (1) (2) ; plusieurs articles du Code de commerce la suppose nécessairement. Il en est ainsi de l'article 527, alin. 2, qui, pour le cas où le tribunal prononce la clôture des opérations de la faillite, parce qu'il n'y a pas même de quoi suffire aux frais de la procédure, dispose : *Ce jugement fera rentrer chaque créancier dans l'exercice de ses actions individuelles, tant contre les biens que contre la personne du failli* (n° 3767-770). L'article 539, alin. 1, contient une disposition analogue pour le cas où, à la fin des opérations de l'union, le failli n'est pas déclaré excusable (n° 725). Il résulte de là aussi nettement que possible que, tant que la faillite suit son cours normal et qu'il n'y a pas clôture de l'union sans déclaration d'excusabilité, l'exercice des actions individuelles des créanciers est, par cela même, suspendu. L'article 455 *in fine* dit formellement que la contrainte par corps ne peut être exercée contre le failli, et l'article 571 que les créanciers ne peuvent poursuivre l'expropriation des immeubles. Comment alors expliquer l'article 443, alin. 2, C. com., qui suppose des voies d'exécution postérieures au jugement déclaratif ? La suspension des poursuites individuelles ne s'impose pas à tous les créanciers (n°s 252 et suiv.) ; dans le cas où des poursuites sont possibles, ces poursuites sont suivies contre les syndics, voilà ce qu'a simplement voulu dire le législateur qui, comme on l'a fait remarquer justement indique ainsi l'exception, sans avoir posé la règle (3). Il faut ajouter que la loi du 4 avril 1890 rendue pour l'interprétation de l'article 5 de la loi du 4 mars 1889, indique qu'en cas de liquidation judiciaire, le droit de poursuite individuelle des créanciers est suspendu, *comme en matière de faillite* (4).

(1) Elle est admise par les lois étrangères. — V. n° 256 *bis*.

(2) Le jugement de mise en liquidation judiciaire produit le même effet. V. L. 4 mars 1889, art. 5 et L. 4 avr. 1890 (n° 1037) Mais il ne paraît avoir jamais été soutenu que, par le seul fait de la cessation de paiements, le droit de poursuite individuelle des créanciers est suspendu. V. n°s 187 et suiv.

(3) Bravard et Demangeat, V, p. 131.— Cette manière vicieuse de procéder consistant à indiquer seulement l'exception, en sous-entendant la règle, se rencontrait dans l'ancien article 3 de la loi du 24 juill. 1867 sur les sociétés, modifié par la loi du 1er août 1893.

(4) Les travaux préparatoires de la loi du 4 avril 1890 indiquent très

252. Les créanciers qui ont un gage ou une hypothèque, conservent le droit de faire vendre le bien qui est affecté à leur créance ; cela résulte formellement des articles 548 et 571, C. com. (1), et cela est très raisonnable. La sûreté a été stipulée ou a été conférée par la loi précisément pour que le créancier ne subisse pas les conséquences de la faillite ; on ne peut dire que la poursuite est sans objet, puisque le créancier a le droit d'être payé sur le prix de la chose qui lui est affectée. On a cherché à justifier d'une autre façon la situation spéciale des créanciers hypothécaires et gagistes. Il aurait été, a-t-on dit, inutile que la déclaration de faillite entraînât la suspension de poursuites pour eux, puisque la masse des créanciers n'en aurait tiré aucun avantage (2). Mais cette raison n'est pas décisive. La masse des créanciers pourrait avoir grand intérêt à ce qu'on attendît un moment favorable pour la réalisation des biens du failli. Il vaut donc mieux argumenter du droit des créanciers garantis que de l'absence d'intérêt de la masse.

253. Quels sont exactement les créanciers qui échappent à la suspension du droit de poursuite individuelle produite par la déclaration de faillite ?

Le droit de poursuivre la vente du bien hypothéqué appartient à tout créancier *hypothécaire*, quelle que soit la nature de son hypothèque, qu'elle soit générale ou spéciale, par conséquent aux créanciers ayant un privilège général qu'ils veulent exercer sur des immeubles ; les privilèges immobiliers sont des hypothèques privilégiées ; du reste, l'article 571. C. com., ne distingue pas. — Il est incontestable qu'il faut assimiler, sous ce rapport, l'hypothèque maritime à l'hypothèque terrestre.

Le droit de faire vendre les meubles grevés d'un *privilège* doit-il aussi être reconnu à tout créancier privilégié ? Il faut distinguer, selon nous, suivant qu'il s'agit de créanciers ayant un privilège spé-

---

clairement que le législateur a entendu interpréter la formule de l'article 443, al. 2, C. com., dans le sens constaté au texte.

(1) L'article 572, C. com., réserve seulement aux syndics le droit de poursuivre la vente des immeubles quand il n'y a pas de poursuite commencée avant l'époque de l'union.

(2) Laurin, n° 972.

cial ou de créanciers ayant un privilège général. Pour les créanciers
privilégiés nantis, le droit de poursuite (1) se déduit par analogie
de ce qui est dit pour le gagiste, et aussi de l'article 450, C. com.,
qui suspend pendant un certain temps le droit de poursuite du
bailleur, en ce qui touche les effets mobiliers servant à l'exploitation du commerce ou de l'industrie du failli, ce qui suppose que
celui-ci aurait pu agir sans cette restriction formelle. V., du reste,
art. 548, C. com. Mais en est-il de même des créanciers ayant un
privilège mobilier spécial qui ne sont pas nantis (2)? Aucune disposition du Code de commerce ne les visant expressément, on soutient
qu'ils demeurent soumis à la règle générale, c'est-à-dire qu'après
la déclaration de faillite, ils ne peuvent pas saisir et faire vendre le
bien grevé de leur privilège (3). Mais les motifs qui font maintenir
le droit de poursuite individuelle aux créanciers hypothécaires, ont
la même force pour les créanciers ayant un privilège spécial, alors
même qu'ils ne sont pas nantis.

Au contraire, on ne saurait reconnaître le droit d'agir aux créanciers ayant un privilège général ; aucun texte ne les soustrait au
droit commun, en ce qui touche les voies d'exécution et l'on ne peut
argumenter par analogie des dispositions relatives aux créanciers
nantis. La spécialité même du privilège fait que les créanciers, en
exécutant, ne troublent pas l'administration des syndics (4) ; les

(1) Bordeaux, 6 déc. 1893, D. 1894. 2. 478. — V. aussi Trib. comm. Marseille, 9 mai 1865, *Journal de jurisprudence de Marseille*, 1865. 1. 166.

(2) La question ne se pose pas pour le vendeur d'effets mobiliers, par
cela même que la faillite a pour effet de lui enlever son privilège. —
(V. art. 550, C. com.), à moins, pourtant, qu'il s'agisse du vendeur d'un
fonds de commerce ; car celui-ci conserve son privilège malgré la faillite
de l'acheteur par cela seul que l'inscription en a eu lieu dans les quinze
jours de l'acte de vente, cette inscription fut-elle postérieure au jugement
déclaratif (L. 17 mars 1909, art. 2, dern. alin.).

(3) Bédarride, III, nᵒ 957 ; Percerou et Thaller, I, nᵒ 763. Trib. comm.
de Marseille, 25 août 1865, *Journ. de jurispr. de Marseille*, 1865. 1. 272
(le droit de poursuite est refusé au créancier porteur d'un contrat de
grosse).

(4) Quand l'exercice du droit de poursuite est de nature à gêner l'administration des syndics, la loi prend des précautions ; le Code de commerce (art. 450) a procédé ainsi en apportant des restrictions au droit du
bailleur.

créanciers, dont le privilège porte sur tous les meubles, et, en cas d'insuffisance des meubles, sur tous les immeubles (art. 2104 et 2105, C. civ.), entraveraient cette administration, en poursuivant la vente des meubles qu'il leur plairait de choisir et qui peuvent notamment être indispensables pour continuer l'exploitation du fonds de commerce.

254. Ainsi, des créanciers chirographaires (1) ne peuvent certainement *commencer* des poursuites à partir du jugement déclaratif. Ne peuvent-ils *continuer* des poursuites commencées auparavant ? Des décisions judiciaires et des auteurs leur ont reconnu ce droit : d'après eux, le dessaisissement, ne produisant d'effet que pour l'avenir, prend les biens dans l'état où ils sont et ne porte pas atteinte aux actes consommés en vertu d'un droit. Sans doute, le créancier poursuivant ne pourra se faire payer au détriment de la masse ; il a, néanmoins, un intérêt légitime à continuer les poursuites, puisque, autrement, les frais déjà faits deviendraient inutiles ; aucune disposition n'autorise à les mettre à la charge de la masse de la faillite et il serait bien injuste de les faire supporter au créancier qui n'a fait qu'user de son droit. En quoi, dit-on, la masse souffrira-t-elle de cette continuation des poursuites qui n'aboutiraient qu'a réaliser son gage (2) ?

Malgré ces raisons, nous croyons qu'en principe, les poursuites ne peuvent pas plus être *continuées* que *commencées* après le jugement déclaratif par un créancier auquel le bien saisi n'est pas affecté. En droit, la situation est la même dans les deux hypothèses : l'administration des syndics en serait souvent entravée, et le créancier ne peut se faire payer. Les syndics peuvent donc faire discontinuer les poursuites dans l'intérêt de la faillite ; il est juste que le

---

(1) Cette expression doit être prise ici dans un sens tout relatif. Un créancier a une hypothèque sur un immeuble du failli ; en vertu d'un titre exécutoire, il poursuit l'expropriation d'un immeuble qui ne lui est pas hypothéqué, il est un créancier chirographaire au point de vue de la question que nous examinons.

(2) Caen, 12 oct. 1861 et Rouen, 10 oct. 1862, D. 1863. 2. 34 ; Angers, 22 mai 1874, S. 1874. 2. 351. — Bédarride, 1, n° 87 ; Pardessus, III, n° 1175 *in fine* ; Esnault, III, n° 615 ; Rép. Dall., v° *Faillite*, n° 230 (plusieurs arrêts rapportés).

créancier poursuivant ne souffre pas de cette discontinuation, puisqu'il n'a fait qu'user d'un droit et que quelquefois même il a pu sauver le gage de la masse ; les syndics, en faisant cesser les poursuites, rembourseront les frais faits et il ne semble pas y avoir eu de difficulté soulevée sur ce point. Ainsi se trouvent conciliés les intérêts engagés dans la question (1).

Des auteurs distinguent entre les voies d'exécution sur les meubles et les voies d'exécution sur les immeubles ; les premières ne pourraient pas plus être continuées que commencées par les créanciers chirographaires ; il en serait autrement des secondes, à raison de l'article 572, qui dispose que, *s'il n'y a pas de poursuite en expropriation des immeubles commencée avant l'époque de l'union* les syndics seuls seront admis à poursuivre la vente. Mais cette distinction est peu raisonnable en elle-même et elle ne résulte pas du texte invoqué. Il ne faut pas prendre l'article 572 isolément et l'interpréter en ce sens qu'il permettrait à tout créancier *chirographaire* de poursuivre l'expropriation des immeubles du failli tant qu'il n'y aurait pas union, ce qui serait en désaccord avec toute la théorie de la faillite. L'article 572 se rattache à l'article 571 et a pour but de restreindre le droit que ce dernier article réserve aux créanciers *hypothécaires* (2).

(1) Lyon, 26 août 1853, D. 1855. 2. 318 (l'arrêt annule des ordonnances de référé qui avaient autorisé la continuation de la vente forcée de marchandises, malgré la déclaration de faillite du débiteur); Dijon, 18 janv. 1858, D. 1860. 2. 78 (saisie immobilière) ; Bordeaux, 13 janv. 1865, S. 1865. 2. 144, *Pand. fr. chr.* (le syndic offrait de payer les frais de la procédure en expropriation) ; Paris, 11 juill. 1874, D. 1877 5. 240. — Renouard, II, p. 330 et 334 ; Bravard et Demangeat, V, p 133-137 : Alauzet, VI, n° 2483 ; Dict. de Couder, v° *Faillite*, n° 226.

(2) Rép Dall., v° *Faillite*, n°s 224 et 230 ; Renouard, 2, p. 331 ; Boistel, n° 920 ; Thaller et Percerou, I, n° 758. — Dijon, 18 janv. 1858, *Journ. des Trib. de com.*, 1861. 166 ; Bordeaux, 13 janv. 1865, S. 1865. 2. 144 ; *J. Pal.*, 1865. 700. Mais la jurisprudence semble fixée en sens contraire : Paris, 3 avril 1886, *Journal des faillites*, 1886, article 711 ; Alger, 23 mai 1892, *Journal des faillites*, 1892. p. 493 ; Montpellier, 31 oct. 1895, S. et *J. Pal.*, 1896. 2. 161 ; Trib. civ. Boulogne-sur-Mer, 5 décembre 1902, *Journal des faillites*, 1903, p. 526. Les arrêts se fondent principalement sur l'argument tiré de l'article 572, C. comm., qui est réfuté au texte. V. en faveur de l'arrêt des poursuites commencées en vue de la saisie

255. Par application des principes ci-dessus posés, des créanciers ne peuvent, à partir du jour où a été rendu le jugement déclaratif (1), faire une saisie-arrêt entre les mains des débiteurs du failli ; il appartient aux syndics de faire rentrer ce qui est dû à celui-ci (2). Si la saisie-arrêt est antérieure au jugement déclaratif de faillite, l'effet s'en trouve détruit de plein droit par ce jugement même, à l'égard de la masse, de telle sorte que le créancier saisissant ne peut poursuivre la procédure jusqu'au jugement de validité (3) (nº 257 *bis*). La situation serait autre, si la saisie-arrêt avait été validée par une décision passée en force de chose jugée avant le jugement déclaratif, parce qu'alors, il y aurait eu un droit acquis au créancier saisissant, devenu par l'effet du jugement, créancier direct du tiers-saisi ; le dessaisissement ne pourrait s'appliquer à une créance ne faisant plus partie, au moins jusqu'à concurrence des causes de la saisie, du patrimoine du failli (4). Mais quand le jugement de validité est intervenu durant la période suspecte, une question spéciale se pose : le syndic peut-il, pour faire tomber ce jugement, invoquer les articles 446 et 447, C. com., qui frappent de nullité les actes faits durant la période suspecte ? Cette question, qui se rattache aux effets produits dans le passé par le jugement déclaratif, sera examinée plus loin à propos des effets du jugement déclaratif dans le passé (nº 408).

De même, la saisie-conservatoire pratiquée sur un débiteur n'a

d'un navire, Trib. civ. Marseille, 7 juin 1906, *Journal des faillites*, 1906, p. 471.

(1) Les saisies-arrêts pratiquées le jour même de la déclaration de faillite tombent de plein droit : Cass. 24 janv. 1853, D. 1853. 1. 321. V. nº 203.

(2) Trib. civ. Lyon, 12 nov. 1892, *la Loi*, nº du 11 févr. 1893.— V. aussi Rennes, 4 août 1893, D. 1894. 2. 37. — Dict. de Couder, h. vº, nº 212.

(3) Rouen, 1er fév. 1882, *Journal des faillites*, 1882, p. 235 ; S. 1889. 2. 77, en note.

(4) Cass. 20 nov. 1860, S. 1861. 1. 270 ; *J. Pal.*, 1861. 522 ; D. 1860. 1. 38 ; *Pand. fr. chr.*, Cass. 9 juin 1869, D. 1872. 5. 396 ; S. 1869. 1. 455 ; *J. Pal.*, 1869. 1193 ; Dijon, 3 juill. 1874, S. 1876. 2. 247. V., cependant, Cass. 24 janv. 1853, D. 1853. 1. 321 (d'après cet arrêt, un jugement de validité, même frappé d'appel au jour de la déclaration de faillite, donnerait au saisissant un droit opposable à la faillite).

plus d'objet par suite de la faillite de celui-ci ; le syndic remplace le gardien constitué de la saisie (1).

255 bis. Le jugement déclaratif de faillite qui rend non avenues au regard de la masse les saisies-arrêts qui n'ont pas été définitivement validées (n° 251), produit-il effet à l'égard des tiers-saisis et ceux-ci n'ont-ils plus à tenir compte des oppositions reçues ? L'affirmative a été jugée (2), mais la jurisprudence s'est fixée en ce sens que le tiers-saisi doit tenir compte des oppositions tant qu'une mainlevée régulière ne lui est pas fournie ; il n'a pas à se préoccuper de la validité ou de la nullité des oppositions formées entre ses mains, ce qui pourrait lui donner une responsabilité dangereuse (3). Nos lois ne semblent guère admettre qu'une opposition cesse de plein droit de produire ses effets à l'égard du tiers-saisi. Cpr. art. 489, C. com., 2e alin.

256. Le Code de commerce suspend l'exercice de la contrainte par corps contre le failli, comme les voies d'exécution sur ses biens (n° 86 bis). V. art. 455, dern. alin. C. com. Cela présentait une grande importance pratique alors que la contrainte par corps était admise en matière civile et commerciale (4).

Des auteurs ont dit à tort que cela n'a plus d'intérêt depuis la loi du 22 juillet 1867, qui a aboli la contrainte par corps (5). Cette abolition, en effet, n'est pas absolue ; elle a eu lieu en matière civile et commerciale, mais la contrainte par corps est maintenue en

(1) Trib. civ. Chambéry. 15 mars 1884. *Journal des faillites,* 1884, p. 644.

(2) Rouen, 1er fév. 1882, *Journal des faillites,* 1882, p. 235 ; Riom, 26 janv. 1886, S. 1889. 1. 177, en note.

(3) Cass. 4 et 5 juin 1888, S. 1889. 1. 177 : *J. Pal.*, 1889. 1. 407 ; D. 1889. 1.365 ; *Pand. fr.*, 1889. 1. 46 et 365. Le préposé de la Caisse des dépôts et consignations ne peut se dessaisir des fonds déposés entre ses mains que sur la production d'une mainlevée régulière. De même, l'officier public, chargé de la vente de meubles et ayant reçu des oppositions sur le prix avant la déclaration de faillite, doit déposer les deniers à la Caisse des dépôts et consignations si le syndic ne lui fournit pas une mainlevée des oppositions. V. Thaller et Percerou, I, n° 759.

(4) Il ne faut pas confondre avec la contrainte par corps l'incarcération du failli (art. 455, 457 et 472, C. com.). V. n° 482.

(5) V. Alauzet, I, p. 322.

matière criminelle, correctionnelle et de simple police ; elle peut être employée à raison des condamnations à l'amende, aux frais, aux restitutions et dommages-intérêts qui peuvent être prononcées en cette matière (Loi du 22 juillet 1867, art. 1 et 2 ; Loi du 10 décembre 1871). Il est donc encore utile de constater, même depuis la loi du 22 juillet 1867, que, par suite de la faillite, la contrainte par corps ne peut être exercée à raison d'une créance rentrant dans les catégories qui viennent d'être indiquées (1).

256 *bis.* Droit étranger.— Le principe de la suspension, pour les créanciers, du droit de procéder individuellement à des voies d'exécution est admis par toutes les législations (2). Mais des différences existent, soit quant aux créanciers à l'égard desquels ce droit n'est pas suspendu, soit quant aux règles à appliquer lorsque des poursuites ont été commencées avant la déclaration de faillite.

La loi *belge* de 1851 a été plus précise que notre loi de 1838. D'après l'article 453, le jugement déclaratif arrête l'exercice de la contrainte par corps ainsi que toute saisie à la requête des créanciers chirographaires et non privilégiés sur les meubles et les immeubles ; si, antérieurement à ce jugement, le jour de la vente forcée des meubles ou immeubles saisis avait déjà été fixé et publié, cette vente aurait lieu pour le compte de la masse, à moins que, sur la demande des curateurs, le tribunal n'en autorisât la remise à une autre époque. D'après l'article 454, toutes voies d'exécution pour parvenir au paiement des créances privilégiées sur le mobilier dépendant de la faillite sont suspendues jusqu'à la clôture du procès-verbal de vérification des créances.

(1) Nancy, 21 nov. 1845. D. 1846. 2. 52. Cet arrêt décide, ce qui est encore exact aujourd'hui, que le Trésor public ne peut pas exercer contre un failli la contrainte par corps pour assurer le recouvrement des frais de justice. — V. Renouard, I, p. 322.

(2) V. loi *allemande*, art. 11 et 12 ; loi *anglaise*, art. 9, 10 et 11 ; codes de commerce *italien*, art. 699 ; *roumain*, art. 712 ; *chilien*, art. 1365 ; *argentin*, art. le 1452 ; loi *brésilienne*, art. 25.

§ 3. — *Déchéance du terme*

257. *Le jugement déclaratif de faillite rend exigibles, à l'égara du failli, les dettes passives non échues* (art. 444, alin. 1, C. com.) Cf. art. 1188, C. civ. Cette disposition se justifie aisément. Le créancier a accordé un terme à son débiteur par suite de la confiance qu'il avait en lui, il lui a *fait crédit* ; le terme n'a donc plus de raison d'être quand le débiteur trompe cette confiance, quand il est déclaré en faillite. En outre, le maintien du terme entraînerait des complications inutiles dans le règlement de la faillite : on ne pourrait payer les créanciers dont les droits seraient échus au détriment des créanciers pour lesquels l'échéance ne serait pas encore arrivée ; il faudrait donc mettre en réserve les dividendes de ceux-ci. Il est plus simple et plus juste de mettre tous les créanciers sur le même pied, sans se préoccuper de l'échéance de leurs créances, de les admettre également aux opérations de la faillite et aux répartitions qui peuvent être faites (1).

L'exigibilité a lieu pour les créances à terme incertain (2) aussi bien que pour les créances à terme certain. L'article 444, C. com. ne distingue pas entre le terme certain et le terme incertain. V. n° 259.

Le législateur a poussé très loin cet effet du jugement déclaratif. Car le capital de la rente perpétuelle qui est, en principe, remboursable sans être exigible, devient exigible, en cas de faillite du débit-rentier (art. 1913, C. civ.). n° 270.

Cette effet de la déclaration de faillite était déjà admis par les jurisconsultes italiens. On lit dans une décision de la Rote de Gênes : *secutâ rupturâ seu decoctione, creditores possunt de creditis agere ante diem.*

Au reste, la mise en liquidation judiciaire rend aussi exigibles les dettes à terme (Loi du 4 mars 1889, art. 8). Il en est de même de la

---

(1) V., sur les motifs de la déchéance du terme produite par la faillite, Thaller et Percerou, I, n°ˢ 767 et 768.

(2) V. ci-après n° 251 ce qui est dit de la créance existant contre une compagnie en matière d'assurance sur la vie en faillite.

déconfiture (1). Mais on peut discuter sur le point de savoir si le seul fait de la cessation de paiements a cet effet indépendamment de tout jugement de faillite ou de liquidation judiciaire. V. n°s 187 et suiv.

258. *Créanciers conditionnels.* — La faillite ne saurait faire disparaître la condition suspensive comme le terme ; les expressions de l'article 444, C. com. (*dettes passives non échues*), ne conviennent qu'aux dettes à terme ; la différence est, du reste, grande entre les deux cas. Le créancier à terme a un droit certain, tandis que l'existence du droit du créancier conditionnel est incertaine ; en effaçant le terme, on ne modifie pas la nature du droit ; on la modifierait en effaçant la condition, puisque l'incertitude disparaîtrait. Ce n'est pas à dire que le créancier conditionnel doit être exclu des opérations de la faillite ; il a été admis plus haut (n° 94) qu'il peut provoquer le jugement déclaratif ; cela résulte de ce qu'il peut faire des actes conservatoires (art. 1180, C. civ.). Mais si, lors de la répartition des dividendes, l'incertitude dure encore, le créancier ne pourra toucher ce qui lui reviendrait au cas où la condition se réaliserait ; son dividende sera déposé à la Caisse des dépôts et consignations. Il le touchera si la condition s'accomplit ; dans le cas contraire, le dividende reviendra aux autres créanciers.

Des auteurs ont, pourtant, soutenu une doctrine différente. Selon eux, l'article 444, C. com., s'appliquerait aux obligations conditionnelles, comme aux obligations à terme : le créancier sous condition suspensive aurait le droit de réclamer le paiement, sauf à restituer en cas de défaillance de la condition (2). Ce point de vue est inexact. Sans doute, selon les cas, spécialement quand la réalisation de la condition est très éloignée ou très probable au lieu de déposer à la Caisse des dépôts et consignations le dividende attribué au créancier sous condition, on peut le remettre au créancier lui-même,

---

(1) V. art. 1913 et 1188, C. civ. — Comme il ne peut pas y avoir de jugement déclarant en termes généraux une personne en état de déconfiture, il faut, en cas de déconfiture d'un débiteur, que la déchéance du terme soit demandée spécialement et prononcée par justice : Cass. 20 mars 1892.

(2) V. *en ce sens*, Bédarride, I, n° 93 ; Alauzet, VI, n° 2486.

à charge par lui de donner caution de le restituer le cas échéant ; mais il ne peut y avoir, pour ce créancier, un droit d'exiger qu'il en soit ainsi (1). On pourrait aussi répartir les dividendes entre les créanciers en faisant abstraction de la créance conditionnelle, mais à charge par eux de s'obliger à payer au créancier conditionnel la part qui lui revient en cas d'accomplissement de la condition. Cette obligation doit être garantie par une caution ou une autre sûreté. Ce dernier procédé couvient spécialement quand la condition est d'une réalisation très douteuse ou très lointaine.

Le créancier dont le droit est exposé à s'évanouir par suite de l'accomplissement d'une condition résolutoire (2) doit être admis comme créancier pur et simple. Mais il est tenu de donner caution de restituer ce qui lui est payé en prévision de cette éventualité. Sans cette caution, la masse des créanciers serait exposée à subir un préjudice au cas où, la condition résolutoire s'accomplissant, le créancier serait insolvable (3).

258 *bis*. La différence profonde qui vient d'être indiquée entre la situation faite aux créanciers à terme et la situation faite aux créanciers sous condition suspensive en cas de faillite (n° 258 , dónnait un grand intérêt pratique à la question de savoir si la créance des loyers est pour le bailleur une créance à terme ou sous condition. Mais, comme il sera expliqué à propos de l'article 550, C. com., l'intérêt de cette question se trouve aujourd'hui très restreint par les dispositions insérées dans l'article 550, C. com., en vertu de la loi du 12 février 1872. V. n°s 864 et suiv., spécialement n° 877.

---

(1) Thaller, *Traité élémentaire de Droit commercial*, n° 1908. Cf. Pothier, *Traité des obligations*, n° 235.

(2) Les dettes sous condition *résolutoire* sont plus fréquentes en matière commerciale qu'en matière civile. On peut s'en convaincre en se référant aux nombreuses variétés des dettes commerciales.

(3) V. contre la nécessité d'une garantie, Thaller et Percerou, I, 779.

Le système indiqué au texte est consacré expressément par l'article 66 de la loi *allemande* sur la faillite. Le créancier sous condition résolutoire doit fournir une garantie de restitution en prévision de l'accomplissement de la condition. S'il ne fournit pas cette garantie, le montant de la créance doit être mis en réserve (art. 160, 4).

Les dettes conditionnelles sont plus rares dans la pratique que les dettes à terme et l'on ne trouve pas de décisions judiciaires les concernant. On pourrait, cependant, citer à titre d'exemple la dette de l'assureur envers l'assuré quand elle est subordonnée à l'arrivée d'un sinistre comme un incendie, la grêle, etc. L'assuré pourrait se présenter comme créancier sous condition, mais il n'y aurait guère intérêt, puisqu'en retour d'un dividende correspondant à l'indemnité éventuelle, il devrait promettre de continuer à payer les primes. Il préférera donc demander la résiliation de l'assurance (1). Dans le cas d'assurance sur la vie, l'assuré pourra ordinairement se présenter comme créancier à terme, parce que, le montant de la somme assurée devant le plus souvent être en tous cas payé lors de la mort de l'assuré, celle-ci joue le rôle de terme incertain. Mais il n'aura pas non plus intérêt à agir de la sorte à raison de l'obligation de payer des primes qui seront corrélatives d'un simple droit à un dividende. L'assuré, en pareil cas, use du droit de demander le rachat à la Compagnie d'assurances.

258 ter. DROIT ÉTRANGER. — Nulle part les créanciers sous condition suspensive ne sont aussi favorablement traités que les créanciers à terme ; la nature même de la condition s'y oppose. V. n° 258. La mise en réserve de la somme afférente à ces créances est généralement admise (2).

259. Le créancier à terme vient au passif de la faillite pour le montant intégral de sa créance, il ne subit aucune réduction à raison

---

(1) Thaller, *Traité élém.*, n° 1907. Rép. gén. de Droit français, v° *faillite*, n° 1016. Au reste, souvent, dans les polices d'assurances se trouve une clause reproduisant la disposition de l'article 346, C. com. relative à l'assurance maritime, la seule assurance dont jusqu'ici les lois françaises s'occupent. V., sur l'article 346, C. com., *Traité de Droit commercial*, VI, n° 1441.

(2) La loi *allemande* sur la faillite (art. 66 et 167) admet la mise en réserve lors des répartitions partielles, mais décide qu'elle n'a pas lieu quand, lors de la répartition finale, la possibilité de l'accomplissement de la condition est si éloignée qu'actuellement, la créance sous condition suspensive n'a aucune valeur.

de ce que l'échéance se trouve avancée. C'est là une solution de la loi qui prête à critique. Deux individus ont vendu des marchandises au failli pour mille francs : l'un a stipulé que le paiement aurait lieu aussitôt, l'autre a fait six mois de crédit. Est-il juste qu'ils soient mis sur le même pied et qu'ils viennent également pour mille francs ? N'est-il pas probable que celui qui a accordé un terme, a fixé un prix plus élevé ; il n'aurait pas demandé mille francs s'il avait vendu au comptant. Dans la discussion de la loi de 1838, il avait été proposé de déduire du capital des créances à terme une somme égale au montant des intérêts au taux légal pendant le temps restant à courir. On n'a pas méconnu le sentiment d'équité qui avait dicté la proposition ; elle a été rejetée, néanmoins, pour plusieurs motifs. Le plus souvent, l'échéance n'est pas très éloignée, car, en général, dans le commerce, on ne fait pas un long crédit ; on n'accorde donc pas au créancier un bien grand avantage en faisant disparaître le terme. En outre, le plus souvent, quand il y a un terme et surtout quand le terme est un peu long, la créance produit des intérêts : la faillite arrête le cours des intérêts (art. 445, C. com.), le créancier ne se trouve donc pas, par l'anticipation de l'exigibilité, dans la même situation que si sa créance était réellement échue (1).

La règle absolue du Code de commerce semble particulièrement critiquable lorsque le capital de la créance correspond en partie à des intérêts qui auraient couru jusqu'à l'échéance (2). Par exemple, le porteur d'un effet de commerce dont l'échéance était plus ou moins éloignée l'avait fait escompter par un banquier. Celui-ci a fait subir une déduction pour escompte à raison du temps restant à courir jusqu'à l'échéance ; il peut, cependant, produire pour le montant de l'effet à la faillite du souscripteur de cet effet, alors que son droit à obtenir ce montant supposait l'écoulement d'un certain délai entre la date de l'escompte et celle de l'échéance.

A raison même de ce qu'il n'y a pas lieu à déduction d'un escompte sur le montant des dettes à terme devenues exigibles par suite de la faillite, il n'y a aucune difficulté pour déterminer la

---

(1) V. Renouard, I, p. 341 et 442.
(2) Cpr. Thaller et Percerou, I, nº 772.

somme pour laquelle le créancier à terme incertain peut produire à la faillite (1).

259 bis. DROIT ÉTRANGER. — L'exigibilité des dettes à terme est admise par toutes les législations comme l'un des effets de la déclaration de faillite, à l'exception de la législation *autrichienne*, qui a consacré un système spécial à indiquer à part. Mais les lois mêmes qui s'accordent pour admettre l'exigibilité des dettes à terme, diffèrent en ce que les unes, comme le Code de commerce français, reconnaissent aux créanciers à terme le droit de se présenter pour le montant de leurs créances sans déduction (2), tandis que les autres soumettent les créances devenues exigibles à des déductions dont, du reste, le mode de calcul varie selon les pays (3). En outre, il est des lois qui n'admettent la déduction que pour les dettes dont l'échéance est encore assez éloignée (4). D'après la loi *autrichienne* (art. 14), la masse a le droit d'offrir le paiement aux créanciers à partir de la déclaration de faillite et ceux-ci doivent l'accepter, sans que les créanciers puissent l'exiger. Comme il s'agit là d'une faculté pour la masse, celle-ci n'a pas le droit de déduire un escompte quand elle l'exerce. La loi *danoise* (art. 14 et 13) et la loi *norvégienne* (art. 119) adoptent le même système, mais reconnaissent au syndic le droit de déduire un escompte lorsqu'il paie les dettes à terme du failli (5).

---

(1) Cette difficulté se présente au contraire dans les pays où les créances à terme ne deviennent exigibles que sous la déduction d'un escompte. V. note 3 de la page 277.

(2) Ce système est repoussé par les lois nouvelles (note suivante). On ne le trouve que dans quelques Codes calqués sur notre Code de commerce.

(3) Loi *allemande*, art. 65 ; loi *hongroise*, art. 14 ; loi *anglaise* de 1883 (2ᵉ *shedule*, art. 21) ; loi *suisse*, art. 208 ; loi *brésilienne*, art. 26 ; Codes de commerce *italien*, art. 701 et 768 ; *espagnol*, art. 883 ; *portugais*, art. 710 ; *chilien*, art. 1367 ; *argentin*, art. 1413 ; *mexicain*, art. 974. Consulter Gustaw Bonelli, *la decadenza dal termino del debitore insolvente* (Turin, 1899).

(4) D'après l'article 450, alin. 2, de la loi *belge*, « les dettes non échues et ne portant pas intérêt, dont le terme serait éloigné de plus d'une année, ne seront admises au passif que sous déduction de l'intérêt légal calculé depuis le jugement déclaratif jusqu'à l'échéance ».

(5) DROIT ÉTRANGER. — Dans les pays où les créances à terme ne devien-

260. Au sujet de l'exigibilité des dettes à terme produites par le jugement déclaratif s'est élevée une question importante relative aux obligations remboursables pour une somme supérieure au taux d'émission. Il s'agit de savoir si les obligataires peuvent se présenter dans la faillite pour le capital nominal. Cette question est examinée à propos des obligations émises par les sociétés par actions dans le tome II de ce *Traité de Droit commercial*, nᵒˢ 581 et 582. Car, en fait, les emprunts par voie d'émission d'obligations ne sont guère faits que par des sociétés de cette sorte (1).

261. L'exigibilité anticipée résultant de la faillite s'applique à toutes les créances, qu'elles soient civiles ou commerciales, qu'elles soient chirographaires, privilégiées ou hypothécaires, en ce sens qu'on ne saurait invoquer l'existence d'un terme pour empêcher un créancier quelconque de participer aux opérations de la faillite (2). Mais l'exigilité ne saurait produire le même effet que s'il n'y avait pas faillite ; c'est ainsi que celui qui, au moment même de la déclaration de faillite était débiteur pur et simple du failli en même temps que son créancier à terme ne peut se prévaloir de l'exigibilité de sa créance (art. 444, C. com.), pour prétendre qu'il y a alors compensation légale entre sa créance et sa dette. Il a été expliqué plus haut (nᵒ 216) que le dessaisissement empêche précisément la compensation de s'opérer (3).

nent exigibles que sous la déduction d'un escompte, on a à résoudre, en cas de terme incertain, une question spéciale : comment peut on déterminer le montant de cet escompte, alors qu'au moment de la déclaration de faillite, on ignore le moment précis où le terme arrivera.

La loi *suisse* (art. 208. 210 et 211), résout la question. Elle traite la créance à terme incertain comme une créance sous condition suspensive. Cette créance est admise à la faillite pour son montant intégral, mais les dividendes proportionnels qui lui reviennent sont consignés et ne sont remis au créancier qu'à l'arrivée du terme incertain. Quant aux intérêts produits par la somme consignée, ils sont versés dans la masse. V. Brustlein et Rambert, *Commentaire de la loi fédérale sur la poursuite pour dettes et la faillite* (1893).

(1) Cela n'est vrai qu'en fait et en général. Car rien ne s'oppose à ce que d'autres sociétés ou même des individus recourent à cette forme d'emprunt.

(2) Pardessus, III, nᵒ 1127.

(3) V. Paris, 10 juill. 1885, D. 1886. 2. 190 ; *Pand. fr.*, 1887. 1. 171.

262. Il a été dit (n⁰ˢ 252 et 253) que le droit individuel de procéder à des actes d'exécution, refusé aux créanciers en général,
est laissé aux créanciers hypothécaires et à certains créanciers
privilégiés. Si l'un de ces créanciers a une créance à terme, peut-il
procéder à des mesures d'exécution avant l'arrivée du terme, en
se fondant sur ce que celui-ci est effacé par la déclaration de faillite? La question est vivement discutée. Après quelques hésitations,
la jurisprudence s'est fixée dans le sens de l'affirmative et quelques
auteurs s'y sont ralliés (1) ; les motifs allégués en faveur de cette
doctrine, ne nous semblent pas décisifs. Il ne suffit pas, en effet,
d'invoquer les termes généraux de l'article 444, C. com., de dire
qu'ils doivent s'appliquer à tous les créanciers et que les créanciers hypothécaires ou privilégiés ne sauraient être moins bien
traités que les créanciers chirographaires. Il a été reconnu plus
haut (n⁰ 260) que, dans un certain sens, l'exigibilité s'applique à
tous les créanciers ; mais cette exigibilité ne saurait leur conférer
les mêmes droits que s'il n'y avait pas faillite (2) ; à ce sujet, les

(1) Angers, 15 mai 1861, D. 1861. 2. 107 ; S. 1861. 2. 442 ; Agen, 20 fév.
1866. D. 1866. 2. 149 ; S. 1866. 2. 154 ; Lyon, 16 fév. 1881, D. 1881. 2. 237 ;
S. 1882. 2. 44 ; *J. Pal.*, 1882. 1. 310 ; Aix, 23 avr. 1884, 28 juillet 1893,
Journal des faillites, 1884, p. 405 ; 1896, p. 30. — V. aussi Amiens,
11 févr. 1892, *Journal des faillites*, 1893, p. 207. Dans l'espèce de cet
arrêt, il s'agissait d'une mise en liquidation judiciaire. Mais la question
est la même pour la liquidation judiciaire que pour la faillite. V. Paris,
4 mai 1906, *Journal des faillites*, 1906, p 391. — Namur, III, n° 1670 ;
Dict. de Couder. v⁰ *Faillite*, n⁰ˢ 263-264 ; Aubry et Rau, IV ; § 303 et
note 17 ; Laurent, XVII, n° 199 ; Demolombe, XXV, n⁰ˢ 661, 663, 699, Thaller
et Percerou, I, n° 775.

La jurisprudence considérant la créance des loyers à échoir comme une
créance à terme avait admis, que le bailleur pouvait, comme créancier
privilégié, se faire payer de tous les loyers à échoir sur les meubles gar-
nissant les lieux loués en cas de faillite du locataire. Cette solution qui,
à raison de la durée du bail et de l'importance des loyers, était désas-
treuse souvent pour la masse des créanciers, a été corrigée par la loi du
12 février 1872 dont les dispositions ont été insérées dans les articles 450
et 550 du Code de commerce. V. n⁰ˢ 864 et suiv.

(2) On n'a pas toujours bien fait cette distinction et on a cité à tort,
comme favorables à la solution de la jurisprudence, des auteurs qui
avaient bien déclaré l'article 444 applicable aux créanciers hypothécaires
ou privilégiés, tout en leur refusant ensuite le droit de procéder à des
mesures d'exécution avant l'échéance.

arrêts semblent commettre une véritable contradiction. Ainsi, l'un des plus importants qu'on cite à l'appui de l'opinion que nous combattons, dit « que la loi ne fait aucune distinction entre les créances chirographaires et les créances privilégiées ou hypothécaires, que l'exigibilité résultant du jugement déclaratif de faillite ne doit pas seulement s'entendre du droit pour les créanciers de participer à la distribution des deniers, mais qu'il autorise aussi l'exercice des droits réels, tels que celui d'expropriation des immeubles qui leur sont affectés, parce que, *l'état de faillite n'ayant en rien modifié la position des créanciers privilégiés ou hypothécaires*, ils peuvent exercer toutes les actions qui leur auraient appartenu, s'il n'y avait pas eu de faillite (1). » La contradiction est palpable ; si l'état de faillite n'a pas modifié la situation de ces créanciers, ils ne doivent pas avoir un droit qu'ils n'auraient pas en l'absence de faillite : sans le jugement déclaratif, ils devraient bien certainement attendre pour faire rendre le bien qui leur est affecté, l'arrivée du terme. N'est-il pas exorbitant qu'on leur permette tout ensemble d'invoquer les règles de la faillite pour faire tomber le terme qui les gêne et d'écarter les mêmes règles pour pouvoir procéder à des mesures d'exécution ? Les créanciers privilégiés ou hypothécaires qui veulent procéder à des mesures d'exécution et se placer ainsi en dehors de la faillite, doivent avoir une créance réellement échue et non pas une créance devenue exigible seulement en vertu de l'article 444, C. com. (2).

Des arguments plus spéciaux, produits contre cette doctrine, ne paraissent pas avoir une grande force. On a dit qu'il est conforme à l'intérêt des tiers que l'hypothèque ou le privilège soient réalisés le plus vite possible, afin que l'on soit sûr de ce qui reste à la masse chirographaire. Ce n'est guère probant : si la réalisation immédiate

---

(1) Agen, 20 fév. 1866, D. 1866. 2. 149 ; S. 1866. 2. 154.
(2) Pardessus, III, n° 1127 ; Bravard et Demangeat, V, p. 157 159 ; Renouard, I, p. 334-335 et II, p. 332 ; Boistel, n° 924 (il tire un argument spécial de la loi de 1872 qui a modifié l'article 550, C. com.) ; Alauzet, VI, n° 2485 ; Laurin, n°⁵ 978, 979 et 984 ; Thaller, *Traité élémentaire de Droit commercial* (4ᵉ édit.), n°ˢ 2004 et suiv. — V. *en ce sens*, pour le droit *allemand*, Kohler, *op. cit.*, p. 346.

est si avantageuse à tout le monde, pourquoi les syndics n'y procèdent-ils pas eux-mêmes ? Leur opposition aux poursuites suppose, au contraire, que, dans l'intérêt de la masse, il vaudrait mieux attendre. Enfin, on a tiré un argument aussi subtil qu'ingénieux de l'article 546, C. com., d'après lequel *les créanciers du failli qui seront valablement nantis de gages, ne seront inscrits dans la masse que pour mémoire.* Voici le raisonnement un peu compliqué qui a été fait : si le créancier nanti d'un gage n'est pas admis à la répartition, c'est que la loi part de cette supposition que le gage suffit à le désintéresser : autrement, il aurait fait vendre pour venir dans la masse chirographaire pour le reliquat. Cette supposition, dit-on, ne se comprendrait pas si le créancier gagiste ne pouvait agir avant l'échéance. — La vérité est que la disposition de l'article 546, C. com., sur la portée duquel on discute, du reste, est d'une grande rigueur. V. n° 722.

263. Comme le dit l'article 444 C. com., c'est *à l'égard du failli* que le jugement déclaratif rend les *dettes* exigibles ; à cela se rattachent des conséquences importantes qu'il importe d'indiquer.

264. Rien d'abord n'est changé aux *créances* du failli (1) : on comprend que ses débiteurs ne peuvent pas être privés du bénéfice du terme qui leur appartient à raison d'un fait qui leur est étranger. Sans doute, si l'échéance est éloignée, ce sera une gêne pour la liquidation de la faillite, mais *l'intérêt* qu'aurait la masse à recevoir immédiatement ce qui est dû au failli ne peut supprimer le *droit* des débiteurs de ne payer qu'à l'époque fixée. La liquidation peut être entravée par des échéances trop reculées des créances du failli, c'est alors aux syndics à aviser. Selon les cas ; ils peuvent traiter avec les débiteurs, obtenir d'eux, moyennant un escompte, le paiement anticipé ou vendre les créances à forfait. Art. 570, C. com. (n° 684) (2).

---

(1) C'est à cette règle incontestée que se rattache la difficulté qui s'élève sur le point de savoir si, en cas de faillite d'une société par actions, les versements à faire sur les actions non libérées deviennent exigibles. V. n° 1175.

(2) Au reste, les mêmes observations peuvent être reproduites pour les créances conditionnelles du failli. — V. Bravard et Demangeat, V, p. 165 et 166.

S'il s'agit d'un contrat synallagmatique dont l'exécution devait avoir lieu à une époque déterminée, la faillite de l'un des contractants ne pourrait être considérée comme rendant son engagement exigible, sauf à l'autre à n'exécuter qu'au terme ; il y a un lien nécessaire entre les deux obligations. Ainsi, soit une vente à terme, le prix ne devait être payé que lors de la livraison ; l'acheteur tombe en faillite. « Le terme accordé au vendeur pour livrer n'étant pas annulé par la faillite de l'acheteur, il en résulte non plus qu'elle n'a pas annulé celui qui avait été accordé à l'acheteur pour le paiement, et que, dans cette hypothèse, l'article 444, C. com., n'est pas non plus applicable (1). »

264 *bis.* Plusieurs personnes peuvent être tenues d'une même dette toutes principalement (codébiteurs solidaires) ou les une principalement, les autres accessoirement (débiteur principal et caution). La faillite de l'une d'elles n'entraîne pas, en principe, la perte du terme pour les autres, puisque l'effet en est tout relatif d'après les expressions mêmes de l'article 444 (*à l'égard du failli*) ; c'est, d'ailleurs, là une solution conforme au bon sens et à l'équité. La situation personnelle du failli et les nécessités de la liquidation justifient l'exigibilité immédiate des dettes du failli, comme cela a été expliqué (n° 257) ; ces raisons ne peuvent être invoquées à l'encontre d'un codébiteur du failli quand ce codébiteur n'est pas lui-même en faillite (2).

Voici les principaux cas qui se présentent (3) :

a. Un engagement existe à la charge de plusieurs personnes

---

(1) Bordeaux, 16 juill. 1840, Rép. Dall., v° *Faillite*, n° 248. — Boistel, n° 925.

(2) L'ancien article 448 disait : « L'ouverture de la faillite rend exigibles les dettes passives non échues ». Malgré la généralité de cette formule, on admettait que les coobligés du failli ne devaient pas subir la déchéance du terme : Renouard, I, p. 335. — V., cependant, Bordeaux, 6 janv. 1836 (Rép. Dall., v° *Faillite*, n° 257) : l'arrêt déclare que les conséquences de la faillite de l'un des débiteurs solidaires doivent retomber sur les autres. Avec la rédaction de l'article 444 actuel, il ne saurait y avoir de doute.

(3) Dans le chapitre consacré à la faillite des sociétés, nous examinerons la question de savoir si la faillite d'une société rend exigible l'engagement des associés de verser leurs mises. V. n° 1175.

tenues solidairement. La faillite de l'une d'elles n'autorise pas le
créancier à agir contre les autres avant le terme fixé. Il n'est pas
contraire à la nature de la solidarité que l'un des débiteurs jouisse
d'un terme, même en vertu des clauses du contrat, tandis que l'autre
est tenu purement et simplement (art. 1201, C. civ.) (1). *A fortiori*,
cela peut-il se produire par suite de faits postérieurs à la conclusion
du contrat, comme la déclaration de faillite d'un des codébiteurs
solidaires ;

b. L'engagement du failli a été cautionné. Quoique le terme ne
soit pas arrivé, le créancier peut se présenter dans la faillite du
débiteur principal, mais il ne peut, an contraire, poursuivre la caution avant l'échéance (2).

Qu'arriverait-il dans l'hypothèse inverse, c'est-à-dire si c'est la
caution qui est déclarée en faillite ? Le créancier peut-il agir contre
le débiteur principal ? La réponse est donnée par l'article 2020,
C. civ. : *Lorsque la caution reçue par le créancier volontairement
ou en justice, est ensuite devenue insolvable, il doit en être donné
une autre. — Cette règle reçoit exception dans le cas seulement
où la caution n'a été donnée qu'en vertu d'une convention par
laquelle le créancier a exigé une telle personne pour caution* (3).

Quand le débiteur principal est en faillite, il y a lieu de déterminer quels sont les droits de la caution à l'égard de la faillite.
La caution ne peut se présenter à la faillite à raison de son recours
éventuel que dans les cas où le créancier ne s'y présente pas lui-

---

(1) Bordeaux, 10 mars 1854, D. 1854. 2. 246 ; S. 1854. 2. 515. Tous les
auteurs sont en ce sens. — V. cep. Laurin, n° 982 *bis,* qui semble restreindre la solution qu'il donne au cas où la solidarité résulte de la loi et
sans aucun fait de la part du débiteur.

(2) Rouen, 29 juin 1871, D. 1873. 2. 206 ; Trib. comm. de Marseille,
1er décembre 1881, *le Droit* du 29 juill. 1882 et *Journal des faillites,* 1882,
p. 360. — Demolombe, XXV, n° 707 ; Demangeat sur Bravard, V, p. 168,
note 1. — V. *en sens contraire,* Larombière, *Traité des obligations,* article 1188, n° 22. — La solution admise au texte pour le cas de faillite du
débiteur principal, est aussi exacte en cas de déconfiture : Cass. 3 juill.
1890, *le Droit,* n° des 16-17 août 1890.

(3) V., pour le commentaire de l'article 2020, C. civ., P. Pont, *Traité
des petits contrats,* II, n°s 136 et suiv. ; Demante et Colmet de Santerre,
VIII, n° 251.

même. La même créance ne peut pas, en effet, figurer deux fois dans le passif. Ce point sera examiné en détail à propos des articles 542 à 545, C. com. (n⁰ˢ 923 et 924). V. aussi, art. 2032 2⁰, C. civ. (1).

265. Une question analogue à celle qui se pose en cas de faillite du débiteur principal dont la dette à terme a été garantie par une caution, s'élève quand une dette à terme garantie par une hypothèque est devenue exigible par suite de la faillite du débiteur et que le bien hypothéqué est passé entre les mains d'un tiers détenteur : le créancier hypothécaire peut-il agir contre le tiers détenteur de l'immeuble hypothéqué avant l'arrivée du terme stipulé ? La négative devrait être admise si l'on ne consultait que l'article 444, C. com. Mais il faut ici tenir compte des dispositions de l'article 2167 *in fine*, C. civ. (2), qui identifie la condition du débiteur et celle du tiers détenteur au point de vue de l'exigibilité, en admettant que le tiers détenteur jouit *des termes et délais accordés au débiteur originaire*. Aussi peut-on, sans se mettre en contradiction avec la solution donnée pour la caution (264 *bis*, *b*), soutenir que la faillite du débiteur à terme autorise le créancier hypothécaire à agir contre le tiers détenteur sans attendre l'échéance de la dette (3).

Mais il n'y a pas de raison pour traiter autrement que la caution la personne désignée parfois sous le nom de *caution réelle*, qui sans être tenue personnellement de la dette, a consenti une hypothèque pour la garantir.

266. Pour le cas où le failli est signataire d'une lettre de change ou d'un billet à ordre, la loi ne maintient pas strictement le principe que la faillite rend bien exigible l'engagement du failli, mais ne change pas la condition des personnes qui peuvent se trouver engagées en même temps que lui. Voici, en effet, la disposition de l'alinéa 2 de l'article 444, C. com. : *En cas de faillite du souscripteur d'un billet à ordre, de l'accepteur d'une lettre de change ou du*

---

(1) V. P. Pont, *Traité des petits contrats*, II, n⁰ˢ 286 à 289.

(2) V. aussi l'article 2169, C. civ.

(3) Demolombe, XXV, n⁰ 708 ; P. Pont, *Traité des privilèges et hypothèques*, II, n⁰ 1131. — En cas de purge, le tiers-acquéreur doit faire les offres à fins de purge même aux créanciers dont les créances ne sont pas exigibles. Article 2184, C. civ.

tireur à défaut d'acceptation, les autres obligés seront tenus de donner caution pour le paiement à l'échéance, s'ils n'aiment mieux payer immédiatement (1). V. aussi art. 163, 2ᵉ alin., C. com. Cette règle se rattache directement à la matière des lettres de change et des billets à ordre (2).

§ 4. — *Cessation du cours des intérêts.*

267. *Le jugement déclaratif de faillite arrête, à l'égard de la masse seulement, le cours des intérêts de toute créance non garantie par un privilège, par un nantissement ou par une hypothèque* (article 445, alin. 1ᵉʳ, C. com.). La loi pose ainsi le principe de la cessation du cours des intérêts, en le soumettant à une double restriction : 1° *il ne s'applique qu'à l'égard de la masse* ; 2° *il ne concerne pas les créanciers privilégiés et hypothécaires.* Il faut examiner successivement la règle et les restrictions qui y sont apportées.

268. Le Code de 1807 ne contenait aucune règle au sujet des intérêts des créances ; la jurisprudence avait, néanmoins, décidé

___

(1) L'ancien article 448, C. com., soumettait au recours tous les signataires d'une lettre de change ou d'un billet à ordre en cas de *faillite de l'un des obligés*, ce qui se référait naturellement aux endosseurs comme au tireur et au tiré. Mais il y avait sur la portée exacte de l'ancien article 448 des hésitations dans la jurisprudence : Rép. Dall., vᵒ *Faillite*, nᵒ 258 ; vᵒ *Effets de commerce*, nᵒ 657 ; *Rép. gén. de Droit français*, vᵒ *Faillite*, nᵒ 1024.

(2) V., pour l'explication détaillée des articles 444, alin. 2, et 163, alin. 2, C. com., *Traité de Droit commercial*, IV, nᵒˢ 237, 238 et 523. Le projet de loi sur la faillite soumis à la Chambre des députés en 1885 et qui n'a point abouti (nᵒ 17), proposait de supprimer la disposition de l'article 444, alin. 2, et de modifier ainsi l'article 163 alin. 2 : « Dans le cas de liquidation judiciaire ou de faillite de l'accepteur avant l'échéance, le porteur peut faire protester, mais il ne peut exercer son recours qu'après l'échéance, et les délais qui lui sont impartis par les articles suivants ne courent qu'à compter du lendemain de cette échéance ». Le rapport de la Commission invoque surtout l'autorité de M. Renouard (I, p. 336), pour justifier le maintien du principe général que la déchéance du terme doit être toute personnelle ; la disposition actuelle est, selon ce rapport, injuste et d'une rigueur extrême.

que les créanciers chirographaires ne pourraient réclamer les intérêts courus depuis l'ouverture de la faillite (1) ; la loi de 1838 s'est approprié cette décision, en s'attachant au jugement déclaratif (2). Plusieurs raisons expliquent la solution. L'idée de la loi est d'abord que la situation des créanciers doit être arrêtée au moment où la faillite est déclarée ; ils ne peuvent faire valoir dans la liquidation que les droits qu'ils ont alors. Autrement, il pourrait y avoir une inégalité choquante, certains créanciers ayant stipulé des intérêts et d'autres n'en ayant pas stipulé : les lenteurs de la liquidation augmenteraient ainsi la créance des premiers, au détriment de la créance des seconds. On aurait pu, il est vrai, décider que des intérêts courraient au profit de tous les créanciers, mais cela n'aurait fait que compliquer les calculs, sans modifier la proportion dans laquelle chaque créancier a droit à l'actif (3).

L'arrêt du cours des intérêts a lieu pour les intérêts moratoires, comme pour les intérêts conventionnels. La loi ne fait pas de distinction : ses motifs ont la même valeur pour ces deux espèces d'intérêts (4).

---

(1) Cass. 14 juill. 1829, Rép. Dall., v» *Bourses de commerce*, n° 395 : « Si, en principe général, les créanciers de la faillite dont le sort est fixé au jour de son ouverture, ne peuvent point demander les intérêts de leurs créances, ce principe n'est applicable qu'aux créanciers chirographaires qui n'ont droit qu'à une contribution des deniers appartenant au failli. Mais les créanciers privilégiés sur un objet qui est leur gage spécial, étant étrangers, par la nature de leurs créances, aux opérations de la faillite, conservent leurs droits dans toute leur plénitude. » C'est la distinction même de l'article 445 actuel.

(2) Il était tout naturel que, dans le silence de la loi, la jurisprudence antérieure à la réforme de 1838 eût arrêté le cours des intérêts à la cessation des paiements, puisque c'était de cette époque que datait le dessaisissement. V. n° 198, Cf analog. ce qui est relatif à l'exigibilité.

Malgré le texte formel de l'article 445, un arrêt a décidé que la suspension du cours des intérêts avait lieu par suite de la seule cessation des paiements et en l'absence de toute déclaration de faillite : Lyon, 30 août 1861, D. 1861. 2. 227 ; S. 1862. 2. 126 ; *J. Pal.*, 1862. 1. 1017.

(3) Cf. Boistel, n° 936 ; Laurin, n° 985.

(4) Application aux intérêts d'une condamnation : Trib. com. Mulhouse, 15 nov. 1867, S. 1868. 2. 55 ; *J. Pal.*, 1868. 234. Cf. Lyon, 10 nov. 1888, D. 1889. 2. 217 ; S. 1890. 2. 161 ; *J. Pal.*, 1890. 1. 894 ; Cass. 17 janvier

269. L'application de l'article 445 est facile quand la créance a pour objet un capital déterminé devant produire des intérêts jusqu'au paiement ; le créancier se présente alors à la faillite pour le capital et pour les intérêts ayant couru jusqu'à la déclaration de faillite. Les choses ne se présentent pas toujours aussi simplement ; il est possible qu'un créancier ne réclame qu'un capital, alors que des intérêts ayant dû courir après la faillite figurent parmi les éléments de ce capital. Peut-il produire pour ce capital ou subit-il une réduction à raison de l'article 445 ? Ainsi, la veille de la déclaration de faillite, une personne a prêté au failli 1.000 francs pour un an avec intérêts à 6 0/0 ; le prêteur a pu se faire souscrire par le débiteur un billet indiquant seulement le prêt et la stipulation d'inréts ; la faillite survenant, il ne pourra certainement produire que pour 1.000 francs. Le prêteur a pu faire rédiger le billet autrement et demander un engagement de rembourser dans un an 1.060 francs. La faillite fait disparaître le terme ; le créancier pourra-t-il produire pour 1,060 francs, puisque son titre contient l'engagement de payer cette somme, sans distinguer ce qui correspond au capital prêté et ce qui correspond aux intérêts de ce capital ? Il peut paraître singulier au premier abord de donner une solution différente pour ces deux hypothèses qui paraissent identiques au fond : toutefois, nous croyons que, dans le second cas, le créancier pourra produire pour 1.060 francs. Ce résultat semble bien avoir été voulu par le législateur (1) et il s'explique pratiquement. De grandes difficultés se présenteraient si l'on pouvait ainsi analyser les éléments du capital de la créance, pour appliquer, le cas échéant, l'article 445, C. com.

Ne faudrait-il pas, toutefois, distinguer suivant qu'on se trouverait en présence du créancier primitif ou d'un tiers cessionnaire qui ignore cette décomposition du capital de la créance ? On a toujours admis les banquiers qui avaient escompté des effets de commerce au failli, à se présenter pour le capital nominal de ses effets, quand

---

1893 (1re espèce, D. 1893. 1. 537 ; *Pand. fr.*, 1894. 1. 22. Angers, 28 mai 1894, S. et *J. Pal.*, 1896. 2. 245.

(1) On a rejeté en 1838 un amendement ayant pour but de réduire la créance dans ce cas.

même l'échéance n'en serait pas encore arrivée lors de la déclaration de faillite, et, cependant, les banquiers n'ont pas remis ce capital en entier, ils ont fait subir une déduction au montant de l'effet
de commerce et l'intérêt à courir jusqu'à l'échéance a été un élément
important de cette déduction. Le plus souvent l'avantage pour la
masse à scruter ainsi les divers éléments de la créance, ne compen-
serait pas les difficultés et les embarras qui résulteraient de cet
examen (1).

Un autre cas a été également supposé. Un individu est créancier à
raison d'une vente de marchandises payables à un terme assez éloigné (6 ou 9 mois, par exemple) ; le vendeur a promis un escompte
s'il était payé à bref délai. La faillite de l'acheteur se produit : le
vendeur produira-t-il pour le montant de sa facture ou subira-t-il la
déduction de l'escompte ? Pour cette solution, on dit que le prix stipulé ne correspond pas exclusivement à la véritable valeur des marchandises, puisque le vendeur a offert une réduction pour le cas de

---

(1) Demangeat sur Bravard, V, p. 186, note 5 ; Alauzet, VI, n° 2494 ;
Thaller et Percerou, I, n° 708 (ces auteurs n'admettent la solution adoptée
au texte que lorsque l'examen du titre ne suffit pas à reconnaître ce qui
est capital et ce qui est intérêt). Il y a là une distinction qui paraît manquer de netteté ; elle permet une appréciation quelque peu arbitraire. —
Bourges, 27 janv. 1857, D. 1857. 2. 68 ; S. 1858. 2. 695 ; *J. Pal.*, 1858. 969.
— V. cep. Rép. Dall., *h. v°.* n° 263; dans les motifs d'un jugement du tribunal de commerce de la Seine du 19 novembre 1874 (*Journ. des trib. de
comm*, 1875, p. 176), il est dit que, d'après la jurisprudence constante du
tribunal, le porteur d'un billet à ordre, comprenant tout à la fois le capital et les intérêts de ce capital calculé jusqu'au jour de l'échéance, n'est
admis au passif que pour le montant du titre, déduction faite des intérêts
non courus au jour de la faillite ; Dict. de Couder, *h. v°*, n° 280 (l'auteur
dit à tort que l'arrêt de Bourges précité s'explique par cette considération
que le billet étant passé entre les mains d'un tiers, celui-ci, qui en avait
fourni la valeur totale, ne pouvait être soumis à une réduction ; l'arrêt
met en cause simplement le bénéficiaire primitif des billets et dit qu'il a
été licite de réunir les intérêts au capital). Trib. comm. Reims, 14 nov.
1884 ; Trib. comm. Seine, 20 mars 1884, *Journal des faillites*, 1884,
p. 85 ; 1886, p. 182. — Namur, III, n° 1682 (il aurait été entendu, dans les
travaux préparatoires de la loi *belge* de 1851, qu'on distinguerait dans la
somme portée au billet ce qui correspond au capital et ce qui correspond
aux intérêts). Les travaux préparatoires de notre loi de 1838 fournissent
un argument en sens inverse. — V. la note de la page précédente.

paiement anticipé, mais aussi, en partie, à l'intérêt du capital laissé entre les mains de l'acheteur ; la fraction qui correspond à cet intérêt, ne devrait donc pas pouvoir être réclamée à cause de l'article 445.

Il faut, au contraire, admettre, selon nous, que le vendeur peut se présenter pour le montant de sa facture (1). Outre les considérations indiquées dans l'hypothèse précédente, on peut dire ici que, dans tous les cas, la réduction du prix était subordonné à une condition qui ne s'est pas réalisée (2). Cette condition consistait dans le paiement du prix fait par anticipation dans le délai fixé. Le jugement déclaratif de faillite qui rend la dette exigible ne peut pas être assimilé au paiement. Lors même qu'un dividende serait payé promptement, cela n'équivaudrait pas au paiement du prix entier. Les conditions sont indivisibles, en ce sens qu'une condition qui n'est accomplie qu'en partie, doit être, en principe, considérée comme ne s'étant pas réalisée.

270. Il peut se faire que le failli ne soit débiteur que d'intérêts ou d'arrérages. L'article 445, C. com. s'oppose-t-il à ce qu'une réclamation se produise pour des intérêts ou pour des arrérages à échoir après la faillite ? Cela ne saurait être admis. Cela reviendrait à attribuer au jugement déclaratif l'effet d'éteindre une créance, de libérer le failli d'une dette. Mais le droit reconnu au créancier d'intérêts ou d'arrérages ne va pas sans soulever, dans certains cas, des difficultés. Aussi est-il indispensable de parcourir quelques des cas qui peuvent se présenter.

a. Si le failli était débiteur d'une rente perpétuelle, la solution à donner est très simple. Le capital devient exigible (art. 1913, C. civ.) et, par suite, le crédirentier ne peut réclamer les arrérages échues depuis le jugement déclaratif.

b. Le failli avait, comme caution, garanti les intérêts d'un capital jusqu'au remboursement de celui-ci par le débiteur principal. Les intérêts à payer aux époques périodiques fixées étaient, pour le failli, un véritable capital. Ce qui est vrai du failli l'est aussi pour la masse

---

(1) Rép. Dall., v° *Faillite*, n° 264 ; Thaller et Percerou, I, n° 799.
(2) Demangeat sur Bravard, V, p. 187, en note ; Namur, III, n° 1642.

de ses créanciers. Le créancier doit se présenter pour le montant du capital, sauf à ne toucher que les intérêts du dividende jusqu'au paiement par le débiteur principal ; le dividende qui aura dû être placé pour produire les intérêts, sera alors attribué à la masse de la faillite (1) ;

c. La question n'est pas aussi simple quand le failli est débiteur d'une rente viagère (2). Il faut tenir compte de l'article 1978, C. civ., ainsi conçu : *Le seul défaut de paiement des arrérages n'autorise point celui en faveur de qui elle est constituée à demander le remboursement du capital, ou à rentrer dans le fonds par lui aliéné ; il n'a que le droit de saisir ou de faire vendre les biens de son débiteur, et de faire ordonner ou de consentir, sur le produit de la vente, l'emploi d'une somme suffisante pour le service des arrérages.* Le capital correspondant aux arrérages n'est pas aisé à déterminer. Des systèmes divers ont été proposés. On a soutenu que le crédirentier doit être colloqué pour le capital qui, placé au taux légal, produira des intérêts égaux aux arrérages de la rente viagère. Le capital soumis naturellement à la loi du divi-

---

(1) Cette solution équitable est donnée par un arrêt de Bruxelles du 26 mai 1841 (Rép. Dall., vº *Faillite*, nº 262) : « Si, par application du principe qui veut que le sort de tout créancier soit définitivement fixé au moment de la faillite, on a généralement admis en pratique que les intérêts de tous capitaux cessent de courir au moment de son ouverture, la position du cautionné dans l'espèce ne sera pas plus favorable que celle des autres créanciers, puisque lui aussi perd les intérêts à compter du jour de la faillite jusqu'à celui de la distribution des deniers, auquel jour seulement la somme représentative de son capital sera placée à intérêts à son profit. » Il faut remarquer que la Cour de Bruxelles statuait sous l'empire du Code de 1807. Cf. Alauzet, VI, nº 2493.

(2) Le débiteur peut être un individu ou une société, par exemple une compagnie d'assurances sur la vie. La question s'est présentée à propos de la faillite de la société d'assurances sur la vie le *Crédit viager*. V. Jugement du tribunal de commerce de la Seine, 1ᵉʳ septembre 1886, *la Loi*, nº du 15 septembre 1886. Le tribunal a admis que le capital devait être reconstitué d'après les tables de la société en faillite et non d'après celles d'une autre compagnie. Ne serait-il pas plus juridique et plus conforme à l'esprit de l'article 1978, C. civ. de reconstituer le capital d'après les tarifs de la société qui serait chargée de servir les arrérages, à la place de la société qui a fait faillite? *Rép. gén. du Droit français*, vº, *Faillite*, nº 1068.

dende serait placé, pour que les intérêts en soient servis, à titre d'arrérages, au crédirentier. Au décès de celui-ci, le capital devenu en quelque sorte libre ferait retour à la masse de la faillite (1).

Rien assurément ne s'oppose à ce qu'on ait recours à ce procédé ; mais il n'est pas obligatoire. Si les syndics y trouvent plus d'avantages pour la masse des créanciers (2), on peut n'admettre le crédirentier à la faillite que pour la somme qui, placée à fonds perdus, d'après l'âge de la personne sur la tête de laquelle la rente viagère repose, suffit pour procurer des arrérages égaux à ceux dont le failli devait le service au crédirentier (3).

On a soutenu un système tout différent, en prétendant que le capital dont le placement est suffisant pour produire des arrérages égaux à ceux de la rente viagère, doit, après avoir subi la loi du dividende, être remis au crédirentier (4). Mais on transforme ainsi le droit de celui-ci et on ne tient pas compte de l'article 1978, C. civ , qui, dans un cas analogue, celui du défaut de paiement des arrérages d'une rente viagère, n'admet que l'emploi du capital nécessaire au paiement des arrérages (5).

271. Ce n'est qu'*à l'égard de la masse* que les intérêts cessent de courir ; quant au failli, il n'est pas déchargé, à partir du juge-

---

(1) P. Pont, *Traité des petits contrats*, n°ˢ 756, 757 et 761 ; Boistel, n° 936.

(2) L'avantage est que, pour le présent, la somme disponible au profit des créanciers est plus considérable : l'inconvénient est que la somme ainsi allouée est définitivement perdue pour la masse.

(3) Trib. comm. Seine, 1ᵉʳ sept. 1886, *la Loi*, n° du 15 sept. 1886 ; Trib. comm. Seine, 25 février 1903, *Journal des faillites*, 1903, p. 172. — *Supplément au Répertoire de jurisprudence de Dalloz*, v⁰ *Faillite*, p. 365, note 1 ; Thaller, *Des droits des crédirentiers dans la faillite du débiteur* (*Annales de Droit commercial*, 1902, page 198 et suiv.). Cpr. art. 522, C. *suisse* des obligations.

(4) Demangeat sur Bravard, V, p. 188 et 189, en note ; Dict. de Couder, v⁰ *Faillite*, n° 282 ; Thaller et Percerou, I, n° 790.

(5) V., sur les motifs pour lesquels la question relative aux droits du crédirentier dans la faillite du débiteur d'une rente viagère se présente rarement et sur les cas où elle peut s'élever. Thaller et Percerou, I, n°ˢ 781 à 784.

ment déclaratif, des intérêts à échoir de ses dettes. L'ancien article 604, C. com., appliquait cette idée, en exigeant que le failli, pour obtenir sa réhabilitation, eut intégralement acquitté toutes les sommes par lui dues en principal, *intérêts* et frais. L'article 604, C. com., modifié par la loi du 30 décembre 1903, l'applique aussi, mais avec un tempérament ; les intérêts ne peuvent être réclamés pour plus de cinq ans.

Il résulte de ce que le cours des intérêts ne cesse *à l'égard de la masse seulement*, que, si, par hasard, il restait des fonds en caisse après que tous les créanciers ont reçu le capital de leur créance, les syndics devraient les appliquer au paiement des intérêts échus depuis la faillite (1). Enfin, l'union étant dissoute, le failli peut toujours être poursuivi pour ce qu'il doit en intérêts courus depuis le jugement déclaratif comme pour ce qu'il doit en capital (2).

272. Il est presque inutile de faire remarquer que, si la dette du failli est garantie par une caution ou si le failli a des codébiteurs solidaires, les intérêts continuent de courir à la charge de la caution ou des codébiteurs du failli. En principe, les effets du jugement déclaratif sont personnels au failli. V. analog. n°s 263 et 264.

273.. Pour les dettes qui, avant le jugement déclaratif, ne produisaient ni intérêts conventionnels, ni intérêts moratoires, une difficulté spéciale s'élève. Il n'est pas douteux que ces dettes peuvent devenir productives d'intérêts moratoires, mais, en vertu de l'arti-

---

(1) Trib. comm. Seine, 30 oct. 1888, *Journal des faillites*. 1888. 317. V. Paris, 11 mai 1911, D. 1912. 1. 115.

Dans une opinion. les syndics ne peuvent rester en fonctions une fois que les dettes. sont intégralement payées ; s'il reste un excédent, ce n'est pas à eux qu'il appartient de l'employer à payer les intérêts, mais au commerçant rentré en possession de l'excédent. V. note de M. Labbé, S. et *J. Pal.*, 1894. 1. 113 : Thaller, *Traité élément. de Droit commercial* (4e édit.), n° 1911 ; Thaller et Percerou, I, n° 806. Cette doctrine présente un grand danger pour les créanciers. Avec elles ils ont à craindre que le failli mis en possession des sommes qui correspondent aux intérêts, ne les dissipe.

(2) Paris, 1er déc. 1892, S. et *J. Pal.*. 1894. 2. 138 ; D. 1894. 2. 109 ; Cass. 17 janv. 1893, S. et *J. Pal.*, 1894. 1. 113 (note de M. Labbé) ; D. 1893. 1. 537 ; *Pand. fr.*, 1894. 1. 22.

cle 445, 1er alin., C. com., ces intérêts ne peuvent, pas plus que des intérêts conventionnels, courir à l'égard de la masse. Seulement, il faut déterminer à partir de quel moment ces intérêts courent à l'égard du failli. Selon l'article 1153 C. civ., modifié par la loi du 7 avril 1900, les intérêts moratoires ne courent, en principe, qu'à partir de la sommation de payer. Une demande en justice qui, avant la loi du 7 avril 1900, était, en principe, nécessaire pour faire courir les intérêts moratoiress (anc. art. 1153, C. civ.), n'est plus indispensable, mais a toujours cet effet par *a fortiori* (1). Comment peut-on appliquer cette règle en cas de faillite du débiteur ? La question est embarrassante et des solutions diverses lui ont été données.

Il faut, a-t-on dit, à défaut de dérogation, appliquer, même en cas de faillite, la règle du droit commun. Le créancier qui désire faire courir à son profit des intérêts moratoires, doit donc faire sommation au failli (2). Rien ne met obstacle à ce que la sommation soit signifiée au failli lui-même : car elle ne concerne en rien la masse des créanciers, par cela même que les intérêts ne peuvent pas courir à l'égard de celle-ci, en vertu de l'article 445, C. com.

Suivant une autre opinion, il ne serait pas besoin d'une sommation spéciale pour faire courir les intérêts moratoires (3). Mais le jugement déclaratif aurait cet effet pour toutes les dettes du failli, parce que la suspension du droit de poursuites individuelles empêche les créanciers d'actionner le failli. Tout acte spécial fait dans ce but serait frustratoire.

Aucune de ces deux opinions ne doit être adoptée. Tout créancier qui veut être payé dans la faillite doit produire son titre dans

---

(1) Cette règle s'applique-t-elle aux dettes commerciales comme aux dettes civiles? Sur ce point, il y a quelque doute. — V. *Traité de Droit commercial*, III, n° 32

(2) Demangeat sur Bravard, V, p. 186, note 3. Cet auteur parle de demande en justice formée contre le failli, non de sommation de payer à lui faite, parce qu'il écrivait avant la loi du 7 avril 1900: sous l'empire de l'ancien article 1153 du Code civil.

(3) Douai, 12 mars 1875, D. 1875. 2. 89; S. 1875. 2. 165; *J. Pal.*, 1875. 686; *Pand. fr. chr.*; Douai, 26 déc. 1877, D. 1878. 2. 38; S. 1878. 2. 56; *J. Pal.*, 1878. 237; *Pand. fr. chr.*

les formes déterminées par la loi (art. 491 et 492, C. com.). Cette production interpelle en quelque sorte le syndic qui peut former un *contredit*, c'est-à-dire nier l'existence de la dette, ainsi que le failli et chaque créancier (art. 494, C com.) ; elle équivaut ainsi à une demande en justice (1). La date de la production est connue pour chaque créancier par le récépissé que doit donner le syndic des titres qui lui sont remis (art. 491 et 492, C. com.) (2).

On a parfois soutenu que les intérêts moratoires ne doivent courir qu'à partir du jour où la créance a été vérifiée et affirmée (art. 493 et suiv., C. com.). Mais une telle solution, outre qu'elle retarderait sans motif le point de départ du cours des intérêts, ne correspondrait en rien à la règle de l'article 1153, C. civ. C'est la production qui équivaut à une demande en justice. Quant à la vérification et à l'affirmation, elles correspondent à un jugement ; c'est à cela qu'on fait allusion, en disant qu'elles forment un contrat judiciaire entre le failli ou la masse des créanciers et le créancier vérifié et affirmé. V. nos 539 et suiv.

(1) L'idée générale selon laquelle la production à la faillite équivaut à une demande en justice, est généralement admise et on y rattache des conséquences diverses. Ainsi, on reconnaît que, pour produire à une faillite, un créancier doit avoir la capacité d'ester en justice comme demandeur : Trib. comm. Lille, 4 mars 1902, *Journal des faillites*, 1902, page 379. Dans l'espèce, il s'agissait d'un créancier pourvu d'un conseil judiciaire. Le tribunal décide que, pour produire à la faillite de son débiteur, il devait être assisté de son conseil (art. 499 et 513 C. civ.).

(2) Cass. 17 janv. 1893, S. et *J. Pal.*, 1894. 1. 113 note de M. Labbé ; D. 1893. 1. 537 (note de M. Boistel) ; *Pand. fr.*, 1894. 1. 22 ; Paris, 12 novembre 1896, *Journal des faillites*, 1897, page 199 ; Trib. comm. Albi, 4 mai 1900, *Journal des faillites*, 1900, p. 283. Ces décisions ont été rendues sous l'empire de l'ancien article 1153, C. civ., qui ne faisait courir, en principe, les intérêts moratoires que du jour de la demande en justice. Elles conservent leur autorité depuis que, d'après la modification apportée à l'article 1153, C. civ., par la loi du 7 avril 1900, la sommation de payer suffit. Comme nous le disons au texte (n° 273), c'est par *a fortiori* que la demande en justice fait courir les intérêts moratoires. V., en notre sens. Thaller, *Traité élémentaire de Droit commercial* (4e édit.), n° 1911 ; Thaller et Percerou, I. n° 804. — Ces intérêts ne peuvent être atteints par la prescription quinquennale de l'article 2277, C. civ., tant que durent les opérations de la faillite : Paris, 1er déc. 1892, S. et *J. Pal.*, 1894. 2. 138 ; D. 1894. 2. 109.

273 *bis. Capitalisation des intérêts. Anatorisme.* Les intérêts moratoires, quand ils sont dûs pour une année, peuvent être eux-mêmes productifs d'intérêts. Les intérêts des intérêts courent, d'après l'article 1154, C. civ., à partir de la convention ou de la demande en justice. Une nouvelle production serait, en cas de faillite du débiteur, nécessaire pour les faire courir (1). La production équivaut à une demande en justice, et, même depuis la loi du 7 avril 1900, une demande en justice est demeurée nécessaire pour qu'il y ait anatocisme (2).

274. L'article 445, alin. 1er, en posant la règle de la suspension du cours des intérêts, l'applique à *toute créance non garantie par un privilège, par un nantissement ou par une hypothèque,* et l'alinéa 2 ajoute : *les intérêts des créances garanties ne pourront être réclamés que sur les sommes provenant des biens affectés au privilège, à l'hypothèque ou au nantissement.* Les créanciers privilégiés, hypothécaires ou nantis, ne doivent pas subir l'effet de la faillite en ce qui touche le bien affecté à leur créance ; cette sécurité leur a été donnée par la loi ou a été stipulée par eux précisément en vue du cas où le débiteur ferait de mauvaires affaires. Ils peuvent donc se faire payer sur ce bien le capital et les intérêts de leur créance, que ces intérêts aient couru avant ou même depuis la déclaration de faillite (3). Mais il va de soi que ce droit n'existe, pour les créanciers hypothécaires et privilégiés, qu'autant qu'ils ont conservé leur droit aux intérêts conformément à l'article 2151, C. civ. ou à l'article 13 de la loi du 10 juillet 1885 (selon qu'il s'agit soit d'une hypothèque ou d'un privilège immobilier soit d'une hypothèque mari-

(1) MM. Thaller et Percerou, I, n° 804 *bis.* note 1 de la page 790, estiment qu'une production ne suffit pas pour que la capitalisation des intérêts aient lieu, qu'une demande en justice formée contre le failli est nécessaire. Ils disent que le syndic ne peut recevoir la production, parce qu'il ne représente pas quant aux intérêts le failli.

(2) Il y a là un point discutable. V. *Traité de Droit commercial,* II, n° 33 ; IV, n° 696 et note 4 de la page 327. Planiol, *Traité élémentaire de Droit civil,* II, n° 2101.

(3) Cass. 24 fév. 1852, D. 1852. 1. 46 ; S. 1852. 1. 174 ; *J. Pal.,* 1854. 1. 39 ; Poitiers, 30 janv. 1878. D. 1878. 2. 70 ; S. 1878. 2. 176 ; *J. Pal.,* 1878. 730. — Cf. Demangeat sur Bravard, V. 189, notes.

time) qui s'appliquent aussi bien quand il y a que lorsqu'il n'y a pas faillite du débiteur (1).

Les créanciers privilégiés ou hypothécaires peuvent même, si la créance échue au moment de la déclaration de faillite ne produisait pas intérêt, faire courir à l'égard de la masse les intérêts moratoires conformément à l'article 1153, C. civ. (2).

275. La disposition de l'article 445, C. com.. relative aux créances garanties, est loin d'être claire. Il est, au moins, un cas où elle donne naissance à une sérieuse difficulté.

Celle-ci s'élève, quand il s'agit d'un créancier privilégié ou hypothécaire. Pour plus de simplicité, il sera supposé qu'il s'agit d'une hypothèque, ce qui, du reste, est le cas le plus fréquent. Les solutions adoptées sont applicables anx créanciers privilégiés.

Trois hypothèses différentes peuvent se présenter pour un créancier hypothécaire quand son débiteur est en faillite :

a. Le créancier n'est pas colloqué en rang utile sur le bien hypothéqué. Il est alors considéré comme créancier chirographaire (art. 556, C. com.) et ne peut, par suite, réclamer des intérêts pour le temps postérieur au jugement déclaratif (art. 445, C. com.) ;

b. Le créancier vient en ordre utile. Il se fait colloquer sur le bien hypothéqué pour le capital de sa créance, pour les intérêts échus avant le jugement déclaratif, même pour les intérêts échus depuis en vertu de l'article 445, C. com. ;

c. Le rang du créancier sur le bien hypothéqué ne lui permet pas de se faire payer intégralement du capital et des intérêts échus avant et depuis le jugement déclaratif. Ce qu'il reçoit ainsi doit-il

---

(1) Cass. 24 fév. 1852, S. 1852. 1. 174 ; *J. Pal.*, 1854. 1. 39 ; D. 1852. 1. 46 ; Poitiers. 30 janv. 1878, S. 1878. 2. 176 ; *J. Pal.*, 1878. 730 ; D. 1878. 2. 70 ; 7 déc. 1885, S. 1886. 2. 81 ; *J. Pal.*, 1886. 1. 459 ; D. 1887. 2. 80. Une difficulté, qui sera examinée plus loin (n° 292), s'élève sur le point de savoir si, même après le jugement déclaratif de faillite, un créancier hypothécaire ou privilégié peut, malgré la disposition de l'article 448, 1er alin., C. com. prendre des inscriptions pour les intérêts qui lui sont dûs en sus des années d'intérêts garanties au même rang que le capital en vertu de l'article 2151. C. civ. et de l'article 13 de la loi du 10 juillet 1885.

(2) Cass. 2 avr. 1833, S. 1833. 1. 378. Cf. Cass. 27 mai 1879, S. 1881. 1. 470.

être imputé d'abord sur les intérêts et subsidiairement sur le capital sauf à lui à produire à la faillite pour la portion non payée du capital, ou bien l'imputation doit-elle être faite sur le capital, sauf au créancier à se présenter à la faillite pour le capital non payé sur le prix du bien grevé ? Un exemple peut servir à faire saisir l'importance de cette question. Une somme de 2.000 francs est attribuée sur le bien hypothéqué au créancier à qui il est dû 42.000 francs pour capital et intérêts. En décomposant cette somme, on trouve que 40.000 francs représentent le capital et les intérêts ayant couru jusqu'à la déclaration de faillite et que 2.000 francs représentent les intérêts qui ont couru depuis cette déclaration jusqu'au règlement de l'ordre. Pour quelle somme le créancier hypothécaire sera-t-il admis à figurer dans la masse chirographaire ? Est-ce pour 40.000 fr. à raison de ce que les 2.000 francs touchés sur le prix du bien hypothéqué doivent s'imputer sur les intérêts ou pour 38.000 francs seulement, à raison de l'imputation des 2.000 francs sur le capital de la créance ?

On soutient que l'imputation doit se faire sur les intérêts (1). En ce sens on a invoqué l'article 1254, C. civ., selon lequel *le paiement fait sur capital et intérêts, mais qui n'est point intégral, s'impute d'abord sur les intérêts*.

Selon nous, au contraire, l'imputation doit être faite sur le capital. L'article 445, C. com., déroge implicitement mais très nettement à l'article 1254, C. civ. Il ne permet pas que l'actif de la faillite serve directement ou indirectement à acquitter des intérêts ayant

<hr/>

(1) Telle est actuellement la jurisprudence de la Chambre civile de la Cour de cassation qui est contraire à celle de la Chambre des requêtes (note 1 de la page suivante) : Cass 26 déc. 1871, D. 1873. 1. 145 ; S. 1872. 1. 49 ; *J. Pal.*, 1872. 113 (note de M. Labbé dans le sens de l'arrêt) ; Cass. 12 juill. 1876, D. 1877. 1. 305 ; S. 1878. 1. 68 ; *J. Pal.*, 1878. 144 (arrêt rendu après délibération en la Chambre du conseil et contrairement aux conclusions de M. l'avocat général Bédarride) ; Poitiers. 30 janv. 1878, D. 1878. 2. 70 ; S. 1878. 2. 176 ; *J. Pal.*, 1878. 730 ; Aix, 10 mai 1884, *Journal des faillites*. 1884, p. 70 ; Cass. 13 juill. 1896, S. et *J. Pal.*, 1896. 1. 395 ; D. 1897. 1. 151 ; *Pand. fr.*, 1899. 1. 145 ; Rennes, 24 mai 1898, D. 1899. 2. 31 (arrêt rendu sur renvoi de l'arrêt précédent). Boistel, n° 937 ; Thaller. *Traité élémentaire de Droit commercial*, n° 2008 ; Thaller et Percerou, I, n° 807.

couru depuis le jugement déclaratif ; c'est, cependant, ce qui arrive
dans l'opinion que nous combattons. « Si le prix des biens est
employé à payer, en première ligne, les intérêts des créances garanties par privilège ou par hypothèque, courus depuis le jugement de
déclaration de faillite, et que le restant du prix soit insuffisant pour
acquitter le capital, le créancier viendra en concours, pour le reliquat de ce capital, avec la masse des créanciers, et les intérêts courus depuis la déclaration de faillite serviront à faire participer à la
contribution dans la masse le créancier privilégié ou hypothécaire
pour une somme égale au montant desdits intérêts, puisque, si l'attribution avait eu lieu d'abord sur le capital, la différence dans le
reliquat serait moindre d'une somme égale à celle à laquelle s'élè-
veraient les intérêts (1) ». Ajoutons qu'avec le système contraire, la
règle de l'article 445 devient extrêmement préjudiciable à la masse.
Le créancier hypothécaire, dans notre espèce, profite de ce que les
créanciers chirographaires ne peuvent ajouter à leur capital des
intérêts ayant couru depuis le jugement déclaratif. N'est-ce pas
aller directement contre l'esprit manifeste de la loi que de retour-
ner contre la masse une disposition qui a été édictée à son profit (2) ?

275 bis. DROIT ÉTRANGER. — On trouve dans la plupart des lois
étrangères une disposition semblable à celle de l'article 445. C. com.
qui admet que le jugement déclaratif arrête, à l'égard de la masse, le
cours des intérêts pour les dettes du failli, à moins qu'elles ne soient

---

(1) Ch. req. 17 nov. 1862, D. 1863. 1. 305 ; S. 1863. 1. 205 ; *J. Pal.*, 1863.
663. V. la note suivante.

(2) M. Boistel (n° 937), qui enseigne l'opinion contraire, nous paraît faire
une concession imprudente, en disant que *la lettre de l'article 445 est respectée.* — *Dans notre sens*, V., outre l'arrêt cité à la note précédente, Bordeaux, 1er déc. 1874, D. 1876. 2. 235 ; Gand, 29 mai 1879, *Pasicrisie belge*
1879. 2. 316, Rouen, 6 fév. 1882, *Journal des faillites*, 1882, p. 605 (cet
arrêt va trop loin, en semblant dire que l'article 1254, C. civ., est écarté
même au regard du failli, puisque celui-ci ne peut invoquer la cessation
du cours des intérêts) ; Caen, 2 janv. 1893, D. 1897. 1. 150 (arrêt cassé le
13 juillet 1896). — Alauzet, VI, n° 2492 ; Bravard et Demangeat, V, p. 190,
en note.

garanties par une sûreté réelle. V. Code. de commerce *italien*, art. 700 ; *roumain*, art. 714 ; *espagnol*, art. 884 ; *belge*, art. 451 ; Loi *allemande*, art. 48, 62-3°, 63-1° (1) ; Loi *suisse*, art. 209 ; Loi *brésilienne*, art. 27. Toutefois, la loi *autrichienne* (art. 17) n'admet pas l'arrêt du cours des intérêts. Cette solution est injuste par cela même que cette loi ne fait pas courir les intérêts à partir de la déclaration de faillite pour les créances qui n'en étaient pas productives antérieurement ; l'égalité n'est pas de cette façon établie entre les divers créanciers.

La question spéciale qui se présente lorsque le créancier jouissant d'une garantie réelle n'obtient sur le bien affecté à sa dette qu'une partie de ce qui lui est dû (n° 275), n'a été résolue expressément que par un petit nombre de lois. Les Codes de commerce *italien* (art. 700, 2e alin.) et *roumain* (art. 714, 2e alin.) décident que, pour le reliquat pour lequel le créancier se présente dans la masse chirographaire, il n'est pas tenu compte des intérêts courus depuis le jugement déclaratif de faillite. C'est la solution conforme à notre interprétation de l'article 445 de notre Code de Commerce (2) (n° 275).

§ 5. — *Hypothèque de la masse des créanciers* (3)

276. Après avoir indiqué différents actes conservatoires que doivent faire les syndics, l'article 490, alin. 3, ajoute : *Ils sont tenus aussi de prendre inscription, au nom de la masse des créanciers, sur les immeubles du failli dont ils connaîtront l'existence. L'inscription sera reçue sur un simple bordereau énonçant qu'il y a faillite et relatant la date du jugement par lequel ils auront été nommés.* Cette disposition, qui ne fait que reproduire l'ancien arti-

---

(1) Il y a, d'après la loi *allemande* (art. 226 et 227), des règles spéciales pour les intérêts des dettes en cas de faillite d'une succession. (*Nachlasskonkurs*).

(2) La jurisprudence *allemande* est en sens opposé. — V. Kohler, *Lehrbuch des Konkursrechts*, p. 326 et 327.

(3) Chateau, *L'hypothèque légale de la masse dans la faillite et la liquidation judiciaire* (*Thèse de Doctorat*, Paris, 1899). ·

cle 500 du Code de 1807, a soulevé d'assez grandes difficultés. Quelle est la nature de cette inscription ? A quoi tend-elle ? Sous l'empire du Code de 1807, il était généralement admis que cette inscription n'avait aucun effet légal, puisqu'elle ne correspondait pas à une hypothèque établie au profit de la masse. « Rien ne prouve, disait la Cour de cassation, que l'article 500 ait nécessairement attaché à cette inscription la vertu, non de conserver une hypothèque qui n'existait pas, mais de la créer hors des cas qui, dans le droit commun, peuvent la faire acquérir ». Quelle avait pu être l'intention du législateur en ordonnant cette inscription, s'il ne s'agissait pas d'une hypothèque ? Peut-être voulait-il édicter une mesure spéciale de publicité de nature à porter la faillite à la connaissance des tiers qui traiteraient relativement aux immeubles et à avertir les syndics des expropriations qui seraient poursuivies contre le failli (1). Dans tous les cas, « sans qu'il soit besoin de rechercher quelle a été l'in-« tention des rédacteurs du Code de commerce en exigeant des syn-« dics la formalité de cette inscription, ajoutait la Cour de Cassa-« tion, il suffit qu'elle soit, par elle-même, insuffisante pour créer « une hypothèque au profit de créanciers purement chirographai-« res, pour que la disposition de l'arrêt attaqué, qui a refusé de lui « reconnaître cet effet, soit à l'abri de la cassation (2) ». Il n'y a pas d'intérêt à discuter aujourd'hui le mérite de cette interprétation de l'ancien article 500. Bien que l'article 490, C. com., se soit borné à en reproduire les termes, il n'est pas douteux, à notre avis, qu'une autre solution doive être donnée depuis la loi de 1838 et qu'une véritable hypothèque doive être reconnue à la masse. Ce qu'il peut y avoir d'équivoque dans ce texte, qui parle d'une inscription, sans mentionner le droit que cette inscription a pour but de conserver, disparaît par suite de l'article 517, C. com., d'après lequel *l'homo-logation* (du concordat) *conservera à chacun des créanciers, sur les immeubles du failli, l'hypothèque inscrite en vertu du troi-sième paragraphe de l'article* 490. On peut critiquer la manière dont le législateur s'est exprimé dans l'article 490, mais on ne peut,

(1) Locré, *Esprit du Code de commerce*, sur l'article 500.
(2) Ch. req. 22 juin 1841, S. 1841. 1. 723 ; *J. Pal.*, 1841. 2. 339.

selon nous, sérieusement contester qu'il ait voulu conférer à la masse
une véritable hypothèque, puisque l'article 517, C. com., le dit en
propres termes. Le jugement d'homologation du concordat ne donne
pas naissance à une hypothèque, ainsi qu'on l'a soutenu en ne tenant
aucun compte du texte (1), il *conserve* l'hypothèque qui existait
déjà et qui a dû être inscrite conformément à l'article 490. Aussi la
jurisprudence et la doctrine s'accordent-elles aujourd'hui pour reconnaître une véritable hypothèque à la masse de la faillite (2). Cette
interprétation est, du reste, confirmée par la loi du 4 mars 1889 sur
la liquidation judiciaire ; l'article 4 de cette loi dispose que les liquidateurs provisoires sont tenus dans les 24 heures de leur nomination *de requérir les inscriptions d'hypothèques mentionnées en l'article* 490, *C. com.* Ces expressions impliquent que deux classes
d'hypothèques sont visées dans l'article 490, C. com. : les hypothèques qui existent sur les immeubles des débiteurs du failli et
l'hypothèque de la masse des créanciers sur les immeubles du failli
lui-même.

Il y a entre l'hypothèque de l'article 490, C. com., et le *pignus
prætorium* qui résultait, en Droit romain, de la *missio in possessionem* des créanciers une certaine analogie (3).

276 *bis.* Le syndic doit faire procéder à l'inscription de l'hypothèque le plus tôt possible. Le Code de commerce ne fixe en cas de

---

(1) Bédarride, II, nᵒˢ 416 et 599 ; il ne réussit pas à expliquer pourquoi
cette hypothèque, qui, suivant lui, ne peut naître que du jugement d'homologation, a été rattachée à l'inscription prise par les syndics aussitôt après
le jugement déclaratif. Pardessus, III, nᵒ 1168, n'admet pas non plus l'existence d'une hypothèque au profit de la masse ; aj. Pont, *Priv. et hypoth.*,
II, nᵒ 904.

(2) Ch. req., 29 déc. 1858, D. 1859. 1. 102 ; S. 1859. 1. 200 ; *J. Pal.*, 1860.
861 ; Besançon, 16 avr. 1862, D. 1862. 2. 85 ; S. 1862. 2. 283 ; *J. Pal.*, 1862.
885 ; Cass. 5 août 1869, D. 1870. 1. 161 ; S. 1869. 1. 393 ; *J. Pal.*, 1869.
1041 ; Paris, 6 mai 1881, *la Loi* du 29 mai 1881. — Aubry et Rau, 5ᵉ éd.,
III, § 264, note 11, p. 350 ; Alauzet, VI, nᵒ 2603 ; Renouard, I. p. 523 ; Laurin, nᵒ 992 ; Baudry-Lacantinerie et de Loynes, *Privilèges et hypothèques*,
II, nᵒ 967 ; Guillouard, *Traité des privilèges et hypothèques*, II, nᵒ 687.
V. cep. Paris, 22 juin 1850, D. 1852. 2. 213 ; Amiens, 26 mars 1860,
D. 1862. 1. 127 ; S. 1860. 2. 124 ; *J. Pal.*, 1860. 865.

(3) Garraud, *De la déconfiture*, p. 21. — V. sur le droit des créanciers
envoyés en possession, Kohler, *op. cit.*, § 25, p. 107 et suiv.

faillite aucun délai. Au contraire, la loi du 4 mars 1889 qui admet
aussi l'hypothèque de la masse en cas de liquidation judiciaire (art. 4),
prescrit, au liquidateur de requérir les inscriptions dans les vingt-
quatre heures de sa nomination ; il y a là une différence qu'on ne
peut expliquer.

277. Quelle est la nature de cette hypothèque ? D'après l'article 2116, C. civ., l'hypothèque est ou *légale*, ou *judiciaire*, ou *conventionnelle*. Il ne peut être question ici d'hypothèque conventionnelle, aucune convention n'intervenant entre le failli et la masse de
ses créanciers ; mais les opinions se sont partagées sur le point de
savoir si l'hypothèque de la masse est légale ou judiciaire. C'est une
véritable confusion de mots qui a fait dire qu'il y a ici une hypothèque *judiciaire*, parce que cette hypothèque naît du *jugement* déclaratif de faillite (1). Ce n'est pas, en effet, tout jugement qui produit
une hypothèque, c'est tout *jugement de condamnation* (2), et le
jugement déclaratif ne rentre nullement dans ces termes de l'article 2123, C. civ. Il faut donc reconnaître ici une hypothèque légale ;
la déclaration de faillite est le fait d'où la *loi* fait résulter l'hypothèque (3).

278. Est-ce simplement une question de terminologie qui vient
d'être examinée et n'y a-t-il aucun intérêt pratique à savoir si l'hypothèque de la masse est légale ou judiciaire ? On l'a prétendu (4).
Cela n'est pas, selon nous, exact. Si l'hypothèque est judiciaire

---

(1) Dijon, 5 août 1862. D. 1862. 2. 149 ; S. 1862. 2. 544 ; *J. Pal.*, 1863. 87
(l'arrêt dit que c'est nécessairement une hypothèque judiciaire, puisqu'elle
est prise par suite du jugement qui a déclaré la faillite) : Paris, 27 mai
1865. D. 1865. 2. 174 ; S. 1865. 2. 227 ; Cass 5 août 1869 (motifs), S. 1869.
1. 393 ; D. 1870. 1. 161. — Alauzet, VI, n° 2603.

(2) Valette, *De l'hypothèque judiciaire (Mélanges de droit, de jurisprudence et de législation* (publiés par Herold et Ch. Lyon-Caen, I, p. 378 et
suiv.).

(3) Aubry et Rau (5e édit.), § 264, note 12, p. 351 ; Guillouard, *Traité des
privilèges et hypothèques*, II, n° 688 ; Bravard, V., p. 309, conteste l'existence d'une hypothèque, mais il admet que, s'il y a une hypothèque, ce ne
peut être qu'une hypothèque légale.

(4) Boistel, n° 914 (2e édit.) ; Rép. Dall., v° *Faillite*, n° 494 ; Thaller,
Traité élémentaire de Droit commercial, prge 954, note 1 (le savant auteur
qualifie dit que la question est d'ordre spéculatif).

elle s'étend sur tous les immeubles présents et à venir du débiteur, acquis même après que la faillite a pris fin (puisqu'alors on ne peut appliquer que l'article 2123, alin. 2, C. civ.). En outre, une seule inscription suffit pour frapper d'hypothèque tous les immeubles du failli compris dans l'arrondissement d'un bureau de conservation des hypothèques (C. civ., art. 2148, dern. alin.). Si l'hypothèque est légale, la question de savoir quels immeubles sont grevés et comment sera prise l'inscription n'est pas aussi simple. La règle de l'article 2122, C. civ. d'après laquelle le créancier qui a une hypothèque légale peut exercer son droit sur tous les immeubles présents et à venir de son débiteur, ne concerne que les créanciers mentionnés dans l'article 2121, C. civ. ; toute hypothèque légale ne confère pas, par elle-même, cet avantage. V. par ex , art. 1017, C. civ., pour l'hypothèque légale des légataires. De même, la disposition finale de l'article 2148, dern. alin., C. civ , selon laquelle l'indication de l'espèce et de la situation des biens sur lesquels le créancier entend conserver son hypothèque n'est pas nécessaire dans le cas des hypothèques légales ou judiciaires et une seule inscription, pour ces hypothèques, frappe tous les immeubles compris dans l'arrondissement du bureau, ne concerne que les hypothèques légales des incapables (1).

Que faut-il décider pour l'hypothèque de la masse? On peut hésiter. Selon nous, l'hypothèque grève les immeubles qu'a le failli lors du jugement déclaratif et ceux qu'il peut acquérir au cours de la faillite, c'est-à-dire jusqu'au concordat ou jusqu'à la dissolution de l'union (2); en outre, une inscription spéciale est nécessaire sur

(1) Cependant, M. Thaller (*Traité élémentaire de Droit commercial.* page 954, note 1), dit : « Que l'hypothèque soit légale ou judiciaire, le bordereau d'inscription n'a pas à spécialiser les immeubles sur lesquels elle porte.

(2) Les immeubles acquis après la clôture de la faillite ne sont pas grevés de l'hypothèque de l'article 490, C. com.: Caen, 10 juill. 1886, *Journal des faillites*, 1886. 430. V. Aubry et Rau (5e édit.), III, § 264, nos 14 et 15, p. 352 et 353. — V., en sens contraire, Dijon, 5 août 1862, S. 1862. 2. 544 ; Paris, 27 mai 1865, S. 1865. 2. 227.

Par cela même que le jugement de clôture pour insuffisance d'actif ne met pas fin de la faillite, les immeubles que le failli peut acquérir après ce jugement, sont grevés de l'hypothèque de la masse.

chaque immeuble. D'une part, cela semble plus conforme au texte même de l'article 490, alin. 3 (*sur les immeubles dont ils connaîtraient l'existence*) ; d'autre part, le principe de notre régime hypothécaire est la spécialité des inscriptions ; il convient d'y revenir, à moins d'une dérogation expresse (1).

Il va de soi que les seuls immeubles sur lesquels peut être prise l'inscription sont ceux qui se trouvent dans le patrimoine du failli. L'inscription peut donc avoir lieu même sur les immeubles du failli qui ont été l'objet d'une aliénation, si cette aliénation n'a pas été transcrite (art. 6, L. 23 mars 1885) (2). V. n° 299.

279. L'hypothèque de l'article 490, C. com., qu'on la considère comme légale ou comme judiciaire, ne porte pas sur les bâtiments de mer ; il n'y a pas d'autre hypothèque maritime que l'hypothèque conventionnelle (L. 20 juillet 1885, art. 1) (3).

279 bis. Il ne suffit pas d'établir l'existence d'une hypothèque au profit de la masse et la nature de cette hypothèque ; il faut en montrer l'utilité. Ce n'est pas chose aisée ; le législateur de 1838 ne paraît pas s'être rendu bien compte de la portée du droit qu'il accordait à la masse. L'hypothèque procure ordinairement au créancier le double avantage d'être payé par préférence sur le prix de l'immeuble grevé et d'être protégé contre les aliénations ou constitutions de droits réels que pourrait consentir le débiteur (4). L'hypothèque

---

(1) Aubry et Rau (5e édit.), III, note 16, p. 353 ; P. Pont, *Traité des privilèges et des hypothèques*, II, n° 1001 ; Baudry-Lacantinerie et de Loynes, *op. cit.*, 2, n° 1668 ; Guillouard, *op. cit.*, II, n° 689. Cpr. Rouen, 27 avril 1885, *Journal des faillites*, 1887, p. 473.

(2) Aussi les créanciers de la masse dont l'hypothèque a été inscrite passent-ils avant les créanciers hypothécaires de l'acquéreur, quand le titre de celui-ci n'a pas été transcrit : Cass. 13 juill. 1891, S. et *J. Pal.*, 1892. 1. 257 (note de Garsonnet) ; D. 1892. 1. 483 ; *Pand. fr.*, 1862. 1. 227. — Aubry et Rau, II (5e édit.), § 209, note 100, p. 469 ; III (5e édit.), § 264, note 13, p. 352.

(3) V. *Traité de Droit commercial*, VI, n° 1619.

(4) Après avoir affirmé l'existence d'un véritable droit d'hypothèque au profit de la masse, Renouard (I, p. 553) la motive ainsi : « Que les droits « valablement acquis sur les immeubles continuent d'exister avec les préférences qui s'y attachent, rien de plus juste ; mais il est juste aussi « que la survenance de la faillite empêche l'acquisition de tous droits nouveaux, même immobiliers, au préjudice des créanciers dont les événe-

dont il s'agit est accordée à la masse des créanciers, c'est-à-dire à tous les créanciers dont elle ne modifie pas les rapports respectifs (1) ; de plus, elle n'est pas nécessaire pour protéger les créanciers contre les actes que ferait le débiteur, le dessaisissement suffit pour cela (nos 208 et 210). Aucune mesure de publicité n'est même nécessaire pour que cet effet du dessaisissement se produise (nos 124 et 212) (2). On peut, pourtant, trouver plusieurs applications utiles de cette hypothèque : a. Dans le cas d'une succession ouverte au profit du failli depuis le jugement déclaratif (3), les créanciers héréditaires ont intérêt à demander la séparation des patrimoines ; s'ils ne s'inscrivent pas sur les immeubles dans les six mois de l'ouverture de la succession, ils ne peuvent venir qu'à la date de l'inscription qu'ils prennent et ils sont primés par l'hypothèque de la masse qui aurait été inscrite antérieurement (art. 2111 et 2114, C. civ.) (4); b. Grâce à l'hypothèque, la masse acquiert un droit distinct de celui du failli, elle devient un tiers ayant sur les immeubles un droit réel dont elle

« ments ont tout à la fois empêché les poursuites et fixé les droits. » Ce commentaire aurait besoin d'explication, puisque, comme nous le rappelons au texte, le principe du dessaisissement protège les créanciers contre cette acquisition de droits nouveaux.

(1) V. une application de cette idée, Cass. 13 janv. 1874, D. 1874. 1. 169 ; S. 1874. 1. 111 ; *J. Pal.*, 1874. 264.

(2) On a cité en sens contraire un arrêt de la Cour de Paris du 22 janv. 1840 (Rép. Dall., vo *Faillite*, no 407), qui admet la validité d'hypothèques consenties par un failli sur des immeubles par lui acquis au cours de la faillite et qui se fonde sur ce que ces hypothèques ont été inscrites alors que l'hypothèque de la masse ne l'avait pas été. La rédaction de l'arrêt n'est pas irréprochable, mais la solution s'explique peut-être par ce qui est admis pour le cas où le failli se livre à une nouvelle industrie. V. plus haut, nos 248 et suiv.

(3) Si la succession s'était ouverte *avant* la faillite, ou les créanciers héréditaires se seraient déjà inscrits, et alors ils n'auraient rien à craindre de la masse, ou ils ne se seraient pas encore inscrits, et leur situation serait régie par l'article 448, 1er alin. V. ci-après, nos 280 et suiv. — Quand la succession s'ouvre *après* la faillite, il y a lieu d'admettre le droit pour les créanciers héréditaires de s'inscrire, malgré la disposition de l'article 448, 1er alin. V. no 287.

(4) Ch. req., 29 déc. 1858, D. 1859. 1. 102 ; S. 1859. 1. 209 ; *J. Pal.*, 1860. 861 (c'est la solution inverse de celle qui avait été donnée par la Cour de cassation le 22 juin 1841 sous l'empire du Code de 1807).

peut se prévaloir (1). La loi du 23 mars 1855 sur la transcription a donné lieu de faire d'importantes applications de cette idée et a augmenté l'utilité de l'hypothèque de la masse, ainsi qu'il sera expliqué ci-après. V. n°s 296 et 298.

C'est à ces seuls points de vue que peut être utile l'hypothèque de l'article 490 pendant la faillite ; mais, si la faillite se termine par un concordat simple, l'hypothèque qui doit être inscrite (art. 517, C. com.), a souvent une utilité facile à comprendre : le failli remis à la tête de ses affaires, peut faire des actes opposables à la masse, contracter des dettes nouvelles, grever ses immeubles d'hypothèques ou les aliéner. Grâce à l'hypothèque des articles 490 et 517, C. com., les créanciers de la faillite sont préférés aux créanciers chirographaires envers lesquels le failli concordataire s'est obligé et aux créanciers hypothécaires inscrits après le concordat ; enfin, les créanciers formant la masse peuvent exercer leur droit de suite contre les tiers acquéreurs. Mais ce droit de suite est moins avantageux à la masse que le principe du dessaisissement ; grâce à celui-ci, les actes du failli sont tenus sans restriction pour non avenus à l'égard de la masse des créanciers, tandis que l'acquéreur, soumis au droit de suite, à la faculté de faire la purge et met ainsi les créanciers en demeure d'accepter le prix qu'il leur offre ou de surenchérir (2).

Il est certain que l'hypothèque de l'article 490, C. com., n'a pas pour but de conserver les droits individuels des créanciers dans leurs rapports entre eux (3). Ainsi, l'inscription de cette hypo-

---

(1) Paris, 24 avr. 1861, Rép. Dall., v° *Ordre*, n° 112 ; S. 1861. 2. 439 (les syndics qui figurent dans un ordre au nom de la masse dont ils ont fait inscrire l'hypothèque, peuvent opposer la forclusion aux créanciers hypothécaires qui n'ont pas produit dans les délais légaux) ; Cass. 13 juill. 1891, D. 1892. 1. 483 ; S. et *J. Pal.*, 1893. 1. 257 ; *Pand. fr.*, 1892. 1. 227.

V. Thaller, *Traité élémentaire de Droit commercial*, n°s 1680 et 1915 ; suivant le savant auteur, l'hypothèque légale fait double emploi avec le dessaisissement par suite duquel les créanciers acquièrent un droit réel sur les biens du failli.

(2) Boistel, n° 915. — V. Thaller, *Des faillites en Droit comparé*, n° 92, p. 336 et suiv.

(3) Cpr. Cass. 13 janv. 1874, S. 1874. 1. 111 ; *J. Pal.*, 1874. 264 ; D. 1874.

thèque ne dispense par chaque créancier hypothécaire de renouveler l'inscription de l'hypothèque établie à son profit personnel.

279 *ter*. DROIT ÉTRANGER. — Il s'en faut de beaucoup que l'hypothèque légale de la masse soit admise dans toutes les législations.

La loi *belge* de 1850 (art. 487, alin. 3) a maintenu cette hypothèque, en reproduisant les dispositions de l'article 490, alin. 3, de notre
Code de commerce (1). Le Code de commerce *chilien* (art. 1480)
ne fait résulter une hypothèque que du jugement qui homologue le
concordat ; elle naît au profit de chacun des créanciers envers qui le
failli s'est obligé. D'après d'autres Codes, il n'y a, même en cas
de concordat, au profit des créanciers, que les hypothèques qui leur
ont été consenties. V. Codes de commerce *italien*, art. 838 ; *roumain*, art. 858. En *Allemagne*, la loi n'est pas formelle en ce qui
concerne le droit de la masse des créanciers sur les biens du failli ;
mais il est généralement admis qu'ils ont sur eux un droit réel analogue à l'hypothèque (2). Il a été dit plus haut (n° 280 *ter*) qu'en
Angleterre et dans les *Etats-Unis d'Amérique*, les créanciers se
trouvent investis de la propriété des biens du failli, par l'entremise
du syndic (3).

1. 169; Cass. 16 mai 1888, D. 1888. 1. 353 ; S. 1888. 1. 321 ; *J. Pal.*, 1888.
1. 775.

(1) Namur, *op. cit.*, III, n° 1763, dit que l'inscription prise en vertu de
l'article 487, alin. 3, de la loi *belge*, assure à tous les créanciers même chirographaires une hypothèque légale destinée à protéger leurs droits contre
les créanciers postérieurs, dans le cas d'annulation ou de résolution du
concordat ou dans celui où une seconde faillite viendrait à éclater avant
la distribution entière du prix des biens du failli. Au moyen de cette inscription, ils priment les créanciers postérieurs.

(2) Kohler, *op. cit.*, p. 98 et suiv.

(3) L'hypothèque légale de la masse des créanciers n'existe ni en *Tunisie*, Tribunal mixte de Tunisie (pays de protectorat), 1er avril 1908, D. 1911.
1. 247 ; ni à *Madagascar* (colonie française). Cpr. Cass., 16 juin 1911. 1. 460
et la note.

§ 6. — *De l'arrêt des inscriptions produit par le jugement décla-*
ratif. De la nullité des inscriptions de privilèges ou hypothèques
prises après ce jugement.

280. Quand les créanciers ont acquis régulièrement un privilège
ou une hypothèque (1), une inscription est, en général, nécessaire,
pour que leur droit soit opposable aux tiers (art. 2134, C. civ.). La
faillite est-elle un obstacle à l'accomplissement de cette formalité ?
La réponse à cette question était, avant la réforme de 1838, fournie
par l'article 2146, C. civ., aux termes duquel les incriptions *ne pro-*
duisent aucun effet, si elles sont prises dans le délai pendant lequel
les actes faits avant l'ouverture des faillites sont déclarés nuls.
Quand cet article a été promulgué, en 1804, il y avait en vigueur
une Déclaration de 1702 qui annulait les actes faits dans les dix
jours qui précédaient la faillite ; étaient donc nulles les inscriptions
prises après la faillite ou dans les dix jours précédents (2). Le Code
de 1807 ne parlait pas des inscriptions ; il n'en avait pas moins
modifié gravement la portée de l'article 2146, C. civ., en réglant
l'étendue de la période suspecte, c'est-à-dire du temps pendant
lequel les actes du failli sont soumis à un système particulier de nullités ; le tribunal de commerce fixait l'ouverture de la faillite caractérisée par la cessation des paiements, et certains actes, faits depuis
ce moment ou dans les dix jours précédents, étaient déclarés nuls
et sans effet relativement à la masse. Cbn. anc. art. 441 et 444. La
cessation des paiements peut être bien antérieure au jugement déclaratif et elle produisait ses effets encore qu'elle n'eût pas été notoire.
On voit donc combien était rigoureuse cette disposition qui frappait
les inscriptions prises pendant cette période par des créanciers

---

(1) Les cas où sont frappés de nullité les actes par lesquels un créancier
a acquis un privilège ou une hypothèque même avant le jugement déclaratif, seront étudiés à propos des effets du jugement déclaratif dans le
passé. V. nos 366 et suiv.

(2) D'après l'article 5 de la loi du 5 brumaire an VII, l'inscription faite
dans les dix jours avant la faillite, banqueroute ou cessation publique de
paiements d'un débiteur, ne conservait point l'hypothèque.

ayant acquis régulièrement leurs privilèges et leurs hypothèques et auxquels on pouvait n'avoir à reprocher aucune négligence. La loi de 1838 a atténué cette rigueur. Elle distingue les inscriptions prises à partir du jour où est rendu le jugement déclaratif et les inscriptions opérées pendant la période suspecte jusqu'à la déclaration de faillite. Les premières ne sont pas prises utilement à l'égard des créanciers de la masse (art. 448, 1er alin., C. com.). Quant aux secondes, elles ne sont pas nulles de plein droit, comme elles l'étaient sous le Code de commerce de 1807, mais la nullité peut en être prononcée dans certaines circonstances (art. 448, 2e alin.).

Il ne sera pas parlé en ce moment que des inscriptions prises après le jugement déclaratif. Le sort de celles qui sont prises durant la période suspecte se rattache aux effets du jugement déclaratif dans le passé. V. nos 336 et suiv.

281. Selon l'article 448, 1er alin. C. com., *les droits d'hypothèque et de privilège valablement acquis pourront être inscrits jusqu'au jour du jugement déclaratif de faillite.* Cette forme permissive provient précisément de ce qu'avant les modifications apportées au Code de commerce en 1838, les inscriptions prises même depuis la date fixée pour la cessation des paiements ou dans les dix jours précédents étaient nulles (n° 280). Mais il résulte bien de cette disposition qu'à partir du jour du jugement déclaratif, les inscriptions de privilèges et d'hypothèques ne peuvent plus être prises utilement, qu'elles sont nulles à l'égard de la masse. Cet important effet du jugement déclaratif s'exprime souvent en disant que le *jugement déclaratif de la faillite arrête le cours des inscriptions* (1).

Cet effet du jugement déclaratif se produit dès la première heure du jour où est rendu ce jugement, comme, du reste, en général, tous les effets du jugement déclaratif, de telle sorte que toute inscription prise, à quelque heure que ce soit, durant cette journée, est nulle. V. n° 203 (2).

---

(1) D'autres événements ou faits arrêtent aussi le cours des inscriptions, l'acceptation d'une succession sous bénéfice d'inventaire (art. 2146, C. civ.) et la transcription d'une aliénation (art. 6, L. 23 mars 1855).

(2) Amiens, 26 déc. 1855, D. 1857. 2. 35 ; S. 1856. 2. 563 ; *J. Pal.*, 1856. 2. 548. — Aubry et Rau III (5e édit.), § 272, note 18, p. 547.

282. L'arrêt du cours des inscriptions par la déclaration de faillite se justifie aisément.

La situation respective des divers créanciers doit être fixée au jour même de la déclaration de faillite. Du reste, on peut dire qu'il y a là une conséquence du dessaisissement. L'inscription est une sorte de confirmation de l'hypothèque ou du privilège (1) ; il ne saurait intervenir de confirmation à un moment où la naissance de ces droits est devenue impossible.

283. La règle de l'article 448, 1ᵉʳ alin., est absolue et peut, par suite, conduire en certains cas à des conséquences très rigoureuses; il peut, en effet, arriver que le droit de privilège ou d'hypothèque ait été régulièrement acquis fort peu de temps avant le jugement déclaratif. Mais le législateur ne pouvait guère procéder autrement ; si, pour éviter cette rigueur, il avait donné un court délai, à partir soit de l'acte d'où est né le privilège ou l'hypothèque, soit du jugement déclaratif, les créanciers présents auraient été seuls à même d'en profiter.

283 bis. Droit étranger. — Le principe, selon lequel les formalités de publicité relatives aux droits de préférence ne peuvent plus être utilement remplies quand il y a déclaration de faillite du débiteur, se retrouve dans les lois étrangères. V. Codes de commerce belge, art. 447, ; italien, art. 710 ; roumain, art. 723 ; loi norvégienne, art. 128. La loi autrichienne (art. 12), tient compte de ce que parfois un créancier n'a pas disposé d'un délai suffisant pour remplir les formalités de publicité exigées par la loi ; sous certaines conditions, elle admet que l'enregistrement de l'hypothèque demandée au tribunal compétent avant la déclaration de faillite peut être encore autorisé et opéré après que celle-ci a eu lieu.

284. Il résulte des motifs mêmes de la règle contenue dans l'article 448, 1ᵉʳ alin., C. com., que, si un failli a acquis un immeuble

---

(1) Nous disons que l'*inscription* est *une sorte* de confirmation de l'hypothèque ou du privilège, parce qu'une confirmation proprement dite exige l'intervention du débiteur et que l'inscription est requise par le créancier seul.

sans faire transcrire son acte d'acquisition, des inscriptions peuvent être prises, même après la déclaration de faillite de l'acquéreur du chef du précédent propriétaire (art. 3 et 6, L. 23 mars 1855). Ceux qui s'inscrivent ainsi ne sont pas des créanciers du failli voulant se faire une situation meilleure que celle des autres créanciers (1).

285. Il a été soutenu également que des créanciers du failli pourraient s'inscrire sur les immeubles ayant passé entre les mains de tiers acquéreurs sans qu'il y ait eu transcription, que la masse n'a alors ni intérêt ni qualité pour critiquer ces inscriptions (2). Cette opinion est très contestable. Si l'hypothèque de la masse a été inscrite avant la transcription de l'aliénation faite par le failli, la masse a intérêt à ce que l'effet de son hypothèque ne soit en rien entravé par les inscriptions prises par des créanciers, et la nullité de ces inscriptions résulte du texte et de l'esprit de l'article 448, C. com. La question est plus délicate si l'on suppose que, l'hypothèque de la masse n'ayant pas été inscrite avant la transcription, des créanciers du failli sont inscrits en temps utile ; il semble qu'alors, les intérêts de la masse ne sont nullement en jeu, puisqu'à l'égard de la masse, le bien est sorti du patrimoine du failli. Des réserves doivent être faites même pour ce dernier cas. Lorsque l'acquéreur doit son prix en tout ou en partie, la masse peut se le faire payer directement et méconnaître l'inscription qui lui nuirait, si elle devait assurer au créancier les avantages ordinaires de l'hypothèque. Le seul cas dans lequel on concevrait la solution que nous discutons est celui où l'aliénation aurait été faite et le prix payé dans des conditions que ne pourrait critiquer la masse ; le bien aurait alors cessé vraiment de lui servir de gage et il semble qu'elle n'aurait plus qualité pour critiquer le droit que le créancier hypothécaire aurait conservé à son profit personnel. Toutefois, même alors, ne peut-on pas dire qu'en exerçant le droit de suite, le créancier hypothécaire risque de nuire à la masse, en ce que le tiers acquéreur produira dans

---

(1) Aubry et Rau, III (5e édit.), § 272, note 24, p. 549; P. Pont, *Traité des priviléges et hypothèques*, II, n° 907; Thaller et Percerou, I, n° 743.

(2) Aubry et Rau, III (5e édit.), § 272, note 25, page 549 ; P. Pont, *op. cit.*, n° 908.

la faillite pour l'indemnité qui pourra lui être due par le failli, tenu de l'obligation de garantie, à raison du dommage qui lui est causé par l'exercice de l'hypothèque ? (1).

285 *bis.* Il n'est pas douteux que, par identité de motifs, la déclaration de faillite met obstacle aux inscriptions d'hypothèques maritimes comme aux inscriptions d'hypothèques immobilières (2). Le jugement déclaratif met aussi obstacle à l'inscription du privilège du créancier auquel un fonds de commerce a été constitué en gage. L. 17 mars 1909, art. 11, 2e alin. L'article 448, C. com., parle des privilèges et des hypothèques dans les termes les plus généraux, sans viser la nature des biens sur lesquels portent ces droits.

286. Cependant, ce n'est pas à dire qu'aucune inscription, en dehors de l'hypothèque de la masse des créanciers (art. 490, alin. 3. C. com.). ne puisse être prise après le jugement déclaratif. Des inscriptions sont possibles dans un certain nombre de cas pour des droits d'hypothèque et de privilège nés, soit après la déclaration de faillite, soit même antérieurement.

287. La règle de l'article 448, C. com., concerne seulement les privilèges et les hypothèques nés antérieurement au jugement déclaratif. Il peut en naître postérieurement. En effet, si le dessaisissement comprend les biens acquis par le failli au cours de la faillite, ces biens ne peuvent profiter à la masse que sous la déduction des charges qui les grevaient; autrement, il y aurait au profit de la masse un enrichissement injuste. V. n° 247.

Si donc une succession s'ouvre au profit du failli, les créanciers héréditaires peuvent demander la séparation des patrimoines et

(1) MM. Thaller et Percerou (I, n° 713), admettent que la masse peut, dans tous les cas, même quand la transcription a précédé l'inscription de l'hypothèque de l'art. 490, C. com., se prévaloir de l'article 448, 1er alin., contre le créancier inscrit avant elle. Ils déduisent cette solution de ce que, selon eux, la masse a son droit réel sur les biens du failli, droit opposable à toute personne, notamment au tiers acquéreur qui n'a pas transcrit son titre. — Nous repoussons cette solution, par cela même que, selon nous, la masse n'a de droit reel que du jour où l'hypothèque de l'article 490, C. com., a été inscrite.

(2) *Traité de Droit commercial*, VI, n° 1640.

s'inscrire dans les six mois conformément à l'article 2111, C. civ., sans qu'on puisse leur opposer que l'héritier est en faillite (1). De même, en cas de partage opéré depuis le jugement déclaratif, le copartageant créancier peut inscrire son privilège sur les immeubles mis dans le lot du failli débiteur, conformément à l'article 2109, C. civ. (2). De même encore, le failli étant appelé à une succession et étant grevé de legs, les légataires pourraient inscrire sur les immeubles héréditaires l'hypothèque que leur accorde l'article 1017 C. civ. De même, enfin, dans le cas où, un achat d'immeuble ayant été fait par le failli depuis le jugement déclaratif, les créanciers tiennent pour bon cet achat, ils doivent laisser le vendeur exercer son privilège (3).

288. D'après les motifs qui l'ont dicté, l'article 448 ne s'applique pas aux inscriptions qui sont destinées, non à faire acquérir au créancier privilégié ou hypothécaire un rang qu'il n'a pas, mais à lui maintenir la situation qu'il avait déjà. Ainsi, d'après l'article 2154, C. civ., les inscriptions ne conservent l'hypothèque et le privilège que pendant dix années à compter du jour de leur date, et leur effet cesse si ces inscriptions n'ont pas été renouvelées avant l'expiration de ce délai. Le jugement déclaratif de faillite ne dispense pas le créancier de renouveler son inscription (4) et, s'il est rendu au cours des dix années, il n'empêche pas le renouvellement, puisque le créancier, en l'opérant, ne modifie en rien sa situation antérieure à l'égard des autres créanciers ; il conserve simplement le droit acquis par lui (5). S'il avait laissé passer le délai de dix ans, la situation

---

(1) Cass. 20 déc. 1858, D. 1859. 1. 102. — L'application de l'article 448, 1er alin., à l'inscription du droit de séparation des patrimoines est, du reste, douteuse pour les successions ouvertes avant le jugement déclaratif V. n° 294.

(2) Cf. Colmet de Santerre, IX, 120 *bis* XVI.

(3) Boistel, n° 917.

(4) Tribunal civ. Grenoble, 7 mai 1897, *la Loi*, n° du 19 juin 1897. L'obligation du renouvellement ne cesse que lorsque l'inscription a produit ses effets, et certainement, elle ne les produit pas par suite du jugement déclaratif.

(5) La jurisprudence et la doctrine sont, malgré l'absence d'un texte formel, d'accord à ce sujet. — V. Aubry et Rau, III, § 280, note 30 ; Demangeat sur Bravard, V. p. 293, note 2.

serait autre : il n'aurait pas perdu le droit d'hypothèque, mais ce droit serait à considérer comme n'ayant jamais été inscrit ; il s'agirait pour lui, en s'inscrivant, d'*acquérir* un droit de préférence et, par conséquent, dans ces circonstances, l'article 448 s'oppose à ce que l'inscription soit efficace, si elle est prise après le jugement déclaratif (1).

Les mêmes solutions doivent par identité de motifs, être donnés pour le renouvellement de l'inscription de l'hypothèque maritime (L. 10 juillet 1885, art. 11), pour celle du privilège du vendeur d'un fonds de commerce ou du créancier auquel un fonds de commerce a été constitué en gage, en tenant seulement compte que pour ces deux dernières inscriptions, la période du renouvellement est de cinq ans seulement (L. 17 mars 1909, art. 28).

289. L'article 8 de la loi du 23 mars 1855 offre une hypothèse qui présente beaucoup d'analogie avec celle du renouvellement d'une inscription. La veuve (2), le mineur, l'interdit ou leurs héritiers doivent inscrire l'hypothèque légale dans l'année qui suit la dissolution du mariage ou la cessation de la tutelle ; l'inscription prise dans ce délai a un caractère purement conservatoire, en ce qu'elle assure aux intéressés le maintien du rang qui leur est assigné par le Code civil (art. 2135). Au contraire, si l'inscription n'a pas lieu dans ce délai d'une année, l'hypothèque ne date que du jour où elle est effectivement prise. Par suite, tant qu'on est dans l'année, l'inscription peut être utilement faite, bien qu'une déclaration de faillite de l'ex-tuteur ou du mari soit survenue ; une fois l'année expirée, l'inscription devant faire acquérir un droit ne pourrait être prise utilement après le jugement déclaratif de la faillite (3).

---

(1) Cass. 2 déc. 1863, D. 1864. 1. 105; S. 1864. 1. 57 ; *J. Pal.*, 1864. 352. — Colmet de Santerre, IX, 128 *bis* V.

(2) L'article 8 de la loi du 23 mars 1855 s'applique, par identité de motifs, à la femme divorcée. Aussi le tribunal civil de la Seine a-t-il décidé que, lorsqu'une année s'est écoulée depuis le divorce, l'inscription de l'hypothèque légale n'est plus possible si le mari a été déclaré en faillite : Trib. civ. Seine, 13 juill. 1892, *Journal des faillites*, 1893, p. 134.

(3) Colmar, 15 janv. 1862, S. 1862. 2. 122 ; Cass. 17 août 1868, S. 1868. 1. 337 ; *J. Pal.*, 1868. 1041; D. 1868. 1. 398 ; Caen, 18 juin 1879, S. 1880. 2. 201. — Colmet de Santerre, IX, 120 *bis* VI ; Demangeat sur Bravard, V, p. 293, note 2 ; Thaller et Percerou, I, n° 716.

290. Les privilèges généraux sur les immeubles ne sont pas soumis à l'inscription au point de vue du droit de préférence (art. 2107, C. civ.). L'inscription de ces privilèges, ne leur faisant pas acquérir un rang qu'ils n'auraient pas sans elle, peut avoir lieu même après le jugement déclaratif de faillite (1).

291. Par analogie de ces différentes solutions, on doit décider que le second procès-verbal exigé pour la conservation du privilège du constructeur (art. 2110, C. civ.), peut être inscrit après la déclaration de faillite, pouvu que l'inscription du premier ait eu lieu antérieurement (2).

292. Faut-il aussi reconnaître le caractère conservatoire à l'inscription prise par un créancier pour sureté des intérêts de sa créance qui ne sont garantis par l'inscription prise pour le capital (article 2151, C. civ. ; L. 10 juillet 1885, art. 13 ; L. 17 mars 1909, art. 28, 2e alin.) et, par suite, permettre de la prendre utilement malgré la faillite du débiteur ? La question est délicate ; on ne peut nier, en effet, qu'il s'agisse pour le créancier d'améliorer sa situation en donnant un rang hypothécaire à une créance d'intérêts qui, sans l'inscription supplémentaire, ne serait que chirographaire. Toutefois, il paraît préférable d'écarter l'article 448; l'article. 2151, C. civ., l'article 13 de la loi du 10 juillet 1885 et l'article 28, 2e alin. de la loi du 17 mars 1909 sont très rigoureux en restreignant l'effet naturel de l'inscription de l'hypothèque et du privilège qui garantit un capital productif d'intérêts et en exigeant des inscriptions spéciales pour les intérêts autres que ceux conservés par la première inscription ; n'est-il pas équitable de permettre au créancier de prendre ces inscriptions malgré la déclaration de faillite ? Personne n'est trompé : l'inscription originaire faisait prévoir cette éventualité

---

(1) Aubry et Rau (5e édition), III, § 278, note 41, p. 604 ; Colmet de Santerre, IX, 120 *bis* VII ; Thaller et Percerou, I, n° 717.

(2) V., pourtant, Aubry et Rau, III (5e édit.), § 278, p. 602. Ces auteurs exigent que le second procès-verbal soit inscrit dans les six mois de l'achèvement des travaux. Cf. art. 2103, 4°, *in fine*, C. civ. Autrement, selon eux, le privilège dégénérerait en hypothèque et ne serait pas opposable à la masse, si l'inscription tardive était prise postérieurement au jugement déclaratif. *Rép. gén. de Droit français*, v° *Faillite*, n° 784.

(art. 2148 3°, C. civ.; L. 10 juillet 1885, art. 8 4°) (1). Bien entendu, les inscriptions ainsi prises pour les intérêts ne produisant effet que de leur date, pourraient être primées par l'inscription de l'hypothèque accordée à la masse par l'article 490, C. com. (2).

293. *Inscriptions de privilèges.* — Bien que l'article 448 statue pour les droits de *privilège* comme pour les droits d'hypothèque, des difficutés ont été soulevées au sujet de la plupart des privilèges : la disposition absolue de la loi paraissant trop rigoureuse, on a essayé de l'écarter par des considérations diverses, spécialement pour les privilèges pour l'inscription desquels le Code civil accorde un délai spécial et pour le privilège du vendeur d'immeuble.

294. Des difficultés concernent l'inscription du privilège des copartageants et celle du droit de séparation des patrimoines qui est soumis à une inscription sur les immeubles de la succession (art. 2111, C. civ.).

La difficulté qui s'élève pour le privilège des copartageants et pour le droit de séparation des patrimoines tient à ce que pour l'inscription de ces droits, le Code civil donne un délai, de telle sorte que, si l'inscription a eu lieu dans ce délai, les choses sont traitées comme si elle avait été faite dès l'origine.

Le copartageant créancier a un délai de soixante jours à partir du partage pour inscrire son privilège sur les immeubles placés dans le

---

(1) La jurisprudence paraît admettre que la situation du créancier hypothécaire, telle qu'elle est réglée par l'article 2151, C. civ., ne subit pas de modification par suite de la faillite du débiteur ; en l'absence d'inscriptions spéciales pour les intérêts, il ne peut réclamer hypothécairement que les intérêts déterminés par l'article 2151, mais la faillite ne l'empêche pas de s'inscrire pour conserver les intérêts échus : Cass. 20 fév. 1850, D. 1850. 1. 102 ; S. 1850. 1. 185; *J. Pal.*, 1850. 2. 247; Cf. Poitiers, 30 janv. 1878, D. 1878. 2. 70; S. 1878. 2. 176; *J. Pal.*, 1878. 730 ; Poitiers, 7 déc. 1885, S. 1886. 2. 81.— *Sic*, Renouard, 1, p. 399; Aubry et Rau, III, § 285, note 27; Colmet de Santerre, IX, 131 *bis* X et XI; Pont, *Privil. et hypoth.*, II, n°° 889, 925 et 1024; Laurin, n° 988. — V. *en sens contraire*, Demangeat, V, p. 298, en note; Boistel, n° 916; Dict. de Couder, v° *Faillite*, n°° 452 et 453 ; Thaller, *Traité élémentaire de Droit commercial*, n° 2055 ; Thaller et Percerou, I, n°° 718 et 718 *bis*.

(2) *Pandectes belges*, v° *Faillite*, n° 910.

lot du copartageant débiteur (art. 2109, C. civ.). Les créanciers héréditaires ont un délai de six mois pour inscrire sur les immeubles de la succession leur droit de séparation des patrimoines (art. 2111, C, civ.). Si le partage a été fait ou si la succession s'est ouverte antérieurement au jugement déclaratif, sans que le délai de soixante jours ou de six mois soit expiré avant la date de ce jugement, l'inscription peut-elle être prise par le copartageant ou les créanciers, malgré la faillite du débiteur tant que ce délai n'est pas écoulé ?

Quelques auteurs admettent l'affirmative. On ne peut reprocher, disent-ils, aucune négligence aux créanciers qui sont encore dans le délai que la loi leur a assigné et qui doit leur être maintenu intégralement ; toute idée de fraude doit être écartée, puisqu'il s'agit du partage qui est un acte nécessaire ou de créanciers qui n'ont pas traité avec le failli. Enfin, dans les deux cas dont il s'agit, l'inscription conserve seulement un état de choses préexistant, puisque la garantie remonte à la naissance du droit de créance (1).

Ces arguments ne sont pas, selon nous, de nature à écarter un texte aussi positif que l'article 448. Sans doute, l'inscription n'assigne pas un rang au privilège comme à l'hypothèque, elle n'en joue pas moins un rôle analogue, puisqu'elle est la condition *sine quâ non* du rang; l'idée générale qui a inspiré l'article 448 et qui est que le droit ne peut être confirmé à une époque où il ne pourrait être valablement constitué (n° 282), reçoit donc ici son application naturelle. En présence d'un texte absolu, peu importe qu'on ne puisse reprocher une fraude ou une négligence aux créanciers dont il s'agit. Qu'on dise que le législateur, en écrivant l'article 448, C. com. a pu perdre de vue un de ces cas particuliers où des délais étaient accordés à des créanciers privilégiés : cela se comprendrait. Mais il faut se rappeler que la règle absolue se trouve dans l'article 2146, C. civ., et qu'il n'est pas admissible qu'en écrivant cet cet article,

---

(1) V. Aubry et Rau (5e édit.), III, § 278, note 27, p. 596 ; P. Pont, *Traité des privilèges et hypothèques*, II, n°s 899 et 927 : Laurin, n° 989; Dict. de Couder, v° *Faillite*, n° 457 ; Baudry-Lacantinerie et de Loynes, I, n° 836, et II, n°s 1594 et 1595.

on n'ait pas songé aux hypothèses des articles 2109 et 2111. L'époque à laquelle les inscriptions ne peuvent plus être prises utilement a été changée (no 280), mais, sous le système de l'article 2146, il y aurait eu même raison de s'expliquer au sujet des créanciers dont il s'agit, si l'on avait voulu modifier à leur profit la règle générale (1).

En ce qui concerne le droit de séparation des patrimoines, une opinion plus radicale a été soutenue ; d'après elle, la déclaration de la faillite de l'héritier ne changerait rien au droit des créanciers héréditaires de prendre inscription ; ils pourraient s'inscrire toujours utilement, sauf à être primés par les créanciers hypothécaires inscrits avant eux. Cette opinion se fonde sur ce que le droit de séparation des patrimoines n'est ni un privilège, ni une hypothèque, de telle sorte que l'article 448, C. com., ne lui est pas applicable d'après ses termes (2). Cette doctrine doit être repoussée. En admettant que le droit de séparation des patrimoines ne soit pas un véritable privilège (3), on ne voit pas le motif rationnel qui devrait faire traiter ce droit autrement que les privilèges et les hypothèques, alors qu'il est soumis à la même publicité pour être opposable aux tiers et qu'il leur cause le même préjudice.

294 *bis*. Des questions analogues auraient pu se présenter pour les privilèges du vendeur de fonds de commerce et du créancier auquel un fonds de commerce a été constitué en gage. Car la loi du 17 mars 1909 (art. 2 et 11, 1er alin.) donne quinze jours pour l'inscription de ces privilèges. Mais cette loi a pris le soin de trancher expressément la question. Elle y donne deux solutions différentes pour ces deux privilèges. Elle admet que le privilège du vendeur d'un fonds de commerce peut être valablement inscrit

---

(1) Colmet de Santerre, IX, no 120 *bis* VIII ; Boistel, no 918 ; Demangeat sur Bravard, V, p. 294 et 295, en note ; Guillouard, *Traité des privil. et hypoth.* III, nos 1304 et 1305 ; Thaller et Percerou, I, nos 72s et 723 *bis*.

(2) Bordeaux, 19 fév. 1895, *Journal des faillites*, 1896, p. 166 ; S. et J. *Pal.*, 1896. 2. 27 ; *Pand. fr.*, 1896. 2. 329.

(3) La question de savoir si le droit de séparation des patrimoines est ou non un véritable privilège est très discutée. C'est une question de droit civil qu'il ne serait pas à sa place d'examiner ici.

tant qu'il ne s'est pas écoulé quinze jours depuis la vente (art. 2, 1er alin.), tandis qu'elle n'admet pas, en cas de faillite du débiteur, que l'inscription du créancier gagiste puisse être prise à partir du jugement déclaratif, bien qu'il soit intervenu dans la quinzaine de la constitution de gage et que la loi du 17 mars 1909 (art. 11 1er et 2e alin.) accorde, en principe quinze jours pour l'inscription du privilège du créancier gagiste. La distinction entre le vendeur et le créancier gagiste se justifie : il est particulièrement rigoureux de priver de son privilège, pour défaut d'inscription avant le jugement déclaratif, le vendeur qui, comme tel, a fait entrer le bien vendu dans le patrimoine de l'acheteur. C'est même cela qui explique tous les efforts faits pour permettre au vendeur d'immeuble de conserver son privilège, alors même qu'il n'a pas été rendu public avant le jugement déclaratif de la faillite de l'acheteur.

295. *Privilège du vendeur d'immeubles.* — Quand le failli a acheté un immeuble, qu'il n'en a pas payé le prix au moment où il a été déclaré en faillite et qu'il n'y a eu ni transcription de la vente ni inscription du privilège avant le jugement déclaratif, quelle est la situation du vendeur ?

On a soutenu que le vendeur peut, en faisant transcrire la vente, invoquer son privilège. Le privilège du vendeur d'immeuble se conserve, a-t-on dit, par la *transcription* (art. 2108, C. civ.), et l'article 448, C. com., ne défend à partir du jour où est rendu le jugement déclaratif que les inscriptions. On a essayé aussi d'un autre raisonnement : la transcription n'ayant pas été opérée, le vendeur est resté propriétaire ; la transcription, qui est faite même après la déclaration de faillite, doit en même temps transférer la propriété au failli et procurer un privilège au vendeur ; il serait inique de scinder ces deux effets (1).

___

(1) Paul Pont, *op. cit.*, n° 803 ; Dict. de Couder. v° *Faillite*, n° 458. Laurin (n° 990) combat cette solution dans le cas où la transcription est requise par le vendeur, mais l'admet quand elle a lieu du chef de l'acheteur failli ; il nous paraît se mettre ainsi en contradiction avec lui-même. Certains arrêts semblent admettre que le vendeur peut utilement conserver son privilège par une transcription postérieure à la faillite de l'acheteur : Bordeaux, 15 fév. 1875, D. 1877. 2. 191. (Le vendeur prétendait exercer

Selon nous, au contraire, le jugement déclaratif de la faillite de l'acheteur met obstacle à ce que le privilège du vendeur d'immeuble soit conservé par la transcription. L'argument tiré de ce que l'article 448 ne vise que les *inscriptions* n'a aucune valeur ; en effet, d'après l'article 2108, C. civ., même, la transcription du contrat de vente *vaut inscription* ; elle ne peut donc être efficace alors que l'inscription ne le serait pas. Quant au raisonnement consistant à dire qu'à défaut de transcription, le vendeur est demeuré propriétaire, il repose sur une erreur grave qui touche à l'essence même de la théorie de la transcription. Il n'est pas exact que le vendeur reste propriétaire jusqu'à la transcription ; dans ses rapports avec l'acheteur, il a cessé de l'être dès le jour même de la vente (art. 1582, C. civ.) ; dès ce jour, il a une créance munie d'un privilège qu'il doit publier et pour la publication duquel il est naturellement soumis à la règle générale des articles 2146, C. civ., et 448, C. com. Ce sont seulement certains *tiers* qui ont le droit de se prévaloir du défaut de transcription pour faire considérer le vendeur comme n'ayant pas cessé d'être propriétaire à leur égard. Cf. art. 3, loi du 23 mars 1855 (1).

Si l'on admet la solution précédente, on doit logiquement reconnaître que le privilège du vendeur d'immeuble ne peut plus être inscrit à nouveau, quand le renouvellement n'a pas eu lieu dans les dix ans (2).

son droit de résolution pour lequel il y a une question spéciale que nous examinons au n° 296 ; mais l'arrêt dit d'une manière générale que la faillite de l'acquéreur ne modifie pas la situation du vendeur, qu'elle ne fait pas obstacle à la transcription et ne saurait l'empêcher de produire les effets qui lui sont inhérents).

(1) Grenoble, 13 mars 1858, D 1858. 2. 177; Nancy, 6 août 1859, S. 1859. 2. 594 ; *J.* *Pal.*, 1861. 176; Cass. 24 mars 1891, S. 1891. 1. 209; *J. Pal.*, 1891. 1. 508 ; D. 1891. 1. 145 ; *Pand. fr.*, 1892. 1. 329 ; Riom, 16 déc. 1891, *la Loi*, n° du 28 janv. 1892. — Colmet de Santerre, IX, 120 *bis* X et XI ; Demangeat, V, p. 295 et 296, en note ; Guillouard, *Traité de la vente*, II, n°ˢ 596 et suiv. : Thaller et Percerou, I, n° 724.

(2) Aix, 4 mars 1896, *la Loi*, n° du 28 mai 1896. — Selon l'opinion consacrée par la jurisprudence, ce qui est dit au texte s'applique au défaut de renouvellement de l'inscription d'office. Aubry et Rau, III, (5ᵉ éd.), § 280, p. 626 et note 38.

Un tempérament à cette dernière doctrine a été proposé (1). Il a été soutenu que le vendeur d'immeuble peut encore publier son privilège même après le jugement déclaratif de la faillite de l'acheteur tant qu'il ne s'est pas écoulé quarante-cinq jours depuis la vente (2). En ce sens on invoque la disposition de l'article 6, 2ᵉ alin., de la loi du 23 mars 1855. Mais il y a là une erreur évidente. On ne peut transporter au cas de faillite où il s'agit pour le vendeur d'exercer son privilège sur l'immeuble demeuré dans le patrimoine de l'acheteur failli à l'encontre des autres créanciers de celui-ci, une disposition faite exclusivement pour l'hypothèse d'une sous-aliénation faite par l'acheteur et transcrite. Du reste les créanciers privilégiés ne jouissent pas, en cas de faillite de leur débiteur, des délais qui leur sont d'ordinaire accordés pour rendre leurs privilèges publics. V. n° 294.

296. *Action résolutoire du vendeur d'immeuble.* — La perte même du privilège du vendeur d'immeuble, quand il n'y a eu ni transcription de la vente ni inscription avant le jour où est rendu le jugement déclaratif, a fait naître une autre question : le vendeur d'immeuble, qui est ainsi privé de son privilège, perd-il aussi l'action en résolution pour défaut de paiement du prix ?

Cette question est née des dispositions de l'article 7 de la loi du 23 mars 1855 *sur la transcription*. Avant cette loi, il était hors de doute que l'action résolutoire survivait à la perte du privilège (3), car aucun lien n'existait en vertu de la loi entre ces deux garanties. Mais un lien a été établi entre elles précisément par l'article 7 de la loi de 1855 ; on dit parfois qu'elle les a solidarisées. Aux termes de cet article, *l'action résolutoire établie par l'article* 1654, *C. civ., ne peut être exercée après l'extinction du privilège du vendeur au préjudice des tiers qui ont acquis des droits sur l'immeuble du chef de l'acquéreur et qui se sont conformés aux lois pour les conserver.*

(1-2) Aubry et Rau, 5ᵉ édit., III, § 278, p. 588, note 8. (Ces auteurs avaient antérieurement admis sans restriction que la transcription peut encore être opérée pour conserver le privilège du vendeur d'immeuble même après le jugement déclaratif).

(3) Paris, 12 fév. 1844, S. 1844. 2. 115 ; *J. Pal.*, 1844. 1. 309.

Il résulte de cette disposition que, pour que l'action résolutoire soit éteinte, la réunion de trois conditions est exigée. Il faut : 1° que le privilège soit éteint ; 2° que le vendeur se trouve en présence de tiers ayant acquis sur l'immeuble vendu des droits réels du chef de l'acheteur ; 3° que ces tiers aient conservé leurs droits en remplissant les formalités prescrites par la loi.

Tant que l'hypothèque de l'article 490, C. com., n'a pas été inscrite au profit des créanciers de la masse, l'action en résolution peut être exercée par le vendeur ; car, si les créanciers de la faillite à l'encontre desquels l'exercice de cette action a lieu, ont un droit réel sur l'immeuble, l'hypothèque de l'article 490, ils ne l'ont pas conservée par l'inscription. Mais, une fois que cette hypothèque a été inscrite, les trois conditions prévues par l'article 7 de la loi de 1855 pour l'extinction de l'action résolutoire sont réunies et, dès lors, cette action ne peut, pas plus que le privilège, être exercée au préjudice des créanciers de la masse de la faillite (1) (2).

Cette doctrine qui est actuellement celle de la Cour de cassation n'a pas toujours été adoptée par elle et elle ne l'est pas actuellement

---

(1) Cette doctrine, après avoir été repoussée par la Cour de cassation (note 2 de la page 324), est adoptée par elle d'après sa jurisprudence la plus récente : Cass. 24 mars 1891, S. 1891. 1. 209 ; J. Pal., 1891. 1. 508 (note de Ch. Lyon-Caen); D. 1891. 1. 145. Pand. fr., 1892. J. 329 ; Journal des faillites, 1891, p. 195. — V. dans le même sens, Riom, 1er juin 1859, J. Pal., 1860. 780 ; S. 1859. 2. 597 ; Riom, 16 déc. 1891 ; Journal des faillites, 1892, p. 20 ; Orléans, 22 mai 1896, Journal des faillites, 1896, p. 314. — Cette solution a été admise également au cas de liquidation judiciaire : Trib. comm. d'Epernay, 18 déc. 1895, Journal des faillites, 1896, p. 137 ; Paris, 18 juin 1897, Pand. fr., 1900. 2. 1 ; Journal des faillites, 1897, p. 388 ; Cass. 7 févr. 1898, D. 1898. 1. 459 ; Pand. fr., 1898. 1. 305 ; Journal des faillites, 1898, p. 193.

(2) Les principes posés au texte ont été très exactement appliqués à propos de l'acceptation sous bénéfice d'inventaire. D'après l'article 2146, C. civ., le privilège ne peut plus être rendu public quand la succession de l'acheteur a été acceptée bénéficiairement. Mais, en ce cas, l'action résolutoire peut être exercée par le vendeur au préjudice des créanciers de la succession. La raison en est qu'ils n'ont pas de droit réel sur les immeubles héréditaires parmi lesquels se trouve l'immeuble vendu au débiteur dont il s'agit : Cass. 27 mars 1861, S. 1861. 1. 758 ; Trib. civ. Seine, 21 févr. 1891, la Loi, n° du 14 mars 1891 ; Journ. des conservateurs des hypothèques, 1891, p. 193.

par tous les auteurs. Les uns prétendent que le vendeur d'immeuble conserve son action résolutaire en cas de faillite de l'acheteur, malgré la perte de son privilège pour défaut de publicité. Selon les autres, au contraire, les créanciers formant la masse auraient le droit de se prévaloir du défaut de qublicité du privilège du vendeur pour écarter l'action en révolution, même avant l'inscription de l'article 490, C. com.

On a nié que le vendeur d'immeuble qui a perdu son privilège en vertu de l'article 448, C. com., perde également son action résolutoire même après que l'hypothèque de l'article 490, C. com., a été inscrite au profit des créanciers de la masse. Pour soutenir cette doctrine, on a eu recours à deux arguments différents qu'il importe de distinguer, à raison des conséquences qui peuvent en être déduites en dehors du cas de faillite de l'acheteur.

On a d'abord prétendu que l'article 7 se rattache étroitement à l'article 6, 2e alin., de la loi du 23 mars 1855, qui indique dans quelles circonstances, en cas de sous-aliénation d'un immeuble, le sous-acquéreur est à l'abri du privilège du premier vendeur ; que l'article 7 vise ce même cas et ne peut, par suite, être invoqué contre le vendeur que par un sous-acquéreur ou par les créanciers de celui-ci. Il ne pourrait donc l'être par les créanciers de la faillite de l'acheteur même après l'inscription de l'hypothèque de l'article 490, C. com. (1). Cette doctrine doit être rejetée. Elle attribue à l'article 7 de la loi de 1855 une portée restreinte qui est en contradiction avec le texte de cette disposition et avec ses motifs. L'article 7 de la loi du 23 mars 1855 est conçu en termes généraux et aucune expression n'y implique qu'il doive être limité au cas prévu par l'article 6, 2e alin. Du reste, c'est dans un intérêt de crédit que le législateur n'a pas voulu que l'action résolutoire pût être exercée après la perte du privilège. Le crédit est intéressé assurément à ce que l'action résolutoire, après l'extinction du privilège, ne soit pas plus exercée au préjudice des créanciers hypothécaires que des tiers

---

(1) Demangeat sur Bravard, V. p. 297, en note ; Aubry et Rau (5e édit.), III, § 278, notes 10 et 11, p. 589 et 590 ; Colmet de Santerre, IX, 120 *bis* XIII et XIV ; Mourlon, *Traité de la transcription*, II, p. 87 et suiv.

acquéreurs. Quand le législateur a voulu protéger plus les seconds
que les premiers, il n'a pas manqué de le dire expressément.
V. art. 859 et 860, C. civ (1).

Sans nier la portée générale de l'article 7 de la loi de 1855 au
point de vue des tiers pouvant en invoquer le bénéfice, on en a écarté
l'application à notre hypothèse, en alléguant que la condition essentielle de l'extinction du privilège du vendeur ne s'y rencontre pas.
Cet article, a-t-on dit, exige l'extinction du privilège, c'est-à-dire
une extinction complète, absolue, ineffaçable ; or, en cas de faillite,
l'inefficacité de l'inscription est relative et, en certains cas, temporaire, puisqu'elle ne peut être invoquée que par la masse et qu'elle
doit cesser d'être applicable si la faillite vient à se terminer par un
concordat simple (2). Ce raisonnement d'une extrême subtilité, est
inexact. La question de savoir si le droit de résolution subsiste se
présente dans les rapports du vendeur et de la masse de la faillite ;
or, à l'égard de la masse, il est difficile de nier que le privilège soit
éteint et absolument éteint. L'extinction du privilège faisant disparaître l'action résolutoire, on ne voit pas comment le vendeur échapperait à la perte de cette action.

On a soutenu, au contraire, que l'action en résolution est perdue
pour le vendeur dont le privilège n'a pas été rendu public même
avant que l'hypothèque de la masse ait été inscrite. Cette opinion a
été défendue spécialement par les auteurs qui attribuent à la masse
des créanciers un droit réel opposable aux tiers indépendamment de
toute inscription (3). Le point même de départ même de cette doc-
est, selon nous erronée.

296 *bis*. En résumé, pour déterminer la situation du vendeur

---

(1) V. aussi, dans le *Recueil de Sirey* (1891. 1. 209) et dans le *J. Pal.*
(1891. 1. 508), la note de Ch. Lyon-Caen sur l'origine de l'article 7 de la
loi de 1855 et sur les motifs de cette disposition.

(2) Cass. 1er mai 1860, S. 1860. 1. 602; *J. Pal*, 1860. 970; D. 1860. 1.
236. — V. aussi Dijon, 13 juin 1864, S. 1864. 2. 244; *J. Pal.*, 1864. 1188;
Lyon, 6 avr. 1865, S. 1866. 2. 196 ; *J. Pal.*, 1866. 812 ; D. 1866. 5. 487.

(3) V. Thaller et Percerou, I, 725 *ter*. Cpr. Rivière et Huguet, *Questions
sur la transcription*, n°s 374 et 375 ; Troplong, *De la transcription*,
n°s 282, 295 et suiv.

d'un immeuble en cas de faillite de l'acheteur antérieurement au paiement du prix, plusieurs cas doivent être distingués :

a. Le vendeur d'immeuble dont l'acte de vente a été transcrit ou dont le privilège a été inscrit avant la déclaration de faillite, peut, à son choix, exercer à l'égard de la masse son privilège ou son action résolutoire, comme si l'acheteur n'était pas en faillite ;

b. Le vendeur d'immeuble dont l'acte de vente a été transcrit ou le privilège a été inscrit seulement après le jugement déclaratif et l'inscription de l'hypothèque de la masse, a perdu ces deux garanties ;

c. Le vendeur d'immeuble dont l'acte de vente a été transcrit après le jugement déclaratif, mais avant l'inscription de l'hypothèque de la masse, a perdu le privilège, mais il conserve l'action résolutoire.

La situation assez fâcheuse faite au vendeur d'immeuble à défaut de publicité donnée à son privilège par l'inscription ou par la transcription, ne doit pas surprendre. Le vendeur d'effets mobiliers est beaucoup plus mal traité encore, puisque, par le seul fait que le jugement déclaratif a été rendu et que les choses vendues sont entrées dans les magasins de l'acheteur, il perd son privilège et les autres garanties attachées par la loi à la créance du prix. V. art. 550, dernier alin., C. com. (1). Toutefois le vendeur d'un fonds de commerce ne perd ni son privilège ni son action révolutoire par suite de la déclaration de faillite de l'acheteur si le privilège a été inscrit dans la quinzaine de la vente, fût-ce après le jugement déclaratif de la faillite de l'acheteur. L. 17 mai 1909, art. 2, dern. alin.

297. Les inscriptions prises après le jugement déclaratif sont nulles. Il en est de même d'après ce qui est décidé plus haut (n° 295), de la transcription d'une vente d'immeuble en tant du moins qu'elle a pour but de conserver le privilège du vendeur.

La nullité des inscriptions peut être invoquée par le syndic, représentant la masse des créanciers, que l'hypothèque de l'article 490, C. com., ait été ou n'ait pas été inscrite. Un créancier ayant pris une inscription à partir de la déclaration de faillite ne

---

(1) V. n°° 831 et suiv. et *Traité de Droit commercial*, VI, n° 1700.

peut donc se prévaloir de l'antériorité de date de cette inscription sur celle de l'hypothèque de l'article 490, 3e alin. (1).

Mais la nullité des inscriptions prises après le jugement déclaratif n'étant admise que dans l'intérêt de la masse, ne peut être invoquée que par celle-ci. Dans le cas où le failli obtient un concordat simple, la masse des créanciers cesse d'exister. On peut se demander si le droit d'invoquer la nullité des inscriptions postérieures à la déclaration de faillite ne passe pas à chacun des créanciers. Cette question est examinée à propos du concordat. V. nos 632 et 633.

Pour l'exactitude des idées et des expressions, il faut noter qu'il s'agit ici de la nullité des inscriptions, non de celle des privilèges et des hypothèques ; l'article 448, 1er alin., C. com., suppose même expressément que ceux-ci ont été *valablement acquis*. Mais, en définitive, l'annulation d'une inscription a les mêmes effets que celle de l'hypothèque ou du privilège, puisqu'à défaut d'inscription, ces droits ne sont pas opposables aux tiers.

298. *Formalités de publicité autres que les inscriptions de privilèges et d'hypothèques.* — Pour que les aliénations ou les constitutions en gage des différentes choses corporelles ou incorporelles soient opposables aux tiers, nos lois exigent l'accomplissement de formalités variées. Il y a lieu de rechercher si ces formalités peuvent encore être utilement remplies après la déclaration de faillite de l'aliénateur ou de celui qui a constitué le gage. Il n'y a pas de règle unique à poser à cet égard : les systèmes de publicité admis par nos lois varient avec la nature des biens, parfois avec la nature des aliénations, et ce ne sont pas toujours les mêmes personnes considérées comme tiers qui peuvent invoquer le défaut de publicité (2).

299. Quand le failli a aliéné *à titre onéreux* un immeuble avant la déclaration de faillite, la transcription de l'acte d'aliénation peut-elle avoir encore utilement lieu après ?

L'affirmative doit être admise sans hésitation. L'article 448,

(1) Grenoble, 19 août 1882, *la Loi*, no des 28-29 août 1882.
(2) V. Frédéric Hubert, *Des effets du jugement déclaratif de faillite ou de liquidation judiciaire sur les mesures de publicité autres que les inscriptions de privilèges et d'hypothèques* (1906, *Extrait de la Revue critique de législation et de jurisprudence*).

C. com., ne s'applique pas à cette hypothèse, puisqu'il ne s'agit pas pour l'acheteur de conserver ou d'acquérir une hypothèque ou un privilège, mais seulement de mettre son droit de propriété à l'abri des droits réels qui pourraient être publiés du chef du vendeur (art. 3, L. 23 mars 1855). Puis, les créanciers formant la masse ne peuvent pas se prévaloir du défaut de transcription, parce que les seules personnes qui peuvent le faire sont les tiers ayant acquis du chef de l'aliénateur des droits réels et les ayant conservés conformément aux lois (art. 6, L. 23 mars 1855). Ils ne satisfont pas à ces conditions, du moins tant que l'hypothèque de l'article 490, C. com., n'a pas été inscrite. Mais, quand elle l'a été, quels sont les droits des créanciers de la masse ? Des auteurs semblent dire qu'alors, la faillite pourra méconnaître l'aliénation et faire rentrer purement et simplement l'immeuble dans l'actif à liquider. C'est inadmissible ; l'acte d'aliénation devient inefficace à l'égard de la faillite, en ce sens seulement qu'il ne peut porter atteinte à l'exercice du droit hypothécaire qui appartient à la masse et dont elle peut réclamer tous les effets, mais non en ce sens qu'il ne confère aucun droit de propriété à l'acquéreur comme cela arriverait au cas où celui-ci, au lieu de se rencontrer avec un créancier hypothécaire inscrit sur l'immeuble, se rencontrerait avec un acquéreur de cet immeuble en vertu d'un acte postérieur au sien, mais transcrit antérieurement (1). Du reste, le tiers acquéreur a la faculté de purger (2).

300. Les mêmes solutions sont évidemment à donner pour les constitutions de droits réels à titre onéreux faites par le failli avant la déclaration de faillite et rentrant dans les cas prévus par les articles 1 et 2 de la loi du 23 mars 1855.

(1-2) Cass. 5 août 1869, S. 1869. 1. 393 ; *J. Pal.*, 1869. 1041 ; D. 1870. 1. 161. — V. Boistel, n° 919 ; Aubry et Rau (5e édit.), II, § 209, notes 93 et 94. Cependant il a été soutenu que l'acheteur dont le titre n'est pas transcrit lors de la déclaration de faillite de son vendeur, ne peut invoquer son acquisition à l'égard des créanciers de la masse. On argumente en ce sens du dessaisissement produit par le jugement déclaratif, Demangeat sur Bravard, V, p. 301 et suiv., en note. Cette doctrine ne tient pas compte de ce que ce jugement ne confère pas aux créanciers un droit réel opposable aux tiers tant que l'hypothèque de l'article 490, C. com., n'a pas été inscrite.

301. Si, au lieu d'une aliénation d'immeuble *à titre onéreux* faite par le failli, on suppose une *donation* d'immeuble faite par lui, la même solution ne doit pas être admise. Il y a, en effet, à tenir compte de l'article 941, C. civ., d'après lequel le défaut de transcription peut être opposé *par toutes personnes y ayant intérêt :* cette formule est aussi large que possible et comprend, dans l'opinion générale, même les créanciers chirographaires quand ils ont exercé une mainmise sur l'immeuble donné (1) ; dans notre espèce, cette mainmise résulte du dessaisissement du failli produit par le jugement déclaratif. On doit donc admettre que la donation ne peut plus être, au regard de la masse, utilement transcrite après ce jugement (2).

302. La même solution doit être donnée dans le cas où le failli avait aliéné un bâtiment de mer et où les formalités de la mutation en douane n'ont pas été remplies avant le jugement déclaratif (3). Le défaut de mutation en douane peut, en effet, être opposé par les tiers y ayant intérêt, sans même qu'ils aient un droit réel sur le navire (4).

303. D'après l'article 1690, C. civ., le cessionnaire d'une créance

(1) Cass. 23 nov. 1859, S. 1859. 1. 481.

(2) Demolombe, XX, n° 303 ; Aubry et Rau (5ᵉ édit.), § 209, note 91, p. 463 ; Boistel, n° 919 *in fine*, p. 689, note 4. Suivant ce dernier auteur, il serait plus exact en théorie de dire que la question ne peut pas naître, car les créanciers pouvaient invoquer le défaut de transcription même avant le jugement déclaratif, même avant la période suspecte : l'observation aurait peut-être eu besoin d'un développement. Si nous la comprenons bien, elle signifie que le défaut de transcription de la donation pourrait être opposé indépendamment de toute déclaration de faillite ; cela est certainement exact, et notamment nous pensons que les créanciers même chirographaires qui auraient saisi l'immeuble seraient recevables à écarter le donataire dont le titre n'aurait pas été transcrit. Mais il faut bien que les créanciers aient exercé leurs droits à l'égard du bien donné, ils ne pourraient pas prétendre que la transcription est non avenue à leur égard par cela seul qu'elle a eu lieu à un moment où le donateur était insolvable. Cf. Demolombe, XX, n° 301. Il n'est donc pas inutile de faire remarquer que le jugement déclaratif de faillite, produisant au profit de la masse une mainmise sur tous les biens du débiteur, donne à la masse l'*intérêt* qu'exige l'article 941, C. civ.

(3) Paris, 4 juin 1886, *la Loi*, n° du 29 juill. 1886.

(4) *Traité de Droit commercial*, VI, n° 124.

à personne dénommée n'en est saisi à l'égard des tiers que par la signification de la cession faite au débiteur cédé ou par l'acceptation de celui-ci dans un acte authentique. Si le failli a cédé valablement une créance et si, avant la déclaration de faillite, il n'y a eu ni signification ni acceptation de la cession, une de ces formalités peut-elle encore être remplie utilement au préjudice des créanciers de la faillite du cédant ? La négative ne peut faire doute. Ce n'est pas qu'il faille ici appliquer, par analogie, la disposition de l'article 448, 1ᵉʳ alin., C. com. ; elle ne peut être étendue, par cela même qu'elle établit une déchéance. Mais la solution résulte du dessaisissement qui opère comme une mainmise sur les biens du débiteur et qui doit produire le même effet qu'une saisie générale (n° 241) (1). Le cessionnaire ne pourrait invoquer son droit au préjudice d'une saisie-arrêt d'un créancier du cédant faite avant la signification de la cession ; le jugement déclaratif a la même efficacité.

304. S'il s'agit de créances transmissibles par endossement, par tradition ou par transfert, la même solution doit être donnée si ces actes ne sont pas intervenus avant la déclaration de faillite, car ils équivalent, pour les titres de créance à ordre, au porteur et nominatifs, aux formalités de l'article 1690, C. civ., pour les créances à personne dénommée, en ce sens que ces actes sont nécessaires pour que les cessions de ces créances soient opposables aux tiers (2).

305. En cas de cession d'un brevet d'invention faite par le failli avant la déclaration de faillite, cette cession est aussi non avenue à l'égard des créanciers de la faillite, si cette cession n'a pas été enregistrée à la préfecture du département où la cession a été faite en conformité de l'article 20 de la loi du 5 juillet 1844 ; d'après cet article *aucune cession ne sera valable à l'égard des tiers qu'après avoir été enregistrée au secrétariat de la préfecture du département dans lequel l'acte aura été passé* (3).

---

(1) Cass. 4 janv. 1847, D. 1847. 1. 133 ; S. 1847. 1. 161 ; Paris, 28 juin 1855, S. 1856. 2. 232 ; Cass. 26 janv. 1863, D. 1863. 1. 47 ; S. 1863. 1. 64 ; Trib. comm. Seine, 10 mai 1902, *la Loi*, n° du 26 juin 1902. — Demangeat sur Bravard, V, p. 300, note 1.

(2) V. *Traité de Droit commercial*, III, n° 97. V. Thaller et Percerou, page 711, note 4.

(3) V. sur l'article 20 de la loi du 5 juill. 1844, Pouillet, *Traité des brevets d'invention*, n°ˢ 212 et suiv.

306. Des questions analogues se posent en cas de constitution en gage régulièrement faite par le failli quand les conditions exigées pour que le gage soit opposable aux tiers n'ont pas été remplies avant le jugement déclaratif. Le privilège du gagiste ne peut pas alors être opposé à la masse des créanciers de la faillite. Il en est ainsi : *a*. en cas de constitution en gage d'une chose corporelle, lorsque le créancier gagiste n'en a pas été mis en possession avant le jugement déclaratif (1) ; *b*. en cas de constitution en gage d'une créance, lorsqu'avant ce jugement il n'y a pas eu, selon les circonstances, soit signification (2), endossement ou transfert, soit, quelle que puisse être la forme du titre de créance, remise de ce titre faite au créancier gagiste (3) ; *c*. en cas de constitution en gage du fonds de commerce du failli consentie sous l'empire de la loi du 17 mars 1909 lorsque la formalité de l'inscription au greffe du tribunal de commerce n'a pas été remplie avant le jugement déclaratif de faillite.

III. — EFFETS DU JUGEMENT DÉCLARATIF DE FAILLITE DANS LE PASSÉ (4).

307. Pour protéger la masse des créanciers contre les actes de nature à diminuer son actif ou à augmenter son passif, que le failli pourrait faire à partir du jugement déclaratif, la loi donne pour effet au jugement déclaratif le *dessaisissement* du failli. Du dessaisissement résulte notamment que les actes du failli postérieurs au jugement déclaratif sont nuls à l'égard de la masse des créanciers (n° 208). La protection des créanciers eût été insuffisante, si elle se fût bornée ainsi au temps postérieur à la déclaration de faillite. Le jugement déclaratif ne fait que constater l'état de cessation de paiements, qui peut être et, en fait, est souvent de beaucoup antérieur.

(1) P. Pont, *Traité des petits contrats*, II, n° 1134.
(2) Boistel, n° 919.
(3) Nous supposons au texte qu'il est admis, selon la doctrine la plus générale qu'en matière de gage de créance, la remise du titre au créancier gagiste est nécessaire pour que ses droits soient opposables aux tiers. — V. *Traité de Droit commercial*, III, n° 280.
(4) Art. 446 à 449, C. com.

Il y a donc un temps plus ou moins long pendant lequel le commerçant sous le coup d'une déclaration de faillite, reste, cependant, à la
tête de ses affaires. Quel est le sort des opérations diverses qu'il a
faites durant cette période ? Les laissera-t-on régies purement et
simplement par les principes du droit commun, suivant lesquels les
créanciers chirographaires doivent subir les conséquences des actes
faits par le débiteur, sauf le cas de fraude du débiteur (art. 1167,
C. civ.) ? Les annulera-t-on, au contraire, par cela seul qu'elles ont
été préjudiciables à la masse ? La solution a varié suivant les
époques, et on le comprend : il s'agit de concilier entre eux deux
intérêts opposés, l'intérêt de la masse des créanciers et l'intérêt du
crédit ; la conciliation est assurément difficile (1). Pour la masse,
il est désirable qu'on annule autant que possible les actes du failli,
afin que la situation de tous ceux qui ont traité avec celui-ci soit
égale et que certains ne bénéficient pas d'opérations conclues
depuis que la cessation de paiements a eu lieu ; mais, d'autre part,
le crédit recevrait une grave atteinte par suite d'un système de
nullités trop absolu ; on ne traiterait plus avec sécurité avec un
commerçant dans la crainte qu'il ne soit dans l'avenir déclaré en
faillite. La loi de 1838 a essayé de tenir compte de ces deux ordres
d'idées, en attachant au jugement déclaratif dans le passé des effets,
en général, moins graves que ceux que, par suite du dessaisissement, il produit dans l'avenir.

308. Les effets que produit le jugement déclaratif de faillite dans
le passé ne se produisent certainement pas en cas de déconfiture (2),

---

(1) La difficulté même du problème explique à la fois que la loi française
ait varié et que les législations des divers pays le résolvent de façons assez
variées. V. Thaller, *Des faillites en Droit comparé*, I, nos 107 et suiv.,
p. 373 et suiv.

Droit étranger. — Voici où se trouvent, pour les principaux pays, les
règles concernant les actes du failli faits avant la déclaration de faillite.
Codes de commerce *belge*, art. 445 à 449 : *italien*, art. 707 à 711 ; *roumain*,
art. 720 à 724 ; *monégasque*, art. 417 à 420 ; *espagnol*, art. 879 à 881 ;
portugais, art. 721 ; *chilien*, art. 1373 à 1378 ; *mexicain*, art. 978 à 981 ;
argentin, art. 1408 à 1411 ; *japonais* (de 1893), art. 990 à 992 ; lois *allemande*, art. 29 à 42 ; *hongroise*, art. 26 à 37 ; *auglaise*, art. 45 à 49 ;
suédoise, art. 35 à 38 ; *suisse*, art. 285 à 292 ; *hollandaise* (de 1893), art. 42
à 51 ; *brésilienne*, de 1908, art. 55 à 62 ; loi *autrichienne* du 16 mars 1884.

(2) Trib. civ. Rennes, 13 août 1891. D. 1893. 2. 240.

mais ils résultent du jugement de mise en liquidation judiciaire (nos 1064 et suiv.). Dans une opinion très répandue que consacre la jurisprudence critiquée plus haut (nos 187 et suiv.), ils dérivent virtuellement du fait de la cessation des paiements, de telle sorte qu'ils existent même en l'absence de tout jugement du tribunal de commerce constatant la cessation des paiements et déclarant, par suite, la faillite ou la liquidation judiciaire.

309. Avant d'exposer le système admis par la loi de 1838 et pour mieux apprécier la portée des dispositions que, sur se sujet, elle a introduites dans le Code de commerce, il importe de rappeler les précédents législatifs.

L'Ordonnance de 1673 porte dans l'article 4 du titre XI : « Déclarons nuls tous transports, cessions, ventes et donations des « biens meubles ou immeubles *faits en fraude des créanciers;* « voulons qu'ils soient rapportés à la masse commune des effets. » Il n'y avait là que le rappel du principe général de l'action paulienne appliqué même en dehors de toute faillite (1). Ce n'était pas une protection suffisante, puisqu'il fallait prouver, dans tous les cas, la fraude du débiteur *(consilium fraudis et eventus damni)* et même, s'il s'agissait d'un acte à titre onéreux, la complicité du tiers qui avait traité avec lui (2). Un Edit de mai 1609 donnait une solution plus absolue pour des actes particulièrement suspects, en annulant « tous transports, cessions, donations, ventes et aliénations, faites aux enfants et héritiers présomptifs ou aux amis du débiteur ». Un Règlement, adopté par les négociants de la ville de Lyon (3) et

---

(1) Pothier, *Traité des obligations,* no 153.

(2) Suivant Bravard (t. V, p. 209), la disposition de l'Ordonnance ne doit pas être entendue en ce sens, parce qu'alors, elle aurait été inutile, mais dans le sens d'une nullité de plein droit. Cette interprétation est rejetée par tous les commentateurs modernes, même par M. Demangeat dans ses notes (Bravard, V, note 2, p. 209) : ce qui est plus décisif, c'est que les anciens auteurs semblent bien interpréter l'Ordonnance comme nous le faisons au texte. V. notamment Bornier, qui indique les circonstances qui font présumer la fraude (sur l'art. 4 du titre XI de l'Ordonnance de 1673). — Cf., cependant, note 1 de la page suivante.

(3) C'étaient les idées italiennes qui avaient inspiré les négociants lyonnais. Les jurisconsultes italiens s'étaient bien accordés sur ce point qu'on devait assimiler au négociant failli le négociant près de faillir et annuler,

homologué par arrêt du Conseil du 7 juillet 1667, contenait également, à ce sujet une disposition qu'il est étonnant que l'Ordonnance de 1673 ne se soit pas appropriée. Ce fut seulement une
Déclaration royale de novembre 1702 qui le fit dans les termes suivants : « Toutes cessions et transports sur les biens des marchands
« qui font faillite seront nuls et de nulle valeur, s'ils ne sont faits
« dix jours au moins avant la faillite publiquement connue (1),
« comme aussi les actes et obligations qu'ils passeront par devant
« notaires au profit de quelques-uns de leurs créanciers, ou pour
« contracter de nouvelles dettes, ensemble les sentences qui seront
« rendues contre eux n'acquerroient aucune hypothèque ni préfé
« rence sur les créanciers chirographaires, si lesdits actes et obli-
« gations ne sont passés, et si lesdites sentences ne sont rendues
« pareillement dix jours au moins avant la faillite publiquement
« connue » (2). Il faut remarquer qu'il n'y avait pas alors de jugement déclaratif (n° 189), que certains faits extérieurs constituaient
l'ouverture de la faillite ; il résultait donc de la Déclaration de 1702
que les actes dont il s'agit, intervenus à partir de ces faits ou dans
les dix jours précédents, étaient nuls de droit (3).

par suite les actes faits par celui-ci, mais non sur ce qu'il fallait entendre
par un négociant *proximus decoctione.* Casaregis disait : *alii volunt eum
intelligi debere decoctum qui intra decem dies a celebratione contractus
aut negotii ab eo gesti, foro cesserit ; alii hoc idem tempus ampliant
usque ad dies quindecim ; alii illud abbreviant usque ad quatuor aut sex
dies.* Cf. Massé, III, n° 1212, qui cite d'intéressants passages de divers
jurisconsultes. — V. aussi Thaller, *Des faillites en Droit comparé,* I,
p. 39 et suiv.

(1) Il est bien certain que, dans le système de la Déclaration, les créanciers n'ont à prouver aucune fraude, ce qui constitue une grande différence
avec l'application de l'action paulienne, à laquelle semblait seulement renvoyer l'Ordonnance de 1673. Il convient, cependant, de remarquer que,
d'après le préambule même de la Déclaration, la disposition de l'article 13
du Règlement de Lyon qui est ainsi reproduite « explique l'article 4 de notre
Edit de mars 1673 appelé le *Code marchand,* au titre *Des faillites,* et pré-
vient toutes les difficultés et contestations auxquelles l'article du Code
donne lieu quelquefois sur la validité des cessions, transports et autres
actes qui se font à la veille des faillites ».

(2) La disposition relative aux hypothèques ne se trouvait pas dans le
Règlement de Lyon.

(3) Le préambule de la Déclaration dit « qu'il y aurait moins d'abus et

310. Le Code de 1807 chargea le tribunal de commerce de déclarer la faillite et aussi de fixer la date de la cessation des paiements ; le failli était considéré comme ayant été dessaisi de l'administration de ses biens à partir de cette date (anc. art. 442); tous les actes postérieurs du failli devaient donc être sans effet à l'égard de la masse, comme le sont aujourd'hui ceux qui suivent le jugement déclaratif. Un système particulier était admis pour les actes intervenus dans les dix jours qui avaient précédé la cessation des paiements (1) : les plus suspects étaient annulés de plein droit, les autres ne l'étaient qu'à la condition de prouver la fraude de ceux qui avaient contracté avec le failli (anc. art. 443-446). Cette rétroactivité du dessaisissement qui pouvait entraîner la nullité d'actes nombreux et importants faits pendant une longue période par un négociant resté à la tête de ses affaires, était d'une extrême rigueur (n° 198) ; aussi la jurisprudence avait-elle cherché à l'atténuer par toute espèce de tempéraments équitables en eux-mêmes, mais fort arbitraires ; certaines décisions faisaient, pour le temps qui s'était écoulé de la cessation des paiements à la déclaration de la faillite, les distinctions que le Code n'admettait que pour les dix jours qui avaient précédé l'ouverture de la faillite (2). Cette question du sort des actes antérieurs à la faillite était donc une de celles pour lesquelles une réforme du Code de 1807 était le plus indispensable.

311. Ce n'est pas du premier coup qu'on est arrivé, en 1838 au système qui a été consacré par la loi. Certains proposaient encore de faire dater le dessaisissement de la cessation des paiements, en exi-

---

de fraudes, s'il y avait une règle uniforme pour tout le Royaume », Suivant Massé (III, n° 1214), la Déclaration devint effectivement le droit commun de la France jusqu'en 1807 ; Renouard (I, p. 345) dit, au contraire, qu'elle n'avait pas été enregistrée par tous les Parlements.

(1) Suivant Massé (III, n° 1214), cette période de dix jours se comprend dans l'ancienne législation qui faisait dater la faillite du jour où elle était publiquement connue ; elle ne se comprenait plus dans le système du Code de 1807 qui permet au tribunal de fixer la date de la cessation des paiements, sans se préoccuper de la notoriété.

(2) Renouard, I, p. 347-353 ; Pardessus, III, n°ˢ 1119 et suiv. — V. les décisions rapportées, Rép. Dall., v° *Faillites*, n°ˢ 266-273.

geant comme correctif que celle-ci fût notoire ; d'autres se conten-
taient de présumer frauduleux les actes intervenus dans cette
période, de sorte que, par exemple, le créancier qui aurait été payé
aurait dû prouver qu'il avait reçu dans l'ignorance de la cessation
des paiements (1). C'est un système mixte qui a prévalu : 1° certains actes suspects par leur nature même sont *nuls de droit*, c'est-
à-dire qu'ils sont frappés de nullité par cela seul qu'ils ont été faits
depuis la cessation des paiements ou dans les dix jours précédents
(art. 446) ; 2° les autres actes *pourront être annulés*, si ceux qui y
ont participé connaissaient la cessation des paiements (art. 447,
auquel il faut joindre l'article 449 qui prévoit un cas spécial) ; 3° *les
inscriptions* prises depuis la cessation des paiements ou dans les
dix jours précédents sont soumises à une règle particulière, par
suite de laquelle l'annulation en est possible (art. 448, alin. 2
et 3) (2).

312. Si donc l'on veut se rendre compte d'une manière générale
du sort des actes faits à différentes époques par un individu qui
a été déclaré en faillite, il faut distinguer trois périodes différentes
qui sont :

1° *La période postérieure à la déclaration de faillite et avant
que la faillite soit terminée.* — La situation est on ne peut plus
nette par suite du dessaisissement. Aucun acte intervenu durant
cette période ne peut nuire à la masse (n°s 208 et suiv.).

2° *La période qui va de la date de la cessation des paiements*
(elle comprend pour certains actes traités très rigoureusement les
dix jours précédents) *à la déclaration de faillite ;* c'est la période
appelée dans l'usage le *temps suspect* ou la *période suspecte.* —
Tous les actes ne sont pas annulés en bloc et sans distinction
comme dans la période postérieure au jugement déclaratif ; on

(1) V., au sujet des diverses idées par lesquelles on est passé, Renouard,
I, p. 349-363 ; Rép. Dall., v° *Faillite*, n° 304.

(2) Il s'agit ici de la seconde disposition de cet article ; la première, qui
vise les inscriptions qui n'auraient été prises qu'à partir du jugement
déclaratif, a été expliquée précédemment (n°s 280 et suiv.), par cela même
qu'elle concerne un des effets que produit dans l'avenir le jugement
déclaratif de faillite.

tient compte, soit de la nature de l'acte, soit des circonstances
dans lesquelles il est intervenu. Ainsi que cela sera expliqué
(nos 318 et 397), les articles 446 et suiv., C. com., assurent à la
masse des créanciers une protection meilleure que celle que leur pro-
curerait l'action paulienne.

3o Enfin, *la période qui précède le temps suspect.* — La loi commerciale ne s'en est pas occupée et l'a, par suite, laissée sous
l'empire du droit commun (1). Les créanciers peuvent donc, conformément à l'article 1167, C. civ., attaquer les actes faits par leur
débiteur en fraude de leurs droits ; il n'y a qu'à appliquer les
règles ordinaires du Droit civil en ce qui touche, soit les justifications à faire pour les créanciers qui exercent ainsi l'action paulienne, soit les conséquences de la réussite de l'action (2).

L'action paulienne peut, du reste, comme il sera expliqué plus
loin (no 420), être aussi exercée à l'occasion des actes faits durant
la période suspecte.

Au sujet de l'exercice et des effets de l'action paulienne, quant
aux actes antérieurs à la période suspecte, plusieurs observations
sont nécessaires.

(1) L'ancien article 447 disait : « Tous actes ou paiements faits en fraude
des créanciers sont nuls » ; une disposition analogue a été retranchée du
projet de loi en 1838 comme inutile (Renouard, I, p. 350 et 362). — Le
législateur *belge* a cru bon de le dire expressément, V. art. 448. V. aussi
art. 708, C. com. *italien* ; art. 721, *roumain* ; art. 1376, *chilien*, art. 978,
mexicain.

(2) Les actes antérieurs à la période suspecte sont donc maintenus, sauf
le cas où le caractère frauduleux en serait démontré : Cass. 31 juill. 1872,
D. 1872. 1. 300. Un arrêt de la Cour de Paris du 14 décembre 1846 (D. 1847.
2. 183) dit nettement que la présomption de bonne foi qui couvre les actes
passés avant la cessation des paiements, ne met pas obstacle à l'action
qui peut, aux termes de l'article 1167, C. civ., être exercée par les créanciers, pour faire tomber tous actes faits en fraude de leurs droits ; aj. Lyon,
15 déc. 1881, *Journal des faillites,* 1883, p. 91. Quelquefois, les tribunaux,
sans invoquer l'article 1167, C. civ., ont prononcé des condamnations à
des dommages-intérêts contre des tiers qui avaient traité avec le failli
avant la période suspecte, quand il y avait eu de leur part dol ou
faute lourde (application de l'article 1382, C. civ.) : Cass. 23 août 1864,
D. 1864. 1. 367 ; S. 1865. 1. 177 ; Cass. 3 mars 1869, D. 1871. 5. 192 ;
S. 1869. 1. 174 ; J. Pal., 1869. 418 ; Paris, 21 nov. 1881, *Journal des faillites,* 1882, p. 93.

a. Cette action peut être exercée par tel ou tel créancier lésé par l'acte frauduleux, tandis que le syndic seul, agissant au nom de la masse, peut se prévaloir des articles 446 et suiv., C. com. (1) ; les créanciers ne peuvent même pas intervenir dans le procès en nullité intenté par le syndic. V. n° 227.

b. L'action paulienne ne résultant pas de la faillite n'est pas toujours de la compétence du tribunal qui a déclaré celle-ci (2), tandis que les actions en nullité fondées sur les articles 446 et suiv., C. com., dérivant de la faillite, doivent, en vertu des articles 635, C. com., et 59 7°, C. proc. civ., être portées devant ce tribunal (3). V. n° 468.

c. Quand un acte du failli est annulé en vertu de l'article 1167, C. civ., il se pose une question qui ne se présente pas pour les actes tombant sous le coup des articles 446 et suiv., C. com. Il est hors de doute que la masse entière des créanciers profite de l'annulation de ces derniers actes (4). Au contraire, il s'est élevé une discussion sur le point de savoir si le bénéfice de l'action paulienne doit être réservé aux créanciers antérieurs à l'acte attaqué, sans pouvoir être réclamé par les créanciers postérieurs qui n'auraient pu intenter l'action ou si ce bénéfice appartient à tous les créanciers. En l'absence de tout droit de préférence établi expressément par un texte de loi, il ne paraît pas conforme aux principes de réserver le bénéfice de l'action paulienne aux créanciers antérieurs (5).

(1) Paris, 13 mars 1890, *Journal des faillites*, 1890, p. 397 : Cass. 28 juillet 1908, S. 1910. 1. 263 ; D. 1909. 1. 51 ; *Pand. fr.* 1910. 1. 263 ; *Journal des faillites*, 1908, 403.

(2) Lyon, 15 déc. 1881 *Journal des faillites*, 1893, p. 91 ; Aix, 16 juin 1893, *Journal des faillites*, 1893, p. 296.

(3) A titre exceptionnel, la compétence administrative a été admise pour l'action en nullité d'une convention conclue par un entrepreneur de travaux publics déclaré en faillite : Tribunal des conflits, 12 juill. 1890, S. et J. Pal., 1892. 3. 113 ; D. 1892. 3. 17 ; *Journal des faillites*, 1890, p. 388. Cette solution nous paraît contraire à la règle générale de l'article 635, C. com., d'après laquelle le tribunal qui a déclaré la faillite est compétent pour connaître des contestations qui naissent de la faillite. V. n° 468.

(4) Cass., 29 juillet 1908, S. 1909. 1. 345 ; D., 1910. 1. 309 ; *Pand. fr.* 1909. 1. 345 ; *Journal des faillites*, 1909. 49.

(5) V., *dans le dernier sens*, Colmet de Santerre, V, n° 182 *bis* XV ; Lau-

313. Il n'y a ici à traiter que des nullités qui atteignent les actes du failli accomplis pendant la période suspecte. Conformément à la distinction faite par le Code de commerce et pour employer les expressions consacrées par l'usage, il faut, pour se rendre compte complètement du système consacré, distinguer les *nullités de droit* (art. 446), les *nullités facultatives* (art. 447 et 449), les *nullités des inscriptions de privilèges et d'hypothèques* (art. 448 2ᵉ alin.). A l'occasion de chacune de ces catégories de nullités, il y a lieu de déterminer : *a. A quelles conditions elles sont encourues ; b. A quels actes elles s'appliquent ; c. A l'égard de quelles personnes elles produisent leurs effets.* Du reste, la dernière de ces questions est résolue de la même manière pour les trois espèces de nullités. V. nᵒˢ 317, 383, 398 et 417.

313 *bis*. DROIT ÉTRANGER. — Dans aucun pays, la loi ne traite de la même façon tous les actes du failli antérieur au jugement déclaratif de faillite quelle que soit leur nature. Mais les classifications et les conditions des nullités sont assez variables. En outre, la période suspecte est loin de s'entendre dans tous les pays de la même manière. En France, la durée en varie avec la date de la cessation des paiements qui détermine librement le tribunal (nᵒ 119). Dans quelques pays, cette date ne peut pas être reportée au delà d'une certaine époque dans le passé (p. 135, note 1). Enfin, dans d'autres, la loi même fixe pour tous les cas le délai dans lequel doit avoir été fait un acte avant la déclaration de faillite pour être frappé de nullité. En outre, selon les Etats, ou il y a un délai unique qui est le même pour tous les actes, ou il y a des délais variant avec la nature des actes dont il s'agit ; ils sont plus longs pour les actes particulièrement nuisibles aux créanciers et présentant des dangers de fraude. Ce délai unique ou ces délais variant avec la nature des actes sont si divers selon les pays que nous ne croyons pas devoir les indiquer ici. Il nous suffira de dire que nos préférences sont pour le système français, qui fait dépendre des circon-

---

rent, XIV, nᵒ 489. — *En sens contraire*, Demangeat sur Bravard, V, p. 216, en note ; Aubry et Rau, IV (4ᵉ édit.), § 313.

stances de chaque espèce à apprécier par le juge, la durée de la période suspecte. Il nous paraît arbitraire d'annuler les actes faits dans une période déterminée par la loi pour toutes les faillites sans tenir compte des époques très variables où peut se placer la date de la cessation des paiements. Seulement, dans l'intérêt supérieur du crédit, il est désirable, selon nous, que la loi détermine une date extrême au delà de laquelle la cessation des paiements ne peut pas être fixée dans le passé par les juges. V. n° 119 *in fine*.

314. I. NULLITÉS DE DROIT. — Ces nullités sont les plus rigoureuses de celles que prononce le Code de commerce pour les actes faits par le failli pendant la période suspecte. Aussi s'appliquent-elles exclusivement aux actes qui sont en même temps le plus préjudiciables à la masse et le plus suspects de fraude, parce que par eux le débiteur diminue son patrimoine sans rien recevoir en retour ou l'affecte de droits de préférence qui n'ont été consentis qu'après que la dette qu'ils garantissent a été contractée ; ce ne sont pas là des actes naturels de la part d'un individu qui a cessé ses paiements ou qui est sur le point de les cesser. De tels actes ne peuvent guère s'expliquer de sa part que par la pensée mauvaise de soustraire une partie de l'actif à la masse des créanciers ou d'avantager certains créanciers au détriment des autres.

L'article 446, alin. 1, dispose ainsi au sujet du sort de ces actes dont l'énumération est faite dans les alinéas qui suivent : *Sont nuls et sans effet relativement à la masse, lorsqu'ils auront été faits par le débiteur depuis l'époque déterminée par le tribunal comme étant celle de la cessation de ses paiements, ou dans les dix jours qui auront précédé cette époque...*

315. Les nullités dont il s'agit sont qualifiées dans l'usage de nullités *de droit*. Mais il ne faut pas se méprendre sur la portée de cette expression consacrée (1). Elle ne signifie pas qu'elles ont lieu

(1) L'expression *nuls de droit* ne se trouve pas dans le Code de commerce ; mais elle se rencontre dans l'article 502, C. civ., à propos des actes faits par l'interdit judiciairement ou par l'individu pourvu d'un conseil judiciaire sans l'assistance de son conseil. Elle a pour but d'indiquer que, lorsque la nullité de ces actes est demandée, le tribunal *doit* la pro-

de plein droit et sans demande en justice ; une action en nullité doit être intentée par le syndic dans le cas où l'intéressé qui a fait avec le failli l'acte dont il s'agit, ne reconnaît pas que l'article 446, C. com., est applicable. Quand on dit que l'article 446 édicte des nullités *de droit,* on veut indiquer par là que le tribunal n'a pas à apprécier les circonstances dans lesquelles est intervenu l'acte attaqué, les mobiles qui l'ont inspiré, la bonne ou la mauvaise foi, soit du failli, soit de la personne qui a concouru à l'acte. Il doit vérifier seulement si l'acte est compris dans l'énumération de l'article 446 et s'il est intervenu dans la période suspecte ; la *nature* et la *date* de l'acte sont seules prises en considération. Si l'acte attaqué figure dans l'énumération de l'article 446 et s'il a été fait dans la période qu'il indique comme constituant la période suspecte, le tribunal *doit* prononcer la nullité.

316. Pour qu'il y ait lieu d'admettre la nullité d'un acte en vertu de l'article 446, C. com., plusieurs conditions sont requises.

a. Il faut que l'acte dont il s'agit rentre dans l'énumération des actes faits par l'article 446, C. com., qui est limitative. Au contraire, l'article 447, C. com., qui établit des nullités *facultatives,* s'applique à tous les actes non compris dans l'article 446, C. com., à l'exception des inscriptions de privilèges et d'hypothèques régies par la règle spéciale de l'article 448, 2e alin. (nos 386 et suiv.).

b. L'acte attaqué doit avoir été fait dans la période suspecte (1). Celle-ci comprend, au point de vue des nullités de droit, non seulement le temps écoulé de la date de la cessation des paiements à la déclaration de faillite, mais encore les dix jours antérieurs à cette date. Ce délai de dix jours a été emprunté à notre ancienne législation (no 309), et peut-être, ainsi qu'on l'a dit, a-t-il été maintenu

noncer, par cela seul qu'ils sont postérieurs au jugement prononçant l'interdiction ou nommant le conseil judiciaire, sans qu'il y ait à rechercher s'ils ont été faits hors d'un intervalle lucide ou s'ils ont causé à l'incapable une lésion.

. (1) *La période suspecte* a aussi la même durée au point de vue des nullités des inscriptions de privilèges et d'hypothèques de l'article 448, 2e alin. ; mais la durée en est plus courte pour les nullités facultatives de l'article 447. V. nos 394 *bis* et 412.

plutôt par habitude que par réflexion (1). Dans le système de la Déclaration de 1702, il s'agissait des dix jours précédant *la faillite publiquement connue*, et l'on conçoit qu'avant le moment où la faillite est ainsi connue, l'état des affaires soit déjà très mauvais et rende suspects certains actes du failli. La situation n'est pas identique : elle ne l'était plus déjà sous l'empire du Code de 1807 ; il s'agit des dix jours qui précèdent *la cessation des paiements*, et le tribunal fixe la date de cessation d'après les circonstances du fait, sans avoir à tenir compte de la notoriété ; on concevrait donc que la période suspecte ne datât que de ce moment (2).

317. C'est *relativement à la masse* que les actes dont il s'agit sont annulés, en vertu de l'article 446, C. com. Il ne s'agit pas d'une incapacité dont est affecté le failli, mais d'une impossibilité pour lui de faire un acte de nature à nuire à la masse des créanciers (3). Les créanciers formant la masse représentée par le syndic peuvent seuls se prévaloir de la nullité (4).

De là résultent deux ordres de conséquences :

a. Le failli ne peut pas se prévaloir de la nullité contre la per-

---

(1) Massé, *op. cit.*, III, nᵒˢ 1214 et 1215.

(2) Renouard, I, p. 364 et 365, justifie la loi de 1838 par la nécessité de prévenir les fraudes. A si peu de distance de la cessation des paiements, le failli doit connaître l'embarras de ses affaires, et le législateur préfère les créanciers qui ont fourni des valeurs au failli aux tiers qui veulent conserver un enrichissement procuré par celui-ci. Le *projet de loi* rédigé en 1883 par la commission de la Chambre des députés, d'accord avec le projet élaboré par le Conseil d'Etat, supprimait le délai de dix jours.

DROIT ÉTRANGER. — La loi *belge* (art. 445, a maintenu le délai de dix jours. Au contraire, le Code de commerce *italien* (art. 707) ne s'occupe que des actes postérieurs à la date de la cessation des paiements.

L'admission du délai de dix jours se comprend mieux dans le cas très exceptionnel, où, aucun jugement n'ayant fixé la date de la cessation des paiments, celle-ci est réputée avoir eu lieu à partir du jugement déclaratif de la faillite, en vertu de l'article 441, C. com. Car, dans ce cas, il est évident que la cessation réelle des paiements a précédé cette dernière date. V. nᵒ 117.

(3) A ce point de vue, on peut rapprocher les nullités des actes faits pendant la période suspecte de la nullité qui, en vertu du dessaisissement, frappe les actes du failli faits à partir du jour où est rendu le jugement déclaratif. V. nᵒ 208.

(4) Grenoble, 11 janvier 1902, D 1905. 2. 3.

sonne avec laquelle il a fait l'acte ; par exemple, le failli qui a fait
une donation pendant la période suspecte, ne peut en invoquer la
nullité contre le donataire (1) ;

b. Un créancier ne peut se prévaloir de la nullité dans son intérêt
propre distinct de celui de la masse (2). La disposition de l'article 446,
C. com., a un caractère rigoureux ; elle ne peut être appliquée qu'en
vue de l'intérêt que la loi a voulu sauvegarder ; or, l'article 446 ne
fait mention que de *l'intérêt de la masse.* Les intéressés autres que
la masse ne peuvent se prévaloir que des règles du droit commun.

Ce caractère relatif des nullités par suite duquel elles ne peuvent
être invoquées qu'au nom de la masse et ne produisent d'effets que
dans l'intérêt de celle-ci, n'est pas, du reste, spécial aux nullités de
droit de l'article 446, C. com. Ce même caractère relatif existe aussi,
soit pour les nullités facultatives des articles 447 et 448 C. com., soit
pour les nullités qui, par suite du dessaisissement, atteignent les actes
faits par le failli à partir du jour où est rendu le jugement déclaratif
(nos 208, 398 et 467). Ces principes sont certains en eux-mêmes,
mais des difficultés d'application s'élèvent à leur occasion (3).

318. La nullité de l'article 446, C. com., offre aux créanciers, en
comparaison de l'action paulienne de l'article 1167, C. civ., des avantages généraux ou spéciaux dont il est facile de se rendre compte.

Il résulte de ce qui vient d'être dit (nos 315 et 316) que, pour faire
tomber un des actes compris dans l'article 446, C. com., il suffit d'en

(1) Cass. 15 juill. 1857, D. 1857. 1. 386 ; S. 1858, 1. 705 ; *J. Pal.*, 1859.
539 (la Cour dit que rien n'autorise le failli à revenir contre les actes qu'il
a contractés librement et en pleine connaissance de cause) ; Cass. 18 fév.
1878, D. 1878. 1. 291. Dans l'espèce de ces deux arrêts, il s'agissait d'un
failli concordataire, il y a dans ce cas une raison de douter tirée de ce que
le failli ne peut souvent exécuter les stipulations du concordat si les actes
faits dans la période suspecte sont maintenus. Il y aura lieu de revenir sur
la question à propos des effets du concordat (nos 632 et 633). Cf. Bravard
Demangeat, V. p. 217.

(2) Dijon, 20 mars 1882, *Journal des faillites*, 1882, p. 544 (dans l'espèce,
le vendeur de marchandises non payé invoquait la disposition finale de
l'article 446, C. com., pour faire tomber la constitution en gage de ces
marchandises consentie par l'acheteur en faillite, afin d'arriver ainsi à exercer la revendication admise par l'article 576, C. com.).

(3) Les difficultés auxquelles il est fait allusion, se présentent à propos des
nullités des actes constitutifs d'hypothèques. V. n° 383.

établir la nature et la date. Quand l'article 1167, C. civ., est invoqué, il faut avant tout que le demandeur établisse la *fraude* du débiteur ; ce qui comprend, selon les expressions consacrées, le *consilium fraudis* et l'*eventus damni*. Il n'est pas nécessaire sans doute que le débiteur ait eu, en faisant l'acte attaqué, l'intention de nuire à ses créanciers, il faut et il suffit, pour qu'il y ait *consilium fraudis*, que le débiteur ait eu conscience du préjudice qu'il causait à ses créanciers, en se rendant insolvable ou en augmentant son insolvabilité (1). Cette conscience du préjudice causé a pu ne pas exister chez le commerçant qui n'avait pas cessé ses paiements quand il faisait l'acte attaqué et qui les a cessés quelques jours après sous le coup d'un événement tout à fait imprévu. Un acte qui serait inattaquable par les créanciers, s'il n'y avait que l'action paulienne, peut ainsi souvent être annulé en vertu de l'article 446, C. com.

Ce qui est plus important encore, c'est que la nullité de l'article 446, C. com., produit son effet, abstraction faite de la bonne ou de la mauvaise foi de celui qui l'a fait avec le failli.

On dit quelquefois que les actes dont il s'agit sont frappés de nullité en vertu d'une présomption légale de fraude qui n'admet pas la preuve contraire (2). On peut à la rigueur dire cela du débiteur, au moins pour les actes postérieurs à la cessation des paiements, mais cela ne saurait s'appliquer aux tiers ; il est excessif et injuste de dire qu'ils sont légalement présumés avoir commis une fraude. La loi pense qu'il convient de les priver d'un avantage qui leur a été conféré dans certaines circonstances ; cela peut s'expliquer sans les supposer complices d'une mauvaise action. L'observation qui vient d'être faite, n'est pas sans intérêt pratique, au point de vue de l'étendue de l'obligation de celui qui est tenu à rapporter à la masse (n° 364). Au contraire, en matière d'action paulienne, on distingue traditionnellement entre les actes à titre onéreux et les actes à titre gratuit (3) : pour les premiers, on exige la complicité des tiers qui ont fait l'acte attaqué avec le débiteur, c'est-à-dire la connaissance par

---

(1) Cf. Colmet de Santerre, V, n° 32 *bis*, VIII.
(2) Namur, III, n° 1646.
(3) Dig., *Quae in fraudem creditorum*, etc. XLII, 8, L. 6, § 8 et 11.

eux, comme par le débiteur, du préjudice causé par celui-ci à ses créanciers.

Plusieurs des actes prévus par l'article 446, comme la dation en paiement, la constitution d'une hypothèque ou d'un nantissement pour une dette antérieure, ne sauraient être considérés comme des actes à titre gratuit ; il faudrait donc, pour les faire tomber en vertu de l'article 1167, C. civ., établir la mauvaise foi du créancier, qui pourrait ne pas exister et qui, dans tous les cas, pourrait être difficile à prouver (1).

319. Quels sont les actes atteints par les nullités de l'article 446, C. com., dont les caractères viennent d'être indiqués ? La loi les divise en trois catégories qu'elle désigne par des expressions qui laissent parfois à désirer. Ils peuvent être énoncés de la façon suivante : *a. Donations ; b. Paiements et dations en paiement de dettes non échues, dations en paiement de dettes échues ; c. Hypothèque conventionnelle ou judiciaire et nantissement constitués sur les biens du débiteur pour dettes antérieurement contractées.* — Des explications sont nécessaires sur chacun de ces actes à l'occasion desquels s'élèvent de nombreuses difficultés.

320. A. Donations. — L'article 446, alin. 2, C. com., déclare nuls *tous actes translatifs de propriétés mobilières ou immobilières à titre gratuit.* Cette formule, quoique plus large que celle du Code de 1807, qui parlait seulement *de tous actes translatifs de propriétés immobilières à titre gratuit* (2), est encore trop restrictive. La loi regarde avec raison comme suspectes au plus haut degré les libéralités faites par le commerçant qui a cessé ses paiements ou qui est à la veille de les cesser ; on peut dire qu'il y a une présomption légale de fraude au moins à la charge du donateur ; puisqu'il s'agit

---

(1) Garraud, *De la déconfiture*, p. 213 et suiv.

(2) Dans l'ancien article 444, C. com., qui contenait ces expressions, il ne s'agissait que des actes faits dans les dix jours qui précédent la cessation des paiements, puisqu'à partir de cette cessation, on appliquait le principe du dessaisissement. On a essayé d'expliquer pourquoi le Code de 1807 ne parlait que des propriétés immobilières. V. Bravard et Demangeat, V, p. 219, note 1. Mais la question offre peu d'intérêt. Car il est hors de doute que les expressions du Code de commerce ne sont pas assez compréhensives.

d'un avantage gratuit, la nullité peut être prononcée sans injustice contre le donataire même de bonne foi. L'acte doit, du reste, être d'autant plus sévèrement frappé qu'il est plus nuisible à la masse des créanciers, par cela même qu'il fait sortir du patrimoine du failli une valeur sans y faire rien entrer en retour.

Mais peu importe à ces points de vue que la libéralité ait pour objet une translation de propriété ou tout autre avantage. L'article 446, C. comm , s'applique donc non seulement aux aliénations de biens corporels ou incorporels, mais encore aux constitutions à titre gratuit de droits réels (usufruit et servitudes), aux obligations contractées à titre gratuit et aux remises de dettes (1).

Dans ces divers cas, le failli a diminué son patrimoine sans compensation et il y a identité de raisons pour montrer une grande rigueur. Indépendamment de cette identité de motifs, on peut dire que la portée générale de la disposition de l'article 446 se trouve caractérisée par l'article 447, qui déclare annulables *tous autres actes à titre onéreux* ; il y a ainsi une opposition entre les deux articles. Les donations, en général, quel qu'en soit l'objet, ne rentrant pas dans l'article 447, il faut bien qu'elles rentrent dans l'article 446 (2).

Les mêmes raisons doivent faire appliquer l'article 446 aux renonciations à succession et à communauté, faites par le failli, bien qu'elles ne constituent pas des donations (3).

Les donations ne sont pas, du reste, traitées plus sévèrement à raison de la parenté qui unit le donateur et le donataire. Cela

---

(1) Cass. 6 août 1867, D. 1868 1. 86 ; S. 1867. 1. 452. Application au cautionnement consenti par le failli dans des décisions rapportées par les *Pandectes belges*, v° *Faillite*, n° 928.

(2) La loi *belge* (art. 445) reproduit les expressions trop étroites de l'article 446, C. com.; le Code *italien* (art. 707 1°) mentionne *tous les actes et toutes les aliénations à titre gratuit*.

(3) Cass. 6 août 1867, D. 1868. 1. 86, ; S. 1867. 1. 452 ; *J. Pal.*, 1867. 1196. On sait que des difficultés spéciales s'élèvent sur les conditions exigées pour la réussite de l'action paulienne contre les renonciations à usufruit (art. 622, C. civ.)., à succession (art. 788, C. civ.), à communauté (art. 1464, C. civ.), à prescription (art. 2225, C. civ.). Il ne saurait y avoir des difficultés de la même nature pour l'application de l'article 446, C. com., à ces renonciations. Thaller et Percerou, *op. cit.*, I, n° 576.

mérite d'être constaté, parce que, dans quelques pays étrangers, la loi se montre plus sévère pour les donations entre parents proches, à raison de ce que ces donations sont particulièrement à craindre (1).

L'article 446 C. comm., traite aussi de la même manière, les donations, en s'attachant à l'époque à laquelle elles ont été faites, sans considérer celle à laquelle elles ont été exécutées. Peu importe donc que des donations faites durant la période suspecte aient été ou n'aient pas été exécutées lors du jugement déclaratif. Quant au donataire envers lequel un donateur s'est obligé avant la période suspecte, il peut produire à la faillite, comme créancier faisant partie de la masse, à moins que la donation ne soit attaquée avec succès par l'action paulienne (2).

321. Par suite de la rigueur même de l'article 446, C. comm., il importe peu que la donation soit postérieure au jugement déclaratif ou ait été faite durant la période suspecte (n° 214) (3). Au contraire, il y a grand intérêt à savoir si une donation se place à une date antérieure à la période suspecte ou durant cette période : dans le premier cas, il ne peut y avoir lieu qu'à l'application de l'article 1167, C. civ. (n° 312) ; dans le second cas, l'article 446, C. com., est applicable.

Quand la donation est faite et acceptée dans le même acte, la situation est très nette et aucune difficulté n'est possible sur la date de la donation. Mais il peut se faire que la donation et l'acceptation du donataire ne soient pas contenues dans le même acte ; différents cas sont alors à prévoir.

---

(1) Ainsi, d'après le Code de commerce *chilien* (art. 1373), qui reproduit le système des nullités de notre Code, pour les donations faites à un descendant, à un ascendant, à un collatéral jusqu'au quatrième degré, le délai de dix jours est porté à cent vingt jours avant la cessation des paiements. V. aussi loi *allemande*, art. 32 ; loi *hongroise*, art. 28.

(2) Il n'en est pas ainsi en *Allemagne* : l'article 63, 4°, de la *Konkursordnung* dispose que ne peuvent être invoquées dans la procédure de faillite les créances nées d'une libéralité du failli entre-vifs ou à cause de mort.

(3) Aussi le Code de commerce *italien* s'occupe dans le même article (art. 707). des actes postérieurs au jugement déclaratif et des actes antérieurs *nuls de droit*.

Si une donation, faite avant la période suspecte, n'a été acceptée que pendant cette période, la donation ne date réellement que de l'acceptation (1) ; celle-ci en est un élément essentiel. Elle a donc été faite pendant la période suspecte et tombe par suite sous le coup de l'article 446, C. comm., bien que le premier élément de la donation ait été réalisé auparavant (2).

Un autre cas est celui où la donation ayant été faite et acceptée avant la période suspecte, la notification de cette acceptation au donateur n'a eu lieu qu'au cours de cette période. La notification n'intervient pas alors utilement ; d'après l'article 932, C. civ., la donation *n'a d'effet, à l'égard du donateur*, que du jour où l'acte qui constate l'acceptation lui a été notifié. La donation ne saurait produire d'effet à une époque où le donateur ne peut faire un acte gratuit opposable à la masse (3).

Une donation d'immeubles, faite et acceptée avant la période suspecte, ne tomberait pas sous le coup de l'article 446 à raison de ce que la transcription n'en aurait été opérée que pendant cette période (4). La donation a été complètement réalisée, le donateur s'est dépouillé définitivement ; la transcription est une simple mesure de publicité prescrite dans les rapports du donataire avec les tiers ; la loi n'indique nulle part que la cessation des paiements du donateur suffise pour la rendre inefficace (5).

---

(1) L'acceptation d'une donation est un élément essentiel de celle-ci, non une condition à laquelle la donation est soumise V. Cass. 4 mars 1902, S. et *J. Pal.* 1902. 1. 161 (note de Ch. Lyon-Caen).

(2) Demangeat sur Bravard, V, p. 22, en note ; Boistel, p. 313, note 1 ; Thaller, *Traité élém. de Droit commercial*, n° 1830 ; Thaller et Percerou, *op. cit.*, I, n° 579. — V. aussi, pour la *Belgique*, Namur, III, n° 1648.

(3) V. les auteurs cités à la note précédente, sauf Boistel ; Cf. Demolombe XX, n° 150. Cpr. Cass. 4 mars 1902, S. et *J. Pal.* 1902. 1. 161 (note de Ch. Lyon-Caen).

(4) Nous supposons que la transcription est antérieure au jugement déclaratif. A partir du jour où est rendu ce jugement, une donation d'immeuble susceptible d'hypothèques ne peut plus être transcrite utilement à l'égard de la masse. V. n° 301.

(5) Cass. 24 mai 1848, D. 1848. 1. 172 ; S. 1848. 1. 437 ; Rouen, 7 avr. 1856, S. 1857. 2. 41 ; Cass. 16 novembre 1892, D. 1893. 1. 68. V. la note suivante.

De même, l'article 446, C. com., serait sans application dans le cas où la cession à titre gratuit d'une créance aurait été signifiée ou acceptée durant la période suspecte (1).

322. La disposition de l'article 446 qui frappe les donations, est conçue en termes généraux. Aussi ne doit-on pas respecter même les menues libéralités et autres qui ont un caractère rémunératoire (2). On a soutenu le contraire, en argumentant de l'article 1083, C. civ., selon lequel le donateur de biens à venir ne peut plus disposer à titre gratuit des objets compris dans la donation, *si ce n'est pour sommes modiques à titre de récompense ou autrement* (3). Mais l'analogie n'est pas exacte ; la situation des créanciers est autrement favorable que celle du bénéficiaire d'une institution contractuelle et l'on comprend que la loi admette au préjudice de celui-ci des libéralités dont ne devraient pas souffrir les créanciers en cas de faillite du donateur (4). Il va seulement de soi que les tribunaux apprécient selon les circonstances s'il n'y a eu qu'une espèce de rémunération d'un service rendu ou, au contraire, une véritable donation (5).

323. Les principes généraux conduisent à reconnaître que, pour faire tomber un acte du failli conformément à l'article 446, il peut être prouvé qu'il constitue une donation déguisée sous la forme d'un acte à titre onéreux. On conçoit qu'un commerçant ait l'idée de recourir à un déguisement, afin de rendre applicable l'article 447, C. com., à l'exclusion de l'article 446, C. com. Cette fraude doit être déjouée. Car, si, au point de vue de la forme, la jurisprudence reconnaît la validité des donations déguisées, elle admet en même

---

(1) Une toute autre question est celle de savoir si l'on ne pourrait pas appliquer, par analogie, la seconde disposition de l'article 448, C. com., au cas où plus de quinze jours se seraient écoulés entre la donation et, soit la transcription, soit l'acceptation ou la signification V. n° 445.

(2) Quand nos lois veulent soustraire les présents d'usage à une règle générale régissant les donations, elles le disent expressément. — V. article 852, C. civ.

DROIT ÉTRANGER. — Des lois excluent de la nullité les cadeaux usuels. V. loi *suisse*, art. 286.

(3) Laurin, *op. cit.*, n° 997 ; Paradan, *Revue critique*, 1877, p. 283 et suiv.

(4) Thaller et Percerou, *op. cit.*, I, n° 577.

(5) Cf. Renouard, I, p. 367.

temps que les règles des donations touchant au fond leur sont applicables (1).

Les tribunaux pourraient considérer comme une donation au point de vue de l'article 446 un acte à titre onéreux dans lequel il y aurait, au préjudice du failli, une inégalité excessive entre ce qu'a fourni le failli et ce qu'il a reçu en retour (2).

324. *Assurances sur la vie.* — La nullité de l'article 446, C. com., est souvent invoquée à l'occasion des assurances sur la vie conclues par le failli. Elle ne peut pas leur être appliquée sans distinction.

Il est d'abord évident que si, durant la période suspecte, le failli a cédé à titre gratuit une police d'assurance sur la vie dont il est bénéficiaire, la cession tombe sous le coup de l'article 446, C. com. (3). Il s'agit bien là d'une donation.

Mais il arrive que, durant la période suspecte, le failli a, non pas cédé le bénéfice d'un contrat préexistant d'assurance sur la vie, mais conclu un contrat d'assurance sur la vie au profit d'une personne qui en est le bénéficiaire. La nullité de l'assurance peut-elle alors être obtenue contre le bénéficiaire ? La solution à donner à cette question dépend de la nature qu'on reconnaît à la stipulation

---

(1) Aubry et Rau, VII, p. 49, 188, 418, 428 (4e édit.).

(2) Cass. 5 avril 1875, S. 1876. 1. 155; *J. Pal.*, 1876, 369 ; D. 1876. 1. 37. Renouard, I, p. 367. — L'article 455 de la loi *belge* comprend, pour leur appliquer la nullité de droit, avec les actes à titre gratuit, « les actes, « opérations ou contrats commutatifs ou à titre onéreux, si la valeur de « ce qui a été donné par le failli dépasse notablement celle de ce qu'il a « reçu en retour ». Cf. *Pand. belges*, v° *Faillite*, nos 944-945. V. aussi loi *suisse*, art. 286 2°.

(3) Grenoble, 2 fév. 1882, D. 1882. 2. 242 ; *Journal des faillites*, 1882, p. 193; Dijon, 12 janv. 1888, *Journal des faillites*, 1888, p. 292. Cpr. Grenoble, 22 janv. 1901, S. et *J. Pal.*, 1903. 2. 17 ; *Journal des faillites*, 1902, p. 152. (Dans l'espèce de ce dernier arrêt, il s'agissait d'une police d'assurance sur la vie dont le bénéfice avait été transmis durant la période suspecte par l'assuré failli au moyen d'un endossement). Il est utile de prononcer la nullité de la cession même dans le cas où l'assuré vit encore ; il peut, en effet, y avoir grand intérêt pour la masse des créanciers de la faillite à se réserver le droit de toucher le capital assuré au cas de décès de l'assuré ; c'est alors au syndic à continuer le paiement des primes, pour conserver le bénéfice de l'assurance sans aucune réduction. Cf. Paris, 5 mars 1873, S. 1873. 2 109.

faite, dans un contrat d'assurance sur la vie, par l'assuré au profit d'autres personnes. Aussi la question se rattache à la matière des assurances sur la vie et il ne sera fait mention ici que des solutions admises actuellement par la jurisprudence (1).

Celle-ci consacre une distinction entre le cas où l'assurance a été faite au profit des héritiers de l'assuré et celui où elle est conclue au profit d'une personne déterminée.

A. Quand l'assurance a été faite au profit des héritiers de l'assuré, le bénéfice du contrat n'a pas cessé d'être dans le patrimoine de l'assuré. Si celui-ci vient à mourir, le capital assuré fait, par suite, partie de sa succession, et les créanciers héréditaires peuvent se faire payer sur ce capital, comme sur les autres valeurs de la succession (2). Aussi, quand un contrat a été fait dans ces conditions par un commerçant en dehors de la période suspecte ou même pendant cette période, le droit au bénéfice du contrat faisant partie de l'actif du failli assuré appartient à la masse (3).

B. Tout autres sont les solutions admises dans le cas où l'assurance a été contractée au profit d'une personne déterminée. Le bénéficiaire qui accepte la stipulation faite à son profit a, d'après la jurisprudence, un droit exclusif au capital assuré qui est réputé n'avoir jamais fait partie du patrimoine de l'assuré. Si donc un pareil contrat a été conclu par l'assuré pendant la période suspecte, il ne peut être question d'annuler la stipulation faite au profit du bénéficiaire. Les nullités ont pour but de faire rentrer dans le patrimoine du failli des biens ou des sommes sortis du patrimoine de celui-ci, et le capi-

---

(1) La matière des assurances sur la vie sera étudiée dans le tome IX de notre *Traité de Droit commercial*, consacré aux assurances non-maritimes.

(2) Cass. 20 déc. 1876, S. 1877. 1. 119 ; *J. Pal.*, 1877. 278; D. 1877. 1. 337.

(3) Des difficultés s'élèvent seulement sur les droits que peut exercer le syndic au nom de la masse des créanciers ; on discute spécialement sur le point de savoir si le syndic peut demander à la Compagnie d'assurances sur la vie le rachat malgré le failli. — La solution à donner à cette question dépend du parti que l'on prend sur la nature du droit de rachat : est-ce ou non un droit attaché à la personne de l'assuré ? — Consulter sur la question : Rouen, 18 janv. 1884, S. 1886. 1. 225 ; *J. Pal.*, 1886. 1. 1201 (note de Ch. Lyon-Caen) ; *Journal des faillites*, 1884, p. 550 ; Cass. 8 avril 1895, *Annales de Droit commercial*, 1895, p. 77.

tal assuré n'a jamais été dans son patrimoine (1). Seulement, le syndic pourrait exiger le rapport à la masse des primes payées en temps suspect, puisque, par le paiement de ces primes, le failli s'est dépouillé sans compensation.

325. *Constitution de dot.* — Généralement, il n'y a pas de difficulté sur le point de savoir si, en droit (2), un acte du failli est un acte à titre gratuit ou un acte à titre onéreux, et, par suite, on n'hésite pas sur le point de savoir s'il y a lieu d'appliquer l'article 446 ou l'article 447, C. com. Cependant, une grave et ancienne question s'élève sur le point de savoir comment, sous ce rapport, doit être traitée la constitution de dot, c'est-à-dire la donation faite *en faveur du mariage,* soit à une future épouse, soit à un futur époux, le plus souvent, en fait, la fille ou le fils du failli (3). Cette question relative à la nature de la constitution de dot se pose également à propos de l'action paulienne de l'article 1167, C. civ., qui est subordonnée à des conditions différentes selon qu'elle est exercée contre un ayant-cause à titre onéreux ou contre un ayant-cause à titre gratuit du débiteur (4). Il y a lieu ici de rechercher spécialement quelle nature on doit reconnaître aux constitutions de dot au point de vue des nullités des articles 446 et 447, C. com., en cas de faillite du constituant. Quant à la question analogue qui s'élève sur l'article 1167, C. civ., des indications sommaires seront seulement données sur elle (n° 329), par cela même que c'est une question de pur Droit civil. En outre, pour plus de clarté, la question relative au cas de faillite sera examinée distinctement pour la constitution de dot faite

(1) Cass. 16 janv. 1888, 22 fév. 1888, 27 mars 1888, D. 1888, 1. 193 ; S. 1888. 1. 121 ; *J. Pal.,* 1888. 1. 281. Cf. Cass. 8 avr. 1895 ; *Journal des faillites,* table de 1892 à 1894, p. 90 et 91, en note.

(2) Il peut y avoir en fait des difficultés sur ce point. A raison de leur nature, ces difficultés sont résolues souverainement par les juges, sans qu'il y ait lieu au contrôle de la Cour de cassation. Cass. 20 février 1905, *Journal des faillites,* 1905. 198.

(3) V. la note 1 de la page suivante.

(4) Cf. Demolombe, XXV, n°s 207 et suiv. ; Laurent, *Principes de Droit civil,* XVI, n°s 455 et suiv. ; Planiol, *Traité élémentaire de Droit civil,* III, n°s 883 à 887.

au profit de la femme (n° 320) et pour la constitution de dot ou donation en faveur du mariage faite au profit du mari (1) (n° 327).

326. *Constitution de dot faite au profit de la femme.* — Si
l'on excepte le régime de la séparation de biens, il importe de
constater que la constitution de dot ne produit pas seulement d'effets
au profit de la femme dotée ; elle en produit aussi à l'égard du mari
qui acquiert, par suite du régime adopté, sur les biens compris dans
la constitution de dot, soit un droit de jouissance (régime dotal,
régime sans communauté, régime de communauté quand ces biens
doivent former des propres de la femme), soit un droit de co-pro-
priété (régime de communauté quand ces biens doivent faire partie
de l'actif commun). Aussi la question de savoir s'il y a lieu d'appliquer à la constitution de dot l'article 446 ou l'article 447, C. com.,
se pose à l'égard, soit de la femme, soit du mari. Il est même une
doctrine très ancienne et encore répandue selon laquelle la question
doit recevoir une solutions différente pour chacun des deux époux.

Dans le Droit romain, l'opinion favorable à une distinction semble avoir prévalu à propos de l'action paulienne (2) : à l'égard de la
femme, le caractère d'acte à titre gratuit était admis, tandis qu'à
l'égard du mari, ce même acte était réputé à titre onéreux. Aussi,
d'après cette doctrine, l'action paulienne devait réussir contre la
première même quand elle n'avait pas été *conscia fraudis*, tandis
que contre le second l'action ne devait être admise qu'autant qu'il
avait été complice de la fraude de celui qui avait constitué la dot.
Cette distinction est énoncée dans un texte de Venuleius souvent
cité, qui forme au Digeste la loi 25, § 1er (*quæ in fraudem creditorum*, XLII, 8), ainsi conçu : *Si a socero fraudatore sciens gener*

___

(1) L'expression *constitution de dot* convient sans doute plus spéciale
ment à l'acte par lequel des biens sont donnés à la femme pour que le
mari, à l'aide des droits qu'il a sur eux, subvienne aux besoins du ménage.
V. art. 1540, C. civ. Mais on comprend aussi sous ce nom, dans un sens
large, l'acte par lequel des biens sont donnés au futur mari en faveur de
son mariage. V. art 1438 à 1440, art. 1544 à 1548, C. civ.

(2) Des difficultés d'interprétation s'élèvent sur le sens exact du texte
du Digeste cité plus loin. V. Accarias, *Précis de Droit romain* (4e édit.),
II, n° 851, p. 944 ; Girard, *Manuel élémentaire de Droit romain*, page 426,
note 5, (5e édit.).

accepit dotem, tenebitur hac actione... Quod si is ignoraverit, filia autem scierit, tenebitur filia : si rem uterque scierit, uterque tenebitur. At si neuter scierit, quidam existimant nihilo minus in filium dandam actionem, quia intelligitur quasi a donatione aliquid ad eam pervenisse ; in maritum autem, qui ignoraverit, non dandam actionem, non magis quam in creditorem, qui a fraudatore quod ei deberetur acceperit, cum is indotatam uxorem ducturus non fuerit. Comme il est facile de le comprendre, la solution, en ce qui concerne le mari, était fondée sur ce qu'il se soumettait aux charges du mariage, il avait à les supporter sur les revenus des biens dotaux. Peut-être une considération toute spéciale, que le jurisconsulte n'indique pas, avait contribué à faire admettre la solution ; on craignait sans doute que le mari, considéré comme un acquéreur à titre gratuit, ne fût trop facilement privé de la dot, ce qui aurait pu le déterminer à répudier sa femme.

La distinction du Droit romain, admise dans notre ancien Droit français (1), a été reproduite sous l'empire du Code civil (2) et du Code de commerce (3). Selon cette doctrine, la constitution de dot faite pendant la période suspecte considérée comme une donation serait annulée nécessairement à l'égard de la femme, mais le mari conserverait ses droits sur les biens dotaux, à moins qu'il n'ait eu connaissance de la cessation des paiements du constituant. Mais il s'en faut que cette opinion ait rallié tous les suffrages.

Deux autres systèmes tout à fait opposés l'un à l'autre et dont le premier n'est pas admis sans une importante divergence entre ses partisans, sont soutenus. Ce qui caractérise ces deux systèmes, c'est qu'ils reconnaissent une même nature juridique à la constitution de dot, qu'il s'agisse de la femme bénéficiaire directe de cet acte ou de son mari qui n'en profite que par voie de conséquence, comme un

---

(1) E. Furgole, *Des testaments*, liv. IV, chap. XI, sect. 1, n° 20 ; *Des donations*, question X, n°ˢ 11 et 12 ; Domat, *Lois civiles*, liv. II, tit. X, section 1, n° 11.

(2) Demolombe, *Cours de Code civil*, XXV, n°ˢ 210 et suiv. — Mais de grands dissentiments se sont produits. V. n° 328 *bis*.

(3) Thaller, *Traité élém. de Droit commercial*, n° 1831 ; Thaller et Percerou, I, n°ˢ 582 à 584.

ayant-cause de sa femme, mais les partisans de ces systèmes sont en dissentiment sur le point de savoir si cette nature unique est celle de l'acte à titre onéreux ou celle de la donation.

Pour attribuer à la constitution de dot le caractère d'acte à titre onéreux à l'égard des deux époux (1), on invoque plusieurs raisons. La dot est, dit-on, constituée pour assurer l'existence de la famille nouvelle, en donnant aux deux époux les moyens d'accomplir les obligations pécuniaires qui pèsent sur eux ; spécialement le mari doit subvenir aux charges du ménage, en tout ou en partie, avec les revenus des biens dotaux (art. 1540, C. civ.). On ajoute que la constitution de dot participe de la nature des actes à titre onéreux par l'obligation de garantie dont est tenu le *constituant* (art. 1440 et 1547, C. civ.) (2) et par l'irrévocabilité de cet acte.

Des partisans de ce système concluent de la nature attribuée par eux à la constitution de dot, que la connaissance de la cessation des paiements est, en vertu de l'article 447, C. com., une condition essentielle de la réussite de l'action en nullité contre l'époux contre lequel elle est exercée, de telle sorte qu'elle peut réussir contre l'un et échouer contre l'autre, si l'un a connu la cessation des paiements, tandis que l'autre l'a ignorée.

Mais la Cour de cassation, qui considère la constitution de dot comme un acte à titre onéreux à l'égard de la femme comme à l'égard du mari, ne consent pas à faire cette distinction. Elle décide qu'à raison du but commun de la constitution de dot, qui est de subvenir aux besoins du ménage futur, elle ne peut être annulée que s'il est prouvé, dans les termes de l'article 447, C. com.,

---

(1) Cass. 25 fév. 1845, D. 1845. 1. 174 ; S. 1845. 1. 417 ; Cass. 24 mai 1848, D. 1848. 1. 172. ; Poitiers, 21 août 1878, S 1878. 2. 257 ; Bordeaux, 30 novembre 1869, S. 1870. 2. 183 ; Cass. 18 déc. 1895, S. et *J. Pal.*, 1896. 1. 172 ; D. 1898. I. 193 ; *Journal des faillites*, 1896, p. 98. La Cour de cassation adopte la même doctrine au point de vue de l'action paulienne : Cass. 18 janv. 1887, S. 1887. 1. 97 ; *J. Pal.*, 1887. 1. 241. V., dans le journal *la Loi*, n° du 4 février 1903, article de M. Queirel, *Essai de justification du système de l*ᵃ *jurisprudence*.

(2) V. sur les origines de la garantie de la dot une brochure de notre regretté collègue M. Gérardin intitulée : *De la garantie de la dot en Droit romain* (1896).

qu'il y avait, *de la part de toutes les parties intéressées*, connaissance de la cessation des paiements. Ainsi, selon cette jurisprudence, l'ignorance de la cessation des paiements de la part de l'un
seul des futurs époux met obstacle à la réussite de l'action en nullité non seulement contre lui, mais même contre le futur époux qui
connaissait la situation de celui qui a constitué la dot.

Selon nous, il y a lieu de repousser ces divers systèmes pour
admettre que la constitution de dot est une donation à l'égard des
deux époux et doit, par conséquent, en vertu de l'article 446, C.
com., être annulée, à l'égard de l'un et de l'autre, quand elle a été
faite durant la période suspecte, c'est-à-dire depuis la date de la cessation des paiements ou dans les dix jours précédents, alors même
que les époux ont ignoré la cessation des paiements (1).

Les donations sont des actes par lesquels le donateur se dépouille
sans rien recevoir en retour. Or, tel est bien l'effet de la constitution de dot pour le constituant. C'est cet effet des donations qui
explique la rigueur de l'article 446, C. com., pour elles : le législateur a voulu protéger la masse des créanciers contre des actes qui,
suspects en eux-mêmes, ont diminué l'actif du failli sans aucune
compensation (n° 320). Du reste, en dehors des libéralités faites en
vue d'un mariage, les donations entre-vifs ne sont pas fréquentes ;
c'est au profit de ses enfants ou de parents proches en vue de leur
prochain mariage que le commerçant, qui est sur le point de faire
faillite, peut être tenté facilement de distraire une partie de son actif
de sa destination régulière, l'acquittement de son passif ; il serait
bien singulier que le législateur n'eût pas eu en vue les cas les plus
ordinaires, qui sont seuls vraiment pratiques.

(1) Bravard et Demangeat, V, p. 220 et suiv. Pardessus (III, n° 1647)
reconnaît qu'à l'égard du mari, la constitution de dot est un acte à titre
onéreux, mais il admet, pourtant, qu'elle doit être annulée en vertu de
l'article 446, C. com. — Renouard (I, p. 367 et suiv.), exposant la jurisprudence qui admet le caractère onéreux de la constitution de dot à l'égard
des deux époux, se borne à dire que cette doctrine, tutélaire pour le
mariage, peut produire des résultats scandaleux et qu'elle doit être appliquée avec défiance et sévérité. — V. aussi Namur, III, n° 1647 ; Krug-Basse,
Revue critique de législ. et de jurispr., XIV, p. 257 et suiv. ; Godefroy,
Revue critique de législ. et de juripr., 1887, p. 731 et suiv. Cpr. Orléans,
8 juin 1898, S. et *J. Pal.*, 1898. 1. 309.

L'argument tiré en sens opposé de ce que la constitution de dot entraîne pour le constituant l'obligation de garantie (art. 1440 et 1547, C. civ.), n'a aucune valeur. De ce que le constituant est plus tenu envers le donataire qu'un donateur ordinaire, on ne saurait conclure qu'il n'est pas un donateur, qu'il ne se dépouille pas gratuitement. Un donateur ordinaire qui s'oblige expressément à la garantie envers le donataire, n'en fait pas moins une donation (1). On ne voit pas pour quelle raison l'obligation de garantie tacite admise par la loi dans la constitution de dot, enlèverait à celle-ci le caractère gratuit que l'obligation de garantie expresse n'enlève pas à une donation ordinaire.

Quant à l'irrévocabilité de la constitution de dot, elle est plus grande que celle des donations entre-vifs ordinaires qu'en ce que la constitution de dot n'est pas révocable pour cause d'ingratitude (art. 959, C. civ.). Mais l'exclusion de cette cause de révocation ne change pas le caractère juridique de l'acte qui y est soustrait ; elle se justifie par des motifs spéciaux tirés de l'intérêt des enfants à naître du mariage (2).

Il est vrai que les époux se soumettent aux charges du mariage, que spécialement, le mari doit, d'après la définition classique de la dot, contribuer à les supporter sur les revenus des biens dotaux (3). Mais, d'abord, en exécutant cette obligation, le mari ne fait pas entrer quoi que ce soit dans le patrimoine du constituant en retour des biens dont il s'est dépouillé. Puis, l'obligation de supporter les charges du mariage a sa cause dans le fait même du mariage ; les libéralités qui ont pu en précéder la célébration, ont été des *motifs* plus ou moins puissants, elles n'ont pas le caractère de *cause*. Du reste, si les partisans du système contraire étaient logiques, ils ne devraient pas restreindre leur système aux constitutions de dot, mais l'étendre à tous les cas où une donation est faite à une personne

---

(1) V., sur l'obligation de garantie contractée par le donateur, Labbé, *Etudes sur la garantie* (*Revue pratique de Droit français*, XX, nos 81 et suiv., p. 561 et suiv.).

(2) V. Demolombe, XX, no 650.

(3) D'après cette définition, la dot est constituée *ad sustinenda matrimonii onera*.

à la condition par elle de supporter certaines charges, le donateur ne dût-il en retirer aucun profit pécuniaire. Mais jamais, on n'a admis la possibilité d'une telle généralisation de ce système.

D'ailleurs, il n'est pas contesté que la constitution de dot doit être traitée comme une donation au point de vue du rapport à succession et de la réduction pour atteinte à la réserve. Cela résulte expressément ou implicitement de dispositions du Code civil (art. 1090 et art. 1573 *a contrario*, C. civ.) (1). Il serait singulier qu'au point de vue des nullités encourues en matière de faillite, elle eût un caractère tout opposé. Il est difficile, sinon impossible, de concevoir qu'un acte soit à titre onéreux au point de vue de l'application de certaines règles et à titre gratuit à d'autres égards.

Les arrêts ont, en général, tout en appliquant à la constitution de dot l'article 447 à l'occlusion de l'article 446, C. com., évité de lui attribuer en termes nets le caractère d'acte à titre onéreux. On y lit que l'article 446, C. com., n'est applicable qu'aux *actes de pure libéralité,* que la constitution de dot *participe de la nature des actes à titre onéreux.* Mais ces formules atténuées ne rendent pas plus admissible la doctrine qu'elles ont pour but de faire plus facilement adopter. Un acte est à titre onéreux ou à titre gratuit, il n'y a pas de milieu possible, et la constitution de dot a le second de ces caractères par cela même que le constituant diminue son patrimoine sans rien recevoir en retour.

(1) Il a été admis aussi fort justement que lorsque, dans une constitution de dot, est insérée une condition impossible, illicite ou immorale, cette condition doit être réputée non écrite, en vertu de l'article 900, C. civ., parce qu'il y a là une donation, mais que la constitution de dot ne doit pas être déclarée nulle, par application de l'article 1172, C. civ., qui régit les seuls actes à titre onéreux contenant une condition de ce genre : Trib. civ. Autun, 8 nov. 1886, *le Droit,* n° des 9-10 avr. 1887. — V. aussi d'autres conséquences tirées du caractère de donation qu'à la constitution de dot, à propos de l'application de l'article 1083, C. civ. : Caen, 28 mai 1861, *Recueil de jurisprudence des Cours de Caen et de Rouen,* 1862, p. 8. Mais la jurisprudence de la Cour de cassation, qui fait de la constitution de dot un acte à titre onéreux, a contribué à l'admission d'une solution assez singulière : Le tribunal de commerce de Nantes, dans un jugement du 10 décembre 1898, a décidé qu'il y a lieu d'appliquer à une constitution en dot d'une rente viagère l'article 1913, non l'article 1978, C. civ. V. *la Loi,* n° du 6 juin 1899.

327. Deux observations doivent encore être faites au sujet de deux des opinions écartées par nous.

a. Si, comme on l'a soutenu, en s'inspirant du système du Droit romain, la constitution de dot était une donation pour la femme et un acte à titre onéreux pour le mari, il n'en résulterait pas que le mari conserverait ses droits sur les biens dotaux au cas où il aurait ignoré la cessation des paiements, bien que la constitution de dot fût annulée à l'égard de la femme. Il faut, en effet, bien se rendre compte du rôle légal joué par chacun des futurs conjoints. La femme est, comme donataire, un ayant-cause direct du constituant. Quant au mari, il est l'ayant-cause de sa femme, une sorte de sous-acquéreur. Il faut donc, à l'égard du mari, traiter les choses comme on le fait dans le cas où un acquéreur à titre gratuit a fait une sous-aliénation à titre onéreux. Comme cela sera expliqué plus loin (nos 330 et 396), il y a lieu dans ce cas de décider que la nullité de l'aliénation primitive peut être invoquée pour faire tomber la sous-aliénation, lors même que le sous-acquéreur a ignoré la cessation des paiements (1). Le système dont il s'agit ne devrait donc pas amener, comme le prétendent ses partisans, à refuser l'action en nullité contre le mari ignorant la cessation des paiements du constituant. Il devrait, en fait, conduire aux mêmes conséquences pratiques que notre système d'après lequel la constitution de dot est un acte à titre gratuit à l'égard des deux époux.

b. Si l'on admet avec la jurisprudence que la constitution de dot est un acte à titre onéreux à l'égard des deux époux, on doit logiquement considérer d'une façon distincte pour chacun d'eux s'il a connu ou non la cessation des paiements, de telle façon que la nullité peut être admise à l'égard de la femme et ne pas l'être à l'égard du mari ou à l'inverse. On n'aperçoit pas l'argument de droit qui peut être invoqué pour établir entre les époux une sorte d'indivisibilité par suite de laquelle la bonne foi de l'un ferait échapper l'autre à la

---

(1) Des auteurs prétendent, au contraire, que le sous-acquéreur à titre onéreux qui tient ses droits d'un acquéreur direct à titre gratuit pu failli, n'est soumis à l'action en nullité que lorsqu'il a connu lui-même, lors de la sous-aliénation, la cessation de paiements du premier aliénateur.

nullité que sa mauvaise foi doit entraîner contre lui. Sans doute, cette doctrine a l'avantage de donner une grande stabilité aux constitutions de dot. Il y a là un intérêt assurément respectable, mais rien n'autorise à le faire prévaloir contre l'intérêt si légitime des créanciers formant la masse que la loi a surtout voulu protéger en cas de faillite (1).

328. *Constitution de dot ou donation faite au futur mari en faveur de son mariage.* — La question qui vient d'être examinée à propos de la constitution de dot faite à la femme (n° 327), se pose au sujet de la donation faite au mari en faveur du mariage. La constitution de dot faite au profit du futur époux produit des effets à l'égard de sa femme, soit quand le régime matrimonial est tel que les biens constitués en dot deviennent communs, soit quand ces biens sont des immeubles grevés comme tels de l'hypothèque légale de la femme (art. 2121, C. civ.). Des raisons identiques à celles qui ont été développées à propos de la constitution de dot faite à la femme (n° 327), doivent faire, selon nous, reconnaître à la donation faite au futur mari en faveur du mariage le caractère de donation et non d'acte à titre onéreux à l'égard des deux époux au point de vue de l'application des articles 446 et 447, C. com. (2). On a, toutefois, prétendu que la constitution de dot faite au mari, est un acte à titre onéreux à l'égard de la femme et que, par suite, à l'encontre de celle-ci, la nullité ne doit être admise que si elle a connu la cessation de paiements du constituant (3). La Cour de cassation se prononce pour le caractère onéreux de la constitution de dot faite au mari à l'égard des deux époux et décide que l'ignorance de la cessation des paiements de la part d'un époux fait échapper même l'autre à l'action en nullité (4). Ainsi, grâce à l'ignorance où a été

---

(1) V. les observations critiques de notre regretté maître, M. Labbé, sur l'arrêt de la Cour de cassation du 18 janv. 1887, S. 1887. 1. 97; *J. Pal.*, 1887. 1. 241; D. 1887. 1. 57.

(2) Orléans, 8 juin 1898, S. et *J. Pal.*, 1898. 2. 309; D. 1898. 2. 284.

(3) Thaller et Percerou, II, n°s 585, 585 *bis*, 585 *ter*.

(4) Cass. 18 déc. 1895, S. et *J. Pal.*, 1896. 1. 172; D, 1898. 1. 193. Mais voyez *en sens contraire*, Paris (2e ch.), 27 juill. 1894, S. et *J. Pal.*, 1895. 2. 158; D. 1895. 2. 32; *Journal des faillites*, 1895, p. 296. — Notre solution, selon laquelle la dot constituée au futur mari a le caractère d'un

la femme de la cessation de paiements du constituant, le mari peut, dans ce système, se soustraire à la nullité malgré la connaissance qu'il en a eue. Cela paraît d'autant plus exorbitant qu'en dehors des cas où, la donation portant soit sur des biens qui tombent dans la communauté, soit sur un immeuble, qui est grevé de son hypothèque légale (art. 2121, 1°, C. civ.), la femme a un intérêt direct à ce que la donation soit maintenue à son égard, elle n'est intéressée à son maintien que d'une façon indirecte : il vaut mieux, pour elle, dans son propre intérêt et dans celui de ses enfants, que son mari ait des revenus plus importants. Du reste, comme cela a été dit plus haut à propos de la constitution de dot faite à la femme, l'acte est à titre gratuit à l'égard des deux époux, puisque, du chef ni de l'un ni de l'autre, rien est entré dans le patrimoine du constituant en retour de ce que reçoivent de lui les deux conjoints.

328 *bis. Action paulienne.* — Ainsi que cela a été constaté précédemment (n° 325), la nature de la constitution de dot est également discutée au point de vue des conditions d'exercice de l'action paulienne. Il semble qu'on doit donner à la question la même solution qu'en ce qui concerne l'application des nullités des articles 446 et 447, C. com., et c'est ce que fait la jurisprudence (1), comme la plupart des auteurs (2). Cependant, il a été soutenu tout à la fois que

acte à titre gratuit même à l'égard de sa femme, est très nettement formulée dans un arrêt de Caen du 7 mars 1870, D. 1870. 2. 97 (note conforme de M. Bertauld) et S. 1870. 2. 281. Il s'agissait d'une donation faite par un père à son fils dans son contrat de mariage, et la Cour démontre qu'un tel acte tombe forcément sous le coup de l'article 446. La femme du fils prétendait que, l'acte devant être, tout au moins à son égard, considéré comme étant à titre onéreux et sa fraude n'étant pas même alléguée, elle pouvait exercer son hypothèque légale sur l'immeuble donné. La Cour écarte cette prétention, en disant que le bien donné devait être considéré au regard de la masse comme n'ayant jamais appartenu au fils donataire. La même raison devrait évidemment, au cas où la donation se serait adressée à la future épouse, faire écarter le mari qui réclamerait en vertu du contrat de mariage un droit de jouissance ou de copropriété sur le bien donné. Cf. Nancy, 26 août 1874, S. 1876. 2. 180 (la bonne foi du conjoint de l'enfant doté ne met pas obstacle à la nullité de la donation).

(1) Cass., 18 janv. 1887, S. 1887. 1. 97 ; *J. Pal.*, 1887. 1. 241.

(2) Demolombe, XXV, n°⁸ 207 et suiv. ; Laurent, *Principes de droit civil,*

les actes dont il s'agit sont des donations entraînant l'application de l'article 446, C. com., et qu'au point de vue de l'action paulienne, ils doivent être traités, pour les deux époux, comme des actes à titre onéreux (1). Les raisons qui sont données à l'appui de cette différence sont les suivantes. En ce qui concerne l'action paulienne, on n'est lié par aucun texte, par cela même que l'article 1167, C. civ., se borne à poser le principe de cette action. On peut donc tenir compte de considérations étrangères à la nature de l'acte pour admettre plus difficilement l'action paulienne. L'intérêt de l'association conjugale et de la famille est assez puissant pour faire adopter la solution la plus favorable au maintien de la constitution de dot. Du reste, on peut dire que, si, au point de vue des nullités des articles 446 et 447, C. com., le législateur a tenu compte de l'intérêt des créanciers du failli pour traiter les actes à titre gratuit plus rigoureusement que les actes à titre onéreux, c'est l'intérêt des tiers-acquéreurs qui a été pris en considération pour déterminer les conditions de l'exercice de l'action paulienne. Dans la constitution de dot, l'époux du conjoint doté comme un acquéreur à titre onéreux lutte à l'égard des créanciers pour ne pas éprouver de perte (*de damno vitando*), non pour conserver un gain (*de lucro captando*).

Selon nous, la question doit recevoir la même solution, qu'il s'agisse des nullités des articles 446 et 447, C. com., ou de l'action paulienne. D'abord, ainsi que cela a été dit plus haut (n° 328), on ne conçoit guère qu'un acte soit à titre onéreux ou à titre gratuit selon l'intérêt juridique que présente la détermination de sa nature. Puis, la distinction entre les deux classes d'actes en ce qui touche l'action paulienne, consacrée implicitement par le Code civil, a la même portée et la même valeur que s'il l'avait formulée expressément. Du reste, c'est s'avancer beaucoup que d'affirmer qu'en faisant cette distinction, il a été tenu compte de l'intérêt des tiers-acquéreurs, non de celui des créanciers plus lésés par un acte à titre gratuit que par un acte à titre onéreux (2).

XVI, n°ˢ 455 et suiv. ; Aubry et Rau, IV (4ᵉ édit.), § 313, p. 138 et suiv. ; Thaller et Percerou, I, n° 583.

(1) Demangeat sur Bravard, V, p. 222, note 2.

(2) Consult. Baudry-Lacantinerie, Le Courtois et Surville, *Traité du con-*

329. Les seules libéralités frappées par l'article 446, C. com., sont, au surplus, les donations entre-vifs ; il ne s'agit nullement des legs. Car les créanciers ne peuvent pas souffrir des legs faits par leur débiteur ; à l'égard des légataires, les créanciers peuvent invoquer la maxime *nemo liberalis nisi liberatus*. Peu importe que le testament qui produit ses effets pendant la période suspecte par suite du décès du débiteur, ait été fait durant cette période ou antérieurement ; c'est toujours à la mort du testateur qu'il faut examiner s'il y a un actif suffisant pour désintéresser les créanciers ; les légataires ne peuvent venir qu'après ceux-ci.

330. A propos de la nullité des donations, se présentent deux questions que le Code français n'a pas résolues, à la différence de plusieurs lois étrangères (1).

a. Quels sont les effets de la nullité ?

b. Quel est le sort des sous-aliénations que peut avoir faites le donataire ?

Ces deux questions méritent un examen.

a. Quels sont les effets de la nullité des donations ? Elles doivent assurément être considérées comme non avenues. Par suite, s'il s'agit d'une aliénation, le bien aliéné rentre dans le patrimoine du failli et, la masse des créanciers exerce ses droits sur ce bien comme s'il n'en était jamais sorti. Si la donation consiste dans une obligation contractée par le failli envers le donataire, la dette est à traiter comme éteinte. Si, au contraire, il s'agit d'une remise de dette, le donataire est obligé de nouveau et la créance qui existait contre lui fait partie de l'actif de la faillite.

Sur ces diverses solutions aucune difficulté ne peut exister. Mais l'admission de la nullité des donations même contre des donataires de bonne foi fait naître une question spéciale. Il n'est pas douteux que le donataire de mauvaise foi est tenu de restituer tout ce qu'il a reçu du failli. Mais ne doit-on pas restreindre l'obligation du dona-

---

trat de mariage, I, nᵒˢ 240 et suiv. (*aperçu de doctrine et de jurisprudence sur l'exercice de l'action paulienne contre la constitution de dot*). Cpr. Planiol, *Traité élémentaire de Droit civil*, III, nᵒˢ 883 à 887.

(1) V., notamment, lois *allemande*, articles 37 à 39 ; *hongroise*, articles 33 à 35 ; *suisse*, articles 290 et 291.

taire de bonne foi à ce dont il se trouve enrichi au moment où la
faillite a été déclarée ? Cette atténuation est traditionnellement
admise en matière d'action paulienne (1) et les lois étrangères qui
se sont occupées de la question l'ont admise à propos de la faillite (2). Dans le silence de notre Code de commerce, il serait, selon
nous, arbitraire de faire une distinction entre le cas de bonne foi et
le cas de mauvaise foi du donataire. La tradition qui permet de
l'admettre en matière d'action paulienne, ne paraît pas exister
en matière de nullité d'actes faits pendant la période suspecte. Du
reste, il ne faut pas s'étonner d'une plus grande rigueur en cas
de faillite. C'est pour se montrer plus rigoureux que le législateur
n'a pas cru devoir s'y borner à admettre l'application des règles
de l'action paulienne. Le donataire, fut-il de bonne foi, est donc
tenu de rapporter à la masse tout ce qu'il a reçu. Mais il ne peut
être tenu au delà (3).

    b. L'action en nullité est admise assurément contre les héritiers
du donataire comme elle l'est contre le donataire lui-même. Mais,
en cas de sous-aliénation faite par celui-ci, est-elle admise aussi
contre le sous-acquéreur et, si elle est admise, à quelles conditions
la nullité contre lui est-elle subordonnée ? La sous aliénation peut
être elle-même une donation ou un acte onéreux. Dans le premier
cas, le sous-acquéreur ne saurait être autrement traité que son
auteur. La nullité qui affectait la première donation atteint aussi la
seconde et cela, sans qu'il y ait à rechercher si le second donataire
a connu ou non la cessation des paiements (4). Mais on pourrait être

---

    (1) Dig., L. 6, § 11. *Quae in fraudem creditorum* (XLII, 8). — Les auteurs
admettent la distinction sous l'empire du Code civil, parce qu'on complète
la disposition si brève de l'article 1167, C. civ., à l'aide des règles du Droit
romain. V. Demolombe, XXV, n⁰ˢ 196, 258 et suiv.

    (2) V., notamment, loi *allemande*. art. 37 ; loi *hongroise*. art. 33,
1ᵉʳ alin.; loi *suisse*, art. 291, 3ᵉ alin.

    (3) Paris, 4 décembre 1880, D. 1881. 2. 203. Thaller et Percerou, I,
n⁰ 653. Ainsi, s'il s'agit d'une somme donné qui a été employé à l'achat
d'un bien qui a augmenté de valeur, le syndic ne peut faire rapporter à la
masse, comme conséquence de la nullité de la donation que la somme
donnée.

    (4) Des lois étrangères traitent le sous-acquéreur à titre gratuit mieux
que l'acquéreur originaire, en n'admettant, en principe, l'action en nullité

disposé à soutenir que, contre un sous-acquéreur à titre onéreux, la
nullité n'opère qu'autant qu'il a connu la cessation des paiements (1). Il serait ainsi traité comme s'il avait été en rapport
direct avec le failli (2). Cette solution équitable ne peut, selon nous,
être sous-entendue ; pour qu'elle fût admise, il faudrait que la
loi la consacrât expressément. Dans son silence, il faut s'en tenir à
la règle selon laquelle le donataire du failli n'a pas pu transmettre à
un sous-acquéreur plus de droit qu'il n'en avait lui-même (2). Autrement, du reste, une sous-aliénation à titre onéreux rendrait trop
souvent la nullité inapplicable, au préjudice des créanciers (3).

331. B. Paiements et dations en paiement de dettes non
échues ; dations en paiement de dettes échues. — D'après l'article 446, alin. 3, sont nuls et sans effet... *tous paiements, soit en
espèces, soit par transport, vente, compensation ou autrement,
pour dettes non échues, tous paiements faits autrement qu'en
espèces ou effets de commerce.*

Cette disposition laisse à désirer pour la simplicité et la clarté. Si
on l'analyse, on voit qu'elle contient une distinction essentielle

---

contre le sous-acquéreur qu'autant qu'il a connu, à l'époque de son acquisition, que la première donation a été faite au préjudice des créanciers du
premier donateur. V. loi *allemande*, art. 40 ; loi *hongroise*, art 35 ; loi
suisse, art. 290. Ce dernier article dispose : « L'action révocatoire s'exerce
« contre les personnes qui ont traité avec le débiteur ou qui ont été payées
« par lui, contre leurs héritiers et les tiers de mauvaise foi. Elle ne porte
« pas atteinte aux droits des tiers de bonne foi ».

(1) Thaller et Percerou, I, n° 653. V. loi *allemande*, art. 40 ; loi *hongroise*, art. 35, dernier alin.; loi *suisse*, art. 290.

(2) V. n° 327 *a* une conséquence tirée par nous, à propos de la constitution de dot, de ce que la nullité d'une donation en vertu de l'article 446,
C. com., entraîne celle d'une sous-aliénation à titre onéreux faite par le
donataire, même en cas de bonne foi du sous-acquéreur.

(3) V. *en ce sens*, Demolombe, XXV, n° 201 ; Bravard et Demangeat,
v. p. 272 et 273. La question examinée ici présente une certaine analogie
avec celle qui se pose en Droit civil à propos de la nullité pour cause de
dol (art. 1116, C. civ.); cette nullité peut-elle être admise contre un sous-
acquéreur, alors même qu'il n'aurait pas participé aux manœuvres frauduleuses du premier acquéreur contre l'aliénateur originaire ? V. Demolombe, XXIV, n° 190.

entre les *dettes échues* et les *dettes non échues*. Pour celles-ci, la règle est très simple : l'acquittement en est nul, quel que soit le mode employé, *paiement* proprement dit ou *dation en paiement* ; la circonstance décisive qui motive la nullité, est la non exigibilité de la dette. Pour les dettes échues, au contraire, c'est le mode de libération qui est pris en considération par la loi ; le *paiement* n'est pas annulé de droit, mais il tombe sous le coup de l'article 447 (n° 387), tandis que la *dation en paiement* est nulle de droit ; la loi ne s'exprime pas aussi nettement, elle indique d'une manière un peu confuse les modes de libération réguliers en eux-mêmes et les modes de libération qu'elle regarde comme anormaux ; il ne sera parlé de ceux-ci qu'à propos des *dettes échues*, puisque, pour les *dettes non échues*, la libération ne produit pas d'effet, de quelque manière qu'elle soit intervenue. Il sera traité successivement du *paiement* des *dettes non échues* (n°s 332 et suiv.) et du *paiement* des *dettes échues* (n°s 339 et suiv.).

332. *Dettes non échues*. — Il n'est pas naturel qu'un commerçant qui a cessé ses paiements ou qui va les cesser, acquitte une dette dont on ne peut exiger de lui le paiement. Il procure ainsi au créancier un avantage purement gratuit, en lui donnant la chose due avant le terme ; il a surtout en vue de le soustraire au risque qu'il court de ne toucher qu'un dividende par suite de l'éventualité de la faillite. Le créancier a dû s'étonner de cette anticipation. Quoi qu'il en soit, du reste, des intentions qu'ont pu avoir les parties, la loi édicte une règle absolue : par cela seul que la dette n'était pas échue, la libération n'a pu être valablement opérée et le créancier doit le rapport de ce qu'il a touché. Aussi doit-on repousser la doctrine d'après laquelle le paiement d'une dette non échue pourrait être valable, lorsqu'il s'expliquerait par le désir du débiteur de se procurer un certain avantage, par exemple un escompte sur un prix de vente (1).

(1) Paris, 28 juin 1877, D. 1879. 2. 200 ; S. 1879. 2. 531 ; *J. Pal.*, 1879. 1280 (marchandises stipulées payables à 60 jours ; l'acheteur avait payé 10 jours après moyennant un escompte de 50 jours ; la Cour dit avec raison que la règle absolue de la loi ne comporte ni distinction ni atténuation, que le débiteur et le créancier ont pu être de bonne foi). — Delamarre

Mais la solution contraire devrait être admise si la faculté d'escompte avait été réservée dans le contrat. Le paiement anticipé
n'aurait alors rien d'anormal. On pourrait seulement appliquer l'article 447, C. com., qui régit tous les actes ne rentrant pas dans
le domaine de l'article 446, C. com. (1).

La loi ne distingue pas, et avec raison, suivant que les dettes
acquittées sont *civiles* ou *commerciales* (2), ni selon qu'elles ont
leur source dans un fait licite (contrat, quasi-contrat) ou dans un
fait illicite (délit, quasi-délit) (3).

La règle de l'article 446, C. com , s'applique sans difficulté au
paiement d'obligations *naturelle*s dont est tenu le failli ; ces
obligations, d'après leur essence même, ne sont jamais exigibles (4).

333. A quel moment doit-on se placer pour voir si la dette est
échue ou non ? Au moment du paiement. Si la dette n'était pas

et Lepoitvin, VI, n° 146; Pardessus, III. n° 1140 ; Demangeat sur Bravard,
V, p. 225, en note ; Boistel, n° 945.— *En sens contraire*, Bourges. 7 mars
1845, D. 1846. 2. 226 ; Massé, III, n° 1222 (il voit là une opération commerciale légitime en elle-même, à laquelle on pourrait seulement appliquer
l'article 447, C. com.). — On pourrait ne pas tenir compte du terme, s'il y
avait eu de la part du débiteur une fraude le rendant non recevable à se
prévaloir de ce terme. Cf. Cass. 16 nov. 1864, D. 1865. 1. 37 ; S. 1865. 1. 13 ;
J. Pal.. 1865. 19.

(1) Trib. com., Nantes. 24 nov. 1875, *Jurisp. commer. et marit. de Nantes*, 1876. 1. 17.— Thaller, *Traité élémentaire de Droit commercial* (4° édit.),
n° 1838.

(2) D'après l'ancien article 446, toutes sommes payées *pour dettes commerciales non échues* sont rapportées. Renouard (I, p. 372) fait remarquer
que la distinction entre les paiements de dettes civiles et les paiements
de dettes commerciales était contraire à l'égalité qui, en cas de faillite, doit
exister entre les créanciers civils et les créanciers commerciaux.

(3) Cass. 9 janv. 1865, S. 1865. 1. 15 ; D. 1865. 1. 38 ; Cass. 13 nov. 1866,
S. 1867. 1. 27 ; D. 1866. 1. 435 ; Cass. 19 mai 1883, *Journal des faillites*, 1883,
p. 185.— V. spécialement l'article de M. Mainié dans le *Journal des faillites*,
1882, p. 217.

(4) Il résulte de là qu'au point de vue des nullités frappant les actes faits
durant la période suspecte, il n'y a pas d'intérêt à distinguer entre le paiement d'une obligation naturelle et une donation. La remarque mérite d'être
faite ; car, sous des rapports multiples, l'existence d'une obligation naturelle est utile à constater, à raison de ce que l'exécution de cette obligation
n'est pas traitée comme une donation.

échue alors, le paiement est nul de droit, quand même l'échéance a eu lieu avant la déclaration de faillite (1). A l'inverse, l'article 446 ne s'applique pas au paiement d'une dette alors exigible, quand même cette exigibilité ne se serait produite qu'au cours de la période suspecte (2). En parlant de dettes échues ou non échues, le législateur a dû penser au paiement qui en est fait, non à la cessation des paiements ou au jugement déclaratif (3).

Il n'y a pas à tenir compte non plus de l'époque à laquelle les dettes ont été contractées, avant la période suspecte ou au cours de cette période (4) : il s'agit de la nullité du paiement, non pas de celle de l'obligation.

334. L'article 446 ne peut être invoqué pour faire annuler des remises de fonds faites par un commerçant à un correspondant avec lequel il est en compte-courant (5). Si, par exemple, le compte doit se régler tous les ans, on ne peut dire que celui qui, au cours de l'année, envoie des fonds à l'autre acquitte ainsi une dette non échue. Pendant la durée du compte, il n'y a ni créances ni dettes, mais de simples articles de débit et de crédit qui ont remplacé les dettes et les créances existant entre les correspondants (6). Il ne peut donc être question d'un paiement.

334 bis. L'article 446 n'est pas applicable à la remise d'une somme ou de titres faite par un client à son agent de change comme couverture d'une opération à terme. Sans doute, la remise

---

(1) Dijon, 19 fév. 1867. D. 1868. 2. 139 ; S. 1867. 2. 316., *J. Pal.*, 1867. 1128.

(2) Cass. 17 fév. 1845, D. 1845. 1. 166 ; S. 1845. 1. 464 (la Cour casse un jugement qui avait admis que l'article 446 interdisait tous paiements pour dettes qui n'étaient pas échues avant le commencement de la période suspecte).

(3) Demangeat sur Bravard, V, p. 238, note 1 ; Boistel, n° 945.

(4) Cass. 29 juin 1870, D. 1871. 1. 289 ; S. 1870. 1. 417 ; *J. Pal.*, 1870. 1105.

(5) Cass. 22 avr. 1884. S. 1884. 1. 409 ; *J. Pal.*, 1884. 1. 1025 (note de M. Labbé) ; D. 1885. 1. 230 ; Amiens, 30 mai 1884 *Journal des faillites*, 1884, p. 576 ; Lyon, 26 juil. 1888, S. 1890. 2. 169 ; *J. Pal.*, 1890. 1. 1027 ; Douai, 24 av. 1891. S. 1891. 2. 121 ; *J. Pal.*, 1891, 1. 674 (note de Ch. Lyon-Caen) ; Toulouse, 16 novembre 1910, *Journal des faillites*, 1912, page 360.

(6) V. *Traité de Droit commercial*, IV, n°s 829 à 830 *bis*.

d'une couverture peut constituer un paiement anticipé (1), mais cette remise est la condition de l'exécution du mandat donné à l'agent de change ; il s'agit d'une opération qui doit être envisagée dans son ensemble et qui ne pourrait tomber que sous le coup de l'article 447 (2).

335. Une grave difficulté a été soulevée au cas où, une lettre de change ayant été créée, le tireur en fait la provision en temps suspect avant l'échéance. Faut-il appliquer l'article 446 ? La question peut se présenter dans les rapports de la faillite du tireur avec le tiré, si celui-ci a accepté, ou dans les rapports de la faillite du tireur avec le porteur en cas de non acceptation. Dans le premier cas, le tiré est obligé envers le porteur par son acceptation même ; il s'agit seulement de savoir s'il peut garder la provision pour se rembourser jusqu'à due concurrence. Dans le second cas, le tiré est désintéressé et le porteur réclame sur la provision les droits que lui attribue la jurisprudence (3). L'opinion qui prévaut, applique ici l'article 446 ; le tireur, en envoyant la provision, acquitte une dette non échue, soit envers le tiré, soit envers le preneur (4).

Cette opinion, consacrée par la jurisprudence, a été vivement critiquée et l'on a soutenu que l'article 446 ne s'oppose pas à ce que le failli fasse valablement, au cours de la période suspecte, provision entre les mains du tiré pour une traite non échue (5). S'il y a eu

(1) V. *Traité de Droit commercial*, IV, n° 990.

(2) Cf. Cass. 31 juill. 1872. S. 1873. I. 157 ; *J. Pal.*, 1873. 373 ; *Rép. gén. de Droit français*, v° *Faillite*, n° 1187. — Thaller, *Traité élémentaire de Droit commercial* (4e édit.), n° 1838. Cpr. Cass. 10 décembre 1902, D. 1904. 1. 537.

(3) V. *Traité de Droit commercial*, IV. n°s 179 et suiv.

(4) Cass. 30 mai 1859, D. 1859. I. 462 (tiré ayant accepté à découvert et ayant reçu la provision avant l'échéance) : Cass. 18 déc. 1850, D. 1851. 1. 29 ; S. 1851. 1. 414 (la question s'élevait entre la faillite du tireur et le porteur ; Cass. 24 janv. 1860, D. 1860. 1. 71 ; S, 1860. 1. 789 ; Toulouse. 7 juin 1880 et 9 mai 1882 ; Amiens, 2 mai 1882, *Journal des faillites*, 1882, p. 468 ; Cass. 21 mai 1884, *Journal des faillites*, 1884, p. 373 (solution implicite) ; Trib. comm. Marseille, 28 avr. 1893, *Journal des faillites*, 1894, p. 90. Cf. Renouard, I, p. 372-373.

(5) Demangeat sur Bravard, V, p. 260, note 2 ; Boistel, n° 945 ; Thaller, *Traité élém. de Droit commercial*, n° 1459.

acceptation du tiré, dit-on, l'envoi de la provision constitue l'acquittement d'une dette échue du tireur envers le tiré. Cela n'est nullement démontré, attendu que le tiré a pu faire crédit au tireur et il a
pu être entendu que ce ne serait qu'à l'échéance que le tireur devrait
mettre le tiré à même de payer la traite. S'il n'y a pas eu acceptation, dit-on, c'est envers le preneur que le tireur s'acquitte en
envoyant la provision. Mais précisément on peut se demander si
cette dette du tireur envers le preneur est échue ; cela est douteux.
Le tireur ne doit procurer le paiement et pour cela faire la provision
qu'à l'échéance (art. 116, C. com.) ; il doit bien procurer l'acceptation, mais l'exigibilité de sa dette de ce chef est subordonnée, semble-t-il, à la condition que le refus d'acceptation ait été constaté
(art. 120, C. com.).

Un tempérament équitable à la solution admise par la jurisprudence consiste à ne pas admettre la nullité en vertu de l'article 446,
C. com., quand la provision est antérieure à la souscription de la
lettre de change ou a été fournie en même temps que cette souscription avait lieu (1).

Souvent, dans ce cas de l'envoi d'une provision en temps suspect,
il peut y avoir lieu d'appliquer une autre disposition de l'article 446,
soit celle qui annule le paiement en marchandises même pour une
dette échue, soit celle qui annule le nantissement consenti pour une
dette antérieure. C'est là ce qui se présente quand la provision
consiste, selon les expressions usitées, en marchandises.

336. Au point de vue du paiement des dettes non échues fait
durant la période suspecte, l'article 446, C. com., protège plus les
créanciers que ne le fait à l'égard du même acte l'article 1167,
C. civ., quand il a été fait, soit par un non-commerçant, soit même
par un commerçant avant la période suspecte.

Lorsqu'une dette non échue a été payée en dehors de la période
suspecte, on admet, comme en Droit romain, que le créancier doit
restituer l'avantage que lui a procuré le paiement anticipé, avantage

---

(1) Cass. 16 juin 1909, S, et *J. Pal.* 1910. 1. 5. (note de Ch. Lyon-Caen) ;
D. 1909. 1. 385 : *Pand. fr.*, 1910, 1. 5 ; *Journal des faillites*, 1909, p. 289.
Thaller et Percerou. I, n° 598 à 603.

qui consiste dans l'*interusurium*, c'est-à-dire dans le montant des intérêts qu'aurait produits le capital du jour du paiement au jour de l'échéance (1). On n'exige, du reste, pas la fraude, du créancier, puisqu'il a reçu un avantage gratuit. La protection de la loi des faillites à l'égard de l'ensemble des créanciers est autrement énergique ; sans qu'il soit besoin de prouver la mauvaise foi du débiteur, le paiement même est annulé, par cela seul qu'il se place dans la période suspecte, et le créancier est obligé de rapporter à la masse la somme touchée par lui.

337. Malgré la disposition absolue qui annule le paiement d'une dette non échue, il y a un cas où le rapport ne semble pas devoir être ordonné à la charge du créancier, c'est celui où ce créancier se trouverait en même temps propriétaire des choses individuellement déterminées qui lui ont été remises avant le temps fixé pour la livraison ; cela peut se présenter souvent par suite de la règle de l'article 1138, C. civ. Dans ce cas, la situation du créancier n'a pas été modifiée par la faillite, comme l'aurait été la situation d'un créancier de somme d'argent ou de choses déterminées *in genere* ; ce dernier créancier, la faillite survenant, est réduit à subir la loi du dividende. Au contraire, la faillite ne fait pas disparaître le droit de propriété du premier et l'annulation du paiement anticipé n'aurait aucun résultat, puisque la faillite, rentrant en possession de la chose payée, devrait la restituer à celui qui en est propriétaire et qui exercerait son droit de revendication (2). Seulement, s'il s'agit d'une chose

---

1. Dig., L. 10, § 12, *Quae in fraudem creditorum*, XLII, 8. Ulpien . *Si, cum in diem mihi deberetur, fraudalor praesens solverit, dicendum erit in eo quod sensi commodum. in repraesentatione, in factum actioni locum fore.* Mais cela n'était vrai que des paiements faits avant l'envoi en possession des créanciers. Tout paiement fait après cet envoi en possession était nul, par suite du dessaisissement. V. L. 6, § 7, et L. 10, § 16. Dig. XLII, 8. — Il en est de même aujourd'hui des paiements faits à partir du jour où est rendu le jugement déclaratif. V. n°ˢ 208 et 213.

(2) Pardessus, III, n° 1139 ; Dict. de Couder, n° 318. Il est supposé au texte que le créancier était devenu, en vertu d'un contrat régulier, propriétaire de la chose qui lui a été ainsi livrée ; mais nous ne voyons pas pourquoi Pardessus semble se restreindre au cas où le failli aurait fait la vente avant les dix jours de la cessation des paiements. D'abord, puisqu'il s'agit d'une vente, les dix jours n'ont rien à faire là ; de plus, même depuis

frugifère, il paraît juste d'obliger le créancier à tenir compte à la faillite de l'avantage que lui a procuré la jouissance anticipée de cette chose.

Par application des mêmes principes, si un commerçant restitue, pendant la période suspecte, à une personne des marchandises qu'il s'est procuré par un délit, commis au préjudice de celle-ci, il ne peut y avoir lieu à l'application de l'article 446, C. com. La victime du délit n'a pas cessé d'être propriétaire des marchandises (1).

338. La loi n'a en vue dans l'article 446 que le cas du failli *débiteur* qui paie son créancier avant le terme. Il est bien évident qu'on ne peut y faire rentrer le cas inverse, celui où le failli *créancier* serait payé par son débiteur avant le terme. Les syndics ne pourraient prétendre que le paiement fait par celui-ci est nul de droit ; ils pourraient seulement demander l'application de l'article 447, qui comprend tous les actes qu'a pu faire le failli en dehors de ceux qu'énumère limitativement l'article 446, C. com. (2).

339. 2° *Dettes échues.* — Comme cela a déjà été indiqué plus haut (n° 331), le Code de commerce fait, relativement aux dettes échues, une distinction fort importante : il annule de plein droit la *dation en paiement,* tandis que le *paiement,* en principe valable, peut seulement être annulé par application de l'article 447. Plusieurs motifs justifient cette distinction. Le paiement est un acte normal de part et d'autre ; le créancier, qui reçoit ce qu'il a le droit d'exiger, n'excite pas les soupçons par l'acte même, comme quand il accepte autre chose que la chose dûe. On peut se demander dans ce dernier cas pour quels motifs il y a eu dérogation au contrat. N'y a-t-il pas eu, en

la cessation des paiements, les aliénations à titre onéreux faites par le failli ne sont pas nulles de droit ; elles peuvent seulement être annulées sous les conditions déterminées par l'article 447, C. com. V. n° 394.

(1) Cass., 16 novembre 1864, D. 1865. 1. 37. Thaller et Percerou, I, p. 576, *note* 1.

(2) Demangeat sur Bravard, V, p. 228, en note ; il relève à ce sujet une singulière inadvertance de MM. Delamarre et Lepoitvin (VI, n° 145). Mais ce qui est dit au texte du paiement reçu par le failli ne serait pas exact de la remise de dette faite par lui à l'un de ses débiteurs. Il y a là, en effet, une donation entre vifs, qui tombe sous le coup de l'article 446. V. n° 320.

vue de l'éventualité de la faillite, accord pour substituer une chose à celle qui était due et que le débiteur ne pouvait fournir? De plus, comme il est souvent difficile d'apprécier si la chose fournie valait plus ou moins que la chose due, le failli pourrait vouloir faire une véritable libéralité au créancier, indépendamment de l'avantage de le soustraire à la loi du dividende. Voilà pourquoi la loi annule de droit la dation en paiement d'une dette échue, comme le paiement d'une dette non échue (1).

On comprend le grand intérêt qu'il y a ici à distinguer le paiement de la dation en paiement (2). L'article 446, alin. 3, annule... *pour dettes échues, tous paiements faits autrement qu'en espèces ou effets de commerce.* Ainsi donc on doit considérer comme un paiement dans le sens de notre article celui qui est fait *en espèces* ou *en effets de commerce;* la dation en paiement annulée comprend les autres cas indiqués assez mal à propos pour les dettes non échues : *paiements par transport, vente, compensation ou autrement* (3). Il importe d'expliquer ces deux dispositions pour déterminer les modes de libération qui rentrent dans l'article 446 et ceux qui rentrent dans l'article 447.

340. La loi parle du paiement *en espèces,* parce qu'elle a en vue le cas le plus ordinaire, celui d'une dette de somme d'argent. Mais il va de soi que la règle doit être la même toutes les fois que le débiteur paie *la chose due,* quelle que soit cette chose, parce que l'acte qu'il fait a la même nature. Le commerçant, qui s'est obligé à fournir des marchandises et qui les livre à son créancier alors que la livraison est exigible, n'agit pas autrement que si, devant une somme d'argent exigible, il acquittait cette somme en numéraire (4) ; on

---

(1) Cf. Bravard et Demangeat, V, p. 229 et suiv.; Boistel, n° 946.

(2) Pour les dettes non échues, la distinction entre le paiement et la dation en paiement n'offre pas d'intérêt, par cela même que l'un et l'autre sont nuls de droit en vertu de l'article 446, C. com.

(3) Voir la note précédente.

(4) Paris, 5 mars 1892, *le Droit,* n° du 25 mars 1892 (il s'agissait dans l'espèce de la remise faite par un changeur à son client de titres de valeurs mobilières que celui-ci l'avait chargé d'acheter pour lui). Cf. Cass. 31 mars 1868, S. 1868. 1. 294; *J. Pal.,* 1868. 759 ; D. 1869. 1. 292 (exécution d'un marché à livrer).

peut s'étonner qu'une idée aussi simple ait pu être méconnue (1). De même, la remise de valeurs mobilières, à raison d'un prêt de valeurs semblables, est un paiement ordinaire non frappé par l'article 446 (2). A l'inverse, on doit considérer comme faisant une dation en paiement atteinte par l'article 446, celui qui, devant livrer des marchandises, fournit de l'argent ; les motifs énoncés plus haut (no 339) s'appliquent alors pleinement. On voit que l'on ne doit pas prendre à la lettre les mots *paiement en espèces* de l'article 446, C. com.

341. A côté du paiement en espèces, la loi place le *paiement en effets de commerce*. Rigoureusement, il n'y a pas un véritable paiement quand le débiteur remet à son créancier un effet de commerce : il y a une dation en paiement ou encore, suivant l'expression même de l'article 446, un *paiement par transport ;* le débiteur cède à son créancier une créance qu'il a sur un tiers. En ne traitant pas cette opération comme une dation en paiement et en l'assimilant à un paiement ordinaire, le législateur a obéi à des considérations d'utilité pratique. Dans les usages du commerce, la remise d'effets en paiement est une chose normale ; des effets de commerce revêtus de bonnes signatures, circulent comme de la monnaie (3) ; les raisons données pour écarter la nullité de plein droit quand le débiteur a fourni à son créancier la chose due (no 339), s'appliquent donc au cas où il lui a cédé des effets de commerce.

342. La loi a employé une formule un peu vague, et il importe de déterminer exactement les cas dans lesquels on peut dire qu'il y a

(1) Lyon, 31 déc. 1847, D. 1848. 2. 15 ; S. 1848. 2. 351 (l'arrêt infirme un jugement qui s'était cru obligé d'appliquer l'article 446 dans un cas où le failli avait restitué en temps suspect des matières premières qu'il avait reçues pour les travailler ; il y avait là un paiement *autrement qu'en espèces* : c'est le cas ou jamais de dire : « la lettre tue ». La solution était d'autant plus singulière qu'en définitive, le créancier était en même temps propriétaire de la chose qui lui avait été rendue. Cf. no 337). Dijon, 6 mars 1882, *Journal des faillites*, 1883, p. 52 (la Cour applique l'article 447 à raison des circonstances de la cause) ; Agen, 9 fév. 1881. D. 1882. 2. 239. Cf. Massé, III, no 1224.

(2) Cass. 17 juill. 1883, S. 1885. 1. 203 ; J. Pal., 1885. 1. 499 ; D. 1884. 1. 183 ; *Journal des faillites*, 1882, p. 407.

(3) V. *Traité de Droit commercial*, IV, nos 42 et 51.

eu *paiement en effets de commerce ;* en dehors de ces cas, on retombe dans la règle d'après laquelle toute dation en paiement est annulée de droit.

L'expression *effets de commerce* n'a pas de sens rigoureux (1). On entend spécialement par là des écrits constatant sous des formes variées l'obligation de payer une somme d'argent à une date, en général, assez rapprochée et transmissibles le plus souvent par endossement ou de la main à la main, qui notamment ont l'utilité de servir d'instruments de paiement et de suppléer ainsi au numéraire. Les principaux effets de commerce sont la *lettre de change*, le *billet à ordre*, le *chèque*, le *warrant*.

343. Il est certain tout d'abord que la formule de la loi s'applique au cas où le failli a endossé au profit de son créancier des lettres de change où des billets à ordre qu'il avait dans son portefeuille ; c'est l'hypothèse à laquelle le législateur a surtout dû songer (2).

Si, au lieu de transmettre à son créancier une lettre de change qu'il a déjà, le débiteur en crée une à son profit, il fait aussi un paiement en effet de commerce ; on est dans la lettre et dans l'esprit de l'article 446 (3). On doit en dire autant du cas où le débiteur remet à son créancier des billets à ordre souscrits par lui-même (4).

---

(1) V. *Traité de Droit commercial,* IV, n°s 2 et suiv.

(2) Il faut supposer que la transmission a été complètement réalisée avant le jour où a été rendue le jugement déclaratif de faillite : Cf. Ch. req. 7 mars 1882, D. 1882. 1. 147; S. 1883. 1241 (note de M. Labbé).

(3) Ch. civ. Cass. 10 mai 1865, D. 1865. 1. 230 ; S. 1866. 1. 277 (on ne peut établir, dit l'arrêt, entre les effets créés par le débiteur et ceux qui lui auraient été remis par des tiers, une distinction que repoussent les termes généraux de la loi, non moins que les usages et les nécessités du commerce) ; Delamarre et Lepoitvin, Vi, n°s 151 et suiv.; Boistel, n° 950. — V. *en sens contraire* Bédarride, I, n° 113 *bis* (nous ne nous rendons pas compte de la différence que cet auteur prétend établir entre le cas où le débiteur cède à son créancier une lettre de change préexistante et le cas où il crée une lettre à l'ordre de son créancier ; ce qu'il dit du second cas s'applique également au premier et la conséquence serait que, dans les deux cas, il y a une dation en paiement interdite).

(4) Cf. Cass. 10 juin 1873, D. 1874. 1. 83 ; Cass. 28 octobre 1903, S. 1904. 1. 499. D. 1904. 1. 88. On objecte qu'il n'y a pas paiement lorsque le débiteur souscrit un billet à l'ordre de son créancier. Cela n'est pas nia-

Peu importe, quand il s'agit d'une lettre de change, qu'elle ait été ou non acceptée d'avance par le tiré (1).

Au point de vue de l'article 446, C. com., il ne faut pas hésiter à assimiler le chèque au billet à ordre et à la lettre de change. Le chèque est un effet de commerce. En outre, à raison des circonstances dans lesquelles il peut être émis et de la règle d'après laquelle il est nécessairement payable à vue, on peut dire avec encore plus de raison que pour ces deux derniers effets, que celui qui remet un chèque à son créancier fait un véritable paiement ; un chèque, dit-on parfois, c'est de l'argent (2).

Cette protection si légitime accordée par la loi aux paiements de dettes échues faits en effets de commerce, suppose évidemment qu'il n'a été usé d'aucune fraude pour dissimuler un paiement fait par voie de cession de créance. Les tribunaux ont à décider souverainement s'il en est ainsi (3).

344. Ces solutions seraient applicables même au cas où, par

---

ble, mais il n'y a pas non plus de paiement, lorsque le débiteur endosse une lettre de change à son créancier. Dans les deux cas, les commerçants disent qu'il y a eu un règlement en valeurs. D'autre part, on a dit que, du reste, le bénéficiaire du titre ne sera pas dans une situation meilleure qu'auparavant (Boistel, n° 950). Ce n'est pas tout à fait exact : supposons qu'au moment où il reçoit le billet, le créancier ignore que le souscripteur est en état de cessation de paiements ; il transmet ce billet et, lors de l'échéance, le billet est payé ; à ce moment, le créancier connaît très bien la situation de son débiteur. Cependant aucune action en rapport ne pourra être intentée contre lui, ainsi qu'il sera expliqué plus loin à propos de l'article 449 (n°s 399 et suiv.) ; si, au contraire, il était resté créancier purement et simplement comme auparavant et s'il avait touché directement de son débiteur, il serait exposé à se voir appliquer l'article 447, C. com.

(1) Il a été soutenu qu'il y a un paiement en effets de commerce, lorsque la traite créée par le débiteur a été acceptée d'avance par le tiré, mais non dans le cas contraire. Cette distinction doit être rejetée. Même en l'absence d'acceptation, la lettre donne des droits au créancier qui en devient preneur, spécialement dans le cas fréquent où le tireur est créancier du tiré. V., au surplus, ce qui est dit à la note précédente pour le cas d'un billet à ordre.

(2) Paris, 26 nov. 1880, sous Cass. 7 mars 1882, D. 1882. 1. 147 ; S. 1883. 1. 241.

(3) Cass. 28 mai 1884, *Journal des faillites*, 1884, p. 382, 13 nov. 1889 ; S. et *J. Pal.*, 1892. 1. 437 ; D. 1890. 1. 61.

suite de quelque défaut de forme, le titre dont il s'agit, tout en étant valable, ne vaudrait pas légalement comme lettre de change, billet à ordre ou chèque (1). Cela devait être admis, avant la suppression de la nécessité de la remise de place en place dans la lettre de change par la loi du 7 juin 1894, pour les écrits sous forme de mandats payables dans le lieu de leur création (2). Il est toujours vrai de dire que ce sont là des titres remplissant couramment dans le commerce le rôle de numéraire.

345. On doit assimiler à un paiement en espèces ou en effets de commerce un *virement en banque* (3). Cette opération suppose que le failli et son créancier ont également chacun un compte chez le même banquier et que le failli fait opérer un virement au profit de son créancier en le faisant créditer de la somme dont il sera lui-même débité. Peu importe, au point de vue du résultat à l'égard de la masse des créanciers, que le premier crée au profit du second ou transmette au second un chèque sur ce banquier ou bien ordonne simplement à celui-ci d'inscrire une somme au crédit de son créancier et à son propre débit (4). Le *virement* est une sorte de délégation, et la délégation par changement de créancier est nulle de droit (n° 353), mais c'est une opération ordinaire du commerce qui n'est pas plus suspecte qu'un paiement en effet de commerce (5).

346. Quelquefois, on fait rentrer dans la classe des effets de commerce les récépissés et les warrants délivrés par les magasins généraux (6) ; ces titres sont à ordre et, par suite, se transmettent par

---

(1) V. *Traité de Droit Commercial*, IV, n°⁵ 460 et suiv., n° 534.

(2) Douai, 24 avr. 1891, S. 1891. 1. 140 ; *J. Pal.*, 1891. 1. 674 (note de Ch. Lyon-Caen) ; *Journal des faillites*, 1891, p. 316.

(3) Cf. Cass. 19 mars 1867, S. 1867. 1. 247 ; *J. Pal.*, 1867. 633 ; D. 1867. 1. 384. V. *Traité de Droit commercial*, IV, n°⁵ 677 et 678.

(4) Boistel, n° 951.

(5) A raison même de l'analogie contre les effets d'un virement et ceux de la remise d'un chèque, la loi de finances du 30 juillet 1913 (art. 12) soumet les virements aux mêmes droits de timbre de 10 et de 20 centimes que les chèques.

(6) Lyon, 27 fév. 1866, D. 1866. 2. 70 ; Cass. 7 mai 1866, D. 1866. 1. 197 ; Cass. 27 juin 1882, D. 1882. 1. 358 et *Journal des faillites*, 1882, p. 321 ; Lyon, 7 fév. 1883, *Journal des faillites*, 1884, p. 88.— V. *en sens contraire*, Grenoble, 18 déc. 1862, D. 1863. 2. 64 (arrêt cassé le 7 mai 1866, D. 1866.

endossement. Est-ce à dire que la remise par un débiteur à son créancier d'un récépissé et d'un warrant réunis, d'un récépissé seul ou d'un warrant seul, doive, pour l'application de l'article 446, être considérée comme un paiement en effet de commerce ? L'affirmative ne saurait être admise d'une manière absolue ; il y a des distinctions à faire. La transmission par un débiteur à son créancier d'un récépissé, qu'il soit seul ou accompagné du warrant, n'offre aucune analogie réelle avec l'endossement d'une lettre de change ou d'un billet à ordre. Le débiteur, qui a déposé des marchandises dans un magasin général, en endossant le récépissé avec ou sans le warrant, donne au créancier un droit sur ces marchandises ; que le créancier doive les prendre comme équivalent de sa créance, qu'il doive les vendre pour se payer sur le prix jusqu'à due concurrence, peu importe, il y a une dation de marchandises en paiement ou un nantissement ; il n'y a nullement l'opération que la loi a en vue quand elle parle d'un paiement en effets de commerce ; à cet endossement du récépissé on peut appliquer pleinement les considérations indiquées plus haut (no 339), pour justifier la nullité qui frappe la dation en paiement ordinaire (1). Quant au warrant détaché du récépissé, une distinction paraît devoir être déduite des principes de la matière. Si le débiteur a détaché lui-même le warrant du récépissé pour l'endosser à son créancier, il n'a pas fait autre chose que lui constituer en gage les marchandises déposées dans un magasin général (2), et alors, ce n'est pas la disposition que nous étudions qui est en jeu, c'est le dernier alinéa de l'article 446. Si le débiteur avait dans son portefeuille le warrant qui lui avait été transmis par une autre personne, le warrant joue alors le rôle d'un effet de commerce ; c'est un billet à ordre garanti par un gage dont l'endossement par le débiteur au profit de son créancier doit être considéré comme un paiement en effet de commerce au sens de la loi (3).

1. 197). — Alauzet, V., no 2514, dit sans explication que les récépissés et warrants doivent être assimilés aux effets de commerce.

(1) Rennes, 26 avril 183, S. 1874. 202 ; *J. Pal.*, 1874. 850.

(2) Rennes, 22 mars 1866, D. 1867. 2. 205 ; S. 1867. 2. 323 ; *J. Pal.*, 1867. 227 ; Dijon, 29 juill. 1886, *Journal des faillites*, 1887, p. 357 ; *Journ. de jurispr. de Marseille*, 1887. 2. 140 ; Massé, II, no 1224.

(3) Boistel, no 951. — Les auteurs ne font pas, en général, aussi nette-

347. On ne saurait évidemment assimiler à un paiement en effets de commerce la transmission d'un connaissement faite par un débiteur à son créancier, ni la remise de factures acquittées de marchandises vendues à un tiers et dont le créancier reçoit le pouvoir de toucher le prix (1), ni la cession de titres d'actions ou d'obligations même au porteur; ces titres se sont pas des effets de commerce (2).

348. Une certaine hésitation se comprendrait pour les coupons échus et au porteur ; ils donnent droit à une somme d'argent déterminée et circulent parfois comme du numéraire. On ne saurait pourtant dire que ce sont là des effets de commerce équivalant à des espèces. Pour en obtenir le paiement, le porteur est soumis à des

ment cette distinction; mais la plupart de ceux qui ne font pas rentrer l'endossement du warrant dans le paiement en effets de commerce, supposent que cet endossement est fait par le propriétaire des marchandises warrantées : V. par exemple, Massé, II, n° 1224. — La distinction admise au texte à propos de la nullité des actes antérieurs au jugement déclaratif de faillite, entre le premier endossement d'un warrant et les endossements subséquents, a été très bien faite, dans un jugement du tribunal civil de la Seine du 31 juillet 1891 et par un arrêt de rejet de la Chambre civile du 29 octobre 1894 (D. 1895. 1. 25) à propos de l'application de l'impôt sur le revenu des valeurs mobilières. Cet arrêt décide que le premier endossement d'un warrant renferme les éléments d'un emprunt sur gage et que, par suite, les intérêts sont soumis à l'impôt de 4 0/0 sur le revenu des valeurs mobilières (quand l'endosseur est une société), tandis que les endossements ultérieurs n'ont pas ce caractère, de telle façon qu'à leur occasion, il n'y a pas lieu à la perception de cet impôt. Du reste, au point de vue de l'impôt sur le revenu, cette distinction a cessé d'être admise. La loi du 28 décembre 1895 (art. 31) a admis, sans distinguer que *la loi du 29 juin 1872 n'est pas applicable aux avances faites aux sociétés au moyen d'endossement de Warrants.*

(1) Bordeaux, 29 mars 1871, D. 1873. 2. 213; S. 1871. 2. 209; *J. Pal.*, 1871. 664 (dans l'espèce, les factures étaient accompagnées d'un mandat sur le débiteur, mais ce mandat n'était pas susceptible d'endossement; il y avait une cession de créance ou un paiement par transport, non ce qui, d'après la loi et l'usage, caractérise le paiement en effets de commerce). Massé, II, n° 1224 ; Boistel, n° 951.

(2) Paris, 14 janv. 1882, D. 1882. 2. 132 et *Journal des faillites*, 1882, p. 70 (concl. du ministère public). — V., cependant, Laurin, n° 1001, qui met sur la même ligne les lettres de change, les billets à ordre, les chèques, les *actions* ou *obligations d'une société de commerce.*

déplacements et doit supporter des déductions spéciales, s'il ne les encaisse pas directement ; en outre, ils peuvent être l'objet d'une opposition, notamment en vertu de la loi du 15 juin 1872 (1). L'article 446 doit, en tant qu'il ne frappe pas de la nullité de droit les paiements faits en effets de commerce, recevoir une interprétation restrictive ; il a, à ce point de vue, un caractère exceptionnel, puisqu'en principe, la dation en paiement est nulle de droit (nos 331 et 339) (2).

349. En dehors du cas où le débiteur remet à son créancier des effets de commerce, toute dation en paiement est nulle de droit (3). Quand un paiement proprement dit est impossible, les parties peuvent être tentées de recourir à divers procédés pour éteindre la dette ; l'article 446 parle des paiements qui ont lieu *par transport, vente, compensation ou autrement*. Il faut déterminer exactement les actes compris sous ces diverses dénominations.

Par cela même que ces divers actes sont nuls de droit en vertu de l'article 446, C. com., la nullité doit en être prononcée sans qu'on soit admis, pour y échapper, à se prévaloir des circonstances de fait qui peuvent les expliquer (4).

350. *Paiement par transport*. — Le débiteur se libère en cédant à son créancier une créance qu'il a contre un tiers. Le paiement en effets de commerce n'est autre chose qu'un paiement par transport,

---

(1) V. *Traité de Droit commercial*, II, nos 641 *bis* et 642.

(2) Cass. 29 juin 1870, S. 1870. 1. 417 ; *J. Pal.*, 1870 ; D. 1871. 1. 289. D'après cet arrêt, la dénomination d'effets de commerce dans l'article 446 s'applique aux valeurs de circulation dont la négociation est soumise aux règles posées par le Code de commerce. C'est une formule qui manque de netteté. V. aussi Cass., 28 septembre 1903, *Journal des faillites*, 1903, p. 13. — Caen, 13 fév. 1890, *Journal des faillites*, 1890, p. 416.

MM. Thaller et Percerou (I, n° 611) estiment que les coupons doivent être traités comme des effets de commerce s'il est constaté que les coupons sont, en fait, employés usuellement dans les paiements. Cette doctrine doit être repoussée. Jamais les coupons n'ont été compris sous la dénomination d'effets de commerce.

(3) Sur le principe, Bordeaux, 4 avr. 1876, D. 1879. 2. 266 ; Orléans, 17 mai 1881, D. 1882. 2. 55.

(4) Cass. 29 juin 1880, D. 1871. 1. 289 (Dans l'espèce, on disait, pour faire exclure l'application de l'article 446, qu'il s'était agi d'acquitter le prix d'un achat d'immeuble et de le maintenir dans l'actif du débiteur).

que la loi, pour des considérations pratiques, affranchit de la nullité de droit (n° 330). Il peut y avoir des formes très diverses employées ; le débiteur cède régulièrement la créance et sa dette se trouve éteinte par cela même ou seulement jusqu'à concurrence du prix de vente ; sans faire une cession proprement dite, il remet à son créancier une facture acquittée (n° 347), une reconnaissance du débiteur (3) ; il charge son propre débiteur de payer le créancier (c'est une *délégation* (4), etc...). V., sur ce dernier point, n° 353.

351. La loi, dans l'article 446, annule le *transport* qui est fait à titre de paiement par un commerçant dans la période suspecte ; cette disposition ne s'appliquerait pas au transport qui serait fait d'une manière principale et qui ne se rattacherait pas à une créance qu'il aurait pour but d'éteindre. Si ce transport était fait à titre gratuit, ce serait la première disposition de l'article 446 qui le frapperait de nullité ; s'il était à titre onéreux, il ne serait pas nul de droit, il pourrait seulement être annulé dans les termes de l'article 447 (3).

352. La nullité de droit de l'article 446 est même sans application au transport de créance consenti par le failli à son créancier au moment où est contractée la dette dont ce transport est destiné à garantir le paiement. Il y a là une convention dont les diverses parties sont étroitement liées entre elles ; la garantie dont il s'agit en forme une condition essentielle, et l'on méconnaîtrait l'intention des parties en annulant le transport alors que la dette à laquelle il se rattache subsisterait (4). V. analog. n° 366.

---

(1) Orléans, 1er fév. 1853, D. 1854. 2. 222.

(2) Cass. 29 juill. 1872, D. 1873. 1. 222. — V. aussi Cass. 19 mars 1867, D. 1867. 1. 384 ; Lyon, 30 nov. 1866, D. 1867. 2. 89 ; S. 1867. 2. 262 (Dans l'espèce de ce dernier arrêt, le failli avait consenti à ce que son débiteur payât le créancier qui avait fait une saisie-arrêt).

(3) Ainsi qu'il résulte des principes posés plus haut (n° 303), le cessionnaire ne peut se prévaloir de la cession à l'égard de la masse, qu'autant que les formalités de l'article 1690, C. civ., ont été remplies avant le jugement déclaratif de faillite : Cass. 10 mars 1847 et 4 janv. 1847, D. 1847. 1. 130 et 133.

(4) Cass. 24 juin 1868, D. 1868. 1. 326 ; Cass. 30 déc. 1874, D. 1876. 1. 16 ; S. 1876. 1. 157. Dans l'espèce du dernier arrêt, il y avait cette circonstance spéciale que le transport avait été fait à la fois pour le paiement de

353. Il n'est pas douteux qu'on doive assimiler, au point de vue de la nullité de droit de l'article 446, C. com., au paiement par transport proprement dit la délégation qu'a faite le failli d'un de ses débiteurs à un de ses créanciers (1). Il y a là aussi un mode d'acquittement d'une dette ayant un caractère quelque peu insolite. En outre, comme dans le cas d'une cession de créance faite à titre de paiement, le failli est privé de sa créance et le bénéfice en passe au délégataire (2). Cpr. ce qui est dit du virement en banque, n° 345.

Mais de ce que la délégation par changement de créancier est nulle de droit, il ne faut pas conclure que toute novation faite par un failli durant la période suspecte est aussi frappée en vertu de l'article 446. Il faut, en effet, tenir compte de ce que l'énumération contenue dans cet article est limitative. Il résulte bien de ses dispositions que toute dation en paiement est nulle de droit, mais non que la nullité de droit s'applique à tout mode de libération autre que le paiement proprement dit. Ainsi, l'article 446 serait sans application à la novation ayant eu lieu entre le même créancier et le même débiteur et changeant seulement l'objet de la dette, notamment en substituant une dette perpétuelle à une dette viagère ou à l'inverse (3). Il n'y a alors rien d'analogue ni à un paiement par transport ni même à un des modes de libération visés par l'article 446, C. com. (4). Il pourrait seule-

dettes antérieures et pour la garantie d'avances nouvelles. La Cour a jugé qu'il n'y avait pas indivisibilité et qu'il fallait séparer les deux opérations pour appliquer à chacune ses règles propres. Cpr. analog. Rennes, 13 juin 1889, *Journal des faillites*, 1889, p. 377. — V. aussi Dijon, 18 mars 1891, *Journal des faillites*, 1891, p. 349; Riom, 8 mars 1899, *Journal des faillites*, 1900, p. 166.

(1) Nîmes, 1er mai 1866, *Journal des faillites*, 1886, p. 372. — Thaller et Percerou, I, n° 615.

(2) La délégation par changement de créancier a, au point de vue de son résultat principal, une telle analogie avec la cession de créance qu'en Droit romain, on avait recours à cette délégation pour suppléer à la cession de créance considérée comme impossible en droit à raison de ce que le droit de créance était attaché à la personne du créancier. — V. Gaius, III, § 38 et 39. — Cpr. Paul Gide, *Etudes sur la novation et le transport des créances en Droit Romain*.

(3) Orléans, 16 juin 1852, D. 1854. 2. 222 ; S. 1853. 2. 663. — Thaller et Percerou, n° 615 *bis*.

(4) Alger, 23 déc. 1893, *Journal des faillites*, 1894, p. 269. On lit dans

ment y avoir lieu d'appliquer à l'opération l'article 447, C. com., par
cela même qu'il régit tous les actes non compris dans l'article 446.

354. *Paiement par vente.* — Si le débiteur vend les marchandises à un tiers et paie son créancier avec le prix provenant de la vente,
il y a un paiement proprement dit ; ce n'est donc pas le cas auquel
il est ici fait allusion. Aussi l'article 446 est-il inapplicable ; on peut
seulement invoquer l'article 447 (1). L'article 446 suppose que c'est
précisément à son créancier que le débiteur a vendu des marchandises, de manière que la créance du prix se balance avec la dette.
L'opération constitue, sinon une véritable dation en paiement, du
moins un mode de libération ayant avec la dation en paiement la
plus grande analogie (2) ; à ce titre, elle est suspecte au législateur ;
c'est ce qu'on appelle aussi fréquemment un *paiement en marchandises* (3). Dans ce cas, on peut dire sans doute que, la vente ayant
eu lieu, la compensation légale a dû s'opérer entre le prix et la dette
du failli ; mais l'opération est l'objet d'un soupçon à raison de ce
que le contrat d'où est née la créance du failli a été conclu pendant la période suspecte (4).

les motifs de cet arrêt : « Attendu que les dispositions rigoureuses de
« l'article 446, C. com., ne s'appliquent pas à la novation, qui n'a pas les
« effets d'un paiement et qui ne modifie en rien la situation de la fail-
« lite ».

(1) Cass. 6 juill. 1864, D. 1864. 1. 281 ; S. 1864. 1. 610 ; Cass. 10 mai
1865, D. 1865. 1. 230 ; S. 1865. 1. 277.

(2) Amiens, 9 juin 1982, *Journal des faillites*, 1882. 468 ; 12 juill. 1890,
Journal des faillites, 1891, art. 1366 ; Cass. 20 mai 1895, S. et *J. Pal.*, 1899.
1. 519 ; D. 1896. 1. 228. Les auteurs signalent sans doute, à côté de l'analogie, certaines différences entre la dation en paiement proprement dite
et la vente faite par un débiteur à son créancier avec convention qu'il y
aura compensation entre le prix de la vente due par le créancier et le
montant de la dette du débiteur. Mais ces différences secondaires ne sont
pas de nature à empêcher l'application de l'article 446 à l'opération dont
il s'agit.

(3) La disposition de la loi est absolue et ne paraît se prêter à aucune
distinction tirée des circonstances dans lesquelles la vente a eu lieu. Nous
ne saurions donc approuver un arrêt qui a écarté l'application de l'article 446, parce que la vente avait été faite par l'entremise d'un courtier :
Ch. Req. 3 août 1847, D. 1847. 1. 315 ; S. 1848. 1. 131. Cf. *en notre sens.*
Demangeat sur Bravard, V, p. 235, en note.

(4) Cpr. note de Ch. Lyon-Caen sur un arrêt de la Chambre civile du
7 fév. 1899, S. et *J. Pal.*, 1899. 1. 305.

Il y a aussi *paiement en marchandises*, quand le débiteur remet des marchandises à son créancier avec mandat d'en opérer la vente et de se payer sur le prix (1).

Les principes du compte-courant conduisent nécessairement à décider qu'on ne doit pas appliquer l'article 446 à l'envoi de marchandises en compte-courant (2). Il n'y a pas là un paiement, par cela même que, tant que le compte-courant dure, il n'y a ni dettes ni créances, mais de simples articles de débit et de crédit (3).

Du reste, le mot *marchandises* ne saurait être pris ici dans le sens étroit que, selon l'opinion générale, il a dans le Droit commercial, c'est-à-dire comme comprenant seulement les choses susceptibles d'être vendues et achetées *de nature mobilière* (4). Il faut y comprendre même les immeubles, de telle façon qu'est nul de droit en vertu de l'article 446, C. com., comme constituant un *paiement par vente* ou *paiement en marchandises*, le paiement fait par le failli au moyen de la cession d'un immeuble durant la période suspecte (5). Cette opération a dans le commerce un caractère encore plus exceptionnel que celle qui porte sur des objets mobiliers.

355. A l'occasion des dispositions de l'article 446 d'où il résulte que les dations en paiement faites pendant la période suspecte sont

(1) Douai, 14 janv 1847, D. 1848. 2. 93; Cass. 30 mai 1848, D. 1848. 5. 190. V. un cas spécial de paiement en marchandises Bordeaux, 10 mai, 1909, *Journal des faillites*, 1909, p. 345. — Il va de soi que l'article 446, C. com., s'applique au cas où le failli a vendu un immeuble à son créancier. Cpr. Paris, 1er février 1905, *Journal des faillites*, 1905. 259.

(2) Cela est dit formellement dans le rapport de Tripier à la Chambre des pairs : Rép. Dall., vo *Faillite*, n° 292. Cf. sur cette hypothèse, Colmar, 3 juillet 1865, D. 1865. 2. 225; Ch. req. 20 mai 1873, D. 1872. 1. 409; 12 avr. et 15 févr. 1875, D. 1876. 1. 38; S. 1875. 1. 360. — Demangeat sur Bravard, V, p. 231, note 1; J. Dietz, *Du compte-courant*, p. 110.

(3) V. *Traité de Droit commercial*, IV, nos 826 et suiv.

(4) V. *Traité de Droit commercial*, I, nos 109 et suiv.

(5) Cass. 20 nov. 1871, D. 1872. 1. 188. Dans l'espèce de cet arrêt, il s'agissait d'une vente d'immeuble à réméré; mais la solution de l'arrêt, conforme à celle que nous donnons au texte, devrait évidemment être appliquée au cas d'une vente faite sans faculté de réméré. On ne voit pas pourquoi l'existence ou la non-existence de cette faculté pourrait faire varier la solution; il est toujours vrai de dire qu'il y a une dation en paiement.

nulles de droit, plusieurs questions relatives à des cas spéciaux se sont élevées. Parmi elles se trouvent celle qui concerne l'exercice des reprises de la femme du failli et une question qui se rattache à l'abandon du navire et du fret admis en matière maritime (article 216, C. com.).

356. Après la dissolution de la communauté, la femme est admise, d'après l'article 1471, C. civ., à exercer, pour les biens qui n'existent plus en nature, ses reprises d'abord sur l'argent comptant, ensuite sur le mobilier et subsidiairement sur les immeubles de la communauté. Les attributions mobilières ou immobilières faites à la femme pour la couvrir de ses reprises, sont-elles nulles en vertu de l'article 446, C. com., quand elles ont eu lieu durant la période suspecte (1)? On l'a nié (2), au moins en cas d'acceptation de la femme, en disant que l'exercice par la femme commune en biens de ses reprises est une opération du partage et que le partage ne tombe certainement pas sous le coup de l'article 446 (3). Mais cette opinion est erronée; l'attribution à la femme de biens de la communauté est nulle de droit en vertu de l'article 446. Il y a là, non pas une opération faisant partie du partage, mais un préliminaire du partage. C'est un mode spécial de paiement des créances de la femme contre la communauté qui ne constitue assurément pas un paiement en espèces ou en effets de commerce (4). Il peut précisément donner lieu aux abus ou aux fraudes que le législateur a redoutés en frappant de la nullité de droit les dations en paiement (5).

Au reste, il est hors de doute que l'opinion contraire ne peut même pas être soutenue au cas où les reprises sont exercées par la femme du failli qui a renoncé à la communauté. L'exercice des

---

(1) La communauté peut avoir été dissoute par la séparation de biens prononcée avant la déclaration de faillite ou par le décès de l'un des époux arrivé antérieurement.

(2) Bordeaux, 4 avr. 1876, D. 1879. 2. 265. Cf. Thaller, *Traité élément. de Droit commercial*, n° 1847.

(3) Il sera expliqué plus loin (n° 390), quoique cela même ait été contesté, qu'un partage peut être annulé en vertu de l'article 447, C. com.

(4) La femme exerce ses reprises à titre de créancière : Cass. 16 janv. 1858, D. 1858. 1. 5.

(5) Thaller et Percerou, 1, n°⁹ 621 et 621 *bis*.

reprises ne saurait être alors considéré comme une opération du partage de la communauté, par cela même que, tous les biens de la communauté appartenant au mari, il n'y a pas de partage à faire (1).

Les mêmes raisons conduisent nécessairement à l'application de l'article 446 quand la femme acceptante ou renonçante est payée de ses reprises en biens propres du mari (2).

357. Aux termes de l'article 216, C. com., le propriétaire d'un navire jouit de la faculté de se libérer des obligations dont il est tenu par suite des actes ou des faits du capitaine en abandonnant le navire et le fret (3). L'abandon fait pendant la période suspecte tombe-t-il sous le coup de l'article 446., C. com.? On comprend l'hésitation. L'abandon est, d'après le Code de commerce lui-même, un mode régulier d'acquittement par le propriétaire du navire des obligations dont il est tenu à raison des faits ou des actes du capitaine. Le créancier est obligé d'accepter ce mode de libération. Mais, comme il n'y a pas là un paiement en espèces ou en effets de commerce, il semble plus conforme à la rigueur de l'article 446, C. com,, de l'appliquer à l'abandon. Seulement, il peut se faire que les créanciers n'aient pas intérêt à le faire annuler ; car, si l'abandon est annulé, le créancier auquel il a été fait, recouvre sa créance et peut se présenter dans la faillite pour l'entier montant de celle-ci.

358. *Paiement par compensation.* — Par ces expressions l'article 446 vise la compensation. Il n'est pas surprenant que la compensation puisse être frappée en vertu de l'article 446 car la compensation est considérée comme une sorte de paiement abrégé. Mais il y a plusieurs espèces de compensations : la compensation *légale*, la compensation *conventionnelle*, la compensation *facultative*, la compensation *judiciaire* (4).

L'article 446 n'a pas en vue la compensation légale, qui peut libre-

(1) Cpr. Caen, 25 juill. 1853, D. 1854. 2. 1 ; Cass. 18 août 1884, *Gazette du Palais*, n° du 27 août 1884 ; Grenoble, 27 mai 1899, D. 1899. 2. 352. — Cf. Thaller, *Traité élément. de Droit commercial*, n° 1847.

(2) Bordeaux, 4 avr. 1876, D. 1879. 2. 265 ; Trib. comm. Marseille, 20 mai 1886, *Journ. de jurispr. de Marseille*, 1886, p 213.

(3) V. *Traité de Droit commercial*, V. n°ˢ 197 et suiv.

(4) Albert Desjardins, *De la compensation*, p. 355 et suiv.

ment s'opérer jusqu'au jugement déclaratif (1), sauf la restriction indiquée plus haut (n° 354). Les motifs qui ont dicté la disposition de la loi n'y mettent nullement obstacle. La compensation légale est un mode d'extinction des dettes qui n'a rien d'insolite. Puis, comme elle se produit de plein droit et à l'insu même des parties (art. 1290, C. civ.), il n'y a pas même d'acte que l'on puisse annuler comme étant suspect de fraude.

La nullité ne peut frapper que l'acte par lequel les parties ou l'une d'elles écartent un obstacle qui s'oppose à la compensation légale, obstacle consistant dans l'absence d'unes des conditions exigées pour cette compensation (2). Ces conditions sont l'*exigibilité*, la *fongibilité*, la *liquidité*. Des difficultés spéciales s'élèvent au sujet de cette dernière condition de la compensation légale (n° 360).

359. Ainsi, la convention par laquelle les parties conviennent de compenser leurs dettes réciproques jusqu'à due concurrence, encore que l'une d'elles ou toutes les deux ne soient pas encore exigibles, est nulle de droit en vertu de l'article 446. Si la dette du failli était à terme et sa créance exigible, le failli a fait à son créancier un avantage suspect en renonçant au bénéfice du terme pour rendre possible la compensation. Au reste, la règle selon laquelle toute extinction d'une dette non échue est nulle, suffirait pour empêcher la compensation dans les circonstance dont il s'agit. A l'inverse, si la dette du failli était échue et si la créance était à terme, le créancier peut être à bon droit présumé n'avoir renoncé au bénéfice du terme qu'à rai-

---

(1) Il a été expliqué, dans la séance de la Chambre des députés du 29 mars 1838, que la disposition de l'article 446 est étrangère à la compensation légale : Cass. 26 juill. 1881, S. 1882, 1. 73 ; *J. Pal.*, 1882, 1. 153; D. 1882, 1. 296 ; 12 août 1890, S. et *J. Pal.*, 1804, 1. 452 ; 7 fév. 1899, D. 1899, 1. 194. Paris, 20 déc. 1886 ; Aix, 11 déc. 1889; Lyon 30 mai 1891, *Journal des faillites*, 1887, p. 67 ; 1890, p. 139 ; 1891, p. 411 ; Paris, 5 avril 1905, *Journal des faillites*, 1907, p. 256. — V., pourtant, *en sens contraire*, Trib. comm. Marseille, 19 août 1889, *Journal des faillites*, 1889, p. 489. Cf. Demangeat sur Bravard, V, p. 236, note 1 ; Boistel, n° 943 ; Massé, III, n° 1223. — V., sur l'inadmissibilité de la compensation même *légale*, après le jugement déclaratif, par suite du dessaisissement, n° 216.

(2) Consulter, sur les *paiements par compensation* pendant la période suspecte, une note de notre très regretté maître, M. Labbé, dans le *Recueil de Sirey*, 1877, 1. 241 et dans le *Journal du Palais*, 1877, 1. 625.

son de la situation de son débiteur : le créancier du failli a, en effet, ainsi l'avantage de ne pas être obligé de payer intégralement sa dette, sauf à se soumettre, pour sa créance, à la loi du dividende (1).

360. Si les deux dettes n'ont pas pour objet des choses fongibles de la même espèce, la compensation serait annulée dans le cas où, pour la rendre possible. les parties seraient convenues de changer l'objet, soit de l'une des deux dettes, soit de toutes les deux. Une telle convention rentre bien dans les vues du législateur, qui considère comme suspects certains modes de libération.

361. Mais la situation n'est pas aussi simple quand l'obstacle à la compensation légale provient du défaut de liquidité de l'une des deux dettes ou de toutes les deux. Il est tout naturel que les parties, réglant leur compte et arrêtant leur situation respective, liquident leurs dettes c'est-à-dire en fixent le montant exact. Dès lors, le défaut de liquidité disparaît et, avec lui. l'obstacle qui s'opposait à la compensation légale (2). Celle-ci a lieu, puisqu'elle est possible même durant la période suspecte.

Mais, quand une des deux dettes existant en sens contraire entre deux personnes n'est pas liquide, il arrive souvent que le créancier de la dette non liquide forme une demande *reconventionnelle* en réponse à la demande en paiement de la dette liquide dirigée contre lui. Le tribunal peut alors opérer la liquidation de la dette et prononcer la compensation. Cette compensation, qu'on qualifie de *judiciaire*, est-elle frappée de nullité par l'article 446, C. com.? L'affirmative ne paraît pas soutenable. L'intervention de la justice, que suppose cette compensation, empêche qu'elle ne présente les dangers de la compensation conventionnelle (3).

362. L'article 446, en tant notamment qu'il déclare nuls de droit certains paiements, est limitatif; mais ce n'est pas dire qu'il doive recevoir une interprétation restrictive. Il y a lieu d'admettre la nul-

(1) Thaller et Percerou, I, n° 628.

(2) Cass. 26 juill. 1881, D. 1882. 1. 296 ; S. 1882. 1. 73 : *J. Pal.*, 1882. 1. 153. V., *en sens contraire*, Thaller et Percerou, I, n° 628 *bis*.

(3). Cass. 26 juill. 1881, D. 1882. 1. 296. — V. pourtant Aix, 15 juill. 1889. *Journal des faillites*, 1890, art. 1275 ; Cass. 12 août 1890, S. et *J. Pal.*, 1894, 1. 452. V. Thaller et Percerou, I, n° 629.

lité de droit pour tous les modes de libération qui, sans constituer une dation en paiement proprement dite, impliquent que le débiteur fournit à son créancier autre chose que la chose due. Ainsi, dans le cas où le futur failli, débiteur d'un prix de vente, rend à son vendeur les marchandises achetées, il y a là un acte emportant libération qui est atteint par l'article 446 (1). On peut assurément dire qu'en pareil cas, le débiteur a fourni autre chose que ce qu'il devait. Il est facile de comprendre combien une telle opération, qui fait disparaître une partie du gage de la masse des créanciers, peut leur nuire.

363. Il se peut que la compensation ait eu lieu, parce que, pendant la période suspecte, le débiteur du failli s'est rendu acquéreur d'une créance contre celui-ci et est ainsi devenu créancier du failli en même temps qu'il était son débiteur. Y a-t-il lieu alors d'appliquer l'article 446? On écarte l'article 446, en disant qu'il est sans application dès que les conditions requises pour la compensation légale ont été réunies (2), que seulement, l'acte par lequel le débiteur du failli s'est rendu acquéreur d'une créance contre lui, peut tomber sous le coup de l'article 447, s'il est prouvé que le débiteur connaissait l'état de cessation de paiements. On a, pourtant, appliqué à ce cas l'arti-

_____

(1) Paris, 18 août 1871, D. 1872. 2. 80; S. 1871. 2. 210 (cet arrêt dit qu'il y a là un paiement en marchandises; il y en a au moins l'équivalent); Bordeaux, 7 mai 1890, *Journal des faillites*, 1891, p. 178; Lyon, 25 fév. 1891, *Journal des faillites*, 1891, p. 447; Lyon, 22 juill. 1896, *la Loi*, n du 28 juill. 1896; Cass. 18 juin 1900; S. 1904. 1 139; D. 1900. 1. 513. *Pand. fr.*, 1901. 222. — Bravard, V, p. 238 ; Boistel. n° 947. Au contraire, suivant Namur (III, n° 1653), il y aurait là, non une dation en paiement, mais une résolution du contrat ne tombant pas dans la catégorie des actes nuls de droit ; il cite en ce sens un arrêt de Liège du 5 mars 1874. *Pasicrisie*, 1874. 2. 285. V., du reste, des décisions en sens divers, *Pand. belges*, v° *Faillite*, n° 1038-1044. M. Thaller (*Traité élém. de Droit comm.*, n° 1844) admet que l'article 446 s'applique, mais il ajoute aux motifs donnés d'ordinaire en faveur de cette solution une raison qui nous paraît inexacte, il dit qu'en matière de faillite, l'action en résolution est exclue dans la vente mobilière. Le savant auteur oublie qu'il s'agit dans l'article 446, C. com., des actes antérieurs au jugement déclaratif et que l'action en résolution n'est exclue qu'après ce jugement. V. aussi Thaller et Percerou, I, n° 623.

(2) Metz, 16 juill. 1845, D. 1846. 2. 14.

cle 446, en alléguant que cet article interdit, pendant la période suspecte, non seulement les délégations ou dations en paiement directes, mais aussi les combinaisons préparées pour obtenir, par des voies détournées, des résultats contraires à ces dispositions et éteindre une dette du failli à l'aide d'une de ses créances (1). Cette dernière solution est exacte ; car, comme cela a été dit plus haut (n° 354), la compensation légale est exceptionnellement exclue, lorsqu'elle ne serait possible qu'à raison d'un acte intervenu durant la période suspecte qui a rendu le failli créancier de celui dont il était déjà débiteur (2).

363 *bis.* En général, il est facile de déterminer s'il y a paiement ou dation en paiement. Pourtant, une difficulté qui mérite d'être signalée s'est présentée à cet égard dans des circonstances spéciales.

Le dépositaire d'un titre nominatif en dispose en falsifiant la signature du déposant. Puis, durant la période suspecte, le dépositaire failli fait inscrire au nom du déposant un titre de rente de la même espèce et de la même importance que le titre détourné. Cette remise constitue-t-elle une dation en paiement frappée comme telle par l'article 446, C. com., ou un paiement qui, à ce titre, ne peut qu'être annulé dans les termes de l'article 447, C. com. (n° 38) ?

Il a été jugé qu'il y a là une dation en paiement (3). L'argument donné pour l'établir est très spécieux. Le dépositaire était débiteur d'un corps certain ; il devait restituer au déposant le titre même qu'il avait reçu de lui. Par suite de l'abus de confiance par lequel le dépositaire s'est mis dans l'impossibilité d'opérer cette restitution, celui-ci était tenu d'une dette de dommages-intérêts, c'est-à-dire d'une dette de somme d'argent. Au lieu de payer cette somme, le dépositaire s'est libéré en remettant au déposant un titre de rente autre que celui qu'il avait reçu de lui en dépôt. Il y a eu ainsi une

---

(1) Orléans, 1er fév. 1853, D. 1853. 2. 167 ; Paris, 10 janv. 1865, S. 1865. 1. 241 ; *Supplément au répertoire de Dalloz*, p. 380, note 1. — Massé, II, n° 1223.

(2) Cpr. Note de Ch. Lyon-Caen sur Cass. 7 fév. 1899, S. et *J. Pal.*, 1899. 1. 305. V. Thaller et Percerou, I, n°s 627 et 627 *bis.*

(3) Trib. comm. Seine, 4 déc. 1897 ; Paris, 26 juill. 1898 ; Cass. 27 nov. 1900 S. et *J. Pal.*, 1901. 1. 113 ; D. 1902. 1. 473.

prestation portant sur une chose autre que la chose due. C'est bien là une dation en paiement. Cpr. art. 1243, C. civ. ; art. 446, C. com.

Il y a, selon nous, dans ces circonstances, un véritable paiement et, par suite, l'article 447, C. com., seul est applicable, à l'exclusion de l'article 446, C. com. (1). En principe, tout au moins, les différents titres nominatifs d'une même espèce et d'une même valeur sont identiques ; ils ne diffèrent que par les numéros d'ordre distincts que porte chacun d'eux. Le déposant n'a donc aucun intérêt légitime à refuser de recevoir un titre portant son nom, à la place d'un autre titre semblable de même valeur. Ainsi, dans le cas où un dépositaire est actionné en justice et ne peut pas rendre le titre même qui lui a été déposé, le tribunal saisi du procès peut condamner le dépositaire infidèle à acheter un titre semblable au titre détourné et à le faire immatriculer au nom du déposant. Celui-ci est ainsi indemnisé en nature ; on sait que les dommages-intérêts ne consistent pas nécessairement en argent. Pourquoi le déposant ne serait-il pas tenu de recevoir, sans aucune décision judiciaire l'y condamnant, ce qu'il pourrait certainement être obligé de recevoir par décision de justice ? Si la réception par le déposant d'un titre tout semblable au titre déposé ne peut être refusée par celui-ci, c'est qu'il y a là un véritable paiement (2).

Il va de soi que cette solution est applicable au cas de dépôt de titres au porteur, comme au cas de dépôt de titres nominatifs. Il n'y a aucune raison de distinguer (3).

(1) Note de Ch. Lyon-Caen sous l'arrêt de la Chambre civile de la Cour de cassation cité à la note précédente. V. S. et J. *Pal.* 1901. 1 113 ; note de M. Thaller, D. 1902. 1. 473. — V. Thaller et Percerou, I, page 586 note 5 ; page 599 note 3.

(2) Il ne faut pas confondre la question traitée ici avec celle de savoir à quelles conditions, en cas de faillite d'un dépositaire, le déposant peut revendiquer à l'encontre de la masse les titres déposés. Cette question se rattache à l'article 574, C. com. : à ce point de vue, l'identité absolue entre les titres déposés et les titres revendiqués est nécessaire. Cpr. Dijon, 15 juin 1899, S. et J. *Pal.*, 1900. 2. 103. V. *Traité de Droit commercial*, VIII, n° 815.

(3) Il a été supposé dans l'énoncé de la question qu'elle s'élève à propos de titres nominatifs, parce que c'est, en fait, à l'occasion de ces titres,

Mais la solution devrait être toute différente s'il s'agissait de titres, soit nominatifs, soit au porteur, auxquels sont attachés des primes ou des lots. Au point de vue des chances de gagner ces primes ou ces lots, les numéros des valeurs dont il s'agit ont une grande importance. Aussi un déposant de tels titres ne peut-il être contraint de recevoir du dépositaire un titre à la place d'un autre.

363 *bis*. Il va de soi que le paiement fait par un tiers en l'acquit du failli n'est pas frappé par l'article 446, C. com. L'actif du failli ne s'en trouve pas diminué (1). Le paiement fait par un débiteur du failli au créancier de celui-ci tombe, au contraire, sous le coup de l'article 446 ; mais c'est le créancier, non le tiers débiteur ayant ainsi payé sans fraude qui peut être tenu de verser à la masse ce qui lui a été payé (2).

364. Quelle est la conséquence de la nullité prononcée en vertu de la disposition de l'article 446 qui vise les paiements et les dations en paiement de différentes sortes ? Le créancier doit rapporter ce qu'il a reçu (3). Cela s'applique facilement au cas d'une dette payée en espèces avant l'échéance ; une somme égale à celle qu'il a reçue est remise dans la masse par le créancier.

Le créancier doit-il également tenir compte des intérêts et, en cas d'affirmative, à partir de quelle époque les doit-il ? Des auteurs et des arrêts admettent d'une manière absolue que les intérêts sont dûs à partir du paiement frappé de nullité, en invoquant l'article 1378, C. civ. (4). Cette opinion ne paraît pas devoir être admise ; en sup-

qu'elle s'est posée devant la Cour de cassation. Cass. 27 nov. 1900, S. et J. Pal., 1901. 1. 113.

(1) Bordeaux, 2 janvier 1911, *Journal des faillites*, 1911, p. 255, Cpr. Chambéry, 9 août 1909, *Journal des faillites*, 1910, p. 16.

(2) Cass. 29 juillet 1908, D. 1908. 1. 503; *Journal des faillites*, 1908, p. 405.

(3) Aussi appelle-t-on le plus souvent dans la pratique *action en rapport* l'action en nullité d'un paiement, qu'elle soit fondue, du reste, sur l'article 446 ou sur l'article 447, C. com. — Il doit y avoir un rapport effectif et le tribunal ne peut ordonner que le rapport aura lieu en moins prenant seulement lors de la répartition des deniers : Orléans, 17 mai 1881, S. 1881. 2. 139; J. Pal., 1881. 1. 710.

(4) Douai, 23 nov. 1877, D. 1879. 2. 223 ; S. 1878. 2. 113 ; J. Pal., 1878, 476 ; Amiens, 22 fév. 1878, D. 1879. 2. 223 ; Orléans, 17 mai 1881, D. 1882.

posant que l'on soit exactement dans le cas du paiement de l'indû,
il faudrait au moins exiger la preuve que le créancier était de mauvaise foi en recevant, c'est-à-dire connaissait l'état de cessation de
paiements de son débiteur. L'article 446 ne s'explique point par une
présomption de fraude qui ne pourrait être combattue par la preuve
contraire (n° 318). Aussi a-t-on soutenu qu'au cas où la mauvaise foi
du créancier n'est pas établie, les intérêts ne sont dûs qu'à partir du
moment fixé par l'article 1153, C. civ., et que, dans le cas contraire,
ils sont dûs à partir du paiement (1). Cette distinction est exacte ; si
l'on n'est pas dans le cas prévu par l'article 1378, C. civ., du moins,
en cas de mauvaise foi, l'obligation du créancier de restituer résulte
d'un délit et l'article 1153 est sans application aux obligations nées
de faits illicites (2).

Quand le créancier a reçu autre chose que ce qui lui était dû, qu'il
a, par exemple, été *payé en marchandises,* il rapporte les marchandises mêmes ou le prix pour lequel elles lui ont été données en
paiement, à moins qu'il ne soit établi qu'elles avaient une valeur
supérieure ou qu'elles ont été vendues pour un prix plus élevé (3).

2. 55 ; S. 1881. 2. 139 ; *J. Pal.,* 1881. 1. 710. — Rép. Dall., v° *Faillite,*
n°¹ 321 ; Renouard, I, p. 361, Camberlin, *Manuel des tribun. de comm.,*
p. 508 ; Thaller et Percerou, I, n° 654 *bis.*

(1) Demangeat sur Bravard, V. p. 270, en note. — Paris, 31 déc. 1877,
D. 1879. 2. 233 (Le jugement attaqué par l'appel, avait écarté l'application
de l'article 1378, C. civ., en disant qu'on ne pouvait dire qu'il y avait paiement de l'indû ; l'arrêt applique cet article, en constatant que le créancier
était de mauvaise foi).

(2) Aubry et Rau, IV (4ᵉ édition), § 308, p. 99.

(3) Amiens, 12 juill. 1890, *Journal des faillites,* 1891, p. 25 ; Amiens,
22 juill. 1893, D. 1895. 2. 39. — Il ne pourrait être admis à rapporter des
marchandises équivalentes : Bordeaux, 13 mai 1868, D. 1868. 2. 200 ;
S. 1868. 2. 258 ; *J. Pal.,* 1868. 997. Si le créancier a reçu un paiement
en effets de commerce, il peut exécuter l'obligation de rapporter à
laquelle il a été condamné en restituant les effets de commerce reçus par
lui et restés impayés : Angers, 28 mai 1894, S. et P. 1896. 2. 245. — Pour
le cas d'un fonds de commerce donné en paiement, Grenoble, 27 mai 1899,
D. 1899. 2. 342.

Des auteurs prétendent qu'il y a toujours lieu de s'en tenir à la valeur
estimative des choses formant l'objet de la dation en paiement au moment
où celle-ci est intervenue, à moins qu'il ne soit établi qu'à ce moment, la
valeur réelle de ces choses était supérieure à leur valeur estimative ; dans

Si le créancier avait acheté des marchandises de son débiteur et que le prix ait été compensé avec sa créance, la masse de la faillite peut-elle tenir la vente pour bonne et annuler seulement la compensation, de sorte que le créancier devrait payer le prix stipulé pour l'achat et venir au marc le franc pour sa créance, ou le créancier peut-il restituer ce qu'il a acheté? Il appartient aux juges de rechercher si, dans l'intention des parties, il y avait un acte unique et indivisible devant être annulé ou maintenu pour le tout ou s'il y a eu deux opérations distinctes ; dans le premier cas, le créancier peut, en restituant ce qu'il a reçu, se replacer dans la situation où il était auparavant ; dans le second, il est un acheteur devant son prix, mais ne pouvant le compenser avec sa créance pour laquelle il a à produire à la faillite, il est soumis en conséquence à la loi du dividende (1).

365. La nullité d'une dation en paiement prononcée en vertu de l'article 446, entraîne l'éviction du créancier. Aussi donne-t-elle lieu, quand la dette à laquelle se référait la dation en paiement était garantie par une caution, à l'application de l'article 2038, C. civ.; malgré cette éviction, la caution est libérée (2).

366. C. Hypothèque conventionnelle ou judiciaire et droits d'antichrèse ou de nantissement constitués sur les biens du débiteur pour dettes antérieurement contractées. — L'article 443 du Code de 1807 contenait une règle aussi absolue que possible : *nul ne peut acquérir ni privilège ni hypothèque sur les biens du*

---

ce dernier cas, il y a donation indirecte de la différence. V. Thaller et Percerou, I, n° 655.

(1) Caen, 4 août 173, D. 1877. 5. 234. Cf. Cass. 28 mars 1892, S. et J. Pal., 1896. 1. 220. Thaller et Percerou, I, n° 656.

(2) Trib. civ. Bordeaux, 20 janv. 1896, *la Loi*, n° du 5 mai 1896 ; *Journal des faillites*, 1896, p. 330. — Mais l'article 2038, C. civ , étant sans application au cas où c'est un *paiement* qui est annulé, l'obligation de la caution revit avec la dette du débiteur principal, lorsque le paiement fait par le failli pendant la période suspecte, est annulé en vertu de l'article 447, C. com. : Cass. 23 oct. 1888, *Journal des faillites*, 1889, p. 51 ; S. 1889. 1. 409 ; *J. Pal.*, 1889. 1. 1022 ; D. 1889. 1. 167 ; Paris, 17 juin 1903, *Journal des faillites*, 1904, p. 106. Cpr. Laurent, *Principes du Droit civil*, XXVIII, n° 281 ; Aubry et Rau, IV (4° édition), § 429, p. 693, note 5.

failli dans les dix jours qui précèdent l'ouverture de la faillite (1).
Pour comprendre toute la portée de cet article, il faut se rappeler
qu'avant la revision du livre III du Code de commerce en 1838,
la faillite était ouverte dès la cessation des paiements (anc. art. 441
et plus haut, n° 19). La loi ne permettait donc de tenir aucun
compte des droits de privilège et d'hypothèque acquis pendant la
période suspecte, quelles que fussent les circonstances dans lesquelles ils avaient pris naissance. Cela entraînait des conséquences
rigoureuses et même injustes. Un exemple suffit pour le démontrer.
Supposons qu'un prêt eût été consenti à un commerçant qui avait
donné *en même temps* une sûreté au prêteur pour garantir le remboursement : l'acte de prêt était régulier et ne pouvait être attaqué :
il était injuste d'annuler la constitution de gage ou d'hypothèque
qui l'avait accompagné et sans laquelle le prêt ne serait pas, selon
toute vraisemblance intervenu ; l'opération forme alors un tout indivisible et, rationnellement, aurait dû être annulée ou maintenue pour
le tout. Aussi, la règle de l'ancien article 443 avait-elle soulevé de
vives réclamations (2), et un, système tout différent a-t-il prévalu
en 1838. L'article 446, dern., alin., n'annule de plein droit que
l'hypothèque et les droits de *nantissement* ou d'*antichrèse constitués* APRÈS *que la dette a été contractée.* Dans ces circonstance, la
garantie dont il s'agit n'est pas assurément une condition même de

(1) La Déclaration du 18 novembre 1702 disait déjà : « Voulons et nous
« plaît que les actes et obligations qu'ils passeront par-devant notaires
« au profit de quelques-uns de leurs créanciers, ou pour contracter de
« nouvelles dettes, ensemble les sentences qui seront rendues contre eux,
« *n'acquerront aucune hypothèque ni préférence sur les créanciers chiro-*
« *graphaires,* si lesdits actes et obligations ne sont passés et si lesdites
« sentences ne sont rendues pareillement dix jours avant la faillite publi-
« quement connue ». Le Code avait encore renchéri sur la Déclaration en
n'exigeant plus la condition de la notoriété pour la fixation de l'époque de
l'ouverture de la faillite.

(2) V. Bravard, V, p. 240 et suiv. Les auteurs, pour atténuer la rigueur
et l'injustice de la loi, donnaient des solutions en contradiction manifeste
avec ses termes. V. notamment Persil, *Régime hypothécaire,* 4e édition,
II, p. 2 et suiv. — Le Répertoire de Dalloz, v° *Faillite,* n° 295, rapporte
plusieurs applications faites par la jurisprudence de l'ancien article 443.
V. aussi *Rép. gén. de droit français,* v° *Faillite,* n° 1323,

l'obligation, c'est un avantage fait volontairement par le débiteur à son créancier : il est suspect, parce qu'il se place à une époque postérieure à la date de la cessation des paiements ou dans les dix jours précédents. Sans méconnaître l'intention des parties, la loi peut alors séparer le sort de la garantie de celui de la dette en annulant la première, alors que la seconde subsiste. Mais il en est autrement, lorsque cette garantie a été donnée en même temps que la dette ou même l'a été antérieurement (1). Alors, la dette est née avec la garantie qui y est attachée à titre d'accessoire ou même n'a jamais existée sans cette garantie ; la garantie doit suivre le sort de la dette. Elle subsiste donc, si l'acte ayant donné naissance à la dette n'est pas annulé (2) ; elle est annulée, au contraire, dans les conditions, soit de l'article 446, soit de l'article 447, alors que la dette même l'est en vertu de l'un ou de l'autre de ces article. Le système de l'article 446, dern., alin., n'est pas, du reste, nouveau. C'est celui qu'admettait le Droit romain au point de vue de l'action paulienne. La loi 10, § 13, d'Ulpien (XLII, 8, Dig.) est ainsi conçue : *Si cui solutum quidem non fuerit, sed in vetus creditum pignus acceperit, hâc actione tenebitur ut est sæpissime constitutum.*

367. Pour être nuls de droit, il faut, d'après le texte de l'article 446 que l'hypothèque, les droits de nantissement ou d'antichrèse soient constitués pour dettes *antérieurement* contractées. Il n'est pas nécessaire que la dette ait été contractée durant la période suspecte. L'antériorité de la dette est la cause qui, par elle seule, justifie la nullité de droit de la garantie qui y a été attachée, abstraction faite de l'épo-

---

(1) Il arrive assez souvent, particulièrement en matière commerciale, qu'une garantie, spécialement une hypothèque, est donnée avant que la dette ne soit contractée ; c'est là ce qui se présente notamment quand une hypothèque est constituée par le crédité à l'occasion d'une ouverture de crédit. V., sur cette hypothèse, *Traité de Droit commercial*, IV, nᵒˢ 725 et suiv. et ci-dessous, n° 378.

(2) Alger, 26 novembre 1908, *Journal des faillites*, 1909, 226. Cet arrêt applique cette règle au cas où un fonds de commerce est constitué en gage par un acheteur au profit du vendeur dans l'acte même de vente. Ce cas se produisait souvent sous l'empire de la loi du 1ᵉʳ mars 1898, avant la loi du 17 mars 1909.

que à laquelle la dette a pris naissance (1). Peu importe que la dette soit pleinement valable (2), peu importe aussi qu'elle ait été contractée pour réparation d'un délit (3).

367 *bis.* Il a été admis plus haut (nᵒˢ 353) que la novation intervenue en temps suspect n'était pas nécessairement nulle. L'hypothèque consentie pour garantir la dette nouvelle ne tombe pas sous le coup de l'article 446, à moins qu'il ne soit prouvé que la novation a eu précisément pour but de tourner la loi (4).

368. L'article 446 suppose une garantie donnée par le débiteur lui-même. Il est donc sans application au cas où la garantie est donnée, même pour une dette antérieure, par un tiers (5), par exemple au cas où un tiers constitue une hypothèque sur un de ses immeubles (*caution réelle*) ou constitue un gage pour garantir une dette du failli. Alors, la garantie ne nuit pas aux créanciers de la faillite en rompant l'égalité qui doit exister entre eux (6).

369. L'article 446, dern. alin., parle de l'*hypothèque conventionnelle*, de *l'hypothèque judiciaire*, des *droits d'antichrèse* et des *droits de nantissement*. Il passe, au contraire, sous silence les *hypothèques légales* et les *privilèges immobiliers* ou même *mobiliers autres que ceux dérivant du nantissement*. Il faut parler séparément de chacun des droits dont il est question dans l'article 446, dern. alin., et

---

(1) Montpellier, 25 février 1999, S. 1910. 2. 101 ; *Journal des faillites*, 1910. 27. C'est au syndic à établir l'antériorité de la dette quand elle ne résulte pas de l'acte lui-même : Trib. com. Seine, 24 avril 1888, *Journal des faillites*, 1888. 311. Consult., sur la preuve de l'antériorité ou de la concomitance, Trib. comm. Saint-Etienne, 25 mars 1902, *Journal des faillites*, 1902, p. 371.

(2) Cass. 11 juill. 1881, S. 1893. 1. 315 ; *J. Pal*, 1883. 1. 766 ; D. 1882. 1. 296. — Bravard et Demangeat, V, p. 244 et 245.

(3) Rouen, 16 mars 1878, S. 1880. 2. 53 ; *J. Pal*., 1880. 307.

(4) Cass. 17 mars 1873, S. 1874. 1. 1. 244 ; *J. Pal*., 1874. 631 ; D. 1874. 1. 371 ; 7 janv. 1879, S. 1879. 1. 400 ; P. 1879. 1053 ; D. 1879. 1. 286 ; 13 août 1883, D. 1884. 1. 207 ; S. 1885. 1. 218 ; *J. Pal*., 1885. 1. 524. Cpr. Thaller et Percerou, I, p. 615, note 6.

Baudry-Lacantinerie et de Loynes, *Des privilèges et hypothèques*, II), nᵒ 1344.

(5) V. article 2077 et 2090, C. civ.

(6) Bravard et Demangeat, V, p. 257 ; Thaller et Percerou, I, nᵒ 635.

déterminer les motifs et les conséquences du silence de cet article
sur les hypothèques légales et sur les privilèges.

370. *Hypothèque conventionnelle.* — La loi de 1838 n'avait pu
se référer qu'à l'hypothèque immobilière, la seule connue à cette époque. Mais il n'est pas douteux que l'article 446, dern. alin., s'applique aussi à l'hypothèque maritime introduite dans notre législation
en 1875 (1).

Ce qu'il faut évidemment considérer, c'est la date de la *constitution* d'hypothèque (2), abstraction faite de celle de l'*inscription*.
Quand l'hypothèque est constituée avant la période suspecte et que
l'inscription est prise durant cette période, la constitution d'hypothèque ne peut être attaquée en vertu des dispositions spéciales ni de
l'article 446 ni de l'article 447 ; le sort de l'inscription est déterminé
d'après les règles contenues dans l'article 448, 2° et 3e alin., C. com.,
V. nos 411 et suiv.

371. Il y a nullité de droit quand, durant la période suspecte, le
failli a constitué une hypothèque pour sûreté d'une dette antérieure,
sans qu'au moment où cette dette a été contractée, il y ait eu aucune
promesse d'hypothèque. Mais la nullité de droit doit-elle être également admise quand, une promesse d'hypothèque ayant été concomitante à la dette, l'hypothèque a été constituée postérieurement ? Lorsque cette question se pose, la promesse d'hypothèque est ordinairement faite par acte sous seing privé et l'acte constitutif d'hypothèque
seul est passé par devant notaire conformément à l'article 2127,
C. civil, quand il s'agit d'une hypothèque immobilière (3).

(1) V. *Traité de Droit commercial*, VI, n° 1673, p. 580.

(2) Il n'y a évidemment pas à distinguer entre la constitution d'une
hypothèque nouvelle et la concession d'un supplément d'hypothèque à un
créancier ayant déjà hypothèque sur certains biens : Trib. Seine, 17 juin
1870, *Journ. des Trib. de comm.*, 1871. 196 ; Trib. com. Seine, 4 nov. 1882,
Journal des faillites, 1883. 20. Mais l'article 446 ne doit pas être appliqué
à l'acte par lequel un débiteur substitue une hypothèque à une autre, alors
qu'il n'en résulte aucun profit pour le créancier. Caen, 4 avril 1905, *Journal des faillites*, 1906, 258.

(3) Il est supposé au texte qu'il s'agit d'une hypothèque sur un immeuble. Mais la même question peut évidemment se poser pour l'hypothèque
maritime et doit être résolue de la même manière. Seulement, elle doit se
présenter beaucoup plus rarement pour cette dernière hypothèque, par

Il a été parfois admis que la nullité de droit s'applique même en ce cas (1). La promesse d'hypothèque, dit-on, n'équivaut pas à la constitution d'hypothèque ; celle-ci exige nécessairement, quand l'hypothèque porte sur un immeuble, un acte notarié (art. 2127, C. civ.). L'hypothèque, n'existant que lorsque cet acte a été dressé, on se conforme au texte de l'article 446 en l'annulant dès que cet acte est postérieur à la naissance de la dette (2).

Il y a là une solution d'une excessive rigueur qui, selon nous, ne doit pas être adoptée (3). Lorsqu'il y a eu promesse d'hypothèque au moment où la dette a été contractée, la constitution de l'hypothèque dans les formes légales n'est que l'exécution de cette promesse. La concomitance de celle-ci avec la naissance de la dette établit entre hypothèque et la dette une indivisibilité toute semblable à celle qui existe quand l'hypothèque est constituée au moment où la dette est contractée. On peut dire, dans le premier comme dans le second cas, que la garantie donnée au créancier a été une condition du contrat, que, sans elle, peut-être le créancier n'aurait pas consenti à contracter. Dès lors, l'hypothèque doit suivre le sort de la dette (4).

Toutefois, la constitution de l'hypothèque qui constitue l'exécution de la promesse peut tomber sous le coup de l'article 447,

cela même que celle-ci peut être constituée par acte sous seing privé (L. 10 juill. 1885, art. 2). Cf. Bordeaux, 9 mars 1896, S. et *J. Pal.*, 1899. 2. 273 (Il s'agissait d'un acte constitutif d'hypothèque maritime passé par le failli antérieurement à la période suspecte ; la Cour décide qu'il ne tombe pas sous le coup des articles 446 et 447 C. com. et que l'article 1328 C. civ. n'est pas applicable à raison du caractère commercial de l'acte).

(1-2) Thaller et Percerou, I, n° 633. Paris, 7 juill. 1886, S. 1887. 1. 441 ; *J. Pal.*, 1887. 2. 65 ; *Journal des faillites*, 1886, p. 418 ; Trib. comm. Seine, 24 avr. 1888, *Journal des faillites*, 1888, 311. Nîmes, 7 mars 1902, *Journal des faillites*, 1902, p. 209.

(3) V., dans un sens contraire à l'arrêt de la Cour de Paris du 7 juill. 1886., la note de Ch. Lyon-Caen dans le *Recueil de Sirey*, 1887. 1. 441 et dans le *Journal du Palais*, 1887. 2. 65. Cpr. Orléans, 15 juill. 1897, *Journal des faillites*, 1897, p. 483.

(4) La loi *suisse* (art. 287), qui frappe de nullité, quand elle a été faite dans les six mois avant la déclaration de faillite, toute constitution de gage ou d'hypothèque pour garantir une dette préexistante, excepté le cas où le débiteur s'était obligé précédemment à fournir une garantie.

C. com., qui frappe en général, le paiement, c'est-à-dire l'exécution d'une dette échue (1) et d'une façon générale tous les actes auxquels ne s'applique pas l'article 446, C. com.

Cette doctrine ne peut, lorsqu'il s'agit d'une dette civile, qu'autant que l'acte contenant promesse d'hypothèque a acquis date certaine avant la période suspecte (art. 1328, C. civ.). Mais cette exigence doit être écartée d'après les principes généraux, quand la dette est commerciale. Le juge apprécie alors librement s'il y a eu antidate. Il est généralement reconnu que l'article 1328, C. civ., est inapplicable aux actes de commerce (2). Il n'est guère admissible qu'on l'applique à une promesse d'hypothèque qui est un acte accessoire, quand l'article 1328 est étranger au contrat qui est l'acte principal (3).

372 *Hypothèque judiciaire.* — L'article 446, alin. 3, place l'hypothèque judiciaire sur la même ligne que l'hypothèque conventionnelle. Ainsi, lorsqu'un jugement de condamnation est rendu contre le failli dans la période suspecte, l'hypothèque judiciaire qui en résulte est nulle de droit. L'article 446, alin. 3, paraît, si on le prend à la lettre, distinguer pour l'hypothèque judiciaire, comme pour l'hypothèque conventionnelle, selon que cette hypothèque garantit ou non une dette antérieurement contractée. Mais la distinction est inapplicable : par cela même que les jugements sont, en principe, purement déclaratifs, ils ne font que constater des dettes préexistantes et l'hypothèque judiciaire garantit toujours, sauf dans des cas exceptionnels (4), des dettes antérieures. Des auteurs (5), pour arriver,

(1) V. *Revue critique de législ. et de jurispr.*, 1887, p. 224 ; Ch. Lyon-Caen, note dans le *Recueil de Sirey*, 1887. 1. 441 et dans le *Journal du Palais*, 1887. 2. 65.

(2) V. *Traité de Droit commercial*, III, n° 58.

(3) V. Bordeaux, 2 janv. 1896, St et *J. Pal.*, 1899. 2. 273 ; *Revue internationale de Droit maritime*, 1895-96, p. 731. Dans l'espèce, il s'agissait d'une constitution d'hypothèque maritime, et l'arrêt écarte l'application de l'article 1328, C. civ., à raison, dit-il, du caractère essentiellement commercial de cet acte. Il n'y a aucune raison pour ne pas admettre la même doctrine dans le cas où il s'agit d'une hypothèque terrestre constituée pour garantir une dette commerciale. V. note 3 de la page 397.

(4) V. une exception indiquée au n° 373 pour la condamnation aux dépens.

(5) Bravard, V, p. 251 et 252.

pourtant, à faire une distinction et à ne pas toujours déclarer nulle l'hypothèque judiciaire, ont proposé de restreindre la nullité au cas où la demande du créancier a été intenté pendant la période suspecte. Mais ils introduisent ainsi une distinction arbitraire qui ne concorde nullement avec le texte de l'article 446 (1).

On peut, par suite, dire que le Code de commerce enlève aux jugements rendus contre le failli pendant la période suspecte un des effets ordinaires que nos lois (art. 2123, C. civ.) attachent à tout jugement de condamnation, sans que, pourtant, les jugements mêmes, rendus pendant cette période, tombent en vertu de l'article 446, C. com. (2). C'est là un résultat dont doivent se féliciter les adversaires de l'hypothèque judiciaire (3).

La nullité de l'hypothèque judiciaire qui se trouve toujours garantir une dette antérieure au jugement de condamnation d'où l'hypothèque résulte, rend cette garantie bien peu sérieuse quand elle porte sur les biens d'un commerçant. Cette précarité de la garantie a été au nombre des motifs invoqués pour ne pas admettre l'hypothèque maritime judiciaire (4).

373. La nullité de l'article 446 frappe l'hypothèque judiciaire même garantissant le jugement de condamnation à des dommages-intérêts à raison d'un délit on d'un quasi-délit (5). L'obligation pré-

---

(1) Demangeat sur Bravard, V, note 1 de la page 252 ; Laurin, n° 1905 ; Renouard, 1. p. 389 ; Thaller et Percerou, I, n° 637 *bis*.

(2) Paris, 24 déc. 1849, D. 1850. 2. 195.

(3) Thaller, *Des Faillites en droit comparé*, I, n° 115, p. 390 et 391.

(4) Voici ce que dit à cet égard M. Grivart dans son rapport fait à l'Assemblée nationale sur la loi du 10 déc. 1874 : « En matière commerciale surtout l'utilité de l'hypothèque judiciaire est bien faible ; car les créanciers impayés ont presque toujours le moyen de la faire tomber, en provoquant la faillite et en la faisant remonter jusqu'à l'origine de la cessation des paiements, c'est-à-dire à une époque antérieure au jugement en vertu duquel l'inscription a été prise ». V. *Traité de Droit commercial*, VI, n° 1619.

(5) Rouen, 16 mars 1878, S. 1880. 2. 53 ; *J. Pal.*, 1880. 307 (Dans l'espèce de cet arrêt, il s'agissait d'une hypothèque *conventionnelle* constituée pour garantie d'une dette de dommages-intérêts née d'un délit. Mais l'on peut citer cet arrêt dans le sens de la doctrine admise au texte. D'abord, l'article 446 met sur la même ligne l'hypothèque conventionnelle et l'hypothèque judiciaire. Puis, l'arrêt lui-même, dans ses motifs, indi-

existe même alors à la condamnation (1). Comme elle ne dérive pas d'un contrat, l'on pourrait à la rigueur dire qu'elle ne se trouve pas comprise sous l'expression des dettes *contractées* employée par l'article 446, dern. alin. Mais, en se servant ici de ces expressions, la loi, comme dans un certain nombre d'autres dispositions (2), a sans doute voulu viser les dettes les plus fréquentes, sans exclure les autres. Les motifs de la loi s'appliquent, en effet, à toutes les dettes ; il ne faut pas, en présence de la faillite, que les créanciers qui sont présents se créent, grâce à l'hypothèque judiciaire, un droit de préférence au préjudice des créanciers éloignés, en obtenant contre le débiteur commun un jugement de condamnation durant la période suspecte. On pourrait, du reste, craindre une collusion, par suite de laquelle un débiteur, qui ne peut pas constituer d'hypothèque conventionnelle valable, se laisserait poursuivre en justice, afin de permettre à un créancier d'acquérir une hypothèque judiciaire (3).

Toutefois, l'hypothèque judiciaire ne peut être frappée par l'article 446, dern. alin., en tant qu'elle garantit la condamnation aux frais prononcée en vertu de l'article 130, C. proc. civ. L'obligation de payer les frais n'est pas antérieure à la condamnation et, par suite, à l'hypothèque judiciaire ; elle est créée par le jugement et naît, par suite, avec l'hypothèque qui la garantit (4).

374. *Droits de gage*. — L'article 446, dern. alin., traite le gage

que que la solution consacrée par lui serait applicable à l'hypothèque judiciaire). Baudry-Lacantinerie et de Loynes, *Privilèges et hypothèques*, 2, n° 1242.

(1) Thaller et Percerou, I, n° 637 *ter*. De nombreuses décisions judiciaires, rendues à propos de concordats après faillite, sont, pourtant, contraires à ce principe. Cass. 16 déc. 1896, et *J. Pal.*, 1899. 1. 5 (note de Ch. Lyon-Caen). V. n°ˢ 628 et suiv.

(2) Analog. art. 14, C. civ. Cet article, qui est exorbitant, du droit commun, parle d'obligations *contractées* ; on n'hésite pas, cependant, à l'appliquer aux obligations nées de délits.

(3) Au point de vue des motifs indiqués au texte pour justifier la disposition de l'article 446 relative à l'hypothèque judiciaire, on peut rapprocher la loi du 3 septembre 1807 *relative aux inscriptions hypothécaires en vertu de jugements rendus sur des demandes en reconnaissance d'obligations sous seing privé*.

(4) Trib. comm. Angers, 6 mars 1903, *Journal des faillites*, 1903. 229. Baudry-Lacantinerie et de Loynes, *op. cit.*, n° 1242.

comme l'hypothèque, en ne le déclarant nul de droit qu'autant qu'il est constitué pour sûreté d'une dette antérieure. Cette assimilation est rationnelle, par cela même que le gage dérive de la convention comme l'hypothèque. On a même pu dire exactement en ce sens, que le droit de gage, bien que la loi y attache un privilège, n'est qu'une sorte d'hypothèque mobilière, sauf la condition de la mise en possession du créancier (1).

L'article 446 désigne, en réalité, le *gage* sous le nom de *nantissement*. Cette dernière expression comprend ordinairement aussi bien le nantissement des choses immobilières ou *antichrèse* que celui des choses mobilières ou *gage* (art. 2071 et 2072, C. civ.). Mais l'article 446, plaçant les droits de *nantissement* à côté des droits d'*antichrèse*, n'a pu prendre la première expression que dans un sens étroit, pour désigner le gage.

375. Pour que la nullité de droit s'applique, il faut que le *gage* soit établi pour une dette antérieure (2) et pendant la période suspecte. Cela s'applique au nantissement du fonds de commerce, comme à tout autre gage (L. 17 mars 1909, art. 11, 2e alin.) (3).

S'il s'agit d'un gage *civil* portant sur une chose corporelle, il n'est considéré comme antérieur à cette période à l'égard des créanciers de la masse qu'autant que l'acte constitutif a acquis date certaine avant le commencement de cette période (art. 2074, C. civ.). Il n'y a pas à tenir compte de ce que le gage n'a été effectivement remis au créancier que pendant cette période et après la naissance de la dette. Cette remise intervenant en exécution du contrat de gage,

(1) Valette, *Traité des privilèges et des hypothèques*, p. 158.

(2) Il s'agit de toutes dettes antérieures à la constitution du gage et pas seulement de dettes dont la naissance serait antérieure à la cessation des paiements. Cf. Cass., 11 juillet 1881, D. 1882,1. 296 : S. 1883. 1.315; *J. Pal.*, 1883. 1. 766 ; Paris, 22 fév. 1889, *Journ. des trib. de commerce*, 1890. 321. Cpr. n° 367.

En conséquence, l'article 446 ne s'appliquerait pas à un gage donné pour une créance future, par exemple, comme garantie d'une ouverture de crédit : Lyon, 16 juin 1874, D. 1876. 2. 171. V. n° 378.

(3) Cette solution était déjà incontestable, même en l'absence d'une disposition spéciale expresse, sous l'empire de la loi du 1er mars 1898, en vertu de la disposition générale de l'article 446, C. com. Cass., 15 décembre 1902. D. 1903. 1. 79.

n'est que le paiement d'une dette échue et ne pourrait, par suite, être attaquée qu'en vertu de l'article 447, C. com. (1).

Pour un gage *commercial*, il n'est pas nécessaire que l'acte qui en constate l'acquisition ait reçu date certaine avant la période suspecte, puisqu'un écrit n'est pas même nécessaire (art. 91, C. com.). C'est au juge à apprécier librement s'il n'y a pas une antidate (2).

De même, pour le cas de constitution en gage d'une créance, il faut s'attacher à la date de l'acte constitutif, en faisant abstraction de celle de la signification faite au débiteur en vertu de l'article 2075, C. civ. ou de la remise du titre faite au créancier gagiste. Il y a là une formalité extrinsèque très importante sans doute, mais qui n'empêche pas que le gage ne soit constitué au moment où le débiteur y donne son consentement. Si donc le gage a été constitué au moment où la dette a été contractée, il ne peut être déclaré nul en vertu de l'article 446, la signification (3) ou la remise du titre (4), fût-elle faite seulement pendant le temps suspect.

Par identité de raison, la nullité de droit est sans application quand, le gage commercial (5) portant sur des droits constatés par des titres à ordre ou sur des titres nominatifs, l'endossement ou le

---

(1) Toulouse, 25 mars 1874, D. 1876. 1. 318 ; Dijon, 20 mars 1882, *Journal des faillites*, 1882, p. 544. Cf. Cass. 20 janvier 1886, S. 1886. 1. 305 ; *J. Pal.* 1886. 1. 732 (note de Ch. Lyon-Caen) ; D. 1886. 1. 406. V. pour le cas de remise du connaissement. Cass. 16 nov. 1896, S. et *J. Pal.* 1898. 1. 6 ; Orléans, 15 juillet 1897, *Journal des faillites*, 1897, p. 183. — V., pourtant, Paris (9e ch.), 28 déc. 1894. *Journal des faillites*, 1896, p. 1147. — V. dans le sens de l'opinion admise au texte : Renouard, I, p. 388 ; Boistel, n° 953 ; Pont, *Petits Contrats*, 2, n° 1134.

(2) Lyon, 16 juin 1874, D. 1876. 2. 171.

(3-4) Cass. 20 janvier 1886, S. 1886. 1. 305 ; *J. Pal.*, 1886. 1. 732 (note de Ch. Lyon-Caen): D. 1886. 1. 406; Cass. 16 nov. 1892, S. et *J. Pal.*, 1894. 1. 19 ; D. 1893. 1. 68. — Bravard et Demangeat, V, p. 254, en note. V., pourtant, Colmar, 17 janv. 1866. D. 1866. 5. 224 ; S. 1866, 2. 218 ; Massé, IV, n° 2891. — Cpr. Cour de cass. du Grand-Duché de Luxembourg, 23 déc. 1892, S. et *J. Pal.*, 1893. 4. 15 ; Cass. belge, 1er juin 1878, *Pasicrisie*, 1878. 1. 279.

(5) Il est parlé au texte du gage *commercial*, parce qu'il est douteux que, pour le gage *civil*, la formalité de l'endossement ou du transfert puisse remplacer la signification à faire au débiteur.

transfert a été fait durant la période suspecte, pourvu qu'il soit établi que le gage a été consenti avant le commencement de cette période (1). De même, il n'y a pas nullité de droit quand, un fonds de commerce ayant été constitué en gage avant la période suspecte, l'inscription au greffe du tribunal de commerce, prescrite par la loi du 17 mars 1909, comme elle l'était par celle du 1er mars 1898, n'a été faite que durant cette période (2) (3).

375 bis. La substitution d'un gage à un autre ne tombe pas sous le coup de l'article 446, dern. alin., pourvu qu'avant elle le créancier ne se soit pas dessaisi du premier gage (car, dans ce cas, il aurait cessé d'être créancier gagiste au moment de la constitution du nouveau gage) et que la chose nouvellement engagée n'ait pas une valeur supérieure à celle du premier gage (4).

Au contraire, on se trouverait bien dans le cas prévu par l'article 446, dern. alin., si le gage d'un créancier était transmis à un autre qui précédemment était créancier chirographaire (5).

376. Si l'endossement d'un récépissé de magasin général équivaut à un paiement en marchandises et doit être annulé comme tel quand il a eu lieu dans la période suspecte en vertu de l'article 446 (n° 346), l'endossement d'un warrant peut être parfois considéré comme une constitution de gage qui n'est nulle de droit qu'autant qu'elle intervient à l'occasion d'une dette préexistante. Il en est ainsi lorsque le failli ayant déposé les marchandises endosse le warrant à

---

(1) Paris, 28 nov. 1878, S. 1879. 2. 129 ; *J. Pal.*, 1879. 578 : D. 1879. 2. 153.

(2) Trib. comm. Marseille, 28 fév. 1902, *Journ. de jurispr. de Marseille*, 1902. 1. 198 ; Trib. comm. Nantes, 4 janv. 1902, *Journ. de jurispr. de Marseille*, 1902. 2. 55 ; Rennes, 26 juin 1902 ; S. 1904. 2. 1. ; D. 1903. 2. 169.

(3) V., pour toutes les solutions contenues dans le n° 375, Thaller et Percerou, I, n° 639.

(4) Cass. 22 août 1868, S. 1867. 1. 38 ; *J. Pal.*, 1868. 61 ; Cass. 20 nov. 1882, S. 1884. 1. 311 ; *J. Pal.*, 1884. 1. 779 ; D. 1883. 1. 376 ; *Journal des faillites*, 1883. p. 31. — Boitel, n° 953. V. cep. Pont, *Petits Contrats*, II, n° 1135 ; Thaller, *Traité élément. de Droit commercial*, n° 1089 ; Thaller et Percerou, I, n° 641. V. Cass. 16 nov. 1886, D. 97. 1. 147 ; *J. Pal.*, 1898. 1. 6.

(5) Cass. 29 mars 1865, S. 1865, 1. 221 ; *J. Pal.*, 1865, 531 ; D. 1865. 1. 287.

un créancier (1). Au contraire, quand il s'agit d'un warrant endossé par le failli qui en était tiersporteur, il y a seulement là un paiement en effet de commerce, et la nullité de l'article 446 ne s'applique que si la dette n'était pas échue lors de cet endossement (n° 346). Les mêmes solutions doivent être admises par identité de raison pour l'endossement d'un warrant agricole (2) ou hôtelier.

L'endossement simultané du récépissé et du warrant, fait par le déposant (3) à l'occasion d'une dette antérieure, tombe doublement sous le coup de la nullité de droit de l'article 446 comme constituant un paiement en marchandises et un gage pour une dette préexistante.

377. *Droits d'antichrèse.* — L'antichrèse, si elle ne donne pas au créancier antichrésiste un privilège comme le gage, lui confère, du moins, un droit de rétention. On a longtemps discuté sur le point de savoir si ce droit est opposable par le créancier seulement au débiteur ou s'il l'est même aux autres créanciers. En comblant la lacune du Code de 1807, qui ne mentionnait pas le droit d'antichrèse, la loi de 1838 tranche implicitement la question dans le dernier sens (4). On ne comprendrait pas que le droit d'antichrèse fût annulé, s'il ne pouvait pas préjudicier aux créanciers de la masse. Il n'est, au surplus, frappé de la nullité de droit de l'article 446 qu'autant que la constitution d'antichrèse est postérieure à la naissance de l'obligation qu'elle est destinée à garantir.

Il faut encore ici que l'acte de constitution d'antichrèse ait acquis

---

(1) Rouen, 22 mars 1866, D. 1867, 2. 205.

(2) Trib. comm. Chalon-sur-Saône, 8 août 1904, *Journal des faillites*, 1905, 34.

(3) V. *Traité de Droit commercial*, III, n° 347.

(4) Le caractère de droit réel du droit d'antichrèse peut aussi se déduire de la loi du 23 mars 1855 (art. 2, 1°), qui soumet à la transcription, pour qu'ils soient opposables aux tiers, les actes constitutifs d'antichrèse. — En disant qu'il résulte, soit de l'article 446 modifié en 1838, soit de la loi du 23 mars 1855, que le droit d'antichrèse est un droit réel, nous entendons seulement indiquer que ce droit est opposable aux créanciers chirographaires et hypothécaires. Nous n'avons pas à prendre parti ici sur le point de savoir si un droit de suite est attaché à l'antichrèse ; c'est une question spéciale en dehors du sujet traité ici. V. Aubry et Rau (4e édit.), IV, § 438, note 9, p. 718 et 719.

date certaine avant la période suspecte, au moins quand la dette garantie est une dette civile. En outre, comme pour les autres garanties réelles visées dans l'article 446, C. com., la nullité n'est admise que si le bien affecté est le bien du failli et non d'un tiers (1). Peu importe que la transcription à laquelle la loi du 23 mars 1855 (art. 2) soumet cet acte, n'ait été faite que durant cette période. Dans ce dernier cas, la transcription ne pourrait pas être annulée en vertu de l'article 448, 2° et 3° alin., qui ne s'occupe que des inscriptions de privilèges et d'hypothèques. V. n° 415.

Peu importe aussi que le créancier antichrésiste n'ait été mis en possession de l'immeuble que durant la période suspecte (2). V. *analog.* n° 375.

378. *Questions générales.* — On peut faire des applications nombreuses de la règle impliquée par l'article 446, C. com., selon laquelle les garanties données pour des dettes futures ne sont pas frappées de la nullité de droit. Les deux plus importantes sont assurément les suivantes :

a. La garantie constituée pour assurer le remboursement par le crédité des avances à faire en vertu d'une ouverture de crédit n'est pas nulle de droit (3) ;

b. La garantie constituée pour la solde d'un compte-courant non

_____

(1) Trib. comm. Seine, 25 août 1904, *Journal des faillites*, 1905. 119.

(2) On s'accorde à reconnaître que la loi du 23 mars 1885 (art. 2, 1°), en soumettant à la transcription le contrat d'antichrèse, n'a pas supprimé la nécessité de la mise en possession du créancier antichrésiste. Il y a ainsi pour l'antichrèse deux conditions ou formalités de publicité.

(3) Cass. 29 déc. 1880, S. 1881. 1. 162 ; *J. Pal.*, 1881. 1. 382 ; D. 1881. 1. 54 ; Cass. 7 janv. 1879, S. 1879. 1. 400 ; *J. Pal.*, 1879. 1053 ; D. 1879. 1. 286 ; 11 juillet 1881. S. 1883. 1. 315 ; P. 1883. 1. 766 ; D. 1882. 1. 296. Cf. Cass. 5 fév. 1901, D. 1901. 1. 101. La solution incontestable donnée au texte, ne doit certainement pas empêcher de reconnaître aux tribunaux le droit d'annuler l'hypothèque en vertu de l'article 446, s'ils constatent que l'ouverture du crédit était simulée et qu'en réalité, la garantie, par exemple l'hypothèque, était destinée à assurer le paiement d'effets souscrits antérieurement par le crédité : Cass. 17 mars 1873, S. 1874. 1. 244 ; P. 1874, 631 ; D. 1874, 1. 371 ; 7 janv. 1879, S. 1879. 1. 400 ; P. 1879, 1053 ; D. 1879. 1. 206. V., pour l'*antichrèse*, Paris, 19 juin 1863, *Journ. des Trib. de commerce*, 1863, p. 374. — V. *Traité de Droit commercial*, IV, n°s 728 et suiv.

arrêté n'est pas nulle de droit, alors même que le compte-courant serait débiteur pour celui qui donne cette garantie au moment où elle est consentie. Tant que le compte court, il n'y a ni dette ni créance (1).

Mais on ne saurait assimiler le cas où la dette est sous condition et où la condition ne s'accomplit qu'après la constitution de la garantie à celui où la dette n'est pas antérieure à la garantie. Même quand la dette est conditionnelle, le contrat ayant été conclu avant que la garantie ne soit consentie par le débiteur, il n'y a pas d'indivisibilité entre celle-ci et la dette (2).

379. La distinction faite par l'article 446, dern. alin., entre le cas où les garanties dont il parle sont constituées pour une dette antérieure et le cas où elles le sont pour une dette concomitante ou future, peut donner lieu à une difficulté quand ces garanties sont données pour deux dettes dont l'une est antérieure et dont l'autre est contractée, soit au moment même, soit postérieurement. Ainsi, quand un individu déjà créancier chirographaire fait un prêt pendant la période suspecte et qu'une hypothèque lui est constituée à la fois pour la dette ancienne et pour la nouvelle, quel est le sort de cette hypothèque? Il serait rigoureux et peu conforme à l'esprit de l'article 446 d'annuler complètement l'hypothèque. Elle ne doit l'être que dans la mesure de la dette ancienne; pour la somme correspondant à la dette nouvelle, elle est liée au sort de celle-ci (3).

Toutefois, cela ne doit pas être admis d'une façon absolue. Il ne

(1) Cass. 29 déc. 1880, S. 1881. 1. 162 ; *J Pal.*, 1881. 1. 382 ; D. 1881.1. 54 ; Cass. 24 juin 1903, S. 1904. 1. 223. ; D. 1903. 1. 472 ; Paris, 19 janvier 1904, *Journal des faillites*, 1904. 485. V. *Traité de Droit commercial*, IV, nos 823 et suiv.

(2) V. Trib. comm. Seine, 25 juill. 1894, *Journal des faillites*, 1896,p. 122. — Dans l'espèce, le tribunal déclare l'article 446 applicable à une hypothèque constituée par un acheteur au profit du vendeur, en s'appuyant sur ce que la vente n'était pas régie par l'article 1585, C. civ. Mais, même quand il s'agit d'une vente de l'espèce visée par l'article 1585, C. civ., l'hypothèque constituée après la vente par l'acheteur est nulle de droit ; il y a là une vente sous condition suspensive.

(3) Cass. 18 avr. 1887, S. 1887. 1. 173 ; *J. Pal.*, 1887. 1. 400 : D. 1887.1.6. — L'article 980 du Code de commerce *mexicain* donne expressément cette solution.

faut pas qu'on arrive à profiter de cette distinction pour échapper à la rigueur de l'article 446. C'est en s'inspirant de cette considération que, parfois, la nullité de droit d'une hypothèque constituée pour sûreté de dettes antérieures et de dettes futures a été admise pour le tout dans ces circonstances (1) (2).

380. *Hypothèques légales.* — L'article 446, dern. alin., ne vise point les hypothèques légales et leur est, par suite, inapplicable. Cela s'explique par plusieurs motifs. Les circonstances dans lesquelles naissent les hypothèques légales doivent empêcher le soupçon de fraude. Comment supposer qu'un commerçant s'est marié ou a accepté une tutelle durant la période suspecte pour nuire à ses créanciers en faisant naître une hypothèque légale sur ses immeubles au profit de sa femme ou de son pupille (3)! D'ailleurs, l'hypothèque légale naît toujours, soit avec les créances qu'elle garantit, soit antérieurement (art. 2121 et 2135, C. civ.) ; elle ne naît jamais postérieurement à ses créances, ce qui suffirait pour écarter l'application de l'article 446 (4).

Ce n'est pas à dire que la loi ne voit pas, en cas de faillite, les

---

(1) Cass. 7 janv. 1879, S. 1879. 1. 400 ; *J. Pal.*, 1879. 1053 ; D. 1879. 1. 286 ; Cass. 13 août 1883, S. 1885. 1. 218 : *J. Pal.*, 1885. 1. 524 ; D. 1884. 1. 207 ; *Journal des faillites*, 1883, p. 465 ; Lyon, 7 fév. 1883, *Journal des faillites*, 1884, p. 78. Cf. Thaller, *Traité élémentaire de Droit commercial*, n° 1850.

(2) Il est possible qu'un acte soit annulé en partie en vertu de l'article 446, C. com., et en partie en vertu de l'article 447, C. com. C'est là ce qui a lieu lorsqu'un gage est constitué pour sûreté d'avances antérieures et d'avances nouvelles, si le créancier gagiste connaissait la cessation de paiements de son débiteur. Toulouse, 18 novembre 1908, *Journal des faillites*, 1911. 16.

(3) Cependant, le Code de 1807 (art. 443) ne faisait pas de distinction et paraissait annuler même les hypothèques légales prenant naissance dans les dix jours ayant précédé l'ouverture de la faillite, c'est-à-dire la date de la cessation des paiements. La nullité avait été admise spécialement pour les hypothèques légales de la femme sur les immeubles de son mari et de l'État sur ceux des comptables. V. la doctrine admise par Pardessus (III, n° 1135) même sous l'empire de la loi de 1838.

(4) Nancy, 19 mars 1879. S. 1879. 2. 113 ; *J. Pal.*, 1879. 563 ; D. 1880. 2. 10 ; Cass. 27 avr. 1881. S. 1881. 1. 393 ; *J. Pal.*, 1881. 1. 1025 ; D. 1881. 1. 295 ; Pau, 23 nov. 1891, D. 1893. 2. 448.

hypothèques légales, comme, du reste, tous les droits de préférence, avec une certaine défaveur. Aussi, sans prononcer, en aucun cas, la nullité de l'hypothèque légale de la femme mariée, le Code restreint, en cas de faillite du mari cette hypothèque à certaines créances et à certains immeubles de celui-ci. V. art. 563, C. com. et ci-après, nos 902 et suiv.

381. *Subrogation à l'hypothèque légale de la femme mariée.* — A l'occasion de l'hypothèque légale de la femme mariée, il intervient dans la période suspecte des opérations à l'occasion desquelles de graves difficultés s'élèvent. La femme du failli consent parfois durant cette période une subrogation à son hypothèque légale. Cette subrogation peut-elle être atteinte par la nullité de droit de l'article 446, ou, tout au moins, par la nullité facultative de l'article 447 ?

Quand la subrogation est consentie à un créancier personnel de la femme, il va de soi que la faillite du mari ne peut avoir sur la validité de cette opération aucune influence : le droit exercé par le subrogé ne peut nuire aux créanciers de la faillite du mari ; le subrogé exerce le droit même de la femme, sa débitrice. Les créanciers du mari ne souffrent pas plus que si l'hypothèque légale était exercée par la femme même.

Mais il arrive que, durant la période suspecte, la femme d'un commerçant s'oblige solidairement avec son mari au paiement d'une dette antérieure (1) de celui-ci et subroge le créancier à son hypothèque légale. Deux questions se rattachant l'une à l'autre se posent alors : 1° La femme a-t-elle, pour l'indemniser de ce que son mari, dont elle est réputée la caution (art. 1431, C. civ.), lui doit, une hypothèque légale efficace pouvant être opposée à la masse, soit par la femme, soit par le subrogé (art. 2135, avant-dern. alin. C. civ.) ? 2° Si la femme est privée de la garantie de son hypothèque légale pour assurer son recours contre son mari, ne reste-t-elle pas, du moins, obligée envers le créancier de son mari, et la subrogation

---

(1) V. pour le cas où la femme s'oblige solidairement à l'occasion d'une dette de son mari qui est actuellement contractée ou qui doit ne l'être que postérieurement, n° 381, à la fin, p. 413.

ne subsiste-t-elle pas dans les rapports de la femme avec ce créancier ?

1° L'hypothèque légale, en tant qu'elle garantit le recours de la femme contre son mari et, par suite, la subrogation qui a été consentie, ne saurait être déclarée inefficace en vertu de l'article 446 (1). Cet article, qui fait une énumération limitative des actes nuls de droit, ne contient aucune mention des hypothèques légales (n° 380). Mais la masse des créanciers a, du moins, la ressource de l'article 447. Cet article a une portée très générale et permet au juge d'annuler tous les actes faits depuis la date de la cessation des paiements avec le failli par des personnes connaissant sa situation (n° 386). Si donc la femme et le créancier ont eu connaissance de la cessation des paiements lors de l'engagement contracté par celle-ci, l'hypothèque légale, en tant qu'elle garantit le recours de la femme contre son mari, pourra être déclarée inefficace à l'encontre de la masse, qu'elle soit invoquée par la femme ou par le subrogé (2). Si le subrogé seul a connu la cessation de paiements, il ne peut se prévaloir de cette hypothèque, mais la femme de bonne foi peut l'exercer. Si, au contraire, la femme seule a connu la cessation de paiements, l'hypothèque qui garantit son recours contre son mari étant annulée, le subrogé ne pourra pas plus s'en prévaloir que dans le cas où il est lui-même de mauvaise foi.

On a voulu, pourtant, appliquer ici l'article 446, en disant qu'il s'agit d'une hypothèque en quelque sorte mixte, par cela même qu'elle se rattache à des actes volontaires (3). On a aussi insisté sur le danger qu'il y a à ne pas appliquer alors l'article 446 : le mari,

---

(1) Cass. 9 déc. 1868, S. 1869. 1. 117 ; *J. Pal.*, 1869. 275 ; D. 1869. 1. 5 (note *en sens contraire* de notre très regretté collègue, M. Beudant) ; Cass. 11 déc. 1876, S 1877. 1. 406 ; *J. Pal.*, 1877. 1080 ; Nancy, 19 mars 1879, S. 1879. 2. 113 ; *J. Pal.*, 1879. 563 (note de notre très regretté collègue, M. Ortlieb) ; D. 1880. 2. 10 ; Cass. 18 avr. 1887, D. 1887. 1. 165 ; S. 1887. 1. 173 ; *J. Pal.*, 1887. 1. 400 ; Besançon, 19 mai 1886, S. 1886. 2. 176 ; *J. Pal.*, 1886. 1. 973. — Renouard, I. n° 382 ; Bravard et Demangeat, V, p. 247, en note ; Thaller, n° 1853.

(2) Bordeaux, 10 mai 1899, D. 1900. 2. 468.

(3) Nancy, 4 août 1860, 10 août 1875, S. 1861. 2. 119 ; *J. Pal.*, 1861. 813 ; D. 1860. 2. 196 ; S. 1876. 2. 245 ; *J. Pal.*, 1876. 974.

a-t-on dit, qui ne peut plus constituer une hypothèque conventionnelle valable, parvient à se procurer du crédit et nuit autant à ses
créanciers en faisant intervenir sa femme à l'obligation qu'il con-
tracte. Il fait indirectement ce qu'il ne peut faire directement. —
On oublie dans cette doctrine que l'article 446 est une disposition
très rigoureuse, que l'énumération qu'il contient est limitative et
que, du reste, l'exclusion de l'article 446 n'empêche pas qu'il n'y
ait un remède contre la fraude.

2° Mais, si la masse a fait déclarer inefficace à son égard l'hypothèque légale appartenant à la femme pour l'indemnité de son obligation, du moins l'engagement de la femme reste-t-il valable envers
le créancier? Cette question ne concerne pas la masse des créanciers
de la faillite du mari ; peu leur importe que ce soit la femme ou le
créancier qui produise à la faillite.

On a soutenu que l'obligation de la femme est nulle comme ayant
été contractée dans la période suspecte avec l'autorisation de son
mari qui ne pouvait plus valablement l'autoriser (1). Il y a là une
erreur véritable. Le failli, même après le jugement déclaratif,
conserve la puissance maritale et, par suite, le droit d'autorisation
qui en dépend (n° 208 *quater*) ; *a fortiori*, le conserve-t-il durant la
période suspecte (2).

Tout en repoussant cette doctrine erronée, des auteurs et des
arrêts ont admis que l'inefficacité de l'hypothèque légale de la
femme pour l'indemnité à laquelle elle a droit entraîne, par voie de
conséquence, la nullité de son engagement envers le créancier (3).
On considère dans cette opinion qu'il existe une sorte de lien indi-

(1) Nancy, 4 août 1860, S. 1861. 2. 119 ; *J. Pal.*, 1861. 813 ; 10 août 1875,
S. 1876. 2. 245 ; *J. Pal.*, 1876. 974. — Coin-Delisle, *Revue critique de législation*, III. p. 221 ; P. Pont, *Traité des privilèges et hypothèques*, I, n° 447.

(2) V. les arrêts cités à la note suivante. Aubry et Rau, III (5ᵉ édit.),
§ 264 *ter*, note 27, p. 381 ; Thaller et Percerou, I, n° 646.

(3) Nancy, 19 mars 1879, S. 1879. 2. 113 ; *J. Pal.*, 1879. 563. D. 1880, 2.
10. Cet arrêt a été cassé par un arrêt du 21 avr. 1881, S. 1881. 1. 393 (note
de M. Labbé) ; D. 1881. 1. 295 ; Lyon. 7 févr. 1882, *Journal des faillites*,
1882, p. 330 ; Bordeaux, 29 fév. 1888, S. 1889. 2. 125 ; *J. Pal.*, 1889. 1.
697 ; *Journal des faillites*, 1882, p. 16. La Cour de Nancy s'était déjà prononcée dans ce sens à plusieurs reprises.

visible entre le recours de la femme mariée et l'hypothèque légale, de telle sorte que, si cette garantie lui fait défaut, elle ne peut être obligée personnellement. — Il y a là une exagération. En principe général, sans doute la femme, par cela même qu'elle est créancière de son mari, a son hypothèque légale (article 2121, C. civ.). Mais cela doit cesser d'être vrai quand cette cause spéciale rend cette hypothèque inefficace. C'est là ce qui se produit, selon nous, dans le cas qui vient d'être examiné. Au surplus, cela n'a rien de très rigoureux ; l'inefficacité de l'hypothèque légale suppose que la femme a connu la cessation des paiements de son mari, et encore les juges ont-ils la faculté de ne pas admettre la nullité d'après l'article 447, s'il n'y a pas eu une fraude caractérisée ; les nullités de l'article 447, C. com. sont facultatives (n° 394.

On a cherché à justifier la nullité du cautionnement à l'aide d'une tout autre raison. On a invoqué l'article 598, C. com., qui prononce la nullité de tout *traité particulier duquel résulterait en faveur d'un créancier un avantage à la charge de l'actif du failli* (1). Mais cette disposition est loin de s'appliquer à tous les actes faits durant la période suspecte (2). Autrement, elle serait inconciliable avec les articles 446 et 447 ; ces articles établissent des nullités relatives, c'est-à-dire qui ne peuvent être invoquées que par la masse des créanciers, et la nullité de l'article 598 est une nullité absolue, c'est-à-dire dont peut se prévaloir toute personne y ayant intérêt.

Il résulte du maintien de l'obligation de la femme que, si elle a constitué au profit du créancier de son mari une hypothèque conventionnelle sur ses biens, celle-ci subsiste et que le créancier peut aussi se prévaloir de la subrogation à l'hypothèque légale, en tant qu'elle garantit les créances de la femme (reprises, restitution de dot, etc.) étrangères à l'obligation contractée par elle dans la période suspecte (3).

(1) Bédarride, *Traité des faillites*, I, p. 212: Mérignhac, *Traité des contrats relatifs à l'hypothèque légale de la femme mariée*, n° 111 et suiv.

(2) Cass. 18 avr. 1887, S. 1887. 1. 173 ; J. Pal., 1887. 1. 400 ; D. 1887. 1. 155. Dans le chapitre consacré à la banqueroute et aux divers délits se rattachant à la faillite, la portée restreinte de l'article 598, C. com., sera déterminée (n° 965 et suiv.).

(3) Cass. 27 avr. 1881, S. 1881. 1. 393 ; J. Pal., 1881. 1. 1025 ; Paris, 8 juin

Il a été supposé que la femme s'obligeait pour une dette *anté-rieure* de son mari, parce que c'est dans ce cas seulement qu'on a pu soutenir que l'article 446 doit s'appliquer. Mais il va de soi que l'article 447 que nous appliquons seul à cette hypothèse, régit aussi celle où la femme s'oblige solidairement soit pour une dette du mari contractée au moment où elle s'engage soit pour une dette de celui-ci contractée postérieurement (1).

381 *bis*. Une opinion toute différente de celles qui avaient été soutenues jusqu'alors, a été récemment défendue sur la question qui vient d'être examinée (2). D'après cette nouvelle doctrine, non seulement, pour les motifs indiqués précédemment (nº 381), l'obligation contractée par la femme avec son mari est valable et la subrogation n'est pas nulle de droit en vertu de l'article 446, C. com., mais cette opération ne peut même pas être annulée en vertu de l'article 447. En effet, l'article 447, d'après ces termes mêmes, ne s'applique qu'aux *actes passés par le failli*; le cautionnement de la femme n'est pas un acte de son mari, le débiteur principal, et il en est de même de la subrogation à l'hypothèque légale de la femme. Les créanciers ne sont protégés que par les principes du droit commun : l'opération grâce à laquelle un créancier obtient par voie de subrogation l'hypothèque légale de la femme, est illicite par cela même qu'elle rompt l'égalité ; elle cause aux créanciers de la masse un préjudice ; le créancier qui en est le bénéficiaire et la femme qui a coopéré à l'acte doivent la réparation du préjudice causé s'ils ont connu la situation du mari. C'est là une application de l'article 1382, C. civ. Si le créancier subrogé est de mauvaise foi, le préjudice sera réparé par l'annulation de l'hypothèque. Si la femme seule est de mauvaise foi, elle sera privée de son hypothèque pour garantir son recours contre son mari après avoir payé le créancier.

Cette doctrine est certainement ingénieuse. Mais elle ne doit pas,

1882, *Journal des faillites*, 1882. p. 596 ; Thaller et Percerou, I, page 631, note 4.

(1) V. Cass. 24 déc. 1850, S. 1861. 1. 533 ; *J. Pal.*, 1861. 225 ; D. 1861. 1. 71.

(2) Baudry-Lacantinerie et Loynes, *Traité des privilèges et hypothèques*, II, nº 994 ; Boutaud, *Des contrats de la femme avec les tiers dans l'intérêt du mari*, nº 105, p. 184 et suiv.

selon nous, être admise. L'opération dont il s'agit n'est sans doute
pas un acte du failli au sens étroit du mot, mais c'est une opération
qui suppose son concours et qui équivaut à un acte fait par lui pour
créer un droit de préférence au profit d'un créancier. L'interprétation limitative qu'on doit faire de l'article 446 empêche seule d'admettre qu'il y ait nullité de droit ; la portée générale de l'article 447
doit faire reconnaître qu'il y a nullité facultative (1).

La masse des créanciers se trouve ainsi mieux protégée qu'elle ne
le serait par l'article 1382, C. civ. Sans doute, ce principe n'est pas
sans application aux actes pouvant nuire aux créanciers et faits
durant la période suspecte (2). Mais, comme on ne saurait dire qu'il
y a une obligation stricte pour chacun des créanciers d'un commerçant de ne rien faire qui puisse le placer dans une situation meilleure que celle des autres créanciers, il paraît difficile de leur permettre d'invoquer l'article 1382, C. civ., en dehors des cas où il y a
eu une fraude caractérisée, tandis que la seule connaissance de la
cessation des paiements suffit pour permettre de prononcer la nullité de l'acte, en vertu de l'article 447, C. com.

382. *Privilèges.* — L'article 446, dern. alin. ne mentionne pas
non plus pour les annuler les privilèges immobiliers ou mobiliers
autres que le privilège du créancier gagiste. Les privilèges sont donc
à l'abri de la nullité, à moins, bien entendu, qu'elle n'atteigne l'acte
auquel ils se rattachent. Cela tient à ce que tous les privilèges, à
l'exception de celui du gagiste, existent sans la volonté de l'homme
et qu'attachés à la qualité ou à la cause de la créance garantie par
eux, ils naissent toujours avec elle et non postérieurement.

Le silence complet de l'article 446 sur les privilèges doit nécessairement conduire à écarter la nullité de droit même pour les privilèges fondés sur une constitution de gage tacite. Ainsi, le bail passé
durant la période suspecte n'en confère pas moins au bailleur le privilège de l'article 2102 1°, C. civ., à moins, bien entendu, qu'à raison de la connaissance qu'a celui-ci de la cessation des paiements, le

_____

(1) Cpr. Thaller et Percerou, I, nos 647, 648, 648 *bis*.

(2) V. pour les actes antérieurs à la période suspecte, ci-dessus, note 2
de la page 336.

bail ne soit annulé en vertu de l'article 447, C. com. (1). Le privilège du bailleur porte même sur les meubles introduits dans les
lieux loués pendant la période suspecte (2). De même, le privilège
du commissionnaire (art. 95, C. com.) existe sur les marchandises
consignées au failli pendant la période suspecte, soit pour des créances postérieures, soit même pour des créances antérieures à cette
consignation (3), sous la restriction de la faculté d'appliquer l'article 447, C. com. (4).

Du reste, par défaveur pour ce qui rompt l'égalité entre les créanciers, le privilège du vendeur d'effets mobiliers est supprimé même
pour la vente antérieure à la période suspecte (art. 550, C. com.) ;
une exception unique à cette suppression du privilège du vendeur
est admise pour le vendeur d'un fonds de commerce (L. 17 mars
1909, art. 2, dern. alin.) ; puis, des restrictions sont apportées,
en cas de faillite du locataire d'immeuble, au privilège du bailleur
quant aux créances garanties par ce privilège (art. 450 et 550
modifiés par la loi du 12 février 1872) (5). V. nos 831 et suiv. ; nos 564
et suiv.

383. Il a été dit plus haut (n° 317) que les nullités de droit ne sont
prononcées par l'article 446 qu'à *l'égard de la masse*, et il sera
expliqué plus loin (n° 398) que le même caractère relatif doit être
reconnu aux nullités facultatives de l'article 447, bien que ce dernier
article ne contienne pas sur ce point les mêmes expressions
restrictives que l'article 446. Ce principe conduit notamment à
refuser le droit d'invoquer la nullité au failli lui-même, à la per-

(1) Cass. 2 mars 1869, D. 1869. 1. 473 ; Cass. 30 mai 1870, D. 1870. 1.
254 ; S. 1870. 1. 340 ; *J. Pal.*, 1870. 868 ; Aix, 19 janv. 1871, S. 1871.
1. 212 ; *J. Pal.*, 1871. 670 ; D. 1871. 2. 46.

(2) Cpr. Kohler, *Lehrbuch des Konkursrechtes*, p. 248 et 259.

(3) Colmar, 5 juill. 1865, D. 1865. 2. 225. — V., sur le privilège du commissionnaire et sur la suppression de toute distinction entre les avances
antérieures et les avances postérieures à la consignation des marchandises,
Traité de Droit commercial, III, n° 492.

(4) Thaller et Percerou, I, n° 643.

(5) C'est ainsi que le Code de commerce ne déclare pas nulles les hypothèques légales, mais apporte des restrictions, au moins à l'une d'entre
elles, l'hypothèque légale de la femme mariée. V. n° 380 et art. 563,
C. com.

sonne qui a fait avec lui l'acte attaqué et généralement aux tiers (1).
Mais l'application du principe donne lieu à une grave difficulté
quand l'hypothèque constituée dans les conditions prévues par l'article 446 est suivie d'une autre hypothèque qui est valable.

Il n'est pas douteux sans doute que, dans ces circonstances, le
second créancier hypothécaire ne peut pas demander la nullité de
l'hypothèque qui le prime. L'action en nullité n'appartient qu'à la
masse des créanciers représentée par le syndic. Mais quand, sur la
demande du syndic, la première hypothèque en date a été annulée,
il faut déterminer quelles sont les conséquences de cette nullité, et
ce n'est pas chose facile (2).

À cet égard, des systèmes divers (3) ont été soutenus et admis
par les différentes juridictions.

Dès l'instant, a-t-on dit, où la nullité a été prononcée sur la
demande du syndic, l'hypothèque n'existe plus, l'inscription a dû
être radiée, et, dès lors, l'hypothèque annulée ne peut pas être invoquée plus à l'égard du créancier hypothécaire postérieur qu'à l'égard
de la masse des créanciers (4).

Ce système est assurément le plus simple. Mais il semble être en
contradiction avec le caractère relatif attribué à la nullité de l'hypothèque par le texte même de l'article 446. Avec ce système, en effet,
la nullité de l'hypothèque qui venait au premier rang profite au
créancier hypothécaire postérieur et non à la masse des créanciers,
tout au moins quand le prix de l'immeuble est inférieur au montant

---

(1) Paris, 12 janv. 1892, *Journal des faillites*, 1892, p. 161. Cet arrêt
refuse, dans le cas où une cession de créance a été faite pendant la période
suspecte, au débiteur cédé le droit de se prévaloir de la nullité de cette
cession.

(2) Cette question se pose dans les cas, soit de nullité de la constitution
d'hypothèque en vertu de l'article 446 ou de l'article 447, soit de nullité de
l'inscription d'hypothèque en vertu de l'article 448, 2e et 3e alin., C. com.
V. ci-après nos 411 et suiv.

(3) V. l'exposé de ces systèmes dans un article publié dans le no du *Droit*
du 1er janv. 1890, *Des hypothèques annulées relativement à la masse de
la faillite*.

(4) Paris, 28 juin 1876, D. 1890. 1. 193, en note ; Aix, 4 août 1887, D. 1890.
1. 193 ; Cass. 11 déc. 1889, D. 1890. 1. 193 ; S. et *J. Pal.*, 1892. 1. 145
(note de M. Lacoste) ; *Journal des faillites*, 1890, p. 49.

des deux dettes hypothécaires. En outre, si ce système était celui de la loi, l'application de l'article 446 serait entravée. D'un côté, le créancier hypothécaire qui aurait intérêt à l'annulation de l'hypothèque primant la sienne, n'a pas le droit de former la demande en nullité. D'un autre côté, le syndic qui a le droit de faire prononcer la nullité, ne la demanderait point à raison du défaut d'intérêt de la masse.

Les deux autres systèmes entendent, pour faire droit à cette juste critique, tenir compte de ce que la nullité de l'hypothèque n'est admise par l'article 446 qu'à l'égard de la masse. Mais, pour atteindre ce but, ils proposent des moyens biens différents.

Le syndic, a-t-on dit, a sans doute seul le droit de demander la nullité de l'hypothèque en vertu de l'article 446, mais il ne peut pas s'immiscer dans la procédure d'ordre. Aussi le premier créancier se fera colloquer à son rang par préférence au second, qui ne peut se prévaloir de la nullité de la première hypothèque (1). Mais, par cela même que cette nullité a été prononcée sur la demande du syndic, celui-ci pourra obtenir le bénéfice de la collocation du premier créancier (2). Par quel moyen l'attribution du montant de cette collocation sera-t-elle réalisée? Sur ce point, les partisans de ce système ne se prononcent pas (3) ou ils proposent des moyens variés (4).

Ce système se heurte à une objection grave. L'article 446 déclare nulle de droit l'hypothèque constituée pour garantir une dette anté-

(1) On a souvent dit qu'alors, il pourrait intervenir une transaction entre le syndic et le second créancier hypothécaire. Celui-ci déterminerait le syndic à agir, en s'engageant à laisser les créanciers de la masse profiter, au moins pour partie, du bénéfice résultant de l'hypothèque.

(2) Paris, 29 déc. 1887, *Journal des faillites*, 1888, p. 150 ; D. 1890. 1. 194, en note. — V. *dans ce sens*, Kohler, *op. cit.*, p. 261.

(3) L'arrêt de la Cour de Paris cité à la note précédente se borne à dire que la masse des créanciers « a sur le montant de la collocation un droit « de créance dont il appartient au syndic de poursuivre l'attribution par telle « voie qu'il appartiendra ».

(4) On parle d'une collocation de la masse en sous-ordre, ou d'une collocation directe de celle-ci, ou d'une subrogation prononcée par justice. V. *en ce dernier sens*, dans *la Loi*, no du 10 avr. 1881, un article de M. Camberlin.

rieure, et, pourtant, on lui fait produire ses effets, en permettant à
la masse des créanciers d'en invoquer le bénéfice. Il y a là une véritable contradiction ; comment concevoir que la nullité d'une hypothèque ait pour conséquence de la maintenir avec effet au profit de
la masse des créanciers à l'encontre du créancier ayant une hypothèque valable inscrite après l'hypothèque annulée? Rien dans les
termes de l'article 446 ne fait allusion à une solution semblable.
D'ailleurs, il est probable que, si le législateur avait voulu l'adopter,
il n'aurait pas manqué d'indiquer le moyen à l'aide duquel le syndic
peut arriver à faire bénéficier la masse des créanciers de la collocation obtenue par le créancier dont l'hypothèque est annulée.

Toutes ces raisons doivent, selon nous, faire préférer un troisième
système (1). Le but du législateur a été, dans l'article 446, C. com.,
de protéger la masse des créanciers contre le préjudice que l'hypothèque frappée de nullité pourrait leur causer. La nullité ne peut,
par suite, être admise que si ce préjudice existe et dans la mesure
où il se produit. Le créancier hypothécaire qui vient au second rang
et dont l'hypothèque est valable, doit être placé dans la même situation que si la nullité de la première hypothèque n'avait pas été prononcée. Les créanciers de la masse doivent tenir compte de
l'existence de la seconde hypothèque qui leur est opposable. Aussi
la collocation du créancier hypothécaire frappé par l'article 446 doit,
selon les cas, être annulée pour le tout ou annulée en partie seulement ou maintenue intégralement selon que, sans cette collocation,
l'hypothèque valable laisserait libre, soit une somme au moins égale,
soit une somme inférieure au montant de la collocation, ou qu'elle
absorberait la totalité du prix. En d'autres termes, le créancier
dont l'hypothèque a été annulée, peut se faire colloquer jusqu'à
concurrence de ce qu'il prendra au détriment du créancier hypothécaire qui le suit, mais n'a aucun droit sur la partie du prix que ce
créancier, s'il avait été seul, n'aurait pas absorbée.

Pour rendre plus clair ce système, il est utile de prendre des chif-

_____

(1) Il a été consacré par un jugement du tribunal de commerce de la
Seine du 29 déc. 1885, *Le Droit.* n° 28 janv. 1888. C'est le jugement infirmé
par l'arrêt de la Cour de Paris du 29 déc. 1887 cité à la note 2 de la page
précédente. V. Thaller et Percerou, I, n⁰ˢ 659 à 662.

fres, afin de montrer à quels résultats pratiques il conduit dans des
cas déterminés, et de faire ressortir en quoi les conséquences des
deux autres systèmes sont différentes dans ces mêmes cas.

Soit un immeuble grevé de deux hypothèques dont la première inscrite a été annulée sur la demande du syndic, tandis que la seconde
en date est valable. Cet immeuble a été vendu 160.000 francs. Quels
sont les droits respectifs du premier créancier hypothécaire, du second
et de la masse des créanciers ? Cela dépend essentiellement du montant de chacune des deux créances hypothécaires.

Premier cas. — Première hypothèque annulée garantissant une
créance de 80.000 francs ; deuxième hypothèque valable garantissant
une créance de 80 000 francs. La seconde hypothèque produit son plein
et entier effet ; mais la première est complètement annulée au profit
de la masse ; c'est à celle-ci que la première hypothèque préjudicie-
rait et cela jusqu'à concurrence de 80.000 francs si le créancier hypothécaire l'exerçait sur le prix.

Deuxième cas. — Première hypothèque annulée garantissant une
créance de 160.000 francs ; deuxième hypothèque valable garantissant
une créance de 120 000 francs. Le second créancier hypothécaire
n'aura droit à aucune collocation, par cela même que la première
hypothèque est valable à son égard ; mais le premier créancier hypothécaire prendra seulement 120.000 francs et son hypothèque sera
nulle pour les 40.000 francs qui seraient tombés dans la masse chirographaire si le second créancier hypothécaire avait eu seul une
hypothèque sur l'immeuble.

Troisième cas. — Première hypothèque annulée garantissant une
créance de 160.000 francs ; deuxième hypothèque valable garantissant
une créance de pareille somme. Le premier créancier hypothécaire
sera colloqué pour la totalité de sa créance et ni le second, ni la
masse des créanciers n'aura aucun droit sur le prix. Car le second
créancier ne peut invoquer la nullité de l'hypothèque qui le prime et
qui garantit une créance absorbant tout le prix, et la masse doit être
placée dans la situation où elle serait si la seconde hypothèque qui
lui est opposable existait seule ; dans ce cas, elle n'obtiendrait rien.

Il résulte évidemment de là que le jugement qui prononce la nullité d'une hypothèque au profit de la masse des créanciers produit des

effets qu'on ne peut pas exactement déterminer au moment où il est
rendu ; ils dépendent à la fois du prix pour lequel l'immeuble grevé
est vendu et du montant de la créance dont l'hypothèque valable est
primée par l'hypothèque annulée. C'est là assurément une conséquence qui ne ressort pas des termes de l'article 446, d'après lequel
l'hypothèque constituée pour une dette antérieure est nulle sans
qu'aucune expression de l'article fasse allusion à la possibilité d'un
maintien partiel ou même total de l'hypothèque à raison de ce qu'elle
ne préjudicie que partiellement ou ne préjudicie aucunement à la
masse. C'est là une objection très grave contre le système auquel nous
nous rangeons. Si, selon nous, il doit être, néanmoins préféré, c'est
que seul, en définitive, il tient compte du caractère relatif de la nullité par suite duquel la masse des créanciers seule doit pouvoir, soit
la demander, soit en profiter quand elle a été prononcée.

En reprenant les chiffres indiqués plus haut pour faire comprendre les résultats pratiques du système qui a nos préférences, voici les
conséquences auxquelles conduit chacun des systèmes repoussés.

PREMIER SYSTÈME. — *Premier cas.* L'hypothèque est annulée
ergà omnes ; mais, comme elle ne nuisait pas au second créancier
hypothécaire, la masse seule profite de la nullité : les 80.000 francr
qui auraient été attribués au premier créancier si son hypothèque
avait été valable, tombent dans l'actif de la faillite (1). — *Deuxième
cas.* Le second créancier hypothécaire est colloqué pour
120.000 francs, de telle façon que la nullité ne profite à la masse
que pour l'excédent du prix de l'immeuble, soit 40.000 francs. —
Troisième cas. Le second créancier hypothécaire absorbe le prix
de l'immeuble qui ne dépasse pas sa créance.

DEUXIÈME SYSTÈME. — *Premier cas.* La masse se fait attribuer
les 80.000 francs pour lesquels le créancier dont l'hypothèque est
annulée, a été colloqué sur le prix de l'immeuble (2). — *Deuxième
cas.* Le créancier dont l'hypothèque est frappée de nullité étant col-

(1) Il faut remarquer que, dans les trois systèmes, on arrive à des résultats pratiques identiques, lorsque le prix de l'immeuble est, comme dans
ce premier cas, suffisant pour le paiement intégral des divers créanciers
hypothécaires.
(2) Voir la note précédente.

loqué pour 160.000 francs, la masse se fait attribuer cette somme, et le second créancier hypothécaire, malgré la validité de son hypothèque, n'a aucun droit sur le prix. — *Troisième cas*. Le résultat est le même que dans le second cas.

384. Du caractère relatif de la nullité de l'hypothèque ou du privilège on a cru pouvoir déduire que la radiation de l'inscription ne doit pas être ordonnée en même temps que la nullité est prononcée (1). L'inscription, dit-on en ce sens, ne peut pas être l'objet d'une radiation, par cela même qu'elle ne perd son effet qu'à l'égard de la masse de la faillite. C'est là, selon nous, une conséquence inexacte tirée d'un principe incontestable. La solution se comprendrait si la radiation consistait à rayer ou à effacer réellement l'inscription ; mais, comme elle ne consiste qu'en une mention faite en marge de l'inscription (2), la radiation n'a aucun inconvénient malgré le caractère relatif de la nullité : la mention du jugement fondé sur l'article 446 (3) révèle par elle-même que la radiation n'a lieu qu'à l'égard de la masse des créanciers.

385. II. NULLITÉS FACULTATIVES. — La nullité de droit qui frappe les actes mentionnés dans l'article 446 est rigoureuse. Aussi la loi a-t-elle fait de ces actes une énumération limitative (n° 316 a) et a-t-elle admis, pour un grand nombre d'actes, une nullité qui est seulement facultative pour le juge. L'article 447 concerne ces derniers actes. Il y a trois questions principales à résoudre à l'occasion de cette nullité : *A. Quels sont les actes frappés d'une nullité facultative par l'article 447 ? — B. A quelles conditions ces actes peuvent-ils être annulés ? — C. Quels sont les effets des nullités facultatives ?*

386. *A. Actes frappés d'une nullité facultative par l'article 447.*

---

(1) Besançon, 2 mai 1884, *Gazette du Palais et du Notariat*, n° du 6 juin 1885 ; *Journal des faillites*, 1885, p. 360.

(2) V. Boulanger, *Traité de radiations hypothécaires*, I, n° 3 ; Aubry et Rau, III (5ᵉ édit.), § 281 et note 1, p. 629.

(3) Ce qui est dit au texte s'applique évidemment aussi dans le cas où il y a annulation, soit d'une hypothèque en vertu de l'article 447, soit d'une inscription en vertu de l'article 448.

— Il n'est plus besoin ici de faire d'énumération. Il suffit de dire qu'en principe, la nullité facultative de l'article 447 s'applique à tous les actes faits en temps suspect, à l'exception des actes nuls de droit mentionnés dans l'article 446 et des inscriptions de privilèges et d'hypothèques, pour lesquelles il y a une nullité facultative d'un genre spécial admise par l'article 448, 2e alin. V. n°s 411 et suiv.

387. L'article 447 indique spécialement les paiements faits par le débiteur (1) et non mentionnés dans l'article 446, c'est-à-dire les paiements même de dettes échues faits en espèces ou en effets de commerce, car les paiements, soit de dettes non échues, soit de dettes échues faits autrement que de l'une de ces deux manières, sont nuls de droit en vertu de l'article 446 (n°s 331 et suiv.). En autorisant le juge à annuler dans l'intérêt de la masse les paiements de dettes échues, l'article 447 déroge aux principes du Droit civil (2). Par cela même qu'un créancier peut exiger son paiement et, s'il n'est pas payé, à l'échéance, pratiquer des voies d'exécution contre son débiteur, les paiements ne peuvent jamais être annulés en vertu des règles de l'action paulienne (arg. C. civ., art. 808 et 809) (3). En matière de faillite, le législateur tient à l'égalité entre les créanciers, il ne veut pas que quelques-uns plus diligents ou plus voisins du débiteur, se fassent désintéresser au préjudice des autres. Si le débi-

(1) Le paiement fait par un tiers pour le compte du failli, ne tombe pas sous le coup de l'article 447, s'il n'a pas pour résultat de diminuer le patrimoine de celui-ci, ce qui ne serait pas le cas s'il s'agissait d'un débiteur du failli, délégué par lui à ses créanciers : Cass. 29 juill. 1872, D. 1872. 1. 222 ; S. 1873. 1. 159 ; *J. Pal.*, 1873. 377 ; 26 juill. 1880, D. 1880. 1 366 ; S. 1882. 1. 356 ; *J. Pal.*, 1882. 1. 865.

(2) Il a été dit plus haut (n° 336) que la loi commerciale est particulièrement sévère aussi pour les paiements de dettes non échues, en permettant de les faire annuler, alors que, d'après les principes du droit commun, l'action paulienne permet seulement de réclamer l'intérêt (*interusurium*) au créancier payé avant l'échéance.

(3) C'était déjà la solution du Droit romain : *Nihil dolo creditor facit qui suum recipit.* Dig. Paul, I, 129, L. XVII, *De diversis regulis juris.* — *Sciendum, Julianum scribere, eoque jure nos uti, ut qui debitam pecuniam recipit antequam bona debitoris possideantur, quamvis sciens prudensque solvendo non esse recipiat, non timere hoc edictum ; sibi enim vigilavit.* Dig. Ulp. L. 6, § 7, XLII, 8, *Quæ in fraudem creditorum facta sunt ut restituantur.*

teur est poursuivi par un de ses créanciers, il doit déposer son bilan.

388. L'article 447 peut être appliqué aux paiements de toutes dettes échues, quelles que puissent être leurs causes, même aux paiements de dettes nées de délits ou de quasi-délits (1) et quel que puisse être l'objet du paiement dès l'instant qu'il est celui de la dette même (2). Peu importe également que les paiements aient eu lieu à l'amiable ou aient été provoqués par des poursuites du créancier (3).

Mais il va de soi que les paiements opérés avec les revenus de biens dont le failli a la jouissance en vertu de son régime matrimonial ou de sa puissance paternelle (biens dotaux ou propres, biens d'un enfant du failli mineur de dix-huit ans), sont valables, par cela même que la masse dans l'intérêt de laquelle la nullité est admise, n'a pas de droit sur ces revenus. Cpr. nos 208 et 238.

Une exception importante est seulement admise à la règle de la nullité facultative du paiement des dettes échues fait durant la période suspecte par le Code de commerce en ce qui concerne les paiements de lettres de change, de billets à ordre et de chèques (art. 449). V. nos 399 et suiv.

389. A côté des paiements dont il s'agit, l'article 447 vise, par une formule très générale, *tous autres actes à titre onéreux*. Tous les actes à titre gratuit faits dans la période suspecte étant atteints par la nullité de droit de l'article 446 (no 320), il va de soi que l'article 447 ne peut concerner que des actes à titre onéreux.

On peut citer, par suite, comme exemples d'actes frappés d'une nullité facultative par l'article 447 :

Des ventes faites par le failli (4).

---

(1) Cass. 13 nov. 1866, D. 1866. 1. 345 ; Cass. 19 mars 1883, *Journal des faillites*, 1883, p. 585 ; D. 1884. 1. 28 ; S. 1883. 1. 203 ; *J. Pal.*, 1883. 1. 498 ; 15 déc. 1897, *Journ. des Trib. de comm.*, 1898, 650.

(2) Cass. 17 juill. 1883, D. 1884. 1. 183 ; S. 1885. 1. 203 ; *J. Pal.*, 1885. 1. 499 ; Paris, 5 mars 1892, D. 1893. 2. 17.

(3) Cass. 28 mars 1892, S. et *J. Pal.*, 1896. 1. 220 ; D. 1892. 1. 465.

(4) Paris, 26 fév. 1870, *Journ. des Trib. de com.*, 1871. 58 ; Cass. 5 avril 1881, *Journ. des Trib. de comm.*, 1882. 196.

Des achats faits par le failli.

Des baux où le failli a joué le rôle de bailleur ou de locataire (1).

Des remises faites en compte-courant. Ce ne sont pas des paiements pouvant être atteints par l'article 446 (n° 334), mais des opérations à titre onéreux rentrant dans la formule générale de l'article 447 (2).

Des constitutions d'hypothèque, de gage ou d'antichrèse, faites pour garantir des dettes contractées, soit en même temps, soit postérieurement, en supposant qu'il s'agisse de dettes frappées seulement d'une nullité facultative (3).

Des subrogations à l'hypothèque légale de la femme du failli, quand elles nuisent à la masse des créanciers (n° 381) (4).

Des constitutions de dot faites par le failli si, contrairement à notre opinion (n°s 325 et suiv.), on ne les considère pas, au point de vue de l'application de l'article 446, comme des donations (5).

Des paiements faits au failli, sauf à tenir compte, quand il s'agit du paiement d'une lettre de change, d'un billet à ordre ou d'un chèque dont le failli était porteur, de l'article 145, C. com. (6).

Des apports faits par le failli à une société (7).

Malgré la généralité des termes de l'article 447, il est soutenu que la nullité de certains actes ne peut pas être prononcée. A cet égard, des difficultés spéciales se sont élevées pour les *partages* et pour les *transactions*.

---

(1) Cass. 27 nov. 1893, S. et *J. Pal.*, 1894. 1. 328 ; D. 1894. 1. 343. Aix, 19 janv. 1871, D. 1871. 2. 46 ; S. 1871. 2. 212 ; *J. Pal.*, 1871. 670.

(2) Cf. Cass., 8 mars 1882, S. 1883. 1. 82 ; *J. Pal.*, 1883. 1. 69 ; D. 1882. 1. 405 ; Lyon, 5 mai 1882, S. 1890. 2. 169 en note. — V. *Traité de Droit commercial*, IV, n°s 830 et 830 *bis*.

(3) Poitiers, 16 janv. 1860, D. 1860. 2. 25 ; Cass. 29 déc. 1880, S. 1881. 1. 162 ; *J. Pal.*, 1881. 1. 382.

(4) Cf. Cass. 21 déc. 1881, S. 1882. 1. 422 : P. 1882. 1. 1042 ; D. 1882. 1. 198 ; 18 avr. 1887, D. 1887. 1. 155 ; S. 1887. 1. 173 ; P. 1887. 1. 400.

(5) Cass. 18 déc. 1895, S. et *J. Pal.*, 1896. 1. 72 ; D. 1898. 1. 193.

(6) V., sur l'article 145, C. com., *Traité de Droit commercial*, *IV*, n°s 293, 297, 322, 522 et 588.

(7) Cpr. Trib. com. Seine, 23 janv. 1894, *La Loi*, n° du 12 avr. 1894. Dans l'espèce de ce jugement, il s'agissait de l'exercice de l'action paulienne contre un apport en société. V. Cass., 30 avril 1900, D. 1900. 1. 609.

390. *Partages.* — La question de savoir si l'article 447 ne permet pas du tout ou ne permet que sous certaines conditions d'annuler un partage auquel le failli a été partie durant la période suspecte, est née des dispositions spéciales des articles 882 et 883, C. civ.

Il a été souvent prétendu qu'en aucun cas, le partage ne peut être annulé en vertu de l'article 447 (1). On se prévaut en ce sens du caractère déclaratif attribué au partage par l'article 883, C. civ. Il résulte, dit-on, de ce caractère, que le partage n'a pu être compris parmi les actes à titre onéreux en vertu de la formule générale de l'article 447 : les copartageants ne tiennent rien les uns des autres, puisque chacun est présumé n'avoir jamais eu de droit que sur les biens placés dans son lot, et cela à partir du jour où l'indivision a commencé (2).

Malgré le principe du partage déclaratif, le partage fait pendant la période suspecte est, selon nous, annulable en vertu de l'article 447, qui vise tous les actes à titre onéreux (3).

Le partage fait bien partie de cette catégorie d'actes. Le principe du partage déclaratif n'a qu'une portée restreinte : il consacre une fiction. En réalité, chaque copropriétaire abandonne aux autres ses droits sur les biens qui sont mis dans leurs lots en retour de l'aban-

(1) Colmar, 1ᵉʳ janv. 1856, S. 1856. 2. 392 ; *J. Pal.*, 1856. 2. 531 ; D. 1856. 2. 197 ; Bordeaux, 4 avr. 1876, D. 1879. 2. 265 ; S. 1877. 2. 257 ; Pau-28 fév. 1878, S. 1879. 2. 20 ; *J. Pal.*, 1879. 110 ; D. 1879. 2. 257.

(2) Limoges, 24 mars 1893, S. et *J. Pal.*, 1894. 2. 121 (note de M. Alb. Wahl) ; D. 1895. 2. 137 ; Cass. 28 mai 1895, S. et *J. Pal.*, 1896. 1. 385 (note de Ch. Lyon-Caen) ; *Journal des faillites*, 1896, p. 49. — Demangeat sur Bravard, V. p. 270, en note ; Bouniceau-Gesmon, *Revue critique de législ. et de jurispr.*, 1877, p. 479 et suiv. ; Thaller et Percerou, I, nº 672.

(3) C'est en s'appuyant sur la doctrine indiquée au texte qu'on a soutenu quelquefois que, par cela même que l'exercice des reprises par la femme commune en biens est une opération du partage de la communauté, l'attribution de meubles ou d'immeubles qui lui est faite pour la couvrir de ses reprises ne peut pas être annulée en vertu de l'article 447 ; Bordeaux, 4 avril 1876, S. 1877. 2. 257 ; *J. Pal.*, 1877, 1029 ; D. 1879. 2. 265. — La doctrine qui sert de point de départ à cette solution, est inexacte (voir la suite du nº 390). Du reste, l'opération dont il s'agit est plutôt un préliminaire du partage qu'une partie de cet acte. Il a été expliqué plus haut (nº 356) qu'elle constitue une sorte de dation en paiement, qui est, en cette qualité, nulle de droit en vertu de l'article 446 C. com.

don que lui font ceux-ci de leurs droits sur les biens placés dans son lot. Le législateur admet bien, malgré l'article 883, C. civ., qu'il en est ainsi ; il traite les copartageants comme des ayants-cause les uns des autres, quand il admet, soit qu'ils se doivent la garantie des évictions (art. 884 à 886, C. civ.), soit que les créances nées du partage sont garanties par un privilège portant sur les immeubles mis dans les lots des copartageants débiteurs (art. 2103 3°), soit que le partage est rescindable pour lésion de plus du quart (art. 887, 3e alin., C. civ.) Le législateur protège par cette dernière disposition les copartageants eux-mêmes contre le partage qui leur préjudicie. Pourquoi les créanciers d'un copartageant ne seraient-ils pas aussi protégés contre un partage où leur débiteur a été partie et qui leur cause un préjudice ? Il serait d'autant plus dangereux que la protection légale fît défaut aux créanciers que souvent les partages interviennent entre personnes unies par les liens de la parenté ou de l'amitié, ce qui facilite entre copartageants les ententes nuisibles aux créanciers (1).

Sans écarter complètement l'application au partage de l'article 447, C. com., on a soutenu que, du moins, la nullité ne peut en être prononcée que lorsqu'il a été fait au mépris d'une opposition formée par les créanciers du copartageant en faillite. En ce sens, on a invoqué l'article 882, C. civ., selon lequel les créanciers *ne peuvent attaquer un partage consommé, à moins, toutefois, qu'il n'y ait été procédé sans eux et au préjudice d'une opposition qu'ils auraient formée* (2).

Mais, selon nous, l'article 882, C. civ., ne peut être appliqué quand il s'agit de la nullité d'un partage demandée en vertu de l'article 447, C. com., de telle sorte que, même en l'absence de toute opposition

(1) Cass. 28 mai 1895, S. et *J. Pal.*, 1895. 1. 385 (note de Ch. Lyon-Caen); D. 1896. 1. 154 ; *Pand. fr.*, 1896. 1. 61 ; Limoges, 24 mai 1893, S. et *J. Pal.*, 1894. 2. 121 (note de M. Alb. Wahl) ; D. 1895. 2. 137 ; Montpellier, 26 oct. 1896, *Ann. de Droit comm.*, 1897. 84 ; Trib. com. Saint-Etienne, 2 juin 1897, *même recueil*, 1897. 326 ; *La Loi*, n° des 18-19 juill. 1897 ; Douai, 7 février 1901, D. 1902. 2. 256.

(2) Telle paraît être l'opinion de M. Thaller. V. *Revue critique de législ. et de jurispr.*, 1881, p. 664, note 1. V., pourtant, Thaller, *Traité élémentaire de Droit commercial*, n° 1817 et Thaller et Percerou, I, n° 673.

des créanciers du failli, l'annulation du partage fait pendant la période suspecte est possible (1). L'article 882 se rattache à l'action paulienne (article 1167, C. civ.) dont il rend l'admission spécialement difficile en cas de partage. Il ne s'agit pas ici de l'action paulienne, mais des nullités propres à la faillite. Sans doute, cette action et les dispositions des articles 446 et 447 ont un but identique, la protection des créanciers contre les actes faits par leur débiteur en fraude ou au préjudice de leurs droits. Mais ces deux moyens n'en sont pas moins distincts. On ne peut étendre les règles qui régissent l'action paulienne aux nullités des articles 446 et 447, C. com. Aussi ne saurait-on invoquer ici le principe selon lequel les règles du Droit civil servent à compléter le Droit commercial (2); cela n'est vrai que pour les matières identiques. Il ne faut point s'étonner que les créanciers soient, en cas de faillite, plus garantis contre un partage préjudiciable pour eux fait par leur débiteur qu'en cas de déconfiture. La loi commerciale a, dans les articles 446 et 447, cherché à mieux protéger les créanciers qu'ils ne le sont par l'action paulienne. Aussi y a-t-il même des actes à l'occasion desquels cette action ne peut pas être exercée, alors qu'en cas de faillite, ils sont frappés de nullité. Tels sont les paiements de dettes échues (3). V. n° 386.

390 bis. Quand un copartagé déclaré en faillite a accepté un par-

---

(1) L'arrêt de la Cour de cassation mentionné à la note 1 de la page précédente n'a pas pris parti sur l'application de l'article 882 au cas où la nullité du partage est demandée en vertu de l'article 447, C. com. Il s'agissait, dans l'espèce, du partage d'un bien qui était devenu indivis par suite d'une acquisition faite en commun par les copropriétaires. L'arrêt se borne à déclarer que la disposition de l'article 882, C. civ., est exceptionnelle et ne doit pas être étendue au delà des cas de partage de succession et de comunauté, qu'elle ne s'applique pas aux actes mettant fin à une indivision créée par la seule volonté des parties ensuite d'un acte de société ou d'une acquisition faite en commun. La doctrine ainsi énoncée est très discutable. V., pour le partage des sociétés, *Traité de Droit commercial*, II, n° 448.

(2) V. *Traité de Droit commercial*, I, n°s 74 et suiv.

(3) Il est évident, toutefois, que l'article 882, C. civ., s'appliquerait même en cas de faillite d'un des copartageants, si le partage, bien que fait pendant la période suspecte, était attaqué par des créanciers exerçant l'action paulienne. Cpr. Cass. 13 nov. 1867, S. 1868. 1. 146 ; D. 1868. 1. 312: Douai, 7 août 1874, D. 1877. 5. 232.

tage d'ascendant pendant la période suspecte, il n'y a pas là un acte tombant sous le coup ni de l'article 446 ni de l'article 447. Il n'est, en effet, pas compris parmi les actes que l'article 446 énumère limitativement et ce n'est pas un acte à titre onéreux pour les copartagés (1). Le syndic peut seulement attaquer le partage en exerçant les actions qui peuvent appartenir au copartagé failli en vertu de l'article 1079, C. civ.

391. *Des jugements.* Les jugements, par cela même qu'ils sont d'ordinaire déclaratifs, c'est-à-dire qu'ils ne font que constater des droits préexistants, ne peuvent pas être attaqués, à raison de ce qu'ils ont été rendus contre un failli pendant la période suspecte, en vertu des articles 446 et 447. La proximité de la déclaration de faillite ne peut, en effet, faire disparaître la faculté qu'a toute personne de faire reconnaître par justice des droits qu'elle prétend avoir, fût-ce contre un commerçant qui a cessé ses paiements. Les jugements sont donc opposables à la masse des créanciers, sauf au syndic à exercer contre eux les voies de recours qui peuvent encore être ouvertes ou même à former tierce opposition (art. 474 et suiv., C. proc. civ.), s'il y a fraude.

Cela s'applique, en principe, à toutes les décisions contentieuses, même aux sentences arbitrales rendues en vertu d'un compromis (2). Mais n'est pas applicable au compromis conclu antérieurement à la sentence; il y a là un acte auquel s'appliquent les termes généraux de l'article 447, C. com.

Mais ne doit-on pas faire exception pour certains jugements qui ont un effet attributif? Cette importante question sera examinée plus loin (nos 407 et suiv.).

392. Les transactions ont un effet déclaratif; la loi décide qu'elles ont entre les parties l'autorité de la chose jugée en dernier ressort

---

(1) Cpr. Trib. civ. Saint-Omer 19 janvier 1906, D. 1909. 1. 11 ; *Journal des faillites*, 1906, p. 284. Ce jugement admet que le partage d'ascendant entre-vifs postérieurs à la faillite d'un copartagé n'est pas frappé de nullité par suite du dessaisissement. Cela implique que le partage d'ascendant ne peut pas être annulé quand il y a eu lieu pendant la période suspecte.

(2) Bordeaux, 17 mars 1879, D. 1881. 2. 225 ; S. 1880. 2. 161 ; *J. Pal.* 1880. 660 (note de M. Labbé) ; Paris, 18 mars 1873. D. 1874. 1. 137.

(art. 2052, C. civ.). Mais le caractère conventionnel des transactions, qui sont des contrats à titre onéreux, ne permet pas de les faire échapper à l'article 447, C. com. (1). Il en est ainsi même quand elles ont été conclues devant le juge de paix lors du préliminaire de conciliation. L'intervention du juge de paix ne leur donne certes pas le caractère de jugements (2).

Au contraire, les *jugements d'expédients* ou *jugements convenus* qui ne font que sanctionner des transactions, échappent à la nullité de l'article 447. Cela résulte de ce que ces jugements doivent être traités comme le sont ceux qui statuent sur une contestation. Cpr. n° 391.

393. *B. Conditions des nullités facultatives de l'article 447.* — Les actes tombant sous le coup de l'article 447 ne provoquent pas le soupçon comme ceux que vise l'article 446. Ce sont ou des actes normaux de la vie du commerçant ou, tout au moins, des actes qui nuisent, en général, moins à la masse des créanciers que ceux de l'article 446, par cela même que celui qui les fait ne donne pas sans recevoir un équivalent en retour. Souvent, la nullité de plein droit de tels actes porterait une grave atteinte au crédit des commerçants. Aussi la loi se montre-t-elle beaucoup moins sévère en ce qui les concerne.

394. Trois conditions sont exigées pour que les nullités de l'article 447 (3) soient prononcées. Il faut :

a. Que celui qui a fait avec le failli l'acte dont il s'agit, ait eu, au moment de l'opération, connaissance de l'état de cessation de paiements.

Dès que les tiers connaissent l'état de cessation de paiements, ils

---

(2) Paris, 16 mars 1883, D. 1874. 1. 137 ; Cass. ch. civ., 26 juillet 1897. D. 1901. 1. 28 (application à la transaction des articles 446 et 447, C. com.). V. cept Amiens, 21 nov. 1885, *Journ. d'Amiens*, 1886. 63.

(3) Thaller et Percerou, 1, n° 675. La Cour de Bordeaux a écarté à tort l'application de l'article 447 dans une espèce où la transaction avait été opérée par un arbitre-rapporteur nommé, en vertu de l'article 429, C. proc. civ., par un tribunal de commerce : Bordeaux, 17 mars 1879, D. 1881. 2. 225.

(4) C'est dans l'article 447 que se trouve la plus grande différence entre le système du Code de 1807 et celui de la loi de 1838. V. Renouard, I, p, 390 ; Rép. Dall., n° 304, et plus haut, n° 310.

doivent éviter de contracter avec lui ou de recevoir de lui un paiement, afin de ne pas rendre plus mauvaise la situation du débiteur.
C'est en cela qu'en matière de faillite, consiste la fraude (1). C'est
au juge du fait à apprécier souverainement si cette connaissance a
existé. Il doit la mentionner dans son jugement, pour que la Cour
de cassation puisse au besoin constater s'il s'est conformé à l'article 447 (2). En cas de contestation, c'est aux syndics qui invoquent
l'article 447 à prouver la connaissance de l'état de cessation de
paiements conformément aux principes généraux (art. 1315, C. civ.).
Il n'est donc pas nécessaire qu'il y ait eu, à proprement parler,
fraude de la part des tiers (3) ; mais il ne suffit pas qu'ils aient connu
la situation périlleuse et embarrassée du failli ; la loi exige celle de
la cessation des paiements (4). La question de savoir si cette condition est remplie n'est pas une question de droit ; elle est donc
résolue souverainement par les juges du fait (5). Mais la connaissance personnelle de la cessation des paiements de la part de celui
qui a fait l'acte avec le failli est nécessaire. Aussi un arrêt qui se
borne à constater que la cessation des paiements était de notoriété
publique à la date de l'acte violerait l'article 447, C. com. (6).

Des difficultés spéciales s'élèvent sur ce qu'il faut entendre par
cette connaissance de la cessation des paiements quand l'acte dont
il s'agit a été fait par un mandataire. V. n° 395 *bis.*

(1) Bourges, 16 mai 1874, S. 1874. 2. 203 ; *J. Pal.*, 1874. 851 ; D. 1876. 2.
204, Paris, 21 nov. 1887, *Journal des faillites*, 1888, art. 1000 : Bordeaux,
6 juin 1894, *Journal des faillites*, 1894, art. 1823 ; Cass. 27 nov. 1893, S.
t *J. Pal.*, 1894. 1. 328 ; D. 1894. 1. 343.

(2) Cass. 8 janv. 1894, D. 1894. 1. 124 ; S. et *J. Pal.*, 1894. 1. 328 ; *Journal
des faillites*, 1895, p. 289.

(3) Cass. 11 déc. 1876, D. 1877. 1. 359 ; Rennes, 6 avr. 1892, D. 1892.
2. 29.

(4) Cass. 18 avr. 1866, D. 1866. 1. 259 ; Orléans, 11 fév. 1882 ; *Journal
des faillites*, 1883, p. 212 ; D. 1883. 2. 64 ; Lyon, 23 juin 1883, D. 1884. 2.
130 ; Cass. 12 août 1890. S. et *J. Pal.*, 1894. 1. 452 ; Bordeaux, 6 juin 1894,
Journal des faillites, 1894, p. 488 ; Cass. 17 décembre 1902, S. et P. 1908.
1. 11 ; D. 1903. 1. 24.

(5) Cass. 13 fév. 1877, D. 1878. 1. 208.

(6) Cass. 20 novembre 1911, S. et *J. Pal.*, 1912. 1. 40 ; D. 1912. 1. 120 ;
Pand. fr. 1912. 1. 40.

b. Que l'acte attaqué ait été fait dans la période suspecte.

Cette période n'est pas exactement la même que pour les nullités de droit de l'article 446 (n° 316 *b*). Elle ne comprend pas les dix jours qui précèdent la date fixée comme étant celle de la cessation des paiements, mais s'étend seulement depuis cette date (1) jusqu'à celle du jugement déclaratif. La raison en est simple ; il faut, pour rendre l'article 447 applicable, que le tiers contre lequel la nullité est prononcée, ait connaissance de l'état de cessation de paiements ; or, cet état ne peut évidemment être connu avant qu'il ait commencé d'exister.

c. Que le juge estime bon de prononcer la nullité.

Malgré la réunion des deux conditions précédentes, le juge ne doit pas nécessairement prononcer la nullité. Il peut, par exemple, l'écarter, soit parce qu'il estime qu'il n'y a pas eu de préjudice réel pour la masse des créanciers ou qu'il y a eu seulement un préjudice restreint, soit parce qu'il constate que le tiers a pu légitimement espérer que l'état de cessation de paiements était tout à fait passager et n'entraînerait pas une déclaration de faillite, de telle façon que, malgré la connaissance qu'il a eue de la cessation des paiements, on ne peut dire que le tiers a été de mauvaise foi (2).

---

(1) Tout acte intervenu avant cette date et ne rentrant pas dans l'énumération de l'article 446, est donc valable, s'il ne peut être annulé en vertu de l'article 1167, C. civ. ; Paris, 6 avr. 1886, et Nancy, 11 mai 1886, *Journal des faillites*, 1886, 269 et 279 ; Paris, 19 mars 1907, *Journal des faillites*, 1907, 151. V. n° 312.

(2) La jurisprudence et les auteurs se prononcent, en général, en faveur de ce pouvoir de libre appréciation laissé aux tribunaux : Cass. 18 juill. 1870, D. 1870. 1. 348 ; Cass. 28 juin 1875, D. 1875. 1. 469 ; S. 1875. 1. 309 ; Aix, 25 mars 1877, D. 1878. 2. 111 ; Paris, 19 juin 1884, *Journal des faillites*, 1884, p. 613 ; Cass. 25 nov. 1891, S. et *J. Pal.*, 1893. 1. 465 ; D. 1892. 1. 505 ; Cass. 18 janv. 1897, S. et *J. Pal.*, 1898. 1. 231. — Renouard, I, p. 392 (cet auteur se borne à recommander aux tribunaux de ne pas trop user de la latitude que leur laisse la loi, lorsque la connaissance de la cessation des paiements est constatée par eux) ; Boistel, n° 954, p. 724. — Cependant, quelques arrêts et plusieurs auteurs admettent que, dès l'instant où il y a connaissance de la cessation des paiements, l'acte attaqué doit être annulé, à moins qu'il n'y ait pas de préjudice causé à la masse : Delamarre et Lepoitvin, t. VI, n° 150, p. 324 et suiv. ; Bravard et Demangeat, V., p. 267, en note.

Sur les circonstances de fait que les tribunaux considèrent de préférence

C'est particulièrement, pour les contrats à titre onéreux, qu'il peut y avoir absence de préjudice, s'ils ont été faits à de bonnes conditions. Ainsi, il serait exorbitant que l'on annulât une vente faite ou un achat opéré par le failli pour un prix conforme au cours ou qui ne s'en écarte que légèrement. Les juges n'annulent que les ventes faites à vil prix par le failli ou les achats faits par lui pour des prix exagérés (1).

Les juges apprécient en toute liberté si, d'après les circonstances, il y a lieu ou non de prononcer la nullité de l'acte attaqué. A ce point de vue, la décision rendue échappe à l'examen de la Cour de cassation (2).

Le pouvoir d'appréciation reconnu aux tribunaux malgré la coexistence des deux premières conditions indiquées (*a.* et *b.*) existe même pour les paiements. Il est vrai que le paiement est un acte simple. Mais, outre que l'article 447 ne fait pas de distinction entre les paiements et les contrats à titre onéreux, les paiements des dettes échues, seuls frappés par l'article 447, sont des actes normaux à l'égard desquels on conçoit que le législateur ne montre pas une grande rigueur. Du reste, le créancier payé peut, dans bien des circonstances, ne pas être un homme de mauvaise foi ayant l'intention de se créer une situation privilégiée par rapport aux autres créanciers, quoiqu'il ait eu connaissance de la cessation des paiements du débiteur (3). Puis, le paiement d'une dette échue peut ne pas causer un préjudice à la masse des créanciers. C'est là ce qui se

comme susceptibles d'établir la mauvaise foi des tiers. V. les décisions citées dans le *Rép. gén. de droit français*, v° *Faillite*, nos 1424-1427.

(1) Cf. Cass. 3 mars 1869, S. 1869. 1. 174 ; *J. Pal.*, 1869. 418 ; D. 1871. 5. 192.

(2) Cass. 28 juin 1911, S. et P., 1911. 1. 528 ; D. 1911. 4. 327 ; *Pand. fr.*, 1911. 1. 328 ; *Journal des faillites*, 1911. 383.

(3) Cass. 25 nov. 1891, S. et *J. Pal.*, 1893. 1. 465 (note de Ch. Lyon-Caen); D. 1892. 1. 505. Bédarride, *Traité des faillites et banqueroutes*, I, n° 119, admet que dès l'instant où il y a, de la part du tiers, connaissance de la cessation des paiements et préjudice causé aux créanciers, les actes visés par l'article 447 doivent être annulés. Il croit pouvoir conclure de là que, pour les paiements, il y a obligation de les annuler par cela même qu'ils emportent avec eux la certitude d'un préjudice. V. la note 1 de la page suivante.

produit notamment quand le paiement a été fait à un créancier hypothécaire préférable en cette qualité à la masse (1). Ces considérations doivent faire approuver le système du Code de commerce à
cet égard, même au point de vue législatif (2).

395. La décision judiciaire qui est rendue, en se fondant sur l'existence des deux premières conditions indiquées (n° 394), sans que
les juges aient usé de leur pouvoir d'appréciation, viole l'article 447,
C. com., et, par suite, encourt la cassation. Mais il faut bien comprendre ce qui est exigé pour que la Cour de cassation puisse exercer
à cet égard le pouvoir qui lui appartient. En prononçant une nullité en vertu de l'article 447, il n'est pas nécessaire que le tribunal
saisi indique dans son jugement qu'il a fait usage du pouvoir d'appréciation que la loi accorde au juge même quand les deux premières conditions sont réunies, mais il ne faut pas qu'il résulte des
motifs du jugement que le tribunal s'est cru contraint de prononcer
la nullité par cela seul qu'il constatait la connaissance de l'état de
cessation de paiements. S'il en était ainsi, le jugement devrait être
cassé pour violation de la loi (3).

(1) Paris, 23 février 1872, D. 1872. 2. 223. V. un autre cas dans lequel il
y avait absence de préjudice, Trib. com. Rouen, 16 décembre 1904, *Journal des faillites*, 1905, 45.

(2) Le projet de loi sur les faillites, soumis aux Chambres en 1883, appor-
tait une modification à l'article 447 en ce qui concerne le pouvoir du juge.
Il conservait bien ce pouvoir pour les actes à titre onéreux ; mais il obligeait le juge à annuler les paiements de dettes échues faits depuis la cessation des paiements, par cela seul que le créancier en avait eu connaissance (art. 479 et 480 du projet). Le but des rédacteurs du projet était
notamment d'éviter les nombreux procès auxquels donne lieu l'article 447
par suite du pouvoir discrétionnaire reconnu au juge. Ils supprimaient ce
pouvoir pour les paiements, parce que, disaient-ils, ce sont des actes simples causant nécessairement un préjudice aux créanciers de la masse.
Dans le rapport fait sur ce projet au nom de la Cour de Montpellier à
laquelle il avait été soumis ainsi qu'à toutes les Cours d'appel et à la Cour
de cassation, le regretté M. Cauvet montre très bien dans de longs déve-
loppements les vices de ce système. *Rapport de M. Cauvet*, p. 129 à 152.
V. *en sens contraire*, Thaller, *Des faillites en droit comparé*, I, n° 212,
p. 386. Mais le système du Code de commerce est approuvé dans Thaller
et Percerou, I, page 652, note 3.

(3) Cass. 18 mai 1870, 18 juill. 1870, D. 1870. 1. 259 et 348 ; Cass. 19 mars
1883, S. 1883. 1. 203 ; *J. Pal.*, 1883. 498 ; D. 1884. 1. 28 ; 28 juill. 1897,

395 *bis*. Quand un des actes tombant sous le coup des dispositions de l'article 447, C. com., est fait par un mandataire, il va de soi que la connaissance de la cessation des paiements de la part du mandant permet de prononcer la nullité. La mauvaise foi, au sens spécial de l'article 447, C. com., existe alors chez celui à qui l'acte dont il s'agit doit profiter. Au reste, par suite du principe de la représentation admis en matière de mandat, les choses doivent, en principe, être traitées comme si le mandant était intervenu en personne à l'acte fait par le mandataire.

Mais que doit-on décider lorsque le mandataire a eu connaissance de la cessation des paiements, sans qu'il soit prouvé que le mandant l'a connue également ? Cela doit suffire pour rendre l'article 447 applicable **(1)**. Les actes faits par le mandataire, au nom du mandant, sont réputés faits par le mandant lui-même. Aussi quand le mandataire a connu la cessation de paiements, c'est tout comme si le mandant en avait eu connaissance **(2)**. Il n'en serait autrement que, si un acte ayant été conclu entre les intéressés, une procuration était donnée seulement pour signer l'écrit destiné à le constater ; le mandant seul devrait alors être pris en considération.

Du reste, on ne doit pas en cette matière assimiler le gérant d'affaires au mandataire. La connaissance qu'a le gérant d'affaires

S. et *J. Pal.*, 1897. 1. 488 ; D. 1898. 1. 115 ; 18 oct. 1897, S. et *J. Pal.*, 1898, 1. 88 ; Cass. 15 juin 1898, S. et *J. Pal.*, 1899. 1. 209.

(1) Cass. 15 juin 1898, S. et *J. Pal.*, 1899. 1. 209 (note de M. Tissier) ; *Journal des faillites*, 1898. 289 ; Trib. com. Lyon, 8 mai 1906, 16 avril 1907, *Journal des faillites*, 1906. 434 ; 1907, p. 450.

(2) Le Code civil *allemand* consacre, dans l'article 106, des principes généraux qui conduisent à ces solutions.

La Cour de cassation a, du reste, admis à plusieurs reprises, dans des cas différents, que le mandant doit être réputé avoir eu connaissance des faits connus du mandataire : Cass. 18 mars 1895, S. et *J. Pal.*, 1896. 1. 287 ; Cass. 22 juin 1897, S. et *J. Pal.*, 1898. 1. 237. V. aussi Bourges, 22 juill. 1896, S. et *J. Pal.*, 1897. 2. 108.

Cpr. ce qui est dit, à propos de l'application de l'article 348, C. com., *Traité de Droit commercial*, VIII, n° 1456.

Le Droit romain paraît avoir admis que le dol du mandataire conventionnel ou légal est opposable au mandant, V. Dig. XLIV, 4, *de doli mali et metus exceptione*, Ulpien, L. 4, § 23.

de la cessation des paiements n'équivaut pas à celle du maître de l'affaire (1). Car le gérant et le maître n'ont pas de relation l'un avec l'autre au moment où l'acte de gestion d'affaire est accompli et où l'on doit se reporter pour déterminer s'il y a connaissance de la cessation des paiements.

396. Les créanciers formant la masse qui demandent la nullité, peuvent se trouver en présence, non pas du tiers qui a contracté directement avec le failli, mais d'une personne ayant contracté avec celui-ci. C'est ce qui a lieu lorsque le bien aliéné par le failli a été transmis par l'acquéreur à un sous-acquéreur. A quelle condition ce tiers pourra-t-il être atteint par la nullité? Il paraît juste de distinguer selon que le sous-acquéreur a acquis à titre gratuit ou à titre onéreux. Dans le premier cas, il n'est pas besoin qu'il ait eu connaissance de l'état de cessation de paiements ; dans le second cas, cette connaissance est indispensable ; le sous-acquéreur ne peut pas être plus rigoureusement traité que s'il avait contracté directement avec le failli. Cela suppose que les deux aliénations successives ont eu lieu dans la période suspecte et que la première était annulable à raison de la mauvaise foi de l'acquéreur. Une sous-aliénation faite durant cette période ne pourrait donner aux créanciers du premier aliénateur un droit qu'ils n'avaient pas contre la première aliénation, quand elle a eu lieu avant la période suspecte. Puis, si la première aliénation est valable, quoiqu'elle ait été faite durant la période suspecte, le bien aliéné étant sorti définitivement du patrimoine du failli, un acte postérieur ne peut pas permettre de l'y faire rentrer (2).

Il y a là une nouvelle différence à signaler entre les nullités de l'article 446 et celles de l'article 447. Quand un acte d'aliénation est nul en vertu de l'article 446, la nullité est opposable, selon nous, au sous-acquéreur à quelque titre qu'il ait acquis, sans qu'on ait à se préoccuper du point de savoir s'il a connu ou non la cessation des paiements du premier aliénateur (n° 330). Celui qui a traité avec le

---

(1) Bourges, 4 mai 1909 ; S. et *J. Pal.*, 1910. 2. 109 ; *Journal des faillites*. 1909. 315 ; *Pand. pér.*, 1910. 2. 109.

(2) Douai, 13 janvier 1905, S. et *J. Pal.*, 1907. 2. 150 ; Thaller, *op. cit.*, p. 908, note 2. V., en faveur de ces solutions, Demolombe, XXV, n° 201.

débiteur n'a jamais eu aucun droit (l'acte est nul et sans effet à l'égard de la masse), il n'a donc pu en transmettre aucun.

396 *bis.* Quand l'acte fait par le failli durant la période suspecte est une cession de créance, le débiteur cédé qui paie le cessionnaire sachant que celui-ci connaissait la cessation de paiements du cédant peut-il, en cas d'annulation de la cession en vertu de l'article 447, C. com., être tenu de payer une seconde fois entre les mains du cédant, parce que le premier paiement serait nul? La nullité du paiement doit être écartée; il s'agit là d'un acte qui n'était pas volontaire pour le débiteur cédé (1). Si l'on admettait que le paiement peut être annulé, il semble qu'on devrait permettre au débiteur cédé d'exiger, pour le garantir autant que possible, que le syndic de la faillite du cédant intervienne pour consentir au paiement fait au cessionnaire (2).

397. La disposition de l'article 446, par sa rigueur, offre aux créanciers des avantages sur l'action paulienne de l'article 1167, C. civ. (nᵒˢ 318). La disposition de l'article 447, par cela même qu'elle est moins sévère que celle de l'article 446, offre plus d'analogie avec l'action paulienne. Il y a, pourtant, entre les nullités facultatives de l'article 447 et l'action paulienne de notables différences. *a.* La fraude du débiteur, c'est-à-dire la connaissance de sa situation, n'est pas plus exigée pour l'application de l'article 447, que pour celle de l'article 446, tandis que, pour l'application de l'article 1167, C. civ., il faut qu'il soit constaté que le débiteur a connu son état d'insolvabilité (nᵒ 318). *b.* La fraude des tiers ne consiste pas, comme pour l'action paulienne, dans la connaissance de l'insolvabilité du débiteur, mais dans celle de l'état de cessation de ses paiements (3). *c.* Les paiements réguliers qui sont à l'abri de

---

(1) Thaller. *Traité élémentaire de Droit commercial* (4ᵉ édit,), p. 908, note 2.

(2) V., pour l'intervention du syndic, Trib. comm. Seine, 27 déc. 1895. *le Droit*, nᵒ du 6 févr. 1896; contre l'intervention du syndic, Trib. comm. Seine, 28 mai 1897. *le Droit*, nᵒ du 4 juill. 1897. Cpr. *Annales de droit commercial*, 1897, p. 327. *Bulletin judiciaire*, par M. Maurice Travers.

(3) Il va de soi que, lorsque le tiers connaissait l'état de cessation de paiements, il est peu concevable que le débiteur déclaré postérieurement en faillite l'ait ignoré.

l'action paulienne, sont susceptibles d'être annulés en vertu de l'article 447 (n° 387) (1). *d.* Enfin, il est douteux que les créanciers postérieurs à l'acte frauduleux puissent exercer l'action paulienne ou profiter de l'action exercée par les créanciers antérieurs, tandis qu'assurément, les créanciers formant la masse de la faillite profitent tous, quelles que soient les dates diverses à laquelle leurs créances ont pris naissance par rapport aux actes attaqués, aussi bien des nullités de l'article 447 que de celles de l'article 446 (n° 312).

398. C. *Effets des nullités facultatives.* — Bien que l'article 447 ne reproduise pas les mots de l'article 446, *à l'égard de la masse*, il n'est pas douteux que les nullités de l'article 447 ne sont aussi prononcées qu'à l'égard de la masse, qu'elle seule peut s'en prévaloir, à l'exclusion, soit du failli lui-même, soit de chaque créancier pris individuellement. Il y a donc lieu d'admettre, à propos des actes annulés en vertu de l'article 447, les conséquences qui ont été tirées plus haut du caractère relatif des nullités de l'article 446 (n°s 317 et 383) (2).

398 *bis*. Quels sont les effets de l'annulation d'un acte prononcé en vertu de l'article 447 ? Sur ce point, notre Code de commerce ne se prononce pas (3). Il va de soi que, lorsqu'il s'agit d'un paiement annulé, la somme ou la chose payée doit être restituée ou, à défaut de cette chose, sa valeur estimée au moment du paiement (analog. n° 364). Les effets de l'annulation d'un acte à titre onéreux (4) sont plus compliqués à raison même de ce que le failli a reçu ou

(1) On peut indiquer aussi, conformément à la doctrine admise au n° 330, que les partages faits durant la période suspecte peuvent être annulés sans qu'il y ait eu une opposition formée dans les termes de l'article 882, C. civ.

(2) La question posée au n° 383, à propos de la nullité de la constitution d'hypothèque en vertu de l'article 446, peut se poser dans les mêmes termes en cas de nullité d'une constitution d'hypothèque en vertu de l'article 447. Cette nullité est encourue quand la dette elle-même est annulée en vertu de l'article 447 et que la constitution d'hypothèque a été concomitante.

(3) Des lois étrangères indiquent, au contraire, les effets de la nullité des actes faits par le failli pendant la période suspecte. V. notamment lois *allemande*, art. 37 à 39 ; *hongroise*, art. 33 à 35 ; *suisse*, art. 290 et 291.

(4) V., pour les effets de la nullité des donations, n° 330.

doit recevoir un équivalent en retour de ce qu'i la fourni à son cocontractant contre lequel l'annulation est prononcée.

Il va de soi d'abord que, la nullité supposant la connaissance de la cessation des paiements de la part du tiers contre lequel elle est prononcée, il ne saurait être question de restreindre son obligation de restituer au montant de son enrichissement. Du reste, cette restriction de faveur ne doit pas selon nous, dans le silence de nos lois, être reconnue ou profit même de l'ayant-cause à titre gratuit du failli contre lequel la nullité de droit est admise, bien que cet ayant-cause ait été de bonne foi (n° 330).

Mais si, lors de l'annulation de l'acte à titre onéreux, le failli avait déjà reçu en tout ou en partie l'équivalent que son cocontractant s'était engagé à lui fournir, ce cocontractant n'a-t-il pas des droits à faire valoir contre la masse qui invoque la nullité ou contre le failli après la clôture de la faillite ?

Les principes généraux du droit sont seuls à invoquer ici, par cela même que la loi est muette ; ils paraissent devoir conduire aux solutions suivantes :

a. La masse de la faillite ne peut faire rentrer dans l'actif du failli les biens qui en sont sortis qu'à charge de restituer la chose fournie à celui-ci en retour, si elle existe encore en nature ou de lui en rembourser la valeur jusqu'à concurrence de ce dont le patrimoine du failli s'en trouve enrichi. Autrement, la masse des créanciers réaliserait un bénéfice injuste au préjudice du tiers contre lequel la nullité est prononcée ; elle profiterait à la fois du bien rentré dans le patrimoine du failli et de ce qui lui avait été fourni en retour. A l'égard de la masse, la nullité existe avec toutes ses conséquences, c'est-à-dire que l'acte est réputée non-avenu ; la masse ne peut à la fois se prévaloir de la nullité pour faire rendre et faire abstraction de la nullité pour se refuser à restituer (1).

(1) Thaller et Percerou, I, n° 685. — V. *anal.* pour l'action paulienne dans le Droit *romain*, L. 7 et 8, Dig. XLII, 8 et dans le Droit français, Demolombe, XXV, n° 256. — Une question que nous ne pouvons résoudre ici et qui se rattache aux solutions données au texte, est celle de savoir si le contractant, à raison de ce qui lui est dû, est au nombre des créanciers *dans* la masse ou a la masse pour débitrice. V., sur la distinction des créanciers *dans la* masse et des créanciers *de la* masse, n°s 556 et suiv.

b. Dans les rapports entre le failli et celui qui a contracté avec lui, l'acte demeure valable. Aussi, après la clôture de la faillite, ce dernier qui a été évincé a le droit d'agir en garantie contre le failli. Mais il ne peut se présenter dans la faillite comme ayant droit à la garantie (1) ; cela serait contradictoire avec la nullité de l'acte à l'égard de la masse, et l'exercice de la garantie dans la faillite nuirait aux créanciers de la masse en diminuant leurs dividendes (2).

Du reste, qu'il s'agisse d'actes annulés en vertu de l'article 447 ou de l'article 446, il va de soi que le résultat entraîne l'obligation de restituer pour le mandant et non pour le mandataire qui a reçu le paiement ou qui a contracté avec le failli (3).

398 *ter*. Par cela même que l'annulation d'un paiement ou d'un acte à titre onéreux suppose la connaissance de la cessation des paiements chez le tiers contre lequel elle est prononcée, celui-ci doit rapporter les fruits ou les intérêts à partir de la livraison ou du paiement à lui fait (art. 549, 550, 1378, C. civ.). L'article 1153, C. civ., qui exige une sommation pour que les intérêts moratoires courent à la charge des débiteurs ne s'applique pas dans le cas où l'obligation résulte d'un fait illicite. V. n° 364.

399. *Règle spéciale au paiement des lettres de change et des billets à ordre.* — Une dérogation importante est apportée, en matière de lettres de change et de billets à ordre, à la disposition de l'article 447, qui admet l'annulation facultative des paiements de dettes échues faits durant la période suspecte en espèces ou en effets de commerce, quand le créancier a eu connaissance de la cessation des paiements (n° 387). L'application de cette règle conduirait à faire rapporter par le porteur d'une lettre de change ou d'un billet à ordre la somme qui lui a été payée quand il a connu la cessation des

---

(1) Des lois étrangères ont résolu expressément les questions relatives aux restitutions à faire dans les cas prévus au texte. V. lois *allemande*, art. 37 à 39 ; *hongroise*, art. 33, 2ᵉ alin. ; *suisse*, art. 291 ; *autrichienne*, art. 25. V. Kohler, *Lehrbuch des Konkursrechts*, p. 263 et suiv., 269 et suiv.; Wilmowski, *Deutsche Reichs-Konkursordnung*, p. 136 et 127 ; Iaeger, *Die Konkursordnung*, p. 278 et suiv.

(2) V., *en sens contraire*, Thaller et Percerou, I, n° 687.

(3) Trib. comm. Ribérac, 11 mai 1910, *Journal des faillites*, 1911, p. 41.

paiements du tiré ou du souscripteur. On a pensé, en 1838 (1), que cela serait injuste et que le porteur ne peut pas être assimilé à un créancier ordinaire qui a reçu le paiement de sa créance. Il est tenu, en vertu de la loi même (art. 161, C. com.), de demander et de recevoir le paiement à l'échéance. En outre, ce qui est plus grave, le porteur étant payé n'a pas fait ordinairement, par cela même, dresser de protêt, de telle sorte que, s'il devait rapporter ce qu'il a reçu, atteint par les déchéances qui frappent le porteur négligent, il ne pourrait recourir ni contre les endosseurs ni contre le tireur ayant fait provision (2). La loi aurait pu sans doute, à la rigueur, le restituer contre ces déchéances à raison de l'impossibilité où il a été de faire dresser le protêt, par cela même qu'il a été payé, mais cela ne serait pas sans inconvénients. Les endosseurs qui ont dû se croire définitivement libérés, seraient surpris par le recours exercé contre eux. Puis, le porteur aurait beau obtenir en droit la restitution de son recours, en fait, cela pourrait lui être inutile par suite d'un changement dans la situation des signataires de l'effet survenu depuis le paiement. Du reste, il importe, pour faciliter la circulation des effets de commerce qui doivent passer de mains en mains comme de la monnaie, que le paiement qui en est fait soit irrévocable (3). Ces raisons ont déterminé en 1838 à adopter la disposition spéciale de l'article 449, C. com. (4), qui est ainsi

(1) Il n'existait aucune disposition spéciale dans le Code de 1807. V. la note 2 de la p. 389.

(2) V. *Traité de Droit commercial*, IV, n°s 406 et suiv.

(3) Dans son rapport à la Chambre des pairs, Tripier disait : « Les effets « de commerce sont une sorte de monnaie dont il ne faut pas altérer la valeur ».

(4) L'article 449 fut, en 1838, proposé par Jacques Lefebvre à la Chambre des Députés et adopté *après quatre jours* de discussion. V. Renouard, t. I, p. 406 et suiv.

DROIT ÉTRANGER. — On trouve des dispositions semblables ou analogues dans les lois étrangères. V. Code *belge*, loi de 1851, art. 449 ; loi *allemande*, art. 34 ; loi *hongroise*, art. 30 ; loi *autrichienne* du 16 mars 1884 sur la nullité des actes du débiteur en cas de faillite, art. 8 ; Code de commerce *italien*, art. 712. V., sur l'article 34 de la loi *allemande*, Iaeger, *Die Konkursordnung*, p. 267 et suiv. Le Code de commerce *argentin* (art. 1411) admet, au contraire, que le paiement d'une lettre de change peut être annulé contre le porteur qui l'a reçu et que le jugement de nullité équi-

conçu : *Dans le cas où des lettres de change auraient été payées après l'époque fixée comme étant celle de la cessation de paiements et avant le jugement déclaratif de faillite, l'action en rapport ne pourra être intentée que contre celui pour le compte duquel la lettre de change aura été fournie. — S'il s'agit d'un billet à ordre, l'action ne pourra être exercée que contre le premier endosseur. — Dans l'un et l'autre cas, la preuve que celui à qui on demande le rapport avait connaissance de la cessation de paiements à l'époque de l'émission du titre, devra être fournie.*

400. La disposition exceptionnelle de l'article 449 déroge seulement à l'article 447, mais non aux articles 443 et 446 (1), et elle est fondée surtout sur ce que le porteur devait exiger le paiement et ne pouvait le refuser De là il résulte : *a.* que le paiement même d'une lettre de change ou d'un billet à ordre fait *après* la déclaration de faillite du tiré, du souscripteur ou de tout signataire de la lettre de change ou du billet à ordre, est nul par suite du dessaisissement (n° 208) (l'article 449 parle expressément du paiement intervenu *avant* le jugement déclaratif) (2) ; *b.* que le paiement fait au porteur avant l'échéance de l'effet de commerce est nul de droit en vertu de l'article 446. Ce paiement est insolite, le porteur n'est tenu ni de le demander ni de le recevoir (3) ; *c.* que la nullité de droit de l'article 446 atteint aussi le paiement fait même à l'échéance, mais autrement qu'en espèces (n°s 333 et suiv.).

401. L'article 449 refuse l'action en rapport contre le porteur, eût-il eu connaissance de la cessation des paiements du tiré ou du souscripteur au moment où il a reçu le montant de l'effet. Ce n'est

vaut à un protêt, ce qui permet au porteur ayant restitué la somme reçue par lui de recourir contre les endosseurs et contre le tireur.

(1) Bédarride, *op. cit.*, I, n°s 136 et 137 ; Boistel, n° 956 ; Rép. Dall. v° *Faillite*, n° 340.

(2) La loi *suisse* (art. 204) admet la validité du paiement fait, même après le jugement déclaratif, par le souscripteur d'un billet à ordre ou par le tiré d'une lettre de change si celui-ci n'a pas eu connaissance de ce jugement. Du reste, en France, il y a lieu, quand un effet de commerce est payé à un failli, de la présomption de l'article 145 C. com. V. *Traité de Droit commercial*, IV, n° 297.

(3) Dijon, 19 fév. 1867, D. 1868. 2. 139 ; S. 1867. 2. 316 ; *J. Pal.*, 1867, 1128.

pas à dire que les syndics ne puissent jamais réclamer le rapport de la somme payée. Ils ne le peuvent pas contre le porteur, mais ils le peuvent contre des personnes que la loi détermine et sous les conditions qu'elle fixe. Quelles sont ces personnes et quelles sont ces conditions? Il faut distinguer entre la *lettre de change* et le *billet à ordre*.

402. Quand il s'agit du paiement d'une *lettre de change*, d'après les expressions de l'article 449, la personne exposée à l'action en rapport est celle *pour le compte de laquelle la lettre de change a été fournie*, c'est-à-dire tirée. La loi a employé cette circonlocution parce qu'on a voulu comprendre dans une formule unique le cas où la lettre de change est tirée par le tireur pour son propre compte et le cas où elle l'est pour le compte d'autrui (1). Dans le premier cas, l'action en rapport est donnée contre le tireur, dans le second elle l'est contre le donneur d'ordre. C'est, en effet, pour celui-ci qu'alors, la lettre a été tirée.

Quand il s'agit d'un *billet à ordre*, d'après l'article 449, le rapport de la somme acquittée peut être réclamé au premier endosseur, c'est-à-dire au bénéficiaire même du billet au profit duquel il a été créé originairement par le souscripteur (2).

Ce qui justifie la concession de l'action en rapport contre ces personnes, c'est que, bien qu'elles n'aient pas reçu directement le paiement, ce sont elles, en réalité, qui ont été payées par les mains du porteur. C'était, soit le tireur (ou le donneur d'ordre), soit le bénéficiaire du billet, qui était le véritable créancier du tiré ou du souscripteur et qui a été payé ; les endosseurs successifs et le porteur n'ont été que des intermédiaires.

Mais, de même qu'en général, les paiements de dettes échues ne sont pas annulés de droit (art. 447), le rapport de la somme payée ne peut pas être réclamé sans condition, soit contre le tireur (ou le donneur d'ordre) soit contre le bénéficiaire du billet. Tout

(1) V. *Traité de Droit commercial*, IV, nᵒˢ 92 et suiv.
(2) S'il était reconnu que le premier endosseur n'était que la caution du souscripteur, l'action en rapport pourrait être donnée contre le second endosseur : Lyon, 26 déc. 1866, D. 1866. 2. 36 ; S. 1867, 2. 347 ; *J. Pal.*, 1867. 1256. V. aussi l'arrêt de Dijon cité à la note 3 de la page précédente.

d'abord, comme pour tout paiement d'une dette échue, la nullité est ici facultative (n° 387). Puis, elle suppose nécessairement que celui auquel on demande le rapport, avait connaissance de la cessation de paiements *lors de l'émission du titre* (art. 449, *in fine*) et, par conséquent, que cette émission a eu lieu après la date de la cessation des paiements.

Qu'est-ce que l'émission du titre ? C'est la souscription même de la lettre de change ou le premier endossement du billet à ordre. On comprend, en général, que ce soit à ce moment que la loi exige la connaissance de la cessation des paiements. A partir de ce moment, le tireur ou le bénéficiaire du billet ne joue plus aucun rôle actif, le titre circule sans aucune intervention de sa part (1) (2). Mais le système de la loi à cet égard ne se justifie pas rationnellement, quand il s'agit d'une lettre de change tirée pour le compte d'autrui ; d'après la formule de l'article 449 qui parle du moment de l'émission, le donneur d'ordre est soumis à l'action en rapport quand il a connu la cessation des paiements du tiré lors de l'émission, et, cependant, le donneur d'ordre n'a joué de rôle actif qu'au moment où il a donné l'ordre de tirer la traite ; il n'a pas participé à sa création (3).

(1) Nous avions à tort soutenu dans notre première édition (*Précis de Droit commercial*, n° 2779, p. 732) que l'émission du billet à ordre est la souscription même de ce billet. C'est au moment du premier endossement que le premier endosseur émet le billet et en reçoit la valeur qu'il fournit, au contraire, quand le billet est souscrit à son profit. V. Bravard et Demangeat, V, p. 234.

2) Bravard (V, p. 280 et suiv.) critique sévèrement l'article 449 et prétend que l'action en rapport aurait dû être complètement refusée par la loi ou subordonnée à la connaissance de l'état de cessation des paiements au moment où l'effet de commerce a été payé. Le premier système eût été exorbitant et aurait nui parfois gravement aux créanciers des faillites. Le second aurait été peu logique, par cela même que le tireur ou le bénéficiaire du billet ne joue plus aucun rôle actif après la création de la lettre de change ou le premier endossement du billet à ordre. V., du reste, la suite du texte.

(3) Bravard (V, p. 280) critique surtout l'article 449 au point de vue de la solution admise au cas de lettre de change tirée pour le compte d'autrui. Thaller et Percerou (I, n° 703) adoptent une toute autre solution. Ils décident qu'il n'y a émission pour le donneur d'ordre que du jour où la traite est tirée par le tireur pour compte et que la connaissance de la ces-

La nature spéciale de la lettre de change tirée à l'ordre du tireur lui même doit nécessairement conduire à reconnaître que, pour que le rapport soit dû par le. tireur, il faut que le premier endossement fait par le tireur soit postérieur à la cessation des paiements du tiré et que le tireur en ait connaissance au moment où il a lieu. Cette lettre de change n'est, en effet, qu'un projet tant que l'endossement n'est pas venu s'y joindre (1).

Il résulte des conditions exigées par l'article 449 que le rapport de la somme payée est rarement dû en matière de lettres de change et de billets à ordre ; il n'arrive guère que toutes les circonstances dont la réunion est requise par la loi coexistent.

402 bis. La faveur même faite au paiement des lettres de change et des billets à ordre peut donner lieu à une fraude. Il est possible que, pour bénéficier de l'article 449 et se soustraire à la nullité du paiement qu'il reçoit, un créancier cherche à se transformer en tiers porteur. C'est à quoi le créancier du failli a peut-être tenté d'arriver en faisant souscrire par celui-ci un billet à ordre au profit d'un compère qui l'endosse au profit de ce créancier. Il est évident que, si l'on parvient à prouver cette fraude, il y a lieu d'appliquer la règle générale de l'article 447 (2). On y arrivera, en général, assez facilement en démontrant que le souscripteur du billet n'était pas débiteur du bénéficiaire et que celui-ci ne l'était pas non plus de celui qui joue le rôle de porteur de l'effet.

403. A qui et par qui faut-il que le paiement ait été fait pour que l'article 449 reçoive son application ? S'applique-t-il même quand le paiement a été fait après protêt ? L'article 449 ne se prononce pas expressément sur ces importantes questions. Il a toujours été supposé dans les explications précédentes (comme on l'a fait, du reste, en 1838, lors de la discussion de la loi) qu'un paiement est fait avant

---

sation des paiements de la part de ce tireur suffit pour rendre l'action en rapport accessible contre le donneur d'ordre, à raison de ce que le mandant doit être réputé avoir connu la cessation des paiements quand le mandataire en a eu connaissance.

(1) V. *Traité de Droit commercial*, IV, n°ˢ 88 et suiv.

(2) Trib. civ. Villefranche, 27 juill. 1887, *Journal des faillites*, 1888, p. 39 ; Thaller et Percerou, I, n° 695.

tout protêt par le tiré ou par le souscripteur au tiers porteur. Ce n'est pas à beaucoup près le seul cas possible. Les différentes hypothèses qui peuvent se présenter doivent être examinées. Dans quelques-unes, il y a difficulté sur le point de savoir si l'article 449 est applicable ou si l'on doit en revenir à la règle de l'article 447 sur la nullité facultative des paiements de dettes échues et, par suite, annuler le paiement à l'égard de celui-là même qui l'a reçu.

404. Il se peut d'abord que, le titre n'ayant point circulé, le paiement ait été fait directement au bénéficiaire du billet à ordre ou au tireur de la lettre de change qui a conservé le titre entre les mains. C'est un cas assez rare et qui ne peut donner lieu à aucune difficulté. Les motifs de la loi font absolument défaut en pareil cas ; le rapport de la somme payée ne compromet évidemment aucun recours et n'est pas de nature à nuire à la circulation des effets de commerce, puisqu'on se trouve en présence d'un titre qui n'a point circulé. En conséquence, le rapport de la somme payée peut être réclamé au tireur ou au bénéficiaire du billet qui l'a reçue, s'il a eu connaissance de la cessation des paiements, en vertu de l'article 447, C. com. Il n'y a pas alors à s'inquiéter de la date de l'émission du titre ; peu importe donc qu'elle ait précédé l'époque de la cessation des paiements (1).

405. Il se peut que le porteur ait bien reçu le paiement du tiré ou du souscripteur, mais que ce soit après le protêt que celui-ci s'est décidé à payer, ou bien qu'après avoir fait dresser le protêt et accompli toutes les formalités voulues pour conserver ses recours, le porteur se soit fait payer, soit par un des endosseurs, soit par le tireur, soit par le bénéficiaire du billet en état de cessation de paiements, ou, enfin, que ce soit un endosseur qui, après avoir subi le recours du porteur, s'est fait rembourser par un endosseur précédent ou par le tireur ou par le bénéficiaire du billet à ordre.

---

(1) Angers, 25 avr. 1861. S. 1861. 2. 119 ; Cass. 15 mai 1867, S. 1867. 1. 198 ; *J. Pal.*, 1867. 489 ; *Pand. fr. chron.* ; D. 1867. 1. 422 ; Cass. 12 avr. 1875, D. 1876. 1. 38. — Laurin, n° 1012 ; Demangeat sur Bravard, V note 2 de la page 283 ; Thaller et Percerou, 1, n° 695.

Des auteurs (1) et la jurisprudence (2) restreignent l'article 449 au cas où le paiement a été fait avant tout protêt et, en conséquence, l'écartent, pour s'en tenir à l'article 447, et contraindre au rapport celui qui, dans les diverses hypothèses qui viennent d'être indiquées, a été payé connaissant la cessation des paiements. Les arguments produits en faveur de cette doctrine ou sont communs à tous ces cas ou se réfèrent spécialement à ceux où le paiement a été fait, soit par un endosseur, soit par le tireur ou le bénéficiaire du billet, après la date de la cessation des paiements.

Le porteur ou toute autre personne ayant reçu le paiement d'un des signataires quelconques du titre, n'a pas, dit-on, dès qu'il y a eu protêt, à souffrir du rapport qu'il est obligé de faire en vertu de l'article 447. Car, s'il rend à la faillite ce qu'il a reçu, du moins, grâce au protêt fait en temps utile, il peut recourir contre un autre signataire de l'effet. Il n'y a donc pas de raison pour traiter alors celui qui reçoit le paiement d'un effet de commerce mieux que tout autre créancier. On ajoute les arguments spéciaux suivants. L'article 449 suppose que le rapport peut être demandé au tireur ou au bénéficiaire du billet, quand il a connu la cessation de paiements lors de l'émission du titre. Cela ne saurait s'appliquer au cas où c'est le tireur ou le bénéficiaire lui-même qui a payé ; le préjudice que le paiement maintenu a fait subir à la masse de la faillite n'est réparé que quand le rapport est réclamé à une autre personne que le failli lui-même. L'article 449 ne cadre pas non plus avec le cas du paiement fait par un des endosseurs. Il exige, pour qu'il y ait lieu à

(1) Boistel, n° 957 ; Dict. de Couder, v° *Faillite*, n°² 429 et suiv. ; Thaller, n° 182. 6 ; Thaller et Percerou, I, n°² 696 à 697 *quater*.

(2) Cass. 18 déc. 1865, S. 1866. 1. 137 ; *J. Pal.*, 1866. 369 ; D. 1866. 1. 17 ; Cass. 15 mai, 27 nov. 1867, *Pand. fr. chr.* (1er arrêt) ; D. 1867. 1. 417. *J. Pal.*, 1867. 489 (note de M. P. Pont) ; D. 1867. 1. 193 ; Cass. 5 mai 1873, D. 1873. 1. 351 ; S. 1874. 1. 78 ; D. 1874. 1. 161 ; Cass. 12 avr. 1875, D. 1876. 1. 38 ; Cass. 1er déc. 1879, S. 1880. 1. 158 ; *J. Pal.*, 1880. 360 ; Cass. 23 oct. 1888, S. 1889. 1. 409 ; *J. Pal.*, 1889. 1. 1022 ; D. 1889. 1. 167 ; *Pand. fr. pér.*, 1888. 1. 523 ; *Journal des faillites*, 1889, p. 51 ; Cass. 21 juill. 1896, S. et *J. Pal.*, 1899. 1. 461 ; *Pand. fr.*, 1897. 1. 271 ; Bourges, 4 mai 1909, S. et *J. Pal.*, 1910. 2. 109 ; *Journal des faillites*, 1909. 315 ; *Pand. fr.*, 1910. 2. 199. — V., sur les variations de la jurisprudence, la note de la page suivante.

rapport de la somme payée, que l'auteur de l'émission du titre ait eu, au moment où il l'a fait, connaissance de la cessation des paiements de celui qui a payé. Or, on comprend bien qu'il connaisse cette situation pour le tiré ou pour le souscripteur ; la création du titre implique que ces personnes sont connues. Mais on ne peut évidemment savoir quels seront les futurs endosseurs d'une lettre de change ou d'un billet à ordre dès le moment de sa création. Si donc l'on appliquait l'article 449 pour repousser la nullité du paiement au cas où il a été fait par un endosseur, jamais la partie de cet article qui admet l'action en rapport contre le tireur ou contre le bénéficiaire du billet, ne serait applicable ; jamais, en effet, ces personnes ne peuvent connaître la cessation de paiements des futurs endosseurs lors de l'émission du titre, par cela même qu'ils ne connaissent pas par avance ces endosseurs.

Malgré la force de ces arguments, nous croyons que, *sans faire aucune distinction*, le paiement d'un effet de commerce fait depuis la cessation des paiements du *solvens* ne peut être annulé en vertu de l'article 447 à raison de la mauvaise foi de l'*accipiens* (1). Les termes de l'article 449 sont aussi généraux que possible. Rien n'indique que cet article suppose l'absence du protêt et qu'il vise exclusivement un paiement fait par le tiré ou par le souscripteur au tiers

---

(1) Renouard, t. I, p. 104 (cet auteur va jusqu'à dire que la prétention contraire n'est pas soutenable) ; Demangeat sur Bravard, V, p. 277, en note ; Laurin, n° 1014 ; Rataud, *Revue critique de législ. et de jurispr.*, t. XXVIII, 1866, p. 489 à 491 ; Geoffroy, *Code des faillites*, p. 50 ; Namur, t. III, n° 1667. — Primitivement, la Cour de cassation et quelques Cours d'appel se prononçaient en ce sens : Cass. 16 juin 1846, S. 1846. 1. 523 ; Riom, 8 janv. 1855, Cass. 26 nov. 1855, S. 1856. 1. 345 ; *J. Pal.*, 1856. 1. 177 ; D. 1856. 1. 26 ; Poitiers, 17 août 1864 (cet arrêt a été cassé par la Chambre civile le 18 déc. 1865) ; *J. Pal.*, 1866. 369 ; D. 1866. 2. 35. Il y a encore quelques résistances isolées à la jurisprudence de la Cour de cassation. V. jugement du trib. de comm. de Reims du 9 déc. 1884, *Journal des faillites*, 1884, p. 41 (dans l'espèce de ce jugement, l'action en rapport était formée contre le porteur d'un billet à ordre qui avait reçu, après protêt, le paiement du souscripteur en état de cessation de paiements. Le jugement repousse l'action, en se fondant sur ce que l'article 449 « écarte en faveur des tiers porteurs, et d'une façon absolue, les rigueurs de l'article 447 »).

porteur. On ne saurait dire que, dans les cas dont il s'agit, les motifs de la disposition de faveur de l'article 449 font défaut. Sans doute, le désir de ne pas obliger le porteur à rendre une somme qu'il ne pourrait recouvrer d'un des signataires du titre à raison du défaut de protêt a été l'un des motifs déterminants de cette disposition spéciale. Ce n'est pas le seul. A plusieurs reprises, dans la discussion de la loi de 1838, à propos de l'article 449, l'on a indiqué qu'on voulait faciliter la circulation des effets de commerce, en rendant les paiements de ces effets inattaquables. Ce motif général subsiste alors même qu'il y a protêt et par quelque personne que le paiement ait été fait ou reçu. Il est vrai qu'avec notre doctrine, bien souvent le recours réservé par l'article 449 contre le tireur ou contre le bénéficiaire ne pourra être exercé : mais ce recours n'est pas nécessaire : le but principal de l'article 449 est, non de contraindre le tireur ou le bénéficiaire à rapporter, mais de dispenser du rapport celui qui a reçu le paiement et qui devrait, en vertu de la règle générale de l'article 447, y être soumis. Du reste, si la faillite du *sólvens* (dans le cas où il s'agit d'un paiement fait par un endosseur) n'a pas d'action en rapport fondée sur l'article 447, elle a, du moins, contre les endosseurs précédents et contre le tireur, une action en garantie dérivant du titre lui-même (art. 164, C. com.). Avec le système contraire, on devrait logiquement admettre en certains cas que l'article 449 ne protège pas le porteur même lorsqu'il a été payé sans protêt par le tiré. Il suffit de supposer que le tireur n'a pas fait provision et qu'il n'y a pas eu d'endosseur. On pourrait alors contraindre le porteur à rapporter à la faillite sans lui faire encourir aucune déchéance contre le tireur, puisque le tireur qui n'a pas fait provision, ne peut opposer au porteur le défaut de protêt en temps utile (art. 170, C. com.) (1). — Le mieux, pour éviter tout embarras, est de s'en tenir au texte de l'article 449 qui ne fait aucune distinction.

En dehors des deux doctrines dont l'une restreint l'article 449 au paiement fait par le tiré ou par le souscripteur au porteur avant

---

(1) *Traité de Droit commercial*, IV, n° 407.

protêt (admise par la jurisprudence actuelle) (1) et celle qui, au contraire, donne à l'article 449 la portée la plus générale (à laquelle nous nous sommes rangés), une troisième doctrine a été soutenue (2). Selon cette doctrine, l'article 449 est applicable au paiement fait par un signataire quelconque du titre à un tiers porteur, c'est-à-dire au paiement intervenu entre personnes qui n'ont pas antérieurement contracté l'une avec l'autre. Il est, au contraire, inapplicable au paiement intervenu entre personnes liées entre elles par une cause antérieure à la création ou à la cession du titre, entre personnes pour lesquelles l'effet négociable a été un moyen de terminer une affaire antérieure. Ainsi, l'article 449 ne protégerait pas le porteur qui a reçu le paiement de son endosseur immédiat ou un endosseur quelconque qui a été payé par son cédant ; l'article 449 protégerait, au contraire, le porteur ou l'endosseur payé par un endosseur ou par le tireur dont il ne tiendrait pas directement le titre. — Il est impossible de ne pas rendre hommage à l'ingéniosité de cette doctrine. Elle mériterait d'être examinée au point de vue législatif bien qu'à notre connaissance, elle n'ait encore été consacrée par la loi d'aucun pays (3). Mais elle a d'abord contre elle le texte même de l'article 449 dans lequel on ne saurait trouver la base de cette subtile distinction. Puis, elle ne peut même pas, en réalité, invoquer les longues discussions qui ont, en 1838, précédé le vote de l'article 449 ; il n'y a été fait aucune allusion à la distinction dont il s'agit. Les auteurs qui la proposent prétendent le contraire, en faisant observer que les orateurs ont toujours parlé du *tiers* porteur. Mais on sait que cette expression est employée, en matière d'effets de commerce, indifféremment avec celle de porteur (4).

(1) V. note 2 de la page 446.

(2) V. Labbé, note sous l'arrêt de la Cour de cassation du 18 déc. 1865, S. 1866. 1. 137 ; *J. Pal.*, 1866. 369 ; Ch. Beudant, note sous plusieurs arrêts, D. 1867, 1. 417.

(3) V. sur le *Droit étranger*, n° 406 *bis*.

(4) Lyon, 26 déc. 1866, S. 1867. 2. 347 ; *J. Pal.*, 1867. 1256 ; D. 1869. 2. 16. — On a cité aussi comme ayant consacré ce système un arrêt de la Cour de Paris du 16 mars 1866, S. 1866. 1. 137 ; *J. Pal*, 1866, p. 371 et 372, en sous-note. Cet arrêt dit, en effet, dans ses motifs, que l'article 449,

405 *bis*. Une question identique à celle qui vient d'être examinée (n° 404) se pose lorsque le paiement a eu lieu après le délai du protêt sans que celui-ci ait été dressé. Les auteurs qui subordonnent l'application de l'article 449, C. com. au fait que la nullité du paiement entraînerait la perte des recours, admettent qu'en pareil cas, la nullité peut être prononcée en vertu de l'article 447, C. com. (1). Alors, en effet, le porteur qui a reçu le paiement avait déjà perdu ces recours faute de protêt dressé en temps utile. Mais, comme nous rattachons la disposition exceptionnelle de l'article 449, C. com., à l'utilité qu'il y a à faciliter la circulation des effets de commerce, nous devons l'appliquer alors même que le paiement a lieu même après le délai du protêt.

405 *ter*. Enfin, l'application de l'article 449, C. com., aux effets de commerce contenant la *clause de retour sans frais* donne lieu aussi à difficulté (2). Selon nous, cet article, par cela même qu'il ne fait aucune distinction, régit même ces effets, encore qu'à raison de cette clause, on ne puisse dire que le paiement reçu a empêché de remplir des formalités que cette clause a pour but d'écarter. Mais on prétend que cette solution ne doit pas être admise, qu'il y a lieu à une distinction. De deux choses l'une, prétend-on, ou l'effet de commerce a été payé à l'échéance ou le paiement n'est intervenu qu'après que le porteur n'ayant pas été payé par le tiré ou par le souscripteur, a agi amiablement contre ses garants. Dans le premier cas, l'article 449, C. com. s'applique. Le porteur qui aurait refusé le paiement aurait risqué de perdre ses recours contre ses garants. Dans le second cas, au contraire, l'article 447, C. com. doit être appliqué. Celui qui a reçu le paiement n'a pas à craindre que ses recours soient compromis (3). Cette distinction doit être, selon nous, repous-

---

a en vue seulement les tiers qui n'ont pas traité directement avec le failli. Mais il ne formule cette idée que pour accorder l'action en rapport contre le bénéficiaire d'un billet à ordre qui ne l'avait pas mis en circulation. Or, cette solution est incontestée dans toutes les opinions. V. n° 404. V., en notre sens, Thaller et Percerou, I, n° 700.

(1) Thaller et Percerou, I, n° 697 et page 680, note 2.

(2) La question ne paraît pas s'être présentée dans la pratique.

(3) Thaller et Percerou, I, n° 698.

sée, elle se rattache à la doctrine inexacte selon laquelle l'article 449, C. com., aurait pour unique but d'empêcher la perte de ses recours pour celui qui serait soumis à l'action en nullité du paiement qu'il a reçu.

406. L'article 449 vise seulement la lettre de change et le billet à ordre. C'étaient les deux seules espèces d'effets de commerce en usage lors de la confection de la loi de 1838. Il n'est pas douteux que cette disposition s'applique aussi au paiement des chèques fait depuis la date de la cessation des paiements (1). L'irrévocabilité des paiements des chèques importe même peut-être encore plus que celle du paiement des autres effets de commerce ; car il est plus vrai de dire pour les chèques que pour les lettres de change ou pour les billets à ordre, qu'ils doivent circuler comme des espèces monnayées.

Il va de soi, à raison même de la ressemblance entre le chèque et la lettre de change, que c'est contre le tireur du chèque que l'action en rapport peut être exercée, lorsque celui-ci avait connaissance de la cessation des paiements à l'époque de l'émission du chèque. C'est bien, du reste, le tireur qui se trouve payé par suite du paiement fait au tiers porteur du chèque V. n° 402.

406 bis. DROIT ÉTRANGER. — La question examinée précédemment sur la portée de l'article 449 (n° 406), a été résolue par plusieurs lois étrangère. Ainsi, la loi *allemande* sur les faillites (art. 34), la loi *autrichienne* du 26 mars 1884 sur la nullité des actes faits par le failli (art. 8), la loi *hongroise* (art. 30) consacrent le système qui prévaut dans la jurisprudence française. Les articles cités de ces deux lois disposent, en effet, que les paiements de lettres de change et billets à ordre faits après la cessation des paiements du failli ne peuvent pas être annulés, quand celui qui les a reçus était tenu de les recevoir, sous peine de perdre son recours contre d'autres signataires du titre. — Un autre système est adopté par certaines lois qui autorisent l'action en rapport contre celui qui a reçu le paiement connaissant la cessation de paiements, mais restituent l'*accipiens* contre la perte de ses recours, en disposant que le jugement qui

(1) Demangeat sur Bravard, V, p. 286, en note.

ordonne le rapport équivaut à un protêt. V. Code de commerce *argentin*, art. 1411.

Dans quelques pays, la faveur des effets de commerce fait valider sous certaines conditions les paiements des lettres de change et des billets à ordre, même postérieurs à la déclaration de faillite (1).

407. DES JUGEMENTS OU DES ACTES JUDICIAIRES ET DES ACTES FAITS EN EXÉCUTION. — Ainsi qu'il a été dit précédemment (n° 391), il ne peut, en général, y avoir lieu à l'application des articles 446 et 447, C. com., aux jugements, à raison de ce qu'ils sont purement *déclaratifs* c'est-à-dire de ce qu'ils se bornent à reconnaître des droits préexistants. Les syndics, comme représentant le failli, peuvent seulement user contre ceux de ces jugements qui n'ont pas encore acquis autorité de chose jugée lors de la déclaration de faillite, des voies de recours dont, sans elle, le failli lui-même aurait pu user. Ils ont, de plus, comme représentants de la masse des créanciers, le droit de former tierce opposition aux jugements rendus contre le failli en fraude de leurs droits, en vertu du Code de procédure civile (art. 474 et suiv.). Comme il s'agit là de l'application de principes du droit commun, peu importe, du reste, que les jugements aient été rendus avant ou pendant la période suspecte.

Mais il y a des jugements attributifs qui, à raison de leurs effets, peuvent être assimilés à des actes d'aliénation ou à des paiements. Il y a lieu de rechercher si les articles 446 et 447 ne concernent pas non plus ces jugements et les actes, spécialement les paiements, faits en exécution.

408. Cette question se pose principalement à propos du jugement validant une saisie-arrêt faite par un créancier du failli. Il est reconnu que les jugements de validité donnent un droit exclusif au saisissant sur la créance saisie et valent, par cela même qu'ils ordonnent au tiers saisi de vider ses mains entre les mains du saisissant, transport de la créance au profit de celui-ci (2). Il a été dit

---

(1) V. notamment loi *suisse*, art. 204.

(2) Cass. 20 nov. 1860, S. 1861. 1. 270 ; *J. Pal.*, 1861. 522 ; D. 1860. 1. 478 ; *Pand. fr. chr.* — Boitard, Colmet-Daage et Glasson, *Leçons de procédure civile*, II, n° 833 ; Garsonnet, *Cours de procédure*, III, n° 618 ;

plus haut (n° 255) que, par suite, la déclaration de faillite intervenant après la saisie-arrêt, mais avant le jugement de validité, la rend
sans effet, qu'au contraire, le saisissant a un droit définitif sur la
créance saisie, tout au moins quand le jugement de validité a acquis
autorité de chose jugée avant le jugement déclaratif (1). Mais, si ce
jugement a été rendu dans la période suspecte, les syndics de la
faillite du débiteur saisi ne peuvent-ils pas, du moins, pour le faire
tomber, ainsi que le paiement fait par le tiers saisi au saisissant,
invoquer les articles 446 et 447 ?

On s'accorde généralement à reconnaître que l'article 446 est
inapplicable. Cet article est rigoureux, dit-on et, de plus, il contient une énumération limitative des actes qu'il atteint. On ne saurait
assimiler le créancier saisissant qui obtient par les voies judiciaires
normales le paiement de ce qui lui est dû, au créancier qui se fait
consentir par son débiteur une cession de créance, ce que l'article 446 appelle *un paiement par transport* (2).

Mais, à défaut de la nullité de plein droit prononcée par l'ar-

Glasson, *Précis de procédure civile*, II, p. 223 et suiv. ; Glasson et Albert
Tissier, *Précis de procédure civile*, II, n° 1277.

(1) Il est supposé au texte, pour ne pas compliquer, que la décision judiciaire validant la saisie-arrêt a acquis autorité de chose jugée avant le
jugement déclaratif de faillite. Car, lorsqu'à ce moment, ce jugement est
encore susceptible d'opposition ou d'appel, une difficulté spéciale se présente : le jugement déclaratif le fait-il tomber à raison de ce qu'il n'y avait
pas encore de droit exclusif acquis au créancier ou le jugement subsiste-
t-il avec son effet attributif au profit de celui-ci ? La première solution
triomphe avec raison en jurisprudence. La masse ne doit respecter que les
aliénations ou les paiements consommés hors du jugement déclaratif. On
ne saurait dire que la créance saisie est définitivement attribuée par justice au saisissant tant que la décision judiciaire validant la saisie-arrêt est
susceptible d'une voie de recours ordinaire : Cass. 20 nov. 1860, S. 1861.
1. 270 ; *J. Pal.*, 1861. 522 ; D. 1860. 1. 478 ; *Pand. fr. chronol.* ; Lyon,
30 nov. 1866, S. 1867. 2. 266 ; *J. Pal.*, 1867. 935. Glasson et Albert Tissier, *Précis de procédure civile*, II, n° 1223.

(2) La jurisprudence est fixée dans ce sens : Paris, 24 déc. 1849, S. 1853.
2. 237 ; *J. Pal.*, 1850. 1. 587 ; D. 1850. 2. 195 ; Bourges, 14 juill. 1851,
S. 1851. 2. 737 ; *J. Pal.*, 1851. 2. 95 ; D. 1852. 2. 72 ; Dijon, 3 juill. 1874,
S. 1876. 2. 247 ; *J. Pal.*, 1876. 979 ; *Supplément au Répertoire de Dalloz*, v° *Faillites et Banqueroutes*, p. 398, note 2 ; Orléans, 24 juill. 1889, D.
1892. 1. 198.

ticle 446, les syndics ne peuvent-ils pas, du moins, invoquer l'article 447 ? S'il en était ainsi, il faudrait que le jugement de validité eût été rendu depuis la date de la cessation des paiements, qu'au moment de la formation de la demande en validité le créancier saisissant en ait eu connaissance et, de plus, malgré la réunion de ces deux conditions, le tribunal aurait toujours le pouvoir de ne pas annuler le jugement de validité (n° 394).

On a soutenu (et de nombreux arrêts peuvent être invoqués en ce sens) (1) que l'article 447 est applicable. En faveur de cette doctrine, on fait valoir qu'à la différence de l'article 446, l'article 447 a une portée très générale et s'applique à tous les actes faits dans la période suspecte et non frappés par l'article 446 (n°s 387 et 389). On ajoute que le débiteur n'est pas étranger au jugement de validité ; il aurait dû, pour éviter qu'un de ses créanciers obtînt un droit exclusif sur la créance au préjudice des autres, se hâter de déposer son bilan. Enfin, on dit qu'il n'y a pas à tenir compte de l'intervention de la justice pour écarter tout soupçon de fraude, par cela même que les juges ont pu être induits en erreur par les parties. On prétend même trouver dans l'article 446, qui annule l'hypothèque judiciaire obtenue en temps suspect (n° 372), la preuve que la loi assimile un avantage tiré d'un jugement à l'avantage concédé volontairement par le débiteur (2).

Cette opinion est, selon nous, erronée ; le jugement de saisie-arrêt et le paiement qui en a été la conséquence échappent aux nullités des articles 446 et 447. La jurisprudence tend avec raison à ne pas appliquer l'article 447 plus que l'article 446 aux jugements validant les saisies-arrêts et aux paiements du tiers saisi au saisis-

---

(1) Paris, 18 août 1860, D. 1860. 5. 174 ; *J. Pal.*, 1880, p. 662, en note ; Paris, 8 mai 1879, 10 juill. 1879, S. 1880. 2. 161 ; *J. Pal.*, 1880, p. 660 ; D. 1881. 2. 225 ; Aix, 15 juill. 1889, *Journal des faillites*, 1890, 1873.

(2) *En ce sens*, Demangeat sur Bravard, V, p. 260 en note ; Bédarride, I, n° 119 ; Labbé, note dans le *Recueil de Sirey*, 1880. 2. 161 et dans le *Journ. du Palais*, 1880, p. 660 ; Thaller, dans la *Revue critique de législ. et de jurispr.*, 1883, p. 363. — L'un des auteurs de cet ouvrage s'était à tort prononcé dans ce sens. V. *Revue critique de législ. et de jurispr.*, 1881, p. 276.

sant faits en exécution (1). L'article 447 n'est sans doute pas limitatif, en ce sens qu'il ne contient pas une énumération limitative
comme celle de l'article 446. Mais il n'en est pas moins vrai que la
formule générale de l'article 447 n'embrasse que *les paiements faits
par le débiteur ou les contrats passés par lui*, et, par suite, ne
comprend pas les jugements. L'argument de l'opinion opposée, tiré
de ce que l'article 446 annule l'hypothèque judiciaire, n'est nullement probant. Cette hypothèque offre des dangers très graves tenant
à ce qu'elle pourrait permettre si la validité en était admise de
tourner la disposition qui frappe de nullité l'hypothèque conventionnelle constituée pour dettes antérieurement contractées. En
outre, l'hypothèque judiciaire est de nature à causer un grave dommage aux autres créanciers, par cela même qu'elle est générale. La
négligence du débiteur qui ne s'est pas hâté de déposer son bilan,
ne peut être assimilée à un fait actif de sa part, quand il s'agit de
l'application d'une disposition dérogeant au droit commun comme
celle de l'article 447. Du reste, par cela même que les poursuites
individuelles sont permises jusqu'à la déclaration de faillite, le
créancier qui a antérieurement demandé la validité d'une saisie-
arrêt, n'a fait qu'exercer son droit. Puis, il n'est pas douteux que
le danger d'une fraude est bien diminué par l'intervention de la justice, par la publicité et la longueur de la procédure. D'ailleurs, s'il
y avait une fraude caractérisée, les créanciers ne seraient pas sans
protection. Le jugement pourrait être attaqué par la voie de la tierce
opposition (art. 474 et suiv., C. proc. civ.) et le paiement fait par
le tiers saisi pourrait être annulé en vertu de l'article 446, si la
saisie-arrêt cachait un paiement par transport.

Il est impossible de ne pas constater que les partisans de l'application de l'article 447 sont tout à fait illogiques. Si le jugement de
validité peut être rapproché dans une certaine mesure d'un des actes

---

(1) Cass. 21 déc. 1881, S. 1882. 1. 202 ; *J. Pal.*, 1882. 496 ; D. 1882. 1.
198 ; Bourges, 11 juill. 1882, S. 1882. 2. 5 ; *J. Pal.*, 1882. 86 ; D. 1883. 2.
221 (arrêt rendu après renvoi prononcé par l'arrêt de cassation précédent);
Paris, 21 mai 1887 sous Cass. 24 déc. 1889, S. 1891. 1. 455 ; *J. Pal.*, 1891.
1. — V. Levillain, note dans le *Recueil de Dalloz*, 1884. 2. 225 ; Thaller
et Percerou, I, n° 678.

tombant sous le coup des articles 446 et 447, c'est assurément du *paiement par transport*. Or, le paiement par transport fait dans la période suspecte, est nul de droit en vertu de l'article 446. On n'ose pas appliquer cette disposition rigoureuse au jugement de validité. C'est, pourtant, là que la logique devrait conduire, si l'on ne veut pas, comme on doit, selon nous, le faire, écarter aussi bien l'article 447 que l'article 446.

408 *bis*. Quand le failli, au lieu de laisser prononcer contre lui un jugement de validité de la saisie-arrêt a eu recours pendant la période suspecte à la procédure d'affectation spéciale organisée par la loi du 17 juillet 1907 (art. 567, C. proc. civ.), les articles 446 et 447, C. com., sont sans application (1). Car, en vertu de cette loi, le saisissant ne peut pas refuser l'affectation spéciale dès qu'elle est demandée par le saisi qui veut obtenir la disponibilité de l'excédant de la créance saisie sur les causes de la saisie. Il serait exorbitant qu'on reprochât au saisissant un acte que la loi elle-même lui impose (2).

409. Pour discuter la question de l'application des articles 446 et 447 aux jugements attributifs, le cas qui se présente le plus souvent a été choisi, celui d'un jugement de validité de saisie-arrêt rendu pendant la période suspecte (n° 408). Mais, comme cela a été dit, la question peut se poser dans d'autres hypothèses, notamment dans les suivantes :

a. Dans une distribution par contribution, des créanciers ont été forclos, alors que des créanciers ayant produit en temps utile ont acquis un droit exclusif sur les sommes mises en distribution. Les syndics de la faillite du saisi peuvent-ils obtenir la nullité des collocations et faire, par suite, tomber ces sommes dans l'actif de la faillite au profit de tous les créanciers, dans le cas où les créanciers ayant produit ont acquis leur droit exclusif pendant la période suspecte (3)?

(1-2) Thaller et Percerou, I, n° 678 *bis*. Mais, avant la loi du 17 juillet 1907, l'affectation spéciale n'ayant lieu que du consentement du saisissant, tombait sous le coup de l'article 446, C. com., comme constituant un paiement par transport.

(3) Nous ne précisons pas le moment où les créanciers, qui ont produit

b. De même, une procédure d'ordre s'étant ouverte sur le prix d'un immeuble du failli, le syndic peut-il, pour faire tomber les collocations de certains créanciers chirographaires, alors que quelques-uns ont été forclos, invoquer les articles 446 et 447 (1)?

La question, étant identique à celle qui se présente pour les jugements de validité, doit être résolue de la même manière, c'est-à-dire, selon nous, dans le sens de l'exclusion des articles 446 et 447 (2).

410. On peut ainsi dire d'une façon générale que les paiements faits en exécution de décisions judiciaires, échappent aux articles 446 et 447. Il ne suffit pas, bien entendu, pour qu'il en soit ainsi, que le paiement ait été obtenu par un créancier muni d'un jugement de condamnation, il faut que ce jugement, en ordonnant le paiement, ait créé un droit exclusif au profit du créancier.

411. C. Nullité des inscriptions de privilèges ou d'hypothèques prises depuis la cessation des paiements ou dans les dix jours précédents. — Les inscriptions de privilèges et d'hypothèques même valablement acquis ne peuvent plus être prises utilement à partir du jour où est rendu le jugement déclaratif de la faillite du débiteur (nᵒˢ 280 et suiv.). Il y a là un des effets du jugement déclaratif dans l'avenir. Ce n'est pas à dire que toute inscription prise jusqu'à ce jugement soit nécessairement valable. En tempérant le système rigoureux du Code de 1807 (nᵒ 280), le législateur

régulièrement, acquièrent, pour une portion, un droit exclusif sur la somme à répartir. Il existe, en effet, sur la détermination de ce moment, de grandes difficultés qui se rattachent à la Procédure civile et non au Droit commercial. Pour simplifier, nous supposons quelle que soit, du reste, l'opinion admise sur cette question spéciale, que c'est durant la période suspecte que les créanciers colloqués ont acquis ce droit exclusif. — V., pour le cas de forclusion en cas de distribution par contribution, *en ce sens,* Cass. 6 nov. 1861, D. 1861. 1. 484 ; V. pour le cas de collocation dans un ordre, Cass. 13 nov. 1844, D. 1848. 1. 242 ; Paris, 28 fév. 1867, D. 1869. 1. 331 ; Trib. civ. Seine, 30 juin 1885, *Journal des faillites,* 1885, p. 438 ; *le Droit,* nᵒ du 11 déc. 1885 ; Paris, 12 août 1890, *le Droit,* Lᵒ du 5 déc. 1890.

(1) Voir note 3 page précédente.

(2) Thaller et Percerou, I, nᵒ 679.

de 1838 a redouté qu'un commerçant pût conserver jusqu'au jour de sa faillite un crédit apparent de nature à induire le public en erreur sur sa situation grâce à la complaisance de certains créanciers qui retarderaient l'inscription de leurs hypothèques ou de leurs privilèges. Dans ce but, le Code de commerce, modifié en 1838 (art. 448, 2e alin.), donne au juge *la faculté* de prononcer la nullité des inscriptions prises même avant le jugement déclaratif, pourvu qu'elles l'aient été depuis la date de la cessation des paiements ou dans les dix jours précédents, dès que le temps assez long écoulé depuis la naissance du privilège ou de l'hypothèque paraît impliquer une coupable connivence ou, tout au moins, une grave négligence de la part des créanciers (1).

L'article 448, après avoir, dans son premier alinéa, établi que les droits d'hypothèque et de privilège valablement acquis peuvent être inscrits jusqu'au jour du jugement déclaratif de la faillite, apporte une exception à ce principe dans les 2e et 3e alinéas : *Néanmoins, les inscriptions prises après l'époque de la cessation des paiements, ou dans les dix jours qui précèdent, pourront être déclarées nulles, s'il est écoulé plus de quinze jours entre la date de l'acte constitutif de l'hypothèque ou du privilège et celle de l'inscription. — Ce délai sera augmenté d'un jour à raison de cinq myriamètres entre le lieu où le droit d'hypothèque aura été acquis et le lieu où l'inscription sera prise.* — Ainsi, la loi considère comme tardive et suspecte l'inscription prise plus de quinze jours après l'acte constitutif du droit (sauf une augmentation de délai à raison des distances), si elle est opérée depuis la date de la cessation des paiements ou dans les dix jours qui précèdent. Il est permis alors au juge de l'annuler (2).

(1) V. sur les motifs de cette disposition, Renouard, I, p. 397 à 399.

(2) Droit étranger. — Des lois ont admis la nullité des formalités de publicité accomplies même avant la déclaration de faillite. D'autres s'en tiennent à la nullité de ces formalités pour le cas où elles sont accomplies après cette déclaration. Ainsi, le Code *belge* (art. 447) reproduit l'article 448 du Code français avec cette seule différence qu'il fixe un délai invariable de quinze jours entre l'acte constitutif de l'hypothèque ou du privilège, sans augmentation à raison des distances. Les Codes *italien* (art. 710) et *roumain* (art. 723) autorisent les inscriptions jusqu'au jugement décla-

412. Les nullités des inscriptions admises par l'article 448, 2° et 3° alinéas, doivent être mises à part ; elles diffèrent à la fois et des nullités de l'article 446 et même de celles de l'article 447. A la différence des actes énumérés par l'article 446, les inscriptions ne sont pas nulles de droit ; l'article 448 laisse au juge une faculté d'appréciation, comme pour les actes atteints par l'article 447. Le juge pourrait repousser la demande en nullité, s'il reconnaissait que le créancier a eu des causes d'empêchement qui expliquent son retard à prendre inscription ou que les autres créanciers n'ont pas pu être induits en erreur par le défaut d'inscription (1). Mais, d'un autre côté, les nullités de l'article 448 ne doivent pourtant pas être confondues avec les nullités facultatives de l'article 447. Les inscriptions prises plus de quinze jours après l'acte constitutif, peuvent, à la différence des actes atteints par l'article 447, être annulées quand même le créancier n'aurait pas eu, en s'inscrivant, connaissance de la cessation des paiements, et, par suite, non seulement quand elles ont été prises depuis la date de la cessation des paiements, mais même dans les dix jours qui précèdent.

413. A quelles inscriptions s'applique la nullité de l'article 448? Le second et le troisième alinéas de l'article 448 sont, comme cela a été dit (n° 411), destinés à apporter, sous certaines conditions, une dérogation au principe contenu dans le premier alinéa du même article. Aussi la nullité de l'article 448, 2° alin., frappe les inscriptions qui sont atteintes par le premier alinéa,

---

ratif, et, par cela même qu'ils n'apportent aucune restriction spéciale à ce principe, les inscriptions prises antérieurement ne pourraient être annulées qu'en vertu des principes généraux du droit, s'il y avait mauvaise foi de la part des créanciers inscrits. L'article 708 du Code de commerce *italien* et l'article 721 du Code de commerce *roumain* (art. 723) renvoient du reste à ces principes, comme cela a été constaté plus haut, note 1 de la page 336.

La loi foncière *tunisienne* du 1er juillet 1885 (art. 235) modifiée par celle du 15 mars 1892 n'admet point la nullité facultative des inscriptions prises avant le jugement déclaratif. Paris, 29 juin 1904, *Gazette des tribunaux*, n° du 27 juillet 1904.

(1) Bourges, 9 août 1848, S. 1848. 2. 597 ; *J. Pal.*, 1848. 2 523 ; D. 1848. 2. 153 ; Cass. 17 avr. 1849, S. 1849. 1. 638 ; *J. Pal.*, 1849. 2. 255 ; D. 1849. 1. 150 ; Colmar, 15 janv. 1862, S. 1862. 2. 122 ; *J. Pal.*, 1862. 19 ; D. 1862. 2. 102, Cass. 2 mars 1863, S. 1863. 1. 425 ; *J. Pal.*, 1864. 51.

quand elles ont été prises après le jugement déclaratif et celles-là seules.

414. Par conséquent, peuvent être déclarées nulles, sous les conditions fixées par l'article 448, 2e et 3e alin., les inscriptions d'hypothèques conventionnelles, judiciaires ou légales, autres que celles des incapables régies par l'article 2135, C. civ., les inscriptions de privilèges, alors même qu'il s'agirait de privilèges pour la publicité desquels la loi accorde un délai (par exemple, art. 2109, C. civ.), la transcription d'une vente faite au failli, en tant qu'elle a pour but la conservation du privilège du vendeur de l'immeuble (1). V. nos 293 et suiv. Il résulte du lien existant entre l'action résolutoire et le privilège du vendeur d'immeuble en vertu de l'article 7 de la loi du 23 mars 1855 que, tout au moins, lorsque l'hypothèque légale de l'article 490, C. com., a été inscrite, les syndics peuvent, en faisant annuler la transcription, en tant qu'elle conserve le privilège du vendeur, ou l'inscription de ce privilège, faire perdre l'action résolutoire au vendeur en même temps que son privilège. V. n° 296.

415. Au contraire, la nullité facultative de l'article 448, 2e et 3e alin., ne saurait atteindre les inscriptions d'hypothèques ou de privilèges prises en renouvellement en vertu de l'article 2154, C. civ. (2); les inscriptions prises pour garantir les intérêts d'une créance hypothécaire ou privilégiée en vertu de l'article 2151, C. civ., ou de l'article 13 de la loi du 10 juillet 1885, les inscrip-

---

(1) Nancy, 6 août 1859, S. 1859. 2. 594 ; *J. Pal.*, 1861. 176. Cela suppose qu'on admet, comme nous le faisons, que l'article 448, 1er alin., s'applique, soit aux inscriptions de privilèges pour lesquelles la loi accorde, en principe, un certain délai (n° 294), soit à la transcription de la vente comme conservant le privilège du vendeur (n° 295).

(2) Paris, 5 déc. 1887, *Journal des faillites*, 1887, p. 208. Mais l'article 448, 2e alin., est applicable, quand l'inscription nouvelle a été prise après la péremption de l'inscription originaire : Cass. 2 déc. 1863, D. 1864. 1. 105. Seulement, comme la nullité de l'article 448, 2e alin., est facultative, les tribunaux ne doivent pas manquer de ne pas la prononcer quand le délai de dix ans de l'article 2154, C. civ., n'a été dépassé que de peu de jours. V. sur ce point *Journal des faillites*, 1893, p. 240 (une question était posée relativement à une inscription prise en renouvellement un jour trop tard).

tions d'hypothèques légales qui, en vertu de l'article 2135, C. civ , sont, en principe, opposables aux tiers sans même avoir été inscrites (1). V. nos 288 et suiv.

Mais, en ce qui concerne les inscriptions des hypothèques légales des incapables, une grave difficulté s'élève. L'article 448, 2e et 3e alin., ne les concerne certainement pas tant que dure le mariage ou la tutelle. Mais, une fois que le mariage du failli ou la tutelle dont il est chargé a pris fin et qu'une année s'est écoulée, l'article 448, 2e et 3e alin., ne devient-il pas applicable même aux inscriptions de ces hypothèques, en cas de faillite du mari ou du tuteur ?

On a soutenu l'affirmative par des raisons très spécieuses (2). Le législateur a, dit-on, voulu qu'après une année expirée depuis la dissolution du mariage ou la fin de la tutelle, les hypothèques légales des incapables rentrâssent dans le droit commun. C'est bien ce qui résulte de la loi du 23 mars 1855 (art. 8) qui, après ce délai, les soumet, pour qu'elles soient opposables aux tiers, à l'inscription. On applique sans difficulté l'article 448, 1er alin., aux inscriptions de ces hypothèques prises après le délai de l'article 8 de la loi de 1855, postérieurement au jugement déclaratif de la faillite du mari ou du tuteur (no 289). Cela ne doit-il pas logiquement amener à leur appliquer l'article 448, 2e et 3e alin. puisqu'il est reconnu que les mêmes inscriptions sont soumises à la règle générale de l'article 448 (1er alin.) et à la disposition exceptionnelle du même article (2e et 3e alin.) ? V. no 413. L'article 448, dans son ensemble, fait partie

---

(1) Trib. civ. Bourgoin, 26 novembre 1907, *Journal des faillites*, 1908. 378.

(2) Alger, 23 juin 1879, S. 1879. 2. 201 ; *J. Pal.*, 1879. 839 ; D. 1880. 2. 33 ; Trib. civ. Sancerre, 9 déc. 1884, *Journal des faillites*, 1885, 483. — Aubry et Rau, t. III (5e édit.), p. 516, § 269, note 21. (Ces auteurs citent à tort comme consacrant implicitement leur doctrine l'arrêt de rejet du 2 mars 1863, S. 1863. 1. 425 ; *J. Pal.*, 1864. 51. Cet arrêt se borne à décider que l'article 448, 2e alin., fût-il applicable aux hypothèques légales des incapables, les juges du fait ont pu refuser, en vertu du pouvoir d'appréciation que leur laisse cet article, d'annuler l'inscription) ; Audier, *Effet de la loi de 1855 sur les hypothèques légales*, nos 70 et suiv. ; Guillouard, *Traité des privilèges et des hypothèques*, III, nos 1237 et 1238 ; Thaller et Percerou, I, no 738.

du droit commun qui est applicable aux hypothèques légales des incapables après le délai de l'article 8 de la loi du 23 mars 1855.

L'article 448, 2e et 3e alin., reste au contraire, selon nous, sans application, même après la dissolution du mariage ou la fin de la tutelle, aux inscriptions des hypothèques légales de la femme mariée, du mineur et de l'interdit (1). Le principe auquel se rattache le système opposé, est exact en lui-même ; on a seulement le tort d'en tirer des conséquences exagérées. Sans doute, une année après la fin de la tutelle ou la dissolution du mariage, les hypothèques légales des incapables rentrent, au point de vue de leur inscription, dans le droit commun, et, par suite, il y a lieu de leur appliquer toutes les règles générales qui se rattachent directement ou indirectement à la formalité de l'inscription. Ainsi, l'on applique sans difficulté, après l'année de l'article 8 de la loi du 23 mars 1855, aux hypothèques légales des incapables les articles 2151 et 2154, C. civ., bien qu'aucun texte ne déclare expressément qu'il en doit être ainsi. Mais ce principe cesse d'être vrai lorsqu'il existe des dérogations à ces règles générales. Ces dérogations peuvent être aussi bien implicites qu'expresses. Il nous paraît y avoir une dérogation implicite dans l'article 448, 2e alin., en ce sens qu'il subordonne la nullité facultative des inscriptions à plusieurs conditions dont il est impossible d'appliquer l'une, tout au moins, aux hypothèques légales des incapables. Pour que le juge puisse annuler une inscription, il ne suffit pas qu'elle ait été prise depuis la date de la cessation des paiements ou dans les dix jours qui précèdent, il faut encore qu'elle le soit plus de quinze jours après la date de *l'acte constitutif* du privilège ou de l'hypothèque. Pour les hypothèques légales, il n'y a pas d'acte constitutif, en dehors du texte de la loi qui les établit. Il s'agit ici d'une disposition de rigueur, d'une sorte de déchéance ; on doit l'interpréter littéralement. Du reste, les partisans de l'opinion contraire sont en désaccord sur le point de savoir dans quelles circon-

---

(1) Colmar, 15 janv. 1862, S. 1862. 2. 122 ; *J. Pal.*, 1862. 19 ; D. 1862. 2. 102 ; Caen, 18 juin 1879, S. 1880. 2. 101 ; *J. Pal.*, 1880. 803. — Troplong, *Transcription*, n° 317 ; Ch. Lyon-Caen, *Revue critique de législation*, 1881, p. 282 ; Baudry-Lacantinerie et Deloynes, *Traité des privilèges et hypothèques*, II, n° 1591.

stances les inscriptions de ces hypothèques légales sont à considérer comme tardives et comme susceptibles d'annulation en vertu de l'article 448, 2e et 3e alin. Les uns font partir le délai de quinze jours après lequel les inscriptions sont annulables, de l'expiration de l'année qui suit la fin de la tutelle ou la dissolution du mariage (1) ; ils trouvent que cela est rationnel, puisque c'est à partir de l'expiration de cette année que les hypothèques légales des incapables rentrent dans le droit commun. D'autres estiment que l'inscription doit être prise avant l'expiration de l'année, qu'après elle, il n'y a pas de délai supplémentaire de quinzaine, parce que le délai d'un an dépasse toujours et notablement celui de quinzaine qui fait admettre qu'il y a retard (2). Ce désaccord montre bien qu'on arrive torturer le texte de l'article 448, 2e et 3e alin., quand on veut en faire l'application aux inscriptions des hypothèques légales des incapables. Du reste, si la solution que nous acceptons est exacte au point de vue de l'interprétation des lois en vigueur, il faut reconnaître qu'elle est très critiquable au point de vue législatif ; dans une législation rationnelle, l'article 448, 2e et 3e alin., devrait être applicable aux inscriptions d'hypothèques légales des incapables, quand ces hypothèques sont soumises à l'inscription pour être opposables aux tiers.

415 bis. L'article 448, 2e alin., C. com , est sans application aux inscriptions du privilège du vendeur de fonds de commerce et du créancier auquel un fonds de commerce a été constitué en gage. Car indépendamment de toute déclaration de faillite, ces deux privilèges doivent à peine de nullité, être inscrits dans les quinze jours de la date de la vente ou de la constitution du gage (3). Aussi l'article 11, 2e alin. de la loi du 17 mars 1909 déclare-t-il applicable

---

(1) Aubry et Rau, III (5e édit.)., § 269, p. 516, note 21.

(2) Alger, 23 juin 1879, D. 1880. 2. 33 ; S. 1879. 2. 201 ; *J. Pal.*, 1879. 879.

(3) Sous l'empire de la première loi sur le nantissement des fonds de commerce (L. 1er mars 1898), l'inscription du gage faite depuis plus de quinze jours depuis sa constitution pouvait être annulée en vertu de l'article 448, 2e alin., C. com. Cette loi ne prescrivait pas l'inscription dans la quinzaine : Paris, 19 janvier 1904 ; Poitiers, 16 décembre 1907, *Journal des faillites*, 1904. 485 ; 1908. 119.

au privilège du créancier gagiste le 1er alinéa de l'article 448, C. com., à l'exclusion du second (1). La nullité admise par la loi du 17 mars 1909 (art. 11, 1er alin.) est une nullité de droit, à la différence de celle que prononce l'article 448, 2e alin.

Au contraire, à défaut de dispositions dérogatoires à l'article 448, C. com., l'inscription d'un warrant agricole au greffe de la justice de paix (L. 30 avril 1906) ou d'un warrant hôtelier au greffe du tribunal de commerce (L. 8 août 1913) dans la quinzaine de la convention constitutive du gage, la nullité de l'inscription peut être prononcée dans les termes de l'article 448, 2e alin.

415 *ter*. Si la nullité facultative de l'article 448, 2e alin., ne frappe pas même toutes les inscriptions de privilèges et d'hypothèques, *a fortiori*, est-elle étrangère aux autres formalités de publicité analogues qui, du reste, ne sont pas régies par l'article 448, 1er alin., quand elles sont accomplies après le jugement déclaratif de faillite (nos 298 et suiv.). En conséquence, la nullité facultative de l'article 448, 2e alin., ne peut atteindre, quand même ces formalités sont remplies durant la période suspecte : *a.* la transcription d'une vente d'immeuble consentie par le failli ; *b.* la transcription d'une donation d'immeuble faite par le failli (2) ; *c.* la transcription d'une délégation de loyers ou fermages non échus consentie pour trois années au moins par le failli avant la période suspecte (art. 2, 5o, loi du 23 mars 1855) (3) ; *d.* la signification ou l'acceptation dans un acte authentique de la cession (art. 1690, C. civ.) ou d'une constitution en gage d'une créance consentie par le failli (4) (art. 2075, C. civ.) ; *e.* la transcription d'un acte constitutif d'antichrèse (5) ;

---

(1) L'article 448, *1er alin.*, ne s'applique pas à l'inscription du privilège du vendeur de fonds de commerce. Elle peut être prise même après le jugement déclaratif de la faillite de l'acheteur tant qu'il ne s'est pas écoulé quinze jours depuis la vente.

(2) Rouen, 7 avr. 1856, D. 1859. 1. 481 ; S. 1857. 2. 41 ; *J. Pal.*, 1857. 1031.

(3) Paris, 8 juin 1899, *Pand. fr. pér.*, 1901. 2. 158 ; D. 1901. 2. 203.

(4) Cass. 19 juin 1848, S. 1848. 1. 465

(5) MM. Thaller et Percerou (I, no 739) pensent au contraire spécialement, que la transcription d'un acte constitutif d'antichrèse peut être annulé en vertu de l'article 448, 2e et 3e alin., C. com., comme ils admet-

f. la mutation en douane relative à la transmission de la propriété d'un navire; *g.* l'enregistrement d'une cession de brevet d'invention opéré en vertu de l'article 20 de la loi du 5 juillet 1844 (1).

Ce qui vient d'être dit à propos de la non-applicabilité de l'article 448, 2ᵉ et 3ᵉ alin., à la signification d'une cession ou d'une constitution en gage de créance, à la transcription d'une donation, à la mutation en douane, à l'enregistrement d'une cession de brevet opérés durant la période suspecte, n'est pas en contradiction avec les solutions admises plus haut (nᵒˢ 301 et suiv.) et d'après lesquelles ces formalités ne peuvent plus être remplies utilement, à l'égard de la masse, à partir du jour où a été rendu le jugement déclaratif. Ces solutions ne sont pas, en effet, fondées sur l'article 448, 1ᵉʳ alin. ; elles se rattachent au principe du dessaisissement et aux règles relatives aux personnes qui, en qualité de tiers, peuvent se prévaloir du défaut d'accomplissement de ces formalités.

tent que le jugement déclaratif de la faillite du débiteur met obstacle à la transcription d'un acte de cette nature. Ils assimilent ainsi arbitrairement la transcription à une inscription d'hypothèque ou de privilège. Cependant, les mêmes auteurs écartent l'application de l'article 448, 2ᵉ et 3ᵉ alin. à la transcription d'actes d'aliénation d'immeubles. Il y a là, nous semble-t-il, un manque de logique. Mais, en faisant cette critique des opinions de nos savants collègues, nous nous plaçons exclusivement au point de vue de l'interprétation du Code de commerce. Au point de vue législatif, leurs doctrines sont bien fondées. V. la note suivante.

(1) M. Thaller (*Traité élémentaire de Droit commercial*, note 3 de la page 845) repousse toutes ces solutions ; il admet que le syndic peut au nom de la masse faire annuler tous les actes même antérieurs à la cessation des paiements si les formalités de publicité concernant ces actes n'ont été accomplies qu'après la date de la cessation des paiements. Il n'exige même pas pour cela qu'il se soit écoulé quinze jours entre la date de l'acte et celle de la formalité. Il fonde cette solution rigoureuse sur ce que, selon lui, le régime légal des opérations traitées en temps suspect doit s'étendre à celles qui, quoique plus anciennes, ne prennent force vis-à-vis des tiers, d'après la loi, que durant ce temps.

Cette doctrine nous paraît inadmissible. Elle est contraire à une règle incontestable : les seuls actes frappés de nullité, quand ils ont été faits durant la période suspecte, sont ceux que déterminent les articles 446 et suiv., C. com. Du reste, MM. Thaller et Percerou n'adoptent pas la doctrine que nous venons de combattre. Ils admettent seulement, par exception, la nullité de la transcription d'une constitution d'antichrèse faite plus de quinze jours après l'acte constitutif. V. note précédente.

416. Il ne faut pas confondre la question qui vient d'être examinée avec celle de savoir si la constitution en gage d'une créance doit être annulée de droit, en vertu de l'article 446, quand la signification ou l'acceptation a eu lieu durant la période suspecte ou dans les dix jours précédents, comme constitution de gage faite pour une dette antérieure. Du reste, il a été admis plus haut (n° 375) qu'il n'y a pas alors nullité de droit, parce qu'il s'agit d'une formalité extrinsèque qui n'empêche pas que le gage ait été constitué au moment où le débiteur y a donné son consentement, c'est-à-dire au moment où la dette a été contractée.

417. La nullité de l'article 448, 2e alin., est admise dans le même but que celles des articles 446 et 447. Aussi, la nullité des inscriptions ne peut être invoquée par le failli ou par des créanciers individuellement ni profiter seulement à quelques-uns, elle ne peut être réclamée que par les syndics au nom de la masse des créanciers et leur profite à tous. Un créancier hypothécaire ne pourrait donc pas plus invoquer la nullité d'une inscription contre un autre créancier hypothécaire en vertu de l'article 448 que celle d'une constitution d'hypothèque en vertu de l'article 446 ou de l'article 447. V. nos 317 et 398.

L'annulation d'une inscription a le même effet qu'aurait celle du privilège ou de l'hypothèque à laquelle elle se réfère, par cela même qu'un privilège ou une hypothèque non inscrits avant le jugement déclaratif ne sont pas opposables à la masse des créanciers (art. 448, 1er alin., C. com.).

418. *Observation générale relative aux articles 446 à 448.* — Si les nullités des articles 446 à 448 ne sont opposables que par la masse, ce n'est pas à dire qu'en certains cas, des actes faits par le failli ne soient pas nuls à l'égard du failli lui-même. Il résulte de l'article 598, C. com., qu'il y a des actes qui sont ainsi traités. Quelle part faut-il faire, soit aux articles 446 à 448, soit à l'article 598? Cette question ne pourra être résolue qu'à propos de la banqueroute et des crimes et délits commis dans les faillites. V. nos 966 et suiv.

419. *A partir de quel moment et jusqu'à quel moment les nul-*

lités des articles 446 *et* 448 *peuvent-elles être invoquées ?* — Les nullités des articles 446 à 448 supposent une déclaration de faillite, selon l'opinion admise plus haut, contrairement à la jurisprudence relative à la faillite de fait ou faillite virtuelle (nos 187 et suiv. et 308) (1). Elles ne peuvent donc être invoquées, d'après nous, qu'à partir du jugement déclaratif.

Par cela même qu'une *masse* doit exister pour que ces nullités puissent être demandées, elles ne peuvent plus l'être quand la masse des créanciers est dissoute. Il en est ainsi quand la faillite est définitivement close. Ainsi, en cas d'union et de concordat par abandon d'actif, on ne peut plus se prévaloir des nullités dont il s'agit, quand, la liquidation de la faillite étant terminée, la dernière assemblée des créanciers a été tenue (art. 537, C. com.). En cas de concordat simple, la faillite est close et il n'y a plus de masse de créanciers dès que l'assemblée des créanciers l'a accordé. Toutefois, des difficultés spéciales s'élèvent sur le point de savoir si, après le concordat simple, les nullités des articles 446 à 448 peuvent encore être invoquées. V. nos 632 et 633.

419 *bis.* Des lois étrangères ont évité toutes ces difficultés en fixant un délai invariable après lequel les nullités d'actes faits avant la déclaration de faillite ne peuvent plus être demandées. Ce délai est d'un an à partir du jugement déclaratif d'après la loi *allemande* de 1877 modifiée par la loi du 17 mai 1898 (art. 41) et d'après la loi *autrichienne* du 16 mars 1884 (art. 27).

420. Les dispositions spéciales du Code de commerce (art. 446 à 449) qui frappent les actes du failli faits durant la période suspecte, ne sont pas exclusives de l'action paulienne de l'article 1167, C. civ. ; cette action peut être exercée pour faire tomber ces actes (2). Seulement, il va de soi qu'on doit appliquer les règles qui régissent cette

---

(1) Nous laissons de côté la liquidation judiciaire ; le jugement qui la prononce produit, sous ce rapport, des effets identiques à ceux du jugement déclaratif de faillite. V. nos 1064 à 1066.

(2) Orléans, 16 janv. 1861, D. 1861. 5.225 ; Cass. 13 nov. 1867, D. 1868. 1. 212 ; S. 1868. 1. 116 ; *J. Pal.*, 1868. 1. 212 ; Rouen, 8 mars 1902, *le Droit,* n° du 11 juin 1902.

action, à l'exclusion de celles des articles 446 à 449 du Code de commerce. Il résulte notamment de là :

1. Que cette action ne peut pas être intentée avec succès pour faire tomber les paiements de dettes échues (n° 387);

2. Que le partage auquel le failli a été partie, ne peut être attaqué par les créanciers qu'autant qu'il a été fait au mépris d'une opposition dans les termes de l'article 882, C. civ. (n° 390);

3. Que le préjudice causé par l'acte et la connaissance de ce préjudice de la part du débiteur (1) sont des conditions essentielles de la réussite de l'action (n° 312);

4. Que l'action appartient individuellement à chaque créancier, sauf au syndic à réclamer au profit de la masse des créanciers le bénéfice produit par le succès du demandeur. V. n° 312.

Comme l'action paulienne ne dérive pas de la faillite, elle est soumise aux règles de compétence ordinaire et ne doit pas toujours être portée devant le tribunal qui a rendu le jugement déclaratif. V. n° 468.

421. L'action paulienne et l'action fondée sur les articles 446 à 449, C. com., ont sans doute le même but général ; mais ce n'en sont pas moins deux actions distinctes. Aussi, le syndic qui s'est borné en première instance à attaquer un acte en se fondant sur l'article 1167, C. civ., ne peut pas, en appel, invoquer les articles 446 à 449, C. com. A l'inverse, il n'est pas non plus possible qu'un syndic, après avoir invoqué en première instance les articles 446 et 449 contre un acte qu'il attaque, se prévale en appel de l'article 1167, C. civ. Dans l'un et l'autre cas, il y aurait en appel une demande nouvelle contraire à l'article 464, C. proc. civ. (2).

---

(1) Rouen, 8 mars 1902, *le Droit*, n° du 11 juin 1902.

(2) V., pourtant, Besançon, 30 juin 1891, *Journal des faillites*, 1891, p. 325. Cet arrêt allègue à tort qu'il n'y a dans ces circonstances qu'un moyen nouveau. Il invoque aussi la plénitude de juridiction de la Cour d'appel. C'est là un argument sans portée. Cette plénitude de juridiction n'empêche pas qu'en appel, on ne puisse former une demande nouvelle.

CHAPITRE II

DES AUTORITÉS ET DES PERSONNES QUI FIGURENT DANS UNE FAIL-
LITE (SYNDICS, JUGE-COMMISSAIRE, CONTRÔLEURS, TRIBUNAL DE
COMMERCE, GREFFIER DU TRIBUNAL DE COMMERCE, MASSE DES
CRÉANCIERS, FAILLI) (1).

422. *Généralités.* — A la suite du jugement déclaratif de faillite
s'ouvre une procédure comprenant des actes et des opérations variés
ayant pour buts principaux de fixer le montant de l'actif, de déterminer celui du passif et de chacune des dettes du failli, d'administrer, pour en assurer la conservation, les biens du failli, de
décider quelle solution il y a lieu de donner à la faillite, c'est-à-dire
ce que doit devenir, en définitive, le patrimoine du failli. Dans ces
actes et dans ces opérations, des personnes et des autorités diverses
sont appelées à intervenir et ont à jouer des rôles variés. Ce sont
les *syndics*, le *juge-commissaire*, les *contrôleurs*, le *tribunal de
commerce*, le *greffier du tribunal de commerce*, les *créanciers du
failli*, le *failli*. Les organes de la faillite sont les mêmes, que la
faillite soit importante ou non (2).

Comment sont désignés les syndics, le juge-commissaire, les contrôleurs ? Quels sont les rôles et les attributions de chacune de ces
personnes ou de ces autorités ? Telles sont les questions auxquelles
il faut répondre. Les principes généraux seront seuls exposés dans
ce chapitre. Les détails relatifs aux attributions de ces personnes et

(1) Code de commerce, art. 451 à 454, 462 à 478 ; loi du 4 mars 1889,
art. 9, 10 et 20, alin. 2.

(2) DROIT ÉTRANGER. — En *Angleterre* (L. de 1884), l'organisme est sim-
plifié pour les petites faillites (*small bankruptcies*). On traite comme telles
les faillites dont l'actif ne paraît pas devoir dépasser 300 livres sterling. —
En *Italie*, quelques règles spéciales régissent aussi les faillites dont le
passif ne dépasse pas 5.000 francs (L. 24 mai 1903, art. 3).

de ces autorités seront donnés à propos de chaque matière spéciale, notamment dans le chapitre suivant. En d'autres termes, il va être traité de l'organisation de l'administration des 'faillites ; tout ce qui concerne le fonctionnement de cette administration est réservé aux autres chapitres.

A. — DES SYNDICS (1).

423. Par cela même que le jugement déclaratif dessaisit de plein droit le failli de l'administration de ses biens dans l'intérêt des créanciers (n°s 195 et suiv.), il faut que certaines personnes soient chargées de les administrer; il peut y avoir notamment des actes urgents à faire, comme des renouvellements d'inscriptions, des interruptions de prescription, des recouvrements d'effets de commerce, des protêts, etc. De plus, quand la solution de la faillite admise par les créanciers implique que les biens du failli seront vendus (ce qui se passe dans les cas d'union et de concordat par abandon d'actif), il faut qu'il soit procédé à la liquidation du patrimoine du failli. Les créanciers sont d'ordinaire trop nombreux pour administrer eux-mêmes le patrimoine du failli et le liquider, s'il y a lieu.

Les personnes chargées d'administrer et, au besoin, de liquider le patrimoine du failli, sont les *syndics* (2). Ce nom vient du mot latin *syndicus*, qui était spécialement employé pour désigner le représentant d'une ville (3). On appelle aussi syndics des personnes char-

_____

(1) Code de commerce, art. 462 à 478.

(2) D'après le projet de 1883 (n° 17), le nom de *syndics* devait être remplacé par celui *d'administrateurs*. C'était là un changement de mot bien inutile. — Dans la *liquidation judiciaire*, les *liquidateurs* correspondent aux syndics de la faillite, mais ils ont des attributions très différentes, par cela même que le débiteur en état de liquidation judiciaire n'est pas dessaisi, comme l'est le failli ; les liquidateurs assistent et surveillent le débiteur, mais n'administrent pas à sa place son patrimoine (L. 4 mars 1889, art. 4 et suiv.) La situation change, toutefois, quand, un concordat simple n'étant pas admis, les biens du débiteur en liquidation judiciaire doivent être vendus, par suite de l'union ou du concordat par abandon d'actif. Le liquidateur judiciaire, comme le syndic, est alors chargé de liquider. V. n°s 1100 et 1103.

(3) Le mot latin *syndicus* vient du mot grec σύνδικος composé de σύν, avec et δίκη, justice.

gées de prendre soin des intérêts d'une collection d'individus ; c'est ainsi qu'il y a des syndics des agents de change (1), des syndics des gens de mer (2).

Sous l'empire des mêmes besoins, toutes les législations admettent dans les faillites des administrateurs ayant des rôles semblables à ceux des syndics. Ceux-ci sont, selon les pays, désignés sous des noms différents. En *Belgique*, on les appelle *curateurs des faillites* ; en *Allemagne* et en *Autriche*, *Konkursverwalter* ; en *Italie*, *curatori* (3) ; en *Espagne*, *sindici* ; en *Angleterre* et dans les *Etats-Unis d'Amérique*, *trustees in Bankruptcy* (4). Du reste, les règles relatives à ces administrateurs des faillites varient selon les pays, notamment quant à la manière dont ils sont nommés et à leur nombre et quant à l'étendue de leurs pouvoirs. V. n° 432 *bis*.

424. Dans un but de simplification et d'économie, la loi considère les créanciers du failli comme formant un être juridique qu'on appelle *la masse de la faillite* (5). V. n° 471. Le syndic agit tantôt comme représentant le failli, quand il exerce des droits de celui-ci dans l'intérêt de la masse, tantôt comme représentant la masse des créanciers, lorsqu'il exerce des droits qui sont propres à celle-ci, par exemple lorsqu'il prend l'inscription de l'hypothèque légale de l'article 490, C. com., lorsqu'il invoque les nullités des articles 446 et suiv., C. com., dont le failli ne peut pas se prévaloir. V. n°ˢ 317 et 398.

425. Il y a des syndics pendant toute la durée de la faillite ; le jugement déclaratif qui ouvre la faillite, nomme au moins un syndic, trois au maximum (art. 462, C. com.), et il ne cesse d'y avoir des syndics que lorsque la faillite prend fin (6). Seulement, les fonctions

(1) V. *Traité de Droit commercial*, IV, n° 881.

(2) V. *Traité de Droit commercial*, V, n° 72.

(3) Le mot *sindaci* se trouve bien dans le Code de commerce *italien* (art. 183 et suiv.), mais il y désigne les personnes chargées de la surveillance des administrateurs ou des gérants dans les sociétés par actions.

(4) Anciennement, on employait, pour désigner le syndic, le mot *assignee*.

(5) Parfois, on appelle masse ou *masse* de la faillite, l'actif du failli sur lequel portent les droits des créanciers. C'est ainsi qu'on dit : tel bien fait ou ne fait pas partie de la *masse*, une action en nullité est exercée pour faire rentrer tel bien dans la *masse*.

(6) La faillite prend fin, en cas de concordat simple, lors que le juge-

des syndics et leurs pouvoirs ne sont pas les mêmes durant toutes les périodes de la procédure de faillite. Aussi les syndics reçoivent-ils, selon celle de ces périodes dans laquelle on se trouve, des qualifications différentes. Mais le mode de nomination des syndics est toujours identique : ils sont nommés par le tribunal de commerce, les créanciers ne sont jamais admis qu'à donner un avis sur le choix des syndics, avis par lequel, du reste, le tribunal n'est pas lié, et encore cet avis n'est-il pas requis pour les premiers syndics (appelés *syndics provisoires*) que nomme le jugement déclaratif (n° 427). A cet égard, le système de la loi de 1838 n'est pas le même que celui du Code de 1807.

426. *Différentes sortes de syndics.* — Le Code de commerce modifié en 1838 distingue trois sortes de syndics : 1° les *syndics provisoires*, 2° les *syndics définitifs*, 3° les *syndics de l'union* ou *du concordat par abandon d'actif*. Dans toute faillite, il y a nécessairement des syndics provisoires, puis des syndics définitifs (1). V. n°s 427 et suiv. Quant aux syndics de l'union ou du concordat par abandon, il n'y en a évidemment que dans le cas où la faillite aboutit à l'état d'union ou quand un concordat par abandon est adopté, non quand il y a concordat simple. Ainsi, les syndics *définitifs* n'ont un caractère correspondant exactement à cette qualification que lorsque la faillite se termine par un concordat simple ; cette singularité de dénomination s'explique par les dispositions, soit du Code de 1807, soit du projet de 1838. V. n° 431.

427. *Syndics provisoires.* — On appelle syndics *provisoires* ceux qui sont nommés par le jugement déclaratif (art. 462, alin. 1). La désignation de ces syndics est faite par le tribunal, sans que les créanciers soient appelés à donner même leur avis. Il serait fort

---

ment d'homologation du concordat est passé en force de chose jugée (art. 519, C. com) ; en cas d'union ou de concordat par abandon d'actif, lors de la dernière assemblée dans laquelle les syndics rendent leurs comptes (art. 537, C. com.).

(1) En matière de liquidation judiciaire, il y a aussi des *liquidateurs provisoires* et des *liquidateurs définitifs*, nommés dans les mêmes conditions que les syndics (L. 4 mars 1889, art. 4, alin. 2 et art. 9, alin. 3), et il peut y avoir également des liquidateurs de l'union ou du concordat par abandon.

difficile de consulter à ce moment les créanciers ; au moment où le jugement déclaratif est rendu, ils peuvent ne pas être tous connus et l'on n'a pas la certitude que ceux qui sont portés au bilan déposé par le failli sont réellement créanciers. On ne peut, cependant, attendre pour nommer les syndics ; le failli est dessaisi dès le jour où est rendu le jugement déclaratif et, dans l'intérêt des créanciers, comme dans le sien, il ne doit pas y avoir de lacune dans l'administration de ses biens. Les syndics provisoires ont pour mission générale de faire les actes les plus urgents qui seront utiles, quelque solution que la faillite doive recevoir. V. art. 468, 469, 476, 490, C. com.

428. *Syndics définitifs.* — Les créanciers étant les principaux intéressés, la loi ne veut pas que les syndics nommés par le tribunal conservent nécessairement leurs fonctions sans que les créanciers aient été appelés au moins à donner leur avis. Aussi les créanciers présumés (1) doivent-ils être immédiatement convoqués pour se réunir dans un délai n'excédant pas quinze jours. Les créanciers présents à cette réunion sont consultés sur la composition de la liste des créanciers présumés et sur la nomination de nouveaux syndics. Procès-verbal de leurs observations est transmis au tribunal : celui-ci, sur le rapport du juge-commissaire, continue les syndics provisoires dans leurs fonctions ou en nomme de nouveaux. Il est rare que l'avis des créanciers ne soit pas favorable au maintien des syndics provisoires. Du reste, le tribunal n'est pas lié par la délibération des créanciers qui constitue un simple avis (art. 462, C. com.), mais, en fait, le tribunal s'y conforme toujours. Les syndics, ainsi nommés à nouveau ou continués dans leurs fonctions, sont désignés sous le nom de *syndics définitifs* (art. 462, 4e alin.). V. n°s 426 et 431.

La mission principale de ces syndics est de faire tous les actes nécessaires pour mettre les créanciers à même de statuer en connaissance de cause sur la solution qui doit être donnée à la faillite, c'est-à-dire sur ce qui doit être fait du patrimoine du failli. C'est

(1) On les connaît par le bilan déposé par le failli (art. 439, C. com.), ou dressé, à son défaut, par les syndics provisoires (art. 476, C. com.).

à ce point de vue qu'ils ont notamment à procéder à la vérification
des créances (nᵒˢ 527 et suiv.). Ils sont d'une façon générale chargés
de toutes les opérations pour lesquelles d'autres syndics ne sont pas
spécialement désignés.

429. *Syndics de l'union* ou *du concordat par abandon d'actif.*
— Lorsqu'un concordat simple est accordé au failli par ses créanciers, le dessaisissement du failli prend fin, le failli est remis à la
tête de ses affaires, et, dès lors, il n'y a plus de syndics ; les syndics définitifs ont à rendre compte de leur gestion au failli concordataire lui-même qui reprend l'administration de ses biens (art. 519,
C. com.). Mais quand, au contraire, il y a, soit union, soit concordat
par abandon d'actif, par cela même que le dessaisissement du failli
ne cesse pas, et que la masse des créanciers continue d'exister, il
demeure utile qu'il y ait des syndics. Le juge-commissaire doit alors
consulter immédiatement les créanciers sur le maintien ou sur le
remplacement des syndics définitifs. Le tribunal statue sur le vu du
procès-verbal de l'assemblée des créanciers, sans, conformément à
la règle générale (nᵒ 425), être lié par son avis (art. 529). Les syndics nommés à nouveau ou maintenus en fonctions sont les syndics
de l'union ou *du concordat par abandon d'actif.* Ils ont pour mission principale de vendre les biens du failli et de procéder à la répartition entre les créanciers du prix et, en général, de toutes les
sommes provenant de la faillite.

Les syndics de l'union ou du concordat par abandon restent, en
principe, en fonctions jusqu'à la clôture de la faillite. Toutefois,
quand la procédure de l'union ou du concordat par abandon dure
plus d'un an, chaque année les créanciers, réunis en assemblée pour
recevoir le compte de la gestion des syndics, ont à émettre un avis
sur le remplacement ou le maintien des syndics en exercice pour
l'année suivante. Le tribunal statue encore ici, sans être lié par l'avis
des créanciers (art. 536, C. com.).

430. En fait, sauf dans des cas exceptionnels, ce sont les syndics
provisoires qui, maintenus en fonctions, deviennent successivement
syndics définitifs et syndics de l'union ou du concordat par abandon.
Mais quand même il n'y a pas de changement de personnes, il est
toujours nécessaire de distinguer les syndics des trois espèces ; car,

que les personnes changent ou non, les syndics ont toujours, selon leur qualité qui varie avec la période de la faillite dans laquelle on se trouve, des pouvoirs plus ou moins étendus.

431. Il n'est pas sans intérêt de constater : 1° quel était le système du Code de 1807 sur la nomination des syndics ; 2° quel fut le système proposé dans le projet du Gouvernement qui est devenu la loi de 1838.

1° *Système du Code de* 1807. — Le jugement déclaratif nommait un ou plusieurs *agents* investis des pouvoirs qu'ont actuellement les *syndics provisoires* (art. 454 et suiv. du Code de 1807). Au bout d'un certain temps seulement, les *agents* étaient remplacés par des *syndics provisoires*. Ceux-ci étaient nommés par le tribunal de commerce sur une liste dressée par l'assemblée des créanciers et triple du nombre des syndics qu'elle estimait devoir être nommés (art. 480 du Code de 1807). Enfin, quand il y avait union, les *syndics définitifs* étaient nommés directement par les créanciers (art. 527 du Code de 1807). Ainsi, les *agents* étaient des mandataires purement judiciaires, les *syndics provisoires* des mandataires à la fois conventionnels et judiciaires, les *syndics définitifs* des mandataires purement conventionnels. A mesure que l'importance des pouvoirs des syndics augmentait, on pensait que l'influence des créanciers sur le choix des syndics devait augmenter aussi.

2° *Système du projet devenu la loi de* 1838. — Le projet rédigé par la Commission de 1833, reproduisait le système du Code de 1807. Le projet déposé par le Gouvernement à la Chambre des députés en 1834, supprimait les *agents* et, au lieu de faire nommer les syndics par le jugement déclaratif comme l'a fait la loi de 1838, décidait que le tribunal les nommerait immédiatement après, sur la liste des créanciers présumés que le juge-commissaire lui présenterait. On voulait que les premiers administrateurs fussent pris parmi les créanciers. V. n° 433.

Ce système fut abandonné dans la discussion. Mais, par inadvertance, quoiqu'on en fût revenu à faire nommer les premiers administrateurs par le jugement déclaratif, on conserva le titre de syndics *provisoires* aux premiers administrateurs de la faillite et on fut ainsi amené à appeler syndics *définitifs* ceux que le Code appelait *syndics provisoires*, quoiqu'ils soient destinés à être remplacés par d'autres syndics, au moins quand il y a *union* ou *concordat par abandon d'actif*.

432. *Système général du Code sur la nomination des syndics.* — Il résulte de toutes les dispositions du Code sur les syndics qu'à l'exception des syndics provisoires, désignés par le tribunal dans le jugement déclaratif même, tous sont nommés ou maintenus en fonctions sur l'avis des créanciers ; mais la nomination émane toujours du tribunal qui peut ne tenir aucun compte de cet avis (n° 425). Les créanciers n'ont ainsi, tout au moins en droit, à aucune période de la faillite, une influence directe et certaine sur le choix des syndics. Il n'en était pas de même sous l'empire du Code de 1807 ; les créanciers avaient, selon les cas, le droit de présenter au tribunal une liste de candidats au syndicat entre lesquels il devait choisir ou même le droit de nomination (n° 431). Mais les créanciers exerçaient ces droits avec négligence ou se laissaient facilement tromper par le failli qui leur faisait choisir comme syndics des personnes désignées par lui. Les abus et les fraudes auxquels le système du Code de 1807 avait donné lieu, ont fait réduire à de simples avis la participation des créanciers à la nomination des syndics.

432 bis. Droit étranger. — Les systèmes admis dans les divers pays quant au mode de nomination des administrateurs des faillites correspondant aux syndics de notre Code de commerce, sont variés (1). On peut à cet égard diviser les législations en trois classes. D'après les unes, les syndics sont, comme en France, nommés par l'autorité compétente, il y a seulement un droit d'avis préalable pour les créanciers. Selon les autres, cette autorité nomme

---

(1) Dans le *Droit romain*, une question analogue à celle du mode de nomination des syndics se présentait, en cas d'envoi en possession et de vente en masse des biens du débiteur, pour la nomination, soit du *curator*, soit du *magister bonorum vendendorum*. V. Tambour, *Des Voies d'exécution*, p. 183 et suiv. ; Accarias, *Précis de Droit romain*, I, p. 1316, note 1.

les syndics sans que les créanciers aient même à donner un avis. Enfin, quelques lois reconnaissent aux créanciers le droit de nommer les syndics.

Dans la première catégorie figurent la loi *allemande* (art. 78 et 80 (1), la loi *autrichienne* (art. 67 et 74), le Code de commerce *italien* (art. 691 3° et 4° et art. 715).

Parmi les lois qui confèrent à l'autorité compétente le droit de choisir les syndics même sans que les créanciers soient consultés, on peut citer la loi *belge* de 1851 (art. 466); la loi *hongroise* (articles 89 4° et 95); les Codes de commerce *roumain* (art. 704 3°, art. 727 et suiv.); *argentin* (art. 1896 1° et 1422).

Enfin, dans la troisième catégorie de lois se trouvent : la loi *anglaise* de 1883 (art. 21 (2) qui reconnaît aux créanciers le droit, soit de nommer eux-mêmes les syndics, soit d'en confier la nomination au comité de surveillance; la loi des *Etats-Unis d'Amérique* qui confère le même droit aux créanciers et ne le reconnaît à la Cour des faillites que lorsque les créanciers n'en ont pas usé; la loi *suisse* (art. 237) qui dispose que l'assemblée des créanciers décide si l'administration sera confiée à l'office des faillites ou à des personnes choisies par les créanciers. On peut y ranger aussi le Code de commerce *chilien* (art. 1350 1°, 1411 et 1412); car, d'après ce Code, s'il y a un syndic provisoire nommé par le tribunal, les créanciers ont à donner ensuite sur le choix du syndic définitif un avis qui est obligatoire pour le tribunal, à moins que le choix des créanciers n'ait porté sur une personne déclarée par le Code incapable d'être syndic.

La loi *brésilienne* de 1908 (art. 64 et 66) distingue les *syndics*

---

(1) On pourrait croire au premier abord à une différence entre la loi *allemande* et le Code de commerce *français* qui n'existe pas réellement. D'après la loi *allemande*, le syndic est nommé par le tribunal, et les créanciers peuvent, dans l'assemblée qui suit sa nomination, élire une autre personne comme syndic. Mais il n'y a là, en réalité, qu'un avis, puisque le tribunal peut ne pas tenir compte du choix des créanciers (art. 80).

(2) Dans les petites faillites (*small bankruptcies*), les créanciers ne choisissent pas de syndic (*trustee in bankruptcy*); les fonctions en sont exercées par *l'official receiver*, fonctionnaire dépendant du *Board of Trade* et attaché à chaque juridiction compétente en matière de faillite.

et les *liquidateurs*. Les *syndics* sont nommés par le tribunal et choisis parmi les créanciers du failli, de préférence les plus importants. Ils ont pour mission de faire inventaire, d'administrer les biens du failli, de procéder à la vérification des créances. Les *liquidateurs* sont choisis par l'assemblée des créanciers parmi les créanciers ou en dehors d'eux. Ils ont à procéder à la liquidation quand il n'y a pas de concordat (art. 102).

Du reste, il est d'assez nombreux pays où l'on ne distingue pas, comme en France, plusieurs classes de syndics selon la période de la faillite dans laquelle on se trouve. Il en est ainsi notamment en *Allemagne*, en *Belgique*, en *Portugal*, au *Japon*.

433. *Choix des syndics.* — Les rédacteurs du Code de 1807 voulaient éviter que les fonctions de syndic fussent exercées par des personnes en faisant profession. Aussi avaient-ils cherché à faire choisir les syndics parmi les intéressés eux-mêmes, c'est-à-dire parmi les créanciers. Dans ce but, le Code n'admettait pas qu'une même personne pût être nommée syndic deux fois dans le cours de la même année et paraissait reconnaître que la gestion était gratuite quand elle était confiée à des créanciers (1). Théoriquement, l'idée du Code semble juste ; en général, les affaires sont mieux conduites par ceux qu'elles concernent que par des étrangers. Mais la pratique avait condamné ce système. Les créanciers n'avaient pas, en général, l'expérience nécessaire pour bien gérer et ils consacraient souvent d'autant moins de temps à la gestion qu'ils n'étaient pas salariés. Parfois, ils se faisaient assister par des agents d'affaires auxquels ils donnaient un salaire au préjudice de la masse et qui étaient plus préoccupés de leur intérêt personnel que de celui de la masse des créanciers. Aussi cette prétendue gestion gratuite était-elle très onéreuse. C'est pour ces raisons que la loi de 1838 a sup-

---

(1) Renouard, I, p. 457. — Le Code de 1807 (art. 483 et 485) admettait que les *agents* avaient droit à une indemnité, mais seulement quand ils n'étaient pas pris parmi les créanciers. (Le règlement d'administration publique annoncé par l'article 484 pour fixer les bases de cette indemnité, n'a jamais été rendu). Au contraire, le Code de 1807 ne résolvait pas la question pour les *syndics*. Les usages variaient, mais, en général, on n'allouait d'indemnité qu'aux syndics non créanciers.

primé les dispositions qui défendaient de choisir deux fois pendant la même année comme syndic une personne qui n'était pas créancière et qui paraissaient n'admettre de salaire que pour les syndics non créanciers (1).

Les tribunaux peuvent librement aujourd'hui choisir les syndics, soit parmi les créanciers, soit en dehors d'eux (2). En fait, c'est le dernier cas qui se présente presque toujours. A Paris et dans quelques grandes villes, spécialement à Lyon, à Marseille, à Nantes, il y a des personnes qui font profession de se charger des fonctions de syndics. Le tribunal de commerce en dresse une liste et choisit les syndics parmi eux. C'est aussi sur ces mêmes listes que les tribunaux de commerce choisissent, en cas de liquidation judiciaire, les liquidateurs (3).

Les syndics ont dans ces villes une situation analogue à celle des agréés (4), en ce qu'ils forment une corporation fonctionnant avec

(1) Dans quelques pays, on a été jusqu'à défendre de choisir les syndics parmi les créanciers. V. Code *italien*, art. 714.

(2) Trib. comm. Lyon, 13 fév. 1896, *le Droit*, numéro du 20 mars 1896.

(3) Consulter : 1° sur l'organisation des syndics à Paris, *Journal des faillites*, 1883, p. 75 et 130 et suiv. ; 2°s ur l'organisation des syndics dans les départements, spécialement à Lyon et à Marseille, *Journal des faillites*, 1883, p. 134 et suiv.

Droit étranger. — Dans plusieurs pays étrangers, les Codes eux-mêmes ont cherché à organiser les syndics officiellement. D'après la loi *belge* de 1851 (art. 455 et suiv.), le Gouvernement peut, sur l'avis conforme des Cours d'appel respectives, instituer des liquidateurs assermentés près les tribunaux où le nombre et l'importance des faillites l'exigent. C'est parmi eux que doivent être, en principe, choisis les curateurs aux faillites. En fait, il n'a pas été nommé de liquidateurs assermentés, de telle sorte que les tribunaux belges choisissent librement les curateurs. Les curateurs sont souvent pris parmi les avocats. — Le Code *italien* (art. 715) organise des listes de syndics dressés par les Chambres de commerce. Le Code de commerce *roumain* (art. 727 et suiv.) décide qu'auprès des tribunaux sont des syndics en petit nombre nommés par décret royal ; c'est parmi eux qu'est choisi le syndic de chaque faillite. Le Code *argentin* (art. 1419 et suiv.) prescrit de dresser une liste de syndics choisis parmi les commerçants ; ils sont rangés dans l'ordre que détermine le sort et appelés à fonctionner dans cet ordre. Les listes sont formées par la Chambre de commerce ou, à défaut de Chambre de commerce, par les commerçants payant les patentes les plus élevées.

(4) Voir, sur les *agréés*, *Traité de Droit commercial*, I, n° 352.

l'agrément du tribunal. Depuis 1876, les syndics forment à Paris une compagnie (Délibérations du Tribunal de commerce de la Seine des 30 janvier et 3 février 1876) qui a été constituée, à partir du 17 janvier 1876 pour une durée de 99 ans. Dans certaines villes, ce sont les mêmes personnes qui sont à la fois agréés et syndics.

A Paris, tout au moins, les statuts de la Compagnie des syndics n'admettent pas qu'ils cèdent leurs cabinets, comme les agréés sont admis à céder les leurs ; le tribunal de commerce n'admet de cession sous aucune forme (1). Mais il ne semble pas qu'on doive exclure la possibilité d'une cession d'après les principes généraux du droit. On ne saurait invoquer ici la prohibition de céder une fonction publique, les syndics ne sont pas des fonctionnaires publics et les professions dont l'exercice repose sur une confiance personnelle, ne sont pas exclusives d'une cession de cette sorte (2).

Le choix des tribunaux est d'autant plus libre que nos lois n'admettent, en matière de syndicat, qu'une seule incapacité qui même est purement relative. D'après l'article 463, C. com., aucun parent ou allié du failli jusqu'au quatrième degré inclusivement ne peut être nommé syndic.

Les fonctions de syndics ne sont même pas réservés aux Français (3). Mais les tribunaux ne portent pas, en fait, dans les grandes villes, des étrangers sur les listes des syndics (4).

(1) Quand un syndic cesse de figurer sur le tableau des syndics et liquidateurs judiciaires par suite d'une cause quelconque (décès, cessation volontaire de la profession, radiation, etc.), le tribunal admet généralement à sa place une autre personne ; mais celle-ci ne succède pas à celle qui n'est plus syndic et n'a aucun lien d'intérêt avec lui. Les affaires de l'ex-syndic sont réparties entre tous ses collègues.

(2) V., pourtant, pour la nullité de la cession d'un cabinet de syndic, Besançon, 29 déc. 1875, S. 1878. 2. 65 ; *J. Pal.*, 1878. 325 (note en sens contraire de notre regretté collègue Ortlieb) ; D. 1877. 2. 123.

(3) Trib. com. Nancy. 8 mai 1875, *Journ. de Droit international privé*, 1877, p. 144. V., pourtant *Journal des faillites*, 1885, p. 395. — A titre exceptionnel, on admet que, dans les pays d'Orient, les syndics doivent être Français.

(4) Dans le ressort de la Cour d'appel de Paris, il est interdit aux huissiers d'accepter les fonctions de syndics. V. Camberlin, *Manuel des Tri-*

434. Les syndics n'ont ni à prêter serment (1) ni à donner une caution ou une autre garantie. Mais, dans les villes où il y a des syndics organisés spécialement auprès du tribunal de commerce, celui-ci exige de chaque syndic qu'il prête serment, non à propos de chaque faillite, mais une fois pour toutes quand il est porté sur la liste des syndics. En outre, dans quelques villes, notamment à Paris, le tribunal de commerce a prescrit la formation d'une bourse commune aux syndics destinée à servir de garantie solidaire de leur gestion (2). En raison de cette solidarité, les syndics ont formé entre eux une association ; les statuts de celle-ci déterminent le mode de règlement des droits de celui qui, cessant d'être syndic, quitte l'association et de celui qui, devenant syndic, y entre (3).

Organisation des syndics. Projets de réformes.—Généralement, le système du Code de commerce revisé en 1838 sur le choix des

bunaux de commerce, p. 552 et 553. Cet auteur reproduit une circulaire du Procureur général à la Cour de Paris du 25 août 1853, qui est destinée à faire admettre cette interdiction. Elle est purement locale. La solution que cette circulaire n'est pas admise dans les autres ressorts : Bordeaux, 20 mars 1863, S. 1863. 2 113 ; *J. Pal.*, 1863. 777. — Rien ne s'oppose à ce qu'un avoué ou un notaire soit choisi comme syndic et il y a des ressorts où l'on fait usage de cette faculté. Si les avocats ne sont pas nommés syndics, c'est que les conseils de discipline leur défendent d'accepter des mandats. En *Belgique*, au contraire, les curateurs des faillites sont très souvent choisis parmi les avocats.

(1) Le Code de 1807 (art. 461) prescrivait aux *agents*, avant d'entrer en fonctions de prêter serment devant le juge-commissaire de bien et fidèlement remplir leurs fonctions.— Il y a des pays où le serment est prescrit.

(2) A Paris, cette bourse commune se compose notamment des cautionnements montant à 20.000 francs pour chaque syndic à fournir lors de son entrée en fonctions. V., pour l'organisation de la Compagnie des syndics près le Tribunal de commerce de la Seine et spécialement sur les garanties à fournir par eux, l'exposé des motifs, la proposition de loi de M. Bourguet déposée à la Chambre des députés le 11 juillet 1911. — En prescrivant la constitution d'une bourse commune, les tribunaux ont voulu rapprocher l'organisation des syndics de celle des officiers ministériels qui généralement ont une caisse commune. V., pour les agents de change, D. 7 oct. 1890, art. 26 et *Traité de Droit commercial*, IV, n° 887.

(3) L'organisation actuelle des syndics près le tribunal de commerce de la Seine date de 1876.

Le nombre des syndics près ce tribunal a varié ; il est actuellement (1913) de 20.

syndics et son fonctionnement n'avait donné lieu qu'à d'assez rares critiques. On s'est plaint parfois de ce que les syndics fissent traîner en longueur les opérations des faillites ou abusàssent des pouvoirs étendus que la loi leur reconnaît, spécialement en exerçant trop facilement des actions en justice. Mais les malversations et les fautes graves semblent être très rares (1).

Cependant, à une époque récente, l'organisation des syndics de faillite a été l'objet de propositions et de projets de lois. Les malversations commises par un liquidateur près le tribunal civil de la Seine dans la liquidation des congrégations religieuses ont attiré l'attention publique sur les divers auxiliaires de la justice chargés d'administrer les biens d'autrui dans des circonstances variées (liquidateurs de sociétés civiles ou commerciales dissoutes, administrateur des biens d'absents, etc.). Le Gouvernement a présenté au Sénat le 30 juin 1910 un projet de loi réglementant l'exercice des fonctions d'administrateurs judiciaire, de syndic de faillite, de liquidateur judiciaire et d'expert. Une proposition de loi a été présentée à la Chambre des députés par MM. Justin Godart et Victor Fort, spécialement sur les syndics et les liquidateurs judiciaires. Une autre proposition de loi ayant le même objet a été déposée à la Chambre le 11 juillet 1911 par M. Bourguet.

Le projet du Gouvernement admet qu'en dehors des créanciers du failli, en principe, les fonctions de syndic sont confiées aux greffiers, notaires, avoués, huissiers, commissaires-priseurs, mais qu'exceptionnellement, dans les villes de plus de 30.000 habitants, les syndics peuvent être choisis parmi les personnes portées sur une liste établie par la Cour d'appel et réunissant les conditions fixées par la loi. Ce projet de loi oblige les syndics figurant sur cette liste à fournir un cautionnement et les soumet au contrôle de l'inspection générale des finances.

La proposition de loi de M. Bourguet fait une distinction fondée, non sur la population des villes où siègent les tribunaux de commerce, mais sur le nombre des faillites qu'ils déclarent. Dans les

_____

(1) Une seule fois, en 1889, les syndics de Paris ont été responsables à raison de détournements commis par l'un d'eux.

tribunaux où la moyenne des faillites déclarées a dépassé dix par an dans les dix années antérieures à la promulgation de la loi, les syndics seront des fonctionnaires nommés à vie, mais révocables, nommés par décret rendu sur la proposition du ministre de la Justice sur présentation du tribunal. Les conditions que doivent réunir ces fonctionnaires sont déterminées par la loi. Dans les tribunaux, ou contraire, où la moyenne des faillites déclarées n'a pas dépassé dix durant la période indiquée, les syndics ne pourront être choisis que parmi les officiers publics ou ministériels, les agréés ou les syndics d'un tribunal du même département appartenant à la première catégorie. Les syndics sont soumis au contrôle de l'inspection générale des finances.

Si le projet du Gouvernement et la proposition de loi de M. Bourgnet consacrent, avec de légères différences de détail, les mêmes règles, la proposition de loi de MM. Justin Godart et Victor Fort adopte un système tout différent. Elle crée auprès de chaque tribunal de commerce un bureau des faillites et des liquidations judiciaires. Le personnel de ce bureau appartient à l'administration de l'enregistrement et est placé sous la direction du directeur de l'enregistrement du département. Le directeur de ce bureau est chargé de toutes les fonctions attribuées aux syndics par le Code de commerce. Dans les tribunaux civils jugeant commercialement, les fonctions de syndic sont confiées au receveur de l'enregistrement du domicile du failli. Sur l'actif net de chaque faillite, il est prélevé 2 0/0 pour couvrir les frais de gestion.

Le système de cette proposition de loi aurait le grave inconvénient de confier les fonctions de syndics à des fonctionnaires qui n'ont pas toujours les connaissances spéciales très variées nécessaires aux syndics, notamment au point de vue de l'exploitation du fonds de commerce du failli. Au contraire, il serait utile, d'adopter sur le choix des syndics, sur leur organisation en compagnies dans les tribunaux les plus importants, des règles analogues à celles qu'admettent le projet du Gouvernement et la proposition de loi de M. Bourgnet. Il serait bon que sur ces points le régime suivi fut le même dans toute la France. Le contrôle de l'inspection générale des finances ne peut avoir que des avantages.

435. *Révocation et remplacement des syndics.* — Les syndics provisoires restent, en principe, en fonctions jusqu'à leur remplacement par les syndics définitifs ; les syndics définitifs y demeurent, soit jusqu'à leur remplacement par les syndics de l'union ou du concordat par abandon d'actif, soit jusqu'au jour où le concordat simple a été homologué par un jugement passé en force de chose jugée (art. 519, C. com.). Enfin, les syndics de l'union ou du concordat par abandon restent en fonctions au moins pendant un an (art. 536, 2e alin., C. com.), et, au plus, jusqu'à ce qu'ils aient, après que la liquidation de la faillite est terminée, rendu leurs comptes à l'assemblée des créanciers (art. 537 et 541, C. com.).

Mais il se peut que des syndics ne remplissent pas bien leurs fonctions, ce qui est de nature à nuire aux créanciers et au failli. Les syndics en exercice peuvent à tout moment être révoqués par le tribunal (1), qui procède à la nomination de nouveaux syndics après avis des créanciers. La révocation des syndics est proposée au tribunal par le juge-commissaire, soit sur les réclamations à lui adressées par les créanciers ou par le failli, soit même d'office. Ni les créanciers ni le failli ne peuvent former immédiatement devant le tribunal une demande directe en révocation (2). C'est seulement au cas où, dans les huit jours, le juge-commissaire n'a pas fait droit aux réclamations qui lui ont été adressées, que ces réclamations peuvent être portées directement devant le tribunal qui, après avoir entendu en chambre du conseil les explications des syndics et le rapport du juge-commissaire, statue en audience publique (articles 464 et 467, C. com.) (3). La décision du tribunal qui révoque un syndic ou qui refuse de le révoquer (4), n'est susceptible d'aucune

---

(1) En *Angleterre*, où les syndics sont nommés par l'assemblée des créanciers, un droit de révocation est, pourtant, admis au profit du *Board of Trade*, qui a la surveillance générale des faillites dans ses attributions (L. 1883, art. 86).

(2) Cass. 25 fév. 1862, D. 1862. 1. 299 ; S. 1862. 1. 233 ; *J. Pal.*, 1862. 512 ; Orléans, 20 mars 1884, *Journ. des Trib. de com.*, 1884. 477.

(3) Le droit conféré aux créanciers de réclamer contre la gestion des syndics et de demander leur révocation au tribunal, remédie à l'inconvénient que présente le refus fait aux créanciers d'exercer les actions des syndics (no 297).

(4) Cette décision n'étant pas qualifiée de *jugement*, on en a générale-

voie de recours (art. 583 1°, C. com.). C'est, du reste, la règle pour les jugements relatifs à des questions d'administration.

C'est aussi le tribunal qui, après avis des créanciers, remplace les syndics décédés ou empêchés (art. 464, C. com.).

436. *Indemnité des syndics.* — Les syndics, qu'ils soient pris ou non parmi les créanciers (1), peuvent recevoir une indemnité (art. 462, dern. alin., C. com.). Le mode de fixation en a été quelque peu changé par la loi du 4 mars 1889. Avant cette loi, l'indemnité était arbitrée par le tribunal de commerce sur la requète des syndics et l'avis du juge-commissaire (2). En vertu de l'article 10, 4° alin., et de l'article 15, 3° alin., de la loi de 1889, applicables à la faillite comme à la liquidation judiciaire (art. 20), dans la dernière assemblée, les syndics donnent connaissance de leurs frais et *indemnités* taxés par le juge-commissaire. Cet état est déposé au greffe. Le débiteur (failli) et les créanciers peuvent former opposition à la taxe dans la huitaine. Il est statué par le tribunal en chambre du conseil (3). Ces dispositions s'appliquent dans tous les cas où il y a lieu à reddition de comptes par les syndics.

Les syndics ne peuvent toucher d'indemnité qu'après avoir rendu compte de leur gestion, de telle sorte qu'ils ne sauraient faire fixer une indemnité provisionnelle au cours de la faillite (4). Toutefois,

ment conclu que le tribunal était libre de la rédiger comme bon lui semblait et n'était pas obligé de la motiver : Renouard, I, p. 473 ; Bravard et Demangeat, V, p. 311 On peut invoquer en ce sens une déclaration faite par le Garde des sceaux dans la discussion de la loi de 1838 à la Chambre des députés (*Moniteur* du 3 avril) ; il a dit qu'il fallait s'en rapporter à la prudence des juges pour la rédaction de la sentence.

(1) Cf. Cass. 19 janv. 1880, S. 1880. 1. 411 ; *J. Pal.*, 1880. 1. 121 ; D. 1880 1. 468.

(2) Des tribunaux de commerce ont cru pouvoir établir des tarifs. V.. pour Marseille et pour Reims, *Journal des faillites*, 1883, p. 137 et suiv.

(3) Avant la loi du 4 mars 1889, la décision par laquelle le tribunal fixait l'indemnité des syndics, était susceptible d'appel : Nancy, 2 mai 1867, D. 1867. 2. 83 ; S. 1868. 2. 118 ; *J. Pal.*, 1868. 575. Mais, d'une part, la loi de 1889, en accordant seulement aux créanciers et au failli le droit de former opposition, refuse ce recours aux syndics, et, d'autre part, le jugement qui statue sur l'opposition à la taxe n'est pas, aux termes de l'article 583, C. com., susceptible d'appel. V. n° 571.

(4) V., pourtant, Pau, 12 fév. 1879, D. 1880. 2. 94 ; S. 1880. 2. 172.

une indemnité peut être accordée à un syndic avant la fin des opérations lorsque, pour quelque cause que ce soit, il est remplacé. En dehors de l'indemnité arbitrée par le tribunal, les syndics n'ont droit à aucun émolument et il ne doit leur être tenu compte que des dépenses réellement faites dont ils ont à justifier. Les sommes dues aux syndics à titre d'honoraires, sont privilégiées comme frais de justice, par application de l'article 2101, 1°, C. civ. (1).

Le juge-commissaire et le tribunal ayant seuls le droit de fixer l'indemnité due aux syndics, tout créancier aurait le droit de leur demander d'en déterminer le montant malgré la convention conclue entre les créanciers et les syndics (2). Il est juste, pour fixer le montant de l'indemnité, de tenir compte non seulement de la durée de la faillite, mais aussi et surtout du produit des ventes et des encaissements, ainsi que des résultats obtenus par les syndics (3).

437. Les syndics sont des mandataires judiciaires, comme le sont notamment les curateurs des successions vacantes. Ce ne sont pas des fonctionnaires publics, ni même des officiers ministériels (4) ; mais on peut dire qu'ils sont chargés d'un ministère de service public.

En conséquence, les articles 224 et 230, C. pén., sont applicables aux outrages par paroles, gestes ou menaces, dirigés contre eux et aux voies de fait dont ils sont victimes (5).

J. *Pal.*, 1880. 680. Cf. Douai, 12 mai 1868, D. 1868. 2. 107 ; S. 1868. 2. 211 ; J. *Pal.*, 1868. 832.

(1) Cass. 13 avr. 1859, D. 1859. 1. 417 ; Angers, 5 août 1896, *Journal des faillites*, 1897, 14.

(2) Cass. 5 nov. 1878, D. 1879. 1. 149 ; S. 1878. 1.466 ; J. *Pal.*, 1878. 1211.

(3) Cpr. Nancy, 2 mai 1867, D. 1867. 2. 83 ; S. 1868. 2. 118 ; J. *Pal.*, 1868. 575 ; Bordeaux, 5 fév. 1890, *Journal des faillites*, 1890, p. 402.

DROIT ÉTRANGER. — Dans quelques pays, on a cru utile de déterminer dans la loi même les règles d'après lesquelles sont fixés les honoraires des syndics. V. loi *anglaise* de 1883, art. 72, § 1 ; Codes de commerce *mexicain*, art. 1427 ; *argentin*, art. 1567 ; loi *brésilienne* de 1908, art. 73.

(4) Il en est ainsi même quand il s'agit de syndics portés sur la liste spéciale des tribunaux de commerce de grandes villes.

(5) Riom, 9 mai 1866, S. 1867. 2. 7 ; J. *Pal.*, 1867. 85 ; Dijon, 15 av. 1868, S. 1868. 2. 162 ; J. *Pal.*, 1868. 842 ; Cass. crim. 12 fév. 1880, J. *Pal.*, 1880. 304 ; S. 1880. 1. 144 ; *Pand. fr. chr.* ; D. 1880. 1. 139.

Par une raison analogue, en cas de diffamation contre un syndic, les règles spéciales sur la compétence et sur la preuve de la réalité des faits, édictées par la loi du 29 juillet 1881 sur la liberté de la presse (art. 31, 35 et 47), s'appliquent ; cette loi vise la diffamation commise non seulement contre les fonctionnaires publics, mais aussi contre les citoyens *chargés d'un mandat public, temporaire ou permanent* : cette qualification convient aux syndics (1).

438. Les syndics de profession sont sans doute des agents d'affaires dans le sens large du mot, et les agents d'affaires sont des commerçants (art. 1 et 632, C. com.) (2) ; les syndics ne sont, pourtant, pas des commerçants. Ils sont nommés pour chaque faillite par le tribunal de commerce et non choisis par des particuliers ; il semble impossible de qualifier de commerçants des mandataires choisis par justice (3). Aussi, en droit, les mineurs même non-commerçants peuvent être syndics (4). Il en est de même des femmes, qu'elles fassent ou non le commerce.

439. *Nombre des syndics dans chaque faillite.* — Selon l'importance des faillites, le tribunal peut nommer soit un, soit plusieurs syndics, sans que leur nombre puisse dépasser trois (art. 462). En fait, il est très rare que plus d'un syndic soit nommé (5). Cela tient à ce que l'unité de l'administration a de grands avantages et à ce que, lorsque les opérations de la faillite sont nombreuses et compli-

---

(1) V. *en sens contraire*, Agen, 25 nov. 1885 ; Trib. correct. Angoulême. 14 déc. 1889, *Journal des faillites*, 1885, 177, et 1890, 85. Le doute qui existe sur la question de l'application aux syndics des articles 31, 35 et 47 de la loi du 29 juillet 1881, montre l'utilité d'une proposition prise en considération par le Sénat le 10 février 1911 ayant pour but de déclarer applicable l'article 35 de cette loi aux syndics. V. note 2 de la page 490.

(2) V. *Traité de Droit commercial*. I, n° 140.

(3) Il faut notamment conclure de là que les syndics ne doivent pas être portés sur les listes des électeurs consulaires. V. Trib. de paix de Lille, 18 juin 1884, *Journal des faillites*, 1884, 417.

(4) V., *en sens contraire*, Pardessus, III, n° 1151 ; Renouard, I, p. 437 ; Thaller et Percerou, *op. cit.*, II, page 239, note 1. Il va, du reste, de soi que, si, par hasard, un mineur était nommé syndic d'une faillite, il ne serait tenu envers la masse que conformément aux règles qui régissent les obligations des mineurs, V. art. 1990, C. civ.

(5) Cela se présente exceptionnellement dans les faillites de très importantes sociétés.

quées, e syndic peut se faire aider par des auxiliaires placés sous ses ordres (1).

440. *Responsabilité des syndics.* — Les syndics sont responsables des fautes commises dans leur gestion (2), comme tous les mandataires, et l'on doit se montrer d'autant plus sévère pour les syndics qu'ils sont salariés (art. 1992, C. civ.).

Ils peuvent être condamnés personnellement aux dépens et même à des dommages-intérêts à l'égard de personnes contre lesquelles ils ont engagé témérairement ou abusivement un procès, par application de l'article 132, C. proc. civ. (3).

Quand il y a plusieurs syndics pour une même faillite, chacun peut-il agir séparément? Sont-ils solidairement responsables de leurs fautes? L'article 465 tranche expressément la première question et résout implicitement la seconde.

Les syndics ne peuvent agir que collectivement, à moins que le juge-commissaire n'autorise spécialement l'un ou plusieurs d'entre eux à faire séparément des actes d'administration (4). Ainsi donc,

(1) DROIT ÉTRANGER. — Les lois diffèrent sur le point de savoir combien de syndics peuvent ou doivent être nommés pour une faillite. La loi *allemande* (art. 79) admet, en principe, l'unité de syndic, mais reconnaît que, lorsque l'administration de la faillite comprend plusieurs branches d'affaires, plusieurs syndics peuvent être nommés ; chacun des cosyndics est indépendant pour sa branche. La loi *autrichienne* (art. 74 et 81) se prononce aussi pour l'unité, en admettant, toutefois, qu'il doit y avoir un syndic adjoint chargé de suppléer le syndic empêché et qu'il peut y avoir, pour certains biens, des administrateurs spéciaux (art. 82). D'après la loi *anglaise* (art. 84), les créanciers nomment un ou plusieurs syndics à leur gré et décident si les actes doivent être faits par un seul d'entre eux, par tous ou par plusieurs. Le Code de commerce *belge* (art. 450) laisse au tribunal de commerce toute liberté pour nommer un ou plusieurs syndics. La loi *brésilienne* de 1908 (art. 64 et 66) admet qu'il peut y avoir au plus trois syndics ou trois liquidateurs.

(2-3) Cass. 27 nov. 1893, S. et *J. Pal.*, 1894. 1. 328 ; *Pand. fr.*, 1894. 1. 133 ; 24 juill. 1867, S. 1867. 1. 441 ; 22 août 1871, S. 1871. 1. 197 ; *J. Pal.*, 1871. 611 ; D. 1871. 1. 228 ; Nancy. 31 déc. 1875, S. 1877. 2. 99 ; *J. Pal.*, 1877. 454 ; Riom, 7 déc. 1911, *le Droit*, n° du 12 janvier 1912. V. aussi Bordeaux, 5 janvier 1903, *Journal des faillites*, 1903, 221 ; enfin, 13 avril 1908, S. et *J. Pal.*, 1909. 1. 206 ; *Journal des faillites*, 1909, p. 389 ; *Pand. fr.*, 1909. 1. 206.

(4) V. une application du principe faite à l'exercice d'une action en justice : Chambéry, 24 nov. 1881, *Journal des faillites*, 1884, 289.

en principe, tous les syndics doivent intervenir dans les actes qu'ils ont à faire (1). Cela n'a été admis que pour pouvoir faire peser une responsabilité solidaire sur les cosyndics (2).

Au point de vue de la responsabilité des syndics, quatre cas doivent être distingués : *a.* un des consyndics agit seul sur l'autorisation spéciale du juge commissaire ; *b.* les cosyndics agissent en commun ; *c.* un d'eux agit sur le mandat des autres ; *d.* un des cosyndics agit seul sans autorisation du juge-commissaire ni mandat de ses collègues. Il va de soi que, dans le premier cas, le syndic autorisé à agir est seul responsable ; l'article 465 le décide expressément. Au contraire, dans le second et le troisième cas, les cosyndics sont responsables solidairement. Le législateur a dérogé ici à la règle de l'article 1995, C. civ., selon lequel, à moins de convention contraire, il n'y a pas solidarité entre les comandataires. Ce qui justifie cette rigueur, c'est qu'il s'agit de mandaires choisis par justice sans le concours des intéressés. Mais on ne doit admettre la solidarité entre les cosyndics dans le quatrième cas, alors que l'un d'eux a agi sans l'autorisation du juge-commissaire et sans l'assentiment des autres syndics, que si les autres syndics ratifient ou s'il y a une négligence à leur reprocher. On pourrait induire leur ratification de ce qu'ils négligeraient de faire annuler l'acte fait par leur collègue seul.

440 *bis.* L'acte fait par un seul syndic, alors qu'il ne pourrait être fait que par les cosyndics collectivement, est nul. La nullité peut en être invoquée par les autres syndics et, en général, par toute personne intéressée, comme peut l'être la nullité de tout acte fait sans pouvoir par une personne au nom d'une autre (3).

440 *ter.* Le syndic nommé en remplacement d'un autre ne peut

---

(1) Ainsi, un des syndics ne peut procéder seul à la vente des immeubles du failli : Aix, 18 fév. 1888, Rép. D. Supplt v° *Faillite*, n° 830. Cf. Cass., 4 mai, 1887. *Pand. fr. pér.*, 1887. 1. 190 ; S. 1890. 1. 302 ; *J. Pal.*, 1890. 1. 744 ; D. 1888. 1. 35 ; *Journ. trib. de com.*, 1888, 531 ; *Journal des faillites*, 1887, 310. V. aussi D. 87. 1. 215.

(2) Avant 1838, la question de savoir s'il y avait une responsabilité solidaire des cosyndics était discutée et avait donné lieu à des décisions judiciaires contradictoires. V. Renouard, I, p. 464 et 465.

(3) V. Renouard, I, p. 466 et 467.

être rendu responsable des fautes de son prédécesseur ; il n'est pas l'ayant-cause de celui-ci (1).

441. Les actes des syndics peuvent donner lieu à des réclamations de la part, soit d'un ou de plusieurs créanciers, soit du failli, soit d'un cosyndic. Afin qu'il soit promptement statué sur elles, l'article 466 prescrit au juge-commissaire de statuer dans un délai de trois jours, sauf recours devant le tribunal de commerce. Les décisions du juge-commissaire sont exécutoires par provision (2).

B. — DU JUGE-COMMISSAIRE (3).

442. Il est indispensable que le tribunal de commerce exerce une surveillance continue sur les opérations de la faillite. Il serait difficile qu'elle fût exercée par le tribunal entier. Aussi la loi prescrit-elle de désigner dans le jugement déclaratif même un juge-commissaire qui, en principe, exerce, au nom du tribunal, une mission de contrôle (art. 451, C. com.).

Par rapport aux syndics, le juge-commissaire est une sorte de subrogé tuteur ayant un caractère officiel (4). Du reste, la délégation spéciale d'un juge ne se rencontre pas seulement en matière de faillite ; il y a un juge-commissaire à nommer à propos d'un grand

(1) Trib. civ. Cosne, 22 février 1909, *Journal des faillites*, 1909, p. 375.

(2) Deux propositions de lois concernant la responsabilité *pénale* des syndics doivent être mentionnées. La première votée par le Sénat le 10 février 1911 range les mandataires nommés par justice parmi les personnes dont l'abus de confiance est punie de la peine de la réclusion. La seconde proposition de loi formant une disposition additionnelle prise en considération par le Sénat dans la même séance du 10 février 1911, a pour but de permettre, en cas de poursuite pour diffamation, la preuve des faits allégués contre un syndic. Ces deux propositions sont utiles. La première comble une lacune fâcheuse du Code pénal. La seconde résout une question controversée. V., sur le second point, note 1 de la page 487.

(3) C. com., art. 451 à 454.— Il y a aussi un juge-commissaire en cas de liquidation judiciaire (L. 4 mars 1889). Ses fonctions sont généralement les mêmes que celles du juge-commissaire en cas de faillite.

(4) Nous disons : *une sorte* de subrogé tuteur, parce que le subrogé tuteur n'a pas d'autorité sur le tuteur comme le juge-commissaire en a sur le syndic et n'est pas appelé à contrôler les actes du tuteur, comme le juge-commissaire doit contrôler les actes du syndic.

nombre de voies d'exécution (ordre, distribution par contribution, etc.). La surveillance du juge-commissaire était d'autant plus
utile qu'il n'y avait pas en France, d'après le Code de commerce
jusqu'en 1889, comme dans certains pays étrangers, un comité de
créanciers chargé de contrôler les actes des syndics et de les autoriser au besoin. La loi du 4 mars 1889 (art. 9 et 10) a bien admis
l'existence de *contrôleurs* pris parmi les créanciers (nos 453 et suiv.).
Mais les contrôleurs ne font pas disparaître l'utilité du juge-commissaire. D'abord, la nomination de contrôleurs n'étant que
facultative, il y a des faillites où il n'en existe pas. Puis le juge-
commissaire a des attributions qui ne rentrent pas dans une simple
surveillance des opérations de la faillite. V. nos 445 et suiv. (1).

443. *Choix du juge-commissaire.* — Le juge-commissaire peut
être indifféremment pris parmi les juges titulaires ou parmi les juges
suppléants (2). Il est choisi par le tribunal sans même qu'il y ait à
consulter les créanciers. Le juge-commissaire nommé dans le jugement déclaratif peut rester en fonctions jusqu'au concordat ou jusqu'à la clôture définitive soit de l'union soit des opérations du concordat par abandon d'actif (3) ; mais, à toute époque, le tribunal de
commerce peut remplacer le juge-commissaire par un autre de ses
membres (art. 454). Le remplacement peut devenir nécessaire, non

(1) Droit étranger. — On rencontre dans presque toutes les législations
un juge ou un fonctionnaire ayant des attributions analogues à celles du
juge-commissaire du Code français. V. Codes de commerce *belge*, art. 446 ;
italien, art. 727 et suiv. ; loi *autrichienne* de 1868 (art. 67). En *Angleterre*, d'après la loi de 1883, il y a, à côté du syndic, un fonctionnaire
dépendant du *Board of Trade* désigné sous le nom de *official receiver*,
qui correspond à peu près au juge-commissaire de notre Code. D'après la
loi sur la faillite des *Etats-Unis d'Amérique* de 1898, un commissaire
referee) (art. 33 et suiv.), officier auxiliaire de la Cour, agit par délégation de celle-ci ; il est révocable par elle. Il n'existe, au contraire,
aucune autorité semblable dans la loi *allemande*. On peut remarquer que
l'institution du juge-commissaire n'existe pas dans les pays comme l'*Angleterre* et l'*Allemagne*, dans lesquels le tribunal qui statue sur les faillites
est composé d'un juge unique. V. pour l'*Indo-Chine*, Cass. 20 mai 1895,
D. 1896. 1. 220.

(2) Montpellier, 20 juin 1850, D. 1850. 2. 140 ; S. 1850. 2. 443.

(3) Il y a là deux différences entre les règles applicables au juge-commissaire et celles qui concernent les syndics.

seulement par suite de la mort du juge-commissaire, mais encore par suite de la cessation de ses fonctions, par cela même que les juges des tribunaux de commerce ne sont élus que pour un temps limité (1). Le remplacement se fait, comme la nomination originaire, par un jugement (2). Le jugement qui nomme le juge-commissaire, n'est susceptible d'aucune voie de recours (art. 583 1°, C. com.).

Quand une déclaration de faillite est prononcée par un arrêt de Cour d'appel sur l'infirmation d'un jugement, le juge-commissaire peut être nommé ou par la Cour elle-même ou par le tribunal que la Cour charge de cette nomination. Ce dernier mode de nomination n'est pas contraire au principe de l'effet dévolutif de l'appel. Le tribunal agit alors comme délégué de la Cour (3).

444. La loi ne prononce pour le juge-commissaire aucune exclusion ou incapacité analogue à celle qu'elle admet pour les syndics (art. 463) ; mais on pourrait faire valoir contre le juge-commissaire les causes générales de récusation admises à l'égard de tous les juges par le Code de procédure civile (art. 378 et suiv.) (4).

445. *Fonctions du juge-commissaire.* — Le juge-commissaire a des fonctions variées. Les principales peuvent être ramenées à six chefs différents.

446. 1. Il est chargé spécialement d'accélérer et de surveiller les opérations et la gestion de la faillite (art. 452). Cette surveillance est d'autant plus nécessaire que les pouvoirs des syndics sont très étendus. A raison même de la surveillance qu'exerce le juge-commissaire sur la gestion des syndics, il peut réclamer leur révocation au tribunal (art. 467).

447. 2. Il fait au tribunal de commerce le rapport de toutes les

---

(1) V. *Traité de Droit commercial*, I, n° 343.

(2) Un jugement spécial serait inutile, s'il s'agissait de remplacer provisoirement le juge-commissaire empêché : Cass. 9 mai 1892, D. 1893. 1. 477. V., pourtant, Angers, 18 février 1889, *Journal des faillites*, 1889, 200 ; Nîmes, 20 mai 1892, *Journal des faillites*, 1893. 370.

(3) Cass. 5 février 1906, D. 1907. 1. 234.

(4) Le juge-commissaire pourrait donc être un parent, soit du syndic, soit du failli, sauf la faculté de récusation réservée au texte. V. *Journal des faillites*, 1886, p. 44 et 45. Cf. Cass. 2 juill. 1855. 1. 396.

contestations que la faillite peut faire naître (1) et qui sont de la compétence de ce tribunal (art. 452) (2).

Ce rapport n'étant pas fait après mise en délibéré ou sur une instruction par écrit, l'article 111, C. proc. civ., lui est inapplicable. Il est fait avant l'ouverture des débats, c'est-à-dire avant les plaidoiries (3) et le juge doit y émettre son avis. Le rapport peut être, du reste, écrit ou verbal (4).

Ce rapport est une condition essentielle de tout jugement rendu à propos d'une contestation née de la faillite. Aussi le jugement qui n'en aurait pas été précédé, serait-il nul (5). La même nullité atteint le jugement qui a été rendu après le rapport du juge-commissaire, lorsque ce rapport n'a pas précédé les plaidoiries (6).

Tout jugement devant porter en lui-même la preuve de l'accomplissement des formalités exigées pour sa validité, il faut qu'il soit constaté que le rapport a été fait. Il ne semble même pas qu'on puisse induire la présentation du rapport de ce que le juge-commissaire a participé au jugement (7).

(1) Le rapport n'est pas exigé pour les contestations qui ne naissent pas à proprement parler de la faillite, bien que les syndics y soient parties ; cf. Bastia, 30 mars 1892, D. 1893. 2. 542 ; S. et J. Pal. 1894. 2. 71 ; Cass. 9 mars 1880, S. 1880. 1. 313 ; J. Pal., 1880. 745 ; D. 1880. 1. 199 ; Cass. 14 août 1889, Pand. fr. pér., 1890. 1. 70 ; D. 1890. 5. 282 ; S. 1891. 1. 366 ; J. Pal., 1891. 1. 801.

(2) Cf. Cass. 20 mai 1895, D. 1896. 1. 229 ; S. et J. Pal., 1899. 1. 519 ; Pand. fr. pér., 1896. 1. 380.

(3) V. Camberlin, op. cit., p. 492 ; Thaller et Percerou, I, n° 1113 ter. V., toutefois, pour le rapport exigé avant l'homologation du concordat, Lyon, 3 février 1904, Journal des faillites, 1904, 250.

(4) Cass. 29 juin 1899, D. 1900. 1. 349.

(5-6) Renouard, I. p. 414 ; Bravard et Demangeat, V, p. 102, en note ; Toulouse, 9 février 1903, Journal des faillites, 1903, p. 499 : Riom, 16 février 1911. Journal des faillites, 1911. 174. C'est la règle appliquée en matière de reddition de compte (art. 539, C. proc. civ.) et de distribution par voie de contribution ou d'ordre (art. 668 et 762, C. proc civ.). Cour de cass. de Belgique, 2 avr. 1890 ; Cour d'appel de Bruxelles, 2 fév. 1891, Journal des faillites, 1890, p. 250 ; 1891, p. 119.

(7) Cass. 8 avr. 1884, S. 1885. 1. 247 : J. Pal., 1885. 1. 519 ; D. 1884. 1. 439, Pand. fr. chr. ; Journal des faillites, 1884, 257 : Cass. 24 juill. 1893, S. et J. Pal., 1893. 1. 376 ; D. 1893. 1. 544 ; Pand. fr., 1894. 1. 496 ; Journal des faillites, 1893, p. 147. V. dans le même sens, Orléans, 20 mai 1868, S. 1869. 2. 48 ; J. Pal., 1869. 228 ; D. 1868. 2. 211 ; Aix, 12 déc. 1877,

Il n'est pas douteux que le juge-commissaire qui présente le rapport exigé par l'article 452, C. com., peut prendre part au jugement (1). Mais on a été jusqu'à soutenir que sa participation y est obligatoire et que le jugement auquel il n'a pas pris part, est nul (2). On s'est appuyé en ce sens sur ce qu'il est de principe que, dans toute affaire jugée sur rapport, le rapporteur doit avoir voix délibérative au jugement. Mais ce principe général n'est écrit nulle part et aucune disposition spéciale n'impose en notre matière l'obligation dont il s'agit. Du reste, on peut considérer le rapport du juge-commissaire comme un document qui est destiné à éclairer le tribunal, mais qui ne suppose pas l'intervention personnelle de son auteur pour statuer sur la contestation (3).

La participation du juge-commissaire au jugement est-elle possible même dans les cas où le tribunal est appelé à se prononcer sur un recours formé contre une ordonnance de ce juge lui-même,

S. 1878. 2. 115 : *J. Pal.*, 1878. 480. Des arrêts ont, au contraire, décidé que la présentation du rapport peut s'induire de la participation du juge-commissaire au jugement : Rennes, 2 juin 1879, S. 1881. 2. 138 ; *J. Pal.*, 1881. 704 ; D. 1881. 2. 32 ; Caen, 14 déc. 1880, S. 1881. 2. 138 ; *J. Pal.*, 1881. 708. — Un arrêt de la Cour d'Orléans du 23 nov. 1881 (*Journal des faillites*, 1881, p. 33 ; S. 1882. 2. 22 ; *J. Pal.*, 1882. 194) décide que la preuve de l'accomplissement de la formalité du rapport ne peut s'induire de la présence du juge-commissaire au jugement avec voix consultative, attendu que, pour présenter son rapport, il faut que ce juge ait voix délibérative. Il y a là, selon nous, une erreur ; le rapport, qui est indifféremment écrit ou verbal, peut être soumis au tribunal, sans même que le juge soit présent à l'audience, du moins d'après la doctrine que nous adoptons. V. la suite du n° 447.

(1) En fait, au tribunal de commerce de la Seine, le juge-commissaire participe toujours au jugement ; l'affaire est soumise à la section du tribunal dont ce juge fait partie.

(2) Montpellier, 20 juin 1850. S. 1850. 2. 443 ; D. 1850. 2. 140. — Bédarride, I, n°s 152 et 153 ; Bravard et Demangeat, V, p. 103 et 104, en note. — Renouard (I, p. 414) admet bien que le juge-commissaire doit participer au jugement, mais, comme les nullités ne se suppléent pas, il estime qu'à défaut de la participation du juge, le jugement ne peut pas être annulé.

(3) Cass. 8 janv. 1866, S. 1866. 1. 45 ; D. 1866. 1. 253. V. Thaller et Percerou, I, n° 1113 *quater*. Au contraire, la Cour de cassation de *Belgique* admet que la participation du juge-commissaire aux jugements est une condition de validité de ceux-ci : Cour de cassation de Belgique, 2 avr. 1890, *Journal des faillites*, 1890, p. 250.

comme dans les cas des articles 466, 474, 530 et 567, C. com. ?
Dans la pratique, le juge-commissaire s'abstient toujours en pareil
cas. Mais la question est discutée entre les auteurs. Il en est qui
refusent au juge-commissaire le droit de prendre part au jugement (1) ; ils allèguent que le juge-commissaire aurait déjà un parti
pris sur le litige et que le juge du premier degré ne peut faire partie
de la juridiction du second degré (2). Cette doctrine est en contradiction avec les termes généraux de l'article 452, qui appelle le
juge-commissaire à faire le rapport de *toutes* les contestations nées
de la faillite et de la compétence du tribunal de commerce (3). En
outre, l'on se trompe en disant que le tribunal statue comme juridiction de second degré ; c'est le corps entier qui se prononce après
instruction et avis préalable de son délégué (4).

448. 3. Le juge-commissaire est appelé à donner son autorisation
aux syndics pour certains actes trop graves aux yeux du législateur
pour que les syndics aient le pouvoir de les faire seuls (art. 465,
469, 470, 474, 486, 487, C. com.). Il donne l'autorisation sous
forme d'ordonnance.

449. 4. Il statue sur certaines contestations. Ainsi, s'il s'élève des
réclamations contre des opérations des syndics, le juge-commissaire
statue (art. 466, C. com.). Ces contestations peuvent être soulevées
par des créanciers, par le failli lui-même, par un des syndics contre
l'autre.

Dans un but de célérité facile à comprendre, le Code de commerce
a pris deux mesures spéciales : *a.* Les ordonnances du juge-commissaire ne sont susceptibles de recours que dans les cas prévus par la
loi (art. 466, 474, 530, etc.). Le recours est porté devant le tribunal
de commerce (art. 453) (5) ; *b.* La décision du tribunal intervenue
sur ce recours est inattaquable (art. 583 5°, C. com.).

(1) Bédarride, I, n° 245 ; Rép. Dall., v° *Faillite*, n° 354.

(2) Renouard, I, p. 415 et 416 ; Bravard et Demangeat, V, p. 104, en note ;
Laurin, n° 1033.

(3) Renouard, I, p. 416 ; Thaller et Percerou, I, n° 1119.

(4) C'est ce qui a été dit en *Belgique* dans les travaux préparatoires de la
loi de 1851.

(5) Ordinairement, quand il est permis d'appeler de l'ordonnance d'un
juge, c'est devant la Cour d'appel que l'appel est porté.

450. 5. Le juge-commissaire fait convoquer les assemblées de créanciers par le greffier et en a la présidence (art. 462, 493, 504, 505, 507, C. com..

451. 6. Le juge-commissaire ordonne, s'il y a lieu, en cas d'union des créanciers ou de concordat par abandon d'actif, les répartitions de deniers à faire entre les créanciers, en fixe la quotité et veille à ce qu'ils en soient avertis (art. 566, C. com.). C'est lui qui ordonnance les paiements à faire. V. art. 489, C. com. (1).

451 bis. Il n'y a dans nos lois aucune disposition spéciale sur la responsabilité du juge-commissaire. Il est donc seulement soumis aux règles du droit commun sur la responsabilité des magistrats de l'ordre judiciaire. Il peut être l'objet d'une prise à partie (2).

452. L'institution du juge-commissaire, dont l'introduction est due au Code de commerce de 1807, a rendu assurément des services. Elle a contribué quelque peu à activer les procédures de faillite. Grâce aux juges-commissaires, des fraudes ou des négligences graves des syndics ont été prévenues ou réprimées. Mais on ne saurait nier, pourtant, que le contrôle des juges-commissaires laisse souvent beaucoup à désirer, surtout dans les grandes villes où les faillites sont les plus nombreuses et les plus graves. Il arrive souvent qu'un seul juge est chargé de plusieurs faillites en même temps qu'il exerce les autres fonctions judiciaires. Comment est-il possible, dans de telles conditions, qu'un juge-commissaire donne une attention suffisante aux opérations de chacune des faillites pour lesquelles il a été désigné, que son contrôle contribue à activer suffisamment ces opérations ? N'est-il pas naturel que bien des négligences commises par les syndics doivent échapper au juge-commissaire ? Du reste, il est juste que les intéressés, c'est-à-dire les créanciers, puissent exercer eux-mêmes, par l'entremise de délégués spéciaux, une surveillance qui doit leur profiter. Ce sont ces observations qui ont fait introduire par la loi du 4 mars 1889 dans les faillites un organe nouveau, les *contrôleurs* (art. 9, 3e alin., art. 10 et 20. V. nos 453

---

(1) Le juge-commissaire a encore quelques attributions spéciales dont il sera question dans le chapitre suivant. V. art. 472, 1er alin., 474, 477, 482.

(2) Thaller et Percerou, I, no 1120.

et suiv. Cet organe existait déjà dans un grand nombre de pays étrangers. V. n° 462 *ter*.

C. — DES CONTRÔLEURS (1).

453. Les contrôleurs sont des créanciers choisis par l'assemblée des créanciers formant la masse pour surveiller l'administration des syndics dans l'intérêt de celle-ci et pour donner leur avis sur certains actes que les syndics se proposent de faire. Le Code de 1807 et la loi de 1838 n'admettaient pas les contrôleurs ; c'est la loi du 4 mars 1889 qui a admis ce nouvel organe dans l'administration des faillites, en même temps que dans celle des liquidations judiciaires (2).

Cet organe diffère de tous les autres qui existent dans cette administration. Il n'est pas nécessaire : il appartient aux créanciers de décider s'ils veulent ou non qu'il y ait des contrôleurs. Ce caractère facultatif de l'institution nouvelle qui ne se retrouve pas dans tous les pays étrangers où elle est connue (n° 462 *ter*), a été admis par la loi de 1889 à la fois parce qu'il y a des faillites si peu importantes que la nomination de contrôleurs peut y paraître inutile (3) et parce qu'on a craint qu'on ne trouvât pas toujours dans les faillites des créanciers disposés à accepter les fonctions de contrôleurs (4). V. n° 462 *bis*.

454. Au jour indiqué pour la première réunion des créanciers après la déclaration de faillite (art. 462, C. com.), les créanciers sont consultés par le juge-commissaire sur l'utilité d'élire immédiatement des contrôleurs (L. 4 mars 1889, art. 9, alin. 3) (5). La décision des créanciers et le choix fait par eux ne sont soumis à

(1-2) Loi du 4 mars 1889, art. 9, 3ᵉ alin., art. 10 et 20.

(3) Mais il n'y a pas en France, comme il existe en *Angleterre*, des règles spéciales aux petites faillites. Même dans les faillites de la moindre importance, les créanciers peuvent, si bon leur semble, nommer des contrôleurs.

(4) Cette crainte a fait aussi restreindre la responsabilité des contrôleurs. V. n° 461.

(5) Il y a là une obligation pour le juge-commissaire. — Il doit *a fortiori* mettre aux voix la nomination des contrôleurs quand elle est réclamée par des créanciers. Cass. 6 nov. 1895, *Journal des faillites*, 1896, 337.

l'appréciation ni du tribunal de commerce ni du juge-commissaire.

Du reste, les contrôleurs peuvent être élus à toute période de la faillite, s'ils ne l'ont pas été dans la première assemblée (art. 9, alin. 3). Il est, en effet, possible que les créanciers ne s'aperçoivent qu'après un certain temps de l'utilité que peuvent présenter des contrôleurs.

Il n'est assurément pas nécessaire, pour que cette nomination ait lieu, qu'une assemblée spéciale des créanciers soit convoquée. Ainsi, elle peut avoir lieu dans une assemblée de vérification des créances, dans l'assemblée du concordat, etc. (1). Le juge-commissaire doit ouvrir le vote sur la question dès que des créanciers demandent que des contrôleurs soient nommés (2). Mais il semble juste, du moins, d'exiger toujours que la question soit portée par avance à l'ordre du jour de l'assemblée des créanciers, afin que tous sachent qu'elle y sera discutée. Il y a une règle admise, en général, pour toutes les assemblées même en l'absence de toute disposition légale ; elle l'est notamment pour les assemblées d'actionnaires dans les sociétés par actions.

455. Les contrôleurs ne peuvent être choisis que parmi les créanciers. C'est l'intérêt qu'ils ont comme tels à la bonne administration de la faillite qui peut faire espérer que leur contrôle s'exercera sérieusement. Autrement, du reste, on aurait eu à craindre l'intrusion dans les faillites d'agents d'affaires qui auraient peut-être soulevé des difficultés et contribué à faire traîner en longueur les opérations que les contrôleurs sont chargés d'activer.

Aucune autre condition que celle d'être créancier n'est exigée des contrôleurs. On pourrait donc faire choix même d'étrangers (3). On

---

(1) Lyon, 8 juillet 1893, D. 1894. 2. 257.

(2) Cass. 6 novembre 1895, D. 1897. 1. 219.

(3) La question de savoir si le choix peut porter sur des étrangers est discutée en ce qui concerne les syndics (n° 433 et note 3 de la page 480) ; elle ne l'est pas et ne peut pas l'être pour les contrôleurs. Ceux-ci sont chargés de veiller à leurs intérêts en même temps qu'à ceux de leurs cocréanciers ; à quel titre pourrait-on exclure des étrangers qui font le commerce dans les mêmes conditions que les nationaux ?

pourrait même élire un commerçant déclaré en liquidation judiciaire et non réhabilité (1).

Les créanciers élus contrôleurs ont la liberté de ne pas en accepter les fonctions. Ils peuvent aussi, après les avoir acceptées, donner leur démission, sauf à être déclarés responsables du préjudice causé à la masse des créanciers, si leur démission est inopportune.

456. Il est rare qu'une surveillance s'exerce d'une façon sérieuse quand elle est confiée à un grand nombre de personnes ; chacun compte sur les autres. Aussi ne doit-il y avoir qu'un ou deux contrôleurs (L. de 1889, art. 9, alin. 3).

457. *Attributions des contrôleurs.* — Les contrôleurs n'ont pas d'actes de gestion à faire. Comme leur nom même l'indique, ils n'ont qu'à contrôler ou surveiller la gestion des syndics et ont reçu, en outre, quelques attributions consultatives.

Leurs fonctions sont gratuites (2) (L. de 1889, art. 10, alin. 3).

458. Les contrôleurs sont spécialement chargés de vérifier les livres du failli et de surveiller les opérations des syndics ; ils ont toujours le droit de demander compte de l'état de la faillite, des recettes effectuées et des versements faits (L. de 1889, art. 10, alin. 1).

La loi n'indique point comment s'opérera la vérification des livres faite par les contrôleurs. Aussi s'est-on demandé si les contrôleurs peuvent exiger que les livres soient transportés chez eux ou s'ils sont tenus de se rendre, pour les examiner, chez le syndic. La seconde solution doit être préférée (3). Quand une loi parle d'une vérification, il semble qu'il s'agit d'un examen fait sur place. Puis, le transport des livres présenterait des inconvénients : les syndics peuvent en avoir besoin. Enfin, des difficultés seraient possibles à raison de ce qu'aucun texte ne fixe le temps maximum pendant lequel les livres peuvent être gardés.

---

(1) Trib. com. Marseille 9 août 1904, D. 1908. 2. 273 ; Cass. 14 mars 1911, D. 1911. 1. 322.

(2) Mais il va de soi que, du moins, les contrôleurs peuvent réclamer le remboursement de leurs avances, au moins dans la limite des profits que la masse en a tiré. Cass. 14 mars 1910, *Journal des faillites*, 1911, 337.

(3) Thaller et Percerou, I, n° 1170.

459. Les contrôleurs ont un rôle consultatif qui complète leur pouvoir de surveillance. Ils doivent être consultés par les syndics sur les actions à intenter ou à suivre (L. de 1889, art. 10, alin. 1) ; sur les transactions, renonciations, désistements et acquiescements (L de 1889, art. 7, alin. 1 et 2) ; sur la notification à faire par les syndics au propriétaire de l'immeuble loué au failli de leur intention de continuer le bail (L. de 1889, art. 18) (1).

Ces attributions n'ont qu'une importance secondaire. Car il s'agit de simples avis, non d'autorisations (2), et, par suite, les syndics ont toujours le droit d'agir contrairement à l'avis des contrôleurs. En outre, les actes faits sans que leurs avis ait été demandé, n'en sont pas moins valables (3).

Par cela même que les contrôleurs n'ont aucun pouvoir de gestion, ils ne peuvent, à la place du syndic, interjeter appel d'un jugement et ils n'ont le droit d'intervenir dans les instances concernant le failli que dans la mesure ou le peuvent faire tous autres créanciers (4).

460. Le mandat que les contrôleurs tiennent de l'assemblée des créanciers, a un caractère personnel à raison duquel il ne semble pas possible qu'un contrôleur se substitue une autre personne, celle-ci eût-elle, d'ailleurs, elle-même la qualité de créancier (5).

461. *Responsabilité des contrôleurs.* — Comme tous les mandataires, les contrôleurs peuvent encourir une responsabilité. Mais

---

(1) Dans tous les cas indiqués au texte, l'avis des contrôleurs est exigé aussi bien en cas de faillite qu'en cas de liquidation judiciaire. Cela résulte de l'article 20, 2e alin., de la loi du 4 mars 1889 qui déclare applicables, en cas de faillite toutes les dispositions concernant les contrôleurs. V. Thaller et Percerou, I, n° 1172.

(2) C'est un point de vue auquel les attributions des contrôleurs diffèrent essentiellement de celles du juge-commissaire ; celui-ci est appelé à autoriser des actes à faire par le syndic. V. n° 448.— Dans des pays étrangers, les personnes qui correspondent aux contrôleurs du Droit français, ont des autorisations à donner pour certains actes. V. 462 *ter.*

(3) Cass. 15 décembre 1902, S. 1904. 1. 113 ; D. 1903. 1. 79. et *Pand. fr., Journal des faillites,* 1903, p. 5.

(4) Besançon, 23 décembre 1903 ; Paris, 21 décembre 1906, *Journal des faillites,* 1904, 55 ; 1907, 13.

(5) Thaller et Percerou, I, n° 1170.

celle-ci est très atténuée ; ils ne peuvent être déclarés responsables qu'en cas de faute *lourde* et *personnelle* (L. de 1889, art. 10, alin. 2). Le législateur a voulu empêcher que la crainte de la responsabilité ne détournât des créanciers d'accepter cette fonction. Au reste, les contrôleurs sont des mandataires gratuits (L. de 1889, art. 10, alin. 3) et, d'après les règles mêmes du droit commun, *la responsabilité relative aux fautes est appliquée moins rigoureusement à celui dont le mandat est gratuit qu'à celui qui reçoit un salaire* (art. 1992, 2ᵉ alin., C. civ.).

Par cela même que la loi (art. 1ᵉʳ, alin. 3) restreint la responsabilité des contrôleurs à leurs fautes personnelles, il ne peut être question de solidarité lorsqu'il y a deux contrôleurs. D'ailleurs, la règle générale est que la solidarité n'existe entre comandataires qu'autant qu'elle est exprimée (art. 1995, C. civ.) (1).

462. *Révocation des contrôleurs.* — Les contrôleurs peuvent se rendre coupables de négligence. Il ne suffit pas qu'ils puissent être déclarés responsables ; il faut que leur révocation soit possible. Mais elle ne peut être prononcée que par le tribunal de commerce sur l'avis conforme de la majorité des créanciers et sur la proposition du juge-commissaire (L. de 1889, art. 10, alin. 2). Aucune condition de *quorum* n'est exigée par la loi.

Le jugement qui prononce la révocation d'un contrôleur, est-il susceptible d'appel, d'opposition ou de pourvoi en cassation ? La loi spéciale de 1889 est muette à cet égard. Aussi a-t-on soutenu que, d'après les principes généraux, ces voies de recours doivent être admises (2). Mais cette solution paraît en contradiction avec le système général du Code de commerce d'après lequel les jugements concernant l'administration ne sont pas susceptibles de recours (art. 583, C. com.). Avec l'opinion contraire, on serait conduit à cette singularité qu'aucune voie de recours n'étant possible contre le jugement qui révoque un syndic (art. 583 1°), le jugement assu-

---

(1) Il a été expliqué plus haut (n° 440, que le Code de commerce (art. 455) déroge, pour les cosyndics, à la règle générale de l'article 1995, C. civ.

(2 Eug. Malapert, *Du régime de la liquidation judiciaire*, n° 570 ; Thaller et Percerou, I, n° 1169. V., pour l'appel, Cass. 14 mars 1911, D. 1911. 1. 322.

rément moins grave, qui révoque un contrôleur, pourrait être attaqué.

462 *bis*. En fait, depuis la loi du 4 mars 1889, des contrôleurs
ne sont pas nommés dans un grand nombre de faillites. Aussi la nouvelle institution n'a eu que des résultats peu importants. Toutefois,
les nominations de contrôleurs sont plus fréquentes dans les liquidations judiciaires que dans les faillites. Dans celles-là, les créanciers peuvent désirer d'autant plus contrôler eux-mêmes que le
débiteur reste plus maître de ses actions, parce qu'il n'est pas dessaisi de l'administration de ses biens. En outre, c'est principalement
dans les faillites et les liquidations judiciaires des sociétés que des
contrôleurs sont nommés. Cela provient sans aucun doute de la
grande importance des intérêts qui y sont souvent engagés.

462 *ter*. Droit étranger. — Sous des noms divers, on trouve
dans beaucoup de pays étrangers une institution analogue à celle
des *contrôleurs*. Les lois diffèrent surtout en ce que, d'après les
unes, la nomination des contrôleurs est obligatoire, tandis que,
d'après les autres, elle est, comme en France, facultative.

La loi *allemande* (art. 87) décide qu'avant la première assemblée
des créanciers, le tribunal peut choisir parmi les créanciers ou leurs
mandataires un comité des créanciers (*Gläubigerausschuss*). Ce
comité n'est pas obligatoire ; les créanciers ont la faculté de décider
de ne pas en constituer un. Les membres de ce comité peuvent être
des créanciers ou d'autres personnes. Leurs fonctions peuvent être
rétribuées (art. 91). Elles consistent à assister et à surveiller le
syndic. Le comité est tenu de faire vérifier la caisse au moins une
fois par mois par un de ses membres (art. 88). Il est des actes que
le syndic ne peut pas faire sans son assentiment (art. 129 et 130).

Le comité de surveillance (*committee of inspection*) est aussi
facultatif d'après la loi *anglaise* (art. 22) et est chargé d'autoriser
certains actes du syndic (art. 57). Il comprend trois créanciers au
moins et cinq au plus.

Au contraire, la nomination d'un comité de créanciers est obligatoire d'après la loi *autrichienne* (art. 74) et le Code de commerce
italien (art. 723 et suiv.). Mais, tandis que le Code *italien* ne donne
à la *delegazione dei creditori* que des attributions de surveillance,

la loi *autrichienne* lui confère le pouvoir d'autoriser tous les actes importants d'administration (art. 140).

Cette institution tend à se généraliser. On la trouve avec un caractère facultatif et des attributions sortant des limites du simple contrôle dans la loi *suisse* (art. 247), dans la loi *hongroise* (art. 96, 97, 106 à 111), d'après lesquelles le comité des créanciers doit autoriser les actes les plus graves du syndic.

On a fait justement remarquer que ce nouvel organe des faillites a une grande ressemblance avec le conseil de surveillance ou avec les commissaires des sociétés par actions. Ce rapprochement a conduit sans doute la loi du 4 mars 1889 et le Code de commerce *italien* à ne voir là qu'un organe de contrôle ayant seulement, avec le droit de surveiller la gestion des syndics, celui de donner des avis pour certains actes. Cet organe n'a une utilité vraiment sérieuse que si l'on ajoute à ces attributions le droit d'autoriser des actes importants, comme le font notamment les lois *allemande et anglaise* (1).

D. — DU TRIBUNAL DE COMMERCE (2).

463. Le tribunal de commerce du domicile du failli n'est pas seulement appelé à rendre le jugement déclaratif de faillite et à fixer, soit dans ce jugement, soit dans un jugement postérieur, la date de la cessation des paiements. Il a encore trois classes d'attributions : les unes contentieuses, les autres tenant à la juridiction gracieuse (3).

464. 1. Il est compétent pour statuer sur toutes les contestations *concernant les faillites* ou *en matière de faillite* (art. 635, C. com.,

(1) V. Thaller, *Des faillites en droit comparé*, II, n° 171, p. 201 et suiv.

(2-3) Art. 635, C. com. ; art. 59 7°, C. proc. civ. — Le tribunal de commerce qui a prononcé la mise en liquidation judiciaire d'un commerçant, a les mêmes attributions que le tribunal qui a déclaré la faillite : L. 4 mars 1889, art. 24 ; Cass. 24 janv. 1887, D. 1887. 1. 214 ; *Pand. fr.*, 1887. 1. 53. — DROIT ÉTRANGER. — Il a été dit précédemment que la juridiction commerciale n'est pas compétente pour déclarer la faillite et statuer sur les contestations qui en naissent, dans tous les pays où cette juridiction existe V. n° 75 *bis*.

et art. 59 7o, C. proc. civ.) (1). Il y a là, en réalité, deux règles de compétence, l'une *ratione materiæ*, l'autre *ratione personæ* : 1° la compétence appartient à un tribunal de commerce ; 2° parmi les tribunaux de commerce, celui qui est compétent est le tribunal du domicile du failli, alors même que le défendeur est domicilié en un autre lieu.

Ces deux règles se justifient par des considérations pratiques décisives. Un tribunal composé de commerçants est particulièrement apte à apprécier les questions nées de la faillite. Celui qui a déclaré la faillite est mieux placé que tous les autres pour juger les contestations dont il s'agit. C'est au domicile du failli que se trouvent ses livres, que souvent il a conclu la plupart des opérations litigieuses. Du reste, il y a fréquemment entre les contestations en matière de faillite des liens qui rendent utile qu'un seul tribunal en connaisse.

Mais le tribunal qui a rendu le jugement déclaratif, n'est pas compétent pour statuer sur tous les procès dans lesquels la faillite est intéressée. Il y a à faire des distinctions qui reposent sur la détermination du sens de l'expression *contestations en matière de faillite* ; le sens en est fixé ci-après (nos 467 et suiv.) (2).

465. 2. Le tribunal qui a déclaré la faillite connaît, dans les cas indiqués expressément par la loi, des recours formés contre les ordonnances du juge commissaire. Ces cas sont exceptionnels ; en principe, ces ordonnances échappent à tout recours (art. 453, C. com.).

466. 3. Le tribunal de commerce est souvent appelé aussi à intervenir dans la faillite pour faire acte de juridiction gracieuse, notamment pour nommer et remplacer des syndics, nommer et remplacer un jugecommissaire, révoquer des contrôleurs, autoriser des actes d'une gravité exceptionnelle (art. 451, 462, 464, 467, 487, 515, 533, 583, etc. ; L. 4 mars 1889, art. 10, 3e alin.). Dans ces cas, les décisions du tribunal qui sont des sortes d'actes d'ad-

---

(1) Dans le Code de 1807, l'article 635, au lieu d'employer une formule générale, faisait une énumération limitative des contestations dont le tribunal de la faillite était appelée à connaître.

(2) V. aussi *Traité de Droit commercial*, 1, nos 366 et 402.

ministration, reçoivent, néanmoins, la qualification de jugements (1).

467. Il importe de revenir sur les deux règles de compétence posées par les articles 635, C. com. et 59 7°, C. proc. civ., pour déterminer le sens exact des dispositions d'après lesquelles *les tri-bunaux de commerce connaîtront de* TOUT CE QUI CONCERNE LES FAILLITES et *le défendeur sera assigné...* EN MATIÈRE DE FAILLITE, *devant le juge du domicile du failli* (2). Au reste, la question peut être examinée simultanément au point de vue des deux règles ; les actions attribuées, en vertu de l'article 59 7°, C. proc. civ., au tribunal qui a déclaré la faillite sont celles-là même qui sont placées dans la compétence de la juridiction consulaire d'après l'article 635, C. com.

468. Il n'est pas douteux que toutes les contestations nées après la faillite et dans lesquelles, par suite, à raison du dessaisissement, le syndic est partie, ne sont pas de la compétence du tribunal qui a rendu le jugement déclaratif. Cela résulte très clairement, pour les contestations concernant l'admission de créances à la faillite des articles 500 et 512, C. com., qui supposent que certaines de ces contestations ne sont pas portées devant ce tribunal (nos 546 et 602). Au reste, les motifs des règles de compétence dont il s'agit n'exis-tent pas pour toutes les contestations dans lesquelles la faillite est intéressée.

Le tribunal de commerce est appelé seulement à connaître, en dehors des questions dont le jugement lui est attribué par une dis-position formelle du livre III du Code de commerce (3), des procès qui concernent l'administration de la faillite ou qui sont nés de la faillite, alors même qu'ils seraient relatifs à un acte civil. Toutes les autres contestations qui seraient nées sans la faillite, demeurent de

---

(1) Au reste, en beaucoup d'autres matières, le mot *jugement* est employé dans cette acception.

(2) Ce n'est pas seulement au point de vue de la compétence qu'il im-porte de déterminer le sens des expressions dont il s'agit ; des expressions identiques ou analogues sont employées par le Code de commerce dans des dispositions qui ne concernent pas la compétence. V. art. 452 alin. 2 et art. 582, C. com.

(3) V. art. 440, 441, 454, 455, 455, 462, 464, 466, 467, 472 à 474, 487, 498, 499, 512 à 515, 519, 530, 570, 580, etc.

la compétence du tribunal qui en aurait connu alors même que la
faillite n'existerait pas.

On peut faire de ces principes, qui fixent la portée des articles 635,
C. com., et 59 7°, C. proc. civ., de nombreuses applications, dont
quelques-unes ne sont pas sans présenter de sérieuses difficultés.

Ainsi, le tribunal qui a rendu le jugement déclaratif est compétent
pour connaître des actions en nullité fondées sur les articles 446
à 449, C. com., ou sur le dessaisissement, qu'il s'agisse d'actes de
commerce ou même d'actes civils, par exemple d'une donation,
d'une vente d'immeuble, d'une constitution d'hypothèque, d'une
inscription de privilège ou d'hypothèque (1). Le même tribunal a
aussi compétence pour statuer sur les contestations relatives à des
privilèges qui n'existent qu'en cas de faillite (2) et même relatives à
des hypothèques ou à des privilèges indépendants de l'état de faillite, quand ce tribunal est compétent pour statuer sur les contestations relatives à la créance garantie : *accessorium sequitur principale* (3), sur les actions relatives à la suppression ou aux restrictions
de certains privilèges (art. 450 et 550, C. com.) et hypothèques à
raison de la faillite (art. 563, C. com.) (4). C'est devant ce même
tribunal que doit être portée l'action exercée contre la caution qui a
garanti l'exécution d'un concordat après faillite (5) ou la contestation
relative au compte rendu par le syndic au failli à la suite d'un concordat simple (art. 519, C. com.) (6).

(1) Cass. 16 juin 1874, S. 1874. 1, 345 ; *J. Pal.*, 1874. 878 ; D. 1874. 1.
445 ; Cass. 15 avr. 1878, S. 1878. 1. 311 ; *J. Pal.*, 1878. 775 ; Cass. 2 avr.
1890 ; S. et *J. Pal.*, 1892. 1. 15 ; D. 1891. 1. 182 ; *Pand. fr.*, 1891. 1. 8 ;
Limoges, 24 mars 1893, S. et *J. Pal.*, 1894. 2. 121 ; D. 1895. 2. 137 ;
Nancy, 20 fév. 1894, D. 1894. 2. 231 ; Cass. 10 mars 1896.

(2) Paris, 6 mai 1890 (il s'agissait du privilège de l'article 549, C. com.,
qui n'existe qu'en cas de faillite), *le Droit*, n° du 25 mai 1890.

(3) Trib. com. Seine, 20 mai 1887, *la Loi*, n° du 4 juin 1887.

(4) V. Cass. 28 mars 1885, Trib. civ. Quimper, 9 août 1900, *Journal des
faillites*, 1901, p. 478.

(5) Besançon, 20 nov. 1884, S. 1886. 2. 206 ; *J. Pal.*, 1886. 1. 1107 ; D.
1886. 2. 87. — Il y a ici un cas où la compétence commerciale est admise
pour un acte qui est purement civil, car le cautionnement est, en principe,
un acte civil. V. *Traité de Droit commercial*, I, n° 182, p. 162 et note 3.

(6) Cass. 7 août 1894, *Pand. fr. pér.*, 1895. 1. 511 ; *le Droit*, n° du
27 sept. 1894.

Les motifs de l'article 635, C. com., paraissent devoir faire admettre la compétence du tribunal qui a rendu le jugement déclaratif, alors même que les contestations sont relatives à des contrats pour lesquels la compétence administrative existe, dès l'instant où la question soulevée est née de la faillite. Ainsi, en est-il, selon nous, d'une action tendant à faire admettre l'État comme créancier privilégié à l'encontre de la masse de la faillite d'un entrepreneur de travaux publics (1), ou d'une demande en nullité d'une convention de résiliation d'un marché de travaux publics comme conclu après la déclaration de faillite de l'entrepreneur (2), ou d'un paiement par compensation intervenu entre un entrepreneur de travaux publics et l'État (3).

Au contraire, les règles ordinaires de compétence sont applicables, à l'exclusion de celles des articles 635, C. com., et 59 7°, C. proc. civ., à l'action paulienne de l'article 1167, C. civ. (4) ; aux actions en nullité fondées sur les principes du Droit civil, comme le seraient des actions en nullité de donations pour inobservation des formes de l'article 931, C. civ., de contrats pour vices du consentement, d'inscriptions à raison de la violation des dispositions de l'article 2148, C. civ. ; aux demandes en radiation d'inscriptions hypothécaires fondées sur des dispositions étrangères à la faillite (5) ; aux contestations relatives à des privilèges indépendants de la faillite et dont celle-ci n'entraîne pas la suppression ou la restriction (6) et généralement aux contestations relatives à des contrats antérieurs au jugement déclaratif et n'ayant pas leur origine dans les effets produits par ce jugement (7).

(1) Conseil d'État, 15 avr. 1858, S. 1859. 2. 189 ; D. 1860. 5. 391.

(2-3) V., pourtant, *en sens contraire*, Cass. 15 juin 1887, S. 1888. 1. 209 ; *J. Pal.*, 1888. 1. 508 (note de M. Chavegrin) ; D. 1889. 1. 144 ; Tribunal des conflits, 12 juill. 1890, S. et *J. Pal.*, 1892. 3. 113 (note de M. Hauriou) ; D. 1892. 3. 17 ; *Pand. fr. pér.*, 1891. 4. 13.

(4) V. ci-dessus, n° 312 ; Lyon, 15 déc. 1881, D. 1882. 1. 134. V. cependant Rouen, 8 mars 1902, *le Droit*, n° du 11 juin 1902 ; Thaller et Percerou, I, n° 1130.

(5) Cass. 28 mars 1885, *la Loi*, n° du 9 juill. 1885.

(6) Aix, 2 janv. 1883 (privilège des gens de service).

(7) Cass. 8 déc. 1884 ; Cass. 2 juin 1885 (action intentée par un syndic contre les commissionnaires du failli), *Journal des faillites*, 1885. 397 ;

469. Quelle est la nature de l'incompétence des tribunaux civils pour connaître des contestations nées de la faillite ? Selon une jurisprudence constante, en général, l'incompétence des tribunaux civils relativement aux affaires de la compétence des tribunaux de commerce est relative ; elle doit, par suite, être proposée in *limine litis* et le tribunal civil saisi n'est pas tenu de se déclarer incompétent d'office (1). Doit-on reconnaître le même caractère à l'incompétence des tribunaux civils quant aux contestations nées de la faillite ? On peut assurément le soutenir, en se fondant sur ce qu'aucune disposition légale spéciale ne déroge à la règle générale (2). Mais, par cela même que toutes les dispositions concernant les faillites sont d'ordre public, il semble qu'on doive admettre ici une exception à la règle (3). L'absence de texte concernant l'exception n'est pas décisive, parce que la règle elle-même n'est consacrée par aucune disposition expresse. Il faut conclure de là que l'incompétence d'un tribunal autre que celui de la faillite peut être opposée en tout état de cause en appel, même devant la Cour de cassation, qu'elle doit être relevée par le tribunal indûment saisi, même d'office, que les parties ne peuvent valablement convenir de porter leur procès devant un tribunal autre que celui de la faillite.

470. Des règles spéciales régissent les jugements rendus en matière de faillite au point de vue des voie de recours ouvertes contre eux. Il a été déjà parlé plus haut, particulièrement sous ce rapport, du jugement déclaratif et du jugement qui fixe la date de la cessation des paiements (nos 126 et suiv.). Dans un but de célérité et d'économie, le Code a apporté des dérogations au droit commun

---

Cass. 28 nov. 1898, D. 1899. 1. 35 (la demande du propriétaire de l'immeuble loué au failli en validité de la saisie-revendication d'objets mobiliers enlevés des magasins du failli est valablement portée devant le Tribunal civil, parce qu'elle ne dérive pas de la faillite, mais d'un contrat antérieur sur le sort duquel la faillite ne doit pas influer).

(1) V. *Traité de Droit commercial*, I, n° 382.

(2) Cass. 17 juin 1884, *Journal des faillites*, 1884, p. 449 ; Cass. 22 nov. 1910, *Journal des faillites*, 1911. 195.

(3) Cass. 29 juin 1870, S. 1870. 1. 417 ; *J. Pal.*, 1870. 1105 ; D. 1871. 1. 289 ; Trib. civ. Nancy, 1er mai 1877, *le Droit*, n° du 7 juin 1877 ; Thaller et Percerou, I, n° 1133.

même pour les autres *jugements rendus en matière de faillite*, mais elles ne sont pas les mêmes pour tous.

471. Il y a d'abord des jugements contre lesquels la loi exclut l'opposition, l'appel et le pourvoi en cassation. L'article 583, C. com., les énumère. Ce sont, en général, les jugements qui sont relatifs à l'administration de la faillite, notamment les jugements relatifs à la nomination ou au remplacement du juge-commissaire, à la nomination et à la révocation des syndics, les jugements statuant sur des recours formés contre des ordonnances du juge-commissaire, etc. (1). En s'inspirant de l'esprit de la loi, on doit, selon nous, ranger aussi parmi ces jugements ceux qui révoquent des contrôleurs (n° 462).

Les autres jugements *rendus en matière de faillite* sont, conformément au droit commun, susceptibles d'opposition, d'appel et de pourvoi en cassation. Pour le pourvoi en cassation, il n'y a aucune particularité. Pour l'opposition, il n'y a de règles spéciales que quand elle est dirigée contre le jugement déclaratif ou contre le jugement fixant la date de la cessation des paiements (n°s 126 et suiv.). Mais, en ce qui concerne l'appel, le délai donné pour l'interjeter est notablement réduit : pour tout jugement rendu en matière de faillite, il est de quinze jours à partir de la signification (art. 582, C. com.) et non de deux mois comme il l'est en droit commun (art. 443, C. proc. civ.). V. n°s 146 et suiv.

Les jugements auxquels s'applique ce délai abrégé de l'appel, sont précisément, en principe, ceux qui sont de la compétence du tribunal qui a déclaré la faillite, en vertu de l'article 635, C. com. (2). V. n° 468.

471 *bis*. Il faut appliquer ici les solutions précédemment adoptées à propos du jugement déclaratif sur le point de savoir si la règle de

(1) Il sera question des autres jugements non susceptibles d'opposition, ni d'appel, ni de pourvoi en cassation, à propos des matières auxquelles chacun d'eux se rattache.

(2) Il s'agit des jugements intervenus sur une contestation né de l'événement de la faillite et intéressant l'administration de la faillite et sa procédure spéciale : Paris, 6 juill. 1901. 2. 486 (jugement statuant sur la contestation élevée par un créancier du failli relativement à la production d'un autre créancier).

l'article 582, selon laquelle le délai d'appel court de la signification, s'applique même aux jugements par défaut (n° 151).

471 *ter*. A défaut de dérogation spéciale, les formes de l'appel et les conditions de sa recevabilité sont régies par les règles du droit commun.

E. — DU GREFFIER DU TRIBUNAL DE COMMERCE.

471 *quater*. Le greffier du tribunal de commerce a personnellement des attributions importantes en matière de faillite.

Aussitôt après que le jugement déclaratif de faillite a été rendu, le greffier doit donner avis au juge de paix de la disposition de ce jugement qui ordonne l'apposition des scellés (art. 457, C. com.). Il doit, dans les 24 heures adresser au procureur de la République du ressort un extrait du jugement déclaratif mentionnant les principales dispositions et indications qu'il contient (art. 459, C. com.).

Le greffier a, avec le syndic, qualité pour recevoir les titres des créanciers, ce qui constitue la production à la faillite faite en vue de la procédure de vérification et d'admission de créance (art. 491, C. com.).

C'est le greffier qui a la mission de convoquer les différentes assemblées de créanciers dont le juge-commissaire fixe les dates. Il dresse les procès-verbaux de ces assemblées et le signe avec le juge-commissaire.

F. — DE LA MASSE DES CRÉANCIERS.

472. La loi, qui supprime, en principe, à partir du jugement déclaratif de faillite, le droit pour chaque créancier d'agir individuellement (n°ˢ 251 et suiv.), groupe obligatoirement les créanciers, les considère comme formant une masse et confie aux syndics le pouvoir d'agir au nom de cette masse.

Le groupement des créanciers n'est point une société ; il ne réunit pas les conditions exigées pour cela par l'article 1832, C. civ. C'est une sorte d'association obligatoire, comme les associations syndicales des lois du 21 juin 1865 et 22 décembre 1888.

La masse des créanciers forme-t-elle une personne morale distincte des personnes des créanciers ? On l'a nié (1). Le législateur, dans un but de simplification et pour mieux assurer l'égalité entre les créanciers, se borne, dit-on, à grouper leurs intérêts collectifs et charge les syndics de les représenter et de les défendre (2). Il est plus simple et plus juste, selon nous, de reconnaître l'existence d'une personne morale (3). Sans doute, aucune disposition légale ne reconnaît expressément que la masse des créanciers forme une personne civile ; mais des solutions incontestées impliquent l'existence de cette personne civile (4). Ainsi, il est admis sans aucune difficulté que le syndic agit en justice pour la masse, sans qu'il soit besoin de faire mention dans les actes de la procédure des noms des créanciers et de signifier ces actes à chacun d'eux. Cela ne peut se comprendre dans notre législation où est reconnue la règle, *nul ne plaide par procureur*, que par l'existence d'une personne civile. De même, il y a des personnes qui ont pour créancière ou pour débitrice la masse, sans qu'on puisse dire que chaque créancier de la faillite soit créancier ou débiteur de ces personnes, de telle façon que, dans une certaine mesure, la masse a un patrimoine distinct des patrimoines des créanciers (n° 478 *bis*) (5). Enfin, le Code de

(1-2) Cass. 7 juin 1859, D. 1860. 1. 21. Telle était notre opinion contenue dans notre *Précis de Droit commercial*, II, n° 2811. — V., pour l'*Allemagne*, Kohler, *Lehrbuch des Konkursrechtes*, p. 370 et suiv.

(3) Quelques décisions judiciaires emploient des expressions qui impliquent la reconnaissance de la personnalité de la masse des créanciers. Ainsi, on lit dans un arrêt de la Cour de Bourges du 11 déc. 1889 que « le syndic est le représentant *d'un être moral, la masse* ». V. cet arrêt dans le *Journal des faillites*, 1890. 137. Cet arrêt, se fondant sur la personnalité de la masse des créanciers, admet que, dans un procès où le syndic représente la masse, des créanciers pris individuellement ne sont pas reprochables comme témoins, sous le prétexte qu'ils sont parties dans l'instance, mais que les tribunaux ont un pouvoir souverain pour admettre ou non les reproches formulés contre eux. Un jugement rendu par le tribunal civil d'Alger le 29 nov. 1895 (*la Loi*, n° du 14 janv. 1896) parle « du débat engagé avec *l'être moral de la faillite* ». V., dans le sens de la personnalité, Thaller et Percerou, II, n° 85.

(4) Il en est de même en matière de sociétés. V. *Traité de Droit commercial*, II, n°ˢ 105 et suiv.

(5) Ce sont ces créanciers qu'on qualifie de créanciers *de la masse*, par opposition aux créanciers *dans* la masse, dont le failli est le débiteur. V.,

commerce lui-même confère une hypothèque à la masse (art. 490) et il la distingue bien des créanciers pris individuellement, puisqu'il décide (art. 517) qu'en cas de concordat simple, *chacun des créanciers* jouit de l'hypothèque conférée à la masse.

472 bis. Malgré la formation de la masse des créanciers et la suspension du droit de poursuite individuelle, les créanciers ont certains droits que chacun peut exercer personnellement [1]. C'est ainsi que chaque créancier peut agir pour faire constater l'existence et le montant de sa créance en produisant ses titres et en intervenant dans la procédure spéciale de vérification et d'affirmation des créances (art. 491 et suiv., C. com.). V. nos 527 et suiv. Dans cette procédure, chaque créancier peut contester la créance d'un autre (*élever un contredit*) (art. 494). Les créanciers ont aussi le droit individuel de surveiller la gestion des syndics, de former des réclamations contre leurs actes, de demander la révocation des syndics au juge-commissaire et au tribunal (art. 466 et 467), de former opposition ou d'interjeter appel contre le jugement déclaratif et contre le jugement fixant la date de la cessation des paiements (art. 580 et suiv.). V. nos 165 et 166.

473. Les créanciers n'ont pas d'autres droits individuels. Ainsi, ils ne peuvent ni exercer les actions de la masse [2], ils ne peuvent même pas intervenir dans un procès soutenu par les syndics au nom de la masse (no 227). Un créancier ne peut pas non plus exercer individuellement les droits et actions du débiteur en vertu de l'article 1166, C. civ. Ce droit appartient aux syndics seuls dans l'intérêt collectif (nos 219 et suiv.). De même, un créancier ne peut agir seul pour faire annuler des actes du failli en vertu des articles 446 et suiv., C. com. (no 312).

474. Mais cela ne fait nullement obstacle à ce que les créanciers agissent individuellement, s'ils se trouvent avoir des droits con-

sur l'intérêt que présente la distinction entre ces deux classes de créanciers, nos 556 et suiv.

[1] Cf. Riom, 15 fév. 1890, D. 1891. 2. 137 ; S. et *J. Pal.*, 1893. 2. 10. De même, la personnalité des sociétés de commerce ne met point obstacle à l'existence de droits individuels pour chacun des associés.

[2] Paris, 5 décembre 1911, *Journal des faillites*, 1912. 16.

traires à ceux de la masse, par exemple, si un privilège ou une hypothèque qu'un créancier invoque est contesté dans son principe ou dans son étendue relativement aux créances garanties et aux biens grevés, par la masse des créanciers (1). Ce créancier peut plaider pour cette raison contre les créanciers de la masse de la faillite représentés par les syndics. Bien plus, des créanciers chirographaires eux-mêmes peuvent avoir aussi à exercer des droits individuels. C'est ce qui a lieu quand les créances de certains d'entre eux sont contestées ; le syndic reste à leur égard le représentant de la masse (2). De même, si l'on admet que les créanciers antérieurs à l'acte frauduleux du débiteur bénéficient seuls de sa révocation (3), ces créanciers peuvent exercer eux-mêmes l'action révocatoire pour cause de fraude en vertu de l'article 1167, C. civ., quand il y a des créanciers postérieurs à l'acte attaqué (4).

475. En tant qu'ils forment une masse, les créanciers de la faillite sont représentés par les syndics à l'exclusion de toutes autres personnes. Un ou plusieurs créanciers n'auraient même pas le pouvoir d'exercer les droits de la masse ou d'intervenir dans les actions intentées par les syndics (n°s 227 *in fine* et 473) (5).

(1) Cass. 26 avr. 1872, S. 1872. 1. 366 ; *J. Pal.*, 1872. 983 ; D. 1872. 1. 403 ; 5 mai 1886, *Pand. fr. pér.*, 1886. 1. 219 ; S. 1886. 1. 511 ; *J. Pal.*, 1886. 1. 743 : Cf. Cass. 12 mars 1900, S. et *J. Pal.*, 1900. 1. 392. V. Cass. 31 mars 1905, S. et *J. Pal.*, 1911. 1. 514 ; *Pand. fr.*, 1911. 1. 514 ; *Journal des faillites*, 1912, p. 9.

(2) Cass. 10 nov. 1890, *Pand. fr. pér.*, 1891. 1. 138 ; S. 1891. 1. 241 ; *J. Pal.*, 1891. 1. 593 ; D. 1892. 1. 8 ; 1er avr. 1895, S. et P. 1895. 1. 279. *Pand. fr.*, 1896. 1. 404.

(3) C'est là une question discutée.

(4) Cass. 26 avr. 1872, S. 1872. 1. 366 ; *J. Pal.*, 1872. 983 ; D. 1872. 1. 403 ; 5 mai 1866, S. 1886. 1. 511 ; *J. Pal.*, 1886. 1. 743 ; *Pand. fr.*, 1886. 1. 219. Cf. Cass. 4 mars 1889, S. 1890. 1. 75 ; *J. Pal.*, 1890. 1. 157 ; D. 1889. 1. 426 ; *Pand. fr.*, 1889. 1. 441. Le syndic représentant tous les créanciers, le jugement rendu contre lui a autorité de chose jugée à leur égard et ils ne sauraient être admis à l'attaquer par la voie de la tierce opposition : Cass. 10 nov. 1890, S. 1891. 1. 241 ; *J. Pal.*, 1891. 1. 593 ; D. 1892. 1. 8 ; *Pand. fr.*, 1891. 1. 138. — Dans le cas où tous les créanciers formant la masse sont antérieurs à l'acte frauduleux, le droit exclusif de les représenter en intentant l'action paulienne existe pour les syndics. Il y a, en effet, alors un droit appartenant à tous les créanciers.

(5) Paris (9e ch.), 21 novembre 1906, *le Droit*, n° du 10 janvier 1907.

Les syndics représentent tous les créanciers, aussi bien les créanciers hypothécaires ou privilégiés que les créanciers chirographaires, en tant, du moins, que ces diverses classes de créanciers ne sont pas en conflit par suite d'intérêts opposés (n° 474).

476. DES ASSEMBLÉES DE CRÉANCIERS. — Les créanciers ont souvent des avis à donner ou des délibérations à prendre. Ainsi, ils émettent des avis sur la nomination des syndics (art. 462 et 529, C. com.) ; ils choisissent, s'ils le jugent utile, des contrôleurs (L. 4 mars 1889, art. 9 et 10) ; ils se prononcent sur la solution à donner à la faillite et adoptent, par suite, ou rejettent les propositions de concordat faites par le failli (art. 504 et 541, alin. 2, C. com,) ; en cas d'union, ils reçoivent les comptes des syndics et émettent un avis sur l'excusabilité du failli (art. 536 et 537) ; ils ont à autoriser certains actes du syndic (art. 532), etc., etc.

Pour émettre ces avis ou prendre ces délibérations, les créanciers se réunissent en assemblées.

Les assemblées de créanciers se réunissent sur la convocation du greffier du tribunal. Le juge-commissaire décide la convocation de ces assemblées et en a la présidence ; la loi fixe elle-même des cas où l'assemblée des créanciers *doit être* convoquée. En dehors de ces cas, la convocation est simplement facultative pour le juge-commissaire.

Les créanciers peuvent participer en personne aux assemblées ou désigner des mandataires. Aucune disposition restrictive ne régit le mandat donné par les créanciers Aussi plusieurs créanciers peuvent-ils choisir un mandataire unique. Celui-ci peut avoir le pouvoir de se prononcer dans le sens qu'il jugera bon ou être chargé seulement de voter dans le sens déterminé par le mandant(1). En outre, le

_____

(1) On se plaint souvent avec raison des abus qui se rattachent aux procurations des créanciers. Très souvent, elles sont données à des agents d'affaires qui soulèvent des contestations dont l'un des résultats est de prolonger la durée de la procédure de faillite. Puis, certains agents d'affaires concentrent entre leurs mains les pouvoirs d'un grand nombre de créanciers ; alors, le droit de chaque créancier de contester les créances des autres dans la procédure de vérification (art. 494, C. com.) est, en

choix du mandant est entièrement libre : un créancier peut choisir comme mandataire qui bon lui semble. Une difficulté s'élève, cependant, à cet égard pour les mandats relatifs aux assemblées de vérification des créances. V. n° 534.

Les décisions se prennent naturellement à la majorité. La majorité se compte, en règle générale, par tête, c'est-à-dire en faisant abstraction du montant des créances (1). Toutefois, soit pour le vote du concordat simple ou du concordat par abandon (art. 587 et 541), soit pour le mandat à donner aux syndics de continuer l'exploitation du fonds de commerce du failli après l'union (art. 532), le Code de commerce, à raison de la gravité exceptionnelle des décisions à prendre, exige une double majorité en nombre et en sommes.

La majorité requise est la majorité absolue (2). Une majorité plus forte est exigée exceptionnellement soit pour le vote du concordat (n° 589) soit pour le mandat donné au syndic de continuer l'exploitation du fonds de commerce du failli même après qu'il y a union (n° 680).

La loi ne fixe pas de *quorum*. Il résulte de là, qu'en principe, sauf dans les cas des articles 507, 532 et 541, où la loi considère le total des créanciers ayant le droit de vote et les sommes qui leur sont dues, la majorité des créanciers présents ou représentés est souveraine, quelque petit que soit le nombre de ceux-ci par rapport au nombre total des créanciers de la faillite.

fait, anéanti. En *Angleterre*, ces abus paraissent avoir été plus grands qu'en France. Aussi la loi de 1883 (Annexe I, art. 15 à 21) n'admet, en principe, que les procurations spéciales pour une assemblée déterminée avec indication du sens dans lequel le mandataire aura à se prononcer. Cependant, des procurations générales sont admises à titre exceptionnel pour les personnes qui sont au service du mandant.

(1) Des lois étrangères admettent aussi que la majorité se compte par têtes, tandis que d'autres s'attachent à la majorité en sommes. Parmi les premières, sont notamment la loi *belge*, le Code de commerce *italien*. Parmi les secondes se trouvent la loi *allemande*, art. 94, dern. alin. (le nombre des créanciers décide en cas d'égalité des sommes) et la loi *anglaise* de 1883, art. 168.

(2) La loi *allemande* (art. 94, 2e alin.) exige expressément la majorité absolue, mais se contente, à titre exceptionnel, de la majorité relative pour le choix des membres du comité de surveillance.

477. Les créanciers, en tant qu'ils constituent une masse représentée par les syndics, sont-ils, par rapport au failli, des *tiers* ou
des *ayants-cause ?* La question ne peut recevoir une solution absolue (1).

En principe, la masse est l'ayant-cause du failli, aussi les
créanciers n'ont pas, en règle, plus de droits que leur débiteur.
Celui-ci est dessaisi ; l'exercice de ses droits passe à la masse, que
le syndic représente. Le syndic ne fait qu'exercer, au nom de la
masse, les droits du failli, par suite d'une sorte d'application étendue de l'article 1166, C. civ. De cette idée découlent des conséquences multiples :

a. Les actes sous seing privé souscrits par le failli et portant une
date antérieure au jugement déclaratif de faillite font preuve de la
date par eux-mêmes. L'article 1328, C. civ , n'est pas ici applicable,
sans qu'il y ait lieu de distinguer selon qu'il s'agit d'un acte de commerce ou d'une opération civile (2). C'est donc aux intéressés qui
soutiennent qu'il y a une antidate, c'est-à-dire que l'acte sous seing
privé portant une date antérieure à la déclaration de faillite y est,
pourtant, postérieur, à prouver, s'il y a lieu, la fraude.

b. Les jugements rendus contre le failli avant le jugement déclaratif sont opposables à la masse. Elle ne peut pas former tierce-
opposition contre eux. Cette voie extraordinaire de recours n'appartient, en principe, qu'aux personnes qui n'ont pas été parties dans
l'instance et qui n'y ont pas été représentées (3). La masse y a été

---

(1) MM. Thaller et Percerou, II, nos 1142 et 1143, admettent, au contraire,
que la masse des créanciers est à considérer comme un tiers. Mais ils
reconnaissent, pourtant, l'exactitude des deux solutions que nous dédui-
sons de ce qu'en principe, la masse est, selon nous, à considérer comme
l'ayant-cause du failli. Cela tient à ce que ces auteurs admettent avec
nous qu'en principe, la masse des créanciers n'a que les droits du
failli en ce qui concerne le temps antérieur au jugement déclaratif et à ce
qu'avec eux, nous admettons que pour le temps postérieur, la masse est à
traiter comme un tiers.

(2) Metz, 1er fév. 1850, S. 1860. 5. 542 ; *J. Pal.*, 1860. 638 ; Rennes,
22 juill. 1879, D. 1881. 2. 51 ; Paris, 13 fév. 1892, *Journal des faillites*,
1898, p. 462. — Aubry et Rau, VIII (4e éd.), p. 255, § 756, note 118 ; Bon-
nier, *Traité des preuves*, no 697. V. cept Cass. 27 janv. 1886, *Annales de
Droit commercial*, 1887. 2. 21.

(3) Cass. 14 juill. 1873, D. 1876. 1. 160.

représentée par le failli dont elle est l'ayant-cause. Toutefois, la déclaration de faillite ne saurait priver les créanciers du droit d'attaquer les jugements rendus en fraude de leurs droits ; ce droit s'exerce au moyen de la tierce-opposition (1).

c. Si l'on admet, comme on doit, selon nous, le faire, que l'article 1321, C. civ., en disposant que les contre-lettres ne sont pas opposables aux tiers, comprend sous le mot tiers même les créanciers chirographaires des parties, il y a lieu d'admettre qu'elles ne sont pas opposables aux créanciers de la masse (2). Mais, si l'on part d'un principe contraire, il n'existe aucune raison spéciale pour traiter les créanciers en cas de faillite mieux que dans le cas où il n'y a pas faillite, et, dès lors, dans cette doctrine, l'on devrait décider que les contre-lettres sont opposables aux créanciers de la masse (3).

478. Mais, à titre exceptionnel, la masse doit être considérée comme un tiers par rapport au failli et non comme son ayant-cause, lorsqu'elle exerce des droits que la loi lui confère directement et qu'elle ne tient nullement du failli. Il en est ainsi quand la masse, représentée par les syndics, réclame la nullité des actes antérieurs à la faillite en vertu des articles 446 et suiv. (4). En conséquence, lorsque les opérations attaquées sont constatées par des actes sous

---

(1) Paris, 24 déc. 1849, D. 1850. 2. 195 ; Cass. 30 mars 1875, D. 1875. 1. 353 ; S. 1875. 1. 309 ; *J. Pal.*, 1875. 879 ; Aix, 2 janvier 1911, *Journal des faillites*, 1911. 109.

(2) Cass. 5 janv. 1883 ; Paris, 17 nov. 1892, *Journal des faillites*, 1884, p. 50 ; 1893, p. 317 ; Lyon, 31 oct. 1906, *le Droit*, n° du 8 décembre 1906. — V. *dans le même sens*, pour le cas de liquidation judiciaire où la question se pose dans les mêmes termes, Cass. 8 mars 1893, *Journal des faillites*, 1893. 438 ; S, et *J. Pal.*, 1893. 1. 193 ; D. 1893. 1. 243.

(3) L'opinion qui prévaut reconnaît que les créanciers sont compris parmi les tiers auxquels les contre-lettres sont déclarées non opposables par l'article 1321, C. civ. : Aubry et Rau, VIII (4e édit.), § 756 *bis*, p. 267 et 268, notes 19 et 20 ; Demolombe, XXIX, n°ˢ 344 à 346. — Req. 5 janv. 1883, *Journal des faillites*, 1884, p. 50.

(4) V. Douai, 29 mars 1912, *Journal des faillites*, 1912. 356. La masse est considérée aussi comme un tiers quand le syndic, au nom de celle-ci, intente une action en dommages-intérêts, fondée sur l'article 1382, C. civ., contre un tiers qui, par des actes frauduleux, a permis au failli de prolonger sa situation déjà obérée : Gand, 20 juill. 1897, D. 1889. 2. 501.

seings privés, ces actes doivent avoir acquis date certaine conformément à l'article 1328, C. civ., avant la période suspecte telle qu'elle
est fixée par les articles 446 et suiv., pour échapper à la nullité. Il
n'en serait autrement que si les opérations arguées de nullité étaient
des actes de commerce régis par l'article 109, C. com., au point de
vue de la preuve. En matière commerciale, l'article 1328, C. civ.,
est, en principe, inapplicable, et les juges peuvent considérer la
date certaine comme établie à l'égard des tiers par tous les moyens
possibles (1).

478 bis. La masse des créanciers est formée des créanciers du
failli. Aussi qualifie-t-on parfois ceux-ci de créanciers *dans la masse.*
Mais la masse elle-même peut avoir des créanciers. On les appelle,
par opposition, aux premiers créanciers *de la* masse. Il importe au
plus haut point de distinguer ces deux catégories de créanciers. Car
leurs droits sont. sous des rapports multiples très différents.
V. n°s 556 et suiv.

G. — Du failli.

479. Le failli est dessaisi de l'administration de ses biens, qui
passe aux syndics (n°s 195 et suiv.). Malgré le dessaisissement, le
failli a un certain rôle à jouer dans les opérations de la faillite ; ce
rôle est, en général, plutôt passif qu'actif.

480. Il a le droit d'assister à l'inventaire que les syndics ont à
dresser après leur nomination (art. 479), à l'ouverture des lettres
qui lui sont adressées et dont la remise aux syndics est prescrite
(art. 471, *in fine*), de se plaindre des syndics au juge-commissaire,
de réclamer contre leurs actes et de demander leur révocation
(art. 466 et 467), de s'opposer à l'admission d'un créancier dans la
procédure de vérification en élevant des contredits (art. 494), de
présenter à l'assemblée des créanciers convoquée à cet effet des propositions de concordat simple ou de concordat par abandon d'actif
(art. 505, 506 et 541), d'être présent à la reddition des comptes
faite par les syndics aux créanciers lorsqu'après l'union ou le concordat par abandon d'actif, la liquidation est terminée (art. 537). Le

---

(1) V. *Traité de Droit commercial,* III, n° 58.

failli doit donner les renseignements qui lui sont demandés sur ses affaires. Bien plus, il peut être employé par les syndics pour faciliter et éclairer leur gestion. Dans ce cas, le juge-commissaire fixe les conditions de son travail, spécialement au point de vue de la rémunération à lui payer (art. 488).

481. *Arrestation du failli.* — Le failli ne conserve pas toujours sa liberté. D'après l'article 455, C. com., le jugement déclaratif ordonne *le dépôt de la personne du failli dans la maison d'arrêt pour dettes* (1) *ou la garde de sa personne par un officier de police ou de justice ou par un gendarme* (2). L'arrestation du failli est prescrite pour plusieurs motifs. Elle a d'abord pour but d'empêcher le failli de se soustraire par la fuite aux peines qu'il peut encourir pour banqueroute simple ou pour banqueroute frauduleuse. En outre, elle met obstacle à ce que le failli se mette dans l'impossibilité de donner aux syndics les renseignements qu'il leur doit et de les aider dans leur gestion (3).

482. L'arrestation du failli est demeurée possible même depuis l'abolition de la contrainte par corps en matière civile et commerciale prononcée par la loi du 22 juillet 1867. Cette mesure n'a pas, comme la contrainte par corps, en vue un intérêt individuel ; elle est prise dans l'intérêt de la masse des créanciers et, jusqu'à un certain point, dans l'intérêt public de la répression pénale. Elle n'a pas, comme la contrainte par corps, pour but de déterminer, en le privant de sa liberté, le débiteur à payer ; le failli, par suite même du

(1) Depuis la suppression, en 1867, de la contrainte par corps en matière civile et commerciale, il n'y a plus de prison pour dettes, comme était à Paris la maison de la rue de Clichy. Le failli est placé d'ordinaire dans une cellule de la prison départementale ou dans un quartier spécial de cette prison affectée à ceux qui subissent la contrainte par corps (appelé parfois le quartier des *dettiers*).

(2) Cette mesure qui n'est pas très efficace, à raison des facilités d'évasion, est d'une extrême rareté.

(3) D'après la loi *belge* (art. 482, alin. 1), le failli ne peut s'absenter sans l'autorisation du juge-commissaire, et il doit se rendre à toutes les convocations qui lui sont adressées par le juge-commissaire ou le curateur, à défaut de quoi il peut être déclaré banqueroutier simple (art. 574, 5°). Cpr. C. de com. *français*, art. 586, 5°.

dessaisissement, est dans l'impossibilité de le faire valablement. Du reste, une réserve formelle a été faite en ce sens dans la discussion de la loi du 22 juillet 1867 qui a supprimé la contrainte par corps en matière civile et commerciale (1).

483. Par cela même que l'arrestation du failli est admise à la fois dans l'intérêt de la répression et dans l'intérêt collectif des créanciers, elle est opérée à la diligence, soit du ministère public, soit des syndics (art. 460). Le ministère public est libre sans doute de ne pas faire procéder à l'arrestation du failli en vertu du jugement, mais il ne peut empêcher les syndics de faire arrêter le failli (2). Afin que le ministère public soit prévenu de la possibilité d'une arrestation qui intéresse la répression, le greffier du tribunal de commerce doit donner avis, dans les vingt-quatre heures, au procureur de la République des jugements déclaratifs de faillite et même lui en transmettre un extrait, en mentionnant les principales indications et dispositions qu'ils contiennent (art. 459, C. com.).

Les frais d'arrestation et d'incarcération sont à la charge de la faillite.

484. Les dispositions du Code de commerce de 1807 relatives à l'incarcération du failli ont été très atténuées en 1838 et, en fait, cette incarcération est devenue extrêmement rare.

D'après le Code de 1807 (art. 455), le tribunal de commerce devait nécessairement ordonner l'arrestation du failli (3). Cette règle rigou-

---

(1) Cass. 1er juill. 1873, S. 1873. 1. 396 ; *J. Pal.*; 1873. 969. — Garsonnet, *De l'abolition de la contrainte par corps*, p. 93.

(2) V., pourtant, circulaire ministérielle du 1er oct. 1810 et avis du Conseil d'Etat du 5 août 1850 (*Journal des faillites*, 1883, p. 46 en note). — Un jugement du tribunal civil de Lille du 29 déc. 1882, *Journal des faillites*, 1883. 37, n'a pas résolu la question ; il s'est borné à décider que, lorsque le gardien chef d'une prison s'est refusé à incarcérer le failli, en suivant les instructions du parquet, le syndic ne peut actionner ce gardien pour le faire condamner à l'exécution du jugement ordonnant l'incarcération ou à des dommages-intérêts. La seule voie de recours ouverte au syndic en pareil cas est la prise à partie contre le procureur de la République.— V., dans *le Droit*, n° du 10 mars 1883, un article sur *l'incarcération des faillis*.

(3) L'un des buts des dispositions rigoureuses du Code de 1807 était de placer le failli, ne fût-ce que pour quelques heures, dans une situation humiliante. Dans la séance du Conseil d'Etat du 28 juillet 1807, Napoléon

reuse disposait peu les commerçants à déposer leur bilan. Ainsi, au grand préjudice des créanciers, la déclaration de faillite était retardée En outre, contrairement au but qu'on s'était proposé, le failli prenait, en général, la fuite dès que le jugement déclaratif était rendu. Aussi cette règle fut-elle atténuée en 1838; d'après l'article 456, C. com., quand le failli a déposé son bilan conformément aux articles 438 et 439 et n'est pas, lors du jugement déclaratif, incarcéré pour dettes ou pour autre cause, le tribunal peut l'affranchir du dépôt ou de la garde de sa personne. Mais, quand le failli était déjà en prison pour dettes (1), son incarcération change de caractère : il demeure en prison, non dans l'intérêt du créancier qui l'a fait emprisonner, mais dans l'intérêt de la masse ; il n'y a plus contrainte par corps, mais incarcération en vertu des règles de la faillite.

Les tribunaux usent très souvent de la faculté de laisser le failli en liberté. Dans les cas mêmes où ils n'en usent pas, les syndics réclament rarement l'incarcération du failli pour laquelle généralement le ministère public s'en remet à eux (2) (3) (4).

485. Du reste, quand l'arrestation du failli est ordonnée, soit parce qu'il n'a pas déposé son bilan, soit parce que le tribunal n'a pas jugé à propos de l'en affranchir, cette mesure n'est pas définitive. Un sauf-conduit provisoire peut être accordé au failli. Le juge-commissaire a la faculté, d'après l'état apparent des affaires du failli,

---

disait : « Le failli doit d'abord aller en prison. Il est possible qu'il n'y ait « pas mauvaise intention de sa part, quoique le cas soit rare, mais il se « justifiera. Un capitaine qui perd son navire, fût-ce par un naufrage, se « rend d'abord en prison ; si l'on reconnaît que la perte du navire est « l'effet d'un accident, on met le capitaine en liberté ».

(1) Ce cas est devenu beaucoup plus rare qu'antérieurement depuis la loi du 22 juillet 1867, qui a aboli la contrainte par corps en matière civile et commerciale.

(2) Lettre du Garde des sceaux au Président du Tribunal de commerce de la Seine en date du 1er déc. 1873 (*Journal des faillites*, 1883, p. 44 en note).

(3) Un adoucissement de la législation est résulté de la loi du 4 mars 1809 qui n'admet pas que le liquidé judiciaire puisse être incarcéré. V. *Traité de Droit commercial*, III, n° 1079.

(4) Droit étranger. — Dans la plupart des pays étrangers, l'incarcération n'est prononcée que facultativement. V. loi *allemande*, art. 101 et 106 ; loi *suisse*, art. 129 ; loi *anglaise*, art. 25.

de proposer sa mise en liberté provisoire. A défaut de juge-commissaire, la demande de sauf-conduit peut être formée par les syndics ou par le failli lui-même. Le tribunal statue en audience publique, après avoir entendu le juge-commissaire (art. 472 et 473, C. com.). La mise en liberté du failli peut être une mesure utile non seulement à lui-même, mais encore aux créanciers de la masse et aux syndics : elle seule permet de demander au failli des renseignements complets sur ses affaires et de l'employer dans la gestion de la faillite.

La décision du tribunal sur le sauf-conduit, en quelque sens qu'elle soit rendue, n'est pas irrévocable. Le tribunal peut retirer au failli sa liberté après la lui avoir accordée, ou, au contraire, la lui accorder après l'avoir refusée (1). Voilà pourquoi l'article 472, C. com., parle de sauf-conduit *provisoire*.

D'ailleurs, si le tribunal n'a pas pleine confiance dans le failli, il peut subordonner le sauf-conduit à l'obligation pour lui de fournir caution de se représenter, sous peine de paiement d'une somme que le tribunal arbitre et qui est dévolue à la masse (art. 472). Le tribunal a ce pouvoir quand même la demande de sauf-conduit est formée par le failli. Le texte de l'article 472 ne prévoit sans doute que le cas où le sauf-conduit est réclamé par le juge-commissaire ; mais il n'est pas, à cet égard, limitatif. On ne concevrait pas que le tribunal fût dans la nécessité de refuser le sauf-conduit ou de l'accorder sans la garantie du cautionnement, par cela seul que cette mesure de faveur serait demandée par le failli.

Le sauf-conduit peut être accordé alors même que le failli est incarcéré pour dettes au moment de la déclaration de faillite. Les articles 472 et 473 ne font aucune restriction. Cela se conçoit. Un créancier ne peut pas, après le jugement déclaratif, par suite de la suspension du droit de poursuite individuelle, pratiquer la contrainte par corps (n° 256). Il y aurait contradiction à lui permettre de retenir en prison le failli, déjà incarcéré, au préjudice de la masse des créanciers (2).

(1) Montpellier, 11 mars 1871, D. 1872, 2. 28 ; S. 1871. 2. 120 ; *J. Pal.*, 1871, 344.

(2) Thaller et Percerou, I, n° 449 *bis*.

Du reste, au moment où a été rendu le jugement déclaratif, le régime du dépôt du failli s'est substitué à celui de la contrainte par corps. Par l'effet de cette substitution, le créancier qui avait fait emprisonner son débiteur, ne peut plus le faire mettre en liberté. Il est logique, par contre, que le tribunal ait le droit d'accorder au failli un sauf-conduit.

486. Le sauf-conduit pourrait être accordé au failli dans le jugement déclaratif, et la faveur de la liberté fait même sous-entendre cette concession quand le jugement déclaratif ne s'est pas prononcé sur le dépôt de la personne du failli dans la maison d'arrêt (1).

487. *Les jugements qui statuent sur les demandes de sauf-conduit*, ne sont susceptibles ni d'opposition, ni d'appel, ni de recours en cassation (art. 583 2°, C. com.), sans qu'il y ait à distinguer selon que le sauf-conduit a été refusé ou accordé (2). Cela s'applique aussi bien à la disposition du jugement déclaratif qui dispense ou refuse de dispenser le failli du dépôt dans la maison d'arrêt qu'aux jugements postérieurs qui accordent ou refusent un sauf-conduit proprement dit.

G. — DU MINISTÈRE PUBLIC.

488. Le ministère public n'a qu'un rôle très restreint dans les faillites ; cela doit d'autant moins étonner qu'il n'y a pas de ministère public auprès des tribunaux de commerce (3). Il ne peut pas intervenir dans les opérations, spécialement assister aux assemblées de créanciers (4). Il a seulement une sorte de droit de contrôle

(1) Amiens, 28 mai 1887, *Pand. fr. pér.*, 1887. 2. 422 ; D. 1888. 2. 226 ; S. 1889. 245 ; *J. Pal.*, 1889. 1. 233 ; *Journal des faillites*, 1887. 320.

(2) Cass. 22 mai 1867, D. 1867. 1. 198 ; S. 1867. 1. 179 ; *J. Pal.*, 1867. 491 ; Bastia, 30 mars 1892, S. et *J. Pal.*, 1894. 2. 71 : D. 1893. 2. 442. — V., pourtant, un jugement du Tribunal de commerce d'Alger du 4 juin 1910, *Journal des faillites*, 1910. 429, qui admet que les jugements ordonnant l'incarcération du failli sont susceptibles d'opposition de la part du failli, quand ils ont été rendus sur requête. Il résulte de l'exclusion de l'appel qu'une Cour d'appel ne peut jamais accorder un sauf-conduit. Toulouse, 5 janvier 1893, D. 1893. 2. 313.

(3) V. *Traité de Droit commercial*, I, n° 330 *bis*.

(4) Des difficultés s'étaient élevées à cet égard sous l'empire du Code de

destiné à assurer la répression des délits ou des crimes que les
faillites permettent parfois de connaître (1).

Dans les vingt-quatre heures, le greffier du tribunal de commerce
doit adresser au procureur de la République du ressort un extrait
des jugements déclaratifs en contenant les principales dispositions
(art. 459). Le ministère public peut ainsi faire procéder à l'arrestation du failli, si elle a été ordonnée (art. 460) (2). — Les officiers
du ministère public peuvent se transporter au domicile du failli et
y assister à l'inventaire dressé par les syndics (art. 483). — Le
ministère public doit aussi recevoir communication, par l'intermédiaire du juge-commissaire, du mémoire ou compte sommaire de
l'état apparent de la faillite, de ses principales causes et circonstances et des caractères qu'elle paraît avoir, mémoire que les syndics ont à dresser dans la quinzaine de leur entrée en fonctions
(art. 482). En cas de poursuite pour banqueroute simple ou frauduleuse, le ministère public a le droit de se faire remettre par le
syndic les pièces, titres, papiers et renseignements qu'il juge utiles
(art. 602, C. com.). — Enfin, un décret du 25 mars 1880 prescrit
la tenue, au greffe de chaque tribunal de commerce et de chaque
tribunal civil jugeant commercialement, d'un registre sur lequel
sont inscrits, pour chaque faillite, article par article et à leurs dates
respectives, les actes relatifs à la gestion des faillites (art. 1), et ce

---

commerce de 1807. V. Camberlin, *Manuel des Tribunaux de commerce,*
p. 583 à 590.

(1) Il ne peut provoquer une déclaration de faillite, mais signaler offi-
cieusement au Tribunal de commerce l'état de cessation de paiements
notoire d'un commerçant, pour que le Tribunal use de son droit de
déclarer la faillite d'office. Cf. Nancy, 21 mars 1874, S. 1874. 2.173 ; *J. Pal.,*
1874. 737 ; D. 1875. 2. 37. On dit parfois alors que la faillite est déclarée
sur avis du parquet. Trib. civ. Orange, 30 mai 1899, *Journal des faillites,*
1894. 287. V. nᵒˢ 93 et 108.

L'intérêt qu'a le ministère public à ce que la faillite soit prononcée est
plus grand si l'on n'admet pas avec la jurisprudence que les poursuites
pour banqueroute ne supposent pas une déclaration de faillite antérieure.
V. sur cette question, nᵒˢ 187 et suiv.

(2) En fait, le ministère public s'en remet sur ce point aux syndics, conformément à une lettre du Ministre de la justice adressée au Président du
Tribunal de commerce de la Seine le 1ᵉʳ déc. 1873 (*Journal des faillites,*
1883, p. 44, en note).

même décret (art. 3) ordonne au greffier de transmettre tous les trois mois au procureur général un relevé indiquant sommairement la situation de chaque faillite, d'après les énonciations de ce registre. Ces dispositions ont pour but d'assurer le contrôle de l'administration des faillites

CHAPITRE III.

De l'administration de la faillite et de la procédure destinée a en préparer la solution. — De la vérification et de l'affirmation des créances (1).

489. *Généralités.* — Avant que les créanciers soient appelés à se prononcer sur la solution que la faillite doit recevoir, c'est-à-dire à décider s'ils veulent, soit accorder au failli un concordat simple ou un concordat par abandon, soit laisser la faillite aboutir à l'état d'union, il faut que l'actif soit constaté, que toutes les mesures soient prises pour empêcher le détournement de certains biens au préjudice de la masse, qu'il soit pourvu à l'administration du patrimoine du failli et qu'enfin, le montant du passif soit fixé avec toutes les garanties désirables pour écarter les créances qui ne seraient pas sincères et véritables. La constatation de l'actif et du passif est indispensable pour éclairer les créanciers sur le point de savoir quelle est pour eux la solution la plus avantageuse à donner à la faillite et pour déterminer le droit de chaque créancier. Il y a ainsi dans toute faillite une période préparatoire ou d'information, qui précède la décision des créanciers relative à la solution de la faillite. Cette décision dûment homologique (art. 519, C. com.) met fin à la faillite en cas de concordat simple. Au contraire, la première période de la faillite est suivi d'une seconde période dans les cas soit d'union soit de concordat par abandon d'actif ; c'est dans cette seconde période que les biens du failli sont vendus et qu'il est procédé à la répartition entre les créanciers du prix et de toutes les sommes faisant partie de l'actif de la faillite ou de l'actif abandonné.

Il sera traité successivement : A. *De la constatation de l'actif du*

(1) Code de commerce, art. 468 à 503.

failli. — B. *De l'administration de ses biens.* — C. *De la constatation du passif, qui se fait au moyen d'une procédure spéciale désignée sous le nom de* vérification et d'affirmation des créances.

A. — De la constatation de l'actif du failli.

490. Il importe que, dans l'intervalle de temps qui s'écoule entre le jugement déclaratif et le moment où les syndics prennent en main l'administration des biens du failli, aucun détournement ne puisse être opéré, soit par le failli, s'il n'est pas incarcéré (ce qui est le cas de beaucoup le plus fréquent, n° 484 et suiv.), soit par des tiers, s'il est arrêté, et que les biens dont la remise est faite aux syndics, soient exactement constatés. C'est dans ce double but que sont prescrites l'*apposition des scellés* et la *confection d'un inventaire.*

491. Apposition des scellés. — Le jugement déclaratif doit ordonner l'apposition des scellés (art. 455, 1er alin.). Une seule exception est faite à cette règle pour le cas où le juge-commissaire estime que l'inventaire peut être fait en un seul jour (art. 455, 2e alin.). En pareil cas, l'inventaire étant commencé immédiatement et fini dans la journée même où il a été commencé, les détournements ne sont guère à craindre. Il faut ajouter à ce cas celui où les meubles et marchandises du failli auraient été déjà saisis par un créancier lors du jugement déclaratif. Le procès-verbal détaillé qu'a dressé l'huissier (art. 588 et suiv., C. proc. civ.) et le gardien qu'il a dû établir (art. 596 et suiv., C. proc. civ.) sont des garanties suffisantes contre les détournements.

Il peut se faire qu'à titre exceptionnel, il y ait urgence, même avant le jugement déclaratif, d'apposer les scellés. La loi autorise à le faire seulement dans le cas où le débiteur est en fuite et dans celui où il a détourné tout ou partie de son actif. Le juge de paix peut alors apposer les scellés, soit d'office, soit sur la réquisition d'un ou plusieurs créanciers (art. 457, 2e alin., C. com.).

492. En dehors de ces cas, les scellés sont apposés et le sont seulement après le jugement déclaratif, soit d'office par le juge de paix, soit sur la réquisition des syndics. Afin que le juge de paix puisse user de son droit de procéder d'office, le greffier du tribunal de commerce doit lui adresser sur-le-champ avis de la disposition du jugement qui a ordonné l'apposition des scellés (art. 457, 1er alin.). Les syndics ont le droit de requérir l'apposition des scellés, à l'exclusion descréanciers, parce que ceux-ci ont perdu, par suite du jugement déclaratif, le droit d'agir individuellement (art. 468).

493. Sur quoi les scellés sont-ils apposés? En principe, sur tous les objets mobiliers se trouvant chez le failli ; car tout ce qui es mobilier peut être détourné. D'après l'article 458, C. com., *les scellés seront apposés sur les magasins, comptoirs, caisses, porte-feuilles, livres, papiers, meubles et effets du failli*. Mais cette mesure, appliquée sans aucune restriction, aurait été d'une rigueur excessive pour le failli, en le privant des choses indispensables à la vie. En outre, elle aurait empêché des actes urgents et aurait pu nuire, par suite, même aux créanciers de la faillite. Aussi, d'après l'article 469, le juge-commissaire peut, sur la demande des syndics, les dispenser de faire placer sous les scellés ou les autoriser à en faire extraire, s'ils ont déjà été apposés : 1° les vêtements, meubles et effets nécessaires au failli et à sa famille ; 2° les objets sujets à dépérissement prochain ou à dépréciation immédiate ; 3° les objets servant à l'exploitation du fonds de commerce du failli, quand cette exploitation ne pourrait être interrompue sans préjudice pour les créanciers. Les objets des deux dernières catégories sont immédiatement inventoriés avec prisée par les syndics, en présence du juge de paix qui signe le procès-verbal.

L'article 469 1° se justifie par des raisons d'humanité. C'est en se fondant sur cette disposition qu'on doit admettre, selon nous, que le dessaisissement frappe même les différents objets déclarés insaisissables par l'article 592, C. proc. civ. (n° 242).

L'article 469, 2° et 3°, s'explique par l'intérêt même de la masse des créanciers. Il y a des objets qui se détériorent ou se déprécient si promptement que, pour ne pas en perdre, en tout ou en partie, la valeur, il importe de les vendre sans tarder. Le Code (art. 470) en permet la vente sous certaines conditions même avant que les créanciers se soient prononcés sur la solution à donner à la faillite ; mais, pour que la vente soit possible, il faut naturellement que ces objets ne soient pas placés sous scellés. Enfin, le Code admet que l'exploitation du fonds de commerce du failli peut être provisoirement continuée par les syndics (art. 470). Pour que cela puisse avoir lieu, il faut évidemment que les objets servant à l'exploitation du commerce soient remis aux syndics, et par conséquent, ne soient pas mis sous scellés. V. nos 521 et suiv.

Il faut ajouter aux objets que le juge-commissaire peut dispenser de faire placer sous scellés ceux qui sont dispendieux à conserver. Car ces objets peuvent être vendus (art. 479, C. com.), et la vente n'en serait pas possible s'ils étaient placés sous scellés (1).

494. Ce n'est pas tout. L'article 471, 1er et 2e al., C. com.. ordonne que le juge de paix extraye des scellés et remette aux syndics (2).

1° *Les livres du failli.* Le juge de paix arrête les livres (3), pour empêcher qu'aucune addition n'y soit faite et dresse un procès-verbal constatant l'état dans lequel ils se trouvent. — L'examen des livres peut seul permettre aux syndics de dresser le bilan, quand il ne l'a pas été par le failli conformément aux articles 438 et 439 (art. 476), de connaître les créanciers présumés du failli et de les convoquer, notamment pour les faire délibérer sur le maintien ou sur le remplacement des syndics provisoires (art. 462, C. com.) :

2° *Les effets de portefeuille* échus ou à courte échéance, afin d'en opérer le recouvrement et de faire, en cas de non-paiement, le nécessaire pour éviter les déchéances qui frappent le porteur négligent et spécialement *les effets susceptibles d'acceptation*, afin de les présenter sans retard à l'acceptation. Ces effets sont remis par le

_____

(1) Thaller et Percerou, I, page 311, note 3.

(2) La remise des livres doit être faite aux syndics, non au greffier. Chambéry, 6 août 1873, sous Cass. 30 décembre 1874, S. 1876. 1. 150 ; D. 1876. 1. 23.

(3) Le juge de paix a seul qualité pour arrêter les livres au moment où ils sont extraits des scellés ; le syndic ne peut le faire : Trib. com. Rouen, 16 juillet 1883, *Journal des faillites*, 1883. 393.

juge de paix aux syndics après qu'il les a décrits ; il en dresse aussi un bordereau qu'il transmet au juge-commissaire.

495. Inventaire. — Les scellés ne sont apposés que pour un temps limité. Il faut que tout l'actif du failli ainsi que ses livres et papiers soient remis aux syndics, que les biens composant l'actif soient constatés dans un inventaire et que les livres et papiers soient dépouillés.

496. Comme tout inventaire, celui qui est dressé après faillite contient la description et l'estimation des différents objets mobiliers trouvés chez le failli. Il mentionne aussi, d'après les déclarations du failli, les immeubles dont il a la propriété et ses différentes dettes.

S'il a été apposé des scellés, la levée doit en être requise par les syndics dans les trois jours de l'apposition des scellés (art. 479), et l'inventaire est dressé. Il l'est par les syndics mêmes, en présence du failli ou lui dûment appelé. La collaboration du failli a une grande utilité. Aussi ne peut-il se faire représenter que lorsque le juge-commissaire reconnaît que le failli a une cause d'empêchement valable (art. 475, 3e alin., C. com.). Dans le cas où le failli ne se présente pas, il encourt les peines de la banqueroute simple (art. 586 3°, C. com.) et il peut être incarcéré (1).

Le législateur, dans un but d'économie, n'a pas, ainsi qu'il le fait d'ordinaire, confié la confection de l'inventaire à un notaire (2).

Mais, comme les syndics ne sont que de simples particuliers, pour prévenir les altérations, le Code (art. 480, 1er alin.) veut que le juge de paix assiste à l'inventaire et le signe à chaque vacation. L'assistance du juge de paix à l'inventaire est du reste, requise aussi

(1) Si le failli ayant été incarcéré, est condamné pour banqueroute, on impute sur la peine d'emprisonnement le temps de l'incarcération, comme s'il s'agissait d'une détention préventive, par application de la loi du 15 novembre 1892 : Dijon, 15 juin 1898, S. et *J. Pal.*, 1899. 2. 240.

(2) En visant la règle générale, nous entendons parler de l'inventaire dressé après l'ouverture d'une succession ou après la dissolution d'une communauté. V. art. 941 à 944, C. proc. civ. L'inventaire annuel prescrit aux commerçants par l'article 9, C. com., et aux sociétés anonymes par l'article 34 de la loi du 24 juillet 1867 est fait sous seings-privés. Voir *Traité de Droit commercial*, I. n° 282, et II, n° 840.

bien quand les scellés ont été apposés puis levés que lorsqu'il n'y a pas eu apposition des scellés. L'article 480 ne fait pas de distinction et les motifs de l'exigence de la loi à cet égard se présentent avec la même force dans les deux cas (1). Les syndics peuvent, du reste, se faire aider par qui ils le jugent convenable pour la rédaction de l'inventaire et la prisée des objets y compris (art. 480, 3e alin.).

L'inventaire doit être fait en double minute (art. 480, 2e alin.). L'une de ces minutes est déposée au greffe du tribunal de commerce où elle reste à la disposition de tous les intéressés. L'autre minute est remise aux syndics.

L'inventaire une fois achevé, les syndics se chargent de l'actif par une déclaration inscrite au pied de l'inventaire (art. 484). Ils sont ainsi constitués dépositaires, ce qui les rend passibles, en cas de détournement des peines de l'abus de confiance (art. 408, C. pénal) (2).

La levée des scellés et la confection de l'inventaire sont des mesures ayant un caractère purement conservatoire et urgent. Aussi la levée des scellés peut-elle être requise et l'inventaire être dressé aussi bien par les syndics provisoires que par les syndics définitifs (3).

497. Il se peut que la faillite soit déclarée après décès (nos 67 et suiv.) ou que le failli meure après le jugement déclaratif. Dans ces cas, si un inventaire a été dressé conformément au droit commun par-devant notaire (art. 941 et suiv., C. proc. civ.), cet inventaire suffit aussi bien pour la faillite que pour la succession. Il faut seulement qu'une expédition en soit déposée au greffe et qu'une autre soit remise aux syndics. V. art. 481, C. com.

Mais est-il nécessaire que les héritiers majeurs ou mineurs qui

---

(1) Thaller et Percerou, II, no 1183.

(2) Mais la qualité de syndic ne constitue pas une circonstance aggravante. Une proposition de loi a été faite pour comprendre les syndics parmi les personnes qui encourent la peine de la réclusion en cas d'abus de confiance. V. note 2 de la page 490.

(3) Bourges, 14 janv. 1862, S. 1862. 2. 382 ; *J. Pal.* 1862. 159 ; D. 1862. 2. 174. — Renouard, I, p. 441 et suiv. ; Bédarride, no I, 335 ; Laurin, no 1065 ; Demangeat sur Bravard, V, p. 112, en note.

veulent jouir du bénéfice d'inventaire, la veuve qui veut renoncer à la communauté (art. 1456, C. civ.) ou qui veut jouir du bénéfice de n'être tenue que jusqu'à concurrence de son émolument (art. 1483, C. civ.), fassent procéder à un inventaire dans la forme notariée d'après les règles du Code civil? Pour éviter des frais et des complications, le Code (art. 481) se contente d'un inventaire dressé par les syndics en présence des héritiers et de la veuve ou eux dûment appelés. Cet inventaire sert à la fois pour la faillite, pour la succession et pour la communauté (1).

Le caractère personnel de la mission confiée au syndic doit empêcher d'admettre qu'il ait le droit de se faire représenter à l'inventaire par un mandataire (2).

498. Dépouillement des papiers, des livres et de la correspondance du failli. — Pour bien connaître l'état des affaires du failli, découvrir, soit des créances, soit des dettes, il est indispensable que les syndics dépouillent les papiers du failli (3).

Ils ont à clore et à arrêter les livres du failli, c'est-à-dire qu'ils balancent les comptes divers et arrêtent les soldes dus, pour fixer la situation du failli à l'égard de chacune des personnes avec lesquelles il a été en relation d'affaires. Cette opération, qui exige un examen spécial des livres du failli, ne doit pas être confondue avec l'opération toute matérielle que l'article 471, C. com., désigne sous le même nom et qui est faite par le juge de paix seul (n° 494). Comme cette opération a une importance considérable pour le failli, il est appelé à y assister. S'il ne se rend pas à l'invitation des syndics, il est sommé de comparaître dans les quarante-huit heures au plus tard. Il peut, du reste, comparaître par un fondé de pouvoirs, s'il justifie de causes d'empêchement reconnues valables par le juge-commissaire (art. 475).

(1) Aussi les frais de l'inventaire notarié resteraient à la charge de celui qui l'aurait fait dresser, malgré l'existence de l'inventaire dressé par le syndic.

(2) Thaller et Percerou, II, page 314, note 4.

(3) C'est chez le syndic que les intéressés doivent consulter les livres sans pouvoir en demander l'apport au Tribunal de commerce : Chambéry. 6 août 1873, S. 1876. 1. 150 ; *J. Pal.*, 1876. 362.

499. Bien que l'Administration des postes ne doive remettre les lettres qu'aux personnes mêmes auxquelles elles sont adressées, le Code confère aux syndics le droit de se faire remettre les lettres (1) (il en doit être évidemment de même des télégrammes (2) adressés au failli). Seulement, cela ne saurait s'appliquer aux lettres confidentielles où de famille. Comme l'Administration des postes ne peut distinguer d'après la suscription des lettres, le failli peut assister à l'ouverture des lettres et se faire remettre celles de la dernière espèce (art. 471, *in fine*).

500. Les syndics ont encore d'autres moyens d'information. Ils peuvent interroger le failli, qui donne des explications sur les énonciations de ses livres et le contenu des lettres à lui adressées. Ils peuvent aussi se renseigner auprès de la femme, des enfants, des employés du failli et de toute personne qu'ils croient en état de leur fournir des renseignements. Le juge-commissaire, sur la demande des syndics, est autorisé à ouvrir une enquête, afin d'entendre ces différentes personnes (art. 477, C. com.). Quand un commerçant a été déclaré en faillite après son décès, ou quand le failli vient à décéder après la déclaration de faillite, sa veuve, ses enfants ou ses héritiers peuvent se présenter ou se faire représenter pour le suppléer dans la formation du bilan, ainsi que dans toutes les autres opérations de la faillite (art. 478, C. com).

501. A l'aide de tous ces renseignements, les syndics parviennent à dresser le bilan, comme ils doivent le faire aussitôt après le jugement déclaratif, quand il ne l'a pas été par le failli conformément aux articles 438 et 439. Le bilan ainsi dressé est déposé au greffe du tribunal de commerce (art. 476).

502. A raison du droit de surveillance qui appartient au minis-

---

(1) V. *Instruction générale sur le service des postes du 20 mars 1868*, articles 833 à 846. — Paul Jacottey, *Manuel de législation et d'exploitation postales*, p. 219.

(2) Les règles relatives aux lettres missives s'appliquent généralement aux télégrammes. C'est ainsi qu'il est admis qu'un commerçant doit conserver en liasse les télégrammes aussi bien que les lettres qui lui sont adressées, bien que l'article 8, C. com., n'impose expressément l'obligation de conserver que les lettres. V. *Traité de Droit commercial*, I, n° 281.

tère public sur les faillites, les officiers du ministère public peuvent se transporter au domicile du failli, assister à l'inventaire, prendre communication de tous les actes, livres ou papiers relatifs à la faillite. Afin de faciliter l'exercice de ce droit de surveillance, les syndics doivent, dans les quinze jours de leur nomination ou de leur maintien, dresser un mémoire ou compte sommaire de l'état apparent de la faillite, de ses principales causes ou circonstances et des caractères qu'elle paraît avoir (art. 482, 1er alin.). Le mémoire ainsi dressé est remis au juge-commissaire, qui peut le corriger ou en remplir les lacunes, et il est transmis par lui au procureur de la République (art. 482, 2e alin.).

Les termes généraux de l'article 482, C. com., semblent impliquer qu'il doit être remis trois mémoires, savoir : le premier dans les quinze jours qui suivent le jugement déclaratif nommant les syndics provisoires, le second dans les quinze jours de la nomination des syndics définitifs et le troisième dans les quinze jours du jugement remplaçant ou maintenant, au début de l'Union, les syndics définitifs (1). Mais ce système engendrerait de bien grandes complications ; il est vraisemblable que le législateur n'a entendu exiger qu'un seul mémoire après la constitution première du syndicat définitif (2). Cela ne saurait avoir d'inconvénients ; les syndics ont toujours la liberté de présenter des mémoires supplémentaires.

B. — ADMINISTRATION DES BIENS DU FAILLI

503. *Généralités.* — Tant que les créanciers n'ont pas pris une décision sur la solution que la faillite doit recevoir, on ignore si le failli sera remis à la tête de son commerce par un concordat simple ou si ses biens devront être vendus pour le prix en être réparti entre ses créanciers par suite de l'union ou du concordat par abandon d'actif. Aussi, en principe, ne peut-il être fait jusqu'à cette décision aucun acte impliquant une résolution des créanciers dans l'un ou dans l'autre sens. Mais il y a, cependant, un grand nombre

(1) Bravard et Demangeat, V. p. 330.
(2) Renouard, I, p. 560 ; Thaller et Percerou, II, page 317, note 6.

d'actes qu'il est nécessaire ou utile de faire en attendant, dans l'intérêt même des créanciers ou du failli, pour empêcher la diminution de l'actif. Le Code détermine quelques uns de ces actes et il indique si les syndics ont le pouvoir de les faire seuls ou de quelles autorisations ils doivent être pourvus à cet effet.

Il sera parlé successivement *des actes conservatoires, du recouvrement des créances, de l'exercice des actions du failli, des transactions, des compromis, des désistements, des acquiescements, de la vente des marchandises et effets mobiliers, de la continuation du commerce du failli.*

504. *Actes conservatoires.* — Les syndics sont chargés de faire et peuvent faire, sans aucune autorisation, des actes conservatoires de toute espèce (1). D'après l'article 490, 1er alin., *à compter de leur entrée en fonctions, les syndics seront tenus de faire tous actes pour la conservation des droits du failli contre ses débiteurs.* Ils doivent notamment interrompre les prescriptions, pratiquer des saisies-arrêts. Ils sont aussi tenus, en vertu du principe général, de requérir l'inscription des hypothèques qui existent sur les immeubles des débiteurs du failli, si elle n'a pas été requise par lui (art. 490, 2e alin.) ; il y a là une application des articles 1166, C. civ. et 773, C. proc. civ. ; les syndics exercent le droit du failli en prenant inscription (2). Ils doivent enfin inscrire l'hypothèque légale que l'article 490 accorde à la masse sur les biens du failli (nos 276 et suiv.). L'inscription est prise au nom de la masse des créanciers. Afin de justifier de leur qualité, les syndics doivent joindre à leur bordereau un certificat constatant leur nomination.

Mais le droit de faire des actes conservatoires n'est pas réservé exclusivement aux syndics. S'ils se montrent négligents, les créan-

---

(1) Les syndics peuvent accepter, sous bénéfice d'inventaire, une succession échue au failli : Trib. com. Remiremont, 6 août 1903, *Journal des faillites*, 1903. 452 ; C. just. Genève, 21 sept. 1885, S. 1886. 4. 46 ; *J. Pal.*, 1886. 2. 27.

(2) Mais les syndics ne pourraient former une surenchère au nom du failli : Chambéry, 31 déc. 1874, *Pand. fr. chr.* ; S. 1875. 2. 50 ; *J. Pal.*, 1875. 234.

ciers ou le failli lui-même peuvent faire ces actes. V. nos 226 et
227.

505. *Recouvrement des créances.* — Les syndics peuvent
recouvrer non seulement les effets de commerce, qui, dans ce but,
sont extraits des scellés ou n'y sont pas placés (494, 2o), mais
encore toutes autres créances du failli (art. 471, 3e alin.,
C. com.).

506. *Exercice des actions du failli.* — Le failli étant dessaisi de
l'exercice de ses actions, le droit d'agir en justice, à quelque titre
que ce soit, qui lui appartient, passe aux syndics, en tant qu'il s'agit
de biens frappés par le dessaisissement (nos 219 et suiv.). Pour
introduire un procès, les syndics n'ont besoin d'aucune autorisation, ils agissent sous leur responsabilité. Cette étendue des pouvoirs des syndics quant à l'exercice des actions en justice présente
quelques inconvénients. Des syndics se croient obligés, pour mettre leur responsabilité à couvert, d'engager de nombreux procès
souvent mal fondés. Cela fait traîner en longueur la procédure de
beaucoup de faillites et est une cause de frais qui diminuent les
dividendes des créanciers. Le mal se produit surtout quant des
avoués sont choisis comme syndics. Sans restreindre les pouvoirs
des syndics à cet égard, la loi du 4 mars 1889 (art. 10, 2e alin.)
exige, quand il y a des contrôleurs, que l'avis de ceux ci soit
demandé sur les actions à intenter ou à suivre. Mais les syndics ne
sont pas tenus de se conformer à cet avis (1).

Du pouvoir qu'ont les syndics d'agir en justice il faut conclure
qu'ils peuvent, sans autorisation, former opposition à un jugement
par défaut, interjeter appel, même se pourvoir en cassation. Les
syndics peuvent-ils aussi transiger, compromettre ou acquiescer à
une demande intentée contre eux comme représentants des créanciers? Le Code n'a expressément résolu la question que pour les
transactions (art. 487) (2). Il est indispensable de la résoudre aussi
pour les compromis et les acquiescements. V. nos 507 à 514.

(1) On peut trouver qu'à cet égard, les attributions des contrôleurs sont
insuffisantes. Cpr. no 459.

(2) La loi du 4 mars 1889 (art. 7) s'est occupée spécialement des acquiescements et désistements à faire par un débiteur en état de liquidation
judiciaire.

507. *Transactions.* — La transaction est un acte grave sortant des limites des actes d'administration ; elle implique parfois le sacrifice, dans le but d'éviter un procès, des prétentions les mieux fondées. Aussi, lorsque nos lois permettent à un administrateur de la fortune d'autrui de transiger, elles exigent des formalités multiples (art. 467, C. civ.) Le Code de 1807 n'indiquant pas si les syndics pouvaient transiger, on ne savait quelles formalités leur imposer. Aussi admettait-on que la transaction était impossible pour les syndics. Il y avait là un résultat fâcheux, Il existe souvent dans une faillite des droits litigieux, et il est utile qu'on puisse éviter, par des concessions, de longs procès qui prolongent la durée des faillites et sont une source de frais énormes. Aussi la loi de 1838 (art. 487) donne aux syndics, même durant la période préparatoire, le pouvoir de faire des transactions. Mais la transaction n'a été permise aux syndics que sous certaines conditions qui varient avec l'importance pécuniaire et la nature mobilière ou immobilière de l'objet de la transaction.

Le principe est que les syndics ont besoin, pour transiger, d'obtenir l'autorisation du juge-commissaire, le failli dûment appelé (art. 487, 1er alin.). Mais l'autorisation du juge-commissaire n'est pas toujours suffisante. Il faut, de plus, l'homologation de justice, quand l'objet de la transaction est d'une valeur indéterminée ou excède 300 francs (1). L'objet de la transaction est le droit litigieux même et non les sacrifices réciproques faits par les parties. C'est là l'objet du contrat dans le sens de l'article 1126, C. civ. L'article 487, C. com., le prouve bien ; il vise le cas où l'objet de la transaction est *d'une valeur indéterminée*, et, s'il en est parfois ainsi du droit litigieux, cela ne peut guère se comprendre pour le montant des sacrifices consentis.

Le failli peut s'opposer à l'homologation (2). En règle géné-

(1) Le chiffre de 300 francs est fort peu élevé avec la diminution de la valeur de l'argent. Aussi, en matière de liquidation judiciaire, la loi du 4 mars 1889 (art. 7, 2e alin.) distingue selon que l'objet de la transaction excède ou non 1.500 francs. On ne voit pas pourquoi cette règle n'a pas été étendue à la faillite.

(2) On discute la question de savoir si le failli doit seulement être appelé dans l'instance d'homologation. La Cour suprême admet l'affirmative : Cass.

rale, le tribunal a le droit de ne pas tenir compte de cette opposition. Mais, s'il s'agit de droits immobiliers, l'opposition du failli suffit pour empêcher la transaction (art. 487, *in fine*). Ainsi, en matière immobilière, une transaction exige, outre l'autorisation du juge-commissaire et l'homologation de justice, le consentement du failli (1).

Quand des contrôleurs ont été nommés, il y a lieu, dans tous les cas, de prendre leur avis sur les projets de transactions (L. 4 mars 1889, art. 7, 2ᵉ alin., et art. 20).

Les conditions et formalités autres que l'avis des contrôleurs relatives aux transactions sont prescrites dans l'intérêt de la masse et du failli seuls. Aussi la nullité d'une transaction conclue sans l'observation de ces conditions et formalités ne peut être demandée par la personne qui a transigé avec le syndic (2). Il y a là, du reste, une solution applicable à tous les actes faits par un syndic sans l'observation des conditions légales.

507 bis. Le pouvoir de transiger sous les conditions prescrites par la loi s'applique à toutes les contestations intéressant la masse, sans qu'il y ait lieu de distinguer suivant que le droit litigieux appartient au failli ou à la masse (3). Le texte est général, et il n'y a

24 août 1865, S. 1865. 1. 437 ; *J. Pal.*, 1865. 1. 1160 ; D. 1866. 15. 2 , 17 avr. 1894. S. et *J. Pal.*, 1896. 1. 459 ; D. 1895. 1. 161 ; *Pand. fr.* 1894. 1. 326. L'article 487, alin. 1, suppose bien, cependant, que le failli est appelé à la transaction même, c'est-à-dire au moins devant le juge-commissaire qui autorise le syndic à transiger Cf. en ce sens, Bédarride, 1, nᵒˢ 388 et 389 ; Bravard et Demangeat, V, p. 333.

(1) Les créanciers ne peuvent exercer le droit du failli qui est personnel à celui-ci dans le sens de l'article 166, C. civ. : Bourges, 4 juill. 1887, *Journal des faillites*, 1888. 172.

(2) Cass. 17 décembre 1904, *Journal des faillites*, 1905. 49. Cet arrêt a été rendu dans un cas de liquidation judiciaire, mais la solution qu'il consacre est, par identité de motif, applicable en cas de faillite.

(3) V. Cass. 16 fév. 1864. D. 1864. 1. 189 : S. 1864. 1. 65 ; *J. Pal.*, 1864. 547. Cet arrêt casse un arrêt de Dijon du 11 août 1862 qui avait admis qu'un syndic ne pouvait transiger au nom de la masse ; il s'agissait de l'action en responsabilité appartenant aux créanciers contre des commanditaires à raison de leur immixtion dans la gestion. La Cour de Lyon, à laquelle l'affaire a été renvoyée, s'est prononcée dans le sens de la Cour suprême, arrêt du 22 fév. 1866, S. 1867. 2. 22 ; *J. Pal.*, 1867. 108.

aucune raison de faire une distinction. Ainsi, le syndic peut transiger sur une question de nullité d'un acte fait pendant la période suspecte (1).

507 *ter*. Le syndic peut transiger aussi bien sur des questions concernant le passif que sur des questions relatives à l'actif de la faillite. La transaction a lieu dans le premier cas avec un créancier du failli avant la vérification et l'affirmation des créances (2). Le contrôle du juge-commissaire et le droit d'intervention de chaque créancier dans l'instance d'homologation sauvegardent les intérêts des créanciers qui ne peuvent se plaindre, par suite, d'être privés du droit individuel d'élever des contredits qui appartient à chacun d'eux dans cette procédure. V. n° 536.

508. Ces règles ne sont faites que pour la période préparatoire, durant laquelle les syndics doivent, en principe, conserver les biens du failli pour les lui remettre en cas de concordat simple. Mais, une fois que cette période a pris fin, quand il y a union, par cela même que les biens du failli doivent être réalisés, les pouvoirs des syndics sont plus étendus et les transactions sont soumises à des conditions plus simples, en ce qu'une transaction, quel qu'en soit l'objet, est possible, nonobstant toute opposition de la part du failli (art. 535, C. com.). V. n° 682. Il en est de même au cas de concordat par abandon d'actif.

509. Quel est le tribunal compétent pour homologuer les transactions, quand elles sont soumises à homologation? L'article 487 fait une distinction : il attribue compétence au tribunal de commerce, lorsque la transaction concerne des droits mobiliers, et déclare le tribunal civil compétent, quand elle est relative à des droits immobiliers. Cette distinction ne doit, toutefois, pas être prise à la lettre ; elle est seulement conforme aux faits les plus ordinaires. Exceptionnellement, les tribunaux de commerce peuvent connaître de procès relatifs à des droits immobiliers, quand ces procès sont nés

(1) Cass. 13 février 1864, S. 1864. 1. 65 ; D. 1864. 1. 89 ; Paris, 4 mars 1908, *Journal des faillites*, 1908. 102.
(2) Cass. 26 avr. 1864. S. 1864. 1. 225 ; *J. Pal.*, 1864. 1050 ; D. 1864. 1. 308.

de la faillite (art. 635, C. com. ; art. 59, C. proc. civ.), comme, par exemple, quand il s'agit de faire annuler une vente ou une donation d'immeubles, en vertu des articles 446 et suiv. (n° 468) ; ce serait alors au tribunal de commerce qu'il appartiendrait d'homologuer la transaction (1). A l'inverse, une contestation relative à des droits mobiliers, dans laquelle un failli a été intéressé, peut être de la compétence du tribunal civil, c'est ce qui a lieu notamment quand elle concerne une succession mobilière échue au failli ; c'est au tribunal civil qu'alors, l'homologation devrait être demandée. La distinction faite, au moins en principe, par l'article 487, C. com., entre les transactions relatives à des droits mobiliers et les transactions relatives à des droits immobiliers, mérite d'être remarquée ; elle paraît bien impliquer que le législateur a entendu exclure les immeubles du domaine des opérations commerciales (2).

Si l'objet de la transaction est à la fois mobilier et immobilier, la compétence doit être déterminée d'après la nature de l'objet principal (3).

510. Les dispositions de l'article 487, C. com., relatives aux conditions sous lesquelles les syndics ont le pouvoir, avant que la faillite ait reçu une solution, de conclure des transactions, doivent être critiquées à plusieurs points de vue.

D'abord, dans une faillite, il y a un tel lien entre les différentes opérations qu'il importerait de conférer au tribunal de commerce le droit d'homologuer toutes les transactions, même celles qui ont un objet immobilier. Ce tribunal est seul à même d'apprécier quel intérêt il y a, pour la masse des créanciers, à faire des sacrifices destinés à empêcher un procès ou à y mettre fin. Puis, il est exorbitant de reconnaître au failli le droit de mettre obstacle par son opposition à des transactions portant sur des droits immobiliers. Il peut, par là, aggraver les pertes éprouvées par ses créanciers, en s'opposant à un

---

(1) Cass. 13 déc. 1865, S. 1867. 1. 65 ; *J. Pal.*, 1867. 139 ; D, 1866. 1. 145.
(2) *Traité de Droit commercial*, I, n° 109.
(3) Cass. 15 nov. 1880, D. 1881. 1. 101 ; S. 1883. 1. 148 ; *J. Pal.*, 1883. 1. 359 ; *Pand. fr. chr.* (le Tribunal de commerce est compétent, si l'objet mobilier est le principal).

acte qui leur serait avantageux. Du reste, la distinction entre les transactions relatives à des droits mobiliers et les transactions relatives à des droits immobiliers ne se comprend plus en présence du grand développement des fortunes mobilières. Avec cette distinction, le failli ne peut pas s'opposer aux transactions mobilières parfois d'une valeur considérable, tandis qu'il peut faire opposition aux transactions portant sur un objet immobilier de la valeur la plus minime. On devrait refuser au failli le droit d'empêcher les transactions quelconques (1); car l'intérêt des créanciers doit, en matière de faillite, être, avant tout, pris en considération.

511. *Du serment.* — Les règles de l'article 487, C. com., et les principes admis sur la capacité et les pouvoirs nécessaires à une personne pour qu'elle défère le serment décisoire ou qu'il lui soit déféré, conduisent à des conséquences pratiques importantes.

La délation du serment constitue une proposition de renonciation conditionnelle à la demande ou à l'exception de la part de celui qui le défère, c'est-à-dire une sorte de transaction. Aussi, le serment ne peut, dans une instance, être déféré par celui qui n'a pas la capacité ou le pouvoir de transiger. Par suite, les syndics ne peuvent déférer le serment qu'en remplissant les formalités prescrites par l'article 487, C. com. (2).

A l'inverse, le serment devant porter sur des faits personnels à celui à qui il est déféré, la délation n'en est pas possible à celui qui représente en justice l'une des parties. Par suite, la délation du serment décisoire ne peut être faite à un syndic (3).

512. *De l'aveu.* — Des règles analogues régissent l'aveu. Sans doute, l'aveu ne crée pas d'obligations, mais il rend plus mauvaise la situation de celui qui l'a fait, en le contraignant à démontrer la fausseté du fait avoué, s'il veut se soustraire aux conséquences de son aveu. Aussi admet-on que celui qui n'a pas la capacité ou le

---

(1) Les modifications de l'article 487, C. com., indiquées au texte, étaient faites par le projet de 1883. V. Cauvet, *Rapport de la Cour de Montpellier*, p. 60 et suiv. V. aussi la note 1 de la page 537.

(2) Rennes, 29 mai 1858, S. 1858. 2. 216. — Aubry et Rau, VII, § 753, p. 184 ; Laurin, n° 1079.

(3) Aubry et Rau, IV (4e édit.), § 753, p. 185 et 186.

pouvoir de disposer de l'objet sur lequel porte une contestation, ne peut pas faire, quant à cet objet, d'aveu qui le lie (1). Par suite, un syndic ne peut faire un aveu opposable à la masse ; le failli n'a pas non plus la capacité de faire un aveu ayant cet effet (2). Il résulte de là que l'interrogatoire sur faits et articles ne peut être ordonné à l'égard d'un syndic ou d'un failli ; car cette procédure a pour but principal de provoquer des aveux probants contre celui qui est interrogé (3).

512 *bis.* L'impossibilité de déférer le serment à un syndic et l'inadmissibilité d'un aveu, de sa part, de nature à nuire à la masse, ont fait naître une grande difficulté pour les prescriptions libératoires qui peuvent être écartées par le refus de prêter serment ou par l'aveu (4) de celui qui s'en prévaut, spécialement pour la prescription de cinq ans admise par l'article 189, C. com., en matière de lettres de change et de billets à ordre. Le serment ne peut être déféré au syndic de la faillite de l'un des signataires ni au failli, fût-il appelé en cause. On a cru pouvoir en conclure que cela doit faire exclure la prescription de cinq ans pour la faire remplacer par la prescription trentenaire, quand un failli est en cause (5). Il n'est pas possible d'aller jusque-là. Une pareille solution nuirait à la masse de la faillite et prolongerait, contrairement à l'esprit de nos lois, beaucoup la durée des actions nées des effets de commerce. La prescription de cinq ans est applicable en pareil cas ; seulement, le palliatif que la loi y apporte par la faculté de déférer le serment à celui qui l'oppose se trouve écarté (6).

513. *Compromis.* — Le compromis par lequel les parties s'en remettent à des arbitres, pour le jugement de leur différend, est plus grave encore que la transaction. On ne peut compromettre que sur les droits dont on a la libre disposition (art. 1003, C. proc. civ.). Les

---

(1) Pothier, *Traité des obligations*, n° 914 ; Aubry et Rau, IV (4e édit.), § 751, p. 170.

(2-3) Trib. civ. Épernay, Paris, 22 janv. 1883, *Journal des faillites*, 1883, p. 117.

(4) L'aveu de la dette équivaut, par un *a fortiori*, au refus par le débiteur de prêter le serment, *Traité de Droit commercial*, IV, n° 455.

(5) Trib. comm. Seine, 23 mars 1889, *le Droit*, n° des 8-9 avr. 1889.

(6) V. *Traité de Droit commercial*, IV, n° 451.

syndics ne peuvent donc pas conclure un compromis. Mais il n'y a pas de raison pour leur refuser le droit d'exécuter un compromis, valablement conclu avant la faillite par le failli, en choisissant des arbitres (1).

514. *Désistement. Acquiescement.* — Aucune disposition du Code de commerce ne parle de ces actes. Aussi est-on en désaccord sur les conditions exigées pour que le syndic les fasse valablement. Il a été soutenu qu'un syndic peut, sans avoir besoin d'aucune autorisation, se désister ou acquiescer (2). Il serait singulier, a-t-on dit en ce sens, qu'un syndic ne pût abandonner une prétention qu'il croit mal fondée et nuisible à la masse ou reconnaître la justesse d'une prétention soulevée contre la faillite. A défaut de texte spécial, les syndics doivent jouir du pouvoir le plus étendu à cet égard.

Cette opinion n'a pas prévalu (3). Il ne s'agit point de savoir si l'acquiescement ou le désistement est possible dans les procès intentés par un syndic ou contre un syndic, mais, ce qui est bien différent, de déterminer à quelles conditions l'acquiescement ou le désistement peut avoir lieu, si le syndic a des pouvoirs assez étendus pour faire seul un de ces actes. Or, on ne peut nier que ce sont des actes très graves, qui cachent parfois de véritables aliénations et qu'ils ont avec la transaction une certaine analogie. Ce sont là des considérations qui font soumettre l'acquiescement et le désistement aux mêmes conditions que les transactions (4). Mais cela ne s'applique au désistement qu'autant qu'il porte sur le droit lui-même.

---

(1) Paris, 11 fév. 1873, S. 1873. 1. 369 ; D 1873. 1. 245 ; V., *en sens contraire*, Trib. comm. Seine, 8 avr. 1885, *Journal des faillites*, 1886, p. 509.

(2) C'est là l'opinion que nous avions adoptée à tort. V. *Précis de Droit commercial*, II, nº 2818.

(3) De ce que le syndic n'a pas le pouvoir d'acquiescer sans aucune autorisation, il résulte qu'il peut appeler d'un jugement même après avoir payé les frais. Dijon, 8 août 1907, *Journal des faillites*, 1907. 494.

(4) Cass. 29 fév. 1885, *Journal des faillites*, 1885, p. 145 ; S. 1886. 1. 150 ; *J. Pal.*, 1886. 1. 362 ; D. 1885. 1. 284 ; 15 juin 1900. S. et *J. Pal.*, 1900. 1. 512. D. 1900, 1. 416 ; *Pand. fr.* 1902. 1-7 ; Pau, 4 juill 1898 S. et *J. Pal*, 1898. 2. 296 ; D. 1897. 2. 111 ; *Pand. fr.* 1899. 2. 182 ; Ch. req. 15 juin 1900, S. et *J. Pal.*, 1900 1. 512 ; Rouen, 28 mars 1906, *Journal des faillites*, 1906. 362 (il s'agissait du désistement d'un pourvoi admis par la Chambre des requêtes) ; Thaller et Percerou, II, nº 1206.

Le désistement d'instance qui met seulement fin à l'instance (art. 402 et 403, C. proc. civ.), peut être fait par un syndic sans aucune autorisation. Il y a là une conséquence du droit pour le syndic d'agir en justice (1).

En cas de liquidation judiciaire, la loi du 4 mars 1889 (art. 7) n'admet pas cette assimilation. Elle exige l'homologation du tribunal pour les transactions quand la valeur du litige excède quinze cents francs et se contente toujours de l'autorisation du juge-commissaire donnée au débiteur assisté du liquidateur pour les actes de désistement et d'acquiescement. Il y a là sans doute une distinction très rationnelle, mais la loi du 4 mars 1889 ne la déclare pas applicable en cas de faillite, et une distinction de ce genre ne pourrait y être admise qu'en vertu d'un texte légal formel.

515. *Ventes d'effets mobiliers et de marchandises.* — Dans la période préparatoire ou d'information, les syndics ne peuvent pas, en principe, vendre les biens du failli. Ils doivent les conserver en prévision de la conclusion d'un concordat simple. Toutefois, des restrictions ont dû être apportées à cette règle dans l'intérêt de la masse des créanciers et du failli lui-même en ce qui concerne les meubles.

Les syndics peuvent vendre : 1° les objets sujets à dépérissement ou à dépréciation imminente ou dispendieux à conserver (art. 470). C'est même pour en rendre la vente possible que le juge-commissaire peut, sur la demande des syndics, dispenser les syndics de faire placer ces objets sous scellés ou les autoriser à les en faire extraire (art. 469 2°). V. n° 493. — 2° Les autres objets (*effets mobiliers ou marchandises*), s'il devient indispensable de les vendre pour se procurer les fonds nécessaires aux opérations de la faillite (art. 486, 1er alin.).

516. Les syndics ne peuvent procéder à ces ventes qu'après avoir

_____

(1) V. l'arrêt de 1885 cité à la note précédente ; il distingue les deux sortes de désistement. V. aussi Bordeaux, 30 mars 1853, D. 1854. 2. 110 ; S. 1853. 2. 551 (il s'agissait de l'admission au passif de la faillite d'une créance faisant l'objet d'une instance entre le créancier et le failli au moment de la déclaration de faillite).

obtenu l'autorisation du juge-commissaire (1), et qu'après que le failli a été entendu ou appelé (art. 486, 1er alin., C. com.). La vente de biens du failli, avant que la solution de la faillite ait été déterminée, a, en effet, un caractère exceptionnel.

Le syndic peut sans doute demander aussi l'avis des créanciers ou des contrôleurs nommés par eux, avant de procéder à une vente de meubles, mais cet avis n'est pas obligatoire, et ne le lie pas (2).

D'après l'article 583 3°, C. com., toute voie de recours est exclue contre les jugements qui autorisent la vente d'effets mobiliers ou marchandises appartenant à la faillite. Il ne faut pas induire de cette disposition qu'un jugement du tribunal est nécessaire pour autoriser ces ventes. L'article 583 3°, suppose qu'une partie intéressée a formé opposition devant le tribunal de commerce contre l'ordonnance du juge-commissaire autorisant une vente, et qu'alors, le tribunal a rendu un jugement. C'est contre ce jugement qu'il n'y a pas de voie de recours possible.

517. Les ventes faites sans l'observation des conditions indiquées dans l'article 486, seraient nulles, à moins, pourtant, qu'il n'y ait eu péril en la demeure et impossibilité d'obtenir assez promptement l'autorisation du juge-commissaire. Du reste, cette nullité n'empêcherait évidemment pas les tiers acquéreurs de bonne foi de se prévaloir du bénéfice de l'article 2279, C. civ., s'il s'agit d'objets mobiliers auxquels l'article 2279 est applicable (3).

La sanction de la nullité résulte ici des principes généraux du droit d'après lesquels un acte fait par un mandataire en dehors de ses pouvoirs est nul. Aussi doit-on repousser l'opinion de quelques auteurs

(1) Le référé n'est pas admis en matière commerciale. V. *Traité de Droit commercial*, 1, n° 419 *bis*. Aussi le juge des référés n'est pas compétent pour s'immiscer dans ces opérations (Paris, 4 janv. 1849, S. 1849. 2. 155) pas plus que pour arrêter l'exécution d'une ordonnance du juge-commissaire, Paris, 6 mai 1867, S. 1868. 2. 53 (un bailleur demandait qu'il fût sursis à l'exécution d'une vente ordonnée par le juge-commissaire).

(2) Trib. comm. Seine, 15 juill. 1896, *la Loi*, n° du 10 nov. 1896.

(3) La règle de l'article 2279, C. civ., ne s'applique qu'aux meubles corporels auxquels on assimile les titres au porteur. Elle est inapplicable aux meubles incorporels et aux bâtiments de mer. V., sur le dernier point, *Traité de Droit commercial*, V, n° 34.

selon laquelle la vente, opérée même sans l'observation des conditions de l'article 486, serait valable, mais pourrait donner lieu seulement à la responsabilité du syndic (1).

518. La vente peut porter sur des choses mobilières incorporelles
comme sur des meubles corporels. Les expressions de l'article 486,
effets mobiliers, ont, dans les dispositions légales, un sens très
compréhensif (art. 535, C. civ.). Du reste, le patrimoine du failli
se composant aujourd'hui parfois en grande partie de valeurs mobilières, on ne pourrait pas, en beaucoup de cas, se procurer les fonds
nécessaires aux opérations de la faillite si ces valeurs, qui sont des
choses incorporelles, ne pouvaient pas être vendues (2).

519. En autorisant la vente, le juge-commissaire détermine, selon
la nature des objets et d'après les circonstances, si la vente doit
avoir lieu (3) à l'amiable ou aux enchères publiques (4). Dans ce
dernier cas, le juge-commissaire indique par quelle classe d'officiers
publics il sera procédé à la vente ; d'après l'article 486, le juge-
commissaire décide *si la vente se fera par l'entremise de courtiers
ou de tous autres officiers publics préposés à cet effet.* Ces officiers
publics sont, soit des commissaires-priseurs, soit des notaires,
soit des huissiers, soit des greffiers de justice de paix (5), soit des

(1) Laurin, n° 1072 ; Dict. de Couder, v° *Faillite,* n° 544.

(2) Trib. comm. Seine, 7 janv. 1881, *Journal des faillites,* 1882. 102 ;
11 mai 1885, même rec. 1885. 338. Cela pourrait s'appliquer à la rigueur
même au fonds de commerce : Paris. 9 juill. 1873, *Journ. des Trib. de
comm.* 1873. 511. Mais on comprend qu'il est usé très rarement de cette
faculté, puisqu'alors, la conclusion d'un concordat serait presque rendue
impossible.

(3) La vente n'a pas forcément lieu dans le ressort du Tribunal qui a
déclaré la faillite : Rennes, 1er fév. 1881, S. 1881. 2. 257 ; *J. Pal.,* 1881. 1.
1246.

(4) Le failli est appelé à donner son avis sur le point de savoir s'il y a
lieu ou non de procéder à la vente, mais on n'est pas obligé de le consulter sur le procédé à suivre pour la vente. Cbn. al. 1 et 2 de l'article 486 :
Cass. 7 août 1862, D. 1862. 1. 435 ; S. 1862. 1. 782 ; *J. Pal.,* 7862. 205 (l'adjudication aux enchères qui avait été ordonnée n'ayant pas eu de résultat,
le syndic s'était fait autoriser à vendre à l'amiable sans que le failli eût été
appelé).

(5) Les greffiers des Tribunaux de *commerce* n'ont pas qualité pour procéder à la vente : Trib. civ. de Marennes, 12 fév. 1884, *Monit. des huissiers,*
1884. 222.

agents de change (1). Les courtiers de marchandises peuvent aussi être chargés de faire la vente. Ils étaient visés par l'article 486, C. com., comme officiers publics. Ils ont cessé d'avoir cette qualité depuis que la liberté du courtage des marchandises a été admise par la loi du 18 juillet 1866, mais l'attribution indiquée dans l'article 486, C. com., a continué d'appartenir aux courtiers de marchandises devenus des commerçants libres. Toutefois quand il s'agit de ventes publiques en gros, il ne peut y être procédé que par des courtiers inscrits, s'il y en a, ou, à défaut, par un courtier désigné par le président du Tribunal de commerce (L. du 18 juillet 1867, art. 4) (2). Les syndics choisissent, sous leur responsabilité, dans la classe de personnes indiquée par le juge-commissaire celles dont ils veulent employer le ministère (art. 486. dern. alin.) (3).

Des difficultés diverses s'élèvent au sujet des limites à apporter à la liberté du juge-commissaire de choisir la personne qui procédera à la vente ; la combinaison entre la disposition de l'article 486, 1er alin., et les règles générales concernant les personnes chargées de procéder aux ventes publiques de meubles aux enchères, est loin d'être toujours aisée.

La loi du 25 juin 1841 (art. 4) a restreint la liberté du choix laissé au juge commissaire, en disposant que le *mobilier* du failli ne peut

(1) Ce sont des agents de change pour les valeurs mobilières, à moins que, s'agissant de valeurs mobilières non admises à la cote officielle, la vente en soit confiée à des coulissiers ou à des notaires. Quant un agent de change est désigné pour la vente. il y a lieu d'observer l'article 70 du décret du 7 octobre 1890 ; cet article prévoit le cas où un agent de change est commis par justice à l'effet de négocier des valeurs. V. *Traité de Droit commercial.* IV, n° 902.

(2) V. *Traité de Droit commercial.* IV, n°s 1036 à 1042.

(3) On s'est plaint de ce que souvent le choix des syndics porte sur les mêmes officiers publics. Pour remédier à cet égard au mal. il a été proposé de confier à la chambre de discipline de chaque classe d'officiers publics le soin de désigner, à tour de rôle, dans la classe déterminée par le juge-commissaire, celui dont le ministère devra être employé. V. proposition de loi de M. Emile Ferry modifiant l'article 486, C. com , déposée à la Chambre des Députés, le 13 juin 1842. Rapport sommaire du 8 nov. 1892. Cette proposition de loi n'est pas venue en discussion M. Rose a déposé à la Chambre des Députés. le 19 novembre 1898. une proposition de loi semblable, qui n'a pas été discutée, du reste, non plus.

être vendu aux enchères que par des commissaires-priseurs, notaires, huissiers ou greffiers de justice de paix.

Le droit de concurrence des courtiers de marchandises n'existe donc que pour les *marchandises* du failli proprement dites. Depuis la loi du 18 juillet 1866 (art. 4, 2e alin.), les courtiers inscrits seuls peuvent, comme il est dit plus haut, dans les lieux où le tribunal de commerce en a dressé une liste, être désignés, à l'exclusion des autres courtiers, pour procéder aux ventes aux enchères pour lesquelles les lois reconnaissent la compétence des courtiers.

En règle générale, les lois établissent entre les différentes personnes préposées aux ventes mobilières un ordre de préférence auquel les tribunaux mêmes ne peuvent pas déroger. Voici quelles sont les règles du droit commun. Les courtiers ne peuvent procéder qu'aux ventes volontaires en gros des marchandises énumérées dans le tableau annexé à la loi du 28 mai 1858 et dans les lois ou décrets qui ont augmenté le nombre de celles-ci (1). Pour les ventes en détail et aux enchères de marchandises neuves, dans les cas où elles sont autorisées par la loi, elles doivent être faites, conformément aux règles consacrées par la loi du 27 ventôse an IX, exclusivement par les commissaires-priseurs dans tous les lieux où ils sont établis et en concurrence avec les huissiers, notaires et greffiers de justice de paix, dans les autres lieux de la circonscription des commissaires-priseurs.

Ces règles s'appliquent-elles en cas de vente en détail de meubles *après faillite* ? Si l'affirmative est admise, deux conséquences en résultent : 1o les commissaires-priseurs ont le droit de préférence que leur confère la loi de ventôse an IX ; 2o les courtiers ne peuvent pas être désignés pour procéder à des ventes de marchandises *en détail*. Ainsi, le pouvoir de libre choix qui semble conféré au juge-commissaire par l'article 486, C. com., serait assez notablement limité à ces deux points de vue.

Il a été soutenu, en s'appuyant sur les termes généraux de l'article 486, que le juge-commissaire a la plus entière liberté. Mais cette solution absolue ne paraît pas concorder avec l'historique de la

(1) V. *Traité de Droit commercial*, III, nos 222 et suiv.

législation en cette matière. Selon nous, il y a lieu d'admettre :
1º qu'à défaut de courtiers, le juge-commissaire est tenu d'observer
les règles générales sur les attributions des officiers publics chargés
des ventes aux enchères (1) ; 2º que les courtiers peuvent être désignés même pour procéder à des ventes en détail de marchandises
neuves (2).

1º Rien n'indique que le législateur, en écrivant l'article 486, ait
entendu conférer au juge-commissaire un pouvoir discrétionnaire
excluant l'observation nécessaire des règles habituelles sur les
attributions respectives des officiers publics chargés de procéder
aux ventes de meubles. Il doit, quand il écarte les courtiers, choisir
un commissaire-priseur de préférence à tous autres. Ces règles sont
confirmées par des lois postérieures aux lois fondamentales du
27 ventôse an IX et du décret du 14 juin 1813 (art. 38). La loi du
25 juin 1841 charge spécialement les courtiers de commerce des
ventes publiques aux enchères de marchandises en gros autorisées
ou ordonnées par justice ; mais, dans l'article 10, cette loi rappelle
qu'à défaut de courtiers, les commissaires-priseurs, les notaires,
huissiers et greffiers de justice de paix, procèdent à ces mêmes
ventes, selon les droits qui leur sont respectivement attribués par
les lois et règlements. De même, la loi du 7 juillet 1861 charge spécialement aussi les courtiers de commerce de procéder aux ventes
publiques et aux enchères de marchandises en gros qu'elle a eu
pour but de faciliter ; mais elle décide (art. 2) qu'il appartient toujours au tribunal ou au juge qui ordonne ou autorise la vente, de

---

(1) Cass. 23 nov. 1886, *Journal des faillites*, 1887. p. 241 ; S. 1887. 1. 420 ;
J. Pal., 1887. 1, 042 ; D. 1887. 1. 373. Cet arrêt reconnaît qu'il a été justement décidé que des huissiers n'avaient pu régulièrement procéder à des
ventes publiques de marchandises en gros dans le lieu où un commissaire-
priseur avait son établissement et que, par suite, ils devaient indemniser
celui-ci du préjudice qu'ils lui avaient causé.

(2) Cass. 8 mai 1889. *Journal des faillites*, 1890, p. 313 ; D. 1890. 1. 393 ;
S. 1889. 1. 329 ; *J. Pal.*, 1889. 1. 788 ; *Pand. fr.* 1889. 1. 504. Cet
arrêt casse un arrêt de la Cour de Douai du 9 nov. 1887 (*Journal des faillites*, 1888, p. 77). Amiens, 1er mai 1890, *Journal des faillites*, 1890, p. 429 ;
Trib. civ. Seine, 23 nov. 1892, *Journal des faillites*, 1892, p. 510 ; *le Droit*,
nº du 24 nov. 1892 ; Cass. 10 mars 1896. *Journal des faillites*, 1896,
p. 242 ; S. et *J. Pal.*, 1896, 1. 401 ; *Pand. fr.*, 1897. 1. 86.

désigner une autre classe d'officiers publics. Cette disposition, qui
s'applique à toutes les ventes de meubles autorisées ou ordonnées
par justice, est conçue dans des termes identiques à ceux de l'article 486, C. com., et il ne paraît pas douteux que, dans le cas où
les courtiers de commerce sont écartés, les règles ordinaires relatives aux droits des officiers publics, spécialement à la préférence
reconnue aux commissaires-priseurs, doivent être observées (1).

2° L'article 486 ne fait aucune distinction entre les ventes en gros
et les ventes en détail dans la disposition par laquelle il reconnaît au
juge-commissaire le pouvoir de désigner un courtier pour procéder
aux ventes. Il faut donc reconnaître qu'en cas de faillite, un courtier
de commerce peut être désigné pour procéder à une vente de marchandises même en détail. La loi du 25 juin 1841 (art. 2 et 4) confirme cette manière de voir en se référant, à propos des ventes de
marchandises en détail, à l'article 486, C. com., qui fait mention
des courtiers. Les lois du 18 mai 1858, du 3 juillet et du 18 juillet
1866, qui se sont occupées des ventes aux enchères et en gros,
confèrent aux courtiers de commerce le pouvoir d'y procéder, mais
aucune de leurs dispositions n'implique que les auteurs de ces lois
aient entendu refuser aux courtiers le droit de faire des ventes en
détail même dans le cas de l'article 486, C. com.

520. *Ventes d'immeubles. Loi du 5 janvier 1914.* — Le Code
de commerce, qui s'est occupé des ventes d'immeubles du failli après
union ou concordat par abandon (art. 572 et 573 ; art. 541), n'avait
pas prévu les ventes d'immeubles avant union ou concordat par
abandon, durant la période préparatoire qui précède la décision des
créanciers relative à la solution de la faillite. Aussi de nombreuses
difficultés s'étaient élevées à l'occasion de ces ventes. *a.* Étaient-elles
possibles même durant la période préparatoire ? *b.* Si elles étaient
possibles qui devait les autoriser ? *c.* En quelles formes avaient-
elles lieu ? *d.* Produisaient-elles, au point de vue de la purge des
hypothèques, les mêmes effets que les ventes d'immeubles après
union ou après concordat par abandon d'actif ?

(1) Cass. 23 nov. 1886, D. 1887. 1. 373 ; S. 1887. 1. 420 ; *J. Pal.*, 1887. 1.
1092.

On avait été jusqu'à nier la possibilité de vendre des immeubles du failli tant que la solution de la faillite, union ou concordat par abandon d'actif, n'impliquait pas qu'ils devaient être vendus (1). Mais cette opinion ne pouvait prévaloir. Le silence de la loi sur certains actes n'implique pas que le syndic ne peut point les faire. Puis, on comprend qu'il soit nécessaire de vendre des immeubles pour se procurer les fonds indispensables à la marche des opérations de la faillite et il n'y a vraiment pas de raison pour admettre qu'il y ait un obstacle insurmontable à ce qu'on ait recours à ce moyen (2). Il peut aussi y avoir une occasion favorable à saisir, occasion qui est de nature à disparaître. La loi du 5 janvier 1914 modifiant l'article 573, C. com. a, en visant la vente d'immeubles avant union rendu cette solution certaine.

Mais il faut tenir compte à la fois de ce que la vente d'un immeuble est, aux yeux du législateur, un acte grave, et de ce que la gravité en est augmentée encore par la circonstance qu'elle a lieu à un moment où il n'a pas été pris par les créanciers de décision sur le sort du patrimoine du failli. Ces considérations doivent empêcher d'admettre que l'autorisation du juge-commissaire, suffisante (3) soit pour la vente des meubles avant union (art. 486, C. com.), soit pour la vente des immeubles après union (art. 572. C. com.), suffise pour la vente d'immeubles avant union. Il y a lieu d'exiger les garanties prescrites pour les actes les plus graves. Il faut donc que les ventes d'immeubles soient autorisées par le tribunal de commerce (4). On va même jusqu'à admettre la nécessité du consentement du failli (5). Il est vrai que cette condition est exigée pour la

(1) Douai, 28 mai 1857, D. 1857. 2. 166 ; Rép. Dall., v° *Faillite*, n° 487.

(2) Cass. 13 janv. 1869, D. 1871. 5. 191-192 ; S. 1869. 1. 152. V., dans le même sens, pour la possibilité de la vente d'immeubles, en cas de liquidation judiciaire, durant la période préparatoire, Caen 25 juillet 1890, *Journal des faillites*, 1911. 59.

(3) V. cept. Caen, *J. Pal.*, 24 janv. 1884. S. 1886. 2. 116 ; P. 1886. 1. 689. Paris, 28 janv. 1890, S. 1890. 2. 152 ; *J. Pal.*, 1890. 1. 880.

(4) Cass. 29 juill. 1890. *Journal des faillites*, 1890, p. 481 ; S. 1890. 1. 448 ; *J. Pal.*, 1890. 1. 1083 ; D. 1891. 1. 165 ; *Pand. fr.*, 1890. 1. 410 ; Rennes, 28 octobre 1903, *Journal des faillites*, 1903. 422. Cf. Thaller, *Traité élém. de Droit commercial*, n° 214⁵.

(5) Voir note précédente et Thaller et Percerou, n° 1214.

conclusion avant union d'une transaction ayant pour objet des biens immobiliers (art. 487, C. com.). Mais il y a là une condition exorbitante et très critiquable (n° 510) qui ne peut pas être étendue par voie d'analogie de la transaction à d'autres actes, surtout quand l'acte dont il s'agit a, comme la vente, si peu de ressemblance avec la transaction. Ces solutions doivent être admises même depuis la loi du 5 janvier 1914; car cette loi n'indique pas quelles sont les conditions préalables à remplir en cas de vente d'immeubles faite durant la période préparatoire.

Il n'a jamais été douteux que la vente d'immeuble faite avant l'union doit avoir lieu dans les mêmes formes que la vente d'immeuble après union (art. 572, C. com.), c'est à-dire dans les formes des ventes d'immeubles des mineurs (1). Ce sont les formes qui offrent la plus sérieuse garantie pour les intéressés.

Pour le cas où un immeuble du failli est vendu après union, le Code de commerce (art. 573) organise au profit de toute personne une surenchère spéciale d'un dixième, qui doit être faite dans la quinzaine de l'adjudication. Cette surenchère exclut certainement celle du sixième admise, en principe, après les adjudications aux enchères (art. 708, C. proc. civ).

Une question très discutée s'élevait sur le point de savoir si l'adjudication d'un immeuble du failli *après* union entraîne par elle-même la purge à l'égard des créanciers hypothécaires et priviligiés, comme l'adjudication sur saisie ou s'il n'est pas, au contraire, nécessaire, pour arriver à la purge à l'égard de ces créanciers, d'observer les formalités de la purge après aliénation volontaire (art. 2181 et suiv., C. civ.). C'est, comme cela sera dit plus loin (n° 697), en faveur de la purge opérée de plein droit qu'on doit, selon nous, se prononcer et que se prononce la jurisprudence.

Ces dispositions concernant les ventes d'immeubles après union avaient fait naître plusieurs questions relatives à l'adjudication des immeubles opérée avant union : 1° la surenchère du dixième de l'ar-

---

(1) C'est le tribunal de commerce qui autorise la vente mais c'est le tribunal civil qui détermine si la vente doit avoir lieu à l'audience des criées ou devant notaire. Trib. com. Marseille, 18 septembre 1903, *Journal des faillites*, 1904. 257.

ticle 573, C. proc., était-elle applicable à cette adjudication ? 2o L'adjudication avant union entraîne-elle purge de plein droit, comme l'adjudication après union ?

Il pouvait paraître simple d'appliquer à l'adjudication avant union les règles de l'article 573, C. com. Peut-être, le législateur de 1838 aurait-il consacré expressément ce système s'il avait pensé à la question. Mais, dans le silence de la loi, ce système ne paraissait pas admissible. D'abord, comme la loi ne s'était pas prononcée sur la surenchère admise à la suite d'une adjudication avant union, il fallait en revenir au droit commun, et celui-ci se trouve dans l'article 708, C. proc. civ., c'est-à-dire que la surenchère du sixième dans la huitaine était seule possible, à l'exclusion de la surenchère du dixième dans la quinzaine permise par l'article 573, C. com. (1). Puis, quant à la purge de plein droit opérée à l'égard des créanciers hypothécaires et privilégiés, elle est tout à fait exceptionnelle. En règle générale, la purge n'est opérée qu'à la suite des formalités des articles 2181 et suiv., C. civ. C'est à ces formalités qu'il faut en revenir quand la loi ne les a pas exclues (2). Du reste, si l'on exige pour la vente des immeubles avant union le consentement du failli, comme le fait la jurisprudence (3), cette vente a le caractère d'une vente volontaire et ce sont les ventes forcées seules qui, dans le système de nos lois, entraînent la purge de plein droit.

La loi du 5 janvier 1914 a tranché les controverses relatives soit à la surenchère admissible, soit à la purge (4). L'alinéa suivant a été ajouté par cette loi à l'article 573, C. com. : *Semblable procédure sera appliquée aux ventes d'immeubles poursuivies par le*

(1) Cass. 29 juill. 1890. *Journal des faillites*, 1890, p. 481 ; S. 1890. 1. 148 ; *J. Pal.*, 1890. 1, 1083 ; D. 1891. 1. 165; *Pand. fr.*, 1890. 1. 410 ; V. *en sens contraire*, Paris, 10 fév. 1886, *Journal des faillites*, 1886, p. 265; Amiens, 3 fév. 1887, *Journal des faillites*, 1887, p. 467, Paris 28 janv. 1890, *Journal des faillites*, 1890, p. 421 : S. 1890. 2. 152 : *J. Pal.*, 1890. 2. 853 (arrêt cassé).

(2) Cass. 4 juin 1889. *Journal des faillites*, 1889, p. 319 ; S. 1890. 1. 65 ; *J. Pal.*, 1890. 1. 140 ; *Pand. fr*, 1889. 1. 548.

(3) V. note 4 de la page 551.

(4) Cette loi a été proposée à la Chambre des Députés par M. Lauraine le 22 novembre 1912. Rapport déposé le 9 juin 1913.

syndic avant union. — Il résulte de là : 1° que la surenchère du dixième de l'article 573, C. com. est seule possible ; 2° que la purge de plein droit résulte de la vente d'un immeuble *avant* union, si l'on admet qu'elle résulte d'une vente d'immeuble *après* union.

521. *Continuation du commerce de failli.* — Les syndics peuvent, sous la seule autorisation du juge-commissaire, continuer l'exploitation du commerce du failli (art. 470). Cette mesure est parfois très utile pour le failli et pour la masse des créanciers. La cessation brusque du commerce, en laissant la clientèle se disperser, pourrait rendre le concordat simple qui replace le failli à la tête de ses affaires, sans avantage pour lui, ou pourrait diminuer le gage des créanciers dans le cas où, après l'union, il est procédé à la vente du fonds de commerce (1).

522. Les syndics, autorisés à continuer l'exploitation du fonds de commerce du failli, peuvent non seulement achever les opérations commencées, avant le jugement déclaratif, mais encore en entreprendre de nouvelles. Ils peuvent notamment acheter et vendre des marchandises sans avoir besoin d'une autorisation spéciale pour chaque achat ou pour chaque vente. Autrement, l'exploitation serait entravée. Mais les syndics doivent, se borner aux actes indispensables.

C'est pour rendre possible la continuation du commerce du failli que la loi (art. 469 3°, C. com.) admet la faculté pour le juge-commissaire, sur la demande des syndics, de dispenser ceux-ci de faire placer sous les scellés ou de les autoriser à en faire extraire les objets servant à l'exploitation du fonds de commerce, lorsque cette exploitation ne pourrait être interrompue sans préjudice pour les créanciers. V. n° 491.

Le syndic peut choisir un préposé pour exploiter le fonds de commerce. Ce préposé peut être le failli lui-même. Comme celui-ci agit alors en qualité de préposé du syndic représentant de la masse,

---

(1) En matière de liquidation judiciaire, il n'y a pas dessaisissement du débiteur, et la loi du 4 mars 1889 (art. 6, alin. 2) dispose que le *débiteur peut aussi, avec l'assistance des liquidateurs et l'autorisation du juge-commissaire, continuer l'exploitation de son commerce ou de son industrie.* V. n° 1057.

en faisant les actes relatifs à l'exploitation de son fonds de commerce, il ne contrevient pas au dessaisissement.

523. Les dettes nées des opérations relatives à l'exploitation du fonds de commerce sont des dettes *de la masse* (nᵒ 559). Mais, comme pour toutes les opérations à faire durant la période préparatoire, les créanciers n'ayant pas à donner leur consentement, ne peuvent pas être tenus personnellement à raison des engagements pris par les syndics. Il en est autrement dans le cas exceptionnel où, après la mise des créanciers en état d'union, les créanciers donnent mandat aux syndics de continuer l'exploitation (art. 532 et 553, C. com.). V. nᵒˢ 680-681 *bis*.

524. *Secours alimentaires à accorder au failli.* — A part la question relative au sauf-conduit provisoire à accorder au failli (nᵒ 485), une question importante concernant sa personne se pose dès la période préparatoire. En dessaisissant le failli de l'administration de ses biens, le jugement déclaratif le prive, en général, de ses moyens d'existence. Il est juste que des secours lui soient accordés sur l'actif de la faillite pour lui et pour sa famille. Le montant de ces secours alimentaires réclamés par le failli est fixé par le juge-commissaire sur la proposition des syndics. La décision du juge-commissaire est susceptible d'appel (art. 474). L'appel est formé par les syndics contre le failli ou par le failli lui-même ; il s'agit là d'un droit attaché à la personne que le dessaisissement n'enlève pas au failli. L'opposition n'est pas possible ; car le juge-commissaire ne statue jamais qu'après avoir entendu le failli et les syndics.

Ces secours sont dûs au failli, non seulement quand il est en liberté, mais même quand il est incarcéré, que ce soit à la diligence des syndics ou du ministère public.

Les secours ainsi accordés au failli sont provisoires, en ce sens qu'ils ne sont admis que jusqu'à l'union. Après l'union, le failli peut obtenir un secours définitif. Ce secours a un tout autre caractère que ceux qui sont accordés pendant la période préparatoire; aussi la concession en est-elle subordonnée à des conditions différentes. V. art. 530, C. com., et nᵒ 679.

525. *Sommes touchées par les syndics.* — Par suite des différentes opérations faites par les syndics, spécialement des recouvrements de créances et des ventes, des sommes parfois assez importantes peuvent parvenir entre leurs mains même durant la période préparatoire. Il importe que ces fonds ne soient pas détournés (1) et qu'ils ne restent pas improductifs. Le Code de 1807 ne prenait pas à cet égard des mesures suffisantes. D'après les anciens articles 496 et 497, les deniers provenant des ventes et recouvrements devaient être versés dans une caisse à double serrure. Une des clefs devait être remise au plus âgé des agents ou syndics et l'autre à celui des créanciers que le juge-commissaire préposait à cet effet. Toutes les semaines, le bordereau de situation de la caisse de a faillite devait être remis au juge-commissaire, qui pouvait, sur la demande des syndics et à raison des circonstances, ordonner le versement de tout ou partie des fonds à la caisse d'amortissement. L'expérience avait démontré que ces précautions étaient vaines : la serrure à deux clefs n'existait pas la plupart du temps, et les fonds demeuraient entre les mains des syndics, qui les appliquaient parfois à leurs affaires personnelles. Aussi, lors de la revision du livre III du Code de commerce en 1838, ces règles ont été mises de côté.

D'après l'article 489, C. com. (L. de 1838), les sommes provenant de recouvrements ou de ventes doivent, en principe, être versées à la Caisse des dépôts et consignations. Ces sommes, comme toutes celles qui sont déposées à cette Caisse, sont productives d'intérêts à 2 p. 100, 61 jours après le dépôt (ordonnance du 3 juillet 1816, art. 14 ; L. de finances du 26 juillet 1893, art. 60).

Toutefois, le juge-commissaire peut dispenser de verser à la Caisse des dépôts et consignations les sommes qu'il arbitre pour subvenir aux frais et dépenses qu'entraînent les opérations de la faillite. A cet égard, des autorisations spéciales du juge-commissaire sont seules admises ; une autorisation générale de ne pas consigner serait sans valeur (1). Le vœu du législateur est même que les auto-

(1) Un syndic ne saurait être responsable du détournement commis par un huissier chargé d'une vente mobilière, alors qu'aucune faute n'est relevée à la charge du syndic : Ch. req. 18 déc. 1899, *Pand. fr.*, 1900. 1. 82 ; D. 1901. 2. 236 (Il s'agissait d'un liquidateur judiciaire dont la responsabilité est la même que celle du syndic).

(1) Douai, 18 mai 1868, S. 1868. 2. 211 ; *J. Pal.*, 1868. 832 ; D. 1868. 2. 107.

risations spéciales portent sur des sommes aussi peu importantes que possible.

C'est notamment pour assurer l'exacte observation de l'article 489 quant aux versements à faire à la Caisse des dépôts et consignations qu'un décret du 25 mars 1880 a ordonné qu'il fût tenu dans les greffes un registre sur lequel doivent être inscrits, pour chaque faillite, tous les actes relatifs à la gestion des syndics : recettes, dépenses, versements à la Caisse des dépôts et consignations (n° 488) (1).

Dans les trois jours des recettes, il doit être justifié au juge-commissaire des versements faits à la Caisse des consignations. En cas de retard, les syndics doivent les intérêts des sommes qu'ils n'ont pas versées. Ces intérêts moratoires courent de plein droit et sont, d'après le taux légal, de 4 0/0 (2) et non pas seulement ceux de 2 0,0 qu'aurait payés la Caisse des dépôts et consignations si le dépôt avait été fait. Du reste, il va de soi que le dépôt n'est pas une condition de la validité des paiements faits par les tiers aux syndics : les tiers n'ont pas à cet égard de surveillance à exercer (3) (4).

(1) Le décret du 26 mars 1880 n'est pas toujours bien observé. Le registre est tenu souvent avec irrégularité et les deniers disponibles ne sont pas versés à la Caisse des dépôts et consignations. Une circulaire du Ministre de la justice en date du 3 nov. 1891 (*Journal des faillites*, 1891, p. 522) a signalé le mal et prescrit, pour y remédier, aux procureurs généraux de faire communiquer aux préposés de la Caisse des dépôts et consignations, dans les divers arrondissements, les états trimestriels de la situation des faillites, qui doivent être transmis par les greffiers au procureur général, afin que ces préposés les renvoient avec les annotations que pourrait motiver la comparaison de ces états avec leurs propres registres.

(2) Thaller et Percerou, II, n° 1216 *bis*.

(3) Caen, 26 juill. 1867, S. 1868. 2. 303 ; *J. Pal.*, 1868. 1135 ; D. 1868. 2. 149. Cet arrêt tire de la règle posée au texte cette conséquence que, pour que le conservateur des hypothèques soit tenu d'opérer la radiation d'une inscription prise au profit du failli, il suffit de la mainlevée donnée par le syndic ; le conservateur ne peut exiger de plus la preuve que le syndic a opéré la consignation des sommes touchées dans les termes de l'article 489, C. com.

(4) DROIT ÉTRANGER. — Au sujet des règles relatives aux sommes disponibles, il y a quelques divergences entre les législations. Dans plusieurs pays, on admet, comme en France, l'obligation du dépôt dans une caisse déterminée ; il en est ainsi d'après la loi *belge* (art. 479), les Codes de

Les deniers versés par les syndics et toutes autres sommes consignées par des tiers pour le compte de la faillite, ne peuvent être retirés qu'en vertu d'une ordonnance du juge-commissaire et à charge par les syndics, s'il existe des oppositions, d'en obtenir préalablement mainlevée (art. 489, 2e alin., C. com.).

526. *Avances faites par le Trésor public.* — Le jugement déclaratif de faillite et les diverses mesures ou formalités qui le suivent donnent lieu à des frais. Il faut en faire pour signifier le jugement déclaratif, pour l'afficher et l'insérer dans les journaux, pour apposer les scellés, pour arrêter et incarcérer le failli. Sous l'empire du Code de 1807, il arrivait souvent que, faute d'argent, ces mesures ne pouvaient pas être exécutées ou que même les créanciers ne faisaient pas déclarer la faillite. Le failli demeurait impuni et le gage des créanciers étaient dilapidé (1). Les créanciers ne consentaient pas à faire des avances, et les syndics, qui ne sont que des mandataires, ne pouvaient être contraints d'en faire. Comme il s'agit de mesures et de formalités qui intéressent le commerce en général, on a mis, en 1838, les avances à la charge du Trésor public (art. 461). Ces avances sont d'autant plus utiles que les créanciers formant la masse ne sont pas des personnes indigentes pouvant obtenir le bénéfice de l'assistance judiciaire en vertu des lois du

commerce *espagnol* (art. 1096) et *italien* (art. 753). D'après la loi *autrichienne* (art. 139), c'est au comité des créanciers et, avant qu'il soit nommé, au juge-commissaire, à décider où les sommes disponibles seront déposées. La loi *allemande* (art. 129, 2e alin.) confie le même pouvoir à l'assemblée des créanciers ; le Tribunal détermine où le dépôt est à faire tant qu'il n'a pas fait délibérer les créanciers sur ce point. En *Angleterre*, c'est à la Banque d'Angleterre que le dépôt doit avoir lieu pour toutes les sommes dépassant 50 livres sterling. Le *Boarf of Trade*, qui a un droit de contrôle sur les faillites, est crédité des sommes ainsi déposées à la Banque, qui lui ouvre un compte appelé *Bankruptcy Estates Account* (Compte des faillites). (*Bankruptcy Act*, 1883, art. 74 à 76.). V. *Loi anglaise sur la faillite* de 1883, traduite et annotée par Ch. Lyon-Caen, p. 61 et suiv. — D'après la loi des *Etats-Unis d'Amérique sur les faillites* (art. 61), c'est la Cour des faillites qui, par voie de règlement, désigne les maisons de banque qui peuvent jouer le rôle de Caisses de dépôts et consignations et recevoir les fonds provenant des faillites. Ces maisons de banque doivent fournir des garanties.

(1) V. Renouard, p. 432 et suiv.

22 janvier 1851 et du 10 juillet 1901 (1) (2). La nécessité des avances est constatée par des ordonnances du juge-commissaire (3). Le Trésor public est remboursé de ses avances par privilège sur les premiers recouvrements, sans préjudice du privilège du bailleur (art. 461, C. com.). Le privilège du Trésor public est analogue au privilège des frais de justice de l'article 2101, 1°, C. civ.; il prime tous les créanciers qui ont profité de l'avance du Trésor (4).

Il n'est pourvu ainsi qu'aux premiers frais à faire après le jugement déclaratif, frais qu'énumère limitativement l'article 461, C. com (5 6). Aussi, comme les créanciers d'une faillite ne peuvent obtenir le bénéfice de l'assistance judiciaire, il arrive, malgré l'article 461, C. com., que les fonds manquent pour continuer les opé-

(1) Une circulaire du ministre de la Justice du 16 mars 1905 indique la procédure à suivre pour l'application de l'article 461. C. com.

(2) Trib. civ. Dijon (bureau d'assistance judiciaire), 26 mai 1893, *Journal des faillites*, 1894, p. 47. — Le bénéfice de l'assistance judiciaire accordé à un commerçant avant sa déclaration de faillite, ne doit même pas être maintenue au profit du syndic : Bordeaux 1er déc. 1881, S. 1882. 2. 229 ; *Journal des faillites*, 1882, 206.

(3) DROIT ÉTRANGER. — La loi *belge* de 1851 ne contenait aucune disposition analogue à celle de l'article 461 de notre Code de commerce. Cette lacune a été comblée par une loi du 26 déc. 1882 sur *la procédure gratuite en matière de faillite* (*Annuaire de législation étrangère*, 1883, p. 756 et suiv.). Cette loi admet, en matière de faillite, une sorte d'assistance judiciaire.

Des lois prescrivent aux tribunaux de ne pas déclarer la faillite quand ils constatent que l'actif ne suffit pas pour payer les premiers frais. Lois *allemande*, art. 107; *autrichienne*, art. 87. La loi *suisse* (art. 196 à 230) oblige le créancier qui demande la déclaration de faillite à avancer les frais à faire jusqu'à la première assemblée des créanciers.

(4) Bravard et Demangeat, V, p. 305 et note 1.

(5) L'ordonnance du juge-commissaire qui refuse de décider que les frais seront avancés par le Trésor ne peuvent être l'objet d'un recours, par cela même que l'article 461, C. com. n'en réserve aucun (art. 453, C. com. La compétence exclusive du juge-commissaire en cette matière a cette conséquence que, si le juge-commissaire ne statue pas sur une demande tendant au remboursement des frais par le Trésor, le tribunal de commerce ne peut pas être saisi de la question. Cass., 9 juillet 1907, *Pand. fr.*, 1907, 1. 280.

(6) Il va de soi que l'article 461 est inapplicable à des frais faits dans une instance suivie contre le failli *avant* le jugement déclaratif. Trib. comm., 24 août 1905, *Journal des faillites*, 1906, 128.

rations commencées. Alors, peut intervenir un jugement de clôture des opérations de la faillite pour insuffisance d'actif qui, sans mettre fin à la faillite, a des effets spéciaux importants (art. 527 et 528, C. com.). V. nos 760 et suivants.

C. — Constatation des dettes du failli. — Procédure de la vérification et de l'affirmation des créances (6).

527. Il importe au plus haut point qu'on connaisse le passif du failli. Le bilan dressé par le failli ou par les syndics (art. 439 et 476) constate les créances qui existent contre le failli. L'inventaire contient aussi ordinairement une déclaration du failli les indiquant. Mais ces constatations et cette déclaration peuvent être inexactes ; il se peut que le failli, par erreur ou par fraude, signale à sa charge des dettes qui sont simulées, qui sont nées d'actes susceptibles d'être annulés en vertu des articles 446 et suiv. ou d'autres dispositions légales, qui sont affectés de quelque cause de résolution ou des dettes qui sont éteintes en tout ou en partie. Pour empêcher que des créances simulées, nulles, frappées de résolution ou éteintes, ne soient admises à la faillite, la loi a soumis toutes les créances alléguées contre le failli à une procédure toute spéciale appelée *procédure de vérification et d'affirmation des créances.* C'est cette procédure qui termine la période préparatoire de la faillite.

La procédure de vérification et d'affirmation des créances a une grande importance. Chaque créancier a naturellement intérêt à ce que le total des créances autre que la sienne soit aussi réduit que possible. En outre, cette procédure sert à déterminer les personnes qui, en qualité de créanciers, peuvent voter dans l'assemblée chargée de se prononcer sur les propositions de concordat faites par le failli (art. 504). Puis, les créanciers ne peuvent délibérer en connaissance de cause que si l'on est préalablement bien fixé sur le montant du passif de la faillite, comme sur celui de l'actif. La comparaison entre le passif et l'actif permet de savoir si le failli est insolvable et quelle est l'étendue de son insolvabilité. Selon que l'insolvabilité existe ou non, qu'elle est plus ou moins grande, les créan-

(6) Code de commerce, art. 491 à 503.

ciers ont intérêt à opter pour une solution différente de la faillite.

Il y a ici une dérogation aux principes du droit commun. Ordinairement, les créanciers n'ont qu'à produire leurs titres ; c'est à celui qui les conteste pour quelque cause que ce soit à faire la preuve. En matière de faillite, chaque créancier doit prouver la sincérité de sa créance et la corroborer par son affirmation, en l'absence même de toute contestation.

Malgré la similitude des dénominations, la vérification des créances en matière de faillite diffère complètement de la vérification d'écritures régie par les articles 193 et suiv., C. proc. civ. La procédure de vérification d'écritures a pour unique but de constater si un acte sous seing privé émane bien de la personne contre laquelle il est invoqué ou de son auteur ; elle ne concerne pas le fond du droit. Au contraire, dans la faillite, la procédure de la vérification est relative au fond même du droit et elle s'applique, en principe, à toutes les créances, quand même elles ne seraient pas constatées par écrit ou qu'elles le seraient par un titre authentique (1).

528. A propos de la vérification et de l'affirmation des créances, trois questions générales doivent être examinées : 1° En quelles formalités consiste la procédure de vérification et d'affirmation ? 2° Quels sont les différents cas qui peuvent se produire pour chacune des créances à propos de la vérification (admission, défaut de production, rejet et contestation, etc.) ? 3° Quelles créances sont soumises à cette procédure ?

529. 1° FORMALITÉS DE LA PROCÉDURE DE VÉRIFICATION ET D'AFFIRMATION DES CRÉANCES. — *Dépôt des titres.* — La vérification et l'affirmation ne peuvent s'appliquer qu'aux créanciers qui se font connaître. Pour cela, il faut que les créanciers déposent, produisent leurs titres, selon l'expression technique. Le dépôt des titres qui constitue *la production à la faillite* (2), est ainsi un préalable nécessaire de la vérification. Comment et à quelle époque ce dépôt s'opère-t-il ?

(1) Cpr. Alger, 31 janv. 1887, *Journal des faillites*, 1887, p. 187.
(2) Il y a aussi *production* dans le cas d'un *ordre* ou d'une *distribution*

Les créanciers peuvent opérer le dépôt de leurs titres aussitôt après le jugement déclaratif entre les mains du greffier (art. 491 et L. 4 mars 1889, art. 11 et 20). Les productions promptes sont généralement les plus sincères.

Le dépôt doit avoir pour objet : a Le titre de créance (1), c'est à-dire l'acte authentique ou sous seing privé, s'il y en a un (2), le jugement, un extrait des livres de commerce, des lettres ou des télégrammes échangés entre le failli et le créancier (3); b. Un bordereau (4) énonçant les nom et prénoms du créancier, ses profession et domicile, le montant et les causes de sa créance, les privilèges, hypothèques ou gages qui y sont affectés (L. 4 mars 1889, art. 11 et 20).

Ce bordereau, en tant qu'il indique le montant de la créance, ne fait pas double emploi avec le titre de créance. Il arrive souvent, en effet, que la somme réclamée est supérieure ou inférieure à celle qu'indique le titre. Elle est supérieure, par exemple, si la créance

---

par contribution. Pour les différences, cf. Thaller, *Traité élém. de Droit commercial,* n° 1889.

(1) Il va de soi que, lorsqu'un cessionnaire produit à la faillite du débiteur cédé, il ne suffit pas qu'il dépose l'acte de cession, il doit aussi faire le dépôt de l'acte constitutif de la créance au profit du cédant : Trib. comm. Seine, 18 avr. 1885, *la Loi* du 27 mai 1885, *Journal des faillites* 1885. 346. — Il faut que le titre produit soit en français, pour que la vérification puisse avoir lieu : Paris, 6 déc. 1889, *Pand. fr.,* 1890, 5. 47 ; *Journal des faillites,* 1890, p. 30. Mais il va de soi qu'un titre étranger pourrait être accompagné d'une traduction française.

(2) Le titre de créance qui doit être déposé n'a pas besoin d'être enregistré. Cette solution est admise malgré la disposition de l'article 23 de la loi du 22 primaire an VII qui soumet à l'enregistrement les actes sous seings privés avant qu'il puisse en être fait usage dans un acte public, en justice ou devant une autorité constituée. V. ci-après, note 4.

(3) Le défaut de dépôt du titre par le créancier n'entraîne contre lui aucune forclusion, s'il présente ce titre en cas de contredit, Lyon, 9 décembre 1910. *Journal des faillites,* 1911, 103.

(4) Le bordereau devait être écrit sur papier timbré. Cf. Trib. com. Seine. 28 fév. 1884, *Journal des faillites,* 1884. 213. La loi de finances du 26 janvier 1892 (art. 10) a affranchi du droit de timbre et d'enregistrement le bordereau ainsi qu'un grand nombre d'actes rédigés en exécution des lois relatives aux faillites et aux liquidations judiciaires. V. aussi articles 15 et 16, L. 26 juill. 1902.

est productive d'intérêts : il faut bien que le créancier indique expressément le montant des intérêts courus jusqu'au jugement déclaratif de faillite, qui lui restent dûs. Elle est inférieure si, par exemple, la créance portée au titre a été éteinte en partie par le paiement ou par une autre cause.

530. Mais, si les créanciers peuvent produire dès que le jugement déclaratif a été rendu, ce n'est pas à dire qu'ils aient la faculté de le faire ensuite indéfiniment. Le Code impartit un délai pour déposer leurs titres aux créanciers qui n'en ont pas encore fait le dépôt lors de la première assemblée convoquée pour donner son avis sur le maintien ou le remplacement des syndics provisoires (art. 462).

Aussitôt après cette assemblée, une sorte de mise en demeure est adressée aux créanciers. Ils sont avertis, par lettres individuelles (1) du greffier (pour ceux qui sont connus) (2) ou par insertion dans les journaux d'annonces légales (3) (pour les autres), d'avoir à déposer leurs titres avec un bordereau indicatif des sommes par eux réclamées (art. 492, C. com.),

Ce dépôt doit être fait par le créancier en personne ou par un fondé de pouvoirs entre les mains, soit du greffier, soit du syndic.

Il est donné récépissé des titres et bordereaux déposés (4).

Le greffier n'est responsable des titres qui lui ont été déposés que pendant cinq années à partir de l'ouverture du procès-verbal de vérification (L. 4 mars 1889, art. 11, 2e alin., et art. 20). La responsabilité dure, pour les syndics, dix ans à partir du jour de la reddition de leurs comptes (L. 4 mars 1889, art. 11, dern. alin. et art. 20) (5).

(1) Une lettre sous bande affranchie suffit : Douai, 24 juin 1887, *Journal des faillites*, 1888. 177.

(2) V. Aix, 30 déc. 1864, S. 1865, 2. 346. Cf. Alauzet, n° 1795.

(3) Sur ce point la loi du 4 mars 1889 n'a fait que consacrer la règle déjà contenue dans l'article 491, C. com.

(4) Ce récépissé a toujours été exempté d'enregistrement. Mais l'est-il aussi du droit de timbre de 10 centimes ? Il y était soumis jusqu'à la loi du 26 janvier 1892. Depuis la mise en vigueur de cette loi, le récépissé paraît devoir être exempté aussi de droit de timbres comme tenant lieu d'un acte de dépôt. V. L. 26 janvier 1892, art. 18.

(5) A cet égard il y a une innovation. Avant la loi du 4 mars 1889, à défaut de disposition spéciale, la responsabilité du syndic durait trente ans.

530 *bis*. La production étant le seul acte par lequel un créancier chirographaire peut faire valoir son droit contre le failli, a, le même effet qu'une demande en justice. Elle interrompt la prescription et elle fait courir les intérêts moratoires.

Par la même raison, la production à la faillite suffit pour empêcher la péremption d'un jugement par défaut, faute de comparaître, rendu contre le failli avant le jugement déclaratif (1).

531. *Délais de la production.* — Les délais donnés aux créanciers pour faire leurs productions ne sont pas les mêmes pour tous. Le Code, tenant compte du lieu où ils ont leur domicile, distingue trois catégories de créanciers :

a. Les créanciers domiciliés dans le lieu où siège le tribunal qui a déclaré la faillite. — Ils ont, pour faire leur production, un délai de 20 jours qui part des insertions de l'avertissement faites dans les journaux, même pour ceux qui ont reçu un avis par lettre individuelle (art. 492, 1er alin.). Grâce à ce point de départ, unique pour tous, on évite d'avoir un délai différent pour chaque créancier.

b. Les créanciers domiciliés en France, mais hors du lieu du siège du tribunal saisi de l'instruction de la faillite. — Pour eux, le délai de 20 jours est augmenté d'un jour par cinq myriamètres de distance entre ce lieu et leur domicile (art. 492, 2e alin.).

c. Les créanciers domiciliés hors du territoire continental de la France, c'est-à-dire dans les pays étrangers ou dans les colonies françaises. — Pour eux, le délai de la production est augmenté conformément à l'article 73, C. proc. civ., c'est-à-dire que le laps de temps qui leur est accordé est celui des ajournements. Il peut ainsi s'élever à un, à deux, à cinq, à huit mois et même il est doublé pour les pays d'outre-mer, en cas de guerre maritime (art. 492, 3e alin.).

Les délais de production ainsi fixés sont parfois très longs. Aussi a-t-on souvent demandé qu'ils fussent abrégés. La loi du 4 mars 1889 (art. 12) a cherché à donner satisfaction à ce désir en matière de liquidation judiciaire. Mais, sur ce point, les dispositions

(1) V. Paris. 16 décembre 1908, *Journal des faillites*, 1909. 343.

de cette loi ne sont pas applicables à la faillite. Cela résulte de ce que l'article 20 de la loi du 4 mars 1889 ne comprend pas l'article 12 parmi les dispositions de cette loi applicables à la faillite comme à la liquidation judiciaire. Il y a là une différence qui ne se justifie point rationnellement.

532. Les délais légaux fixés pour la production n'ont pas la même portée pour les trois catégories de créanciers distinguées par l'article 492, C. com. (n° 531).

On attend l'expiration des délais donnés aux deux premières classes de créanciers qui sont domiciliés en France, pour la réunion de l'assemblée ayant à statuer sur l'admission du concordat (article 502), et, comme aucune distribution de deniers provenant de l'actif du failli n'a lieu avant cette assemblée, les créanciers domiciliés en France ont la certitude qu'il n'y aura pas de distribution avant l'expiration des délais de production qui leur sont accordés. Au contraire, dans l'intérêt de la célérité des opérations de la faillite, on n'attend pas, pour tenir l'assemblée du concordat, l'expiration des délais donnés pour produire aux créanciers domiciliés hors du territoire continental de la France. V. article 502. Cependant, ces délais ont, même pour ceux-ci, une grande importance. Si l'on procède à des répartitions de deniers entre les créanciers avant que les délais soient écoulés, on réserve une part correspondant aux créances pour lesquelles les créanciers domiciliés hors de France sont portés sur le bilan. Au contraire, une fois ces délais expirés, les sommes ainsi mises en réserve sont réparties entre les créanciers reconnus, si les créanciers domiciliés hors de France n'ont pas fait vérifier leurs créances (art. 567 et 568, C. com.). V., du reste, n° 549, pour les conséquences du défaut de production dans les délais légaux.

533. *De la vérification.* — La vérification commence, ou, du moins, peut commencer dans les trois jours après l'expiration des délais donnés aux créanciers domiciliés en France pour déposer leurs titres. Le juge-commissaire indique les lieu, jour et heure auxquels il y est procédé. L'avertissement d'avoir à produire, donné aux créanciers conformément à l'article 492, contient ces indications. Afin d'éviter les oublis, les créanciers sont de nouveau et spécialement convoqués à cet effet tant par lettres du greffier que par insertion dans les journaux (art. 493).

Aucun délai n'est déterminé par la loi pour l'achèvement des formalités de la vérification (1). L'article 493, C. com., dispose seulement que la vérification *sera continuée sans interruption*, c'est-à-dire que la vérification doit se faire aussi rapidement que possible (2). Le nombre des assemblées de vérification n'est pas fixé. il peut y en avoir une seule, deux ou plus de deux (3).

534. *Comment se fait la vérification.* — Elle doit se faire d'après le Code de commerce en assemblée générale, sous la présidence du juge-commissaire, en présence des créanciers ou de leurs mandataires (4) et du failli. Mais, en fait, à Paris, les créanciers ou leurs mandataires se rendent dans le cabinet du syndic avant l'assemblée. Celui-ci examine les titres produits, et, dans l'assemblée, on ne fait guère qu'entendre la lecture de l'énumération des créances admises et confirmer des décisions arrêtées par le syndic (n° 538).

Les créanciers jouissent de la plus grande liberté dans le choix de leurs mandataires (5). Toutefois, ils ne doivent pas choisir comme

---

(1) V. une conséquence tirée de l'absence de délai : Cass. 10 déc. 1890, D. 1891. 1. 257 ; S. 1891. 1. 255 ; P. 1891. 1. 618 ; *Pand. fr.*, 1891, 1. 166.

(2) Il y a là une obligation imposée au juge-commissaire. Mais aucune forclusion ou déchéance ne la sanctionne au cas où elle n'est pas observée : Paris, 19 juin 1885, *Journal des faillites*, 1885. 513.

(3) Sur l'époque à laquelle les opérations de la vérification des créances peuvent être considérées comme terminées : Paris, 21 fév. 1883, D. 1884. 2. 173 ; S. 1885. 2. 197 ; *J. Pal.*, 1885. 1. 1123 ; Cass. 10 déc. 1890. D. 1891. 1. 257 ; S. 1891. 1. 255 ; *J. Pal.*, 1891. 1. 618 ; *Pand. fr.*, 1891. 1. 166.

En matière de liquidation judiciaire, la loi, dans un but de simplification et de rapidité, prescrit, en principe, de ne tenir que deux réunions pour la vérification (L. 4 mars 1889, art. 12 et 13). Mais, à titre exceptionnel, *si des lettres de change ou des billets à ordre souscrits ou endossés par le débiteur et non échus au moment de cette (la) dernière assemblée sont en circulation, les liquidateurs pourront obtenir du juge-commissaire la convocation d'une nouvelle assemblée de vérification.*

(4) Le syndic ne doit, pour éviter les difficultés, accepter qu'un mandataire représentant un pouvoir écrit.

(5) Plusieurs créanciers peuvent avoir le même mandataire, mais ce fait ne saurait en rien changer leur situation respective : Paris, 24 déc. 1877,

mandataire le syndic, par cela même que c'est lui qui est appelé à vérifier les titres produits (1). On discute sur le point de savoir si le choix des créanciers peut porter sur un huissier. La question est née de l'article 627, C. com., d'après lequel, *dans les causes portées devant les tribunaux de commerce, aucun huissier ne pourra ni assister comme conseil, ni représenter les parties en qualité de procureur fondé, à peine d'une amende de vingt-cinq à cinquante francs..., sans préjudice des peines disciplinaires contre les huissiers contrevenants* (2). Cette disposition met bien obstacle à ce qu'un huissier, choisi comme mandataire, élève un contredit, parce que le contredit est le préliminaire fréquent d'un procès ; mais rien n'empêche qu'un créancier choisisse un huissier seulement pour produire et affirmer (3). Cette distinction a été repoussée ; on a prétendu qu'en vertu de l'article 627, C. com., un huissier ne peut être choisi comme mandataire même pour participer à la vérification (4). Cette solution n'est pas conforme au texte de l'article 627, C. com., qui parle seulement des causes portées devant les tribunaux de commerce. La vérification des créances ne peut pas être ainsi qualifiée.

Le mandat donné à un huissier, en admettant qu'il soit prohibé, pourrait être annulé, et l'huissier encourrait l'amende édictée par l'article 627, C. com. (5).

S. 1879. 2. 203 ; *J. Pal.*, 1879. 842. Cf. Cass. 8 août 1878, D. 1879. 1. 272 ; S. 1879. 1. 150 ; *J. Pal.*, 1879. 116. La faculté pour plusieurs créanciers de choisir un mandataire unique a des inconvénients graves. Les agents d'affaires représentant des créanciers différents s'entendent, et les créances les plus contestables peuvent être ainsi admises. V. *Répertoire de Droit français*, V° *Faillite*, n° 2118.

(1) Si le choix avait porté sur le syndic, on éviterait tout grief, en faisant vérifier la créance du mandant par le juge-commissaire, comme cela a lieu dans le cas où le syndic lui-même est créancier du failli (art. 493, 2° alin., C. com.). V. n° 535. Bordeaux, 20 mars 1863, S. 1863. 2. 113 ; *J. Pal.*, 1863, 777.

(2) V. *Traité de Droit commercial*, I, n° 351.

(3) Renouard, I, p. 538, sur l'article 493, C. com., Thaller et Percerou, II, n° 1248.

(4-5) Cass. 10 mars 1847, D. 1847. 1. 98 ; Trib. comm. Toulon, 25 juin 1877, Cass. 9 juin 1879, S. 1879. 1. 446 ; *J. Pal.*, 1879. 1178.

Les avocats régulièrement inscrits à un barreau sont dispensés de produire une procuration devant les juridictions commerciales (L. 13 juillet 1911, art. 96). Les avoués jouissent de la même dispense devant le tribunal de commerce de leur ressort (L. 13 juillet 1911, art. 97). Ces dispositions de faveur s'appliquent aux procès portés devant les tribunaux de commerce, non à la représentation aux assemblées de créanciers (1).

Du reste, les conseils de discipline qui n'admettent pas qu'un avocat puisse recevoir un mandat, décident qu'un avocat ne peut pas représenter un créancier (2).

535. La vérification doit, d'après la loi, se faire contradictoirement (n° 534). Elle est opérée, en principe, par le syndic. Mais un syndic ne peut évidemment vérifier lui-même les créances qu'il fait valoir contre le failli. Pour les créances du syndic, la vérification est faite par le juge-commissaire (art. 493, 2e alin., C. com.) (3). Cette règle régit même le cas où il y a plusieurs syndics. Sous le Code de 1807, dans ce dernier cas, ils procédaient réciproquement à la vérification de leurs créances ; cela donnait lieu à des abus ou, tout au moins, à des soupçons (4).

535 *bis*. Le créancier produisant peut faire valoir les moyens de preuve qui, conformément aux principes généraux du droit, varient avec la nature civile ou commerciale de sa créance.

Dans tous les cas, le juge-commissaire peut, *même d'office ordonner la représentation des livres du créancier, ou demander, en vertu d'un compulsoire, qu'il en soit rapporté un extrait fait par les juges du lieu* (art. 496, C. com.) (5).

(1) Douai, 10 août 1913.

(2) Il en est ainsi du Conseil de l'ordre des avocats à la Cour d'appel de Paris.

(3) Cela s'applique aussi au cas où le syndic est choisi comme mandataire d'un créancier. V. n° 534 et note ci-dessus.

(4) Renouard, 1, p. 537.

(5) S'il y a lieu, pour vérifier une créance contestée, à représentation des livres de commerce et que le créancier réside dans un pays étranger adhérent à la Convention de La Haye du 17 juillet 1905, remplaçant la Convention du 14 novembre 1896, on peut procéder par voie de commission rogatoire adressée à l'autorité judiciaire de ce pays. Douai, 15 mai 1902, D. 1903. 1. 428.

536. Tout créancier assistant à la vérification ou son mandataire peut élever des réclamations et s'opposer à l'admission d'une créance; c'est ce qu'on appelle *élever un contredit*. Ce droit individuel appartient aux créanciers portés au bilan et non encore vérifiés comme aux créanciers déjà vérifiés (art. 494, C. com.) (1). Ce droit n'était reconnu par le Code de 1807 qu'aux créanciers vérifiés. On laissait ainsi sans contradiction les premières vérifications ; quand celles-ci sont faites, il n'y a pas encore de créanciers vérifiés ou le nombre en est très restreint.

Le failli a le droit de fournir des *contredits* aux vérifications, comme les créanciers (art. 494). Ce droit personnel conféré au failli implique qu'il doit être présent ou dûment appelé à l'assemblée de vérification. Dans l'usage, il est avisé par lettre du greffier d'avoir à assister à l'assemblée.

536 *bis*. 2° DES DIFFÉRENTS CAS SE PRODUISANT LORS DE LA VÉRIFICATION. — Il peut se faire qu'une créance soit admise ou qu'elle soit contestée. Ces deux cas, à propos de chacun desquels se présentent différentes questions, doivent être considérés distinctement.

537. *Admission*. — Il y a admission d'une créance, quand il ne s'est produit aucune réclamation (ou *contredit*) contre une créance, ou quand ceux qui avaient d'abord réclamé ont reconnu eux-mêmes que leurs objections étaient mal fondées. L'admission d'une créance se constate à la fois de deux manières : 1° Une déclaration est faite sur le titre, signée par les syndics et visée par le juge-commissaire. Elle est ainsi conçue : *admis à la faillite.... pour la somme de..... le ....* (art. 497) ; 2° Elle est mentionnée dans le procès-verbal de vérification (art. 495) (2). Ces deux constatations sont

_____

(1) V., sur la question de savoir si le droit de contredire appartenant à chaque créancier emporte pour lui le droit d'agir en justice afin de soutenir le bien fondé de son contredit. n° 543.

(2) S'il y a contradiction entre la mention du procès-verbal de vérification et la déclaration faite sur le titre, c'est la première consignée par le juge-commissaire lui-même qui doit être préférée : Dijon, 20 juill. 1875, S. 1878. 2. 338 ; *J. Pal*, 1878. 1300 ; D. 1878. 2. 25. Cass. 7 janv. 1890 ;

utiles. Cela va de soi quand il n'y a pas de titre : le créancier peut alors invoquer le procès-verbal, pour exercer ses droits dans la faillite, notamment pour toucher les dividendes. Mais leur utilité existe même quand il y a un titre. Ce titre peut être perdu ; en cas d'impossibilité de le représenter, le créancier peut se prévaloir des énonciations du procès-verbal. V. art. 569, alin. 3, C. com.

538. *Affirmation.* — Tout n'est pas achevé après l'admission d'une créance. Il peut y avoir eu des surprises, des erreurs ou des fraudes. Pour plus de sécurité, une sorte de dernier appel est fait à la conscience de chaque créancier admis : il doit affirmer entre les mains du juge-commissaire que sa créance est sincère et véritable (art. 497, 3ᵉ alin.). La formule de l'affirmation n'est pas fournie par la loi. Elle peut se borner à une affirmation pure et simple non accompagnée de serment (1). Du reste, une fausse affirmation, quelle qu'en soit la forme, est punie des travaux forcés à temps (art. 593, 2°, C. com.).

L'affirmation peut être faite par un fondé de pouvoirs (2). Cela a dû être admis à raison de l'éloignement possible du créancier ; mais cela diminue beaucoup la valeur de l'affirmation.

L'affirmation se fait au plus tard dans la huitaine après la vérification (3) ; mais rien n'empêche de la faire immédiatement dans l'assemblée même où l'admission est prononcée (4).

S. 1891. 1. 389, *J. Pal.*, 1890. 1. 947. D. 1891. 1. 254 ; *Pand. fr.*, 1890. 1. 487.

(1) Renouard, I. p. 547 ; Bravard et Demangeat, V, p. 361.

(2) L'article 493, al. 3 ne mentionne pas, pour l'affirmation, la possibilité de recourir à un mandataire comme le fait l'article 493, alin. 2 pour la vérification les fondés de pouvoirs. Mais la faculté de recourir à un mandataire pour l'affirmation résulte des principes généraux du droit.

Quand l'affirmation est faite par un mandataire, celui-ci se borne à affirmer que son mandant lui a déclaré que la créance est sincère et véritable.

Quand c'est un cessionnaire de créance qui produit à une faillite, il peut exiger que son cédant vienne faire l'affirmation : Renouard, t. I, p. 546 : Pardessus, n° 1185. Mais il doit suffire, pour le cessionnaire lui-même, qu'il affirme qu'à sa connaissance, la créance existe et a bien le montant indiqué : Lyon, 19 janvier 1850, D. 1852. 2. 250 ; Demangeat sur Bravard, V, p. 362, note 2.

(3) L'observation de ce délai n'est assurée par aucune sanction.

(4) Cass. 8 mai 1860, S. 1861. 1. 406 ; D. 1860. 1. 242.

A Paris, comme il a été dit plus haut (n° 534), les syndics préparent les vérifications avant l'assemblée des créanciers afin d'éviter les pertes de temps ; ils procèdent à une vérification de chaque créance en présence de chaque créancier. L'assemblée des créanciers, convoquée pour que ceux-ci élèvent au besoin des contredits et affirment la sincérité de leurs créances, n'est plus qu'une simple formalité (1).

539. *Effets de l'admission.*— L'admission d'une créance a-t-elle un caractère irrévocable, de telle sorte qu'une créance une fois admise ne puisse plus être contestée ? La question se pose, soit pour les créances qui ont été admises sans avoir encore été l'objet d'une affirmation (2), soit pour celles qui ont été admises et affirmées.

Il n'est pas douteux qu'une créance, même après l'admission et avant l'affirmation, peut être contestée, et que, par conséquent, l'erreur commise peut être rectifiée. L'admission, tant que l'affirmation n'a pas eu lieu, n'a qu'un caractère provisoire (3). Cette solution est justifiée par l'article 494, C. com., qui reconnaît à tout créancier le droit de contredire *aux vérifications faites ou à faire*. Les vérifications faites ne peuvent être que celles qui ont été suivies d'admission, mais qui n'ont pas encore été affirmées.

540. Des contestations sont-elles encore possibles même après qu'une créance a été admise et affirmée ? En l'absence de disposition légale résolvant cette importante question, il a été soutenu que l'admission d'une créance même affirmée n'a pas un caractère d'irrévocabilité excluant les contestations. L'admission d'une créance prononcée par le juge-commissaire, dit-on en ce sens, n'est pas un jugement, et, par suite, on ne saurait lui attribuer l'autorité de la chose jugée (4). Une créance admise et affirmée pourrait donc

---

(1) V., sur ce point, Thaller, *Des Faillites en droit comparé*, II, n° 181, p. 236 et suiv.

(2) Cela suppose naturellement que l'affirmation n'a pas eu lieu aussitôt après l'admission. V. n° 538.

(3) Besançon, 9 déc. 1872, D. 1873. 2. 77 ; Orléans, 6 juin 1882, *Journal des faillites*, 1882, p. 608 ; D. 1883. 2. 199.

(4) Colmar, 27 déc. 1855. S. 1857. 2. 573 ; Dijon, 12 mai 1856, D. 1867. 2. 64 ; S. 1857. 2. 184 ; Pau, 27 mars 1871, D. 1872. 2. 24 ; Boistel, n° 990. V. note 2-3 de la page 572, opinion de M. Thaller.

être contestée à raison d'une erreur de fait ou de droit et être écartée complètement, ou le montant pour lequel elle a été admise pourrait être diminué ou augmenté (1).

Cette doctrine a justement succombé. L'admission suivie d'affirmation est, en principe, irrévocable, en ce sens que les créances qui ont été admises et affirmées ne peuvent plus être l'objet d'une contestation (2). Des considérations pratiques puissantes justifient, à défaut de texte légal, cette opinion. Si, sous le prétexte d'une erreur commise, une admission régulière suivie d'affirmation pouvait être remise en question, il faudrait accorder le droit de contester aussi bien à chaque créancier pour sa propre créance qu'aux syndics, et, ainsi, la situation de tous demeurerait incertaine, aucune liquidation ne pourrait se faire avec sécurité. On exprime ordinairement cette doctrine en disant que l'admission suivie d'affirmation vaut reconnaissance de la créance de la part des intéressés ou, selon une formule souvent reproduite, qu'elle équivaut un à contrat judiciaire (3).

(1) Des auteurs ont prétendu que les créances vérifiées et affirmées peuvent être contestées jusqu'à la clôture du procès-verbal de vérification et d'affirmation. Alauzet, n⁰ˢ 2626 à 2630 ; Esnault, II, n⁰ 364. Cette opinion qui paraît n'avoir plus de partisans, fait abstraction de ce que l'admission tire sa force de la vérification et de l'affirmation relatives à chaque créance.

(2-3) Cass. 19 février 1850, D. 1851. 5. 261 ; Cass. 8 avr. 1851, D. 1851. 1. 121 ; Cass. 16 janv. 1860, S. 1860. 1. 273 ; D. 1860. 1. 75 ; Cass. 19 mars 1879, S. 1879. 1. 274 ; J. Pal., 1879, 660 ; D. 1879. 1. 180 ; Cass. 8 mars 1882, D. 1882. 1. 405 ; Journal des faillites, 1882, p. 175 ; S. 1883. 1. 92 ; J. Pal., 1883. 1. 169 ; Cass. 1ᵉʳ fév. 1888. Pand. fr. pér., 1888. 1. 313 ; D. 1888. 1. 213 ; S. 1890. 1. 394 ; J. Pal., 1890. 1. 956 ; Cass. 28 avr. 1891. D. 1892. 1. 262 ; S. et J. Pal., 1895. 1. 494 ; Pand. fr., 1891. 1. 410 ; 28 nov. 1894, S. et J. Pal., 1895. 1. 405 ; D. 1895. 1. 243 ; 18 juill. 1900. S. et J. Pal., 1900. 1. 460 ; D. 1900. 1. 432. Pand. fr., 1900. 1. 534 ; Alger, 18 nov. 1901, Journal des faillites, 1902, p. 318 ; Caen, 20 déc. 1901. Journal des faillites, 1902, p. 261 ; Cass. 11 janvier 1904 et 6 juin 1904, D 1904. 1. 393 et 1. 471. — Renouard, I, p. 549 ; Camberlin, Manuel des tribunaux de commerce, p. 433 ; Laurin, n⁰ 1092 ; Thaller, Des Faillites en droit comparé, II, p. 226 ; Thaller, Traité élémentaire de Droit commercial, n⁰ 1896. Pandectes françaises (Rép.) V. Affirmation de créances, n⁰ˢ 69 et s., Faillite, liquidation judiciaire, etc., n⁰ˢ 6427 et s. Selon M. Thaller, l'admission est une convention amiable que sanctionne le juge-commissaire, en faisant acte de juridiction gracieuse. Cette conven-

A cette doctrine se rattachent de nombreuses conséquences. Il en résulte notamment : *a*. qu'on ne peut alléguer qu'une créance admise et affirmée est entachée d'une cause de nullité on sujette à une cause de résolution qu'on a négligé de faire valoir dans l'assemblée des créanciers avant l'affirmation ; *b*. qu'une créance est, en réalité, supérieure (1) ou inférieure à la somme pour laquelle l'admission en a été prononcée ; *c*. qu'elle est éteinte en tout ou en partie. On ne serait pas admis à invoquer utilement à l'appui de ces allégations une erreur de fait ou de droit.

Les raisons pratiques qui justifient la doctrine du contrat judiciaire irrévocable au point de vue de l'existence, de la validité et du montant des créances admises ou affirmées, doivent la faire appliquer aux accessoires de la créance qui ont été l'objet d'une admission suivie d'affirmation. Ainsi, quand une créance a été admise et affirmée comme créance hypothécaire ou privilégiée, l'hypothèque ou le privilège ne peut plus être contesté (2).

---

tion doit être soumise aux mêmes causes de nullité qu'un contrat quelconque ; elle peut donc être annulée non seulement pour cause de dol, ce que tout le monde admet (n° 540 *bis*), mais aussi pour cause d'erreur substantielle commise par le syndic ou par le créancier admis. Notre savant collègue reconnaît, par suite, qu'un syndic peut demander la nullité de l'admission d'une créance quand celle-ci résulte d'un acte qui se trouve avoir été fait durant la période suspecte, parce qu'après l'admission de cette créance, la date de la cessation des paiements a été reportée à une époque antérieure à celle à laquelle elle aurait été fixée précédemment. V. art. 581, C. com. V., dans le même sens, Thaller et Percerou, II, n°s 1255 à 1257.

(1) Il va sans dire qu'un créancier qui aurait fait admettre une créance, pourrait ensuite en faire admettre une autre différente, sauf à se trouver, pour cette créance, dans la situation des créanciers retardataires. Cf. Cass. 12 nov. 1893. *Pand. fr.*, 1897. 1. 180.

(2) Cass. 19 mars 1879, S. 1879. 1. 271 ; D. 1879. 1. 180. V. pourtant, Douai, 30 juin 1855, 17 fév. 1859, D. 1856. 2. 179 ; 1859. 2. 63 ; Cass. 29 nov. 1894, *Journal des faillites*, 1895, p. 5 ; S. et J. Pal., 1895. 1. 405 ; D. 1895. 1. 243 ; Cass. 6 juin 1904, *Journal des faillites*, 1904. 369. — Nous supposons au texte qu'une créance hypothécaire ou privilégiée a été soumise à la vérification. Mais nous réservons, pour la traiter plus loin (n° 553), la question de savoir si les créances hypothécaires et privilégiées sont obligatoirement soumises à la procédure de vérification, comme les créances chirographaires.

540 *bis*. Mais cette doctrine de l'effet irrévocable de l'admission suivie d'affirmation ne saurait être absolue. Il va d'abord de soi que le droit de contester une créance existe malgré l'admission et l'affirmation, lorsque la créance n'a été admise que sous réserve de ce droit (1).

Ce n'est pas tout. Il ne faut pas pousser à l'extrême le principe de l'irrévocabilité des effets de l'admission, principe qui est déjà très rigoureux, mais qui se justifie par des considérations pratiques. Une créance peut être contestée, même après avoir été vérifiée, admise et affirmée, quand des manœuvres frauduleuses ou la force majeure ont mis obstacle à ce que la vérification fût exacte et complète (2). En outre, le contrat judiciaire que l'admission suivie d'affirmation implique, ne peut pas déroger plus que tout autre contrat aux lois d'ordre public (art. 6, C. civ.). C'est en vertu de cette idée qu'on a reconnu que le montant d'une créance admise et affirmée peut être contesté comme entaché d'usure (3). C'est à celui qui attaque l'admission pour l'une de ces raisons à en démontrer l'existence, conformément aux principes généraux sur le fardeau de la preuve.

541. L'admission d'une créance est une simple constatation d'un droit préexistant. On a prétendu qu'elle entraîne une novation. C'est là une erreur (4); la novation ne se présume pas plus en matière

(1) Cass. 11 nov. 1885, D. 1886. 1. 65 ; S. 1886. 1. 413 ; *J. Pal.*, 1886. 1. 1013 ; 7 janv. 1890. *Pand. fr. pér.*, 1890. 1. 487 ; D. 1891. 1. 254 : S. 1890. 1. 389 ; *J. Pal.*, 1890. 1. 947. Cf. Dijon, 14 janv. 1893, S. et *J. Pal.* 1896. 2. 202 ; Cass. 6 mars 1905. S. et *J. Pal.* 1906. 1. 24 ; *Pand. fr.*, 1905. 1. 255 ; *Journal des faillites*, 1905. 246. Cass. 28 février 1911, *Journal des faillites*, 1911. 145.

(2) Cass. 16 janv. 1860, S. 1860, 1. 273 ; D. 1860. 1. 75 ; 17 fév. 1873, D. 1873. 1. 298 ; 28 nov. 1881, D. 1882. 1. 247 ; 23 fév. 1885. D. 1885. 1. 413 ; S. 1885. 1. 337 : *J. Pal.*, 1885. 1. 849 ; Montpellier, 1er déc. 1894, *Journal des faillites*, 1896, p. 216 ; Douai, 11 mai 1898, S. et *J. Pal.*, 1900, 2. 263 ; D. 1900. 2. 48.

(3) Cass. 28 juin 1876, D. 1876. 1. 385 ; 11 nov. 1885, D. 1886. 1. 69 ; S. 1886. 1. 413 ; *J. Pal.*, 1886. 1. 1013.

Des difficultés peuvent évidemment s'élever sur le point de savoir si le contrat en vertu duquel le créancier produit est contraire à l'ordre public (Caen) V. 20 décembre 1901, D. 1904. 1. 337.

(4) Cass. 14 juill. 1879, D. 1879. 1. 422 ; S. 1880. 1. 21 ; *J. Pal.*. 1880. 33 ; Cass. 27 mai 1889, S. 1889. 1. 325 ; *J, Pal.*, 1889. 1. 783 ; D. 1890. 2. 284-285 ; Trib. com. Marseille, 24 oct. 1893, *Journal des faillites*, 1894, p. 469 ;

commerciale qu'en matière civile (art. 1273, C. civ.) (1). Peu importe, par conséquent. que la créance admise soit civile ou commerciale. Il résulte de là notamment que l'admission n'entraîne pas l'extinction des privilèges qui sont attachés aux créances admises (2). Mais l'admission à la faillite implique, du moins, reconnaissance de la créance et, par suite, interrompt la prescription qui courait contre le créancier. En conséquence, quand le porteur d'un effet de commerce produit à une faillite. la prescription quinquennale est bien interrompue, mais, comme il n'y a pas de reconnaissance *par acte séparé*, dans le sens de l'article 189, C. com., la prescription de trente ans n'est pas substituée à celle de cinq ans *après la clôture de la faillite* (3). La production. suivie d'admission et d'affirmation, interrompt ainsi à nouveau la prescription déjà interrompue quant aux dettes du failli par suite de la demande en déclaration de faillite. Cette demande interrompt la prescription à l'égard de tous les créanciers du failli, par cela même qu'elle leur enlève le droit d'agir individuellement (4).

541 *bis*. Il a été déjà indiqué plus haut que la production d'un créancier à une faillite équivaut à une demande en justice pour faire

Trib. comm. Seine, 27 septembre 1899. *le Droit*, n° du 27 octobre 1899. V. *en ce sens*, pour l'*Allemagne*, Kohler, *op. cit.*, p. 462.

(1) V. *Traité de Droit commercial*, III, n° 41.

(2) Paris, 8 mars 1910. *Journal des faillites*, 1912. 55.

(3) Cass. 7 avr. 1857. S. 1857. 1. 527 ; D. 1857. 1. 362 ; 5 janv. 1864, S. 1864. 1. 85 ; Paris, 11 déc. 1883, *Journal des faillites*, 1884, p. 574 : Rouen, 24 avril 1901, *Journal des faillites*, 1906. 227 ; Paris, 6 mars 1902. *Journal des faillites*, 1902, p. 245. — Demangeat sur Bravard, III, p. 565; Dict. de Couder, v° *Lettre de change*. n°s 779 et 795. V. *Traité de Droit commercial*, IV, n° 448. — L'arrêt de la Cour de Paris du 11 déc. 1883 statue sur une autre question, celle de savoir si l'interruption faite à l'égard d'un des signataires d'un effet de commerce produit ses effets à l'égard des autres signataires, V. cet arrêt avec une note de Ch. Lyon-Caen, S. 1884. 2. 105 ; *J. Pal.*, 1884. 598. — V. aussi Trib. civ. Seine, 7 nov. 1895, *le Droit*, n° du 14 déc. 1895. C'est là une question étrangère à la faillite, qui se rattache à la nature de l'obligation solidaire dont sont tenus les différents signataires d'un effet de commerce à ordre. V. *Traité de Droit commercial*, IV, n°s 267 et 443.

(4) Cass. 4 janv. 1879, S. 1879. 1. 141 ; Trib. comm. Seine, 7 oct. 1891, *Journal des faillites*, 1891, p. 502.

courir les intérêts moratoires à la charge du failli (n° 273). Mais il est évident que cet effet ne peut se réaliser à partir de ce moment qu'autant que postérieurement, il y a admission et affirmation ou que la créance a été reconnue en justice après avoir été contestée dans la procédure de vérification (1).

541 *ter*. Quand une créance admise à la faillite est garantie par une caution, celle-ci se trouve libérée jusqu'à concurrence de la somme pour laquelle l'admission a été écartée (2).

542. *Contestation des créances soumises à la vérification.* — Quand une créance est contestée, et, par suite, n'est pas admise, la contestation doit être soumise à la justice (3), à moins que le juge-commissaire ne parvienne à obtenir une conciliation. Le tribunal compétent n'est pas toujours le même ; ce peut être le tribunal de commerce qui a déclaré la faillite ou un autre tribunal de commerce (art. 498), un tribunal civil (art. 500, 1er alin.), un tribunal de répression (art. 500, 2e alin.). Le tribunal de commerce qui a rendu le jugement déclaratif, est compétent notamment s'il s'agit d'une demande en nullité fondée sur les articles 446 et suiv., C. com. ; c'est bien là une contestation née de la faillite (art. 635, C. com.) (4). Au contraire, la compétence appartient au tribunal civil, lorsque la contestation n'est pas née de la faillite et est de nature civile, par exemple, s'il y a une demande en nullité fondée sur

---

(1) C'est ainsi que les effets des offres réelles se produisent, en principe, du jour où elles sont faites, mais à la condition qu'elles soient suivies de consignation. V. art. 1257 et suiv., C. civ.

(2) V. Cass. 11 janvier 1904, D. 1904. 1. 393 ; *Journal des faillites*, 1904. 204.

(3 On applique la règle que provision est due au titre. Cf. Cass. 19 avr. 1887, *Journal des faillites*, 1889. 388. On s'est demandé si le syndic pouvait opposer la prescription ; il n'y a pas de raison, semble-t-il, pour ne pas l'admettre. Dans le cas où le créancier a le droit de déférer le serment au débiteur, ce serment ne peut évidemment être déféré au syndic. Il ne semble pas qu'il puisse l'être non plus au failli. V. ci-dessus, n° 512 *bis*, et *Traité de Droit commercial*, IV, n° 451. Cf. Trib. com. Seine, 23 mars 1889, *le Droit*, n° du 8 avr. 1889 ; Cass. 12 juill. 1880, D. 1881. 1. 437 ; S. 1881. 1. 421 ; J. Pal., 1881, 1. 1072.

(4) Paris, 17 avr. 1885, *la Loi*, n° du 5 juill. 1885 ; *Journal des faillites*, 1885, p. 327.

un vice du consentement, sur une cause d'incapacité, etc. V. n° 468.
Enfin, un tribunal de répression est compétent, si des faits délictueux sont reprochés au failli et qu'à raison de ces faits, la personne lésée réclame des dommmages-intérêts ; elle peut alors se porter partie civile.

543. Les contestations sont soumises aux tribunaux à la suite de contredits élevés dans la procédure de vérification par les syndics ou par des créanciers ou par le failli (art. 494, C. com.).

Le droit personnel, pour le failli, d'élever des contredits n'implique certainement pas qu'il ait lui-même le droit d'agir en justice pour faire reconnaître le bien fondé de ses contredits. Le dessaisissement met obstacle à ce que ce droit lui appartienne (n° 219).

A l'inverse, le syndic peut engager une instance pour soutenir en justice le contredit élevé soit par lui-même soit par un créancier.

Mais, à l'égard des créanciers, une question très discutée se pose. Le droit, pour un créancier, d'élever un contredit contre un autre créancier implique-t-il le droit, pour le premier, de soutenir en justice, en demandant ou en défendant, le bien fondé de sa prétention ? Le droit de soutenir individuellement leurs contredits en agissant devant les tribunaux est, prétend-on, reconnu implicitement aux créanciers par l'article 494, C. com. (1). Comme il s'agit d'un droit individuel, le créancier contredisant peut l'exercer, sans être tenu même de mettre le syndic en cause. C'est à l'adversaire de ce créancier à exiger l'appel en cause du syndic. Si celui-ci n'est pas appelé en cause et n'intervient pas, le créancier n'en a pas moins représenté la masse, du moins si le jugement est favorable à sa prétention et, par suite, avantageux pour la masse.

Selon nous, au contraire, le créancier contredisant ne peut pas agir en justice pour faire reconnaître le bien fondé de sa prétention, à moins que ce créancier n'ait un droit distinct de celui de la masse,

(1) Cass. 13 nov. 1867, D. 1868. 1. 212 ; S. 1868. 1. 113 ; *J. Pal.*, 1868. 273 ; Cass. 8 juin 1886. D. 1887. 1. 77 ; S. 1888. 1. 481 ; *J. Pal.*, 1888. 1. 1175 ; *Pand fr.*, 1890. 1. 48. — Boistel, n° 978 ; Thaller, *Traité élémentaire de Droit commercial*, n° 1875 ; Thaller et Percerou, II, n° 1261.

ce qui se présente quand il s'agit d'un créancier hypothécaire ou privilégié ; le syndic seul peut introduire l'action destinée à provoquer un jugement sur le contredit (1). L'article 494 se borne à conférer à chaque créancier le droit individuel d'élever des contredits dans la procédure de vérification. En conséquence, pour ce qui est de l'exercice des actions relatives à ces contredits, on doit se référer aux principes généraux. D'après ces principes, le droit d'agir de chaque créancier est suspendu par l'effet du jugement déclaratif ; l'exercice des actions concernant l'intérêt de la masse appartient exclusivement au syndic. Une disposition formelle serait nécessaire pour apporter une dérogation à ce principe. Cela ne rend pas sans utilité le droit des créanciers d'élever individuellement des contredits. Grâce à ce droit, une vérification plus sérieuse est assurée et l'attention du syndic est attirée sur les créances à contester en justice. Du reste, les partisans de ce système, embarrassés pour déterminer les effets du jugement rendu sur l'action d'un créancier à l'égard de la masse, en sont réduits à adopter la théorie de la représentation impartaite, qui est très contestable (2) ; il est difficile de comprendre qu'une personne soit considérée comme représentant ou non d'autres personnes en justice selon le sens dans lequel le jugement est rendu (3).

Du reste, le créancier qui a contesté à l'assemblée de vérification une créance, est, s'il a été admis. recevable à intervenir dans l'instance engagée contre le créancier contesté par le syndic (4).

544. *Sursis. Admission provisionnelle.* — Le Code de com-

(1) Cass. 18 fév. 1863, D. 1863. 1. 149 ; S. 1863. 1. 285 ; *J. Pal.*, 1863. 337 ; Paris, 17 avr. 1885, *Journal des faillites*, 1885, p. 327 ; Caen, 20 juill. 1887, S. 1888. 2. 236 ; *J. Pal.*, 1888. 1. 1236 ; Paris, 29 juin 1890, S. et *J. Pal.*, 1893. 2. 10 ; D. 1891. 2. 137.

(2) Consulter notamment Thaller et Percerou, II, nº 1261 *bis.* — Il s'agit de la théorie en vertu de laquelle un jugement rendu au profit d'une personne profite à une autre à laquelle le jugement rendu contre la première ne serait pas opposable. Cette théorie est soutenue, à propos de l'autorité de la chose jugée (art. 1351, C. civ.), notamment pour les débiteurs solidaires.

(3) Demante et Colmet de Santerre, *Cours analytique de Code civil*, V, p. 634 et 636.

(4) Aix, 22 juin 1904, *Journal des faillites*, 1905. 115.

merce a dû résoudre deux importantes questions qui se présentent lorsqu'il y a des contestations : 1° Quand des créances sont contestées, faut-il attendre que les procès soient terminés pour tenir l'assemblée des créanciers qui doit statuer sur les propositions de concordat faites par le failli ? 2° S'il n'est pas sursis à la tenue de cette assemblée, le créancier contesté peut-il provisoirement prendre part au vote dans cette assemblée ? Ces deux questions n'étaient pas tranchées par le Code de 1807. Aussi deux graves inconvénients se produisaient. Les syndics attendaient parfois l'issue des procès pour faire statuer sur les propositions de concordat faites par le failli. Un temps fort long pouvait s'écouler ainsi avant que la procédure de la faillite continuât ; tous en souffraient un préjudice. Dans d'autres cas, on n'attendait pas la fin des procès, et les créanciers contestés, à leur grand dommage, étaient exclus de l'assemblée des créanciers qui doit se prononcer sur la solution à donner à la faillite (1). En 1838, on a cherché à concilier l'intérêt de la célérité des opérations de la faillite avec l'intérêt des créanciers contestés ; le Code de commerce s'occupe de la question du sursis et de celle de l'admission provisionnelle.

Ces deux questions ne sont pas nécessairement de la compétence du même tribunal.

545. La question de savoir s'il doit être sursis à l'assemblée du concordat jusqu'au jugement doit toujours être résolue par le tribunal qui a déclaré la faillite, quelle que soit la juridiction saisie du procès (art. 499 et 500, C. com.). Ce tribunal est seul bien placé pour apprécier si le sursis a ou n'a pas d'inconvénients graves.

Quand le sursis est admis, il n'y a pas d'autre question étrangère au fond du procès à trancher. Il n'en est pas de même lorsque, le sursis étant repoussé par le tribunal de commerce, il est passé outre à l'assemblée du concordat. Il y a lieu alors de décider si le créancier contesté sera ou non admis à titre provisoire à voter dans cette assemblée ; c'est là ce qu'on appelle la question de l'*admission provisionnelle* (2).

(1) V. Renouard, I, p. 555 et 556.
(2) Comme il est dit au texte, l'*admission provisionnelle* emporte le droit

546. Cette seconde question doit être résolue non pas, comme celle du sursis, nécessairement par le tribunal de la faillite, mais par le tribunal civil ou par le tribunal de commerce saisi du procès. La question d'admission provisionnelle touche, en effet, au fond, en ce sens qu'elle ne peut guère être prononcée que lorsqu'il paraît que la créance contestée existe au moins pour une certaine somme. L'admission provisionnelle constitue ainsi, dans une certaine mesure, un préjugé défavorable au défendeur. C'est pourquoi, dans le cas où la contestation est de nature à être soumise à un tribunal de répression, la question de l'admission provisionnelle ne peut jamais être posée. D'après l'article 500, 2e alin., le créancier contesté ne peut alors prendre part aux opérations de la faillite tant que les tribunaux compétents n'ont pas statué. Le législateur ne veut pas, quand il s'agit d'un débat intéressant l'honneur, la liberté ou la vie d'une personne, qu'un préjugé défavorable puisse être établi avant qu'il soit statué sur le fond (1).

546 *bis*. Il faut que les contestations concernant les créances soient promptement vidées. Aussi le juge-commissaire peut-il, sans qu'il soit besoin de citation, renvoyer à bref délai devant le tribunal de commerce, qui statue sur le rapport de ce juge (art. 498, 1er alin.). Le juge-commissaire peut, selon les cas, décider que les parties comparaîtront à bref délai ou qu'on observera les délais observés d'ordinaire devant les tribunaux de commerce (art. 72 et 416, C. proc. civ.). De plus, le juge-commissaire a la faculté, selon les circonstances, de laisser au contestant le soin de saisir le tribunal par voie d'assignation, conformément au droit commun, ou de lui soumettre directement la contestation sans

de participer aux assemblées des créanciers, spécialement à l'assemblée du concordat (art. 504, 505, 507, al. 2) ; elle ne saurait donner droit de prendre part à la distribution de deniers ; quand celle-ci a lieu, une part doit être mise en réserve pour les créances contestées (art. 568, al. 2) ; l'admission provisionnelle ne joue aucun rôle à cet égard. V. n° 548 *bis*.

(1) Paris, 14 déc. 1886, *Journal des faillites*, 1887. 64. — On peut rapprocher les motifs qui ont fait exclure la possibilité de l'admission provisionnelle lorsqu'une juridiction de répression est saisie de la contestation, de ceux qui justifient la règle : *le criminel tient le civil en état*, consacrée par l'article 3 du Code d'instruction criminelle.

citation préalable. — Enfin, le tribunal de commerce peut ordonner qu'une enquête sera faite par devant le juge-commissaire. Il y a là une dérogation aux règles ordinaires ; habituellement, en matière commerciale, les témoins sont entendus à l'audience (art. 432 et 407, C. proc. civ.) (1).

Toutes ces dispositions sont nécessairement sans application dans les cas où, soit les tribunaux civils, soit les tribunaux de répression sont compétents.

547. Les jugements rendus sur les questions de sursis et d'admission provisionnelle sont-ils susceptibles d'opposition, d'appel, de pourvoi en cassation? L'article 583 4°, C. com., résout en partie cette question, en mentionnant parmi les jugements qui n'admettent aucun recours *les jugements qui prononceraient sursis au concordat ou admission provisionnelle de créanciers contestés.* Cette disposition s'applique aussi bien au cas où l'admission provisionnelle est prononcée par le tribunal civil qu'à celui où elle l'est par le tribunal de commerce. Le texte du Code ne fait pas de distinction. Le but du législateur, qui est d'éviter les lenteurs dans les opérations de la faillite, est, du reste, exclusif de toute différence faite entre les deux hypothèses (2).

Mais aucun texte légal ne décide si les voies de recours de droit commun sont exclues ou admises pour les jugements qui, au contraire, rejettent, soit le sursis, soit l'admission provisionnelle. Dans le silence de la loi, il est rationnel de ne pas étendre la disposition de l'article 583 4°, C. com., qui est de nature exceptionnelle et d'admettre les voies de recours habituelles (3).

548. Il va de soi que, conformément à la disposition de l'article 582, C. com., l'appel contre ces jugements, quand ils sont rendus par le tribunal de commerce (il en est toujours ainsi du jugement rendu sur le sursis, n° 544), doit être interjeté dans la quinzaine de la signification. Mais ne faut-il pas en revenir au délai

(1) V. *Traité de Droit commercial*, I, n° 457.
(2) Laurin, n° 1907.
(3) Caen, 20 janv. 1868, S. 1869. 2. 11 ; *J. Pal.*, 1869. 95 ; D. 1869. 2. 100 ; Paris, 14 déc. 1886, *Journal des faillites*, 1887, p. 64. — Boistel, n° 961 ; Dict. de Couder, v° *Faillite*, n° 1133 ; Laurin, n° 1098 ; Thaller et Percerou, II, n° 1263.

du droit commun (de deux mois, art. 443, C. proc. civ.), lorsque
le jugement écartant l'admission provisionnelle a été rendu par un
tribunal civil? On le soutient (1). Selon nous, cette doctrine n'est
pas excte. On se trouve bien ici en matière de faillite. Or, c'est en
matière de faillite, sans tenir compte de la nature de la juridiction
saisie, que l'article 582, C. com., abrège le délai ordinaire de
l'appel. En exigeant, pour qu'il en soit ainsi, que le tribunal de
commerce ait statué, on ajoute à la loi une condition à laquelle
l'article 582, C. com., ne fait aucune allusion (2).

548 *bis.* Le créancier admis provisionnellement a le droit de
prendre part à l'assemblée du concordat et cela pour la somme
indiquée dans le jugement d'admission. Mais il ne peut pas participer aux répartitions de deniers, s'il en est fait, avant qu'il soit
statué définitivement sur sa créance. Les dividendes afférents à la
créance dont il s'agit sont seulement mises en réserve en prévision
du cas où le créancier obtiendra gain de cause, comme ils doivent
l'être, d'ailleurs, même quand il n'y a pas admission provisionnelle
(art. 568, 2e alin., C. com.).

549. *Défaut de production dans les délais légaux.* — Il a été
supposé jusqu'ici que des créanciers, ayant produit dans les délais
légaux, sont admis ou contestés. Mais il est possible que des créanciers laissent s'écouler les délais fixés par l'article 492, C. com.,
sans faire leur production. Quelles sont les conséquences du défaut
de production? Le créancier encourt une déchéance qui résulte
des articles 502 et 503, C. com. Il reste sans doute créancier, mais
on procède sans lui, alors même qu'il serait connu, aux vérifications
et affirmations, au vote sur le concordat, aux répartitions des dividendes après union ou après concordat par abandon d'actif. Toute-

(1) Cass. 6 avr. 1868, S. 1868. 1. 295 ; *J. Pal.*, 1868. 761 ; D. 1868. 1.
257. — Renouard, II, p. 399 ; Rép. Dall., vo *Faillite*, no 1374; Dict. de
Couder, vo *Faillite*, no 1162. V. Thaller et Percerou, II, no 1268 *bis* et
note 7 de la page 376. Ces auteurs n'appliquent l'article 582, C. com.
qu'aux jugements rendus par le tribunal de la faillite.

(2) Laurin, no 1098. — Au point de vue de l'article 582, C. com., les contestations en matière de faillite s'entendent donc d'une façon plus large
que lorsqu'il s'agit de la compétence du tribunal de commerce en vertu de
l'article 635, C. com., et de l'article 59, 7o, C. proc. civ.

fois, si le créancier retardataire se présente avant la clôture des opérations de la faillite, il n'est pas dénué de tous droits. Il peut former opposition aux répartitions de deniers à faire (1). Cette opposition ne suspend pas l'exécution des répartitions ordonnancées par le juge-commissaire (2). Si l'on procède à des répartitions nouvelles avant qu'il ait été statué sur l'opposition, le créancier opposant y est compris pour la somme provisoirement déterminée par le tribunal et elle est tenue en réserve jusqu'au jugement de l'opposition. Si l'opposant se fait ultérieurement reconnaître créancier, il peut réclamer, à titre de prélèvement, sur les répartitions à faire, outre la part afférente à sa créance, les dividendes qu'il aurait obtenus dans les répartitions précédentes, s'il avait produit en temps utile (art. 503, C. com.).

La procédure de vérification étant close, l'opposant ne peut se faire admettre que par le tribunal de commerce (3). Une créance admise par jugement n'est pas soumise à l'affirmation (4). Mais, s'il y a une contestation de la compétence du tribunal civil ou d'un tribunal de répression, l'admission ne peut être prononcée par le tribunal de commerce qu'après que la juridiction compétente a statué.

Le créancier qui ne se présente qu'après la clôture définitive de la faillite, ne peut plus venir à aucune répartition, mais, par cela même qu'il est toujours créancier, il peut, comme tout créancier non désintéressé, exercer ses droits individuels contre le failli. Il ne faudrait pas conclure de là que le concordat n'est pas opposable au créancier retardataire, spécialement au point de vue des remises ou des délais que le concordat accorde au failli. Le

---

(1) Cf. Cass. 12 nov. 1895. S. et *J. Pal.*, 1896. 1. 240 ; *Pand. fr.*, 1897, 1. 181 ; Dijon, 8 janv. 1894, S. et *J. Pal.*, 1895. 2. 173 : D. 1894. 2. 587.

(2) Il s'agit seulement des répartitions individuellement ordonnées par le juge-commissaire, non de l'ordonnance qui autorise en bloc et sans attribution individuelle la répartition de l'actif par les soins du syndic : Paris, 12 mai 1892, D. 1894. 2. 43 : S. et *J. Pal.*, 1894. 2. 86.

(3) Au contraire, avant l'expiration des délais de production, toute demande en admission introduite devant le tribunal est non recevable. Trib. comm. Saint-Etienne, 13 juillet 1909, *Journal des faillites*, 1910. 39.

(4) Grenoble, 19 avril 1904, D. 1910. 5. 4.

concordat est obligatoire pour tous les créanciers, même non vérifiés et affirmés (art. 516, C. com.). V. n° 628.

550. Faut-il appliquer, au point de vue des déchéances encourues, les mêmes règles aux créanciers qui ont produit, et dont les créances ont été vérifiées, mais qui n'ont pas fait l'affirmation prescrite par la loi? Le Code ne réserve expressément aucun droit au créancier qui a fait vérifier sa créance et n'a point procédé à l'affirmation dans les délais légaux. On en a conclu qu'il ne peut plus procéder utilement à l'affirmation, à moins qu'il n'ait une cause de force majeure à alléguer pour expliquer son empêchement (1). Mais cette doctrine d'une excessive rigueur n'est pas rationnelle et est, en outre, contraire aux travaux préparatoires de l'article 513 qui, dans le Code de 1807, correspondait à l'article 503 actuel. Il serait singulier que celui qui a fait vérifier sa créance et a négligé de faire l'affirmation prescrite, fût plus maltraité que celui qui n'a pas fait du tout procéder à la vérification. Un article du Code de 1807, consacrant l'exclusion complète des créanciers pour défaut d'affirmation, a été écarté au Conseil d'État (2). Il faut donc appliquer au créancier qui a produit et qui a été admis, mais qui n'a pas affirmé, l'article 503, C. com. (3).

551. *Créanciers dont les créances ont été définitivement rejetées.* — Des créances sont définitivement rejetées, soit par un jugement, soit par un refus d'admission non suivi d'un procès, à raison de ce que la créance est nulle ou est éteinte ou a été frappée de résolution. Quelle est la situation du créancier rejeté?

Elle n'est pas toujours la même. Elle varie selon que la créance a été rejetée pour une cause relative, c'est-à-dire qui n'a d'effet qu'au regard des créanciers de la masse, ou qu'au contraire, elle a été rejetée pour une cause absolue, c'est-à-dire qui existe à l'égard de tout le monde.

---

(1) Renouard, I, p. 548.

(2) Locré, XIX, p. 250 et 251.

(3) Demangeat sur Bravard, V, p. 360, note 3 ; Rép. Dall., v° *Faillite*, n° 630 ; Thaller et Percerou, II, n° 1270. Ces derniers auteurs considèrent que la solution résulte du texte même de l'article 503, C. com. Cependant, cet article suppose qu'il y a à la fois défaut de comparution *et* d'affirmation.

Le premier cas se présente lorsque la créance est déclarée nulle en vertu des articles 446 à 449, C. com. La nullité n'existe alors qu'à l'égard des créanciers de la masse. Aussi celui dont la créance a été annulée par application de ces articles, ne peut rien réclamer dans les répartitions de l'actif, mais il conserve, en principe, tous ses droits contre le failli. Aussi ce créancier peut-il les faire valoir contre celui-ci quand, la faillite étant terminée, il n'y a plus de masse (1).

Le second cas se présente notamment quand une dette est reconnue éteinte par le paiement ou par une autre cause, quand elle est annulée pour vice du consentement, pour incapacité, etc... L'extinction ou la nullité produit ses effets alors au profit du failli comme au profit de la masse ; celui qui a succombé n'a pas plus de droit contre le failli qu'à l'égard de la masse. Cela suppose évidemment que le syndic qui représente à la fois le failli et la masse des créanciers, a été partie dans l'instance.

552. *Procès-verbal de vérification et d'affirmation.* — Quand la procédure de vérification est terminée, il doit être dressé un procès-verbal. Celui-ci se confond avec le procès-verbal d'affirmation ou en est distinct, selon que l'affirmation a lieu ou non après la fin de la vérification. Ce procès-verbal, qui est rédigé par le greffier sous la dictée du juge-commissaire, est détaillé (2). Il indique le domicile des créanciers et de leurs fondés de pouvoirs ; il contient la description sommaire des titres, mentionne les surcharges, ratures et interlignes, et exprime si la créance est admise ou contestée (art. 495, C. com.). Ces détails sont nécessaires pour que le procès-verbal puisse, au besoin, servir de titre aux créanciers (3). V. nᵒ 537.

---

(1) Nous réservons, pour la traiter dans le chapitre IV, à propos du concordat simple, la question de savoir si les nullités des articles 446 à 449 peuvent être invoquées après le concordat et qui peut alors s'en prévaloir. V. nᵒ 632.

(2) C'est à raison de ce que ce procès-verbal est détaillé et rédigé par le greffier sous la dictée du juge-commissaire, qu'il y a lieu de faire prévaloir, en cas de défaut de conformité, ses énonciations sur la mention portée sur le titre de créance formant l'objet de la production à la faillite. V. note 2 de la page 569.

(3) Le procès-verbal est dispensé des droits du timbre et d'enregistrement, comme beaucoup d'actes faits à la suite des jugements de

Le procès-verbal de vérification et d'affirmation marque la clôture de cette procédure. A ce titre, il a une grande importance pratique. D'abord, à partir de la clôture, les créanciers ne peuvent plus produire ; ils doivent faire valoir leurs droits en formant opposition aux distributions de dividendes (art. 503, 1er alin., C. com.). Puis, c'est de cette clôture que court le délai de huit jours après lequel il ne peut plus être formé de demande en report de la date de la cessation des paiements (art. 581, C. com.). V. no 160 et suiv.

553. 3º QUELLES CRÉANCES SONT SOUMISES A LA PROCÉDURE DE VÉRIFICATION ET D'AFFIRMATION. — Toutes les créances chirographaires sont soumises à la procédure de vérification. Il en est ainsi des créances civiles comme des créances commerciales. La créance de celui qui, ayant reçu un paiement ou une dation en paiement dans la période suspecte, a dû rapporter en vertu des articles 446 et 447, n'y échappe pas non plus. On ne saurait reconnaître que ce créancier est admis de plein droit pour le montant de sa créance qui revit par suite de l'annulation du paiement ou de la dation en paiement (1).

554. Mais les créanciers hypothécaires ou privilégiés sont-ils aussi soumis à la procédure de vérification ? Il n'est pas douteux que les créanciers hypothécaires ou privilégiés ont la faculté de se soumettre à cette procédure. Ils ne sont pas déchus de leur garantie, encore qu'ils s'y soient soumis sans faire aucune réserve (2). Ils ont même

---

déclaration de faillite ou de mise en liquidation judiciaire (L. 16 janv. 1892, art. 10).

(1) Cf. sur la généralité de l'obligation, pour les créanciers, de faire procéder à la vérification de leurs créances, quelle que soit la cause de celles-ci : Cass. 13 mars 1893, D. 1894. 1. 400 ; S. et J. Pal., 1897. 1. 511 ; Pand. fr. 1894. 1. 313 ; Pau, 15 juill. 1893, D. 1894. 2. 173 ; S. et J. Pal., 1893. 2. 272.

(2) Trib. comm. Seine, 11 janvier 1898, Journal des faillites, 1898, page 217 ; Trib. comm. Seine, 27 septembre 1899, le Droit, nº du 27 octobre 1899. Au contraire, le créancier hypothécaire ou privilégié qui vote à l'assemblée du concordat, est réputé renoncer à son hypothèque ou à son privilège. V. art. 508, C. com. Il y a là une disposition rigoureuse qui, comme telle, n'est pas susceptible d'extension. Au reste, les motifs de l'article 508, C. com., sont sans application au cas prévu au texte. V. nos 577 et suiv.

avantage à faire vérifier leur créance. Une vérification suivie d'affirmation peut être considérée comme les mettant à l'abri de contestations ultérieures (1). Mais les créanciers hypothécaires et privilégiés, autres que ceux qui jouissent d'un privilège général (n° 555), sont-ils *tenus* de soumettre leurs créances à la vérification? La question est discutée.

Pour les soumettre à la vérification, on invoque divers arguments (2). On fait observer d'abord que les dispositions du Code relatives à la vérification et à l'affirmation (art. 491 et suiv.) sont générales et ne font aucune distinction entre les différentes catégories de créanciers. On ajoute qu'il serait singulier que les créanciers hypothécaires et privilégiés fussent dispensés de la vérification, alors que, par la nature même de leurs prétentions, ces créanciers nuisent plus à la masse que les simples créanciers chirographaires.

Des auteurs (3), qui admettaient que la question devait être tranchée en sens contraire sous l'empire du Code de commerce, ont prétendu que l'application de la procédure de vérification aux créances hypothécaires ou privilégiées résulte d'une façon certaine des dispositions de l'article 11 de la loi du 4 mars 1889 applicables, en vertu de l'article 20 de cette loi, à la faillite comme à la liquidation judiciaire. L'article 11 de la loi du 4 mars 1889 exige que le bordereau à déposer par le créancier qui produit avec le titre de créance *énonce les privilèges, hypothèques ou gages qui y sont affectés.*

Selon nous, la procédure de vérification n'est pas, même depuis la loi du 4 mars 1889, obligatoirement applicable aux créanciers hypothécaires ou privilégiés (4).

(1) Il y a quelque hésitation sur ce point dans la jurisprudence. V, n° 540.

(2) Besançon, 30 août 1856, D. 1857. 2. 51 ; Bordeaux, 29 mars 1860, S. 1860. 2. 495 ; D. 1862. 2. 133. — Renouard, I, p. 559 ; Pardessus, III, n° 1184 ; Demangeat sur Bravard. V. p. 347, note 2.

(3) Nous étions de ce nombre, V. *Manuel de Droit commercial* (4e édition), n° 1143. Nous indiquons dans la suite du n° 553 les motifs qui nous déterminent à abandonner notre opinion sur ce point.

(4) Paris, 21 mars 1863, S. 1864. 2. 233 ; *J. Pal.*, 1864. 565 ; Poitiers, 28 janvier 1878, S. 1878. 2. 301 ; *J. Pal.*, 1878. 1250 ; D. 1878. 2. 145 ; Lyon,

Lorsque ces créanciers se bornent à faire valoir leur privilège ou leur hypothèque, ils sont, en réalité, en dehors de la faillite : ils n'ont pas à subir les lenteurs des procédures spéciales organisées par le Code de commerce ; le Code leur reconnaît le droit, même après le jugement déclaratif, d'exercer des poursuites, de faire saisir et vendre les biens qui leur sont affectés (nº 253). Aucune disposition légale ne subordonne l'exercice de leurs droits à la vérification préalable qui leur imposerait une attente parfois assez longue. L'article 552, C. com., est décisif en faveur de cette doctrine. Cet article suppose que des créanciers hypothécaires ou privilégiés ne sont pas complètement désintéressés sur le prix de l'immeuble grevé, et il leur reconnaît le droit de concourir, pour ce qui leur reste dû, avec les créanciers chirographaires, *pourvu, toutefois, que leurs créances aient été vérifiées et affirmées*. L'article 552 n'exige la vérification que si le prix du bien grevé d'hypothèque ou de privilège ne suffit pas pour désintéresser ces créanciers. V. aussi article 553, C. com. Seulement, comme souvent, on ne peut savoir par avance si l'immeuble grevé a une valeur suffisante, il est prudent aux créanciers hypothécaires et privilégiés de faire vérifier leurs créances.

L'article 547, C. com., vient à l'appui de cette doctrine. Cet article suppose qu'une chose mobilière appartenant au failli a été constituée par lui en gage et il donne aux syndics le droit de retirer le gage en remboursant la dette. Si celle-ci était soumise à vérification, le retrait du gage ne serait possible qu'après que la créance garantie aurait été vérifiée et affirmée. Or, l'article 547, loin de faire mention de cette condition préalable, dispose que les syndics peuvent retirer le gage *à toute époque*.

Il est ainsi facile de répondre à un argument spécieux qu'on a tiré, en sens contraire, de l'article 501, C. com., ainsi conçu : *Le créancier dont le privilège ou l'hypothèque seulement serait contesté,*

16 fév. 1881, S. 1882. 2. 44 ; *J. Pal.*, 1882. 310 ; D. 1881. 2. 237 ; Cass. 19 juin 1889, *Journal des faillites*, 1889, p. 409 ; S. 1889. 1. 480 ; *J. Pal.*, 1889. 1. 1190 ; D. 1889. 1. 377 ; 1ᵉʳ déc. 1897, *Pand. fr. pér.*, 1898. 1. 208 ; D. 1898. 1. 166 ; 19 juin 1897, D. 1900. 1. 577 ; Rouen, 2 janvier et 20 novembre 1901, S. et *J. Pal.*, 1903. 2. 129. — Bravard, V, p. 346 et 347 ; Boistel, nº 988 ; Laurin, nᵒˢ 1083 et 1084.

sera admis dans les délibérations de la faillite comme créancier ordinaire. Si le privilège ou l'hypothèque sont contestés, a-t-on dit, c'est dans la procédure de vérification que la contestation est élevée ; les créances hypothécaires ou privilégiées sont donc soumises, comme les autres, à la vérification. Mais ce raisonnement est faux. De ce qu'une contestation est possible, il ne suit pas de toute nécessité qu'elle l'est seulement dans la procédure de vérification.

Cette doctrine ne présente aucun danger pour la masse des créanciers de la faillite. Il n'en résulte nullement qu'aucun contrôle n'est exercé sur les privilèges ou sur les hypothèques que des créanciers font valoir. Le contrôle existe, mais il s'exerce autrement qu'au moyen de la procédure de vérification et d'affirmation. Ainsi, rien n'empêche le syndic, comme représentant des créanciers chirographaires, d'élever un contredit dans l'ordre ouvert sur le prix de l'immeuble ou du navire grevé d'hypothèque ou de privilège.

Quant aux dispositions de l'article 11 de la loi du 4 mars 1889, elles ne sont pas de nature à faire abandonner cette doctrine. Sans doute, d'après ces dispositions, le bordereau doit indiquer les privilèges, hypothèques ou gages affectés à la créance pour laquelle la production est faite. Cela implique que les créances hypothécaires ou privilégiées sont parfois soumises à la procédure de vérification, non qu'elles y sont obligatoirement soumises. Il est probable, du reste, que, si l'on avait voulu, en 1889, trancher la question depuis longtemps discutée, cela aurait été indiqué dans les travaux préparatoires de la loi. Or, aucune explication des termes du texte qu'on invoque n'a été donnée.

555. Cette controverse ne concerne pas les créances garanties par un privilège général. Elles sont soumises à la procédure de vérification et d'affirmation, par cela même que le jugement déclaratif les prive, tout comme les créanciers chirographaires de leur droit de poursuite individuelle (1).

Il est, au contraire, des créances privilégiées pour lesquelles on s'accorde à exclure, au contraire, la nécessité de la procédure de vérification. Les administrations des contributions, soit indirectes (2),

---

(1) Thaller et Percerou, II, n° 1229 *bis.*
(2) Cass. 25 avr. 1883, D 1884. 1. 40 ; S. 1883. 1. 247 ; *J. Pal.,* 1883. 1.

soit directes (1), l'administration des douanes (2) peuvent agir par voie de « contrainte » pour obtenir le paiement de ce qui leur est dû par le failli, sans qu'elles aient fait préalablement vérifier et admettre leurs créances (3).

556. *Créanciers de la masse et créanciers dans la masse* (4). — La procédure de vérification et d'affirmation s'applique aux créanciers du failli qui composent ce qu'on appelle souvent *la masse de la faillite* (5). Cette personne morale (n° 472) peut avoir elle-même des créanciers. Ceux-ci ne font pas partie de la masse de la faillite qui est leur débitrice. On dit parfois qu'*ils sont créanciers* DE LA *masse et non créanciers* DANS LA *masse*. Ces expressions ne sont pas employées dans nos lois, celles-ci supposent l'existence de créanciers ayant la masse pour débitrice, sans en parler formellement. Mais ces expressions commodes sont employées par des auteurs. La loi *allemande* sur les faillites se sert de termes corres-

1147 ; Paris, 28 avril 1899, *Journal des faillites*, 1899, page 354. — Sébastien, *Traité du privilège de l'administration des contributions indirectes*, page 296 et suiv.

(1) Le syndic d'une faillite est même tenu de payer les impôts directs dûs par le failli avant toute distribution de dividende, alors même que le percepteur ne lui en aurait pas adressé la demande. V. L. des 5-18 août 1791. Cass. 21 mai 1883, *Journal des faillites*, 1883, page 300.

(2) Trib. civ. Seine, 20 juillet 1889, D. 1902 1. 77.

(3) Cass. 26 avr. 1883, D. 1884. 1. 40. V., pour les droits de mutation par succession dûs en cas de décès du failli, Aix, 19 juin 1894, S. et *J. Pal.*, 1894. 2. 225 (note de M. Albert Wahl). Il a été jugé que la procédure de vérification et d'affirmation des créances ne s'applique pas à la demande de l'État qui réclame le remboursement par privilège des avances par lui faites pour exploitation d'une Compagnie de chemin de fer mise sous séquestre, puis déclarée en faillite : Cass. 2 janv. 1901, D. 1901. 1. 409 (note de M. Percerou) ; *Pand. fr.*, 1902. 1. 373 ; *Journal des faillites*, 1901, p. 243.

(4) Edmond Gombeau, *Les créanciers de la masse en faillite* (*Annales de Droit commercial*, 1908).

(5) L'expression *masse de la faillite* est aussi parfois employée pour désigner, non l'ensemble des créanciers du failli, mais l'actif de la faillite. Ainsi l'on dira : grâce à la nullité de tel acte fait depuis la date de la cessation des paiements, *la masse de la faillite* (c'est-à-dire l'actif) sera augmentée.

pondants. Elle distingue les *Massegläubiger* (art. 57 à 60) qui ont la masse des créanciers pour débitrice et les *Konkursgläubiger* qui sont créanciers du failli lui-même (art. 61 à 70) (1).

Quelle est la situation des créanciers *de la* masse ? En quoi diffère-t-elle de celle des créanciers *dans* la masse ? Par suite de quelles causes des créances naissent-elles contre la masse des créanciers ?

557. Il va de soi que les créanciers *de la* masse. à la différence des créanciers *dans la* masse, ne sont pas soumis à la vérification et à l'affirmation. Si leurs créances sont contestées, ils actionnent le syndic comme représentant la masse, leur débitrice.

Mais la distinction entre les deux classes de créanciers n'est pas importante à faire seulement au point de vue de la procédure à suivre par eux pour faire reconnaître leurs droits. Ces droits ne sont pas semblables. Par cela même que la masse est leur débitrice, les créanciers *de la* masse doivent être payés avant que ceux qui forment la masse puissent rien réclamer sur les biens du failli ; ils ne sont donc pas soumis à la loi du dividende. Le droit des créanciers *de la* masse sur les biens du failli s'explique, encore que ces biens appartiennent au failli et non à la masse (nº 205). Les créanciers *de la* masse exercent les droits de celle-ci sur les biens du failli, par application de l'article 1166, C. civ. Aussi, les créanciers *de la*

---

(1) Les arrêts et les auteurs admettent généralement cette distinction entre ces deux catégories de créanciers. Cass. 5 février 1901, *Pand. fr. pér.*, 1902. 1. 366, et 16 avril 1904, *Journal des faillites*, 1901. 145 ; 1904. 289 ; Renouard, I, p. 319 et suiv. ; Thaller et Percerou, II, nᵒˢ 1153 à 1160. M. Thaller, dans la *Revue critique de législ. et de jurispr.*, 1881, p. 338 à 675, avait, cependant, combattu cette distinction. Mais il semble avoir abandonné son opinion et reconnaître actuellement que la distinction est bien fondée. C'est, du moins, ce qu'on peut conclure de différents passages d'un article de notre savant collègue intitulé : *A propos du privilège du bailleur* et inséré dans les *Annales de Droit commercial*, 1896, p. 289 et suiv. Il y dit notamment que la masse des créanciers forme un être juridique capable de se mettre au lieu du failli ; et, supposant que le bail est continué par la masse, M. Thaller dit : « les loyers seront dûs, non pas comme dette du failli, mais comme dette « de la masse ». V., p. 297, *loco citato*. M. Thaller a assez justement comparé la situation des créanciers *de la* masse à l'égard des créanciers *dans la* masse à celle des obligataires à l'égard des actionnaires. V. D. 1896. 2. 212, *note*.

masse peuvent-ils former une saisie-arrêt entre les mains d'un débiteur du failli (1).

Du reste, les créanciers *de la* masse n'ont d'action contre elle que jusqu'à concurrence de la valeur des biens du failli. C'est à titre exceptionnel, dans un cas tout particulier, que le Code de commerce (art. 533) admet que certains des créanciers composant la masse peuvent se trouver tenus personnellement à raison des actes des syndics et encore exige-t-il, pour qu'il en soit ainsi, que ces créanciers aient donné mandat de faire ces actes et que ce mandat intervienne après l'union (n° 559). Il y a là une exception qui confirme la règle générale (2). V. n°s 680 et 681 *bis*.

Mais il va de soi que, si le syndic a procédé à des distributions de dividendes sans mettre en réserve les sommes nécessaires pour payer les créanciers *de la* masse, il peut être déclaré responsable envers ceux-ci.

Les créanciers *de la* masse ont-ils dans des cas de ce genre une action en restitution contre les créanciers *dans la* masse ?

Cette action paraît devoir être admise. Les créanciers *dans la* masse se trouveraient sans cela enrichis au préjudice des créanciers *de la* masse (3).

557 *bis*. Il y a d'autres différences entre les règles régissant les créanciers *de la* masse et les créanciers *dans la masse*. Ainsi, le droit de poursuite individuelle des premiers n'est pas suspendu comme l'est celui des seconds. Puis, les créances des premiers, à la différence de celles des seconds, produisent des intérêts contre la masse, malgré le jugement déclaratif.

558. Des causes multiples peuvent faire naître des dettes à la charge de la masse elle-même. Elles proviennent généralement, soit

---

(1) Trib. civ. de Bordeaux, 10 mai 1899, *Journal des faillites*, 1899, p. 476.

(2) C'est là le système consacré par la loi *allemande*. Elle parle de prélèvements à faire sur l'actif de la faillite pour l'acquittement des frais et dettes de la masse (art. 55). Une fois que cet actif est épuisé, il ne peut plus être question de prélèvements à faire. Par suite, les créanciers n'ont plus d'action pour se faire payer.

(3) On ne peut invoquer, pour exclure l'action en répétition, les considérations qui justifient le refus de l'action en répétition des dividendes fictifs contre les actionnaires.

d'opérations faites par les syndics pour le compte de la masse des créanciers, soit d'opérations du failli faites avant le jugement déclaratif et continuées par les syndics, soit de procès soutenus par eux. Il n'est pas possible d'indiquer tous les cas dans lesquels cela se produit ; on peut, du moins, citer les plus importants. Les causes de ces créances sont généralement postérieures au jugement déclaratif (1).

559. Quand les syndics sont autorisés à continuer le commerce du failli (art. 470, C. com.), c'est pour le compte de la masse qu'ils le font. S'ils contractent, en conséquence, des engagements, les créanciers ont la masse pour débitrice. Cela n'est pas seulement conforme aux principes, mais se justifie encore par une puissante considération pratique. La masse continuant le commerce du failli ne jouirait pas du moindre crédit, si ceux qui deviennent créanciers *de la* masse étaient exposés à subir la loi du dividende. Du reste, les créanciers *de la* masse n'ont pas d'action contre chacun des créanciers qui la composent. Mais cela n'est exact que lorsque la continuation du commerce a lieu durant la période préparatoire. Quand elle a lieu après l'union, les créanciers ont pour débiteurs, outre la masse, les créanciers formant la masse pris individuellement ou, du moins, parmi eux, ceux de ces créanciers qui ont émis un vote favorable à la continuation du commerce du failli. Ces créanciers peuvent être poursuivis au delà de leur part dans l'actif quand les opérations de la faillite entraînent des engagements dépassant l'actif de la faillite. Ces différences se justifient La continuation du commerce du failli est autorisée, durant la période préparatoire, par le juge-commissaire, sans même que les créanciers soient consultés (art. 470, C. com.), tandis qu'après l'union, la continuation du commerce est décidée par l'assemblée des créanciers aux majorités spéciales requises par la loi (art. 532). V. nos 680 et 681 *bis*.

De même, quand les syndics, au lieu de demander la résiliation du bail, le continuent après la déclaration de faillite, c'est la masse qui est débitrice (nos 874 et suiv.). Il en doit être ainsi pour tous les

---

(1) Cpr. Amiens, 9 décembre 1905, *la Loi*, n° des 25-26 février 1906.

contrats synallagmatiques dont l'exécution est exigée au profit de la masse. Cela s'applique spécialement aux contrats successifs, comme le contrat d'assurance. Si donc un contrat d'assurance conclu par le failli continue après la faillite, la créance de la prime n'est pas soumise à la loi du dividende, alors même qu'il ne s'agit pas d'une assurance maritime dans laquelle la créance de la prime est privilégiée (art. 191, 10°, C. com.) (1) (2).

Ce ne sont pas, du reste, seulement des obligations contractuelles qui peuvent naître à la charge de la masse des créanciers, ce sont aussi des obligations quasi-contractuelles. Ainsi, dans le cas où un syndic perçoit l'indû d'un tiers qui se croit à tort débiteur du failli, celui-ci a la masse pour débitrice de la somme indûment payée. De même, la personne qui s'est portée gérant d'affaire de la masse est créancière de celle-ci (3).

Mais on ne peut guère concevoir comment la masse des créanciers serait tenue d'obligations délictuelles ou quasi-délictuelles. La raison en est que la masse des créanciers n'est pas responsable des fautes du syndic commises dans l'exercice de ses fonctions (4). Les syndics ne sont pas, en effet, choisis par les créanciers; le tribunal les nomme librement et les créanciers ne donnent qu'un simple avis sur leur maintien ou leur remplacement (n° 432). En outre, les créanciers n'ont pas sur les syndics une fois nommés de pouvoir de commandement. Or, c'est le choix du préposant et son autorité sur le préposé qui justifient la responsabilité du premier par suite des fautes du second, en vertu de l'article 1384, C. civ. (5).

(1) V. *Traité de Droit commercial*, VI, n° 1469.

(2) Chambéry, 8 fév. 1892, *la Loi*, n° du 8 mars 1892. — Thaller, dans la *Revue critique de législ. et de jurispr.*, 1881, p. 656.

(3) Cass. 22 février 1888, S. 1890. 1. 535. V., pourtant, Dijon, 17 juillet 1905, S. et *J. Pal.*, 1907. 2. 172 ; D. 1907. 2. 369 ; *Journal des faillites*, 1905. 369.

(4) V., pour différents cas, Cass. 5 fév. 1901, Trib. comm. Narbonne, *Journal des faillites*, 1901, p. 145 et 465.

(5) V., *en sens contraire*, Thaller et Percerou, II, n° 1168. Ces auteurs prétendent que la responsabilité du préposant quant aux fautes de son mandataire, repose sur l'idée que le mandant, recueillant le profit de l'activité de son mandataire, doit, par une juste réciprocité, répondre à l'égard des tiers des conséquences préjudiciables de cette activité. — Kohler

560. Quand, dans l'intérêt de la masse des créanciers, les syndics soutiennent un procès, il va de soi que les frais faits par eux sont privilégiés comme frais de justice sur tous les biens du failli (article 2101 1°, C. civ.). Mais le privilège des frais de justice ne saurait garantir les dépens auxquels le syndic représentant la masse est condamné, quand il succombe, en vertu de l'article 130, C. proc. civ. Ces dépens constituent une dette à la charge de la masse, par cela même que le procès qui y a donné lieu a été soutenu dans l'intérêt de celle-ci (1). Il n'y a même aucune distinction à faire entre les frais relatifs aux actes de procédure antérieurs et les frais relatifs aux actes de procédure postérieurs au jugement déclaratif de faillite, quand le procès auquel ces frais se rattachent, a été intenté avant la déclaration de faillite et ne s'est terminé qu'après elle (2).

Ces principes s'appliquent aux demandes en séparation de biens intentées contre le failli par sa femme. Mais la formation de ces demandes à la fois contre le failli et contre le syndic donne naissance à des difficultés spéciales. V. n° 235.

Les dépens d'une demande en séparation de corps formée contre le failli, ne doivent pas être traités comme les dépens de la demande en séparation de biens. Une demande en séparation de corps ou en divorce est une action personnelle, dans laquelle le syndic ne peut jouer que le rôle d'intervenant (3. Aussi est-ce le failli défendeur à cette action, non la masse, qui est débiteur des dépens auxquels il est condamné comme succombant dans le procès (art. 130, C. proc. civ.). De ce chef, le conjoint du failli est créancier *dans la* masse et soumis, par suite, à la loi du dividende. Toutefois, si le syndic est intervenu ou a été appelé dans l'instance à raison de contesta-

admet que, dans le Droit *allemand*, la masse peut être responsable des fautes du syndic.

(1-2) Paris, 7 mai 1885, *la Loi*, n° du 7 juin 1885 ; Cass. 18 août 1880 ; D. 1880. 1. 444 ; Trib. civ. de Châteauroux, 13 mai 1895, D. 1896. 2. 209 ; Rouen, 31 déc. 1898, D. 1899. 2. 436 ; Cass. 17 oct. 1900 : S. et *J. Pal.*, 1904. 1. 435 ; D. 1902. 2. 569 ; *Pand. fr.*, 1902. 1. 305 ; *Journal des faillites*, 1901, p. 18 ; Thaller et Percerou, II, n° 1138.

(3) Paris, 28 août 1871, S. 1873, 2. 267 ; *J. Pal.*, 1873. 1095.

tions de nature purement pécuniaire et s'il succombe, les dépens se rattachant à ces contestations devraient être mis à la charge de la masse. C'est là ce qui se présenterait notamment si le syndic avait contesté une demande en pension alimentaire formée par la femme du failli (1).

560 bis. Les créanciers *de la* masse ont, en règle générale, des droits égaux : ils concourent entre eux à moins que le syndic ne leur ait accordé une sûreté spéciale ou que leurs créances soient privilégiés en vertu des principes généraux du droit (2).

561. Il résulte de tout ce qui vient d'être dit que les syndics ne sont pas obligés par les actes qu'ils accomplissent comme représentants de la masse des créanciers et que les condamnations prononcées contre eux en cette qualité obligent la masse sans les obliger eux-mêmes : c'est l'application des règles ordinaires du mandat (art. 1998, C. civ.). En faisant allusion à ces règles, on dit, en cas de jugement rendu contre un syndic, qu'il est condamné *ès-qualité*, c'est-à-dire comme syndic, ce qui implique que la condamnation n'est pas supportée par lui. Une disposition expresse d'un jugement serait nécessaire pour que les syndics fussent tenus personnellement sans répétition possible. C'est là ce qui peut se présenter quand il y a quelque faute à reprocher aux syndics ; spécialement, ils peuvent être condamnés aux dépens quand ils soutiennent un procès téméraire ou quand ils compromettent les intérêts de la masse. Il peut même y avoir lieu contre eux, en pareil cas, à une condamnation à des dommages-intérêts (art. 132, C. proc. civ.). Les syndics peuvent aussi être déclarés responsables du dommage qu'ils ont causé aux créanciers *de la* masse en distribuant des dividendes aux créanciers *dans la* masse sans avoir mis en réserve de quoi payer les premiers.

---

(1) Dijon, 2 déc. 1881, S. 1883. 2. 153 : *J. Pal.*, 1883. 825.
(2) La loi *allemande* (art. 58, 59 et 60) n'admet pas cette égalité. Elle distingue les *frais de la masse* et les *dettes de la masse* et fait passer les premiers avant les secondes.

CHAPITRE IV.

DES DIVERSES SOLUTIONS DE LA FAILLITE (CONCORDAT SIMPLE, UNION, CONCORDAT PAR ABANDON D'ACTIF). — DE LA CLÔTURE DES OPÉRATIONS DE LA FAILLITE POUR INSUFFISANCE D'ACTIF (1).

562. *Généralités.* — Les opérations et la procédure qui suivent le jugement déclaratif, ont notamment pour but de préparer la solution que doit recevoir la faillite et de mettre les créanciers appelés à en décider, à même de choisir en connaissance de cause celle des solutions qui est le plus conforme à leurs intérêts.

La faillite peut, d'après la loi, recevoir trois solutions différentes entre lesquelles, en principe, les créanciers formant la masse ont le choix : l'*union*, le *concordat simple*, le *concordat par abandon d'actif.* Selon que l'une ou l'autre de ces solutions est admise, le patrimoine du failli est traité de façons différentes. En cas d'union, le dessaisissement ne cesse pas pour les biens actuels du failli ; ces biens sont vendus au profit de la masse des créanciers, le failli reste débiteur de l'excédent, s'il y en a un, et peut être poursuivi par les créanciers qui, après la vente de tous les biens du failli, recouvrent contre lui l'exercice de leurs actions individuelles. Ainsi, chaque créancier reprend, en principe (2), le droit de pratiquer même la contrainte par corps après la clôture de l'union ; ce qui était grave pour le failli avant la suppression de cette voie d'exécution en matière civile et commerciale. L'union constitue la solution la plus rigoureuse que la faillite puisse recevoir. Elle n'est admise qu'au-

---

(1) Code de commerce, art. 501 à 541, 552 à 556.

(2) Nous disons *en principe*, parce que la *déclaration d'excusabilité* affranchit le failli de la contrainte par corps après la clôture de l'union (art. 539, 2ᵉ alin., C. com.). V. nº 726.

tant que les créanciers ne votent ni un *concordat simple* ni un *concordat par abandon d'actif*. En cas de *concordat simple*, le dessaisissement prend fin, le failli est remis à la tête de ses affaires, et, afin de lui rendre possible un retour à meilleure fortune, les créanciers lui accordent toujours des délais ou même lui font remise d'une portion de ses dettes. Quand il y a *concordat par abandon d'actif*, le dessaisissement ne prend pas fin pour les biens abandonnés par le failli, ils sont vendus, comme en cas d'union ; mais, si le prix de ces biens ne suffit pas pour désintéresser intégralement les créanciers, ils n'ont pas le droit d'agir pour l'excédent contre le failli. Le législateur a dû réglementer les deux sortes de concordats, par cela même qu'il a, par exception aux principes généraux du droit, admis qu'ils sont obligatoires pour tous les créanciers, alors même qu'ils n'ont pas été votés par tous, mais seulement par les majorités requises.

La jurisprudence considère aussi comme un mode de solution de la faillite le rapport du jugement déclaratif sur l'opposition ou sur l'appel, quand tous les créanciers connus ont été payés depuis que le jugement déclaratif a été rendu (1). Mais nous avons repoussé la doctrine selon laquelle le jugement déclaratif doit être rapporté en pareil cas. V. nos 156 à 158.

En principe, les créanciers ont à se prononcer sur le choix à faire entre ces trois solutions possibles de la faillite. Cependant, un incident spécial peut mettre obstacle à ce que la procédure continue jusqu'au vote des créanciers relatif à cette importante question. Cet incident est la *clôture pour insuffisance d'actif*. Celle-ci, sans mettre fin à la faillite, entraîne la suspension des opérations de la faillite, fait cesser un des plus importants effets de celle-ci, la suspension du droit de poursuite individuelle des créanciers.

563. Il sera traité ci-après dans quatre sections distinctes : SECTION Ire. *Du concordat simple* (2). — SECTION II. *De l'union* (3).

---

(1) Le nombre des faillites ainsi rapportées est indiqué dans la statistique de l'administration de la justice civile et commerciale parmi les solutions de la faillite à côté de l'union et du concordat simple ou par abandon.

(2) Nos 564 à 651.

(3) Nos 668 à 735.

— SECTION III. *Du concordat par abandon d'actif* (1). — SECTION IV. *De la clôture des opérations de la faillite pour insuffisance d'actif* (2).

Des motifs spéciaux conduisent à observer l'ordre qui vient d'être indiqué dans l'exposé des différentes solutions que peut recevoir la faillite. Il sera parlé d'abord *du concordat simple*, comme le fait, du reste, le Code de commerce, parce que c'est seulement à défaut de concordat voté par les créanciers et dûment homologué par justice qu'il y a *union* (art. 529, 1er alin., C. com.). Sans doute, cela n'est pas moins vrai pour le *concordat par abandon d'actif* que pour le *concordat simple* (n° 562). Mais, comme, en cas de concordat par abandon, on applique à la fois, sous certains rapports, les règles de l'union et, sous certains autres, les règles du concordat simple (art. 541, C. com.), l'étude des dispositions relatives au concordat par abandon exige l'examen préalable de celles qui régissent les deux autres solutions de la faillite.

SECTION Ire

Du concordat simple (3)

564. La faillite ne conduit pas nécessairement à la vente des biens du failli. Cette vente entraîne des frais et des délais, en général, assez longs et ne se fait pas toujours pour un bon prix. Avec elle le retour du failli à meilleure fortune est rendu très difficile, par cela même qu'il se trouve dépouillé de tous ses biens. L'union est une solution de la faillite rigoureuse pour le failli qui n'a commis

(1) Nos 736 à 759.

(2) Nos 760 à 787.

(3) Dans le Code de commerce, le chapitre VI du livre III, intitulé : *Du concordat et de l'union*, est consacré aux deux espèces de concordats et à l'union ainsi qu'à la clôture en cas d'insuffisance d'actif. La section Ire (art. 504 à 507) est relative à l'assemblée des créanciers qui doit se prononcer sur le choix à faire entre les trois solutions possibles de la faillite. La section II (art. 507 à 526) concerne le concordat simple. Il est question du concordat par abandon d'actif à la fin de la section concernant l'Union (art. 531, C. com.). Les dispositions relatives à ce concordat ne datent que de 1856.

ni fraude, ni faute grave, mais qui a été victime des événements ou qui n'est coupable que de quelque négligence légère. L'intérêt des créanciers, du reste, peut leur commander de mettre le failli à même d'acquérir de nouvelles ressources qui lui permettront de les payer au moins en partie. Dans ce but, les créanciers peuvent accorder au failli un concordat simple, par lequel, le dessaisissement cessant, il est remis à la tête de ses affaires. Souvent, les créanciers obtiennent, grâce aux concessions faites au failli, le cautionnement de la femme, de parents ou d'amis de celui-ci. On peut ajouter que le concordat simple peut être conforme aux intérêts généraux du commerce et de l'industrie. Parfois, l'arrêt des affaires d'une entreprise, surtout quand elle est importante, rejaillit sur un grand nombre de personnes différentes (autres commerçants, ouvriers, employés, etc.). Cet arrêt cesse avec toutes ses conséquences fâcheuses en cas de concordat simple.

Le concordat simple contient, en fait, toujours soit la concession de délais faite au failli, soit même la remise d'une partie de ses dettes, de telle sorte qu'il doit être libéré envers ses créanciers après leur avoir payé un dividende convenu, c'est-à-dire tant pour cent de ce qu'il leur doit. C'est, en faisant allusion à la concession de délais, qu'on appelle parfois le concordat *contrat d'atermoiement*. Mais la concession de délais et la remise d'une portion des dettes ne sont pas de l'essence du concordat simple, comme l'est la cessation du dessaisissement, grâce à laquelle le failli, dont les biens ne sont pas vendus, est remis à la tête de ses affaires (1).

---

(1) On doit donc critiquer la définition que donne Littré du *concordat* dans son *Dictionnaire de la langue française*. Il dit : « Terme de commerce. — « Arrangement par lequel un failli un failli obtient de ses créanciers facilité de paiement tant pour la remise d'une partie des créances que pour les délais accordés ». Cette définition ne fait aucune allusion à l'effet essentiel du concordat simple, la remise du failli à la tête de ses affaires. — Il faut ajouter que le mot *atermoiement* désigne aussi parfois l'arrangement intervenu, en dehors d'une faillite, entre un débiteur et ses créanciers. Alors, il y a concession de délais ; mais, par cela même qu'il n'y a pas faillite, il n'y a pas eu de dessaisissement et il ne peut être question de la cessation de celui-ci, qui est un effet essentiel du concordat *simple* après faillite.

565. Les avantages que présente souvent le concordat simple, l'ont fait admettre depuis une époque très ancienne (1) et il est consacré actuellement par les lois de toutes les nations sous des noms qui varient naturellement selon les pays (2). Le concordat contenant des

(1) On fait généralement remonter l'origine du concordat au Droit romain. V. Kohler, *Lehrbuch des Konkursrechts*, p. 445 et 446 ; Wach, *Der Zwangsvergleich*, p. 7 et suiv. ; Garraud, *De la Déconfiture*, p. 45 et 46. On entend seulement indiquer par là, non pas que l'institution du concordat existait à Rome, mais que, dans certains cas spéciaux, il était admis que, sans l'assentiment de tous les créanciers, des remises partielles de ses dettes ou des délais pouvaient être accordés au débiteur. Voir sur ce point les faits que constatent les textes du Digeste et du Code de Justinien. — Parfois, avant de faire adition d'hérédité, l'héritier convenait avec les créanciers qu'il ne leur payerait qu'une partie des dettes héréditaires. En vertu de cette convention, l'héritier qui était poursuivi par les créanciers pour l'intégralité de ces dettes, pouvait leur opposer l'exception *pacti* ou *doli*. Marc-Aurèle déclara que, lorsque la majorité des créanciers était favorable à une convention de cette sorte, le préteur déciderait, par un décret, que la remise vaudrait à l'égard même des créanciers opposants formant la minorité : L. à 7, § 17-19 ; LL. 8 et 9 : L. 10 pr., Dig., *De pactis*, II, 14 ; L. 23, Dig., *Quæ in fraudem creditorum*, XLII, 8 ; L. 58, § 2, Dig., *Mandati*, XVII, 2. En cas de partage des créanciers, l'avis le plus favorable au débiteur (*humanior sententia*) devait être adopté. — On trouve en dehors du cas de succession, à propos de la cession de biens, des règles analogues. Justinien décida que, lorsqu'en présence d'un débiteur voulant faire cession de biens, la majorité des créanciers est disposée à lui accorder des délais, il doit obtenir un délai de cinq ans pour toutes ses dettes (*quenquennii dilatio*). Pour arriver à une solution, on tenait compte d'abord de la majorité en sommes ; en cas d'égalité des créanciers en sommes, on s'attachait à la majorité en nombre. Quand il y avait égalité en sommes et en nombre, l'opinion favorable était admise, L. 8, C. *Qui bonis cedere possunt*, VII, 71. — C'est dans ces règles spéciales du Droit romain que les coutumes italiennes trouvèrent le fondement du concordat en matière de faillite. Le concordat avec concession de délais au débiteur fut admis plus facilement que le concordat contenant des remises. Les statuts des villes italiennes exigent des majorités très diverses. De l'Italie le concordat s'est répandu dans les différents Etats. Il fut admis notamment en France par l'Ordonnance de 1673 (titre XI, art. 5, 6 et 7). De là l'institution a passé dans le Code de commerce de 1807, qui l'a réglementée à nouveau. Les dispositions de ce Code sur ce point ont servi de type à presque toutes les législations. Consult. Huvelin, *le Droit des marchés*, p. 494. V. aussi Thaller et Percerou, II, nᵒˢ 1283 à 1285.

(2) On dit en *allemand*, *Zwangsvergleich, Gantvergleich, Akkord* : en *anglais*, *composition after bankruptcy adjudication* : en *italien*, *concordato* ; en *espagnol*, *convenio*.

remises est admis aussi bien que le concordat se bornant à concéder des délais au failli (1).

Le concordat ne suppose pas le vote favorable de l'unanimité des créanciers, mais celui des majorités requises par la loi. La minorité se trouve liée par le vote de celles-ci. A ce point de vue, le concordat (2) est une institution spéciale se rattachant à la faillite. Aussi, dans les pays comme la France, où la faillite ne s'applique pas aux non commerçants, la faculté d'obtenir un concordat constitue une faveur réservée aux commerçants (3). C'est à ce point de vue qu'on peut dire que la loi sur les faillites n'est pas exclusivement une loi de rigueur. Les non-commerçants ne jouissent pas du même avantage. Sans doute, leurs créanciers peuvent leur accorder des délais ou des remises partielles ; mais ces concessions ont un caractère individuel ; la majorité ne liant pas la minorité, le débiteur ne peut s'en prévaloir que contre les créanciers qui les lui ont consenties.

Dans les pays où la faillite est commune aux commerçants et aux non-commerçants, au contraire, le concordat peut aussi s'appliquer à ces deux classes de personnes. On trouve, pourtant, une exception à cette règle en *Autriche* : le concordat n'y est admis que pour les commerçants (L. *autrichienne* de 1868, art. 207).

565 *bis. Statistique.* — Les comptes généraux annuels de l'administration de la justice civile et commerciale publiés par le Ministère de la justice, donnent des indications statistiques sur les solutions

---

(1) Des personnes ont soutenu, en se plaçant au point de vue législatif, que le concordat contenant des délais devrait seul être admis à l'exclusion du concordat contenant des remises. On allègue en ce sens que des remises contenues dans un concordat constituent une violation des contrats et qu'il n'est pas juste que le débiteur tire profit de sa faillite. Ces raisons, si elles étaient décisives, devraient faire exclure même le concordat contenant des concessions de délais. V. Thaller, *Des Faillites en droit comparé*, II, n° 186, p. 247 et suiv.

(2) Cela est aussi vrai du concordat par abandon d'actif que du concordat simple après faillite, dans le pays où le premier de ces concordats est admis.

(3) Cette faveur, qui se justifie par des raisons multiples indiquées plus loin (n° 589), est plus facile à expliquer avec l'idée de la personnalité de la masse des créanciers. L'assemblée des créanciers exprime la volonté de la masse, et, comme l'unanimité est ou impossible ou, tout au moins, très difficile à obtenir, on se contente des majorités requises par la loi.

que reçoivent les faillites et sur les dividendes touchés selon ces solutions par les créanciers. On y trouve spécialement des renseignements pour le concordat simple (1).

566. Si le concordat n'exige pas l'unanimité des créanciers, il doit, du moins, réunir différentes conditions indiquées par le Code de

(1) Le nombre des concordats simples, par opposition aux autres modes de solution de la faillite (y compris même la clôture pour insuffisance d'actif et le rapport du jugement déclaratif) a été de 45 0/0 de 1841 à 1845 ; de 48 0/0 de 1846 à 1850 ; de 38 0/0 de 1851 à 1855 ; de 32 0/0 de 1856 à 1869 ; de 27 0/0 de 1861 à 1866 ; de 22 0/0 de 1866 à 1870 ; de 18 0/0 de 1871 à 1875 ; de 14 0/0 de 1876 à 1880 ; de 12 0/0 de 1881 à 1885. En 1886, il y a eu 1.020 concordats simples sur 8.747 faillites terminées ; en 1887, 907 sur 8.504 ; en 1888, 915 sur 8.381 ; en 1889, 684 sur 8 070 ; en 1890, 648 sur 7.194 ; en 1891, 595 sur 6 425 ; en 1892, 593 sur 5.713 ; en 1893, 623 sur 6.322 ; en 1894, 693 sur 6.745 ; en 1895, 705 sur 6.628 ; en 1896, 705 sur 6.477 ; en 1897, 752 sur 6.615 ; en 1898, 714 sur 7.101 ; en 1899, 685 sur 6.860 ; en 1904, 609 sur 6.778 ; en 1905, 621 sur 6.581 ; en 1906, 590 sur 6.665 ; en 1907, 551 sur 6.106 ; en 1908, 592 sur 6.106 ; en 1909, 586 sur 5.983 ; en 1910, 565 sur 5.273.

La proportion des concordats dans les faillites a dû diminuer par suite de l'existence même de la liquidation judiciaire, qui n'est qu'une faillite atténuée. La circonstance que le débiteur n'a pas obtenu le bénéfice de la liquidation judiciaire ou se l'est vu retirer peut expliquer que les créanciers n'envisagent pas favorablement sa situation et n'ont pas grande confiance en lui. Du reste, la liquidation judiciaire peut aussi aboutir à un concordat simple.

Quant aux dividendes obtenus dans les concordats simples, ils ont été les suivants :

ANNÉES	Moins de 10 0/0	10 à 25 pour cent	26 à 50 pour cent	51 à 75 pour cent	Plus de 75 0/0
1851-1855.........	8 0/0	53 0/0	29 0/0	4 0/0	6 0/0
1856-1860........	4 0/0	51 0/0	32 0/0	3 0/0	7 0/0
1861-1865.........	4 0/0	51 0/0	35 0/0	4 0/0	6 0/0
1866 1870.........	6 0 0	46 0/0	36 0/0	5 0/0	7 0/0
1871-1875.........	4 0/0	45 0/0	37 0/0	4 0/0	10 0/0
1876-1880........	5 0 0	43 0/0	37 0/0	5 0/0	10 0/0
1881-1885........	5 0/0	47 0/0	34 0/0	4 0/0	10 0/0
1886.............	6 0/0	53 0/0	30 0/0	3 0/0	8 0 0
1888.............	9 0/0	50 0/0	32 0 0	2 0/0	7 0/0
1889.............	8 0/0	56 0/0	24 0/0	12 0/0 de 51 à 99 0/0	
1890.............	7 0/0	46 0/0	32 0/0	5 0/0	10 0/0
1897.............	5 0/0	49 0/0	27 0/0	2 0/0	7 0/0
1898.............	10 0/0	47 0/0	31 0/0	6 0/0	6 0/0

commerce. Il produit des effets que la loi ou la convention des parties déterminent. Enfin, il peut être annulé ou résolu. En dehors du concordat que la loi a réglementé et qui n'exige pas l'unanimité, il peut se faire qu'un débiteur obtienne, soit après la déclaration de faillite, soit même avant toute faillite, de ses créanciers qui y consentent tous, des délais ou des remises partielles. On dit alors qu'il y a *concordat amiable*. Cette dénomination est opposée à celle de *concordat judiciaire*, qui désigne le concordat conclu entre le failli et les créanciers aux majorités requises, à raison de ce qu'il exige l'intervention de la justice. Il devra être traité du concordat *amiable* après l'exposé des règles qui régissent le concordat *judiciaire*.

Il sera successivement traité : A. *De la formation du concordat simple (judiciaire).*— B. *Des effets du concordat simple.*— C. *Des causes diverses qui font tomber le concordat simple.* — D. *Du concordat amiable.*

En 1904, dans 92 faillites le dividende concordataire a été de moins de 10 0/0 ; de 10 à 25 0/0 dans 390 ; de 26 à 50 0/0 dans 2.658 ; de 31 à 75 0/0 dans 33 ; de 76 à 99 0/0 dans 18 ; de 100 0/0 dans 80 ; en 1905, il a été obtenu moins de 10 0/0 dans 89 faillites ; de 10 à 15 0/0 dans 429 ; de 26 à 50 0/0 dans 270 ; de 51 à 75 0/0 dans 49 ; de 76 à 99 0/0 dans 5 ; de 100 0/0 dans 3 ; en 1906, les dividendes ont été de moins de 10 0/0 dans 96 faillites ; de 10 à 15 0/0 dans 431 ; de 16 à 50 0/0 dans 253 ; de 50 à 75 0/0 dans 46 ; de 76 à 99 0/0 dans 3 ; de 100 0/0 dans 63 ; en 1907, les dividendes ont été de moins de 10 0/0 dans 87 faillites ; de 10 à 15 0/0 dans 397 ; de 16 à 50 0/0 dans 239 ; de 51 à 75 0/0 dans 35 ; de 76 à 100 0/0 dans 7 ; de 100 0/0 dans 58 ; en 1908, les dividendes ont été de moins de 10 0/0 dans 88 faillites ; de 10 à 15 0/0 dans 355 ; de 16 à 50 0/0 dans 267 ; de 51 à 75 0/0 dans 35 ; de 76 à 99 0/0 dans 6 ; de 100 0/0 dans 44 ; en 1909, les chiffres correspondants ont été de 91, de 354, de 226, de 41, de 4 et de 53 ; en 1910, de 94, de 367, de 220, de 39, de 10 et de 38.

Il faut tenir compte de ce qu'à partir de la mise en vigueur de la loi du 4 mars 1889, il y a eu à côté des faillites des liquidations judiciaires dont un grand nombre se terminent par des concordats simples ; ceux-ci donnent généralement des dividendes plus élevés que les concordats après faillite, par cela même que les jugements de mise en liquidation judiciaire sont rendus moins longtemps après la date de la cessation des paiements que les jugements déclaratifs de faillite.

A. — DE LA FORMATION DU CONCORDAT SIMPLE.

567. Le concordat *judiciaire*, le seul dont s'occupent nos lois, suppose que certaines·conditions et formalités préalables à sa formation ont été remplies. En outre, il y a des conditions spéciales exigées pour la formation même du concordat. Il y a là deux ordres d'idées à distinguer (1-2).

568. Avant qu'il puisse être passé à la délibération de l'assemblée des créanciers qui a à se prononcer sur les propositions de concordat faites par le failli, il faut nécessairement que le bilan ait été dressé, que la date de la cessation des paiements ait été définitivement fixée (3), qu'il ait été procédé à la vérification et à l'affirmation des créances. C'est, en effet, seulement quand ces conditions sont remplies qu'on connaît les créanciers (4). Cela est évident pour le bilan et pour la procédure de vérification et d'affirmation des créances (5) ; et, quant à la fixation de la date de la cessation des paiements, la nécessité en résulte de ce que cette date influe sur les nullités des actes faits par le failli avant le jugement déclaratif ; ces nullités ont souvent pour conséquence de diminuer le nombre des créanciers et, par suite, le montant du passif de la faillite ou d'augmenter l'actif, en y faisant rentrer des biens qui étaient sortis du patrimoine du failli (6).

(1-2) A ces deux points de vue, le concordat simple et le concordat par abandon sont soumis aux mêmes règles.

(3) Aussi a-t-il été décidé qu'il doit être sursis à la tenue de l'assemblée lorsque l'appel formé contre le jugement qui a fixé la date de la cessation des paiements est pendant : Caen, 20 janv. 1868, D. 1869. 2. 100 ; S. 1869. 2. 11 ; Douai, 27 fév. 1893, *Journal des faillites*, 1893, p. 456.

(4) On ne peut évidemment fixer d'une manière précise la durée de ces opérations préliminaires, qui varie naturellement avec le nombre des créanciers et les difficultés des opérations. On peut estimer que le délai légal minimum après lequel peuvent se faire les convocations pour l'assemblée du concordat est de 46 jours. V. *Rép. gén. du Droit français*, v° *Faillite*, n° 2237. Dans la pratique, on n'agit pas avec cette célérité.

(5) Cela résulte, du reste, bien de l'article 504, C. com., qui prescrit la convocation des créanciers dans les trois jours *qui suivent* les délais prescrits pour l'affirmation.

(6) D'après le Code de commerce de 1807, c'étaient les syndics provisoires

569. La formation même du concordat exige la réunion de trois conditions. Il faut, pour qu'il soit conclu : 1° que l'assemblée des créanciers l'ait voté aux majorités spéciales déterminées par le Code; 2° qu'il ait reçu l'homologation du tribunal de commerce ou de la Cour d'appel ; 3° que le failli n'ait pas été condamné comme banqueroutier frauduleux (art. 507, 1er alin., et 510, 1er alin.). On peut dire que la première et troisième conditions sont seules requises pour la conclusion du concordat simple, que l'homologation de justice est exigée après que le concordat a été conclu, pour qu'il devienne obligatoire à l'égard de tous les créanciers.

570. 1° Assemblée des créanciers, majorités requises par la loi. — Une assemblée de créanciers doit être convoquée pour se prononcer sur le concordat proposé par le failli. Le concordat est une sorte de contrat supposant l'offre du failli et l'acceptation de l'assemblée des créanciers. Le failli a, sous ce rapport, un droit personnel. Il n'y a pas de proposition de concordat faite d'office par le syndic.

Le juge-commissaire doit faire convoquer l'assemblée des créanciers par le greffier dans les trois jours qui suivent les délais prescrits pour l'affirmation (n° 572) (1). La convocation se fait par lettres individuelles adressées à chaque créancier et par insertions dans les journaux (art. 504). Les journaux où les insertions doivent être faites sont ceux du lieu où la faillite a été déclarée. Il n'est pas besoin d'en faire dans les journaux des lieux où les créanciers ont leurs résidences. Ce serait là une source de frais considérables (2).

Les convocations individuelles ont assurément la plus grande utilité ; elles ne peuvent pas échapper aux créanciers comme les insertions faites dans les journaux. Aussi a-t-on parfois admis que les convocations individuelles sont exigées à peine de nullité de la déli-

qui avaient à convoquer les créanciers. Ce mode de convocation a été considéré comme n'offrant pas des garanties suffisantes.

(1) Avant le Code de commerce de 1807, un concordat pouvait être conclu à toute époque de la procédure Ce fut sur les observations du Tribunat qu'il fut admis qu'un concordat ne pourrait intervenir qu'après l'accomplissement des conditions et formalités dont il s'agit. V. art. 507, 1er alin., C. com.

(2) Nancy, 11 fév. 1888, S. 1889. 2. 133 ; *J. Pal.*, 1889. 1. 711.

bération à prendre par l'assemblée des créanciers (1). C'est là une
solution rigoureuse difficilement admissible dans le silence de la loi.
Il est préférable de laisser au tribunal le soin d'apprécier si la nullité
doit être ou ne pas être prononcée ; il peut être ainsi tenu compte
de l'importance de la créance du créancier non convoqué individuellement et des causes qui l'ont empêché de participer à l'as
semblée ou de s'y faire représenter malgré les insertions faites
dans les journaux (2).

571. Les convocations doivent être adressées : 1° aux créanciers
vérifiés et affirmés ; 2° aux créanciers contestés au profit desquels
ont été déjà rendus des jugements favorables sur le fond ; 3° aux
créanciers contestés admis par provision (art. 499 et 500, C. com.).
Il n'y a même pas à faire exception pour les créanciers hypothécaires et privilégiés. Comme il sera expliqué plus loin (n° 577), le
vote d'un de ces créanciers à l'assemblée du concordat entraîne de
sa part renonciation à son privilège ou à son hypothèque (art. 508,
C. com.). C'est à chacun de ces créanciers dûment convoqués à voir
s'il préfère ne pas participer au vote et conserver, par suite, son
privilège ou son hypothèque eu y participer et perdre alors sa
garantie. Le juge-commissaire n'a pas à faire cette option pour les
créanciers en s'abstenant de les convoquer (3).

Au contraire, il n'y a pas à convoquer les créanciers qui n'ont pas
produit à la faillite ni les créanciers contestés qui n'ont pas été
l'objet d'une admission provisionnelle et à l'égard desquels n'a pas
été rendu non plus un jugement favorable.

572. Le Code de commerce, qui fixe le délai dans lequel doit
être faite la convocation (n° 570), ne détermine pas le jour de la
réunion. Celui-ci est fixé librement par le juge-commissaire (art.
505, 1er alin.) (4).

(1) Caen, 7 janv. 1863, D. 1863. 2. 115. — Boistel, n° 1031.
(2) Paris, 28 août 1865, S. 1866. 2. 14 ; Alger, 30 nov. 1878, D. 1880. 2.
212 ; S. 1879. 2. 149 ; *J. Pal.*, 1879. 696 ; Bordeaux, 6 avril 1892, D. 1894.
2. 38 ; *Journal des faillites*, 1892, p. 352. — Renouard, II, p. 2 et 3 ;
Thaller et Percerou, II, n° 1306.
(3) Nancy, 11 fév. 1888, S. 1889. 2. 133 ; *J. Pal.*, 1889. 1. 711 ; *Journal
des faillites*, 1888, p. 472.
(4) Le délai de vingt jours, accordé pour la production par l'article 492,

573. Comme dans les autres assemblées de la faillite, les créanciers convoqués peuvent se présenter en personne ou par fondés de pouvoirs. Conformément aussi à ce qui est admis pour les autres assemblées, chaque créancier peut choisir un mandataire ou plusieurs créanciers peuvent choisir un mandataire unique (1). Ainsi que toute autre assemblée de la faillite, l'assemblée du concordat doit être présidée par le juge-commissaire, à l'exclusion de tout membre du tribunal de commerce qui n'aurait pas été désigné comme tel (2).

574. Il s'agit d'une convention à conclure entre le failli et ses créanciers ou, du moins, avec la majorité d'entre eux ; aussi le failli doit-il être appelé à l'assemblée. Il doit s'y présenter en personne, il ne peut se faire représenter que pour des motifs valables et approuvés par le juge-commissaire (art. 505, 2ᵉ alin.), sous peine d'être condamné comme banqueroutier simple (art. 586, 5°, C. com.). Toutefois, comme on ne peut obliger le failli à se présenter quand il risque d'être arrêté, cette obligation n'existe pour lui que quand il a été dispensé de la mise en dépôt ou qu'il a obtenu un sauf-conduit. V. n°ˢ 481 et suiv.

Du reste, un concordat pourrait être conclu même en l'absence du failli. On conçoit qu'il adresse à ses créanciers des propositions par écrit. Il serait bien formaliste d'exiger qu'il se présente en personne dans les cas où la loi ne le dispense pas de le faire (3).

575. Les syndics font un rapport à l'assemblée sur l'état de la faillite (4). Ils y indiquent le montant de l'actif et du passif, les for-

---

C. com., ne s'applique donc pas ici. V. l'arrêt cité à la note précédente. En cas de liquidation judiciaire, l'assemblée du concordat doit se tenir quinze jours après la dernière assemblée de vérification (Loi du 4 mars 1889, art. 14, al. 2).

(1) Montpellier, 10 juill. 1858, D. 1859. 2. 107 ; S. 1859. 247. Le mandataire a naturellement autant de voix qu'il a de mandants, ce qui n'est pas sans inconvénients, puisqu'un agent d'affaires peut se trouver de cette façon maître absolu de la situation. V., sur la preuve du mandat, Cass. 11 fév. 1880. S. 1880. 1. 164 ; J. Pal., 1880. 369.

(2) Nîmes, 20 mai 1892, Journal des faillites, 1893. 370.

(3) Cf. Thaller, Des Faillites en droit comparé, II, p. 241. V. la note 1 de la page suivante.

(4) Le syndic ne peut charger une autre personne de faire le rapport

malités remplies et les opérations faites durant la période préparatoire (art. 506, 1er alin., C. com.). Ce rapport doit être remis, signé
des syndics, au juge-commissaire, ce quii mplique qu'il doit être écrit
(art. 506, 2e alin.).

Le failli fait ensuite, par écrit ou verbalement (1), ses propositions, c'est-à-dire qu'il indique quels délais il réclame ou quelles
remises il demande et, par conséquent, de quelle portion de ses
dettes il demeurera tenu. Puis, une discussion peut s'engager sur
ces propositions entre le failli et les créanciers.

Les contrôleurs, s'il en a été nommé, peuvent participer à la discussion comme les autres créanciers ; mais ils n'ont pas, ainsi que
cela est prescrit dans certains pays étrangers (2), à émettre un avis
sur les propositions de concordat en qualité de contrôleurs.

C'est seulement après ces préliminaires qu'il est passé au vote
sur les propositions du failli.

576. Au vote peuvent participer, en principe, tous les créanciers
convoqués à l'assemblée (n° 571) ou les personnes ayant reçu de
ces créanciers les pouvoirs nécessaires pour se prononcer sur le
concordat (3).

Nos lois n'édictent aucune incapacité spéciale pour les créanciers.
Peu importe que les créanciers soient parents ou alliés du failli ou
qu'il s'agisse de son conjoint (4). Il va seulement de soi qu'un con-

---

pour lui. V. Trib. comm. Saint-Etienne, 23 juillet 1907, *Journal des faillites*, 1907, 381.

(1) Aucune disposition légale n'exige que les propositions de concordat
soient faites par écrit. Mais, à Paris, elles se font par écrit, parce que
l'usage est de les communiquer à chaque créancier avec la convocation
individuelle. On y joint d'ordinaire aussi le rapport du syndic. Cf. Trib.
com. Seine, 28 avr. 1893, sous Paris, 17 avr. 1894, S. et *I. Pal.*, 1895, 2.
121. — En *Allemagne*, l'écrit est exigé, parce qu'il faut, d'après la loi
art. 179), que les propositions de concordat soient déposées au greffe du
tribunal.

(2) V. loi *allemande*, art. 177.

(3) Cass. 20 juill. 1858, D. 1858. 1. 403 ; S. 1859. 1. 497.

(4) Dijon, 21 mai 1844, S. 1844. 2. 566 ; Douai, 27 mai 1841, S. 1841. 2.
450.

Droit étranger. — Selon la loi *suisse* (art. 293, al. 2 et art. 305), la
femme du débiteur n'a pas le droit de voter au concordat de son mari ;

cordat qui a été conclu grâce au vote favorable de parents ou d'alliés du failli, peut paraître suspect et que le tribunal chargé, comme il sera dit plus loin (n°s 598 et suiv.), de donner son homologation, doit alors être disposé à examiner avec rigueur un concordat ainsi obtenu (1).

Le créancier qui est en même temps syndic, n'est pas non plus, à raison de cette qualité, privé du droit de prendre part au vote sur le concordat (2).

S'il n'y a pas de condition spéciale de capacité, il faut, du moins, que les créanciers satisfassent à une condition de capacité générale : ils doivent être capables de disposer à titre onéreux de leurs créances, par cela même que le concordat renferme toujours des remises ou des concessions de délais (3). On ne saurait aller jusqu'à exiger chez le créancier la capacité de disposer à titre gratuit ; car, ainsi que cela sera expliqué à propos des effets du concordat (n° 616), les remises qu'il contient ne constituent pas des donations comme en constituent les remises de dettes dont traite le Code civil (art. 1282 et suiv.) (4).

si elle émet, en fait, une opinion, il n'est pas tenu compte de son vote. Le Code de commerce *chilien* (art. 1460, dern. alin.) exclut l'épouse du failli et les parents et alliés de celui-ci jusqu'au quatrième degré. La loi *hongroise* (art. 212, 2°) refuse le droit de vote aux parents et aux alliés du failli en ligne directe ascendante et descendante, à ses frères et sœurs, neveux et nièces, à son conjoint et à son fiancé, aux conjoints de ses frères et sœurs et aux frères et sœurs de son conjoint. La loi *brésilienne* décide que, pour former la majorité exigée pour la validité du concordat, il n'est pas tenu compte des créances des parents jusqu'au quatrième degré ou de leurs cessionnaires, si la cession a moins d'un an de date. Au contraire, le Code de commerce *argentin* dispose expressément (art. 1467, dern. alin.) que la qualité du conjoint, d'ascendant ou de descendant du failli, ne fait pas obstacle à ce qu'un créancier vote au concordat. Il en est de même en *Allemagne*, où la loi sur la faillite n'a pas reproduit à cet égard les dispositions de la loi prussienne de 1855 (art. 193 4 b, modifié par la loi du 19 oct. 1871.)

(1) Cpr. Kohler, *Lehrbuch des Konkursrechts*, p. 479, note 2.

(2) Le Code de commerce *chilien* (art. 1460, dern. alin.) contient une disposition contraire.

(3) Dans quelques pays, on se contente de la capacité du créancier de faire des actes d'administration : Code de commerce *argentin* (art. 1468, dern. alin.).

(4) V. n°s 616 et suiv.

Par cela même qu'en consentant au concordat, les créanciers disposent de leurs créances, un mandat conçu en termes généraux ne suffit pas ; le mandat doit être exprès (art. 1988, C. civ.) (1). Quant aux mandataires nommés en vertu de dispositions légales comme les tuteurs, il suffit qu'ils aient le pouvoir de disposer des créances de celui qu'ils représentent pour qu'ils puissent participer au vote du concordat. Ce serait une erreur que d'aller jusqu'à exiger, comme on l'a fait parfois, qu'ils aient le pouvoir de transiger. Le concordat n'est pas une transaction ; il ne répond pas à la définition que l'article 2044, C. civ., donne de ce contrat ; ce n'est pas « *un contrat par lequel les parties terminent une contestation née ou préviennent une contestation à naître* ». Les créanciers de la faillite qui participent au vote du concordat ont des créances, en principe, certaines et on ne trouve pas dans le concordat les sacrifices réciproques que l'article 2044, C. civ., ne mentionne pas, mais qui sont un élément de la transaction. Il faut conclure de là notamment :

a. Qu'un tuteur dont le pupille est créancier d'un failli, peut voter au concordat de celui-ci, sans qu'on ait à observer les dispositions de l'article 467, C. civ., à charge seulement de se munir de l'autorisation de justice et, au besoin, de l'homologation prescrite par la loi du 27 février 1880 pour les ventes de choses incorporelles appartenant au mineur (2) ;

b. Qu'un syndic de la faillite d'un créancier peut, sans qu'il y ait à remplir les formalités des articles 487 et 535, C. com., voter le concordat du débiteur lui-même en faillite, avec la seule autorisation du juge-commissaire qui suffit, en principe, pour permettre à un syndic de disposer des biens du failli (art. 535 et 572, C. com.) (3).

(1) Mais le pouvoir de voter un concordat est suffisant sans que les conditions du concordat à conclure soient indiquées par le mandant. Trib. comm. Seine, 24 mars 1885, *Journal des faillites*, p. 228.

(2) V., au contraire, pour l'assimilation du concordat à la transaction, Bordeaux, 18 déc 1878, S. 1880. 2. 140 ; *J. Pal.*, 1880. 563 ; D. 1881. 2. 245. Cpr. Cass. 18 juill. 1843, S. 1843. 1. 178 ; *J. Pal.*, 1843. 2. 679. — V., contre l'assimilation à la transaction, Kohler, *Lehrbuch des Handelsrechts*, p. 457.

(3) Cpr. Aix, 4 mars 1890, S. 1890. 2. 49 ; *J. Pal.*, 1890. 1. 322 (note de Ch. Lyon-Caen), *Pand. fr.*, sous Cass., 1892. 1. 329. — V., sur la difficulté spéciale au cas où le créancier que le syndic représente à la

576 *bis*. Il n'y a pas à tenir compte pour déterminer si un créancier a le droit de participer au vote du concordat de la date à
laquelle il est devenu créancier du failli. Ainsi, un cessionnaire
d'une créance existant contre le failli peut voter à l'assemblée du
concordat, à quelqu'époque que la cession ait eu lieu, pourvu, bien
entendu, que la cession ne soit pas annulée en vertu des articles 446
et suiv., C. com. (1).

577. Tout ce qui vient d'être dit quant aux créanciers appelés à
voter ne concerne que les créanciers chirographaires. Les créanciers
hypothécaires et privilégiés n'ont pas voix aux opérations relatives
au concordat pour leurs créances, à moins qu'ils ne renoncent à
leur hypothèque ou à leur privilège. A raison de leur garantie, ces
créanciers sont, en principe, assurés d'être payés ; il serait à craindre qu'ils ne se laissâssent trop facilement entraîner à voter un
concordat qui ne peut leur nuire ou, au contraire, à rejeter un
concordat avantageux pour les créanciers chirographaires.

Si, par hasard, un créancier hypothécaire ou privilégié vote au
concordat, son vote est considéré par la loi comme emportant de
plein droit renonciation à sa garantie ; ce créancier est alors traité
comme créancier chirographaire (art. 508, 2e alin.). L'article 508,
C. com., est conçu dans les termes suivants : *Les créanciers hypothécaires inscrits ou dispensés d'inscription* (2) *et les créanciers*

---

faillite du débiteur est un créancier privilégié ou hypothécaire, nᵒ 578.

Une autre conséquence du même principe est qu'un curateur à succession
ou vente ne peut voter au concordat qu'avec autorisation du Tribunal.
Trib. de com. Lyon, 23 février 1904, *Journal des faillites*, 1904. 370.

(1) La loi *brésilienne* (art. 106) décide, au contraire que, pour former la
majorité nécessaire à la conclusion du concordat, il n'est pas tenu compte
des créances cédées par actes entre vifs, même par endossements postérieurement à la date de la déclaration de faillite.

(2) Application de l'article 508, C. com., à l'hypothèque de la femme
mariée : Trib. com. Seine, 18 juill. 1865, *Journ. des Trib. de com.*, 1867.
2. 65 ; Cass. 14 juill. 1879, P. 1879. 1. 422 ; S. 1880. 1. 21 ; *J. Pal.*, 1880.
33.

Application de l'article 508, C. com., à l'hypothèque judiciaire, même
alors que le débiteur ne possède actuellement aucun immeuble : Cass.
3 nov. 1873, S. 1874. 1. 81 ; *J. Pal.*, 1874. 167 ; D. 1874. 1. 373 ; 6 mars
1894, S. et *J. Pal.*, 1896. 1. 41 ; D. 1894. 1. 49 ; *Pand. fr. pér.*, 1895. 1. 10.

privilégiés ou nantis d'un gage n'auront pas voix dans les opéra-
tions relatives au concordat pour lesdites créances, et elles n'y
seront comptées que s'ils renoncent à leurs hypothèques, gages ou
privilèges. — *Le vote au concordat emportera de plein droit cette*
renonciation. — Cette disposition comprend toutes les hypothèques,
qu'elles soient conventionnelles, légales ou judiciaires. Elle s'est
toujours appliquée aux privilèges sur les navires comme aux autres
privilèges et, depuis l'introduction dans notre législation de l'hypothèque maritime (L. 10 décembre 1874), elle s'applique à cette
hypothèque, comme à l'hypothèque sur les immeubles. Il y a identité de motifs et, du reste, la généralité des termes de l'article 508, C. com., se prête à son application à l'hypothèque sur les
navires.

Quand un créancier hypothécaire ou privilégié a voté au concordat, son vote est compté, mais il n'a plus que les droits d'un créancier chirographaire. En conséquence, l'hypothèque ou le privilège
doit être radié, le gage doit être restitué (1) (2).

578. Pour que cette renonciation que la loi attache au vote
comme une sorte de déchéance soit admise, il faut que le créancier
soit capable de la faire ou que son mandataire ait le pouvoir d'y
consentir. Cette capacité ou le pouvoir nécessaire à cet effet est celui
de disposer de la créance dont l'hypothèque ou le privilège est un
accessoire (n° 576). On ne saurait se prévaloir contre cette règle
de ce que, pour donner une mainlevée d'inscription d'hypothèque
ou de privilège, la capacité ou le pouvoir de recevoir le paiement
suffit. Car cela n'est vrai que lorsque la mainlevée a lieu à la suite
du paiement, de telle sorte que, l'hypothèque ou le privilège étant
éteint par l'effet même de l'extinction de la créance (2180 1°,
C. civ.), la mainlevée n'a, en réalité, que l'inscription pour objet.

(1) Trib. com. Alger, 5 septembre 1896, *la Loi.* n° du 31 déc. 1896.
Quand tous les créanciers sont hypothécaires, le concordat est-il opposable même à ceux qui n'y ont pas participé ? V. note de M. Albert Wahl,
dans le *Recueil de Sirey* et le *Journal du Palais*, 1895. 2. 121.

(2) La participation au vote seul entraine la perte de l'hypothèque ou
du privilège. Par suite, le créancier qui prend part à la discussion du
concordat, mais s'abstient de voter, conserve sa garantie. V. note 4, *in fine*
de la page 615.

Mais on a parfois soutenu que, pour renoncer à une hypothèque ou à un privilège, il faut avoir la capacité ou le pouvoir d'aliéner les immeubles à raison de la nature immobilière de ces droits (1). Il est évident que cette doctrine est sans application aux privilèges et à l'hypothèque maritimes, qui sont des droits mobiliers. Elle n'est pas exacte même pour les privilèges et les hypothèques sur les immeubles. Ce sont bien là des droits immobiliers, mais il est impossible de comprendre comment il faudrait une capacité ou des pouvoirs plus étendus pour renoncer à ces accessoires de la créance que pour disposer de la créance elle-même.

De là résultent plusieurs conséquences :

1° Une femme ne perd pas son hypothèque légale en votant au concordat lors de la faillite de son mari, à moins qu'elle n'ait été autorisée à voter par lui ou par justice (2) ; 2° Bien plus, en vertu de la jurisprudence sur l'inaliénabilité de la dot mobilière (3), une femme dotale ne perd pas son hypothèque légale, en tant qu'elle garantit sa dot, en votant au concordat dans la faillite de son mari, fût-elle autorisée à voter par celui-ci ou par justice (4) ; 3° Mais, comme, d'après la jurisprudence, le mari a, sous le régime dotal, le pouvoir de disposer de la dot mobilière, il fait perdre à sa femme l'hypothèque garantissant une créance dotale en votant au concordat du débiteur de sa femme (5) ; 4° Un tuteur qui peut, en principe, prendre part au vote du concordat pour son pupille, créancier du failli, a le pouvoir d'y participer quand même la créance du mineur

---

(1) Laurent, *Principes de Droit civil*, XXX. nᵒˢ 163 et 168 ; Martou, *Traité des privilèges et hypothèques*, III, nᵒˢ 1188 et 1190 ; Paul Pont, *Traité des petits contrats*, II, nᵒ 437.

(2) Trib. civ. Seine (Chambre du Conseil), 3 mai 1882, *Journal des faillites*, 1882, p. 295. — L'autorisation du mari en faillite peut être donnée utilement. En effet, la puissance maritale ne cesse pas par suite de la faillite du mari, et le mari peut autoriser valablement sa femme même pour des actes dont il doit profiter : Trib. Seine, 14 déc. 1886, *Journal des faillites*, 1887. 76.

(3) V. sur cette jurisprudence, Aubry et Rau, V, § 537 *bis* (4ᵉ édit.).

(4) Demangeat sur Bravard, V, p. 379, en note ; note de Ch. Lyon-Caen sous Aix, 4 mars 1890, S. 1890. 2. 49 ; *J. Pal.*, 1890. 1. 322.

(5) Cass. 26 août 1851, S. 1851. 1. 805 ; D. 1851. 1. 283.

est hypothécaire ou privilégiée (1) ; 5° Lorsqu'un créancier hypothécaire est en faillite ainsi que son débiteur, le syndic de la faillite
du créancier fait perdre au failli créancier son hypothèque en votant
au concordat de la faillite du débiteur avec l'autorisation du juge-
commissaire (2).

Quand un créancier qui a voté à l'assemblée du concordat n'était
pas capable ou que le mandataire d'un créancier n'avait pas le pouvoir de renoncer à son hypothèque ou à son privilège, on ne tient
pas compte de son vote, et la garantie attachée à la créance est
maintenue.

579. La renonciation à l'hypothèque ou au privilège que l'article 508 attache au vote d'un créancier hypothécaire ou privilégié,
s'applique certainement au cas où le concordat est voté aux majorités requises et reçoit du tribunal l'homologation exigée par la loi.
Mais on a soutenu que l'hypothèque ou le privilège n'est pas perdu
quand le concordat n'est pas voté ou n'est pas homologué (3). La
renonciation, a-t-on dit, par un créancier à sa garantie, est faite en
retour des avantages promis par le concordat. Elle doit, par suite,
être réputée non avenue si le concordat n'est pas, en définitive,
conclu, parce qu'il n'a pas été voté aux majorités requises ou n'a
pas reçu l'homologation du tribunal. Selon nous, au contraire, le
privilège ou l'hypothèque d'un créancier est perdu pour lui, par cela
seul qu'il a voté au concordat, que celui-ci soit, en définitive, ou ne
soit pas voté et homologué (4). Cette opinion qui triomphe dans la

---

(1) V., pourtant, Thaller, *Traité élém. de Droit commercial*, u 2077.
Mais, dans le sens de la solution admise au texte. Thaller et Percerou, II,
n° 1315.

(2) V. note de Ch. Lyon-Caen, dans le *Recueil de Sirey*, 1890. 2. 49, et
dans le *Journ. du Palais*, 1890. 1. 322.

(3) Bourges, 15 mars 1865, S. 1866. 2. 149 (l'article 508 est écarté dans
un cas où les délibérations sont demeurées sans effet). Bédarride, n° 544 ;
Laurin, n° 1115 : *Supplément au Répertoire de Dalloz*, v° *Faillites, Banqueroutes et Liquidations judiciaires*, n° 919. Alauzet (VII, n° 2663) fait
une distinction assez singulière.

(4) Trib. civ. Seine, 17 mai 1887, *Journal des faillites*, 1887, p. 238 ;
Rouen, 30 mars 1892, D. 1892. 2. 445 ; Rennes, 20 mai 1883, *Pand. fr. pér.*,
1894. 2. 1 ; D. 1893. 2. 331 ; Cass. 6 mars 1894, S. et J. Pal., 1896. 1. 44 ;
D. 1894. 1. 49; *Pand. fr.*, 1895. 1. 10. — Geoffroy, *Code des fail-

jurisprudence, est seule conforme au texte de l'article 508 et aux
motifs qui l'expliquent Que dit l'article 508 ? *Le* vote *au concordat*
emportera de plein droit cette renonciation. Qu'a voulu le législateur ? Empêcher que les créanciers hypothécaires et privilégiés qui,
à raison même de leurs garanties, n'ont pas d'intérêt dans la question, ne contribuâssent par leur vote à faire adopter ou rejeter le
concordat, alors que peut-être le rejet ou l'adoption en serait avantageux pour les créanciers chirographaires. Si les créanciers hypothécaires ou privilégiés conservaient leurs garanties en cas d'échec
du concordat, ils participeraient au vote dans le but de faire repousser le concordat, alors que peut-être les créanciers chirographaires
ont un intérêt réel à sa conclusion.

580. Par identité de motifs, le privilège ou l'hypothèque du créancier qui a voté au concordat est perdu, pour lui, alors même que le
concordat, dûment conclu et homologué, est par la suite annulé ou
résolu (nos 634 et suiv.) (1).

581. Aucune réserve faite par le créancier participant au vote du
concordat ne peut le mettre à l'abri de la perte de son privilège ou
de son hypothèque (2). L'article 508 ne contient pas de disposition
autorisant une telle réserve, et encore ici les motifs de la loi doivent
conduire à exclure la possibilité d'une réserve. L'admission d'une
réserve ne se comprendrait que s'il y avait dans l'article 508 une
renonciation fondée sur une présomption établie dans l'intérêt du

---

lites. p. 181 ; Demangeat sur Bravard, V, p. 378, note 2 ; Renouard, I, sur
l'article 508, no 11 ; Boistel, no 1035 ; Dalmbert, *Vote au concordat,*
Déchéance du créancier hypothécaire inscrit. Observations sur l'arti-
cle 508, C. com. — V. aussi la consultation de Ch. Lyon-Caen reproduite
dans le *Journal des faillites,* 1888, p. 95 et suiv. et dans la *Gazette du*
Palais, nos des 11, 12 et 13 septembre 1887. — C'est la participation au
vote, non la seule assistance à la délibération qui entraine la déchéance.
S'il y a doute sur le fait du vote, c'est au syndic à le prouver : Riom, 9 fév,
1891, *Journal des faillites,* 1891, p. 322.

(1) Cass. 6 mars 1894, S. et *J. Pal.,* 1896. 1. 41 ; D. 1894. 1. 49 ;
Pand. fr. 1894. 1. 10. Trib. com. Nantes, 21 juillet 1906, *Journal des*
faillites, 1907. 323.

(2) Cass. 26 août 1851, S. 1851. 1. 805 ; D. 1851. 1. 283 ; Rouen, 30 mars
1892, *Journal des faillites,* 1893, p. 129 ; *Pand. fr.* (Rép.). vo *Faillite,* etc.,
no 6830.

créancier ; la réserve ferait tomber cette présomption. Mais, comme
il y a déjà été dit, la disposition de l'article 508 est édictée dans
l'intérêt des créanciers chirographaires, pour éviter que des personnes désintéressées dans la question du [concordat puissent avoir
une influence décisive sur la solution à y donner. La réserve dont
il s'agit n'empêcherait pas que les créanciers hypothécaires ou privilégiés qui la feraient fûssent dépourvus d'intérêt dans la question
du concordat.

Les mêmes raisons mettent obstacle à ce qu'on puisse admettre
un créancier hypothécaire ou privilégié à prétendre utilement qu'il
ignorait la disposition de l'article 508, C. com. (1).

582. Il est possible qu'au moment où a lieu l'assemblée du concordat, le privilège ou l'hypothèque qu'un créancier prétend avoir
soit contesté. Ce cas est prévu par l'article 501, C. com , qui dispose : *le créancier dont le privilège ou l'hypothèque seulement
serait contesté sera admis dans les délibérations de la faillite
comme créancier ordinaire.* Cette disposition a fait naître une difficulté. Ce créancier peut-il participer au vote du concordat sans
s'exposer à perdre sa garantie en vertu de l'article 508, dans le cas
où l'existence de son hypothèque serait reconnue ? On l'a soutenu,
en se fondant sur l'article 501 (2) et en faisant remarquer que l'article 501 n'a pas de sens s'il n'a pour but de déroger au droit commun de la matière contenu dans l'article 508, C. com. Mais, en
adoptant cette doctrine, on laisse absolument de côté l'article 508 ;
il est préférable d'admettre, pour faire la part de l'article 501 et de
l'article 508, que le créancier dont l'hypothèque ou le privilège est
contesté, peut bien prendre part aux assemblées de créanciers, mais
qu'il ne saurait voter sans s'exposer à perdre sa garantie (3). Autre-

(1) Rouen, 2 janv. 1851, D. 1855. 2. 179 ; Bordeaux, 19 août 1858, S. 1859,
2. 150.

(2) Boistel, n° 989, p. 757. Thaller, *Traité élément. de Droit commercial,*
n° 2079 ; Thaller et Percerou, II, n° 1319.

(3) Cass. 11 fév. 1880, S. 1880. 1. 164 ; *J. Pal.*, 1880. 369 : *Journ. des
tribunaux de commerce*, 1880, p. 428. — Renouard, II, p. 27 ; Bravard
et Demangeat, V, p. 368. — Le projet de loi soumis à la Chambre des
députés en 1883 consacrait expressément cette solution dans l'article 454.
ainsi conçu : « Le créancier dont le privilège, l'hypothèque ou le gage seulement est contesté, a voix consultative ».

ment, du reste, on pourrait craindre que, de connivence avec un créancier bien disposé, le failli ne contestât le privilège ou l'hypothèque de celui-ci, dans le but d'augmenter la majorité en faveur du concordat (1).

583. Il va de soi, d'ailleurs, que le créancier qui a à la fois une créance chirographaire et une créance hypothécaire, a la faculté de prendre part au vote du concordat pour la première, sans perdre son hypothèque pour la seconde (2). De même, le créancier dont une partie seulement de la créance a été garantie par une hypothèque, peut voter au concordat, sans perdre cette hypothèque, pour la portion chirographaire de sa créance (3). Par suite, celui qui a deux créances hypothécaires peut, en déclarant qu'il ne prend part au vote que pour l'une d'elles (celle pour laquelle il suppose que son hypothèque ne vient pas en rang utile), conserver l'hypothèque garantissant l'autre créance. De même encore, un créancier n'ayant qu'une seule créance hypothécaire et prévoyant que son hypothèque ne lui permettra de se faire payer que pour une partie de sa créance, peut renoncer à son hypothèque pour l'excédent, afin de voter au concordat (4). Le créancier est alors à traiter comme celui dont la créance n'a été garantie qu'en partie par une hypothèque. Il a, pourtant, été soutenu qu'en l'absence de toute restriction dans l'article 508, les créanciers hypothécaires n'ont à opter qu'entre deux partis absolus,

(1) La déchéance est encourue même si le vote a eu lieu après la collocation provisoire de la créance dans l'ordre ouvert sur l'immeuble hypothéqué : Poitiers, 27 fév. 1896, D. 1899. 2. 25 (note de M. Boistel).

(2) Nîmes, 23 avr. 1884, *Journal des faillites*, 1885, p. 536.

(3) Paris (7e chambre), 20 juin 1893, *la Loi*, nos des 25-26 août 1893 ; *Journal des faillites*, 1894, p. 100. — Cf. Cass. 22 juill. 1872, D. 1873. 1. 349 ; S. 1874. 1. 32. — Thaller, *Traité élément. de Droit commercial*, no 2078.

(4) Trib. civ. Lons-le-Saulnier, 4 juill. 1853, D. 1853. 3. 32 ; Trib. civ. Toulouse, 13 fév. 1895, *le Droit*, no du 20 sept. 1895 ; Lyon. 9 août 1894, *la Loi*, no du 23 nov. 1894 ; Douai, 2 déc. 1895. D. 1898. 2. 225 ; *Pand. fr.*, 1897. 2. 889 et la note de M. Lacour ; *Journal des faillites*, 1896, p. 498. — Bravard et Demangeat, V, p. 382 ; Boistel, no 1036 ; Thaller, no 2080. — V. une conséquence tirée de ce que, pendant la durée d'un compte-courant, il n'y a pas de dette pouvant être éteinte par compensation : Cass. 18 nov. 1896, *Pand. fr. pér.*, 1897. 1. 107 ; *Journal des faillites*, 1897, p. 50.

la renonciation complète à leur garantie ou l'abstention de toute participation à l'assemblée du concordat (1). Cette opinion rigoureuse et étroite est en contradiction avec les dispositions du Code de commerce qui traitent le créancier hypothécaire ou privilégié comme un créancier chirographaire en tant que sa créance n'est pas garantie.

C'est le créancier hypothécaire ou privilégié qui fixe lui-même pour quelle somme il renonce à son hypothèque. Il le fait à ses risques et périls, c'est-à-dire que si sa renonciation porte sur une somme inférieure à celle pour laquelle sa garantie ne lui profite pas, il perd cette garantie pour la différence (2).

Par identité de raison, le créancier qui a produit dans un ordre et n'a pas été colloqué en rang utile au moins pour partie, peut voter un concordat pour l'excédant sans avoir à rapporter ce qu'il a touché (3).

584. L'article 508 est une disposition rigoureuse, qui, comme telle, ne doit pas être étendue par analogie. Il est, par suite inapplicable au créancier dont la créance est garantie par une caution. L'article 508 ne parle pas du cautionnement. Il n'y a pas, d'ailleurs, identité entre le cautionnement et l'hypothèque ou le privilège. Le créancier qui a une caution n'a pas une garantie aussi sûre que celui qui a une hypothèque ou un privilège ; il peut toujours craindre que la caution ne devienne insolvable et, par suite, il a intérêt à examiner avec soin les conditions du concordat. En outre, l'extinction de l'obligation de la caution ne profiterait pas aux autres créanciers,

---

(1) Renouard, II, p. 22 et 23 : Pardessus, III, n° 1236.

(2) DROIT ÉTRANGER. — Dans certaines législations, le créancier doit renoncer à une portion minima de sa créance, à la moitié, d'après le Code de commerce *belge* (art. 513) ; à un tiers, d'après les Codes *italien* (art. 834) et *roumain* (art. 850). La loi *anglaise* (art. 9 à 17) admet la même règle, mais elle reconnaît au syndic le droit de contester la fixation du créancier et ne lui fait pas perdre sa sûreté pour aucune portion quand le créancier a estimé à une somme exagérée la portion de sa créance pour laquelle il n'est pas garanti. D'autres lois confient à la justice le pouvoir de déterminer pour quelle somme le créancier ne pourra pas profiter de sa garantie et l'admettant pour cette somme à voter au concordat. Lois *allemande*, art. 96 ; *autrichienne*, art. 213 et 214.

(3) Cass. 7 juillet 1870, D. 1871. 1. 337.

comme leur profite la perte de l'hypothèque ou du privilège (1).

Mais le créancier qui, ayant à la fois une caution et une hypothèque, vote au concordat, perd aussi bien la caution que l'hypothèque.
Il perd l'hypothèque en vertu de l'article 508 et il est privé de
l'obligation de la caution, à raison de ce qu'en participant au concordat, il a rendu impossible la subrogation de la caution à son
hypothèque. Il y a là une application de l'article 2037, C. civ., selon
lequel *la caution est déchargée lorsque la subrogation aux droits,
hypothèques et privilèges du créancier ne peut plus, par le fait de
ce créancier, s'opérer en faveur de la caution* (2).

585. L'article 508 s'applique au cas dans lequel l'hypothèque ou
le privilège grève un immeuble appartenant au failli. Mais doit-il
aussi régir le cas où l'immeuble grevé appartient à un tiers ? On a
admis que l'article 508 doit être restreint au cas où c'est un immeuble du failli qui est grevé et non pas un immeuble appartenant à un
tiers. On se fonde surtout sur ce que, dans les dispositions qui
précèdent l'article 508, comme dans les sections II et III du chapitre VII, il n'est question des droits des créanciers que par rapport à
la personne et aux biens du failli (3). Dans un sens tout opposé, on a
soutenu que l'article 508 doit recevoir son application même au cas
où le bien grevé du privilège ou d'une hypothèque appartient à un
tiers. Le tiers acquéreur de l'immeuble hypothéqué, dit-on, si l'hypothèque subsistait, aurait un recours en garantie à exercer contre
la faillite. Il est impossible qu'on admette à la fois pour la totalité
aux opérations de la faillite le créancier et le tiers qui doit le désintéresser (4).

Aucun de ces deux systèmes absolus ne doit être admis. Une distinction doit être faite. S'il s'agit d'une hypothèque constituée par un
tiers sur son immeuble, on ne voit pas comment le vote du créancier
au concordat de son débiteur le priverait de cette hypothèque. Le
créancier ayant une caution ne perd pas le bénéfice du cautionne-

(1) Rennes, 31 mars 1849, S. 1849. 2. 440.
(2) Paris, 22 mai 1863, *Journ. des trib. de com.*, 1864. 49.
(3) Cass. 20 juin 1864, S. 1854. 1. 593 ; *J. Pal.*, 1854. 2. 537 ; D. 1854. 1.
305. — Boistel, n° 1036.
(4) Demangeat sur Bravard, V, p. 382, en note.

ment en votant au concordat (n° 584). Il n'y a là, en réalité, selon l'expression consacrée, qu'un cautionnement réel (1), et il n'existe aucune raison de donner une solution différente de celle qui est admise au cas de cautionnement personnel. Au contraire, s'il s'agit d'une hypothèque grevant un immeuble qui a passé entre les mains d'un tiers acquéreur, l'article 508 doit être appliqué lorsque le tiers peut recourir en garantie contre la faillite à raison du droit de suite exercé contre lui (2).

586. *Effets de la renonciation au privilège ou à l'hypothèque admise par l'article 508, C. com.* — La renonciation au privilège ou à l'hypothèque qu'entraîne le vote d'un créancier au concordat, n'a évidemment d'effets que pour l'avenir. En conséquence, le créancier qui, ayant reçu en gage des actions ou des obligations, a touché des dividendes ou des intérêts à imputer sur les intérêts de sa créance, ne peut être tenu de les rapporter (3).

587. Qui a le droit de se prévaloir de la renonciation d'un créancier résultant de son vote au concordat ? Il n'est pas douteux que ce droit appartient à la masse des créanciers. C'est elle qui est surtout intéressée à faire considérer comme n'existant plus le droit de préférence qui primait les créanciers qui la composent. Mais faut-il restreindre à la masse le droit d'invoquer la renonciation ? Ne doit-on pas, au contraire, admettre que la renonciation a un caractère absolu et que, par suite, tous les intéressés peuvent l'invoquer ? La question se pose notamment pour le failli concordataire et pour les créanciers pris individuellement (4).

---

(1) Par application de la solution admise au texte, le créancier qui a une hypothèque sur un immeuble du codébiteur solidaire du failli, peut voter au concordat sans avoir à craindre la perte de son hypothèque en vertu de l'article 508, C. com. : Rouen, 3 août 1857, S. 1858. 2. 334 ; Aix, 3 mai 1882, *Journal des faillites*, 1883, p. 205 ; Trib. civ. Seine, 26 déc. 1893, *le Droit*, n° du 20 fév. 1894 (dans l'espèce, l'hypothèque avait été constituée sur un de ses immeubles par la femme du failli, obligée solidairement avec lui) ; Poitiers, 27 fév. 1896, *Journal des faillites*, 1896. 427.

(2) V. Poitiers, 27 fév. 1896, *Journal des faillites*, 1896, p. 427 ; D. 1889. 2. 25 (note de M. Boistel), Thaller et Percerou, II, n° 1322.

(3) Cass. 7 juill. 1870, D. 1871. 1. 307 ; S. 1872. 1. 83.

(4) Il peut arriver, par exemple, que la renonciation à l'hypothèque soit

On a prétendu que la renonciation est purement relative, en ce sens qu'elle n'existe qu'à l'égard de la masse (1). C'est, dit-on en ce sens, pour protéger la masse contre le vote d'un créancier dont les intérêts ne se confondent pas avec les siens et sont parfois même contraires, que l'article 508 prive de son hypothèque ou de son privilège le créancier qui prend part au vote du concordat. Il est, dès lors, logique que la masse seule puisse invoquer une disposition admise dans son intérêt. La raison même de l'article 508 empêche qu'on ne doive s'arrêter à ce qu'il ne restreint pas expressément à l'égard de la masse les effets de la renonciation. Les partisans de ce système rapprochent, du reste, l'article 508 des articles 446 à 448, C. com., qui frappent de nullité les actes faits durant la période suspecte à l'égard de la masse seulement, et ils font remarquer que le caractère relatif des nullités des articles 447 et 448 (2) est admis sans difficulté, bien qu'aucune expression de ces articles ne le consacre ou n'y fasse même allusion (nos 317, 398 et 647).

Il faut, selon nous, reconnaître comme le font la jurisprudence et les auteurs, que la renonciation à l'hypothèque ou au privilège résultant du vote d'un créancier au concordat est absolue et que, par suite, elle peut être invoquée, non seulement par la masse, mais encore par tout intéressé, spécialement par le failli concordataire, par chacun des créanciers (3) et par le tiers acquéreur qui veut échapper au droit de suite.

invoquée après le concordat simple par le failli concordataire qui veut faire disparaître ainsi l'hypothèque grevant un de ses immeubles ou qu'un créancier, inscrit après celui qui a voté au concordat, se prévale de la renonciation pour arriver au premier rang. La question résolue au texte se présente alors.

(1) Dijon, 3 fév. 1865, S. 1865. 2. 31 ; D. 65. 2. 89.

(2) Nous ne mentionnons pas ici l'article 446, parce que cet article dispose qu'ils *sont nuls et sans effet*, RELATIVEMENT A LA MASSE SEULEMENT.

(3) Rouen, 21 janv. 1862, S. 1863. 1. 262.— Cass. 11 fév. 1880, S. 1880. 1. 164 ; J. Pal., 1880, 369 ; Cass. 6 mars 1894, D. 1894. 1. 49 ; S. et J. Pal., 1896. 1. 41 ; Pand. fr. 1895. 1. 10 ; Journal des faillites, 1894, p. 337 ; Poitiers, 14 janv. 1895, Journal des faillites, 1895. 60 ; Poitiers, 27 fév. 1896, Pand. fr.. 1895. 2. 291 ; Journal des faillites, 1896, p. 427. Cf. Pont, Privilèges et hypothèques, 2, no 1236 ; Thaller et Percerou, II. no 1323.

Le moyen tiré de la déchéance résultant de l'article 508, C. com., ne

L'article 508 n'indique nullement que la renonciation résultant du vote à un concordat a un caractère relatif. Il est naturel de lui attribuer les mêmes effets qu'à la renonciation expresse faite par un créancier avant de participer au vote du concordat. Par ses termes mêmes, l'article 508 paraît établir l'assimilation. Cette interprétation est d'autant plus naturelle que la renonciation est rangée par l'article 2180, C. civ., parmi les causes d'extinction de l'hypothèque et qu'assurément, elle l'éteint d'une façon absolue. Une disposition formelle de l'article 508 aurait été nécessaire pour qu'il en fût autrement dans le cas spécial de renonciation qu'il prévoit. Il est vrai que, dans les articles 447 et 448, C. com., on sous-entend que les nullités facultatives sont relatives, mais entre les nullités et la renonciation de l'article 508 il n'y a pas de rapport. Du reste, ce qui autorise à admettre que les nullités facultatives n'ont qu'un effet relatif, c'est qu'il en est ainsi, en vertu d'une disposition formelle de l'article 446, C. com., des nullités de droit et qu'une différence faite sous ce rapport entre les deux classes de nullités, ne pourrait se justifier par aucun motif rationnel ou pratique.

588. Droit étranger.— Toutes les lois s'accordent à refuser, en principe, aux créanciers hypothécaires et privilégiés le droit de prendre part au vote sur le concordat. Mais elles cessent de s'accorder sur les conditions auxquelles ce vote est possible et sur les conséquences du vote sans observation de ces conditions ; il s'en faut que la renonciation admise comme en découlant par l'article 508, C. com., soit consacrée par toutes les législations, et cette renonciation n'a pas partout des effets aussi complets qu'en France. En outre, les législations qui sur ce point concordent avec notre Code de commerce, prévoient et résolvent parfois quelques questions de détail qui sont chez nous tranchées en sens différent par voie d'interprétation (1).

peut être invoqué pour la première fois en cassation : Cass. 23 nov. 1852, D. 1852. 1. 324.

(1) Droit étranger. — La loi *belge* (art. 513) décide que la renonciation des créanciers hypothécaires ou privilégiés à leurs droits de préférence, qui résulte de leur vote au concordat, sera sans effet pour le cas où le con-

589. *Majorités requises par la loi.* — Par cela même que le concordat est opposable à tous les créanciers chirographaires (nᵒˢ 628 et suiv.), les principes généraux du droit devraient faire exiger le vote favorable de tous ces créanciers pour que le concordat fût conclu.

cordat n'est pas admis. Ces créanciers peuvent, toutefois, d'après cette loi, voter au concordat en renonçant à leurs privilèges ou hypothèques pour une quotité de leurs créances équivalant au moins à la moitié ; dans ce cas, ces créances ne sont comptées que pour cette quotité dans les opérations relatives au concordat. — Les Codes de commerce *italien* (art. 834) et *roumain* (art. 850) contiennent des dispositions analogues, ils admettent que les effets de la renonciation au privilège ou à l'hypothèque résultant du vote au concordat cessent de plein droit si le concordat n'aboutit pas ou est annulé. En outre, ces Codes se contentent d'une renonciation à la garantie pour un tiers au moins de la créance. Le Code de commerce *chilien* (art. 1460) se borne à reproduire les dispositions de l'article 508 du Code de commerce français, en traitant les créanciers antichrésistes et les créanciers jouissant d'un droit de rétention en général, de la même manière que les créanciers privilégiés ou hypothécaires. Le Code de commerce *argentin* (art. 1467) reproduit aussi les règles de l'article 508, C. com., en excluant la renonciation qui résulte, en principe, du vote au concordat, pour le cas où le concordat n'est pas admis. La loi *brésilienne* de 1908 (art. 106) décide que, pour former la majorité exigée pour le concordat, il n'est pas tenu compte des créances garanties par hypothèque, gage, *antichrèse ou droit de rétention.* Le vote des créanciers jouissant de ces garanties emporte renonciation, sauf si le concordat n'est pas homologué ou est annulé, à moins qu'il y ait connivence dans le sens de l'article 508 de la loi brésilienne. La connivence entre le failli et des créanciers est une cause qui justifie l'opposition à l'homologation du concordat par justice. Selon cet article, on présume qu'il y a connivence pour faire admettre le concordat de la part du créancier qui se désiste de ces garanties afin de voter au concordat quand cela ne se justifie par aucun intérêt d'ordre économique et que son vote influe sur la formation du concordat.

Les Codes *espagnol* (art. 900) et *mexicain* (art. 990) adoptent un système tout spécial. D'après ces Codes, les créanciers hypothécaires ou privilégiés peuvent s'abstenir de prendre part au vote du concordat, et s'ils s'abstiennent, le concordat ne porte pas préjudice à leurs droits. Si, au contraire, ces créanciers prennent part au vote du concordat, celui-ci leur est opposable avec les délais et les remises qu'il contient ; mais ils n'ont pas perdu leur droit de préférence et peuvent l'invoquer pour se faire payer les dividendes promis par le concordat à l'égard des créanciers chirographaires. — C'est aussi un système particulier que consacre le Code de commerce *portugais* (art. 730, § 3) en déclarant perdus les droits de préférence pour les créanciers hypothécaires et privilégiés qui acceptent un concordat, mais en les relevant de cette déchéance quand le concordat est

Une telle exigence rendrait le concordat impossible ; on n'obtiendrait jamais l'unanimité. Le législateur s'est donc contenté de la majorité (1). Mais l'adoption du concordat est une décision grave précisément parce que la minorité même est liée, par dérogation au principe de l'article 1165, C. civ. Aussi la loi exige-t-elle, non pas une seule majorité, mais deux majorités spéciales.

L'Ordonnance de 1673, s'attachant exclusivement à l'importance des intérêts, voulait que le concordat fût voté par des créanciers

expressément consenti par la majorité des autres créanciers représentant également la majorité des créances en sommes. — En *Autriche* et en *Allemagne*, la renonciation résultant du vote au concordat n'est pas connue. Selon la loi *autrichienne* (art. 213 et 214), les créanciers privilégiés et hypothécaires peuvent renoncer à leurs garanties, et alors, ils sont traités, au point de vue du vote au concordat, comme tous les autres créanciers chirographaires. Mais la déchéance de ces créanciers quant à leurs garanties ne résulte pas de leur vote au concordat. Ils sont admis à y participer, en cas d'insuffisance démontrée par la vente, ou d'insuffisance probable de leur gage, constatée par le comité des créanciers, pour l'excédent de leurs créances sur la valeur de ce gage. — Selon la loi *allemande* (art. 96), le tribunal, en cas de contestation élevée par un créancier de la faillite ou par le syndic, détermine pour quelle somme les créanciers hypothécaires et privilégiés pourront participer au vote dans les assemblées de la faillite d'après ce que probablement ils ne pourront se faire payer sur le bien qui leur est affecté. Mais le vote d'un créancier hypothécaire ou privilégié au concordat, alors même qu'il peut se faire payer en tout ou en partie sur le bien grevé de son hypothèque ou de son privilège, n'entraîne pas renonciation à cette garantie. Le législateur allemand a considéré qu'il a là une conséquence d'une erreur du juge et qu'il est trop rigoureux d'y attacher la déchéance du créancier. V. Kohler, *op. cit.*, p. 261 et 380. — La loi *anglaise* ne reconnaît pas non plus la renonciation comme résultant du vote des créanciers hypothécaires et privilégiés au concordat : mais elle pose des règles très complètes pour réduire le droit de vote de ces créanciers à la portion de leurs créances non couverte par leur gage. Annexe II à la loi de 1883 (art. 9 à 17). — V. *Loi anglaise de 1883 sur la faillite*, traduite et annotée par Ch. Lyon-Caen (p. 139 et 140). — Consult. sur ce sujet, Thaller, *Des faillites en Droit comparé*, II, p. 194 et suiv.

(1) C'est pour un motif semblable que, dans les sociétés par actions, l'unanimité n'est pas, en principe, exigée dans les assemblées d'actionnaires qui votent des modifications aux statuts. V. *Traité de Droit commercial*, II, nᵒˢ 802 et suiv. et Loi du 22 novembre 1913 modifiant l'article 31 de la loi du 24 juillet 1867.

représentant les trois quarts des créances (1). Cette règle avait le grave inconvénient de donner une prédominance écrasante aux gros créanciers. Mais, d'un autre côté, si laissant de côté la majorité en sommes, on se contentait de la majorité en nombre, les voix des petits créanciers pèseraient autant que celles des gros. Afin d'éviter que la prédominance n'appartienne exclusivement soit aux gros créanciers soit aux petits, le Code de commerce exige à la fois une majorité en nombre et une majorité en sommes. Ainsi, dans l'intérêt des petits créanciers, le Code de commerce exige la majorité en nombre et, dans celui des gros créanciers, il exige, en sus, une majorité en sommes. Mais l'importance des deux majorités requises a subi depuis 1807 une modification grâce à laquelle l'obtention d'un concordat par le failli est devenue plus facile. Le Code de 1807 (art. 519, alin. 2), dont la loi de 1838 avait reproduit à cet égard la disposition (art. 507, alin. 2), exigeait, pour l'adoption du concordat, deux majorités : a. la majorité en intérêt (en sommes) consistant dans les trois quarts du montant total des créances vérifiées et affirmées ou admises par provision ; b. la majorité en nombre consistant dans la moitié plus un des créanciers.

Il résultait du texte de l'article 507, alin. 2, que la majorité des trois quarts en sommes se calculait sur l'ensemble des créances vérifiées et affirmées ou admises par provision et non pas seulement sur les créances pour lesquelles un vote était émis à l'assemblée du concordat. Mais, pour la majorité en nombre, le texte peu précis de l'article 507 avait fait naître une controverse sur le point de savoir si elle se calculait sur l'ensemble des créances vérifiées, affirmées et admises par provision, ou s'il suffisait de la moitié plus un des créanciers participant au vote du concordat. La première solution était avec raison admise par la jurisprudence et par la majorité des auteurs (2). Il n'est pas rationnel d'adopter des

(1) L'article 6 du titre XI de l'Ordonnance de 1673 disposait : « Les voix « des créanciers prévaudront, non par le nombre des personnes, mais eu « égard à ce qui leur sera dû, s'il monte aux trois quarts des dettes. »
(2) Metz, 22 déc. 1863, D. 1864. 2. 414 ; Cass. 7 janv. 1867, D. 1867. 1. 55 ; S. 1867. 1. 166 ; Paris, 22 déc. 1876, *Journ. des Trib. de com.*, 1877. 70. Renouard, II, p. 15 et 30 ; Bravard et Demangeat, V, p. 396 et suiv ;

systèmes opposés pour les deux majorités. Du reste, l'article 522 du Code de 1807 parlait expressément de la majorité des créanciers *présents*. La suppression de ce dernier mot opérée lors de la révision de 1838 dans l'article 507, correspondant à l'ancien article 522, paraissait indiquer l'admission d'une règle différente, c'est-à-dire du calcul de la majorité en nombre sur l'ensemble des créanciers vérifiés et affirmés.

La loi du 4 mars 1889 (art. 15, 1er alin., et art. 20) a modifié l'article 507, C. com., à deux points de vue : *a*. elle fait cesser toute controverse en indiquant expressément que la majorité en nombre, comme la majorité en sommes, doit se calculer sur toutes les créances vérifiées et affirmées ou admises par provision (1) ; *b*. elle a substitué à la majorité des trois quarts en sommes une majorité plus réduite, celle des deux tiers.

Ainsi, l'ancienne question, signalée précédemment sur le mode de calcul de la majorité en nombre, est résolue par la loi même et, la majorité en sommes étant plus faible que celle qu'exigeait le Code de commerce, l'obtention d'un concordat par le failli est plus facile (2). L'article 15, 1er alin., de la loi du 4 mars 1889, fait pour

Boistel, n° 1034, *Pand. fr.* (Rép.), v° *Faillite*, etc., n° 6900. — Cependant, quelques auteurs et quelques décisions judiciaires avaient admis que la majorité en nombre se calculait sur le nombre des votants : Bordeaux, 21 mars 1865, D. 1865. 2. 172 ; S. 1865. 2. 252. — Bédarride, II, n° 530 ; Laurin, n°s 1123 et 1124.— Dans ce dernier sens, on faisait principalement valoir qu'en général, la majorité en nombre, dans toutes les matières, se calcule d'après le nombre des votants et qu'aucun texte formel ne dérogeait à cette règle pour le concordat. — Cette raison, exacte en elle-même, ne pouvait, selon nous, résister aux objections faites au texte. Du reste, le concordat a un caractère assez exceptionnel pour que, dans le doute, on dût préférer la solution qui donne à la minorité les plus sérieuses garanties.

(1) Il va de soi qu'on tient compte des créances hypothécaires quand il s'agit de créanciers qui ont renoncé à leur hypothèque soit expressément soit en participant au vote du concordat, par cela même qu'ils sont traités alors comme créanciers chirographaires. Cass. 5 mai 1905, *Journal des faillites*, 1906. 13.

(2) DROIT ÉTRANGER. — Les lois des divers pays s'accordent généralement en deux points : 1° elles n'exigent pas l'unanimité pour la conclusion du concordat ; 2° elles ne se contentent pas de la simple majorité en nombre.

la liquidation judiciaire, mais déclaré applicable à la faillite par l'article 20 de cette même loi, est ainsi conçu : *Le traité entre les*

Mais les lois diffèrent beaucoup quand il s'agit de l'importance des majorités, soit en nombre, soit en sommes. A cet égard, parmi les lois étrangères, les unes sont plus sévères, les autres moins sévères que le Code de commerce français. La majorité en nombre et la majorité des trois quarts en sommes sont exigées par la loi *belge* (art. 512, 2ᵉ alin.). par la loi *allemande* (art. 182), par les Codes de commerce *italien* (art. 833, 1ᵉʳ alin.), *roumain* (art. 848, 1ᵉʳ alin.), *japonais* (art. 1039).

Ce sont là aussi les deux majorités requises pour le concordat par la loi *anglaise* de 1883 avec une disposition spéciale quant à la nécessité de tenir deux assemblées successives. D'après la loi *anglaise* (art. 18), pour l'adoption du concordat, il faut deux assemblées et deux votes successifs. D'abord, la proposition du concordat doit être prise en considération par la majorité en nombre et des trois quarts en sommes des créanciers présents, puis il doit être ensuite accepté par la majorité en nombre et les trois quarts en sommes de tous les créanciers ayant le droit de vote. Ce double vote, dans deux assemblées distinctes, a évidemment pour but d'éviter les surprises. On peut de cette disposition de la loi *anglaise* rapprocher celle de l'article 4 de la loi *française* du 24 juillet 1867, qui, dans les sociétés par actions, pour l'évaluation des apports en nature et l'appréciation des avantages particuliers, exige deux assemblées distinctes d'actionnaires. V. *Traité de Droit commercial*, III, nº 709. — La majorité des créanciers en nombre et la majorité des trois cinquièmes en sommes sont requises par les Codes de commerce *espagnol* (art. 901), *mexicain* (art. 991) et *chilien* (art. 1463). — La loi *suisse* (art. 305, 1ᵉʳ alin.) et le Code de commerce *portugais* (art. 731) exigent la majorité des deux tiers des créanciers représentant les deux tiers des sommes dues : la loi *autrichienne* (art. 217), les deux tiers en nombre et les deux tiers en sommes ; la loi *hollandaise*, les deux tiers en nombre représentant les trois quarts des créances en sommes ; le Code de commerce *hongrois* (art. 212), les deux tiers des créanciers représentant les quatre cinquièmes des créances ; le Code de commerce *argentin* (art. 1471), les deux tiers des créanciers en nombre et les trois quarts en sommes ou les trois quarts en nombre et les deux tiers en sommes. La loi des *États-Unis d'Amérique* de 1898 (art. 12, *b.*) exige la majorité en nombre de tous les créanciers admis, et cette majorité doit former la majorité en sommes des créances. La loi *brésilienne* de 1908 (art. 106) adopte un système spécial. Elle exige des majorités qui varient selon que le concordat accorde des remises ou des délais, et, en cas de remises, selon l'importance de celles-ci. Si le dividende offert est de plus de 60 pour cent, la majorité des créanciers doit représenter les trois cinquièmes de la valeur des créances ; si le dividende est supérieur à 40 pour cent, cette majorité doit représenter les trois quarts de la valeur des créances ; si le dividende ne dépasse pas 40 pour cent, le con-

créanciers et le débiteur ne peut s'établir que s'il est consenti par
la majorité de tous les créanciers vérifiés et affirmés ou admis
par provision, représentant, en outre, les deux tiers de la totalité
des créances vérifiées et affirmées ou admises par provision (1).

En ce qui concerne les oréances sur lesquelles se comptent les
deux majorités requises, il faut observer qu'on ne doit pas faire
entrer en ligne de compte les créances hypothécaires et privilégiées,
alors même qu'elles auraient été vérifiées et affirmées (2). L'article 508, C. com., dispose, en effet, que ces créances ne sont
comptées au concordat qu'autant que les créanciers renoncent à
leur privilège ou à leur hypothèque.

Le calcul de la majorité en nombre fait naître différentes question dans les cas de mandat, de cession de créances, de succession,
de constitution de créances en gage et de solidarité entre créanciers (3).

590. Il est évident que le mandataire, chargé de voter au concordat pour plusieurs créanciers, a autant de voix qu'il a de mandants (4). Mais, à raison même de la personnalité des sociétés, le

cordat doit être voté par les trois quarts des créanciers représentant au
moins les quatre cinquièmes de la valeur des créances. Si un délai est
accordé pour le paiement des dividendes, la majorité doit être formée par
des créanciers représentant au moins les trois quarts de la valeur des
créances.

(1) Les avis diffèrent beaucoup sur le point de savoir si le législateur a
eu raison de chercher à faciliter les concordats en diminuant les exigences
de la loi quant à l'importance de la majorité en sommes. Le législateur de
1889 semble avoir obéi à une tendance très accentuée de notre législation
consistant à atténuer les rigueurs de la législation sur les faillites et à
accentuer le caractère favorable des dispositions de cette législation avantageuses pour les faillis.

(2) Il a été expliqué plus haut (n° 533) qu'une controverse existe sur le
point de savoir si les créanciers hypothécaires et privilégiss sont obligatoirement soumis à la vérification et à l'affirmation.

(3) Ces questions ont été examinées, au point de vue du Droit *allemand*,
par M. Kohler dans un article intitulé *Forderungspfaendung und Stimmrecht beim Zwangsvergleich* (Constitution en gage de créances et droit
de vote au concordat judiciaice).

(4) Montpellier, 10 juill. 1858, D. 1859. 2. 107.

gérant d'une société de commerce, spécialement d'une société en nom collectif, a une seule voix, quel que soit le nombre des associés (1).

591. Les cessions de créances ont fait naître deux difficultés. Lorsqu'une même créance a été cédée à plusieurs personnes ou, au contraire, que plusieurs créances ont été cédées à une seule, comment doit-on calculer la majorité en nombre ? Faut-il, dans le premier cas, ne reconnaître qu'une voix aux divers cessionnaires à raison de l'unité du titre ? Faut-il, dans le second, reconnaître plusieurs voix au cessionnaire unique à raison de la pluralité des créances ?

On est bien d'accord pour reconnaître qu'en cas de cession de plusieurs créances à un seul cessionnaire, celui-ci ne compte que pour un dans le calcul de la majorité en nombre (2). Pour le cas de cession d'une créance faite à plusieurs créanciers, des auteurs prétendent que les cessionnaires n'ont une voix chacun que lorsque les cessions sont antérieures au jugement déclaratif. Si elles sont postérieures, ils soutiennent qu'ils ont à eux tous une seule voix. Ils s'appuient sur ce que le jugement déclaratif fixe la position du failli et des créanciers, de telle sorte qu'après ce jugement, le nombre des ayants-droit ne peut pas être augmenté par la volonté d'un créancier (3). Cette opinion ne doit pas, selon nous, être admise ; à défaut de dispositions spéciales résolvant la question, on doit considérer la personne et compter à chaque personne une voix. Pour la majorité en nombre, c'est aux personnes que la loi s'attache exclusivement. Il est vrai que cela peut donner lieu à des fraudes, qu'un créancier, afin d'avoir plus d'influence dans le vote du concordat, peut céder en apparence sa créance à plusieurs personnes. Si cette fraude se produit, on ne tiendra pas compte des cessions ; mais on ne doit pas la présumer (4).

(1) Paris, 16 mai 1882, *Journ. de Trib. de com.*, 1889, p, 556 ; *Journal des faillites*, 1882, p. 349 ; D. 1883. 2. 111.

(2) Cass. 24 mars 1840, S. 1840. 1. 312.

(3) Bravard et Demangeat, V, p. 394 et suiv. ; Boistel, n° 1034 ; Thaller, *Traité élémentaire de Droit commercial* (4e édit.), p. 1034 en note.

(4) Laurin, n° 1125 ; Thaller et Percerou, n° 1327. — La loi *autrichienne* de 1868 (art. 217) déclare qu'il n'y a pas à tenir compte des cessions faites

591 *bis*. Il va de soi qu'en cas de mort d'un créancier laissant plusieurs héritiers, si la créance n'est pas mise dans le lot d'un seul, chaque héritier a une voix (1). Aucun auteur n'a proposé de distinguer dans ce cas selon que l'ouverture de la succession ou le partage a précédé ou a suivi le jugement déclaratif (2).

592. Quand une créance est constituée en gage, deux personnes se trouvent avoir des droits sur elle, le créancier qui l'a engagée et le créancier gagiste. Chacun doit respecter le droit de l'autre et il va de soi que, comme, en définitive, il n'y a qu'une créance, une seule voix existe pour cette créance. Comme d'ordinaire le concordat contient des sacrifices diminuant les avantages que les créances présentent, le concours des volontés des deux personnes dont il s'agit est nécessaire, pour qu'on considère que, de leur chef, il y a un vote favorable au concordat. Par cela seul que l'une d'elles se prononce contre le concordat, celui-ci doit être considéré comme repoussé du chef de cette créance (3).

593. Une question de la même nature se pose à l'occasion d'une créance solidaire existant contre la faillite (4). A raison de la pluralité des créanciers, on peut se demander si, pour la créance, il n'y a qu'une voix ou s'il y a autant de voix que de créanciers. Par cela même que, malgré la pluralité des créanciers, la créance est unique, une seule voix peut exister pour elle. Comme l'un des créanciers solidaires n'a pas le pouvoir de diminuer par sa volonté le droit des autres (arg. art. 1198, 2e alin., C. civ.), il n'y a, du chef de cette

---

par un créancier unique à plusieurs personnes différentes après la cessation des paiements. La loi *brésilienne* (art. 106) décide que, pour le calcul des majorités, il n'est pas tenu compte du cessionnaire même unique dont la cession est postérieure au jugement déclaratif.

(1) Trib. com. Tourcoing, 2 octobre 1908, *Journal des faillites*, 1908. 516.

(2) V. Demangeat sur Bravard, V, p. 395, note 1.

(3) V. Kohler, *op. cit.*, V, note 3 de la page 553.

(4) La solidarité active ou solidarité entre créanciers est rare, à la différence de la solidarité passive. On rencontre la solidarité active dans le cas connu sous le nom de *dépôt conjoint* ou de *compte joint*, cas où deux personnes font à un banquier un dépôt de titres ou de sommes avec stipulation que la restitution intégrale faite à l'un d'eux libérera le dépositaire à l'égard des deux déposants.

créance, à compter un vote favorable au concordat que si tous les créanciers sont d'accord pour adhérer à la proposition de concordat. Mais il y aurait lieu de compter chaque créancier, pour le calcul de la majorité en nombre si les créanciers avaient par un partage attribué à chacun d'eux une créance distincte (1).

594. Les mêmes solutions doivent être données, selon nous, pour le cas où une créance existant contre le failli est grevée d'un droit d'usufruit. Les deux personnes qui ont alors des droits sur la créance, le nu-propriétaire et l'usufruitier, n'ont qu'une voix, et elle doit être considérée comme émise contre le concordat par cela seul que ces deux personnes ne sont pas d'accord pour voter en sa faveur (2).

595. *Résultats du vote.* — Le vote peut conduire à des résultats différents. Il y en a trois à distinguer.

1° *Aucune des deux majorités n'a été obtenue.* — Le concordat est alors rejeté et, en conséquence, les créanciers sont en état d'union, sans qu'il soit besoin d'un vote spécial pour constater cet état (art. 529, alin. 1). V. n° 670.

Il n'est pas possible aux créanciers de revenir sur leur décision ni même d'accorder au failli un concordat sur de nouvelles propositions faites par lui. Un concordat ne peut être proposé qu'une fois après la procédure de vérification et d'affirmation des créances, et alors, s'il est rejeté, il l'est d'une façon définitive.

C'est là un système très rigoureux qui a été souvent critiqué (3). Il est fâcheux que des créanciers, se croyant mieux éclairés, ne puissent pas revenir sur une première décision. Des lois étrangères ont sur ce point repoussé le principe du Droit français (4).

---

(1) Thaller et Percerou, II, n° 1327.

(2) Trib. com. Tourcoing, 2 octobre 1908, *Journal des faillites*, 1908. 516.

(3) Thaller, *Des faillites en Droit comparé*, II, n° 189, p. 256 et suiv. ; Thaller et Percerou, II, n° 1297. C'est la rigueur de la loi sur ce point qui fait qu'on recourt parfois à des concordats amiables après faillite dont la validité est contestable. V. n° 667.

Parfois, aussi, pour échapper à la sévérité de la loi, on conclue sous le nom de *traité à forfait*, en se conformant aux dispositions de l'article 570, C. com., un véritable concordat après union. Paris, 23 décembre 1877 ; Orléans, 9 avril 1878, *J. Pal.*, 1879. 822 ; 878. 824.

(4) DROIT ÉTRANGER. — La loi *allemande* (art. 153, alin. 2) admet que le

2° *On a obtenu les deux majorités en nombre et en sommes.* — Le concordat est voté (n° 589). Il peut sans doute y avoir plusieurs séances dans lesquelles on discute les propositions du failli, mais, dès que le concordat est accepté, les créanciers doivent le signer séance tenante, à peine de nullité (art. 509) (1). Le législateur a craint que le failli, en allant trouver individuellement chaque créancier pour obtenir sa signature, ne parvînt plus facilement à ses fins que lorsqu'il est en présence de tous les créanciers ou de leurs mandataires.

3° *On a obtenu seulement l'une des deux majorités, soit en nombre, soit en sommes.* — Il n'y a alors rien de définitif. L'assemblée des créanciers doit être remise à huitaine. Il en est du moins, ainsi quand le failli ne renonce pas à cette nouvelle réunion grâce à laquelle il peut arriver à obtenir un concordat. Car la disposition de l'article 509 concernant la seconde assemblée tenue à huitaine, n'est pas d'ordre public (2) ; elle a évidemment été édictée dans l'intérêt du failli à qui l'on veut permettre de tenter une seconde fois d'obtenir les majorités requises. La formule impérative de l'article 509 a uniquement trait au délai dans lequel doit avoir lieu la seconde délibération si elle est réclamée par l'intéressé, c'est-à-dire par le failli. Le législateur a voulu que la situation fût promptement fixée. Les choses étant entières, chaque créancier est libre d'émettre un vote même contraire à celui qu'il a émis huit jours avant (art. 509, C. com.). Cela se conçoit d'autant mieux que, par suite de l'ajournement, les conditions du concordat peuvent être, en tout ou en partie, modifiées par le failli.

concordat peut être conclu tant que la répartition du dernier dividende n'a pas été ordonnée ; on peut dire qu'alors, il n'y a plus en quelque sorte matière à concordat. La loi *anglaise* de 1883 (art. 23, p. 3) admet que le concordat peut être conclu à tout moment après la déclaration de faillite.

(1) Cass. 13 fév. 1855, *Journ. des trib. de com.*, 1855, p 378 ; S. 1855. 1. 357 ; D. 1855. 1. 339 ; Aix, 3 juin 1873, D. 1874. 5. 258 ; Paris, 12 juill. 1869, D. 1870. 2. 7 ; S. 1871. 2. 233. Il résulte de là que, si les deux majorités requises n'ont pas été obtenues dans l'assemblée, un créancier qui n'y a pas pris part, ne peut pas demander l'homologation du concordat, en déclarant qu'il émet un vote en sa faveur ; Trib. com. Seine, 31 mars 1886, *Journal des faillites*, 1887, p. 279.

(2) Bourges, 11 avr. 1894, S. et *J. Pal.*, 1895. 2. 165 ; D. 1895. 2. 589 (note de M. Boistel) ; *Pand. fr.*, 1895. 2. 104.

Si, dans cette seconde assemblée, l'on n'obtient pas eu faveur du concordat les deux majorités en nombre et en sommes, il est définitivement repoussé Dans le cas, au contraire, où elles sont obtenues, le concordat est définitivement adopté. Cette seconde délibération ne peut pas, comme la première, amener trois résultats différents ; il faut bien arriver à une décision définitive (1).

Il arrivait souvent qu'un grand nombre de créanciers convoqués pour la seconde assemblée, ne se rendaient pas à la convocation, et cela empêchait des concordats d'être conclus. Pour éviter ce résultat, une loi du 28 mars 1909 dont les dispositions sont insérées dans l'article 509, C. com., a décidé que *les créanciers présents ou légalement représentés, ayant signé le procès-verbal de la première assemblée, ne sont pas tenus d'assister à la deuxième assemblée; les résolutions par eux prises et les adhésions données restent définitivement acquises, s'ils ne sont venus les modifier dans cette dernière réunion.*

Les adhésions données lors de la première réunion demeurent donc acquises en ce qui concerne les créanciers qui ne se présentent pas et ne se font pas représenter à la seconde. Mais cela n'est vrai que si les propositions de concordat faites par le failli dans la première réunion ne sont pas modifiées (2).

595 *bis*. Le délai de huitaine donné pour la seconde assemblée du concordat doit être observé à peine de nullité du concordat voté après ce délai (3). Toutefois, un sursis pourrait être admis pour des motifs graves, spécialement à raison de ce qu'un cas de force majeure aurait mis le failli dans l'impossibilité de préparer dans ce délai de nouvelles propositions (4). Du reste, l'article 509 ne met pas obstacle à ce que, tant qu'il n'y a pas eu de vote, la suite

---

(1) Cela n'empêche pas qu'il puisse être tenu plus de deux assemblées du concordat si des irrégularités, par exemple le défaut de convocation de certains créanciers, doivent faire considérer une assemblée comme non-avenue : Caen, 7 janv. 1863, D. 1863. 2. 115 ; Alger, 30 juillet 1901, *le Droit* n° du 5 décembre 1901.

(2. Thaller et Percerou, II. n° 1331 *ter*.

(3) Bordeaux, 10 mai 1845, S. 1846. 2. 316.

(4) Cass. 15 nov. 1871. D. 1871. 1. 326 ; S. 1871. 1. 191.

d'une délibération commencée sur le concordat soit remise à plus de huit jours **(1) (2)**.

596. Le procès-verbal de la délibération des créanciers étant signé par le juge-commissaire et par le greffier, le concordat est un acte authentique. En conséquence, il faudrait recourir à la voie de l'inscription de faux pour contester les énonciations du procès-verbal, spécialement pour être admis à prouver qu'un créancier, porté comme ayant voté, n'assistait pas à l'assemblée (3).

597. Quand les deux majorités en nombre et en sommes sont réunies, le concordat est formé, en ce sens qu'il ne dépend plus de la volonté ni du failli ni des créanciers de faire qu'il n'y ait pas concordat. Le vote des créanciers aux deux majorités requises constitue une acceptation des propositions de concordat faites par le failli. Il résulte de là :

1. Que, tant que le vote n'a pas eu lieu, le failli peut rétracter ses propositions de concordat, mais qu'après le vote, la rétractation n'est plus possible ;

2. Que la mort du failli survenue avant ce vote fait tomber ces propositions qui, du reste, peuvent être reprises avec ou sans changements par les héritiers du failli (4), mais que la mort du failli postérieure au vote n'a sur le concordat aucune influence.

Si le vote rend le concordat indépendant de la volonté des créanciers et du failli, il ne le rend, pourtant, pas définitivement obligatoire pour les créanciers, puisqu'il est soumis à l'homologation de justice.

---

(1) Cass. 13 fév. 1855, S. 1885. 1. 357 ; *J. Pal.*, 1856. 1. 57 ; Toulouse, 1er décembre 1884, *Journal des faillites*, 1885, p. 182 ; S. 1855 : 2. 177 ; *J. Pal.*, 1885. 1. 989.

(2) DROIT ÉTRANGER. — On trouve dans les lois étrangères des dispositions analogues à celles de l'article 509, C. com. V. loi *allemande* (art. 182, dern. alin.), Codes de commerce *italien* (art. 835), loi *belge* (art. 515), loi *autrichienne* (art. 218 et 219), loi *hongroise* (art. 213).

(3) Paris, 7 août 1850, D. 1851. 2. 32 ; S. 1850. 2. 604. Thaller, *Traité élémentaire de Droit commercial*, n° 2073, *a*.

(4) Il faut alors évidemment que tous les héritiers du failli soient d'accord sur les conditions du concordat proposé aux créanciers. V. loi *allemande*, art. 230, 1er alin.

598. 2° Homologation du concordat.— Le concordat n'est obligatoire pour tous les créanciers qu'après qu'il a été homologué par le tribunal de commerce. La nécessité de l'homologation se justifie par deux raisons. Le concordat est, contrairement à la règle de l'article 1165, C. civ., opposable même à des créanciers qui ont voté contre lui et à ceux qui n'ont pas participé au vote (créanciers non vérifiés, créanciers contestés et non admis à titre provisionnel, créanciers ayant le droit de vote, mais ne l'ayant point exercé). Il faut que les intérêts des dissidents ou des absents soient défendus ; ils le sont par la justice elle-même. En outre, il importe qu'un concordat ne soit pas consenti à un commerçant qui en est indigne par sa conduite ; l'intérêt public est ici en jeu. Ces raisons ont fait exiger l'homologation dans toutes les législations (1).

599. Conformément aux principes généraux du droit, le tribunal ne se saisit pas d'office de la question de l'homologation du concordat. L'homologation est poursuivie *par la partie la plus diligente* (art. 513, 1er alin.). Il faut entendre par là tout intéressé, c'est-à-dire le failli lui-même ou ses héritiers si le failli est décédé après le vote du concordat (2), le syndic comme représentant de la masse, un ou plusieurs créanciers. En fait, c'est le plus souvent le syndic qui poursuit l'homologation.

Quand il y a plusieurs syndics (3), la demande d'homologation peut être formée même par un seul. On ne saurait appliquer ici la disposition de l'article 465, C. com , d'après laquelle, s'il a été nommé plusieurs syndics, ils ne peuvent agir que collectivement. Un seul créancier peut poursuivre l'homologation (4) ; il serait singulier qu'un syndic qui représente tous les créanciers, n'eût pas ce droit.

600. Réciproquement, des oppositions peuvent être formées à

---

(1) V. notamment loi *belge*, art. 518 ; loi *allemande*, art. 184 ; loi *anglaise*, art. 18 ; Code de commerce *italien*, art. 836 ; loi *brésilienne*, art. 107 et 109.

(2) Paris, 23 février 1839, S. 1839.2. 135.

(3) Paris, 28 avr. 1856, D. 1856. 2. 188.

(4) Il n'y a pas lieu de rechercher s'il a voté ou non le concordat : Paris, 28 avr. 1855, D. 1856. 2. 188 ; Amiens, 24 juin 1887, *Journal des faillites* 1887, p. 140.

l'homologation du concordat. Le droit d'opposition appartient, d'après l'article 512, 1er alin., C. com., *à tout créancier ayant eu droit de concourir au concordat*. Peu importe qu'il ait été voté contre ou même pour son adoption ou que sa créance n'ait été reconnue que depuis ; l'article 512 ne fait aucune distinction. Mais, par contre, le droit d'opposition n'appartient pas aux créanciers contestés non admis par provision ni reconnus après le concordat, ni aux créanciers hypothécaires ou privilégiés, à moins qu'ils n'aient renoncé à leur privilège ou à leur hypothèque avant l'expiration des délais d'opposition (1). Le droit d'opposition est aussi refusé au failli et aux syndics. Le failli est, en général, intéressé à l'homologation d'une convention qu'il a proposée, et la loi ne lui permet pas de revenir, au moyen d'une opposition, sur ses propositions quand elles ont été acceptées. Quant aux syndics, le droit d'opposition leur est refusé à raison de ce qu'ils représentent la majorité des créanciers (2). Toutefois, si un syndic est en même temps créancier (3), le droit d'opposition lui appartient en cette dernière qualité. S'il attaque le concordat, celui-ci peut être défendu par son cosyndic. Dans le cas où il n'y a pas d'autre syndic que celui qui veut, comme créancier, former opposition, il doit faire nommer un autre syndic, afin de pouvoir remplir à son égard les formalités prescrites par l'article 512, 2e alin. (art. 512, 3e alin.).

601. L'homologation est poursuivie par simple requête adressée au tribunal de commerce ; il n'est pas besoin d'une assignation. Il

---

(1) Dès l'instant où un créancier a été admis à la faillite comme créancier hypothécaire ou privilégié, il ne semble pas qu'il puisse renoncer seulement à une partie de son hypothèque ou de son privilège pour pouvoir former opposition au concordat ; une renonciation complète est seule possible : Besançon, 9 mars 1874, D, 1874. 2. 123. Mais il va de soi que l'opposition au concordat est possible de la part du créancier hypothécaire ou privilégié qui a renoncé, pour voter au concordat, à une partie seulement de son hypothèque ou de sa créance. Pour cette partie, il doit, à tous égards, être traité comme créancier chirographaire. V. n° 583.

(2) Cf. Lyon, 14 mars 1884, *Journal des faillites*, 1884, p. 195 (le syndic peut, dans l'instance en homologation, prendre telles conclusions que bon lui semble).

(3) C'est là le cas que vise l'article 512, 3e alin. Il se présentait souvent avant la loi de 1838. V. n° 431.

s'agit d'obtenir l'approbation d'une convention conclue entre le failli
et la majorité de ses créanciers ; il n'y a de contestation que si une
opposition survient.

La loi ne fixe pas de délai pour la demande d'homologation ; elle
s'en remet à la diligence des intéressés.

602. Les oppositions, s'il en intervient, doivent être motivées (1)
et signifiées à la fois au syndic et au failli. D'abord, le syndic représente la masse des créanciers. Puis, il est naturel que le failli soit
prévenu, puisque l'opposition met en question une convention conclue entre lui et ses créanciers (2). L'opposition doit contenir assignation à la première audience du tribunal de commerce, c'est-à-
dire à l'audience qui suivra l'expiration du délai de huitaine dont il
va être parlé (2). La signification doit en être faite dans les huit
jours qui suivent le concordat (art. 512, 2e alin., C. com.), sans
que la loi accorde aucune augmentation à raison des distances (3).

Si le jugement de l'opposition est subordonné à la solution de
questions étrangères, à raison de la matière, à la compétence du
tribunal de commerce (4), le tribunal doit surseoir à statuer jus-

(1) L'opposant indique les motifs qui, suivant lui, doivent faire rejeter
l'homologation du concordat. Mais, devant le Tribunal, il peut encore
invoquer d'autres motifs à l'appui de son opposition : Limoges, 1er juill.
1893, *Gaz. du Palais*, 1895. 2: suppl. p. 25.

(2) Rennes, 2 juin 1879, D. 1881. 2. 32 ; S. 1881. 2. 138 ; *J. Pal.*, 1881.
1. 709. On a jugé que l'opposition doit aussi être signifiée au créancier
qui a fait déclarer la faillite ; Cass. 15 mai 1854, D. 1854. 1. 205 ; Chambéry, 29 décembre 1877, D. 1878. 5. 228 ; S. 1878. 2. 231 ; *J. Pal.*, 1878. 1271.
— Mais cette opinion est tout à fait inadmissible. Aucune disposition légale
ne prescrit cette signification. De plus, une fois que le jugement déclaratif a acquis autorité de chose jugée, le créancier qui l'a provoqué n'est
pas dans une situation à part ; il se confond avec tous les autres créanciers : Aix, 13 janv. 1872, D. 1873. 5. 263 ; S. 1873. 2. 89 ; *J. Pal.*, 1873,
447.

(3) Alauzet, VII, n° 2676 ; Bédarride, 2, n° 571.

(4) Amiens, 1er août 1885, *Journal des faillites*, 1886, p. 384. Cf. Lyon,
23 mars 1893, *Monit. jud. de Lyon*, 8 juin 1893. — Le créancier qui a
laissé passer le délai légal, peut intervenir dans l'instance engagée sur
une opposition régulièrement formée par un autre créancier : Toulouse,
7 août 1889, D. 1890. 2. 260. *Journal des faillites*, 1890, p. 55. V. pourtant
Paris, 6 janvier 1905, *Journal des faillites*, 1906. 13.

qu'après la décision de ces questions. Afin que les choses ne traînent pas en longueur, le tribunal de commerce peut fixer un délai dans lequel le créancier opposant devra, sous peine de rejet de son opposition, saisir les juges compétents (art. 512, 4e et 5e alin.) (1).

Pour laisser aux oppositions le temps de se produire, le tribunal ne peut statuer qu'après l'expiration du délai de huitaine durant lequel elles peuvent être formées (art. 513, 1er alin.). Il se prononce sur l'homologation et sur les oppositions par un seul et même jugement (art. 513, 2e alin.). Conformément à la règle générale admise pour tous les jugements rendus en matière de faillite, le jugement doit être précédé d'un rapport du juge-commissaire (art. 452, C. com.) (2). Ce rapport porte sur les caractères de la faillite et sur l'admissibilité du concordat (3).

603. *Pouvoir du tribunal saisi de la demande d'homologation.* — Le tribunal n'a que deux partis à prendre, il peut homologuer le concordat ou refuser l'homologation ; il ne peut pas adopter un parti intermédiaire en modifiant les conditions du concordat voté par l'assemblée des créanciers, par exemple, décider que le failli aura à fournir une caution, que le taux des dividendes sera plus élevé, que les délais accordés seront plus courts, etc. (4). Il n'y a, en effet, dans notre législation ni, du reste, dans aucune législation du continent, rien d'analogue à l'*order of discharge* du Droit *anglais*

---

(1) Il s'agit de questions pour lesquelles le tribunal de commerce a une incompétence absolue, par exemple, de questions d'état ou de questions administratives.

(2) En admettant que le tribunal de commerce seul connaît des oppositions à l'homologation du concordat, la loi de 1838 a modifié profondément le système du Code de 1807. D'après ce Code, le tribunal de commerce ne statuait sur les oppositions que quand elles étaient fondées sur des actes de sa compétence ; dans tous les autres cas, les oppositions au concordat étaient jugées par les tribunaux civils. V. Renouard, t. II, pr 46 et suiv.

(2-3) Sur les questions relatives au rapport du juge-commissaire dans tous les procès en matière de faillite, V. n° 447. Le rapport du juge-commissaire doit être écrit, à moins qu'il ne participe au jugement. Lyon, 3 février 1906, *la Loi*, n° du 17 mars 1904.

(4) Nancy, 6 juin 1846, *J. Pal.*, 1847, 1, 98 (le tribunal ne peut ordonner l'homologation sous la condition que tel mode de réalisation des biens sera substitué à celui que les parties ont prévu).

et *américain*, décision par laquelle la juridiction compétente fait remise au failli d'une partie de ses dettes sans le consentement des créanciers (1). V. n° 608 *bis*.

Cette impossibilité, pour le tribunal de commerce, de modifier les termes du concordat voté par les créanciers, est une des raisons qui doivent, selon nous, faire reconnaître que le concordat constitue un contrat, bien qu'il soit soumis à l'homologation de justice et qu'il produise ses effets à l'égard des créanciers absents ou opposants, par dérogation aux règles des articles 1134 et 1165, C. civ. V. n° 630 *bis*.

603 bis. Lorsque le failli offre des conditions plus avantageuses pour les créanciers avant l'homologation (2), le tribunal ne peut pas incorporer ces conditions dans le concordat, mais elles peuvent le déterminer à l'homologuer et il peut en donner acte au failli. Il y a alors une sorte de convention amiable qui coexiste avec le concordat (3).

De là résulte : 1° que la résolution du concordat ne peut être obtenu pour inexécution des conditions nouvelles ; 2° que cette inexécution peut donner lieu à une déclaration d'une seconde faillite.

Mais ces solutions supposent que tous les créanciers ont accepté les conditions nouvelles (4).

604. Sauf qu'il ne peut pas modifier les termes du concordat présenté à son homologation, le tribunal jouit d'un pouvoir d'appréciation illimité pour accorder ou pour refuser cette homologation.

L'article 515 contient sans doute une énumération des causes

---

(1) Cass. 2 mai 1864, D. 1865. 1. 125 ; S. 1865. 1. 269.

(2) Ou après le refus d'homologation suivi d'un appel.

On comprend que ce cas se produise par suite de ressources nouvelles survenues au failli (succession, legs, donation, etc.)

(3) V. Paris, 11 janvier 1905, *Pand. fr.*, 1905. 2. 220 ; *Journal des faillites*, 1905. 211. Des arrêts considèrent, au contraire, les conditions plus avantageuses comme faisant partie intégrante du concordat. Il y a là une méconnaissance des principes concernant le pouvoir du tribunal. Paris, 6 janvier 1905, *Journal des faillites*, 1905. 200. V., dans le sens de notre opinion. Thaller et Percerou, n° 1340,

(4) V., pourtant, Paris, 27 mai 1903, D. 1906. 2. 1 (note de M. R.)

p. Pic

pour lesquelles il peut y avoir refus d'homologation ; mais cette énumération comprend, en réalité, tous les motifs pour lesquels on peut concevoir que l'homologation soit refusée. D'après l'article 515, le tribunal refusera l'homologation du concordat :

a. En cas d'inobservation des règles ci-dessus prescrites. — Il s'agit des règles contenues dans les articles 504 à 514. Ainsi, l'homologation sera refusée, si la délibération des créanciers n'a pas été précédée du rapport des syndics (art. 506) (1), si les deux majorités requises n'ont pas été obtenues, si le concordat n'a pas été signé séance tenante, si, sans motif grave, après un premier vote ne réunissant qu'une des deux majorités requises, une seconde assemblée a été convoquée plus de huit jours après la première (1), si le concordat a été voté par les créanciers se trouvant déjà en état d'union, etc...

Mais, comme il sera expliqué plus loin (n° 638), si, malgré ces irrégularités, le concordat a été homologué par une décision passée en force de chose jugée, le concordat ne peut pas être annulé ; le dol du failli est la seule cause de nullité du concordat admise par le Code de commerce (art. 512).

b. Lorsque des motifs tirés de l'intérêt public sembleront de nature à empêcher le concordat. — C'est là ce qui se présente quand le failli paraît indigne d'obtenir un concordat, notamment quand il a été condamné pour escroquerie (3), pour abus de confiance, pour

(1) Cass , 2 mai 1864, D. 1865. 1. 125.

(2) Bordeaux, 10 mai 1845, S. 1846. 2. 316.

(3) En général, des condamnations correctionnelles encourues par le failli peuvent faire refuser l'homologation : Paris, 27 juill. 1863, *Journ. des Trib. de com.*, 1864. 93 (condamnations pour vol), 29 mai 1876, *Journ. des Trib. de com.*, 1877. 43 ; 21 avril 1873, même rec., 1873. 413 (infraction aux lois sur les sociétés par actions); 10 août 1894, même rec. 1895, 504. V. les nombreuses décisions citées dans les *Pandectes françaises* (Rép). v° *Faillite*, etc., n° 7211 et s. et dans le *Rép. gén. de dr. français.* v° *Faillite*, n° 2511 et suiv. ; Paris, 25 avril 1893. D. 1894. 2. 547. Mais. à cette raison même du pouvoir illimité d'appréciation du tribunal. l'homologation peut être accordée alors même que le failli a subi une condamnation, spécialement si le tribunal estime, qu'il a par sa conduite postérieure racheté son passé : Bordeaux, 18 déc. 1884, *la Loi*, n° du

faux, pour banqueroute simple (1), quand il s'est montré d'une négligence grave dans la direction de ses affaires, etc.

c. *Quand des motifs tirés de l'intérêt des créanciers paraîtront de nature à empêcher le concordat.* — C'est à ce point de vue surtout que le tribunal est le défenseur des créanciers opposants ou absents, c'est-à-dire qui ont voté contre le concordat ou qui n'ont pas participé au vote, parce qu'ils n'avaient pas le droit de voter ou qu'ils n'ont pas exercé ce droit en fait. Ainsi, l'on conçoit que le tribunal refuse l'homologation à raison de ce qu'il trouve que le concordat est trop favorable au failli par l'importance des remises qu'il contient (2) ou parce qu'il estime que les garanties de l'exécution du concordat par le failli sont insuffisantes (3) ou parce que les majorités requises n'ont été obtenues que grâce au vote favorable de la femme et de proches parents du failli.

Le tribunal apprécie librement les causes tirées de l'intérêt public ou privé ; il y a là une question de fait que la Cour de cassation n'a pas le pouvoir d'examiner (4). Au contraire, le tribunal est tenu de refuser le concordat lorsqu'une des formalités ou des conditions prescrites par les articles 504 à 514 a été omise (5).

605. Le jugement qui statue sur l'homologation est susceptible

---

23 avr. 1885 ; Paris, 25 mars 1905, *Journal des faillites*. 1905. 251 (dans l'espèce il y avait un sursis accordé au failli condamné pour abus de confiance).

(1) D'après le Code de commerce de 1807, une condamnation pour banqueroute simple était un obstacle à la conclusion d'un concordat. V. n° 608.

(2) Il peut se faire que le concordat ne permette aux créanciers chirographaires de recevoir aucun dividende. Lyon (2e ch.). *Journal des faillites*, 2 mars 1905, *le Droit*, N° du 1er avril 1905. Il peut même alors être homologué.

(3) Cf. Paris, 5 mai 1892, *Journal des faillites*, 1894. p. 75 ; Paris, 4 juill. 1864, 14 fév. 1875. *Journ. des Trib. de com.*, 1865. 204 et 1876, 430.

(4) Cass. 2 mai 1853, D. 1853. 1. 149 ; S. 1853. 1. 403 ; Paris, 18 oct. 1893, *Journal des faillites*. 1894, p. 358 ; Cass. 1er avril 1901 : S. et J. Pal., 1903. 1. 119 ; D. 1901. 1. 203 ; *Pand. fr.* 1901. 1. 93.

(5) Droit étranger. — Les lois étrangères reconnaissent aussi au tribunal saisi de la demande d'homologation un très large pouvoir d'appréciation. V. notamment, loi *belge*, art. 517 ; loi *allemande*, art. 184, 186, 187, 188 ; loi *anglaise*, art. 18, § 6 ; loi *suisse*, art. 306.

d'appel. Cela résulte de ce qu'il n'est pas compris dans l'énumération de l'article 583, C. com., parmi les jugements rendus en matière de faillite contre lesquels l'appel n'est pas recevable. Au reste, l'article 519, C. com., semble faire allusion à la possibilité d'un appel, en parlant du jugement d'homologation *passé en force de chose jugée*. Comme ce jugement est rendu *en matière de faillite*, le délai de l'appel n'est que de quinze jours à partir de la signification, sauf augmentation à raison de la distance (art. 582, C. com.) (1).

Par qui l'appel peut-il être formé ? Une distinction est nécessaire. Contre le jugement refusant l'homologation, l'appel peut être interjeté par tout intéressé, c'est-à-dire par le failli, par le syndic ou par tout créancier. Au contraire, les créanciers qui avaient formé opposition à l'homologation, peuvent seuls appeler du jugement qui l'a accordée (2). Ainsi, il n'y a pas d'appel possible, s'il n'y a pas eu une opposition formée (3). Autrement, on arriverait indirectement à ressaisir le droit d'opposition après l'expiration du délai de huitaine dans lequel le Code de commerce le renferme. Toutefois, même en l'absence de toute opposition à l'homologation, l'appel est possible à raison des irrégularités du jugement en la forme (4).

Du reste, les créanciers non opposants à l'homologation peuvent intervenir en appel si un créancier opposant a interjeté appel du jugement d'homologation (5).

606. Mais le jugement qui statue sur une demande d'homologation, n'est pas susceptible d'opposition de la part de ceux que le concordat doit lier, mais qui sont demeurés étrangers à la demande d'homologation (6). Celui qui a formé cette demande est considéré comme représentant tous les intéressés. Ceux-ci devaient savoir

---

(1) Amiens, 9 décembre 1911, *Journal des faillites*, 1912. 202.

(2) Aix, 9 janv. 1892, *Pand. fr. pér.*, 1893. 2. 56 ; D. 1892. 2. 124 ; *Journal des faillites*, 1893, p. 374.

(3) Bordeaux, 4 janvier 1904, *Journal des faillites*, 1904. 307 (il s'agissait d'un concordat après liquidation judiciaire ; mais les règles applicables au concordat sont les mêmes, qu'il se rattache à une faillite ou à une liquidation judiciaire.

(4) Caen, 2 août 1875, D. 1876. 2. 105.

(5) Toulouse, 7 août 1889, *Journal des faillites*, 1890, p. 55. V., en sens contraire, Douai, 17 fév. 1849. D. 1850. 2. 225.

(6) Paris, 28 avr. 1855, D. 1856. 2. 188 ; S. 1855. 2. 716.

qu'un jugement accordant ou refusant l'homologation pouvait être rendu huit jours après la date du vote du concordat et qu'ils pouvaient intervenir pour se joindre à la demande en homologation ou pour la combattre. Autrement, du reste, des oppositions nombreuses et successives pourraient retarder indéfiniment une solution judiciaire définitive sur le concordat.

Aussi le désistement d'un créancier opposant ne doit-il pas, selon nous, faire tomber les demandes en intervention d'autres créanciers (1).

Il est possible que l'opposant à l'homologation ait fait défaut devant le tribunal. Il ne peut pas former opposition au jugement d'homologation, car le syndic représente tous les créanciers, et, par suite, aucun d'eux ne peut être considéré comme défaillant (2).

607. Quand l'homologation est refusée et quand le jugement est passé en force de chose jugée, la décision est-elle définitive en ce sens qu'une homologation ne peut plus être demandée et obtenue ? Le Code de commerce ne résout pas expressément cette question. On a prétendu que, dès l'instant où l'homologation est refusée, les créanciers sont nécessairement en état d'union (art. 529) et que, par suite, il ne peut plus être question de concordat (3). En ce sens, il est possible d'invoquer l'article 529 d'après lequel, *s'il n'intervient point de concordat, les créanciers seront de plein droit en état d'union.*

Cette solution est d'une excessive rigueur et n'est pas, selon nous, conforme à la loi. Ce qui est vrai, c'est que dans les cas, soit où l'on n'a réuni aucune des deux majorités requises, soit où une seule des deux majorités ayant été obtenue, une nouvelle assemblée n'a pas été réunie et n'a pas voté le concordat dans la huitaine de la pre-

---

(1) V., en sens contraire, 12 juillet 1900, *Journal des faillites*, 1900, p. 394.

(2) Trib. comm. Marseille, 15 déc. 1893, *Journal des faillites*, 1894. p. 522.

(3) V., *en ce sens*, Alger, 15 mai 1854, D. 1855. 2. 53 ; Rouen, 13 mai 1846, D. 1855. 2. 52 ; Paris, 24 mars 1877, *Journ. des Trib. de com.*, 1877. 383 ; Toulouse, 7 août 1889, D. 1890. 2. 260 ; Paris, 17 mai 1910. 1. et *J. Pal.*, 1911. 2. 169. Renouard, II, n° 918 ; Thaller, *Des faillites en Droit comparé*, II, p. 258 ; Thaller et Percerou, II, n° 1343.

mière, le rejet du concordat est définitif (n° 595). Mais rien dans la loi n'oblige à donner la même solution quand, malgré l'obtention des deux majorités exigées par la loi, le tribunal a refusé son homologation (1). Aussi ne doit-on s'arrêter que devant des obstacles insurmontables résultant de ce que le jugement a fondé le refus d'homologation sur des causes qui, d'après leur nature même, ne peuvent pas cesser d'exister. Cela doit, selon nous, conduire à une distinction. L'homologation a-t-elle été refusée pour des motifs qui ne peuvent disparaître, comme l'indignité du failli ? Le concordat devient à tout jamais impossible. Il n'en est plus de même, quand le refus d'homologation est fondé sur des motifs qui peuvent disparaître, tels que le défaut d'accomplissement d'une formalité ou la trop grande faveur faite au failli. Si la formalité omise est remplie, si les conditions du concordat sont changées, il n'y a pas de raison pour que le tribunal n'accorde pas l'homologation qu'il avait d'abord refusée. La seconde décision n'implique pas contradiction avec la première. Du reste, des partisans de l'opinion contraire, y apportent un tempérament en admettant la possibilité d'une homologation d'une nouvelle délibération accordant le concordat à la suite d'une première délibération non homologuée à raison d'un vice de forme (2).

608. 3° ABSENCE DE BANQUEROUTE FRAUDULEUSE. — La condamnation pour banqueroute frauduleuse est un obstacle au concordat (art. 510, 1er alin.). Il y aurait scandale à ce qu'un banqueroutier frauduleux obtînt un concordat. Le fait de la banqueroute frauduleuse ne suffit pas pour empêcher le concordat ; il faut, d'après le texte même de l'article 510, 1er alin., qu'il y ait eu *condamnation*. Cela s'applique donc, quand, au moment du vote de l'assemblée des créanciers, le failli a déjà été condamné. Le concordat ne peut être accordé et, s'il l'était, le tribunal devrait refuser de l'homologuer.

---

(1) V. Cass. 10 août 1847, S. 1851. 1. 100 ; D. 1854. 5. 366 ; Nîmes, 20 mai 1892, *Journal des faillites*, 1893, p. 364 ; Trib. comm. de Nantes, 20 mai 1911, *Journal des faillites*, 1912. 46.

(2) V. Thaller et Percerou, II, n° 1343. V. Trib. com. Saint-Étienne, 25 novembre 1902, *la Loi*, N° des 28 et 29 novembre 1902.

Il s'agit d'une banqueroute frauduleuse se rattachant à la faillite actuelle. Une banqueroute frauduleuse, se rattachant à des faits antérieurs à la faillite actuelle, ne fait pas écarter nécessairement le concordat; mais, usant de son pouvoir illimité d'appréciation, le tribunal peut refuser l'homologation à raison de cette banqueroute. Aussi a-t-on pu dire que c'était moins encore l'indignité du failli que l'incertitude sur l'état exact de son patrimoine qui fait exclure le concordat en cas de condamnation pour banqueroute frauduleuse (1).

Il peut se faire, soit qu'une condamnation pour banqueroute frauduleuse ne soit prononcée qu'après l'homogation, sur des poursuites entamées seulement depuis, soit qu'au moment du vote des créanciers, il y ait des poursuites pendantes pour banqueroute frauduleuse.

Dans le premier cas, le concordat est annulé (art. 520) (2). Dans le second cas, les créanciers ne sauraient statuer sur le concordat. Ils s'exposeraient d'un côté, en adoptant le concordat, à émettre un vote dont l'effet serait anéanti par une condamnation prochaine (art. 520). Mais, d'un autre côté, comme un acquittement peut se produire et rendre le concordat possible, il pourrait y avoir inconvénient pour les créanciers à refuser immédiatement le concordat ce qui entraînerait pour eux l'état d'union. Afin d'éviter ce double écueil, le Code (art. 510, 2e et 3e alin.) prescrit, *quand il y a une instruction commencée* (3), de convoquer les créanciers pour leur faire décider s'ils veulent se mettre immédiatement en état d'union ou s'ils préfèrent surseoir à statuer, en cas d'acquittement, sur l'adoption du concordat. Ce sursis prolonge nécessairement la pro-

---

(1) Si l'on admettait qu'une condamnation antérieure, ne se rattachant pas à la faillite actuelle, est un obstacle à la conclusion d'un concordat dans cette faillite, il faudrait évidemment écarter cette solution dans les cas divers où, d'après les règles du Droit pénal, une condamnation est à considérer comme non avenue (amnistie, réhabilitation).

(2) Voy. nos 635 et suiv.

(3) On peut déduire de ces termes de l'article 510, 2e alin. qu'une simple plainte ne suffit pas pour rendre obligatoire la convocation des créanciers pour se prononcer sur le sursis. Trib. comm. d'Albi, 14 octobre 1902, *Journal des faillites*, 1903. 33.

cédure et a, sous ce rapport, une certaine gravité. Aussi, pour l'admission du sursis, le Code exige les deux mêmes majorités en nombre et en sommes que pour l'adoption du concordat (1). Quand, le sursis n'ayant pas été admis, le concordat n'a pas été voté et que les créanciers se sont, par suite, trouvés en état d'union, un concordat n'est plus possible même en cas d'acquittement postérieur. Car un concordat ne peut être conclu après l'union et c'est même à cause de cela que le Code de commerce (art. 510) admet la possibilité d'un sursis (2).

Le Code de 1807 excluait le concordat même au cas de banqueroute simple. Mais, en 1838, l'on trouva cette disposition trop rigoureuse à raison de ce que la banqueroute simple suppose seulement des négligences ou des fautes non intentionnelles, ne constituant pas de fraudes. En conséquence, le concordat peut être admis même au cas de banqueroute simple (art. 511). L'assemblée des créanciers a seulement la faculté de refuser le concordat au banqueroutier simple et le tribunal celle de ne pas accorder l'homologation.

Il est possible que des poursuites pour banqueroute simple soient déjà commencées. Les créanciers peuvent sans doute admettre immédiatement le concordat ou le refuser de façon à être en état d'union. Mais ils ont la faculté de surseoir à statuer jusqu'à l'issue des poursuites. Elles peuvent leur révéler des faits ignorés et l'emprisonnement auquel le failli est condamné pour banqueroute simple, peut rendre impossible l'exécution du concordat. Le sursis doit encore ici être voté aux mêmes majorités que le concordat (art. 511) (3). L'homologation du Tribunal est nécessaire (4).

608 bis. Droit anglais et droit américain, *Order of discharge.* — Dans les pays du continent, les remises faites au failli, si elles n'exigent point le consentement de tous les créanciers, supposent, du moins, qu'ils y ont consenti aux majorités requises. En

---

(1) Par suite, la majorité en sommes s'est trouvée réduite aux deux tiers par la loi du 4 mars 1889 (art. 15, 1er alin., et art. 20). V. n° 589.

(2) V., pourtant, Angers, 14 août 1816, D. 1854. 5. 367.

(3) Voy. note de la page précédente.

(4) Cf. Paris, 9 mars 1861, *Journ. des Trib. de com.*, 1861. 403.

Angleterre, il existe, à côté du concordat exigeant aussi les majorités déterminées par la loi, une institution spéciale par suite de laquelle un failli peut être libéré d'une portion de ses dettes par une décision de justice sans que les créanciers soient consultés. Cette décision de justice est l'*order of discharge* (Loi de 1883, art. 28 à 31) (4). A tous les moments de la procédure de faillite, le failli peut saisir la Cour d'une demande de décharge. La Cour peut, en principe, selon son appréciation, accorder la décharge du failli immédiate et sans condition, la refuser absolument ou prendre un parti intermédiaire, soit en suspendant les effets de la décharge pendant un certain délai, soit en la subordonnant à des conditions spéciales. La loi ne fixe même pas de chiffre minimum que le dividende doive atteindre (1). Mais il est des cas où, à raison des faits reprochables au failli, la loi interdit à la Cour d'admettre la décharge ou ne lui permet, si elle l'accorde, que de l'admettre au bout d'un certain temps ou sous certaines conditions.

L'ordre de décharge libère le failli de la portion de ses dettes déterminée par la Cour. On dit de lui qu'il est *a clear man*, c'est-à-dire un homme franc et quitte. Mais il est des dettes du failli à l'égard desquelles l'ordre de décharge n'a pas d'effets, telles sont les dettes envers le Trésor public (art. 30 de la loi de 1883).

L'ordre de décharge ne diffère pas seulement du concordat en ce qu'il ne suppose pas, à la différence de celui-ci, le concours des créanciers ; il en diffère aussi par ses effets. L'ordre de décharge ne replace pas le failli à la tête de ses affaires et, par suite, ne fait pas cesser l'administration du syndic (2).

L'ordre de décharge est admis aussi par la loi des *États-Unis d'Amérique* (art. 14 à 17).

(4) V., sur les origines de l'*order of discharge*, *Loi anglaise de 1883*, traduite et annotée par Ch. Lyon-Caen, INTRODUCTION, p. 6.

(1) Il en était autrement de la loi de 1869, sur la faillite, qui a précédé la loi de 1883 actuellement en vigueur.

(2) A la différence de ce qui a lieu en France (n° 615), en *Angleterre*, le concordat fait cesser les incapacités politiques dérivant de la déclaration de faillite. L'ordre de décharge n'a pas, au contraire, cet effet par lui-même. Pour qu'il le produise, il faut que la Cour déclare expressément qu'il n'y a aucun reproche à faire au failli.

B. — EFFETS DU CONCORDAT SIMPLE.

609. Le concordat simple dûment homologué produit des effets multiples. Les uns en résultent nécessairement, de telle sorte qu'un concordat simple ne se conçoit même pas sans eux. Les autres, plus ou moins fréquents, sont accidentels, en ce sens qu'ils dépendent des clauses mêmes du traité conclu entre le failli et ses créanciers et que, par suite, selon les cas, ils se produisent ou ne se produisent pas. Le concordat simple met fin à la faillite et a pour effet nécessaire de faire cesser le dessaisissement du failli et de rendre à chaque créancier son droit de poursuite individuelle. En fait, il contient toujours ou une concession de délais faite au failli pour s'acquitter ou une remise partielle de ses dettes ou à la fois une concession de délais et une remise partielle (1). Il arrive aussi que, pour déterminer les créanciers à voter le concordat, la femme ou un parent ou un ami du failli se porte sa caution pour les dividendes promis.

Le concordat est régi par le principe de la liberté des conventions ; aussi ne peut-on prévoir toutes les clauses qui, selon les circonstances, y sont insérées (2).

Il est évidemment des clauses qui ne peuvent y être valablement insérées sans le consentement de tous les créanciers. Telle est la clause transformant les créanciers en associés du failli. Il y a là une interversion de titre exorbitante pour laquelle on ne peut comprendre que la majorité lie la minorité (3).

(1) Des auteurs étrangers indiquent qu'un concordat peut aussi contenir une dation en paiement. V. Kohler, *op. cit.* — Cette indication est même expressément donnée dans le Code de commerce du Guatemala (art. 1292). — En réalité, ces auteurs ou ce Code font par là allusion à un concordat connu et spécialement réglementé en France sous le nom de *concordat par abandon d'actif* dont il sera traité dans la section III (nos 736 à 759) comme d'une solution spéciale de la faillite.

(2) Il sera expliqué plus loin (no 616) que la liberté des conventions est plus restreinte en matière de concordat dans quelques pays qu'en France, au point de vue de l'importance des remises consenties au failli.

(3) V. Thaller, *Traité élémentaire de Droit commercial*, no 2098. —

Dans l'intérêt du maintien de l'égalité entre les créanciers, les articles 597 et 598, C. com., interdisent au failli de faire *un traité particulier duquel résulte en faveur d'un créancier un avantage à la charge de l'actif du failli*. L'article 597 édicte des peines contre le créancier qui a fait un pareil traité et l'article 598 dispose que *les conventions seront, en outre, déclarées nulles à l'égard de toutes personnes, et même à l'égard du failli,* et que *le créancier sera tenu de rapporter à qui de droit les sommes ou valeurs qu'il aura reçues en vertu des conventions annulées.* Mais il s'agit évidemment là de conventions secrètes favorisant un créancier. Rien n'empêche de faire dans le concordat des avantages spéciaux à un créancier si ces avantages sont ostensibles et si les autres créanciers y consentent (1). Du reste, la nullité édictée par les articles 597 et 598, C. com., atteint les stipulations que frappent ces articles et non pas le concordat lui-même (2).

609 *bis.* Il résulte de ce qui vient d'être dit que le concordat simple, par suite de l'effet nécessaire qu'il produit et de ses effets accessoires résultant de clauses spéciales, a des effets dont chacun

---

C'est particulièrement en cas de faillite des sociétés par actions qu'il a été parfois question d'insérer dans le concordat une clause convertissant les obligations en actions, spécialement en actions de priorité ou privilégiées.

(1) L'article 181 de la loi *allemande* dispose : « Le concordat doit « accorder des droits égaux à tous les créanciers ne jouissant pas d'un « droit de préférence. Une clause établissant une inégalité de droit n'est « admissible qu'avec le consentement de tous les créanciers non avanta- « gés. Toute autre convention du failli ou d'autres personnes avec certains « créanciers qui sont avantagés est nulle. »

(2) Les dispositions des articles 597 et 598, C. com., seront étudiées avec détail dans le chapitre V, n°⁵ 959 et suiv. La nullité n'atteint pas les engagements particuliers contractés postérieurement à l'homologation du concordat : Cass. 29 avr. 1873, *Journ. des Trib. de com.,* 1873. 477. Le débiteur a, dans ce cas, recouvré sa liberté d'action et il ne fait, en s'obligeant à nouveau sous des conditions spéciales, que nover l'obligation naturelle qui survit à la remise effectué par le concordat. On doit, toutefois, réserver la question de fraude ; l'engagement ayant une date postérieure à l'homologation du concordat pourrait ne faire qu'un avec un engagement antérieur et destiné à influer sur le vote du concordat.

pris isolément est avantageux ou désavantageux pour les créanciers.

Chacun des effets nécessaires ou des effets accidentels les plus fréquents du concordat simple doit être examiné et il faut déterminer à l'égard de quelles personnes, spécialement de quels créanciers, ces effets se produisent.

610. 1. *Cessation du dessaisissement.* — L'effet essentiel du concordat simple est de faire cesser le dessaisissement, ce qui entraîne la remise du failli à la tête de ses affaires. En conséquence, les fonctions des syndics prennent fin. Ils rendent au failli leur compte définitif en présence du juge-commissaire. Ils remettent l'universalité de ses biens, papiers, livres et effets, au failli qui en donne décharge (1). Il est dressé du tout procès-verbal par le juge-commissaire, dont les fonctions cessent aussi (2). S'il y a contestation à l'occasion du compte des syndics, le tribunal statue (art. 519).

611. La fin du dessaisissement et la cessation des fonctions des syndics, qui en est la conséquence, ont lieu seulement quand le jugement d'homologation est passé en force de chose jugée par suite de l'expiration du délai d'appel ou du rejet de l'appel (art. 519, 1er alin.). En cette matière, le délai même d'appel est donc suspensif, par dérogation au droit commun d'après lequel l'appel interjeté seul a un effet suspensif (art. 457, C. proc. civ.) (3).

La cessation de la faillite et du dessaisissement par le concordat n'est soumise par la loi à aucune publicité (4).

612. Le dessaisissement ne cesse que pour l'avenir ; la cessation du dessaisissement n'a donc pas d'effet rétroactif. Aussi le failli reprend ses affaires dans l'état où elles se trouvent ; les actes faits

(1) Chambéry, 29 déc. 1881, *Journal des faillites*, 1882, p. 289.

(2) Il n'a pas à faire de rapport au Tribunal dans le cas où le compte du syndic serait contesté par le failli.

(3) Boitard, Colmet-Daage et Glasson, *Leçons de procédure civile*, II, nos 696 et suiv. ; Garsonnet, *Cours de procédure*, V, no 948.

(4) Il n'en est pas ainsi dans tous les pays étrangers. Ainsi, d'après la loi *allemande* (art. 190), quand l'homologation est devenue définitive, le tribunal décide que la procédure de faillite a pris fin. Cette décision est rendue publique.

par les syndics dans l'intervalle de temps écoulé entre le jugement déclaratif et le jour où le jugement d'homologation acquiert force de chose jugée, sont opposables au failli qui a été représenté par les syndics (1).

De l'idée, selon laquelle le failli concordataire a été représenté par les syndics, on peut tirer de nombreuses conséquences. Il en résulte notamment :

a. Que si, avant l'homologation du concordat, les syndics ont introduit une demande en justice, le failli concordataire peut continuer l'instance à partir du point où ils l'ont laissée (2) ;

b. Que le failli concordataire peut interjeter appel des jugements dans lesquels les syndics ont été parties (3).

612 *bis.* A l'absence d'effet rétroactif de la cessation du dessaisissement on peut rattacher une conséquence relative aux contrats successifs dissous par suite de la déclaration de faillite. En cas de concordat simple, ces contrats ne sont pas considérés comme ayant duré dans l'intervalle de temps compris entre le jugement déclaratif et le concordat. Un contrat de ce genre peut sans doute reprendre, mais il y a alors un contrat nouveau distinct de celui qui a pris fin d'une façon définitive au moment où la faillite a été déclarée (4).

613. La cessation du dessaisissement rend au failli l'exercice de ses droits civils que la faillite lui avait fait perdre. Il ne saurait être

---

(1) Cass. 7 mars 1848, D. 1849. 1. 83. Cf. Cass. 8 mars 1897. S. et *J. Pal.*, 1897. 1. 281 ; Trib. civ. Seine, 17 avril 1902, *la Loi*, n° du 29-30 août, 1902.

(2) Paris, 8 juill. 1869, *Journ. des Trib. de com.*, 1870. 342 ; Paris, 1er juillet 1912, *Journal des faillites*, 1912. 2. 45.

(3) Poitiers, 19 mars 1863, D. 1863. 2. 214 ; Trib. com. Seine, 20 avr. 1882, *Journal des faillites*, 1882, p. 294.

(4) Cela s'applique spécialement au compte-courant existant entre le failli et une autre personne. Si le banquier qui avait ouvert un compte-courant au failli avant le jugement déclaratif, lui fait des remises ou en reçoit de lui après le concordat, c'est un nouveau compte-courant qui commence, ce n'est pas l'ancien qui reprend comme n'ayant jamais discontinué. Aussi ne peut-on calculer les intérêts et commissions sur l'ensemble de ces comptes : Cass. 3 mai 1897, D. 1897. 1. 321 ; *Journal des faillites*, 1897, p. 243 ; Lyon, 26 mai 1898 (après renvoi), *la Loi*, n° des 15-16 janvier 1899.

question d'une retranslation de propriété en vertu de laquelle le failli redeviendrait propriétaire de ses biens, puisque le dessaisissement n'a pas eu pour effet de lui en enlever la propriété (n° 205).

614. En principe, le dessaisissement cessant, le failli reprend, d'une façon absolue, le droit d'administrer ses biens et d'en disposer (1). Mais cet effet est parfois restreint par des clauses spéciales du concordat (2). Ainsi, il se peut qu'il ait été convenu que le failli, quoiqu'il soit concordataire, sera soumis pour certains actes importants à la surveillance d'une ou de plusieurs personnes désignées par l'assemblée des créanciers, ou même qu'il ne pourra faire certains actes particulièrement graves sans l'assentiment de ces personnes. On désigne parfois ces personnes sous le nom *de commissaires au concordat*. Quand il a été nommé des contrôleurs, il est assez naturel qu'ils soient choisis comme commissaires.

Les pouvoirs des commissaires dépendent des termes mêmes dans lesquels ils sont nommés par le concordat, et leurs rapports avec les créanciers sont régis par les principes du mandat (3).

615. 2. *Recouvrement du droit de poursuite individuelle.* — Les créanciers recouvrent chacun leur droit de poursuite individuelle contre le failli, à la charge seulement par eux de tenir compte des concessions de délais et des remises contenues dans le concor-

---

(1) Il résulte notamment de là que le failli concordataire peut vendre librement ses immeubles et qu'il n'a même pas à observer de formalités spéciales, à la différence de ce qui a lieu, en cas de concordat par abandon, pour les ventes des immeubles faites par les créanciers (art. 541, C. com.) : Paris, 11 décembre 1895, *le Droit*, n° du 4 mars 1896.

(2) La loi *allemande* (art. 192) fait allusion à la possibilité de clauses restrictives de ce genre en disposant : « Sauf dispositions contraires du « concordat, le failli recouvre le droit de disposer librement des biens « formant la masse. »

(3) Voir d'assez nombreuses décisions judiciaires relatives à l'intervention de commissaires, rapportées dans les *Pandectes françaises* (Rép.), v° *Faillite* etc., n°ˢ 7371 et 7384 et suiv., et dans le *Répertoire général de Droit français*, v° *Faillite*, n°ˢ 2559-2587. Suivant les cas, les commissaires sont des surveillants ou de véritables liquidateurs. Cpr. Cass., 26 mai 1910, *Journal des faillites*, 1910. 295.

Ces clauses restrictives se rencontrent plus particulièrement dans les concordats accordés aux sociétés par actions.

dat (n° 610) (1). Cela s'applique incontestablement aux voies d'exécution sur les biens du failli. Mais cela est-il également vrai de la contrainte par corps ? La question avait une grande importance pratique avant la loi du 22 juillet 1867, parce qu'alors, la contrainte par corps était admise pour toutes les dettes commerciales de 200 francs au moins (2). Elle conserve encore un intérêt dans le cas de condamnation du failli en matière criminelle, correctionnelle et de police, cas où la contrainte par corps a été maintenue (L. 22 juillet 1867, art. 1 et 2 : L. 19 décembre 1871).

Il a été parfois admis que la contrainte par corps ne peut revivre alors qu'elle a cessé d'être applicable par suite de la faillite et du concordat (3). Selon nous, au contraire, la contrainte par corps peut être exercée après le concordat pout les dettes auxquelles elle était attachée avant la faillite (4), dans la mesure où ces dettes sont maintenues par le concordat. Cela paraît être une conséquence nécessaire de ce que le concordat n'emporte pas novation (n° 626).

615 bis. Le dessaisissement n'ayant d'effets que quant à l'exercice des droits civils du failli, c'est aussi relativement à l'exercice de ces droits seuls que la cessation du dessaisissement se produit ; les incapacités d'ordre électoral et autres dont il a été atteint ne disparaissent ni en totalité ni même en partie. Elles ne peuvent cesser que par la réhabilitation. Celle-ci supposait, nécessairement, d'après le Code de commerce modifié en 1838, le paiement intégral des dettes en intérêts et principal (art. 604, C. com., nos 979 et suiv.). A cet égard, la loi française était d'une grande rigueur (5). Un failli, qui exécute complètement les conditions de son concordat, peut être digne d'une réhabilitation. Sans aller jusqu'à admettre que le concordat ou son exécution complète fait nécessairement

---

(1) Trib. Seine, 11 août 1886, *Journal des faillites*. 1887. 270 ; Lyon 18 mars 1895, *Monit. jud. de Lyon*, 6 juill. 1895.

(2) V. *Traité de Droit commercial*, I, n° 98 *bis*.

(3) Cpr. Paris, 24 mai 1856, D. 1857. 2. 45. — *Pandectes françaises* (Rép.), v° *Faillite*, etc., n° 7448. *Supplément au Répertoire de Dalloz*, v° *Faillites et Banqueroutes*, n° 945, VIII, p. 464.

(4) Trib. Seine, 11 août 1886, *Journal des faillites*, 1887. 270.

(5) V. loi *anglaise* de 1883, art. 23, § 2.

cesser les incapacités électorales et autres du failli (1), la loi du 23 mars 1908 (disposition insérée dans l'article 605 du Code de comm.) donne au tribunal de commerce la faculté d'accorder sa réhabilitation, *en cas de probité reconnue, au failli qui ayant obtenu un concordat, aura intégralement payé les dividendes promis.*

616. 3. *Concession de délais. Remise partielle des dettes du failli.* — Le plus souvent le concordat accorde au failli des délais pour payer ses dettes et même des remises partielles.

Les délais accordés dans un concordat ne constituent pas des termes de grâce, mais des termes de droit ou conventionnel. Aussi mettent-ils obstacle à la compensation légale entre les dettes du failli et ses créances contre ses créanciers (2).

Dans le cas très fréquent où des remises partielles sont contenues dans le concordat, le failli concordataire s'oblige envers ces créanciers à payer un dividende, c'est-à-dire tant pour cent de ses dettes et doit être tenu quitte par ses créanciers par cela seul qu'il paie le dividende convenu. C'est seulement dans la mesure du dividende promis que les créanciers recouvrent, grâce au concordat, leur droit de poursuite individuelle.

Les créanciers sont libres d'accorder au failli telle remise que bon leur semble. Il est évident seulement que, plus la remise est importante, plus les majorités requises par la loi pour la conclusion du concordat sont difficiles à obtenir. En outre, le tribunal de commerce peut, à raison de la trop grande importance des remises, refuser l'homologation ; il y a là un motif tiré de l'intérêt des créanciers au sens de l'article 515, C. com. V. n° 604.

---

(1) Droit étranger. — Le Code de commerce *italien* admet (art. 839) que le jugement d'homologation peut décider que la réhabilitation aura lieu quand le failli aura exécuté tous les engagements pris par lui dans son concordat. Selon le Code de commerce *espagnol* (art. 921 et 922), les faillis concordataires peuvent se faire réhabiliter quand ils ont payé les dividendes promis par le concordat.

(2) Cass. civ., 18 décembre 1906, S. et J. Pal., 1907. 1. 135 ; D. 1911. 1. 497 ; Pand. fr. pér., 1907. 1. 74 ; Journal des faillites, 1907. 49.

Le Code de commerce français, à la différence de quelques lois étrangères, du reste, peu nombreuses, a rejeté le système qui limite l'importance des remises pouvant être accordées par les créanciers (1). La liberté des conventions est ici préférable ; car les créanciers peuvent avoir intérêt à accorder des remises d'une grande importance, et le droit d'homologation du tribunal garantit la minorité des créanciers contre des conditions du concordat qui seraient trop désavantageuses.

La remise contenue dans le concordat a certainement de l'analogie avec la remise de dette dont traite le Code civil (art. 1284 et suiv.). Mais il y a entre ces deux sortes de remises, au point de vue de leur nature intrinsèque, une différence essentielle à laquelle se rattachent des conséquences pratiques importantes. La remise de la dette dont s'occupe le Code civil, est un acte purement volontaire de la part du créancier dont elle émane et constitue une donation (2). Il n'en est pas de même de la remise contenue dans le concordat ; ce n'est pas un acte volontaire pour tous les créanciers et ce n'est pour aucun une donation (3). Elle produit ses effets à l'encontre des créanciers qui n'ont pas participé au vote du concordat ou qui même

---

(1) Le Code de commerce *portugais* (art. 730, § 2) admet que le concordat ne peut être consenti que si le dividende offert est d'au moins 50 0/0 et payable dans une période n'excédant pas cinq ans.

D'après la loi *allemande* de 1877, modifiée en 1898 (art. 187), « le tribu-« nal, saisi d'une demande d'homologation d'un concordat, doit la reje-« ter quand il ne garantit pas au créancier la cinquième partie de leurs « créances au moins et que le résultat est dû à une conduite malhonnête « du failli, spécialement que le failli a par cette conduite retardé l'ouver-« ture de la faillite. La demande d'homologation peut être rejetée quand « le même résultat provient de la conduite légère du failli. »

La loi des *États-Unis d'Amérique* (art. 12, *b*.) exige que le failli ait déposé avant l'homologation du concordat la somme nécessaire à payer le dividende promis aux créanciers, les dettes privilégiées ainsi que les frais de la faillite.

(2) Aussi, applique-t-on à la remise de dette dont traite le Code civil (art. 1284 et suiv.) toutes les règles qui régissent les donations, à l'exception des règles de forme (art. 1282 et 1283, C. civ.). V. Planiol, *Traité élémentaire de Droit civil*, II, n° 607 et 608.

(3) En fait, la remise de la dette du Code civil est parfois totale. Celle que contient un concordat n'est que partielle, sauf dans des cas exceptionnels. V. note 2 de la page 242 et l'arrêt qui y est cité.

ont voté contre le concordat. Elle n'a pas le caractère de libéralité même à l'égard des créanciers qui ont formé la majorité. S'ils ont voté pour le concordat, c'est qu'ils ont pensé qu'il fallait consentir à un certain sacrifice dans la crainte d'éprouver une perte plus grande par suite des frais et des délais occasionnés par la procédure de l'union ou à raison de la dépréciation des biens. *Meliùs est pauca dividere quàm totum perdere*, disait Straccha, pour exprimer le principe qui sert de base, pour ainsi dire, aux remises contenues dans le concordat. Les créanciers même favorables au concordat manquent donc de l'*animus donandi*, élément essentiel à l'existence de toute donation.

De cette idée fondamentale découlent d'importantes conséquences qui constituent des différences entre la remise de dette ordinaire et la remise de dette contenue dans le concordat.

617. *a*. La remise ordinaire de la dette entraîne l'extinction complète de celle-ci, de telle sorte que la dette ne subsiste plus même comme simple obligation naturelle. Au contraire, le failli concordataire demeure obligé naturellement de payer à ses créanciers la portion de ses dettes dont la remise lui a été accordée (1). L'existence de cette obligation naturelle (2) semble bien résulter de ce que, pour avoir le droit d'obtenir sa réhabilitation il faut que le failli, même concordataire, ait acquitté l'intégralité de ses dettes en capital et en intérêts (art. 604, 1er alin.). Il y a même ainsi un moyen indirect de contrainte sanctionnant cette obligation naturelle (3). L'éner-

---

(1) Cass. 30 décembre 1908, *Pand. f. pér.*, 1911. 1, 375 ; S. et J. Pal., 1911. 1. 375 ; D. 1909. 1. 208 ; Paris, 21 juin 1911, *Journal des faillites*, 1912. 154. Tous les auteurs admettent en France la survie d'une obligation naturelle pour le failli concordataire : Aubry et Rau, IV, § 297 c ; Demolombe, XXVII, n° 40 ; Laurent, XVII, n°s 21 et 22. — Droit étranger. — Cette doctrine est aussi admise dans les pays étrangers. V., pour l'*Allemagne*, Kohler, *op. cit.*, p. 462 et 463.

(2) Grenoble, 19 novembre 1903, S. et *J. Pal.*, 1907. 1. 5 (sous Cass.) Il y a des obligations naturelles qui naissent avec ce caractère. Il y en a d'autres qui sont des sortes d'obligations civiles dégénérées. L'obligation naturelle dont il s'agit fait partie évidemment de cette seconde classe.

(3) Le créancier, en donnant quittance des dividendes reçus en vertu de l'engagement pris par le failli dans le concordat, peut garder son titre de créance jusqu'au paiement du solde : Paris, 2 déc. 1865, S. 1866. 2. 80.

gie de ce moyen a été atténuée par la loi du 23 mars 1908 qui admet la réhabilitation facultative pour le failli d'une probité reconnue qui a intégralement payé les dividendes promis et la réhabilitation de droit après dix ans écoulés depuis le jugement déclaratif. Mais ces deux dernières réhabilitations sont moins avantageuses que la première. La réhabilitation facultative, comme l'indique la qualification qu'on lui donne, peut être refusée par le tribunal et la réhabilitation de droit qualifiée parfois d'automatique, exige comme condition essentielle, l'expiration d'un délai de dix années depuis le jugement déclaratif.

De ce que le concordat laisse subsister une obligation naturelle pour le failli quant à la portion de ses dettes dont il lui a été fait remise, résultent de nombreuses conséquences, dont les principales sont les suivantes :

1. Le failli concordataire qui acquitte volontairement cette portion, ne peut pas répéter (1) et il fait un paiement, non une donation. Aussi ne peut-il, en cas de décès du failli, être question de rapport ni de réduction pour les créanciers désintéressés.

2. L'obligation du failli concordataire, même pour la portion dont il lui a été fait remise, peut être garantie par une caution, par une hypothèque ou par un gage. Une simple obligation naturelle suffit pour servir de support à une de ces garanties.

3. En cas de novation, cette obligation peut servir de fondement à une obligation civile contractée postérieurement par le failli (2).

(1) Trib. com. Marseille, 18 déc. 1876, *Journal de Marseille*, 1877.1.70. D'après les principes généraux du droit (art. 1235, al. 2, C. civ.) il faut que le paiement soit volontaire, pour que la répétition soit exclue. V. Trib. civ. Seine, 17 nov. 1886, *Journ. du Droit intern. privé*, 1887, p. 181 ; *la Loi*, nº du 11 fév. 1887, un cas dans lequel la répétition a été admise parce que le paiement n'avait pas été volontaire : un créancier était parvenu à se faire payer l'intégralité de ce qui lui était dû à la suite d'une saisie-arrêt pratiquée en pays étranger.

(2) Poitiers, 2 juill. 1872, D. 1872. 2. 166 ; Cass. 29 avril 1873, D. 1873.1. 287 ; Trib. com. Nantes, 23 mars 1889, *Journal des faillites*, 1889, p. 397 ; Trib. civ. Seine, 9 fév. 1891, *Journal des faillites*, 1891, p. 268 (Dans l'espèce, il s'agissait du concordat par abandon ; mais ce jugement peut être cité à propos du concordat simple ; dans les deux concordats, l'obligation du failli pour la portion dont il lui a été fait remise subsiste comme obli-

A la survivance d'une obligation naturelle se rattache une difficile question relative au rapport à succession. V. n° 627.

618. *Clause de retour à meilleure fortune.* — En principe, la dette du failli demeure une obligation naturelle, alors même que le failli revient à meilleure fortune (1). Mais parfois, la remise contenue dans le concordat n'est consentie que *sauf le cas de retour à meilleure fortune* (2). Cette clause n'a pas toujours le même sens. Tantôt elle est destinée seulement à indiquer que le failli concordataire demeurera tenu d'une obligation naturelle (3) ; elle est alors superflue. Tantôt, elle signifie que le failli sera de nouveau obligé civilement s'il revient à meilleure fortune. C'est aux juges à apprécier d'après les circonstances quel est le sens de cette clause (4). Ils lui attribuent généralement le premier sens, surtout quand elle est d'usage dans le lieu où elle a été stipulée (5). Même quand cette clause a le second sens prévu, elle doit être interprétée raisonnablement. Elle ne devrait pas s'appliquer par cela seul que le failli concordataire aurait acquis quelques biens suffisants pour payer ses det-

gation naturelle). V. aussi Trib. com. Nantes, 3 novembre 1909, *Journal des faillites*, 1911. 134.

(1) DROIT ÉTRANGER. — Des codes étrangers consacrent expressément le principe posé au texte. V. Codes de commerce *espagnol* (art. 918) ; *argentin* (art. 1490). Mais une règle toute contraire, consistant dans l'admission de cette clause comme sous-entendue, est consacrée dans le concordat préventif de la faillite par la loi *belge* du 29 juin 1887 (art. 25) et par la loi *luxembourgeoise* du 14 avr. 1886 (art. 25).

(2) V. sur l'origine de la clause de retour à meilleure fortune, Frémery, *Études de Droit commercial*, p 416 et suiv.

(3) Cpr. Trib. com. Seine, 17 oct. 1900, *le Droit*, n° du 14 nov. 1900. Il s'agissait, dans l'espèce, d'un concordat amiable contenant la clause de retour à meilleure fortune. Mais la portée de cette clause est la même dans ce concordat que dans le concordat judiciaire.

(4) Trib. com. Gand, 15 mars 1911, *Journal des faillites*, 1911. 362.

(5) Décisions admettant que la clause ne fait allusion qu'à une obligation naturelle : Bordeaux, 14 janv. 1869, S. 1869. 2. 164. — Trib. com. Seine, 7 mai 1892, *Journal des faillites*. 1892, p. 388 ; Paris, 10 janvier 1893, *Journal des faillites*, 1893, p. 294. Cf. Cass. 1er déc. 1863, *Journ. des Trib. de com.*, 1864. 388. Dans le sens d'un engagement civil conditionnel : Cass. 26 janv. 1874, D. 1875. 1. 23 ; S. 1876. 1. 72 ; Aix, 11 juin 1872, D. 1873. 2. 177 ; Nancy, 21 juin 1902, S. et J. Pal., 1903. 2. 34 ; D., 1902. 2. 471. — V. Aubry et Rau, IV, §, 297, p. 8.

tes (1). Il faut, pour qu'elle s'applique, qu'un changement notable se soit produit dans la situation du failli concordataire, par exemple à raison d'une succession qui lui est échue, de telle façon que le failli ne doive pas retomber dans l'indigence en acquittant ses dettes (2).

La question de savoir quel est le sens de la clause de retour à meilleure fortune est une question de fait dont l'examen ne rentre pas dans les pouvoirs de la Cour de cassation (3). Il en est de même de la question concernant le point de savoir s'il y a véritablement retour à meilleure fortune (4).

619. *b*. La remise de dette accordée au débiteur principal libère la caution (art. 1287, C. civ.). Autrement, à raison du recours que la caution, après avoir payé, aurait contre le débiteur principal, celui-ci ne profiterait pas de cette remise. Du reste, la remise de la dette entraîne l'extinction complète de l'obligation. Au contraire, en cas de remise faite par un concordat, les créanciers conservent leur droit d'agir pour le tout contre la caution du failli (5). Cette solution, consacrée par l'article 545, C. com., est rationnelle. Lorsqu'un créancier demande une caution à son débiteur commerçant, son but est d'avoir une garantie en cas de faillite de celui-ci ; il serait singulier que, cet événement se réalisant, la garantie disparût. Au surplus, le cautionnement suppose sans doute une obligation principale, mais il suffit que cette obligation soit une obligation naturelle. V. art. 2012, C. civ. (6). On peut ajouter qu'il n'est pas besoin que la remise pro-

Lille, 20 août 1894, *Journal des faillites*, 1896, p. 278. On a dit assez justement que cette clause équivaut à peu près au bénéfice de compétence du Droit romain. En vertu de cette clause, le failli concordataire peut être poursuivi par ses créanciers, même pour les portions de ses dettes dont il lui a été fait remise, mais seulement jusqu'à concurrence de ses ressources (*quatenùs facere potest*), comme les personnes qui jouissaient, en Droit romain, du bénéfice de compétence. V. Accarias, *Précis de Droit romain*, II, nº 917.

(1-2) Rouen, 28 déc. 1869, D. 1871. 2. 198 ; S. 1871. 2. 19 ; Trib. comm.

(3-4) Cass. 26 janv. 1874, D. 1875. 1. 23. Cpr. Cass. 13 déc. 1875, D. 1875. 1. 417.

Cass. 4 juillet 1904, D. 1904. 1. 559 ; *Pand. fr.*, 1905. 1. 82 : *Journal des faillites*, 1904. 483.

(5) Cela cesse d'être vrai quand le créancier a touché un à-compte du failli. Cass., 31 déc. 1902, D. 1903. 1. 110 ; *Journ. des faillites*, 1903. 97.

(6) Droit étranger. — La règle de l'article 545, C. com., est admise

fite à la caution pour que le failli (débiteur principal) en tire avantage, puisque le concordat liant la caution elle-même, ne peut, quand elle a payé, recourir contre le failli que dans la mesure des dividendes promis par celui-ci dans son concordat (1).

620. La caution, qui reste ainsi obligée quand elle a payé la portion de la dette remise par le concordat, n'a pas de recours contre la faillite du débiteur principal, ni pour la somme qu'elle a déboursée, ni même pour la partie de cette somme équivalente à la portion dont le failli n'a pas été libéré. Ainsi, supposons qu'il s'agisse d'une dette de 12.000 fr. garantie par une caution, que le failli ayant obtenu une remise de 75 p. 100 dans son concordat ait payé au créancier 3.000 fr. et que la caution ait payé les 9.000 fr. restants. Elle ne pourra assurément pas d'abord réclamer au failli concordataire ces 9.000 fr. ; elle lui enlèverait le bénéfice du concordat. Mais ne pourrait-elle pas, du moins, se faire rembourser par le débiteur principal (concordataire) 25 p. 100 de cette somme, soit 2.250 fr. ? On l'a soutenu. Mais cela n'est pas admissible. Autrement, le conditions du concordat seraient méconnues. Le failli concordataire ayant payé un dividende de 25 p. 100 sur 12.000 fr. au créancier et sur 9.000 fr. à la caution, la créance se trouverait avoir figuré au passif pour ces deux sommes réunies, soit 21.000 fr., c'est-à-dire pour une somme supérieure à son montant. La caution n'a donc pas de recours contre le débiteur principal, qui n'est tenu envers elle que d'une obligation naturelle (2).

notamment par les Codes de commerce *italien* (art. 792) ; *roumain* (art. 802) ; *argentin* (art. 1478) ; par la loi *allemande* (art. 193) ; la loi *belge* (art. 541) ; la loi *autrichienne* (art. 221). — Mais il est des législations dans lesquelles les seuls créanciers qui conservent leurs droits contre les coobligés et les cautions sont, en principe, ceux qui n'ont pas adhéré au concordat. Tel est le principe consacré par la loi *suisse* (art. 303). Cette loi admet, toutefois, qu'il en est de même de celui qui adhère, mais pourvu qu'il ait informé les coobligés ou les cautions, au moins dix jours à l'avance, du jour et du lieu de l'assemblée, en leur offrant de leur céder ses droits moyennant paiement. — Le Code de commerce *chilien* (art. 1481) décide que la remise contenue dans un concordat profite aux cautions et aux codébiteurs quand le créancier y a adhéré par son vote. — Paul faisait une distinction de ce genre. V. L. 58, § 1, Dig., XVII, 1, *Mandati vel contrà*.

(1) Thaller et Percerou, II, n° 1373.

(2) Cass. 15 janv. 1901, D. 1901. 1. 325 : S. et *J. Pal.*, 1902. 1. 41.

621. Il résulte de là que c'est la caution qui supporte la perte résultant de la remise faite par le concordat. Ne doit-on pas, par suite, admettre la caution au vote du concordat ? Il n'est évidemment pas possible d'y admettre à la fois la caution et le créancier ; car alors, la créance figurerait au concordat pour une somme double de son montant. Il est naturel que le droit de participer au vote appartienne au créancier ; si la caution veut obtenir ce droit, un moyen fort simple est à sa disposition, elle n'a qu'à payer intégralement le créancier. On ne saurait donc dire que la caution est ainsi livrée au caprice du créancier qui peut se laisser entraîner à faire une remise d'autant plus forte au débiteur principal que les conséquences en retombent sur la caution. L'homologation judiciaire est, du reste, une garantie contre les remises exagérées faites par le concordat.

Ces décisions ne sont pas en contradiction avec la disposition de l'article 2032, alin. 2, C. civ., d'après laquelle la caution peut, même avant d'avoir payé, agir contre le débiteur principal, pour être indemnisée, lorsque le débiteur a fait faillite. La caution peut, en vertu de cette disposition, produire à la faillite du débiteur principal (1) ; mais il faut, pour cela, que le créancier n'y produise pas (2). On conçoit que celui-ci se désintéresse de la faillite lorsque la caution est d'une solvabilité certaine. En exerçant ce droit, la caution ne peut se prévaloir de l'article 444, C. com., qui rend les dettes exigibles en cas de faillite : la créance de la caution contre le débiteur principal est une créance conditionnelle, non une créance à terme ; l'article 444 ne régit pas les créances sous condition. V. n° 258.

Si la caution peut produire à la faillite, par cela seul que le créancier ne s'y présente point, elle ne peut du moins, y toucher des dividendes que lorsqu'elle a payé le créancier (3).

<hr />

Cpr. Agen, 20 mars 1898, *le Droit*, n° du 23 septembre 1898. Dans l'espèce, c'était un concordat *par abandon* qu'avait obtenu le débiteur principal ; mais la question est la même qu'en cas de concordat *simple* et doit être résolue, pour les deux concordats, de la même manière.

(1-2) Lyon, 25 mai 1905, 9 décembre 1910, *Journal des faillites*, 1906. 82 ; 1911. 203. Le défaut de production du créancier à la faillite du débiteur principal ne libère pas la caution. Cass. 6 février 1906, S. et *J. Pal.*, 1906. 1. 481 (note Lyon-Caen). D. 1908. 1. 225 ; *Journ. des faill.*, 1906. 157.

(3) Trib. com. Seine, 14 août 1884, *le Droit*, n° du 5 sept. 1884.

622. D'après son texte même, l'article 545, C. com., s'applique à tous les coobligés du failli concordataire. Ainsi, ce n'est pas seulement la caution de celui-ci que le concordat ne libère pas, ce sont aussi ses codébiteurs solidaires (1). A ce point de vue encore, la remise résultant du concordat diffère de la remise de la dette ordinaire qui, faite à l'un des débiteurs solidaires, libère les autres (art. 1285, C. civ.).

Il va de soi que la caution réelle doit être, sous ce rapport, assimilée à la caution proprement dite

Mais il n'y a pas à parler de l'application de l'article 545 à l'hypothèque ou au gage constitué par le débiteur. De deux choses l'une : le créancier hypothécaire ou gagiste a voté au concordat et alors, il a perdu sa garantie (art. 508, C. com.), ou il n'y a pas voté et alors, le concordat ne lui est pas opposable (n° 630).

623. A la disposition de l'article 545, C. com., sur la permanence de l'obligation intégrale de la caution malgré la remise faite dans le concordat au débiteur, se rattachent parfois des questions intéressantes qui s'élèvent dans le cas où le failli est marié sous le régime de la communauté.

a. Il va de soi, par application de l'article 545, C. com., que la remise contenue dans le concordat consenti au mari, ne profite pas à la femme qui s'est obligée avec lui (2). C'est précisément le maintien de l'obligation de la femme qui fait naître une difficulté quand les époux sont communs en biens. Sous le régime de la communauté, les actes faits par la femme avec l'autorisation du mari, obligent non seulement celle-ci, mais encore le mari et la communauté (art. 1419, C. civ.). Aussi peut-on se demander si les créanciers peuvent, du chef de la femme, se faire payer pour le tout sur les biens de la communauté, malgré le concordat accordé au mari.

(1) Paris, 9 août 1869, *Journ. des Trib. de com.*, 1870. 365 (application au donneur d'aval en cas de faillite du souscripteur d'un billet à ordre) ; Paris, 16 av. 1864, D. 1864. 2. 127 ; Trib. Seine, 26 déc. 1893, *Journal des faillites*, 1894. 186 (application à la femme s'étant obligée solidairement avec son mari tombé en faillite). Cass. 6 février 1910, *Pand. pér.*, 1906. 1. 170 ; *Journal des faillites*, 1908. 225.

(2) Paris, 16 avr. 1864, S, 1865. 2. 289. — V. aussi Trib. civ. Seine, 26 décembre 1893, *Journal des faillites*, 1894, p. 186.

Les créanciers ont ce droit, a-t-on dit (1). La communauté est engagée directement par la femme qui s'oblige avec l'autorisation de son mari. Aussi la communauté demeure obligée pour le solde de la dette, bien que le mari soit libéré par l'effet du concordat.

Cette opinion ne triomphe pas. On reconnaît généralement que les créanciers ne peuvent se faire payer sur les biens de la communauté que du dividende promis dans le concordat et que, par suite, ils n'ont aucun droit sur ces biens quand ce dividende a été payé par le mari (2). Des motifs divers justifient cette solution. En cas de faillite du mari, les biens de la communauté font partie de l'actif de la masse et en forment même souvent l'élément le plus important. Il est impossible de comprendre comment le concordat ne libèrerait pas les biens communs dans la mesure où sont libérés les biens personnels du mari (3). Autrement, l'obligation contractée par la femme autorisée du mari aurait sur les biens de la communauté un effet que n'aurait pas l'engagement du mari lui-même. Car il est certain que, lorsque le mari seul s'est obligé, le concordat qui lui est accordé, profite à la communauté en même temps qu'au mari. Du reste, il est douteux que la femme oblige directement la communauté ; on soutient que celle-ci ne l'est en quelque sorte que par contre-coup ; elle l'est parce que le mari lui-même est obligé et que la communauté est tenue, en principe, par suite des obligations du mari. Aussi est-il préférable de chercher à résoudre la difficulté sans s'occuper de cette question.

b. Le cas inverse de celui qui vient d'être supposé peut se pré-

(1) Lyon, 23 juill. 1858, S. 1859. 1. 615.

(2) Paris, 24 janv. 1855, S. 1856. 2. 109 ; D. 1855. 231 ; Cass. 17 janv. 1881, D. 1881. 1. 145 ; S. 1881. 1. 126 ; *J. Pal.*, 1881. 275 ; Paris, 20 fév. 1891 ; D. 1891. 2. 326 ; *Journal des faillites*, 1891, p. 165. Aubry et Rau (4e édit.). § 509 et note 42 ; Lacoste, *Revue critique de législ. et de jurispr.*, 1883, p. 739 ; Laurent, XXII, n° 72, Boutaud, *Des contrats de la femme avec les tiers dans l'intérêt du mari*, n° 113, p. 196 et suiv. ; Lacoste, dans la *Revue critique de législ. et de jurisprud.*, 1883, p. 752 et suiv. ; Thaller et Percerou, II, n° 1374.

(3) L'arrêt de la Cour de Lyon du 23 juill. 1858, S. 1859. 2. 615, considère à tort la communauté comme une personne morale existant à côté des époux. — V., contre la personnalité de la communauté de biens entre époux, Colmet de Santerre, VI, p. 41 et suiv.

senter, c'est-à-dire qu'il est possible qu'une femme commune en biens exerçant le commerce soit déclarée en faillite et obtienne un concordat. Le mari et la communauté sont obligés par ses actes (art. 1419, 1426, C. civ. ; art. 5, C. com.). Le mari et la communauté sont-ils libérés en même temps que la femme dans la mesure des remises faites par le concordat ou demeurent-ils tenus pour l'intégralité des dettes ? La solution à donner à cette question dépend de la base que l'on attribue à l'obligation de la communauté et du mari à raison des actes de la femme. On a soutenu que la communauté et le mari restent tenus, en les considérant comme des sortes de cautions (1). Il nous semble, au contraire, que, dès l'instant où la femme est libérée en partie, la communauté et le mari doivent l'être dans la même mesure (2). A vraiment parler, il n'y a pas plusieurs dettes coexistantes, mais une dette unique, celle de la femme qui seulement, en vertu des principes du régime de la communauté, rejaillit sur la communauté et sur le mari. La cause même de l'obligation de la communauté et du mari disparaît, par suite du concordat, dans la mesure où la femme est libérée.

624. Les créanciers ne recouvrent leur droit de poursuite individuelle qu'avec les restrictions admises par le concordat, c'est-à-dire à charge de respecter les délais et les remises consentis. Ils jouissent parfois d'une garantie nouvelle. C'est ce qui a lieu quand le failli concordataire leur a donné une ou plusieurs cautions qui garantissent ses obligations (3). Souvent, ces cautions du concordat sont des parents, des amis, la femme du failli, qui ont consenti à s'obliger pour déterminer les créanciers à voter le concordat (4).

(1) V. *en ce sens*, Paris, 19 fév. 1845, D. 1845. 4. 89. — Boutaud, *op. cit.*, p. 198, note 1.

(2) Pau, 24 octobre, 1911, D. 1912. 2. 5 ; *Journal des faillites*, 1911. 13.

(3) L'article 520, C. com., fait allusion au cautionnement du concordat. V. n° 630.

(4) Un créancier pourrait consentir à n'être payé qu'après paiement d'un certain dividende entre les mains des autres créanciers. Cette convention n'équivaut pas à un cautionnement et ne produit effet que si le concordat est exécuté. Dans le cas où il serait résolu, le créancier reprendrait la plénitude de ses droits : Paris, 19 juill. 1852, *Journ. des Trib. de com.*, 1852. 412.

La caution, qui s'oblige ainsi, est tenue de payer les dettes du failli dans la mesure où celui-ci s'est engagé par le concordat à les acquitter (1). Mais, en ce qui la concerne, on ne peut parler d'une obligation naturelle pour l'excédent, la caution ne s'est obligée à payer que le montant du dividende promis par le failli concordataire ; pour l'excédent, elle n'a jamais été tenue, à la différence de celui-ci.

Comme il se peut toujours que des créanciers inconnus surviennent, la caution agit prudemment en limitant son engagement à une somme déterminée, afin qu'il ne prenne pas un accroissement excessif.

La caution du failli concordataire n'est pas obligée commercialement. Car le cautionnement n'est pas, en principe, un acte de commerce et l'on ne se trouve pas dans un des cas exceptionnels où il en est autrement (2). Néanmoins, l'action exercée contre la caution doit être portée devant le tribunal de commerce, parce que c'est là une action dérivant de la faillite, en ce sens que cette action se rattache à un cautionnement qui n'aurait pas eu lieu sans la faillite (art. 59, alin. 7, C. proc. civ., et art. 635, C. com.). V. nos 467 et 468 (3).

625. Outre la garantie conventionnelle du cautionnement qui est très fréquente, les créanciers ont aussi, pour assurer l'exécution du concordat, l'hypothèque légale de l'article 490, C. com., sur les immeubles du failli. Par cela même qu'il s'agit d'une hypothèque légale, non d'une hypothèque judiciaire (nos 277 et 278) les immeubles acquis par le failli après l'homologation du concordat n'en sont pas grevés.

L'hypothèque n'existe plus au profit de la masse comme avant le

---

(1) La caution n'est-elle obligée qu'envers les créanciers vérifiés et affirmés lors du concordat ou l'est-elle envers tous les créanciers auxquels le concordat est opposable, c'est-à-dire même envers ceux qui se présenteront plus tard ? On ne peut donner de solution absolue à cette question ; cela dépend des termes de l'engagement. V. les décisions citées, *Rép. gén. de Droit français*, v° *Faillite*, nos 2702-3.

(2-3) V. *Traité de Droit commercial*, I, n° 182. V., en sens contraire, Cass. 24 mai 1906, **S.** et *J. Pal.*, 1906. 1. 433 ; *Pand. fr. pér.*, 1907. 1. 36 ; Thaller et Percerou, II, n° 1356. Ces auteurs se fondent sur ce qu'on ne saurait considérer comme une action en *matière de faillite* une action exercée alors que la faillite est close. Il nous semble y avoir là une pure subtilité. Ce qu'il faut considérer c'est la cause de l'action. Or, celle-ci se rattache bien à la faillite.

concordat, puisqu'après l'homologation du concordat, la masse des créanciers a cessé d'exister ; l'hypothèque subsiste au profit de chacun des créanciers individuellement.

Cette hypothèque est particulièrement utile aux créanciers ayant fait partie de la masse en cas de concordat simple (n° 279 *bis*) ; grâce à elle, ces créanciers priment les créanciers envers lesquels leur débiteur remis à la tête de ses affaires s'est obligé après avoir obtenu le concordat.

Il va de soi, comme l'indique l'article 517, que l'hypothèque ne subsiste qu'autant que les créanciers n'y renoncent pas dans le concordat.

Du reste, l'hypothèque ne continue d'exister que dans la mesure où le failli concordataire est tenu d'après le concordat de payer ses dettes. Aussi l'article 517 prescrit-il d'inscrire au bureau des hypothèques le jugement d'homologation du concordat. Conformément à cette disposition, le syndic, en produisant un bordereau, requiert une inscription (art. 2148 et suiv., C. civ.) (1). Cette inscription ne fait pas double emploi avec l'inscription de l'article 490, alin. 3. Ces deux formalités se complètent. L'inscription prise en vertu de l'article 517, C. com., indique à quelle somme se trouve réduite l'hypothèque de la masse qui, après le concordat, profite à chaque créancier individuellement.

En principe, il faut que l'inscription indique les noms de chaque créancier conformément aux prescriptions de l'article 2148 1°, C. civ., et chaque créancier a à donner mainlevée de l'hypothèque pour son compte quand il est payé du dividende qui lui revient. Mais on comprend qu'ainsi, l'inscription est très longue si le nombre des créanciers est grand. Aussi pourrait-on se borner à indiquer le montant des créances, si les créanciers avaient pris le soin de conférer au syndic ou à un commissaire au concordat le mandat de donner mainlevée de l'hypothèque au nom des différents créanciers au fur et à mesure des paiements des dividendes (2).

(1) Le jugement même d'homologation n'est pas copié sur le registre, comme pourrait le faire croire les expressions de l'article 517, C. com.

(2) Les créanciers restés inconnus qui se présenteraient plus tard, ne pourraient se prévaloir de l'inscription prise en vertu de l'article 517,

626. Le concordat emporte-t-il novation, de telle sorte que le failli concordataire doive être considéré, jusqu'à concurrence de la somme pour laquelle il demeure obligé, comme tenu de dettes nouvelles ? La question présente de l'intérêt, notamment au point de vue de la prescription des créances (1). S'il y avait novation, la prescription trentenaire serait substituée aux prescriptions plus courtes qui jusqu'alors étaient applicables, de telle sorte que, s'il s'agissait de lettres de change ou de billets à ordre, la prescription quinquennale de l'article 189, C. com., serait remplacée par la prescription de trente ans. On a soutenu que le concordat entraîne novation, en affirmant que la remise contenue dans le concordat implique la volonté des parties de modifier la nature de la créance et d'opérer un changement dans le titre primitif (2). Cette opinion doit être repoussée : il n'y a pas novation (3). Celle-ci ne se présume pas plus en matière commerciale qu'en matière civile (4) ; pour qu'il y ait novation, il faut qu'il n'y ait pas de doute sur l'intention des parties de l'opérer. Or, en cas de concordat, ne peut-on pas naturellement penser que les parties ont voulu réduire les dettes du failli au montant des dividendes promis, mais non en changer la nature ?

627. *Question de réduction. Question de rapport.* — Au sujet de la remise consentie par le concordat, il y a lieu de se demander si elle est soumise à la *réduction*, lorsqu'un créancier laisse des

C. civ. Cf. Bédarride, n° 604. Mais ils pourraient se prévaloir de l'hypothèque inscrite en vertu de l'article 490, § 3 : *Pandectes françaises* (Rép.), v° *Faillite*, etc., n° 4209, etc. ; *Rép. gén. du Droit français*, v° *Faillite*, n° 2692.

(1) V., aussi, au point de vue de la compétence, Alger, 19 sept. 1851, D. 1864. 5. 163 ; S. 1853. 2. 207.

(2) Paris, 20 juin 1870, D. 1871. 2. 3 ; Trib. civ. Seine, 29 avr. 1893, *Journal des faillites*, 1893, p. 471 ; Cass. ch. crim., 1913, *Journal des faillites*, 1913. 193. — Laurin, n° 1142, *in fine*.

(3) Paris, 8 nov. 1855, D. 1856. 2. 152 ; Cass. 7 mars 1866, D. 1866. 1. 298 ; Aix, 14 nov. 1889, *Journal des faillites*, 1890, p. 61 ; Cass. 5 avr. 1892, S. et J. Pal., 1892. 1. 365 ; D. 1892. 1. 246 ; *Journal des faillites*, 1892, p. 433. V. aussi, Trib. civ. Seine, 24 nov. 1896, *Journal des faillites*, 1897, p. 127 ; *Pandectes françaises* (Rép.), v° *Faillite*, etc., n° 7441.

(4) V. *Traité de Droit commercial*, III, n° 41.

héritiers réservataires, ou si elle donne lieu au *rapport*, dans le cas où le failli concordataire succède à un des créanciers en concours avec d'autres héritiers.

En ce qui concerne la *réduction*, il n'y a aucune difficulté. Il est hors de doute qu'elle ne s'applique pas aux remises contenues dans le concordat. Ces remises ne sont pas des libéralités, et les donations entre-vifs ou testamentaires seules peuvent être réduites, quand elles portent atteinte à la réserve (art. 920, C. civ.).

Au contraire, une grave controverse s'élève sur le point de savoir si les sommes dont la remise a été faite par le concordat, doivent être *rapportées*. Par cela même que la remise résultant du concordat n'est pas une libéralité, il ne saurait être question de la soumettre au rapport comme telle. Mais ne faut-il pas, du moins, appliquer ici les règles sur le rapport des dettes et admettre ce rapport même pour la portion dont le failli a été libéré par ses créanciers ? Il ne s'est pas formé moins de trois opinions sur cette question.

D'après l'une, le rapport serait toujours dû pour la portion remise ; d'après la seconde, il n'y aurait lieu à rapport que selon une distinction spéciale ; enfin, d'après la troisième, à laquelle nous adhérons, le rapport ne serait jamais dû.

En faveur du rapport à faire dans tous les cas (1), on invoque, outre l'opinion d'anciens jurisconsultes, des considérations diverses. La loi oblige les héritiers au rapport des dettes (art. 829 et 830, C. civ.). En admettant même que la dette soit complètement éteinte dans la mesure fixée par le concordat, il n'en est pas moins vrai, dit-on, qu'un des héritiers a reçu du défunt une valeur et que l'égalité exige que les autres héritiers reçoivent une valeur égale. Il y a là souvent un arrangement de famille et l'on prête, en général, plus facilement à des parents qu'à des étrangers. Si le rapport n'était pas dû, l'on arriverait à des conséquences injustes dans le cas où un père aurait fait des prêts à ses deux fils dont l'un n'est pas commer-

---

(1) Paris, 8 fév. 1848 ; S. 1848. 2. 122 ; Bordeaux, 16 août 1870, S. 1872. 2. 306 ; D. 1871. 2. 235 ; Trib. civ. Montbrison, 10 nov. 1886, *Journal des faillites*, 1887, p. 575. — Labbé, *Revue pratique de Droit français*, 1859, t. VII, p. 187 et suiv.

çant et dont l'autre qui est commerçant, a obtenu un concordat. Du reste, il n'est pas exact de dire que le failli concordataire est tout à fait libéré de la portion de la dette dont la remise lui a été faite. Il reste débiteur de cette portion même d'après la loi positive, car il doit la payer s'il veut être certain d'obtenir sa réhabilitation avant l'expiration d'un délai de dix années depuis le jugement déclaratif (art. 604, C. com.). Sans doute, le failli concordataire ne peut être poursuivi de ce chef, mais pourquoi ne serait-il pas contraint de se libérer entièrement, alors qu'on peut l'y forcer sans le priver d'aucun bien, au moyen d'un rapport en moins prenant fait à la succession d'un créancier?

Cette opinion n'est pas admissible. Sans doute, malgré la remise, le failli concordataire ne peut être certain, tant qu'il ne s'est pas écoulé dix ans depuis le jugement déclaratif (art. 605, C. com.), d'obtenir sa réhabilitation sans payer l'intégralité de ses dettes. Il y a là un moyen de contrainte indirect, mais c'est le seul que la loi admette: elle n'autorise pas à exiger le paiement intégral du débiteur malgré lui. Les partisans de l'opinion contraire sont, du reste, dans l'impossibilité de donner une solution rationnelle, lorsque la somme dont il a été fait remise par le concordat au failli concordataire excède sa part héréditaire. Si, pour l'excédent, ils soumettent celui-ci au rapport, comme, pour cet excédent, le rapport en moins prenant n'est pas possible, il faut alors accorder aux cohéritiers du failli concordataire le droit de saisir au besoin les biens de celui-ci pour obtenir le rapport en nature. La remise faite par le concordat est ainsi méconnue. Si, au contraire, ils reculent devant cette conséquence et décident que le rapport n'est dû que dans la mesure où il peut avoir lieu en moins prenant, ils font une distinction arbitraire.

Les arrêts (1) et les auteurs (2) se rangent, en général, à une opi-

---

(1) Cass. 22 août 1843, S. 1844. 1. 186 ; D. 1843. 1. 491 ; Paris, 3 fév. 1848, S. 1848. 2. 121 ; Cass. 17 avr. 1850, S. 1850. 1. 510 , D. 1850. 1. 107; 7 avril 1868, D. 1868. 1. 379 ; Cass. 4 nov. 1889 ; *Journal des faillites*, 1890, p. 5 ; S. 1890. 1. 435 ; *J. Pal.*, 1890. 1. 503 ; D. 1890. 1. 206 ; *Pand. fr.* 1890. 1. 3 ; Cass. 10 juin 1913, *Gazette des tribunaux*, n° des 16-17 juin 1913.

(2) Demolombe, XVI, n° 384 ; Aubry et Rau (4° édit.), p. 627 et note 23 ;

nion intermédiaire qui fait une distinction. Ils reconnaissent bien que le successible concordataire n'est pas tenu au rapport de la partie de la dette dont il a obtenu la remise par le concordat, quand il était débiteur du *de cujus* par suite d'un acte à titre onéreux, par exemple d'une vente ou d'un prêt à intérêt. Mais ils admettent, au contraire, le rapport dans le cas où la dette provient d'un acte gratuit de la part du *de cujus*, spécialement d'un prêt sans intérêt ou généralement d'avances faites dans l'intérêt du successible, par exemple, pour faciliter son établissement ou pour l'aider à continuer ses affaires ou de cautionnements donnés dans son intérêt, Ils fondent cette dernière solution sur ce que l'héritier doit rapporter tous les avantages qu'il a reçus du défunt.

Cette doctrine intermédiaire n'est pas, selon nous, plus admissible que la première. Le rapport doit, dans tous les cas, être exclu pour la portion de la dette remise par le concordat (3). Cette dette n'existe plus que comme dette naturelle, et il est de principe que les dettes de cette sorte, ne pouvant donner lieu à aucune contrainte, échappent, par suite, au rapport des dettes. D'ailleurs, s'il y avait lieu ici au rapport des dettes, il serait dû sans qu'il y eût à distinguer selon que la dette du failli concordataire envers le défunt est née d'un acte gratuit ou d'un acte à titre onéreux. On ne saurait non plus, dans la doctrine intermédiaire, invoquer les règles relatives au rapport des libéralités. Si elles étaient applicables, le rapport devrait être dû, non pour le montant de la dette, mais pour celui de l'avantage tiré par le successible du prêt qui lui a été fait par le défunt.

Il va de soi que la doctrine que nous admettons n'est exacte que s'il n'y a pas eu, sous l'apparence d'un prêt gratuit, une véritable donation de la somme prêtée.

628. *A l'égard de quels créanciers le concordat produit-il ses*

Pont, *Revue de législ.*, 1844, t. III, p. 610 et suiv. ; Colmet de Santerre, III, n° 187 *bis*, VII ; Thaller, *Traité élém. de Droit commercial*, n° 2104 ; Thaller et Percerou, II, n° 1371.

(3) Renouard, II, p. 119 ; Laurin, n° 1139 ; Bravard et Demangeat, V, p. 446, note 2 ; A. Deschamps, *Du rapport des dettes*, n° 88, p. 121 et suiv.; Baudry-Lacantinerie et Wahl, *Des successions*, III, n° 3866.

effets. — Le concordat produit ses effets, qu'ils soient désavantageux ou avantageux (1), à l'égard des créanciers du failli, soit qu'ils aient voté pour ou contre le concordat, soit qu'ils n'aient été ni présents ni représentés à l'assemblée où le concordat a été voté (2). Il y a là, comme il a été dit plus haut, une dérogation à la règle, *res inter alios acta aliis neque nocet neque prodest* (art. 1165, C civ.).

D'après l'article 516, C. com., *l'homologation du concordat le rendra obligatoire pour tous les créanciers portés ou non portés au bilan, vérifiés ou non vérifiés, et pour les créanciers domiciliés hors du territoire continental de la France, ainsi que pour ceux qui, en vertu des articles 499 et 500, auraient été admis par provision à délibérer, quelle que soit la somme que le jugement définitif leur attribuerait ultérieurement.* On pourrait sans doute dire que le créancier contesté qui n'a pas obtenu son admission provisionnelle et qui a été reconnu créancier par jugement, a été privé à tort du droit de vote au concordat; que le créancier admis provisionnellement et dont la prétention a été repoussée, a concouru sans droit au concordat, que, dès lors, les majorités en nombre et en sommes ont été faussées. Mais le législateur a dù, pour assurer la stabilité du concordat, ne pas s'arrêter à ces considérations.

On avait prétendu, sous l'empire du Code de 1807, que le con-

---

(1) Le concordat renferme, selon les cas, des clauses désavantageuses ou avantageuses pour les créanciers, lorsqu'on les considère isolément et non dans leur ensemble. Ainsi, les clauses qui concèdent des délais au failli ou qui lui accordent des remises, sont désavantageuses pour les créanciers ; au contraire, les clauses qui leur accordent une garantie spéciale pour les dividendes leur sont avantageuses.

(2) Peu importe que les créanciers n'aient pas figuré dans les opérations de la faillite, et le failli ne pourrait leur opposer une fin de non-recevoir tirée de ce qu'ils ne se sont pas soumis à la procédure de vérification et d'affirmation. Il reconnaîtra la dette et devra l'acquitter dans la mesure fixée par le concordat ou il la contestera ; dans le dernier cas, les Tribunaux statueront : Cass. 22 mars 1847, D. 1847. 1. 326 ; Bordeaux, 17 juill. 1854, *Journ. des trib. de commerce*, 1855. 106. Cf. Trib. com. Seine, 11 août 1886, *Journal des faillites*, 1887, art. 825.

Pour le cas où l'omission d'un créancier au bilan et sa non-convocation aux assemblées de vérification et de concordat seraient le résultat d'une véritable fraude, V. Cass. 22 juill. 1868, S. 1869. 1. 56.

cordat n'était pas opposable aux créanciers non portés au bilan. L'article 516 repousse avec raison cette solution. Si le concordat n'était pas opposable aux créanciers non portés au bilan, ces créanciers pourraient exercer leurs droits pour l'intégralité de leurs créances et, par suite, ils empêcheraient le concordat de produire ses effets.

629. Toutefois, la détermination exacte des créanciers auxquels le concordat est ou n'est pas opposable, n'est pas sans donner lieu à quelques difficultés.

Il peut y avoir des créanciers conditionnels, des créanciers à l'égard desquels a été engagé un procès qui n'a été terminé que par un jugement postérieur à l'homologation du concordat. Celui-ci peut-il être opposé à ces différents créanciers avec les remises qu'il contient, ou ont-ils, le concordat ne leur étant pas opposable, le droit de se faire payer l'intégralité de leurs créances ?

La règle de l'article 516 paraît bien absolue. Elle s'applique *à tous les créanciers* sans distinction, que leurs créances dérivent de contrats, de quasi-contrats de délits ou de quasi-délits (n° 629, *bis*). c'est-à-dire à tous ceux qui ont un droit né *antérieurement* à la faillite, que ce droit même n'ait été reconnu que par un jugement postérieur à l'homologation du concordat, car ce jugement n'a pas fait naître la créance, il en a constitué l'existence (2). Peu importe aussi

---

(1) Paris, 12 mars 1911, D. 1912, 2. 125.

(2) Trib. civ. Seine, 5 juill. 1894, *le Droit*, 19 juill. 1894. Le principe général est très nettement posé dans le jugement du trib. civ. de la Seine du 21 mai 1890, *Journal des faillites*, 1890, p. 457. — *En sens contraire* : Alger, 15 janv. 1895, *Journal des faillites*, 1895, p. 368. Dans l'espèce, une action en garantie avait été intentée avant le concordat, mais n'avait été reconnue bien fondée qu'après celui-ci. La Cour dit que les créances ne sont soumises à la loi du concordat qu'autant qu'*elles reposent sur un titre certain antérieur à ce contrat*, qu'il importe peu que la cause d'une créance soit préexistante, si elle n'est reconnue légitime qu'à l'époque où le failli a été remis à la tête de ses affaires ; que ce principe, qui est la sauvegarde des intérêts de la masse et sans lequel le concordat n'aurait aucune base solide et définitive, découle des dispositions de l'article 516, C. com., et a été consacré par la Cour suprême. — Ces motifs paraissent assez singuliers. D'une part, comment se fonder sur l'article 516 dont les termes sont aussi absolus que possible et qui applique le concordat aux

que la créance n'ait été exigible, ou même ne soit devenue définiivte qu'après l'homologation du concordat. Les créanciers conditionnels peuvent concourir aux opérations de la faillite; on met leur part en réserve. La condition se réalisant, ils subissent le concordat. Comment seraient-ils mieux traités que les créanciers à terme (1) ?

La même règle doit être, selon nous. appliquée aux créanciers éventuels, du moment que l'on peut dire que l'origine du droit est antérieure à la failllite (2).

créanciers non portés au bilan, aux créanciers admis par provision, quelle que soit la somme que le jugement définitif leur attribuerait. D'autre part, la doctrine de la Cour d'Alger paraît bien de nature à ébranler les bases du concordat, puisqu'avec elles il pourra surgir des créanciers ayant le droit de se faire payer intégralement sans tenir compte ni des remises ni des délais stipulés et pouvant ainsi mettre le failli concordataire dans l'impossibilité de tenir les promesses faites par lui dans le concordat. — Dans le sens de l'arrêt d'Alger. V. Trib. civ. Seine, 19 juin 1896, *Pand. fr.*, 1897. 2. 195 ; *Journal des faillites*, 1896, p. 369. — D'après ce jugement, l'expression *créanciers* de l'article 516 s'entend non pas de ceux qui peuvent avoir un droit éventuel contre le failli, mais seulement de ceux dont le droit a été consacré par un titre avant l'homologation du concordat et a été ainsi dégagé de toutes les éventualités qui pourraient s'opposer à ce qu'il fut reconnu ou déclaré par les tribunaux. Argument de l'arrêt de cassation du 6 juill. 1857, *Journ. des Trib. de comm.* 1857, p. 337 ; S. 1859. 1. 504 ; D. 1857. 1. 440. — L'article 516, en statuant sur le sort des créances contestées dont parlent les articles 499 et 500, confirme, dit-on, par une disposition exceptionnelle cette règle absolue que les simples créances auxquelles le concordat est opposable, sont celles dont la légitimité est établie avant l'homologation du concordat. Il résulterait de là un singulier avantage produit par les lenteurs de la justice. Comment l'étendue d'un droit peut-elle dépendre de la date à laquelle le jugement qui reconnaît l'existence de ce droit est rendu ? V. dans le sens de nos observations, Paris, 15 mars 1898, *Journal des faillites*, 1898. p. 391.

L'arrêt précité du 6 juilllet 1857 a statué dans un cas où un acheteur, qui n'avait été évincé qu'après le concordat obtenu par le vendeur, recourait en garantie contre lui. On comprend qu'il ait été admis que le concordat n'était pas opposable à l'acheteur. Comment celui-ci aurait il pu se présenter dans la faillite de son vendeur ?

(1-2) Trib. comm. Seine, 9 janv. 1895, *Journ. des faillites*, 1896. 36. — Une caution obtient un concordat ; le débiteur principal tombant lui-même en faillite, le créancier agit contre la caution qui prétend n'être tenue que dans les termes du concordat. Le tribunal admet cette prétention par ce motif que la dette de la caution était née au moment où elle a

629 *bis*. Par application des principes qui viennent d'être posés, il y a lieu de décider que le concordat est opposable au créancier de dommages-intérêts à raison d'un délit ou d'un quasi-délit antérieur à la faillite, encore que le jugement condamnant le failli à les payer soit postérieur au concordat (1). C'est à tort que certains arrêts ont décidé que le concordat n'est pas opposable à ce créancier, en se fondant sur ce que la créance dont il s'agit n'est pas née antérieurement au concordat (2). La créance de dommages-intérêts a sa source dans le délit ou dans le quasi-délit qui lui donne naissance. Le jugement rendu contre l'auteur de ce fait, a un caractère purement déclaratif. Peu importe que la demande ait été formée contre lui avant ou après le concordat.

630. Il y a, pourtant, des créanciers du failli antérieurs au concordat auxquels le concordat ne peut certainement pas être opposé, ce sont les créanciers hypothécaires ou privilégiés (3). Ils sont en

---

obtenu son concordat, bien que cette dette dépendît du fait par le débiteur principal de ne pas exécuter son obligation, V. Cass. 29 nov. 1899, D. 1901. 1. 505 ; *Journal des faillites*, 1900, p. 5.

(1) V. en ce sens : Thaller, dans le *Recueil de Dalloz*, 1898. 1. 473 ; Lyon-Caen, dans le *Recueil de Sirey* et dans le *Journ. du Palais*, 1899. 1. 5 ; Trib. civ. Meaux (jugeant commercialement), 23 janv. 1902, *Journal des faillites*, 1902. p. 163. V. la note suivante, 2e alinéa.

(2) Cass. req., 19 janv. 1898, *Pand. fr. pér.* 1898. 1. 281 ; S. et J. Pal., 1899. 1. 5 (note en sens contraire de Ch. Lyon-Caen) ; D. 1898. 1. 473 (note en sens contraire de M. Thaller) ; *Journal des faillites*, 1898, p. 387 ; Alger, 8 juin 1898, *Pand. fr. pér.*, 1899. 2. 125 ; D. 1899. 2. 190 ; *Journal des faillites*, 1899, p. 82 ; Cass. ch. civ., 22 oct. 1901, *Pand. fr. pér.* 1902. 1. 128 ; D. 1901. 1. 517 ; *Journal des faillites*, 1901, p. 481. Ce dernier arrêt rejette le pourvoi formé contre l'arrêt de la Cour d'appel d'Alger. Il consacre l'accord entre la Chambre civile et la Chambre des requêtes. V. aussi Cf 11 avril 1907, S. et J. Pal. 1907. 1. 433 (note en sens contraire de Ch. Lyon-Caen) ; D. 1909. 1. 501 ; *Journal des faillites*, 1907. 193. *Pandectes françaises* (Rép.) v° *Faillites*, etc., n° 732 etc.

(3) « La Chambre des requêtes a rendu récemment un arrêt qui consacre une doctrine toute contraire sur la question de principe relative à la naissance de la dette de dommages-intérêts née d'un délit et d'un quasi-délit. Cass. req. 18 juin 1912, S., J. Pal. et Pand. fr. 1912 1.-3 ». Dans l'espèce il s'agissait d'une dette de dommages-intérêts d'associés à raison de délits. Le jugement de condamnation n'aurait été rendu qu'après la dissolution de la société. Comme les associés opposaient la prescription de cinq ans

dehors de la faillite, et le concordat n'est obligatoire pour eux qu'autant qu'ils se présentent comme créanciers chirographaires, soit parce que leur garantie est insuffisante (art. 556, C. com.) (5), soit parce qu'ils y ont renoncé expressément ou, en vertu de la présomption établie par l'article 508, C. com., à raison de leur participation au vote du concordat.

L'impossibilité d'opposer le concordat aux créanciers hypothécaires est vraie même à l'égard des créanciers ayant une hypothèque générale (hypothèque légale de la femme mariée, des mineurs, de l'interdit ou hypothèque judiciaire), qu'il s'agisse pour eux de se faire payer sur les immeubles à venir acquis après le concordat comme sur les immeubles présents (1).

631. Du reste, il est évident que le concordat n'est opposable qu'aux créanciers du failli (créanciers *dans la* masse), non aux créanciers qui ont la masse pour débitrice (créanciers *de la* masse) (2). Cette solution est d'autant plus juste que ces derniers créanciers ne sont pas appelés à participer au vote du concordat.

de l'article 64, C. com.; les créanciers prétendaient que cet prescription était inapplicable, parce qu'il s'agissait d'une dette née après la dissolution de la société. La Chambre des requêtes a écarté ce moyen en s'appuyant sur ce que l'obligation des associés avait pour cause la faute par eux commise pendant la durée de la société. Il est à espérer que la Chambre des requêtes et avec elle la Chambre civile tireront de ce principe contraire à celui qu'elles adoptent en matière de concordat la conséquence logique que le concordat est opposable aux créanciers de dommages-intérêts invoquent un jugement même postérieur au concordat si le délit ou le quasi-délit constaté par le jugement est antérieur au concordat. V. Ch. Lyon-Caen *Examen doctrinal de la jurisprudence en matière commercial en 1911-1912 (Revue de critique de législation et de jurisprudence*, 1913, p. 587 à 590).

(1) Trib. com. Seine, 23 juin 1885, *Journal des faillites*, 1885. 376 : Bourges, 24 déc. 1888, *Journal des faillites*, 1889, p. 517 ; Cass. 28 mars 1898, D. 1899. 1. 49 ; Cass. 29 janv. 1900, S. et J. *Pal.*, 1901, 1. 337 : D. 1901. 1. 200 ; *Pand. fr.* 1901, 1.513 ; *Journal des faillites*, 1900, 241. V. Albert Wahl, *Des Droits des créanciers hypothécaires sur les biens acquis au failli après le concordat* (*Annales de Droit commercial*, 1902, p. 1 et suiv.).

(2) Cass. 2 janv. 1849. 1. 85 ; S. 1849. 1. 176 ; Trib. comm. Seine, 5 oct. 1860, D. 1860. 5. 170 ; Trib. comm. Seine, 3 avr. 1891. *Journal des faillites*, 1891, p. 262.

C'est là un des points de vue auxquels il importe de distinguer ces deux catégories de créanciers. V. nᵒˢ 556 et suiv.

631 *bis.* Les effets produits par le concordat même à l'égard des créanciers qui n'y ont pas consenti, peuvent expliquer qu'on ait, spécialement en *Allemagne*, refusé au concordat le caractère de contrat, pour y voir un jugement ou un acte judiciaire (1). La vérité est qu'il y a là un contrat, mais que la majorité y lie la minorité, parce qu'en matière de faillite, les droits individuels des créanciers disparaissent, en principe, et sont soumis aux décisions de la majorité. L'homologation du tribunal de commerce intervient pour protéger la minorité ; elle ne crée pas plus le concordat que les actes concernant un mineur ne résultent de l'homologation de justice, quand ils sont soumis à cette formalité protectrice. V. nᵒ 603.

632. Des difficultés s'élèvent sur le point de savoir si certaines dispositions du Code de commerce qui ne visent expressément ni le cas de concordat ni le cas d'union, s'appliquent au premier cas comme au second. V. notamment article 550, dern. alin., articles 552 et suiv., article 557 et suiv., etc. Ces difficultés seront examinées à propos, soit de l'union, soit des droits des différents créanciers, dans le chapitre suivant. Mais il est des dispositions qui ont déjà été étudiées et à l'occasion desquelles une difficulté de ce genre peut, par suite, être immédiatement résolue. Il s'agit des articles 446 à 449 relatifs aux nullités des actes faits par le failli pendant la période suspecte. Ces nullités peuvent-elles être invoquées même après le concordat ? La difficulté provient de ce que ces nullités sont admises dans l'intérêt de la masse (nᵒˢ 397 et 398) qui, par suite même du concordat, n'existe plus (2). Faut-il donc décider que, soit le failli concordataire soit chaque créancier, aura la faculté de s'en prévaloir ?

---

(1) V. sur les opinions très diverses soutenues en Allemagne, Schultze, *Das deutsche Konkurrecht in seinen juristischen Grundlagen* (1880) ; Wach, *der Zwangsvergleich*, p. 69 à 82 ; Petimeras, *der Zwangsvergleich unter besonderer Berüch sichtigung des griechischen Konkursrechtes* (1906) ; Julius Wachsenthaler, *die rechtliche Natur des Zwangsvergleiche* (1912).

(2) V. Paris, 22 juin 1909, *Journal des faillites,* 1909. 306.

Des opinions diverses sont soutenues sur cette question. Dans une première doctrine, on décide qu'après le concordat simple, les nullités des articles 446 à 449 ne peuvent plus être invoquées du tout. Elles ne peuvent plus, dit-on, l'être par les créanciers, puisqu'ils ne forment plus une masse (1) et que ces nullités sont établies exclusivement dans l'intérêt de la masse. Elles ne peuvent pas non plus l'être par le failli ; car il est certain qu'à son égard, les actes frappés de nullité subsistent (nos 317, 398 et 407) (2). On a, toutefois, proposé de reconnaître au failli concordataire le droit de se prévaloir des nullités des articles 446 à 449 dans des cas divers. Les uns le lui accordent quand ce droit lui a été cédé par le concordat (3). Les autres prétendent qu'en l'absence même de toute cession, le failli concordataire a ce droit tant qu'il n'a pas exécuté complètement son concordat (4). Autrement, dit-on, en rendant peut-être impossible l'exécution du concordat, les actes atteints par les articles 446 à 449 nuiraient aux créanciers dans l'intérêt desquels ils sont annulés. Les dispositions des articles 446 à 449 ne devraient être écartées selon cette doctrine, que lorsque le failli et les personnes ayant fait avec lui les actes prévus par les articles 446 à 449 se trouvent seuls en présence.

Ces distinctions ingénieuses n'ont aucune base dans les textes du Code de commerce. Il paraît plus conforme aux principes généraux de refuser absolument au failli concordataire le droit de se prévaloir des nullités (5), en l'accordant à chaque créancier individuelle-

---

(1) Cpr. Paris, 22 juin 1909, *Journal des faillites*, 1910. 11 ; Cass. 1er mars 1911, *Journal des faillites*, 1911, 337.

(2) Cass. 30 juill. 1866, S. 1866. 1. 385 ; *J. Pal.*, 1866. 1054 ; D. 1867. 1. 38 ; Cass. 18. fév. 1878, D. 1878. 1. 291 ; Paris 12 janv. 1892. *Journal des faillites*, 1892, p. 161 ; Agen, 24 avr. 1899, D. 1899. 2. 476 ; Trib. com. Marseille, 21 novembre 1910, *Journal des faillites*, 1911. 233.

(3) Colmar, 9 avr. 1848, S. 1867. 2. 1, en note ; *J. Pal.*, 1867. 74, en note ; 10 juill. 1866, S. 1867. 2. 1 ; *J. Pal.* 1867. 74 ; *Pandectes françaises* (*Rép.*), v° *Faillite*, etc., n° 3059 ; *Supplément au Répertoire de Dalloz*, v° *Faillites et Banqueroutes*, p. 403 en note. — Dict. de Couder, v° *Concordat*, n° 199.

(4) Demangeat sur Bravard, V. p. 382, note 2. — Poitiers, 2 mai 1854, S. 1855. 1. 705, en note ; D. 1855. 2. 115.

(5) Paris (7e chambre), 20 déc. 1866, *la Loi*, n° des 10-11 janv. 1867 (cet

ment (1). D'un côté, ces nullités ne sont pas faites pour le failli. D'un autre côté, il est naturel, quand la masse disparaît par suite du concordat, de reconnaître, à titre individuel, à chaque créancier les droits collectifs dont elle jouissait précédemment. C'est là, du reste, ce qui est admis par une disposition formelle du Code (art. 517) pour l'hypothèque légale de la masse qui, après le concordat simple, peut-être exercée par chaque créancier (n° 625).

633. Si l'on reconnaît, comme nous le faisons, que le failli concordataire ne peut se prévaloir des nullités des articles 446 et suiv., ne faut-il pas, du moins, décider qu'il cesse d'en être ainsi lorsqu'avant même le concordat, elles ont été prononcées sur la demande des syndics et que le failli peut alors invoquer le jugement de nullité? On a soutenu que ce droit appartient au failli, parce qu'il succède en quelque sorte à tous les droits des créanciers (2). Il y a dans cette opinion une erreur évidente. Sans doute, comme cela a été dit plus haut (n° 612), le failli concordataire est considéré comme ayant été représenté par les syndics durant la période préparatoire de la faillite et, en conséquence, il est vrai qu'en général, les jugements rendus au profit des syndics ou contre eux lui profitent ou lui nuisent. Mais cela ne saurait être vrai pour les jugements qui ne peuvent être rendus qu'au profit de la masse des créanciers ou contre elle. On ne conçoit pas qu'un droit qui ne peut être invoqué par une personne, se transforme et devienne de nature à être exercé par elle à raison de ce qu'un jugement en a constaté l'existence (3).

---

arrêt se borne à refuser au failli concordataire le droit d'invoquer les nullités des articles 446 et suiv., C. com.).

(1) Boistel, n° 1052 ; Thaller, *Traité élémentaire de Droit commercial*, n° 2095 ; Thaller et Percerou, II, n°ˢ 1357 à 1359 ; Lacour *Précis de Droit commercial*, n° 1841.

(2) Laurin, n° 1141.

(3) Cass. 30 juill. 1866, D. 1867. 1. 385 ; Bourges, 1ᵉʳ avr. 1870, D. 1872. 2. 30; S. 1871. 2. 72 ; *J. Pal.*, 1871. 294. (Cet arrêt décide qu'après le concordat, le créancier dont l'hypothèque a été annulée par un jugement rendu au profit de la masse représentée par le syndic, ne peut interjeter appel contre le failli concordataire); Aix, 27 août 1871, D. 1871. 2. 225 ; Amiens, 7 déc. 1895, S. et *J. Pal.*, 1897, 2. 51 ; Cass. belge. 12 déc. 1878, *Pasicrisie belge*, 1879. 1. 98.

Il faut même logiquement aller jusqu'à reconnaître que, si le jugement prononçant la nullité d'un acte du failli en vertu des articles 446 et suiv., C. com., a reçu son exécution avant le concordat, le tiers qui a fait cet acte avec le failli peut se prévaloir de cet acte contre celui-ci, comme si la nullité n'en avait pas été prononcée. Cela ne nuit pas aux créanciers, qui ont le droit d'invoquer, à titre individuel, le jugement de nullité rendu au profit de la masse avant le concordat (1).

C — DES CAUSES QUI FONT TOMBER LE CONCORDAT (2)

634. Le concordat une fois homologué par justice, est, en principe, irrévocable comme un contrat ordinaire. Toutefois, à titre exceptionnel, le Code admet que le concordat peut-être détruit. Il tombe en cas soit d'*annulation* soit de *résolution* (3). La *déclaration d'une seconde faillite* avant qu'un concordat ayant mis fin à une première ait reçu sa complète exécution, a des effets, à certains égards, analogues à ceux de l'annulation ou de la résolution du concordat.

L'annulation, la résolution du concordat, la déclaration d'une seconde faillite doivent être distinguées ; si ces causes de destruction ou d'inexécution du concordat se rapprochent en beaucoup de points, elles ont aussi quelques effets différents.

635. DE L'ANNULATION DU CONCORDAT. — Le concordat est, à raison de l'homologation dont il doit être revêtu pour produire ses

(1) V., *en sens contraire*, Rataud, *Revue critique de Législation et de Jurisprudence*, 1867, p. 6 ; Thaller et Percerou, II, n° 1357.

(2) Art. 520 à 526, C. com.

(3) Le Code de 1807 ne parlait ni de l'annulation, ni de la résolution du concordat. Cependant, quelques décisions judiciaires avaient annulé ou résolu des concordats, mais, par application du principe général sur l'autorité de la chose jugée, ces décisions n'avaient qu'un effet relatif. Par suite, le créancier qui avait fait prononcer l'annulation de la résolution du concordat pouvait seul agir contre le failli concordataire sans tenir compte des délais ou des remises accordés par le concordat. En outre, il n'y avait pas lieu à une reprise de la procédure de faillite et à la nomination d'un syndic. Cpr. n° 641. V. Dalloz, *Jurisprudence générale*, v° *Faillite*, n°° 856 à 858.

effets, un contrat d'une nature spéciale, et cela à l'égard de tous les créanciers aussi bien de ceux qui l'ont voté que de ceux qui ne l'ont pas accepté, qu'ils se soient prononcés contre les propositions du failli ou qu'ils n'aient pas pris part à l'assemblée du concordat. Le Code de commerce ne permet pas que le concordat soit annulé pour des causes aussi nombreuses que celles qui sont admises pour les contrats ordinaires. Ceux-ci peuvent être annulés à raison de trois vices du consentement, le dol, l'erreur et la violence (art. 1109 et suiv., C. civ.). En matière de concordat, le dol seul est une cause de nullité (art. 518, C. com.). Des motifs décisifs ont fait admettre cette règle restrictive. De nombreuses formalités précèdent et entourent le concordat ; la justice même doit intervenir pour l'homologuer. Il y a là des garanties sérieuses. Si le concordat pouvait être trop facilement remis en question, cela serait une cause de frais et de perte de temps.

636. Le dol n'est même pas d'une façon absolue une cause de nullité du concordat. Pour qu'il entraîne la nullité du concordat il faut : *a*) (ce qui va de soi, d'après les principes généraux du droit) que le dol n'ait été découvert que depuis l'homologation ; *b*) qu'il ait consisté dans la dissimulation de l'actif ou dans l'exagération du passif (art. 518). Ce sont ces faits qui sont précisément constitutifs de la banqueroute frauduleuse. Cpr. art. 518 et 591, C. com. Il est rationnel qu'il y ait là une cause de nullité. Ces fraudes ont empêché les créanciers de se décider en connaissance de cause ; quand ils ont eu à se prononcer sur le concordat, pour apprécier si le dividende proposé par le failli est suffisant et s'il y a des chances pour que celui-ci soit payé, ils s'attachent surtout au montant de l'actif et du passif.

637. L'article 518 indique une seule cause de nullité, le dol du failli. Pourtant, l'article 520 paraît en distinguer deux causes, en parlant de l'annulation du concordat, *soit par suite de dol, soit par suite de condamnation pour banqueroute frauduleuse intervenue après l'homologation*. V. aussi art. 522, 1er alin. Il n'y a là, en réalité, que deux manières différentes de s'exprimer ; il est bien certain qu'il existe seulement une cause de nullité du concordat dérivant du dol du failli qui consiste dans la dissimulation de l'actif ou l'exagération du passif ; seulement, lorsque cela se produit, les choses peuvent, quant à l'annulation du concordat, se passer de deux façons différentes.

a) Il se peut d'abord qu'il y ait condamnation du failli pour banqueroute frauduleuse. L'annulation du concordat doit être prononcée par cela même que le jugement de condamnation a été rendu. Il n'est même pas besoin, pour cela, que les créanciers qui demandent au tribunal de commerce la nullité du concordat, se soient portés parties civiles devant la Cour d'assises. — Sur le vu de l'arrêt de condamnation, sur la demande d'un créancier, ou même d'office, la faillite se rouvre (art. 522, 1er alin.). La condamnation pour banqueroute frauduleuse antérieure au concordat étant un obstacle légal à son adoption par les créanciers ou à l'homologation (art. 510, 1er alin.), il est rationnel et conforme à l'intérêt même de l'ordre public qu'une semblable condamnation postérieure à l'homologation entraîne la nullité du concordat. Au contraire, la banqueroute simple, qui n'empêche pas le concordat, n'en entraîne pas non plus la nullité lorsque la condamnation prononcée à raison de ce délit est postérieure à l'homologation du concordat.

A raison même de l'éventualité d'une condamnation et, par suite, de l'annulation du concordat, quand, après l'homologation, le failli est poursuivi pour banqueroute frauduleuse, et placé sous mandat de dépôt ou d'arrêt, le tribunal de commerce peut prescrire telles mesures conservatoires qu'il juge convenables. Chaque créancier peut provoquer ces mesures. Le tribunal de commerce, averti par le ministère public de l'exercice des poursuites, peut aussi prendre ces mesures d'office. Elles consistent le plus souvent dans la désignation d'un séquestre auquel sont remis les biens, les livres et les papiers du failli. Ces mesures cessent de plein droit du jour de la déclaration qu'il n'y a lieu à suivre, de l'ordonnance d'acquittement ou de l'arrêt d'absolution (art. 521, C. com.).

b. Il est possible qu'il n'y ait pas de poursuite pour banqueroute frauduleuse, parce que le ministère public a estimé qu'il devait s'abstenir ou parce qu'il y a eu extinction de l'action publique par suite du décès du failli ou de toute autre cause. Cela ne doit pas nuire à l'intérêt privé des créanciers, en les privant du droit de faire prononcer la nullité du concordat. Celle-ci est admise par cela seul qu'il y a eu dol, sans qu'une condamnation pour banqueroute frauduleuse ait eu lieu.

638. De ce que la seule cause de nullité du concordat est le dol tel qu'il est défini par l'article 518, C. com., qu'il y ait eu ou non condamnation pour banqueroute frauduleuse, il résulte :

a. Que le concordat ne peut pas être annulé à raison d'une omission d'un élément de l'actif faite sans qu'il y ait eu une fraude (1) ;

b. Que les irrégularités de forme qui peuvent empêcher l'homologation du concordat, ne sauraient constituer une cause de nullité quand le concordat a été homologué (2) ;

c. Que le concordat ne peut pas être annulé à raison de ce qu'il n'a pas été voté aux majorités requises :

d. Que même la nullité d'un concordat ne peut être demandée à raison de ce qu'il a été conclu et homologué après que les créanciers se sont mis en état d'union (3).

639. De la résolution du concordat. — La résolution peut être demandée à raison de l'inexécution du concordat, lorsque le failli concordataire n'exécute pas les conditions du concordat, par exemple, quand il ne paie pas les dividendes promis, ou ne les acquitte pas aux dates fixées ou ne fournit pas la garantie qu'il a promise pour en assurer le paiement (art. 520, al. 2, C. Com.). Il y a là une application de l'article 1184, C. civ., d'après lequel, dans les contrats synallagmatiques, la condition résolutoire est sous-entendue pour le cas où l'une des parties n'exécute pas son obligation.

640. La résolution du concordat n'a pas lieu de plein droit. Les créanciers, au lieu de la réclamer, peuvent, s'ils le préfèrent, exiger l'exécution du concordat et exercer à cet effet des poursuites

---

(1) Cass. 22 juill. 1868, S. 1869. 1. 56 ; Cass. 27 janv. 1874, D. 1874. 1. 352 ; S. 1877. 1. 376 ; *J. Pal.*, 1877. 946.

(2) V. l'arrêt du 22 juill. 1868 mentionné à la note précédente ; Cass. 2 mai 1864, D. 1865. 1. 125 ; S. 1865. 1. 209.

Ainsi, l'homologation couvre en quelque sorte les irrégularités qui ont pu être commises. C'est un système analogue qui est admis dans les lois de quelques pays en matière de sociétés par actions nulles à raison de l'irrégularité de leur constitution. V. *Traité de Droit com.*, II, n° 797 *bis*.

(3) Cpr. Cass. 2 mai 1864, D. 1865. 1. 125.

sur les biens de leur débiteur (1). En outre, le tribunal saisi peut lui accorder des délais de grâce (2). Il n'y a là encore que l'application des principes du droit commun sur la condition résolutoire tacite (art. 1184, C. civ.).

Si même il avait été expressément stipulé que le non-paiement d'un seul des dividendes entraînerait de plein droit la résolution du concordat, le failli concordataire pourrait utilement payer tant que les créanciers non satisfaits ne l'auraient pas mis en demeure par une sommation ; après cette sommation, le tribunal ne peut plus lui accorder de délais (analog. art. 1656, C. civ.). Mais rien n'empêche de stipuler expressément que la résolution aura lieu de plein droit en cas de non-paiement d'un dividende, sans que le failli concordataire puisse y échapper en s'acquittant de son dividende avant toute sommation.

641. Qui peut demander la résolution ? Ce n'est assurément pas le failli concordataire qui n'a pas exécuté le concordat. Ce sont les créanciers. Mais, une fois le concordat formé, il n'y a plus de masse de créanciers, plus de syndics, plus de majorité ou de minorité, plus de droits collectifs ; chaque créancier recouvre l'exercice de ses droits individuels. Aussi ne peut-il être question d'une action en résolution exercée par le syndic ; chaque créancier (3) à l'égard duquel le

(1) Douai, 12 mai 1888, *Jurispr. de la Cour Douai*, 1888. 158. — L'exercice des droits des créanciers suppose que des termes sont échus : Trib. com. Cannes, 14 oct. 1886, *Journal des faillites*, 1886. 511.

(2) Cf. Paris, 27 fév. 1864 et 25 fév. 1873, *Journ. des Trib. de com.*, 1864. 469 et 1873. 249. Aj. Paris. 16 déc. 1868, *même recueil*, 1869. 471 ; Trib. comm. Saint-Etienne, 8 fév. 1898, *la Loi*, n° des 21-22-23 août 1898.

(3) Toulouse, 10 juill. 1895, *Journ. de jurispr. de Marseille*, 1896. 2. p. 134. — Dans les travaux préparatoires de la loi de 1838, il avait été question de subordonner la recevabilité de l'action en résolution au vote de la majorité des créanciers en nombre et en sommes, et cette solution avait même prévalu devant la C9ambre des pairs. M. Quénault, rapporteur, motivait ainsi devant la Chambre des députés l'opinion opposée : « Après le concordat, il n'existe plus de masse, plus de communauté, plus de majorité, plus de minorité, plus de droits collectifs ; chacun peut poursuivre l'exercice de ses droits individuels par tous les moyens qui lui restent en vertu du concordat ; la majorité serait souvent impossible à retrouver s'il s'était écoulé plusieurs années depuis la formation du con-

concordat produits ses effets (1), peut en demander la résolution, par cela seul que les conditions n'en ont pas été exécutées à son égard, eussent-elles, au contraire, été exécutées à l'égard des autres créanciers. Le jugement rendu sur la demande d'un ou de plusieurs créanciers, produit, du reste, ses effets *erga omnes*. Le concordat est résolu pour tous (2). Une résolution partielle serait la cause de grandes complications. Du reste, souvent, en matière de faillite, il est dérogé au principe de l'article 1351. C. civ., sur le caractère relatif de l'autorité de la chose jugée (n° 111) (3).

cordat ; ce serait soumettre à une condition la résolution qu'il importe de prononcer ; il pourrait même arriver que la majorité fût désintéressée et n'eût plus aucun intérêt à faire prononcer la résolution » (*Moniteur* du 6 avr. 1838).

(1) Un créancier hypothécaire ou privilégié ne peut donc pas demander la résolution du concordat, à moins qu'il ne soit pas parvenu à se faire payer sur le bien qui lui est affecté ou qu'il renonce à son hypothèque : Cass. 25 mai 1864, D. 1864. 1. 363; S. 1864. 1. 284; Trib. comm. Seine. 23 juin 1885, *Journal des faillites*, 1885. 376. — La même solution est exacte pour un créancier gagiste : Trib. comm. Seine, 21 sept. 1883, *Journal des faillites*, 1883, p. 515 ; Douai, 28 février 1905, D. 1906. 2.398 ; *Journal des faillites*, 1096. 56.

(2) Riom, 2 août 1853, D. 1854. 2. 99 : Paris, 12 mai 1865. *Journ. des Trib. de com.*, 1866. 154 ; Trib. com. Seine, 28 mai 1867, *même revue*, 1867. 519. (Les créanciers qui ne sont pas portés demandeurs peuvent intervenir et agir en leur nom dans le cas de désistement du demandeur originaire).

(3) DROIT ÉTRANGER. — La plupart des lois étrangères admettent la résolution du concordat pour cause d'inexécution. V. notamment loi *belge* (art. 528) ; loi *suisse* (art. 315) ; Codes de commerce *italien* (art. 743) ; *espagnol* (art. 906) ; *roumain* (art. 863) ; loi *anglaise* (art. 18 1°). Mais la réglementation n'est pas identique dans toutes ces lois. Ainsi, les Codes *italien* (art. 843) et *roumain* (art. 863) distinguent deux sortes de demandes en résolution du concordat : l'une formée par la majorité des créanciers qui sont intervenus au concordat, l'autre qui peut être intentée par chaque créancier individuellement et dans un intérêt personnel. La majorité qui décide que la résolution sera demandée, doit être la même que celle qui est exigée pour le vote du concordat. — La loi *suisse* (art. 315) fait du droit de demander la révocation du concordat pour inexécution un droit propre à chaque créancier produisant ses effets à l'égard de chacun. Mais la loi *allemande* (art. 195) exclut la résolution du concordat pour inexécution. On va même jusqu'à soutenir qu'une stipulation formelle admettant la résolution ne serait pas valable. V. Fitting, § 47, note 13 et

641 *bis.* La demande en résolution doit être formée contre le failli concordataire, ou, s'il est décédé, contre ses héritiers, en présence des cautions, s'il y a des cautions du concordat, ou elles dûment appelées (art. 520, 2ᵉ alin., C. com.).

Dans le cas où le failli est décédé, la demande en résolution peut être formée même un an après le décès du failli concordataire (1), tant que le droit des créanciers n'est pas éteint par la prescription trentenaire (nᵒ 649 *b*). Il est vrai que la résolution du concordat fait ouvrir la faillite à nouveau et que les créanciers ne peuvent demander la déclaration de faillite de leur débiteur décédé que dans l'année qui suit le décès de celui-ci (art. 437, 3ᵉ alin.) (2). Mais l'ouverture d'une faillite nouvelle et la réouverture d'une ancienne faillite par suite de la résolution du concordat qui avait mis fin à cette dernière, sont deux choses bien distinctes.

642. *Règles communes à l'annulation et à la résolution du concordat.* — Sous plusieurs rapports, des règles identiques s'appliquent à l'annulation et à la résolution du concordat.

a. Le droit de demander l'annulation ou la résolution appartient individuellement à chacun des créanciers auxquels le concordat est opposable, il n'appartient donc pas aux créanciers privilégiés ou hypothécaires (3).

b. Au contraire, ce droit n'appartient ni au failli concordataire (c'est lui qui a commis le dol ou qui n'exécute pas le concordat) ni au syndic (le concordat a fait cesser ses fonctions).

c. La demande doit être formée par voie d'assignation, non de

---

§ 50, note 1. Le législateur allemand paraît avoir voulu tenir compte de ce que le concordat n'est pas un contrat ordinaire, à raison du caratère que lui imprime l'homologation de justice. V. nᵒ 631 *bis*.

La loi des *Etats-Unis d'Amérique* de 1898 n'admet pas la résolution du concordat, par cela même qu'elle exige le dépôt du dividende promis avant l'homologation. V. ci-dessus, note 1 de la page 656.

(1) Besançon, 8 mars 1875, D. 1876. 2. 10 ; Trib. comm. Marseille, février 1912, *Journal des faillites*, 1912. 236 ; Bordeaux. 24 mars 1906 *Journal des faillites,* 1907. 402. La faillite reprend ainsi à une époque à laquelle elle ne pourrait plus être déclarée. V. art. 447, C. com

(2) V ci-dessus, nᵒˢ 67 et suiv.

(3) Douai, 28 février 1905, *Journal des faillites*, 1906. 58.

requête, à la différence de la demande en déclaration de faillite (n° 99) (1).

d. La demande est de la compétence du tribunal de commerce qui avait homologué le concordat ; c'est assurément là une demande concernant la faillite (art. 635, C. com.). V., du reste, article 521 et 522, C. com.

e. Le jugement intervenu est susceptible d'appel (2). Il porte sur une demande ayant un objet indéterminé.

f. Les effets du jugement prononçant la résolution ou l'annulation se produisent à l'égard de tous les créanciers, par dérogation à l'article 1351, C. civ. (3).

643. *g.* L'annulation ou la résolution du concordat a pour conséquence la réouverture de la faillite à laquelle le concordat avait mis fin. Le failli est de nouveau dessaisi, les créanciers n'ont plus le droit d'exercer des poursuites individuelles (4) et l'on est ramené à la procédure préparatoire antérieure au vote du concordat. La loi cherche seulement à éviter les frais et les lenteurs, en prescrivant de se servir autant que possible des actes qui avaient été faits avant le concordat (art. 522). Ainsi, sur le vu de l'arrêt de condamnation pour banqueroute frauduleuse ou par le jugement qui prononce, soit l'annulation, soit la résolution du concordat, le tribunal de commerce doit nommer un juge-commissaire et un ou plusieurs syndics (5). Ces syndics (6), peuvent faire apposer les scellés (7). L'an-

(1) Besançon, 8 mars 1875, D. 1876. 2. 10.

(2) Lyon, 20 mars 1907, D. 1907. 2. 384.

L'appel du jugement prononçant l'annulation ou la résolution, n'est pas suspensif en ce qui touche la nomination des syndics et ses conséquences ; Bédarride, n° 658.

(3) Cette règle spéciale n'est pas admise en *Allemagne* sans distinction. V. loi *allemande* sur la faillite, art. 196 à 198.

(4) Riom, 2 août 1853, D. 1854, 2. 99 : Cass. 7 déc. 1874, D. 1875. 1. 457 ; S. 1875. 1. 13 (rapport à la masse des dividendes touchés après le jugement de résolution) ; Trib. civ. Seine, 8 mai 1907, *Journal des faillites*, 1907. 365 (élargissement du débiteur soumis à la contrainte par corps).

(5) Le tribunal statue d'office ou sur la demande d'un ou de plusieurs créanciers.

(6) Le tribunal peut nommer les anciens syndics ou en désigner de nouveaux.

(7) C'est une faculté pour les syndics (art. 522, al. 2). L'apposition des scellés est, au contraire, obligatoire lors de la déclaration de la faillite (art. 455). Les syndics apprécient les circonstances).

cien bilan et l'ancien inventaire sont utilisés. Les syndics dressent
seulement un bilan supplémentaire. Ils procèdent sans retard,
avec l'assistance du juge de paix, sur l'ancien inventaire, au récolement
ment des valeurs, actions et papiers, et font, s'il y a lieu, un supplément
plément d'inventaire. La vérification et l'affirmation faites avant le
concordat ne sont pas recommencées (art. 523) ; on se borne à
rejeter ou à réduire les créances qui, depuis le concordat, ont été
payées en tout ou en partie. Mais il y a lieu de procéder à la vérification
fication et à l'affirmation pour les créances nouvelles, c'est-à-dire
postérieures au concordat. Dans ce but, les formalités prescrites
par les articles 492 et 493, C. com., doivent être remplies (art. 522) :
les syndics doivent faire immédiatement afficher et insérer dans les
journaux à ce destinés, avec un extrait du jugement qui les nomme,
invitation aux créanciers nouveaux, s'il en existe, de produire, dans
le délai de vingt jours, leurs titres de créances à la vérification. Cette
invitation doit être faite aussi par lettres du greffier, conformément
aux articles 492 et 493. Il semble seulement résulter de l'article
cle 522, dern. alin., qui fixe ainsi le délai de vingt jours sans rien
ajouter, que ce délai est invariable, en ce sens qu'il ne peut être
prolongé à raison des distances, à la différence de ce qui a lieu pour
les productions à faire après le jugement déclaratif.

644. Quand ces formalités complémentaires ont été remplies,
l'assemblée générale des créanciers a de nouveau à se prononcer sur
la solution que la faillite doit recevoir. Il en est, du moins, ainsi
au cas où le concordat a été *résolu* (1). Au contraire, l'assemblée
des créanciers n'a pas à se prononcer sur cette question, lorsque le
concordat a été annulé par suite d'une condamnation pour banqueroute
route frauduleuse, par cela même que cette condamnation rend le
concordat impossible (art. 510, C. com.). Mais un concordat est-il
de nouveau possible lorsque le premier concordat a été annulé, sans
qu'il y ait eu condamnation pour banqueroute frauduleuse (n° 637) ?
On a soutenu l'affirmative (2), en se fondant sur ce qu'en principe,
toute faillite peut se terminer par un concordat et en invoquant le

---

(1) Douai, 23 janvier 1907, S. et *J. Pal.*, 1909. 2. 140 ; *Journal des faillites*, 1907. 71.
(2) Demangeat sur Bravard, V, p. 467, note 1.

texte de l'article 524, 1er alin., qui, par les mots, *s'il n'intervient pas de concordat*, paraît en supposer la possibilité. Mais il semble plus rationnel d'exclure la possibilité d'un second concordat quand le premier a été annulé pour cause de dol, qu'il y ait eu ou non une condamnation du failli pour banqueroute frauduleuse (1). L'annulation du concordat vient, en cas de dol, de l'indignité du failli ; elle ne disparaît pas et le tribunal de commerce se mettrait en contradiction avec lui-même en homologuant un nouveau concordat. Au reste, l'article 524, 1er alin., C. com., dit bien ce qu'il y a à faire quand le concordat est refusé, mais n'indique nullement qu'un concordat peut être admis dans tous les cas.

645. *h*. Conformément aux principes généraux, l'annulation ou la résolution a un effet rétroactif et fait, en principe, considérer le concordat détruit comme non-avenu (2), sans que les choses soient replacées dans l'état où elles étaient au jour où a été rendu le jugement déclaratif de faillite (3). Mais le Code, dans l'intérêt, soit des tiers qui ont contracté avec le failli après l'homologation du concordat, soit des créanciers liés par le concordat, apporte à cette rétroactivité deux restrictions notables, de telle sorte qu'à certains égards, les effets du concordat sont maintenus pour le passé (art. 525 et 526, C. com.).

646. Le failli concordataire, remis à la tête de ses affaires, a pu faire des actes nombreux. Si l'annulation ou la résolution avait un effet rétroactif absolu, le dessaisissement serait réputé n'avoir pas cessé depuis le jugement déclaratif et, par suite, les créanciers de la masse de la faillite terminée par le concordat pourraient faire déclarer ses actes nuls à leur égard. Une pareille solution nuirait

---

(1) Bravard, V, p. 466 et 467 ; Thaller et Percerou, II, n° 1390.

(2) V. une importante application du principe de la rétroactivité ; Cass., 24 mars 1891, *Pand. fr. pér.*, 1892. 1. 329 ; S. 1891. 1. 209 ; *J. Pal.*, 1891. 1.508 (note de Ch. Lyon-Caen) ; D. 1891 1. 145. Dans l'espèce, il s'agissait d'un vendeur d'immeuble qui n'avait pas conservé son privilège avant le jugement déclaratif. Le failli avait obtenu un concordat et ce concordat avait été résolu. La Chambre civile de la Cour de cassation admet que l'action résolutoire et le privilège sont perdus pour le vendeur. V. n° 296.

(3) Consult. Trib. comm. Seine, 14 avril 1898, *le Droit*, n° du 18 mai 1898 ; *Journal des faillites*, 1898, p. 262.

au crédit des faillis concordataires et serait bien rigoureuse à l'égard des tiers de bonne foi. Les actes faits depuis le concordat annulé ou résolu sont donc, en principe, valables ; non seulement ils ne sont pas nuls en vertu du dessaisissement, mais encore ils ne sont pas atteints par les nullités des articles 446 et suiv., C. com., comme ayant été faits durant la période suspecte ; ils ne peuvent être annulés qu'au cas de fraude aux droits des créanciers, c'est-à-dire en vertu de l'article 1167, C. civ. (1).

647. Cette restriction à la rétroactivité de l'annulation ou de la résolution du concordat s'applique certainement aux actes faits par le failli concordataire postérieurement à la conclusion du concordat. Mais cette restriction doit-elle être appliquée aussi aux actes dérivant de faits antérieurs au concordat et se rattachant à son exécution ? La question se pose dans le cas où, après le concordat et avant l'annulation ou la résolution qui en a été prononcée, le failli a payé à certains créanciers une partie ou la totalité des dividendes promis. Il a été admis que, pour ces actes, il faut s'en tenir au principe qui, par suite de l'annulation ou de la résolution, fait considérer le concordat comme non-avenu même dans le passé, que l'article 525, C. com., ne restreint le principe que pour les actes postérieurs au concordat sans lien avec les faits antérieurs. Des décisions judiciaires en ont déduit que les actes se rattachant à des faits antérieurs tombent sous le coup des articles 446 et 447, C. com. (2).

(1) Cf. Paris, 15 mai 1857 et 26 déc. 1870, *Journ. des Trib. de com.*, 1857, 170, et 1871, 212. Montpellier, 13 novembre 1902, *Journal des faillites*, 1911. 210.

(2) Cass. 7 déc. 1874, D. 1875. 1. 457 : S. 1875. 1. 13 ; *J. Pal.*, 1875. 13 ; Nancy, 7 avr. 1880, D. 1882. 1. 29 ; Cass. 16 juill. 1883, D. 1884. 1. 183 ; S. 1883. 1. 467 ; *J. Pal.*, 1883. 1. 1165. (Il s'agissait, dans l'espèce de ce dernier arrêt, d'un paiement reçu par un des créanciers concordataires sur les dividendes non encore échus. La Cour de Paris avait ordonné le rapport à la masse de la somme touchée. La Cour de Cassation rejette le pourvoi par ce motif que le paiement était nécessairement atteint, sinon par les dispositions des articles 446 et 447, du moins par celles du 1er alin. de l'article 443 ; mais alors il n'y a pas à distinguer entre les dividendes échus et les dividendes non échus. L'arrêt rejette l'application de l'article 525 par l'argument rapporté au texte); Paris, 15 nov. 1900, *Pand. fr.*, 1901. 2. 203 ; D. 1901. 2. 23.

Cette doctrine ne semble pas fondée. Il est vrai que l'article 525, restreignant la rétroactivité de l'annulation ou de la résolution dans un intérêt de crédit, a dû avoir en vue surtout les actes entièrement nouveaux faits par le failli concordataire. Mais l'article 525 ne fait pas de distinction. Du reste, si l'article 525 devait être écarté, il en résulterait, non pas que les actes dont il s'agit seraient nuls dans les termes des articles 446 et 447, C. com., comme faits durant la période suspecte, mais qu'ils seraient nuls par suite du dessaisissement qui serait réputé n'avoir jamais cessé dans le passé, même dans l'intervalle de temps écoulé entre l'homologation du concordat et le jugement qui en a prononcé la résolution ou l'annulation (1).

648. Le Code de commerce restreint aussi les effets de l'annulation ou de la résolution dans le passé au point de vue des remises contenues dans le concordat: Ces remises ne sont pas absolument réputées non-avenues et les créanciers ne recouvrent pas sans distinction le droit de réclamer le montant intégral de leurs créances. Le Code (art. 526) distingue principalement selon qu'il s'agit des rapports des anciens créanciers avec le failli ou des rapports des anciens créanciers avec les créanciers postérieurs à l'homologation du concordat et antérieurs à sa résolution ou à son annulation.

Contre le failli, les créanciers antérieurs au concordat rentrent dans l'intégralité de leurs droits. En d'autres termes, les remises faites par le concordat ne peuvent plus être invoquées par le failli. Ainsi, un concordat avait, par exemple, fait remise au failli de 25 0/0, de telle sorte que, sur une dette de 100.000 fr., il avait à payer seulement 75.000 fr. Le concordat est annulé ou résolu à un moment où un dividende de 50.000 fr. avait été déjà payé. Si un nouveau concordat n'est pas accordé, le créancier pourra se présenter dans la faillite et s'il y obtient 10.000 fr., il pourra, après la clôture de l'union, poursuivre le failli pour 40.000 fr.

La même règle ne s'applique pas dans les rapports des créanciers, antérieurs au concordat avec les créanciers postérieurs au point de vue des sommes pour lesquelles les premiers peuvent produire à la

---

(1) V., en notre sens, Trib. com. d'Aix, 7 juin 1900, D. 1900, 2. 468. Thaller, *Traité élémentaire de Droit commercial*. n° 2116; Thaller et Percerou, II, n° 1393.

faillite réouverte par suite de l'annulation ou de la résolution du concordat. Il va de soi que les créanciers, qui n'ont touché aucun dividende en vertu du concordat, ont le droit de produire à la faillite réouverte par l'intégralité de leurs créances. Le concordat, qui n'a reçu aucun commencement d'exécution, ne peut pas être opposé par les créanciers postérieurs aux créanciers antérieurs. Ainsi, quand le concordat contenait une remise de 50 0/0, le créancier de 10.000 fr. qui n'a rien touché, peut, après l'annulation ou la résolution du concordat, produire pour 10.000 fr.

Mais il peut se faire que les créanciers antérieurs au concordat aient déjà touché, soit une partie, soit même la totalité de leurs dividendes ; pour quelle somme ont-ils alors le droit de figurer dans la masse ? La règle qui résulte de l'article 526, 2e alin., est très simple. Le paiement de tout ou partie du dividende promis par le concordat vaut, dans les rapports entre les créanciers antérieurs et les créanciers postérieurs, ce qu'il aurait valu sans l'annulation ou la résolution du concordat. En matière de faillite, le dividende représente la créance elle-même, de telle sorte que celui qui a touché l'entier dividende n'a plus rien à réclamer. Il résulte de là que les créanciers antérieurs qui ont reçu entièrement leurs dividendes, ne peuvent figurer dans la masse, après l'annulation ou la résolution du concordat, pour aucune somme à l'encontre des créanciers postérieurs. Ainsi, un concordat a fait remise de 25 0/0 ; il est annulé ou résolu, le créancier de 100.000 fr. qui a reçu 75.000 fr. ne peut plus rien réclamer dans la faillite. De même, le créancier qui a reçu une partie seulement de son dividende, perd le droit de figurer dans la masse, non pas pour la somme même qu'il a reçue, mais pour la portion de sa créance que cette partie du dividende représente ; il peut réclamer non pas la différence entre la somme qu'il a reçue et le montant de sa créance, mais la portion de sa créance primitive correspondant à la partie du dividende promis qu'il n'a pas touchée. Ainsi, si le concordat annulé ou résolu a accordé au failli une remise de 25 0/0, le créancier de 100.000 fr. qui a reçu 37.500 fr., c'est-à-dire la moitié de son dividende, pourra produire à la faillite, non pas pour 62.500 fr., mais pour la moitié de son ancienne créance, c'est-à-dire pur 50.000 fr.

Il y a là une restriction aux effets de l'annulation ou de la résolution du concordat dans le passé qui se justifie par une raison d'équité. Les nouveaux créanciers ont connu l'existence du concordat et le montant des remises y contenus. Ils ont dû compter, dans le cas où le failli a payé des dividendes, sur une extinction proportionnelle des créances anciennes.

649. *Différences entre l'annulation et la résolution du concordat.* — Il y a entre l'annulation et la résolution du concordat des différences assez notables.

a. L'annulation provient d'un vice du concordat qui a existé dès le principe. La résolution a sa source dans un fait postérieur (1).

b. A défaut de dispostions spéciales, conformément au droit commun, l'action en nullité du concordat se prescrit par 10 ans à partir de la découverte du dol (art. 1304, C. civ.) (2) et l'action en résolution par 30 ans à partir du jour où le failli concordataire a manqué à ses engagements (art. 2262, C. civ.) (3).

c. Un nouveau concordat est possible en cas de résolution ; il n'en est pas admis en cas d'annulation (n° 644).

d. L'annulation du concordat libère de plein droit les cautions que le failli concordataire avait fournies pour garantir ses engagements, c'est-à-dire les cautions du concordat (art. 520, 1er alin.) (4). C'est là une conséquence naturelle de l'annulation de l'obligation principale. Au contraire, la résolution du concordat ne libère pas les cautions qui y sont intervenues pour en garantir l'exécution totale ou partielle (5). Pourquoi donc, en cas de résolution, la caution

(1) Cette différence est conforme à celle qui existe toujours entre l'annulation et la résolution d'un acte quelconque, au point de vue de la nature de la cause qui les détermine.

(2) Il n'y a pas à appliquer les dispositions du Code d'instruction criminelle (art. 637) qui soumettent l'action civile à la même prescription que l'action publique. Car ces dispositions ne visent, sous le nom d'action civile, que l'action en dommages-intérêts née d'une infraction à la loi pénale.

(3) Trib. comm. Seine, 26 octobre 1904, *Journ. des faillites,* 1905. 357.

(4) En *Allemagne,* les cautions ne sont pas plus libérées par l'annulation que par la résolution du concordat. V. loi *allemande,* articles 196 et 197.

(5) Cette solution n'a pas été admise sans discussion et elle avait été critiquée par le rapporteur de la Chambre des pairs, Tripier. Il disait :

reste-t-elle obligée et comment expliquer à cet égard la différence entre l'annulation et la résolution? Il ne suffirait pas de dire que l'on n'a rien à reprocher aux cautions en cas d'annulation, tandis qu'elles ont eu le tort de ne pas payer en cas de résolution (1). Car les créanciers non payés ont le choix : ils peuvent ou demander l'exécution du concordat ou demander la résolution. Il va de soi que, dans le cas où ils optent pour le premier parti, ils peuvent agir contre la caution. Mais, quand les créanciers optent pour le second, comment peuvent-ils invoquer une clause du concordat résolu? Il semble qu'ils veuillent cumuler le bénéfice de la résolution et celui du concordat en agissant contre la caution; il paraît y avoir là une contradiction. Cette objection n'est pas décisive, puisque la caution peut être poursuivie par des créanciers autres que ceux qui font prononcer la résolution. Le législateur paraît avoir surtout redouté une collusion entre certains créanciers et la caution qui se serait entendue avec eux pour qu'ils demandassent la résolution, afin d'être déchargée. Au cas d'annulation, cette collusion n'est guère à craindre. A raison même de la cause pour laquelle l'annulation est prononcée, le jugement qui la prononce peut donner l'éveil au ministère public et provoquer des poursuites pour banqueroute frauduleuse.

La caution ne demeure obligée que dans les termes du concordat et les créanciers ne peuvent invoquer contre elle les droits plus étendus qu'ils prétendraient tirer de la résolution. La caution qui reste tenue, peut donc, comme avant la résolution, se prévaloir des termes accordés par le concordat au failli (2). Cet solution est conforme à la règle posée par l'article 526, C. com., selon laquelle *les créanciers antérieurs au concordat rentreront dans l'intégralité de leurs droits à l'égard du failli seulement.*

La même distinction paraît devoir être faite pour toutes les autres

---

« La caution n'est obligée que par le concordat : s'il est annulé *ou résolu,*
« il n'existe plus de titre ni d'obligation contre elle... il est juste qu'elle
« soit affranchie de son engagement ».

(1) Cet argument est, pourtant, donné par Thaller et Percerou, II, n° 1395.

(2) Trib. comm. Saint-Etienne, 8 février 1898, *la Loi*, n° des 21-23 août 1898.

garanties accordées pour assurer l'exécution du concordat. Ainsi, l'hypothèque ou le gage qui tombent par suite de l'annulation du concordat, subsistent malgré la résolution. Cela s'applique à l'hypothèque légale des articles 490 et 517, C. com. Seulement elle ne peut subsister, comme les autres garanties, que dans la mesure des dividendes promis par le concordat (1). Les créanciers envers lesquels le failli concordataire s'est obligé après l'homologation de concordat, seraient trompés si, le concordat étant résolu, les créanciers antérieurs au jugement déclaratif recouvraient le droit d'invoquer l'hypothèque légale pour l'entier montant de leurs créances (2).

Mais il ne faut pas confondre avec une garantie l'avantage qu'a fait un créancier aux autres en s'engageant à ne réclamer un dividende que lorsque ceux-ci auront reçu déjà tant pour cent de ce qui leur est dû. Cet avantage ne constitue pas une garantie, soit réelle, soit personnelle, des autres dettes. Aussi tombe-t-il nécessairement avec le concordat annulé ou résolu dont il est une partie intégrante (3). De même, la résolution du concordat ne fait pas revivre les créances qu'ont abandonnées des parents du failli en vue de déterminer les créanciers à consentir au concordat (4).

e. De ce que les cautions ne sont pas libérées par la résolution (art. 520, 3e alin.) tandis qu'elles le sont par l'annulation du concordat, il résulte que la demande en annulation n'exige pas la mise en cause des cautions, tandis que l'action en résolution doit être

(1) Paris, 22 juin 1850, D. 1852. 2. 213 ; Trib. com. Seine, 4 nov. 1864, *Journ. des Trib. de com.*, 1873. 164. V., pour le maintien de l'hypothèque légale de l'article 490, C. com., même en cas d'annulation du concordat, Thaller, *Traité élémentaire de Droit commercial.* n° 2118 ; Thaller et Percerou, II, n° 1394 et note 2 de la page 486. Il va de soi que, la faillite étant ouverte à nouveau, une autre hypothèque peut toujours être inscrite au profit de la masse comprenant les créanciers anciens et les créanciers nouveaux, en vertu de l'article 490, C. com.

(2) V. *en sens contraire*, Renouard, II, p. 459 ; Thaller et Percerou, II, note 2 de la page 437.

(3) Paris, 19 juill. 1852, D. 1854, 5. 366 ; Trib. com. Seine, 30 mars 1885 et 18 novembre 1909, *Journal des faillites*, 1886, p. 504 ; 1912. 229. V. *en sens contraire*, Rouen, 24 juillet 1901, *Journal des faillites*, 1902, p. 67.

(4) Paris, 22 juin 1910, *Journal des faillites*, 1911. 292.

poursuivie en présence des cautions ou elles dûment appelées (art. 520, 2ᵉ alin.).

650. 3. DÉCLARATION D'UNE SECONDE FAILLITE. — On peut rapprocher de la résolution du concordat la déclaration d'une seconde faillite pour le même commerçant avant que le concordat de la première faillite soit complètement exécuté. La déclaration de la seconde faillite met évidemment obstacle à l'exécution du concordat, par suite du dessaisissement qui frappe le failli à nouveau.

Mais, tant par sa cause que par ses effets, la déclaration d'une seconde faillite diffère de la résolution du concordat :

a. La résolution provient du défaut de paiement des créanciers antérieurs au concordat. La déclaration d'une seconde faillite a lieu en cas de non-paiement des créanciers postérieurs. Il faut même remarquer que les créanciers antérieurs ne pourraient pas demander une nouvelle déclaration de faillite et que les créanciers postérieurs ne pourraient pas faire résoudre le concordat. D'un côté, en effet, les mêmes personnes ne peuvent pas faire deux fois de suite déclarer la faillite de leur débiteur à raison des mêmes créances : *faillite sur faillite ne vaut* (1). D'un autre côté, les créanciers postérieurs, n'étant pas liés par le concordat, ne sauraient avoir la faculté d'en demander la résolution ; il n'y a pas inexécution du concordat à leur égard.

b. Il y a eu deux faillites successives et non une faillite close d'abord par un concordat et qui est réouverte. Par suite, il y a lieu de remplir les mêmes formalités que pour la première faillite. Il faut procéder à une nouvelle vérification de créances et le jugement déclaratif doit fixer une nouvelle date pour la cessation des paiements. De là résulte aussi que, pour les actes faits par le failli depuis le concordat et avant cette seconde faillite, il y a lieu d'appliquer les articles 446 et suiv., C. com. (2), et non pas seulement

(1) Trib. com. Seine, 23 nov. 1860, *Journ. des Trib. de com.*, 1861. 54. V. cependant Laurin, nᵒ 1155.

(2) Alger, 29 avr. 1896, D. 1897. 2. 116 ; Douai, 28 février 1905, *Journal des faillites*, 1906-56.

l'article 1167, C. civ., comme on le fait en cas d'annulation ou de résolution du concordat (art. 525). V. n° 646.

651. Mais, à d'autres points de vue, on applique les mêmes règles qu'en cas de résolution du concordat. Ainsi : *a.* En cas de seconde faillite, les droits des anciens créanciers, déjà payés en tout ou en partie de leurs dividendes, sont les mêmes dans la seconde faillite qu'en cas de résolution, à l'égard des créanciers postérieurs au concordat (art. 526, dern. alin. et ci-dessus, n° 648) (1) ; *b.* Les cautions du concordat restent obligées : *c.* L'hypothèque de la première masse, inscrite en vertu des articles 490 et 517, subsiste et permet aux créanciers de cette masse de passer sur le prix des immeubles avant les créanciers de la seconde faillite.

651 *bis*. La déclaration d'une seconde faillite contre un failli concordataire qui n'a pas exécuté son concordat est un cas de banqueroute simple (art. 586, 2°), C. com.). Doit-on admettre qu'il en est de même de la résolution d'un concordat sans nouvelle déclaration de faillite ? La négative semble devoir être admise. La résolution du concordat entraîne non une seconde faillite mais la réouverture de la faillite unique précédemment déclarée et close par le concordat. On peut sans doute trouver qu'entre le cas de résolution et celui d'une seconde faillite il y a une grande analogie. Mais cette considération ne peut suffire à étendre le texte d'une disposition pénale comme celle de l'article 586, 2° à un cas qu'elle ne vise pas expressément (2).

D. — DES CONCORDATS AMIABLES.

652. Le concordat dont il vient d'être parlé, lie tous les créanciers, bien qu'il ne soit voté qu'aux majorités requises par la loi ; il est entouré, par suite, de formalités nombreuses destinées à protéger la minorité ; il doit être notamment revêtu de l'homologation de

---

(1) Bruxelles, 4 mars 1881, S. 1881. 4. 37 ; *J. Pal.*, 1881, 2. 59 ; Trib. civ. Seine, 22 juin 1898, *le Droit*, n° du 17 septembre 1898 ; *Journal des faillites*, 1898, p. 489. Cpr. Bordeaux, 28 octobre 1896, *Journal des faillites*, 1897, p. 60.

(2) V., pourtant. à propos de l'application de l'article 585, 30 C. com. Cass. crim. 10 avril 1913, *Journal des faillites*, 1913. 193.

justice pour devenir obligatoire. Ce concordat est, à raison de cette dernière règle, souvent appelé *concordat judiciaire* (1). Il suppose essentiellement une déclaration de faillite antérieure. C'est même surtout à cause de lui qu'on peut dire que la loi des faillites n'est pas seulement une loi de rigueur pour les commerçants (n° 565).

Mais il se peut que les créanciers, *avant* même toute déclaration de faillite, pour éviter les frais et les lenteurs de la procédure de faillite, fassent avec leur débiteur en état de cessation de paiements une convention, par laquelle ils lui remettent en partie ses dettes ou lui accordent des délais. Il peut arriver aussi qu'*après* la déclaration de faillite, tous les créanciers consentent un concordat au failli. Ces concordats conclus avant faillite ou du consentement de *tous* les créanciers après faillite sont parfois désignés sous le nom de *concordats amiables* (2). Les concordats amiables *après* faillite donnent lieu à des difficultés spéciales ; il est même douteux que, depuis la loi du 4 mars 1889, la conclusion en soit légalement possible (n° 667). Aussi doit-il être traité distinctement des concordats amiables *avant* et des concordats amiables *après* faillite. Les concordats amiables sont, du reste, aussi bien, en fait, des concordats par abandon d'actif que des concordats simples.

653. Concordat amiable avant faillite. — Ce concordat n'est pas réglementé par le Code de commerce qui n'y fait même pas allusion (3). Aussi doit-on lui appliquer les principes généraux du

(1) L'expression concordat *judiciaire* comprend, d'ailleurs, aussi bien le concordat par abandon d'actif rendu avec l'homologation du tribunal de commerce que le concordat simple ayant reçu la même homologation.

(2) L'expression de *concordats amiables* est aussi souvent employée pour désigner les concordats qu'en vertu des lois intervenues lors de nos révolutions et de nos désastres (1848 et 1870-1871), les commerçants ayant cessé leurs paiements ont pu conclure avec leurs créanciers dans le but d'éviter la qualification de faillis et d'échapper aux effets de la faillite, spécialement aux incapacités d'ordre politique et électoral qu'elle entraîne avec elle. Du reste, l'expression de *concordats amiables* est ici inexacte, puisque ces concordats exigeaient l'homologation judiciaire. V. L. 12 nov. 1849 ; L. 22 avr. 1871 ; L. 9 sept. 1871. — Il sera parlé de ces lois provisoires dans le chapitre VII consacré à la liquidation judiciaire, dont ces lois ont contribué à donner l'idée. V. n°s 1005.

(3) Dans plusieurs pays étrangers, il y a des dispositions légales sur le

droit sur les contrats (1). De là même résultent d'importantes différences entre le concordat amiable et le concordat judiciaire au point de vue des conditions de sa formation, de ses effets et des causes qui peuvent le faire tomber.

654. Ce concordat amiable n'oblige que ceux des créanciers qui y consentent (art. 1165, C. civ.). Aussi faut-il, pour qu'il atteigne son but, qu'il soit consenti par l'unanimité des créanciers (2). Un créancier dissident ou qui n'a pas pris part au vote, peut en faire abstraction, poursuivre le débiteur pour l'intégralité de sa créance, le faire déclarer en faillite. On agit donc prudemment, avant la conclusion d'un concordat amiable, en s'efforçant d'appeler par tous les moyens possibles tous les créanciers à l'assemblée qui doit délibérer sur le concordat. En outre, si, parmi ceux qui participent à l'assemblée, il y a des dissidents, le seul moyen de sortir de difficulté est de les désintéresser immédiatement, avec l'assentiment des autres créanciers, afin d'obtenir l'unanimité de ceux-ci (3).

concordat préventif. Ce concordat est conclu avant toute déclaration de faillite et est organisé, comme son nom même l'indique, pour permettre d'éviter la faillite. Mais il faut se garder de confondre le concordat préventif de plusieurs lois étrangères avec le concordat amiable dont il est traité au texte ; le concordat préventif ne suppose pas le vote favorable de tous les créanciers et il est soumis à l'homologation de justice. — V., notamment, loi *luxembourgeoise* du 14 avr. 1886 (*Annuaire de législation étrangère*, 1887, p. 518 et suiv.) ; loi *belge* du 29 juin 1887 (*Annuaire de législation étrangère* de 1888, p. 563 et suiv.) ; Code de commerce *portugais* (art. 730 et suiv.) ; loi *hollandaise* du 30 septembre 1893 (art. 213 et suiv.). — Un décret loi du 26 mars 1900 a introduit en *Egypte*, pour les commerçants européens, le concordat préventif de la faillite.

(1) L'illégalité de ces accords ne peut être déduite du silence de la loi, puisque le principe est la liberté des conventions (art. 1134, C. civ.), Cass. 22 juin 1877, D. 1877. 1. 407 ; S. 1877. 1. 388 ; J. Pal., 1877. 966 ; Paris, 5 mars 1879, D. 1879. 2. 147 ; S. 1879. 2. 286 ; J. Pal., 1879 ; 1133.

(2) Souvent un contrat d'atermoiement portant remise partielle est accepté par plusieurs des créanciers d'un commerçant sous la condition qu'il sera signé par tous les autres dans un certain délai. Sur cette hypothèse, V. Cass. 20 mars 1889, D. 1889. 1. 416 ; S. 1891. 1. 386 ; J. Pal., 1891. 1. 958. *Pand. fr. pér.*, 1889. 1. 412 ; Cf. Trib. com., Marseille, 10 mars 1874, *Journ. de Marseille*, 1874. 1. 141. Dans les pays où le concordat préventif est réglementé par la loi, il suffit des majorités que celle-ci détermine. V. la note 2 de la page 698.

(3) Nîmes, 23 juill. et 29 août 1860. D. 1861. 5. 229 ; Cass. 13 juin 1893,

L'adhésion des créanciers peut être donnée par écrit et ne suppose même pas la tenue d'une assemblée. Cette adhésion peut être tacite, c'est-à-dire s'induire des circonstances (1).

L'homologation judiciaire n'est pas nécessaire pour le concordat amiable. La nécessité de l'homologation a pour but principal de protéger les intérêts de la minorité, et des créanciers qui n'ont pas pris part au vote, et, en cas de concordat amiable, il n'y a pas de minorité. Les tribunaux auxquels l'homologation serait demandée, ne pourraient même pas l'accorder. Ils ne sont pas institués pour donner leur approbation aux conventions intervenues entre les particuliers (2).

655. Les effets du concordat amiable sont, en principe, déterminés par la convention des parties. Ce concordat, comme le concordat après faillite, contient généralement des concessions de délais (3) ou des remises partielles de dettes (4) ou à la fois les unes et les

D. 1894. 1. 46 ; S. et *J. Pal.*, 1897. 1. 507. *Pand. fr. pér.*, 1895. 1. 27 ; — Ces arrêts sont sans doute relatifs à des concordats amiables *après* faillite. Mais, en décidant que ces concordats sont possibles si le failli consent à consigner les sommes dues aux créanciers dissidents, ils tranchent une question qui se pose dans les mêmes termes pour les concordats *avant* faillite et qui doit être tranchée pour eux de la même manière que pour les concordats amiables *après* faillite.

Il se peut que les créanciers dissidents soient désintéressés par d'autres créanciers de leurs deniers personnel. Bordeaux 7 février 1906, *Journal des faillites,* 1907. 238. Cass. 6 novembre 1907. S. et *J. Pal.* 1909. 1. 754 ; D. 1907. 1. 85 ; *Journal des faillites,* 1910. 51.

(1) Trib. com. Marseille, 20 novembre 1908, *Journal des faillites,* 1908, p. 235. Le simple fait de la réception par un créancier d'une partie de sa créance n'implique pas nécessairement une adhésion au concordat amiable : Cass. 20 mars 1889, S. 1891. 1. 386 ; *J. Pal*, 1891. 1. 958 ; *Pand. fr.*, 1889. 1. 412 ; Cass. 13 juin 1893, S. et P., 1897. 1. 507. *Pand. fr.* 1895. 1. 72. Mais on comprend qu'il en soit autrement quand un créancier a reçu le montant d'un effet de commerce comme valeur en dividendes. Trib. comm. Marseille 20 novembre 1906, *Journal des faillites,* 1902-235.

(2) Paris, 15 déc. 1863, D. 1863. 5. 178 ; 12 juillet 1872, D. 1874. 2. 9.

(3) Un concordat amiable peut aussi contenir un abandon de biens fait par le débiteur à ses créanciers. Dans ce cas, ceux-ci peuvent nommer un liquidateur pour réaliser les biens abandonnés, mais ce liquidateur ne peut être assimilé au syndic qui subsiste en cas de concordat judiciaire par abandon. Cf. Cass. 18 avr. 1885, S. 1888. 1. 245 ; *J. Pal.*, 1888. 1. 599 ; D. 1886. 1. 88.

(4) Lorsqu'un créancier a consenti une remise partielle sous la condition

autres. On dit parfois, quand il y a des concessions de délais, qu'un *contrat* ou un *pacte d'atermoiement* a été conclu.

656. Le concordat amiable avant faillite peut assurément, selon la volonté des parties, renfermer des conventions très variées.

Mais doit-on appliquer au concordat amiable comme au concordat judiciaire les dispositions des articles 597 et 598, C. com., qui prohibent les traités particuliers desquels résultent en faveur de certains créanciers des avantages à la charge de l'actif du débiteur, frappent de peines les créanciers qui ont fait des conventions de cette sorte et les déclarent nulles à l'égard de toutes personnes, même du failli ?

L'application des articles 597 et 598, C. com., est vivement soutenue, au moins pour le cas où la convention dont il s'agit est intervenue après la cessation des paiements quoiqu'avant la déclaration de faillite du débiteur (1). Cette solution se rattache à la théorie selon laquelle la cessation de paiements produit, en principe, les effets attachés au jugement déclaratif, alors même qu'aucune déclaration de faillite n'est prononcée. Mais nous avons repoussé cette théorie dite des failliites *de fait, virtuelles* ou *non déclarées,* que la jurisprudence consacre (n⁰ˢ 187 et suiv.). Selon nous, l'application des articles 597 et 598 suppose un jugement déclaratif (2). La

du paiement de dividendes et que le débiteur vient à être déclaré en faillite, dans quelle mesure la créance peut-elle figurer dans la faillite ? L'article 526, C. com., est-il applicable ? Pour l'affirmative, Paris, 8 nov. 1859, *J. Pal.,* 1860. 45.

(1) Cass. 19 fév. 1877, D. 1877. 1. 407 ; Cass. 26 mars 1888, S. 1888. 1. 461 ; *J. Pal.,* 1888. 1. 1141; D. 1889. 1. 258 ;*Pand. fr.pér.,* 1888. 1. 282 ; Paris, 5 mars 1879, D. 1879. 2. 147 , S. 1879. 2. 286 ; *J. Pal.,* 1879. 1133 ; Bordeaux, 10 janv. 1887, *la Loi,* n⁰ du 3 avr. 1887 ; Bordeaux, 1ᵉʳ déc. 1887, D. 1888. 2. 185 ; S. 1890. 1. 165 ; *J. Pal.,* 1890. 1. 909 ; Trib. com. Lyon, 16 avr. 1896, *Recueil de jurispr. du tribunal de commerce de Lyon,* 1896, p. 451 ; Bordeaux, 4 mars 1897, *Journal des faillites,* 1897, p. 358 ; Trib. civ. Seine, 15 nov. 1898, *le Droit,* n⁰ du 13 nov. 1898, *Journal des faillites,* 1899, p. 217 ; Trib. civ. Seine, 17 janvier 1901 ; *Journal des faillites,* 1902, p, 28. V. aussi les nombreuses décisions citées dans les *Pandectes françaises (Rép.),* v⁰ *Faillite,* etc., n⁰ 6612.

(2) Bravard et Demangeat, VI, p. 3 et suiv. ; p. 125 et suiv. — Il va de soi qu'un jugement de mise en liquidation judiciaire rend les articles 597 et 598, C. com., applicables aussi bien qu'un jugement déclaratif de fail-

doctrine opposée se heurte ici à des textes qui semblent formels. D'abord, les articles 597 et 598, C. com., se trouvent dans un chapitre intitulé : *Des crimes et des délits commis* DANS LES FAILLITES *par d'autres que par les faillis*. Puis, les articles eux-mêmes parlent de *faillite* et de *failli*; il n'y a ni faillite ni failli tant qu'il n'a pas été rendu de jugement déclaratif.

Au reste, les conséquences résultant de notre opinion ne sont pas absolument différentes de celles qui résultent de l'opinion opposée. Sans doute, les peines édictées par l'article 597, C. com., sont sans application. Mais la nullité des conventions peut être prononcée, sinon en vertu de l'article 598, C. com., du moins, en vertu des articles 6 et 1131, C. civ., si, à raison de leur but, elles peuvent être considérées comme contraires à l'ordre public.

657. Lorsque le concordat amiable contient une remise, les cautions et les coobligés du débiteur qui l'a obtenue sont libérés dans la même mesure que lui. L'article 1287, C. civ., qui forme la règle de droit commun, doit l'emporter sur la disposition exceptionnelle de l'article 545, C. com. (1), à moins que, par une stipulation expresse, les créanciers n'aient réservé leurs droits contre les cautions et coobligés de leur débiteur (2). Une réserve sans le concours des codébiteurs solidaires est certainement valable (art. 1285, C. civ.). On a prétendu qu'à l'égard de la caution, elle ne produit d'effet qu'autant que celle-ci y a consenti (3). Il est vrai que le Code

lite. D'après l'article 24 de la loi du 4 mars 1889, toutes les dispositions du Code de commerce qui ne sont pas modifiées par cette loi, continuent à recevoir leur application en cas de liquidation judiciaire, comme en cas de faillite.

(1) Caen, 10 juin 1868, D. 1868. 2. 97 ; Cass. 30 mars 1869, D. 1869. 1. 512 ; S. 1869. 1. 344 ; Dijon, 9 mars 1883, *Journal des faillites*, 1883, p. 312 ; Grenoble, 14 janv. 1884, *Journal des faillites*, 1884, p. 565. V., pourtant, Lyon, 6 janvier 1903, D. 1910. 5-4 ; *Journal des faillites*, 1903. 319.

(2) MM. Thaller et Percerou (II, n° 1405) admettent les réserves faites à l'égard des codébiteurs solidaires, non à l'égard d'une caution. La raison qu'ils donnent de la seconde solution est qu'avec une réserve faite à l'égard de la caution, la remise ne profite pas au débiteur principal à raison du recours de la caution contre celui-ci.

(3) Caen, 10 juin 1868, D. 1868. 2. 97 ; S. 1868. 2. 251 ; Cass. 30 mars 1869 ; D. 1869. 1. 512.

civil ne parle des réserves et de leurs effets qu'à propos des codébiteurs solidaires. Mais on ne voit véritablement pas pour quelle raison le législateur aurait exigé le consentement de la caution à l'égard de laquelle des réserves sont faites par des créanciers, alors que la loi se passe du consentement des codébiteurs solidaires (1).

658. Faut-il aussi décider que les remisss contenues dans un concordat amiable constituent des libéralités, qui, comme telles, sont rapportables et réductibles, à la différence de celles qui sont consenties par un concordat judiciaire ? On ne peut alléguer ici, pour prouver qu'il n'y a pas de libéralité, que les remises se trouvent faites par des personnes qui n'y ont pas consenti, ou même qui y étaient opposées ; il n'y a pas de majorité liant la minorité. Mais, du moins, il n'y a pas *animus donandi* chez les créanciers qui y ont donné leur consentement; ils ont voulu réduire leur perte plutôt que se montrer généreux envers leur débiteur ; cela suffit pour exclure l'idée de libéralité. Cpr. n° 616.

658 *bis.* La remise contenue dans un concordat amiable laisse-t-elle subsister, comme la remise faite par un concordat judiciaire, une obligation naturelle pour la portion des dettes à laquelle la remise ne s'applique pas ?

La persistance d'une obligation naturelle paraît devoir se déduire de ce que, comme cela vient d'être dit, les remises ne constituent pas plus dans un concordat amiable que dans un concordat judiciaire des libéralités impliquant l'intention chez les créanciers de libérer complètement le failli, mais un moyen de sauver une partie de ce qui leur est dû, en rendant plus facile au débiteur le retour à meilleure fortune. Si l'on admet avec nous que, dans le cas du concordat judiciaire, il n'y a pas lieu au rapport des dettes pour la portion remise (n° 627), ce rapport doit aussi, par identité de motifs, être écarté en cas de concordat amiable.

I n'y a pas de raison pour que le concordat amiable, plus que le concordat judiciaire. soit considéré comme emportant novation (2).

659. A défaut de textes spéciaux, on doit appliquer au concor-

---

(1) V. Bertauld, en note dans le *Recueil de Dalloz*, 1868. 2. 97.
(2) V. cept. Trib. com. Havre, 18 janv. 1893. *Journal des faillites*, 1893. 484.

dat amiable les règles générales sur les nullités et sur la résolution des contrats (1). En conséquence, un concordat amiable peut être annulé pour cause de dol du débiteur, quand même le dol ne consiste pas à avoir dissimulé une partie de l'actif ou exagéré le passif. Le dol peut avoir été pratiqué à l'égard, soit de tous les créanciers, soit d'un seul. Mais, même dans le second cas, les créanciers qui n'ont pas été victimes du dol, doivent pouvoir faire déclarer le concordat annulé (2) non-avenu à leur égard (3). Il y a dans le concordat amiable une sorte d'indivisibilité : il ne peut pas subsister pour les uns, non pour les autres. V. n° 661.

Le concordat amiable, à la différence du concordat judiciaire, peut aussi être annulé pour cause d'erreur dans les conditions déterminées par l'article 1109, C. civ. Il peut l'être aussi pour cause de violence.

660. Quand la résolution du concordat amiable est prononcée à raison de l'inexécution des obligations du débiteur, la caution qu'il avait fournie à ses créanciers pour garantir l'exécution du concordat, est-elle libérée ou demeure-t-elle tenue comme demeure tenue la caution d'un concordat judiciaire frappé de résolution (art. 520, dern. alin., C. com.) ? On pourrait être porté à dire que la caution est libérée, par cela même que la résolution du concordat amiable fait tomber l'obligation de payer un dividende contractée par le débiteur dans le concordat, obligation qui constitue la dette principale.

Mais cette solution serait bien rigoureuse pour les créanciers. Ils ont dû considérer le cautionnement comme un moyen de se protéger contre la non-exécution du concordat par le débiteur. Il est préférable de maintenir l'obligation de la caution, malgré la résolution du concordat amiable, comme le Code de commerce maintient l'obligation de la caution qui a garanti l'exécution d'un concordat judiciaire (4). V. n° 649 *d.*

661. Le droit de demander la nullité ou la résolution peut être

---

(1) Bordeaux, 4 août 1867, D. 1871. 2. 104 ; S. 1870. 2. 311.
(2) Il est supposé ici que le concordat a été annulé sur la demande du créancier contre qui le dol a été pratiqué. V. n° 661.
(3) Toulouse, 30 juin 1886, *Journal des faillites*, 1886. 498.
(4) Thaller et Percerou, II, n° 1408.

exercé par chacun des créanciers ayant participé au vote du concordat amiable. Comme aucun n'a, à moins d'une convention formelle, le pouvoir de représenter les autres, il n'est pas douteux, à raison du caractère relatif de l'autorité de la chose jugée, que le rejet de la demande intentée par un créancier n'empêche pas les autres d'agir, en se fondant sur la même cause, pour faire tomber le concordat.

On pourrait être tenté de décider, par une juste réciprocité, que le jugement prononçant l'annulation ou la résolution du concordat n'a d'effets qu'à l'égard du créancier qui l'a obtenue et que, par suite, le concordat amiable subsiste à l'égard des autres créanciers. Mais cette solution serait contraire à l'essence même du concordat amiable ; il n'est valable qu'autant qu'il est conclu avec l'unanimité des créanciers. On peut dire que chaque créancier n'adhère au concordat amiable que sous la condition qu'il aura l'adhésion des autres. Quand le concordat est annulé ou résolu sur la demande d'un créancier, cette condition étant défaillie, le concordat amiable n'existe plus légalement à l'égard d'aucun créancier (1).

661 bis. Quand l'annulation ou la résolution d'un concordat amiable est prononcée le concordat d'après les principes généraux du droit, doit être considéré d'une façon absolue comme non avenu dans le passé. En conséquence, les créanciers qui ont reçu une partie du dividende promis, ont le droit de se présenter pour la différence entre le montant des sommes qu'ils ont reçues et le montant total de leurs créances. Il n'y a pas lieu d'appliquer les dispositions de l'article 526, C. com., par cela même qu'elles sont de nature exceptionnelle (2). Du reste, si la faillite est déclarée, le

---

(1) Toulouse, 30 juin 1886, *Pand. fr.* 1887. 2. 81 ; *Journal des faillites*, 1886, p. 498 ; Thaller et Percerou, II, n° 1407. — On semble conduit ainsi à donner au jugement qui statue sur la demande en nullité ou en résolution du concordat amiable des effets plus ou moins étendus selon le sens dans lequel il est rendu. On peut dire qu'en aucun cas, le jugement n'a, par lui-même, d'effets absolus, mais que, l'effet relatif du jugement prononçant la nullité ou la résolution du concordat amiable faisant défaillir une condition sous laquelle ce concordat était conclu, il est annulé ou résolu pour tous les créanciers.

(2) Thaller et Percerou, II, n° 1407.

syndic a le droit de faire annuler les paiements partiels reçu par les créanciers sous les conditions fixées par l'article 447, C. com. La cessation des paiements est évidemment dans ces circonstances fixée au jour de la conclusion du concordat amiable.

662. CONCORDAT AMIABLE APRÈS FAILLITE. — Il a été supposé jusqu'ici qu'un concordat amiable est conclu avant toute déclaration de faillite dans le but pour le débiteur d'y échapper. Mais il peut se faire, et il arrive assez souvent, qu'après la déclaration de faillite, les créanciers consentant un concordat amiable d'après lequel le failli doit être replacé à la tête de ses affaires, des remises d'une partie de ses dettes lui sont faites, des délais lui sont accordés. Parfois, un tel concordat est conclu avant que le jugement déclaratif ait acquis force de chose jugée, parfois il est conclu après que ce jugement a acquis force de chose jugée, et, dans ce dernier cas, il l'est soit avant soit après la vérification et l'affirmation des créances.

Des questions s'élèvent relativement au concordat amiable postérieur au jugement déclaratif; elles sont différentes selon l'époque à laquelle il intervient. Ces questions ne concernaient, avant la loi du du 4 mars 1889, que les effets de ce concordat. Depuis cette loi, la validité même du concordat amiable conclu après que le jugement déclaratif a acquis force de chose jugée, est très contestable. Pour plus de clarté, ces diverses questions seront d'abord examinées telles qu'elles se présentaient avant la lai du 4 mars 1889, puis les raisons de douter de la validité du concordat amiable, nées de la loi de 1889, seront examinées séparément.

663. Le concordat dont il s'agit n'est certainement pas soumis à l'homologation de justice, bien qu'il soit postérieur à la déclaration de faillite ; car il suppose le consentement de l'unanimité des créanciers. Il est, en général, régi par les mêmes règles que le concordat amiable antérieur au jugement déclaratif. Ainsi, les remises qui y sont consenties au débiteur libèrent les cautions ou les coobligés du failli (n° 657).

664. Quel effet le concordat amiable produit-il sur le jugement déclaratif et sur la faillite ? Une distinction doit être faite entre le cas où le concordat amiable intervient avant que le jugement déclaratif ait acquis force de chose jugée et le cas où il intervient après.

665. Le concordat intervient-il avant que le jugement déclaratif ait acquis force de chose jugée ? Ce jugement doit, selon la jurisprudence, encore qu'il ait été bien rendu, être rétracté ou infirmé sur l'opposition ou sur l'appel. Cette solution a été réfutée plus haut (n° 156) ; selon nous, dès l'instant où le jugement déclaratif a été bien rendu parce qu'à sa date, il y avait cessation de paiements, un concordat conclu avec tous les créanciers connus ; ou même le paiement de tous les créanciers connus ; ne permet pas de réformer ou d'infirmer ce jugement sur l'opposition ou sur l'appel.

666. Le concordat est-il conclu avec tous les créanciers après que le jugement déclaratif de faillite a acquis force de chose jugée ? Selon quelques décisions judiciaires, les effets du jugement déclaratif cessent en pareil cas. En conséquence, le dessaisissement prend fin et les créanciers recouvrent le droit de poursuite individuelle. Cela a parfois été admis pour les concordats amiables postérieurs au rejet du concordat judiciaire et, par conséquent, à la formation de l'union (1).

Selon nous, le concordat amiable, conclu dans ces circonstances, laisse subsister le jugement déclaratif avec tous les effets qui y sont attachés (2).

Il est d'abord évident qu'en cas de conclusion d'un concordat amiable avant que la vérification et l'affirmation des créances n'aient eu lieu, on court le risque de croire à tort que le concordat a été consenti par tous les créanciers, parce qu'ils ne sont pas tous connus. Mais, même après la procédure de vérification et d'affirmation des créances, on n'a jamais la certitude que tous les créanciers du failli sont connus et ont consenti au concordat. Comment ceux qui se présentent ensuite seraient-ils privés de faire valoir leurs droits, alors que le Code de commerce n'attache pas de déchéance au retard apporté à faire des productions ? Par suite, une fois que la faillite a

(1) Agen, 23 juin 1859, S. 1859. 2. 408 ; D. 1859. 2. 475 ; Nîmes, 23 juill. 1860, D. 1861. 5. 229 ; S. 1861. 2. 229 ; Toulouse, 24 mai 1883, *Journal des faillites*, 1883, p. 452 ; Trib. civ. de La Réole, 18 juin 1891, *Journal des faillites*, 1891, p. 462.

(2) Paris, 23 mars 1877, D. 1880. 2. 21 ; S. 1879. 2. 184 ; *J. Pal.*, 1879. 822 ; Paris, 3 juill. 1880, D. 1882. 2. 62.

été déclarée, le concordat judiciaire entouré de formalités destinées notamment à protéger les créanciers inconnus, est le seul qui puisse mettre fin à la faillite. C'est le seul, du reste, que la loi mentionne, et il est arbitraire d'ajouter aux dispositions du Code en admettant une solution de la faillite qu'il ne vise même point (1). Ainsi nonobstant le concordat amiable, la faillite subsiste avec ses effets. Cette doctrine est rigoureuse, mais elle se justifie pa la nécessité de sauvegarder les droits des créanciers inconnus ; ceux-ci pourraient éprouver le plus grave préjudice, si, sans la garantie des formalités judiciaires, un failli pouvait être remis à la tête de ses affaires. Du reste, il ne peut guère y avoir de dissentiment que sur le point de savoir si le concordat amiable met fin au dessaisissement et aux effets nombreux qui en dérivent. Il va de soi que, dans toutes les opinions, le concordat amiable ne saurait faire cesser les incapacités politiques dont le failli est atteint. La réhabilitation, peut seule y mettre un terme (2).

667. Telle était la solution qui, selon nous, était exacte même avant la loi du 4 mars 1889. La question a pris une face quelque peu nouvelle depuis cette loi. L'article 16 de la loi du 4 mars 1889 dispose : *Sont nuls et sans effets, tant à l'égard des parties intéressées qu'à l'égard des tiers, tous traités ou concordats qui, après l'ouverture de la liquidation judiciaire, n'auraient pas été souscrits dans les formes ci-dessus prescrites* (3).

Ne doit-on pas conclure de cette disposition que les concordats

---

(1) Les statistiques ne font mention que des concordats judiciaires. Il serait utile de connaître aussi le nombre des concordats amiables conclus parès faillite.

(2) M. Boistel (n° 1068) dit que le concordat amiable fait cesser *tous* les effets du jugement déclaratif. Il y a là une exagération évidente, comme nous le prouvons au texte. V. Pardessus, III, n° 1268. Notre savant collègue M. Thaller (*Des Faillites en Droit comparé*, II, n° 185, p. 243 et suiv.) adopte l'opinion que nous admettons nous-mêmes, sur les concordats amiables après faillite. V. aussi Thaller et Percerou, II, n° 1111.

(3) A plusieurs reprises, des concordats amiables conclus après le rejet du concordat judiciaire proposé par le débiteur *en liquidation judiciaire* ont été annulés en vertu de la disposition de la loi du 4 mars 1889 citée. V. Trib. civ. Avesnes, 14 janv. 1891 ; Trib. civ. Angoulème, 12 fév. 1891, *Journal des faillites*, 1891, p. 133 et 226.

amiables *après faillite* sont nuls, quelle que fût, du reste, la solution admise pour ces concordats antérieurement à la loi de 1889 ? Le texte de l'article 16 précité ne prononce pas expressément la nullité des concordats *amiables après faillite ;* il ne vise formellement, pour les annuler, que les concordats *après liquidation judiciaire.* Cependant, selon nous, la nullité doit être admise aussi pour les concordats amiables *après faillite.* Le législateur a voulu éviter les concordats conclus sans l'intervention de la justice. Il a espéré que la liquidation judiciaire rendrait les concordats avant faillite moins nombreux, parce que, la liquidation judiciaire produisant des effets moins rigoureux que la faillite, les commerçants chercheraient moins à l'éviter en concluant des concordats de ce genre. Pour les concordats amiables *après liquidation judiciaire,* la loi a eu recours à un moyen radical : elle les déclare nuls par cela même qu'ils ne sont pas conclus dans les conditions et formes que la loi prescrit. On ne voit pas pourquoi les concordats amiables seraient autrement traités quand ils interviennent *après faillite* (1). Il sera expliqué, à propos de la liquidation judiciaire, qu'elle est, dans certains cas, convertie en faillite (L. 4 mars 1889, art. 19) (2). Faudrait-il donc, quand cette conversion est prononcée, reconnaître la validité d'un concordat amiable postérieur à la liquidation judiciaire, alors qu'il eût été nul si la conversion en faillite n'avait pas eu lieu ? Ce serait une singularité.

Il n'y a pas à tenir compte de ce que l'article 16 de la loi du 4 mars 1889 ne prononce la nullité que du concordat conclu après mise en liquidation judiciaire. L'historique de la confection de cette loi explique facilement qu'il n'y ait été fait mention que du concordat amiable après liquidation judiciaire. L'article 16 est la reproduction textuelle de l'article 463 du projet. Ce projet s'occupait de

---

(1) Trib. com. Rennes, 21 mars 1912, *Journal des faillites*, 1912. 283 ; Thaller et Percerou, II, n° 1111 *bis.* V., pourtant ; 6 juillet 1909, *Journal des faillites*, 1910. 250, trib. com. Saint-Étienne, 1er juillet 1902, *Journal des faillites*, 1902, p. 364. Ce jugement homologue un concordat conclu après faillite avec tous les créanciers, comme l'ont fait des arrêts rendus avant la loi du 4 mars 1889 et déclare qu'aucun texte ne prohibe les concordats amiables.

(2) V. n° 1110 et suiv.

la faillite en même temps que de la liquidation judiciaire. Mais il
n'avait pas parlé du concordat amiable après faillite pour le pros-
crire. La raison en était que le projet n'admettait même pas le concordat judiciaire après faillite. On renonça avant le vote de la loi à
cette exclusion. Il aurait été alors utile de défendre le concordat
amiable après faillite. Mais la discussion de la loi qui ne contient
que de rares dispositions relatives à la faillite, fut très rapide et on
se borna à insérer textuellement dans l'article 16 la disposition contenue dans l'article 463 du projet.

667 *bis*. Droit étranger. — Des lois étrangères admettent
expressément que la faillite peut être close quand les créanciers
consentent tous à s'arranger avec le failli. Ainsi, l'article 830 du
Code de commerce *italien* (art. 830) admet en tout état de la procédure de faillite, un accord entre le failli et l'unanimité de ses
créanciers. — La loi *allemande* (art. 202 et 203) reconnaît au failli
le droit de réclamer du tribunal l'arrêt de la procédure de faillite
quand, après l'expiration des délais de production, il obtient le
consentement de tous ses créanciers. Même avant l'expiration des
délais de production, le tribunal peut, sur la demande du failli,
décider que la procédure de faillite est arrêtée si, en dehors des
créanciers qui ont donné leur consentement, il n'y a pas de
créanciers connus. La demande du failli doit être dans tous les
cas rendue publique et déposée au greffe avec les déclarations
des créanciers consentants ; tout créancier de la faillite peut
former opposition à la demande du failli dans la semaine qui
suit la publication (1). La loi *autrichienne* consacre, avec quelques différences de détail, des règles analogues. La faillite des
commerçants seule peut aboutir à un concordat. Mais toute faillite peut être close par suite du consentement des créanciers
dans la masse et des créanciers *de la* masse et cela dans deux cas
différents. D'abord, après la vérification des créances, les créanciers
peuvent à l'unanimité consentir à clore la faillite (art. 155), et le

_____

(1) Wilmowski, *Deutsche Reichskonkursordnung*, p. 317 et suiv. ; Kohler.
Lehrbuch des Konkursrechts, p. 395, 505 et suiv.

tribunal n'a alors qu'à intervenir pour déclarer que la procédure de faillite est close. En outre, le juge-commissaire doit faire citer les créanciers de la faillite et le failli, si, d'après les circonstances, il y a lieu d'espérer un arrangement. Celui-ci peut être conclu avec les créanciers qui y consentent. Il est soumis au tribunal qui examine si la procédure a été régulière, puis, prononce l'homologation, pourvu que les créanciers non adhérents aient reçu satisfaction, et déclare la faillite close (art. 156 à 158) (1).

(1) Kissling, *Die œsterreichische Concursordnung*, p. 240 et suiv. ; Riehl, *Die Concursordnung*, p. 235 et suiv.

FIN DU TOME SEPTIÈME

TABLE DES MATIÈRES

DU TOME SEPTIÈME

LAVAL. — IMPRIMERIE L. BARNÉOUD ET Cie.

LIBRAIRIE GÉNÉRALE DE DROIT ET DE JURISPRUDENCE
20, RUE SOUFFLOT, PARIS (Ve)

COSENTINI (Fr.), *professeur à l'Université nouvelle de Bruxelles.*
Réforme de la Législation civile. 1913, 1 vol. in-8

DANJON (Daniel), *professeur de droit commercial à l'Université de Caen.* Traité de droit maritime.
Tome Ier : NAVIRES, ARMATEURS, ÉQUIPAGES, 1910, 1 vol. in-8
Tome II : CAPITAINES, RESPONSABILITÉS, AFFRÈTEMENT, 1912, 1 vol. in-8
Le tome III : AFFRÈTEMENT, PASSAGE, AVARIES, 1913, 1 vol. in-8
Le tome IV est sous presse.
L'ouvrage aura 5 volumes.

FABREGUETTES (P.), *conseiller à la Cour de cassation.* La logique judiciaire et l'art de juger. 1914, 1 vol. in-8

LAVOLLÉE (Henri), *avocat à la Cour d'appel de Paris.* De la recherche de la paternité (commentaire de la loi 1912), précédé d'une préface de ÉMILE DE SAINT-AUBIN, Cour d'appel de Paris. 1913, 1 vol. in-18

LÉMONON (Ernest), *docteur en droit, avocat à la Cour d'appel.* Seconde Conférence de la paix, La Haye (juin-octobre 1907), préface de M. LÉON BOURGEOIS, *sénateur, premier délégué de France aux conférences de la paix.* — DEUXIÈME ÉDITION, revue et précédée d'une introduction sur la Première Conférence de la paix (1899), suivie d'un appendice sur l'arbitrage de 1907 à 1912, et la Conférence de Londres (1909) 1912, 1 vol. gr. in-8

NAST (Marcel), *professeur à la Faculté de droit de l'Université de Nancy* et KLEINE (Marcel), *avocat à la Cour d'appel de Paris.* Manuel des Tribunaux pour enfants (commentaire de la loi du ... 1912). 1913, 1 vol. in-18

PETELLAT (Henri). ÉTUDES CRITIQUES SUR LA CONTRE-PARTIE DANS LES BOURSES DE COMMERCE. I. Les faux marchés à termes sur marchandises et sur valeurs mobilières ou L'escroquerie au contrat direct, avec une préface de RENÉ LAFARGE, *avocat à la Cour d'appel de Paris.* 1 vol. in-18
II. La contre-partie boursière et sa répression. 1913, 1 vol. in-18

POTTIER (A.) *avocat-conseil de sociétés.* Des sociétés commerciales, guide pratique et formulaire. 2e éd., 1912, 1 vol. in-8
... assemblées générales appelées à modifier les statuts des ... anonymes (commentaires de la loi du 22 novembre 1913), avec la collaboration de JEHAN POTTIER, *avocat, ingénieur des arts et manufactures.* E. C. P. 1914, 1 vol. in-8

LAVAL. — IMPRIMERIE L. BARNÉOUD ET Cie.